Lutz Röhrich

Lexikon der sprichwörtlichen Redensarten

HERDER / SPEKTRUM
Band 4400

Das Buch

Der „Röhrich" informiert in leichtverständlicher Sprache und wissenschaftlich fundiert über Bedeutung, Herkunft und Anwendung von rund 15 000 Redensarten. Die Jugend- und Werbesprache unserer Zeit wurde dabei ebenso berücksichtigt wie fremdsprachliche Entsprechungen zu deutschen Redensarten. Etwa 1 000 Abbildungen aus zeitgenössischen Quellen veranschaulichen den Ursprung vieler sprichwörtlicher Redensarten und bieten damit ein einzigartiges Anschauungsmaterial von kulturhistorischer Bedeutung. Umfangreiche Literaturangaben und kurze Zusammenfassungen des gegenwärtigen Forschungsstandes runden dieses einzigartige Werk ab.
Interessant und anregend für alle, die praktisch oder theoretisch mit Wort und Bild arbeiten oder auch einfach nur Spaß an der Vielfalt und Treffsicherheit des gesprcochenen Wortes haben:
„...nicht einfach ein Zitatenbuch oder eine Spickfibel..., (sondern) eine überaus gründliche Arbeit, die tief in die Kulturgeschichte und ins kollektive Gedächtnis der Deutschen führt" (Kölner Stadt-Anzeiger).

Der Autor

Lutz Röhrich, geb. 1922, em. ordentlicher Professor für Volkskunde und Germanische Philologie an der Universität Freiburg i. Br., bis 1991 Direktor des Instituts für Volkskunde und des Deutschen Volksliedarchivs. Mehrere Aufenthalte als Gastprofessor in den USA. Mitglied der Österr. Akad. d. Wiss. und der Königl. Gustaf-Adolfs-Akad. in Uppsala. Mehrfacher Preisträger: 1. Chicago Folklore Prize (1974); Oberrheinischer Kulturpreis, Univ. Basel (1984); Brüder-Grimm-Preis, Univ. Marburg (1985); Internationaler Preis Pitré (Sigilo d'oro), Palermo (1985); Europäischer Märchenpreis, Wetzlar (1991).
Zahlreiche Publikationen auf dem Gebiet der Volksprosa (Märchen, Sage, Witz, Sprichwort) und des Volksliedes sowie weitere wisssenschaftliche Publikationen. Herausgeber von: Motive. Freiburger Folkloristische Forschungen (München 1971 ff.); Artes Populares. Studia Ethnographica et Folkloristica (Bern 1976 ff.). Mitherausgeber von: Handbuch des Volksliedes (München 1973 und 1975); Enzyklopädie des Märchens (Berlin/New York 1977 ff.)

Lutz Röhrich

Lexikon der sprichwörtlichen Redensarten

Band 1
A–Dutzend

Herder
Freiburg · Basel · Wien

Alle Rechte vorbehalten – Printed in Germany
© der deutschen Originalausgabe Verlag Herder 1991
© der Taschenbuchausgabe Verlag Herder 1994
Herstellung: Freiburger Graphische Betriebe 1994
Umschlaggestaltung: Joseph Pölzelbauer
Umschlagmotiv: „Katz und Maus spielen" – „Die Katze läßt das
Mausen nicht"; Holzschnitt um 1500. Die Umschrift lautet:
„Hüte dich vor den Katzen, die vorne lecken und hinten kratzen"
(S. 817–827; 945–947 in diesem Lexikon)
ISBN 3-451-4400-5

ABKÜRZUNGSVERZEICHNIS

a.a.O.	= am angegebenen Ort	dt.	= deutsch
AaTh.	= Aarne-Thompson	Dtl.	= Deutschland
Abb.	= Abbildung(en)	Dt.	= Deutsches
Abk.	= Abkürzung	Fremdwb.	Fremdwörterbuch
Adj.	= Adjektiv	Dt.Rwb.	= Deutsches Rechtswörter-
Adv.	= Adverb		buch
ahd.	= althochdeutsch	Dt.Wb.	= Deutsches Wörterbuch
ähnl.	= ähnlich		der Brüder Grimm
alem.	= alemannisch	E.B.	= Erk-Böhme: Dt. Lieder-
allg.	= allgemein		hort
altdt.	= altdeutsch	ebd.	= ebenda
amer.	= amerikanisch	ebenf.	= ebenfalls
Anon.	= Anonym(us)	ed.	= ediert
anord.	= altnordisch	eigentl.	= eigentlich
Apostelg.	= Apostelgeschichte	els.	= elsässisch
Art.	= Artikel	EM.	= Enzyklopädie des Mär-
A.T.	= Altes Testament		chens
Aufl.	= Auflage	engl.	= englisch
Auftr.	= Auftritt	Engl.	= England
Ausdr.	= Ausdruck, Ausdrücke	entspr.	= entsprechend
Ausg.	= Ausgabe	Eph.	= Epheserbrief
bad.	= badisch	erg.	= ergänzt
bair.	= bairisch	ersch.	= erschienen
Bd., Bde.	= Band, Bände	erzgeb.	= erzgebirgisch
Bdtg.	= Bedeutung(en)	etc.	= etcetera
Beisp.	= Beispiel(e)	etw.	= etwas
berl.	= berlinisch	etymol.	= etymologisch
bes.	= besonders	euphemist.	= euphemistisch
betr.	= betreffend	europ.	= europäisch
bez.	= bezeichnet	ev.	= evangelisch
Bez.	= Bezeichnung(en)	f., ff.	= folgende Seite(n)
bibl.	= biblisch		folgende(s) Jahr(e)
Bibl.	= Bibliothek	fem.	= femininum
bildl.	= bildlich	FFC.	= Folklore Fellows
B.P.	= Bolte-Polívka		Communications
bzgl.	= bezüglich	finn.	= finnisch
bzw.	= beziehungsweise	fläm.	= flämisch
christl.	= christlich	fränk.	= fränkisch
dän.	= dänisch	Frankr.	= Frankreich
ders.	= derselbe	fries.	= friesisch
desgl.	= desgleichen	frz.	= französisch
d.h.	= das heißt	FS.	= Festschrift
d.i.	= das ist	gebräuchl.	= gebräuchlich
Diss.	= Dissertation	Gen.	= Genitiv
DS.	= Deutsche Sagen der	germ.	= germanisch
	Brüder Grimm	Ges.W.	= Gesammelte Werke

ABKÜRZUNGSVERZEICHNIS

Gesch.	= Geschichte	lat.	= lateinisch
geschichtl.	= geschichtlich	Lexer	= Mhd. Handwb. v.
Ggwt.	= Gegenwart		M. Lexer
griech.	= griechisch	lit.	= literarisch
GSA.	= Gesamtabenteuer	Lit.	= Literatur
H.	= Hälfte	Lit.Ver.	= Bibliothek des
hamb.	= hamburgisch		Lit. Vereins Stuttgart
hd.	= hochdeutsch	Luk.	= Lukas
HdA.	= Handwörterbuch des dt.	lux.	= luxemburgisch
	Aberglaubens	MA.	= Mittelalter
hebr.	= hebräisch	ma.	= mittelalterlich
Hebr.	= Hebräerbrief	Makk.	= Makkabäer
Hes.	= Hesekiel	Mal.	= Maleachi
hess.	= hessisch	Mark.	= Markus
Hess.Bl.f.	= Hessische Blätter für	masc.	= masculinum
Vkde.	Volkskunde	Matth.	= Matthäus
Hg.	= Herausgeber	Mda.,	= Mundart(en)
hg.v.	= herausgegeben von	Mdaa.	
hist.	= historisch	mdal.	= mundartlich
hl.	= heilig	mdl.	= mündlich
holl.	= holländisch	mdt.	= mitteldeutsch
holst.	= holsteinisch	meckl.	= mecklenburgisch
HRG.	= Handwörterbuch zur dt.	mehrf.	= mehrfach
	Rechtsgesch.	mhd.	= mittelhochdeutsch
Hs., Hss.	= Handschrift(en)	mlat.	= mittellateinisch
idg.	= indogermanisch	mnd.	= mittelniederdeutsch
i.J.	= im Jahre	mndl.	= mittelniederländisch
ill.	= illustriert	Mos.	= Moses
Ill.	= Illustration	moselfr.	= moselfränkisch
intrans.	= intransitiv	Mot.	= Motiv-Index v. Stith
iron.	= ironisch		Thompson
ital.	= italienisch	MSD	= Müllenhoff-Scherer;
i.S.v.	= im Sinne von		Denkmäler
Jak.	= Jakobus	n.Chr.	= nach Christi Geburt
Jb.	= Jahrbuch	ndd.	= niederdeutsch
jem.	= jemand(en, es)	ndl.	= niederländisch
Jer.	= Jeremias	Ndr.	= Neudruck
Jes.	= Jesaias	neutr.	= neutrum
Jh., Jhh.	= Jahrhundert(e)	nhd.	= neuhochdeutsch
jidd.	= jiddisch	nordd.	= norddeutsch
Joh.	= Johannes	norw.	= norwegisch
jüd.	= jüdisch	Nr.	= Nummer
Kap.	= Kapitel	N.T.	= Neues Testament
kath.	= katholisch	o.ä.	= oder ähnlich(es)
kaufm.	= kaufmännisch	obd.	= oberdeutsch
KHM.	= Kinder- u. Haus-	oesterr.	= österreichisch
	märchen der	Offenb.	= Offenbarung
	Brüder Grimm	öffentl.	= öffentlich
köl.	= kölnisch	o.J.	= ohne Jahresangabe
Kol.	= Kolosserbrief	oldenb.	= oldenburgisch
Kön.	= Könige	o.O.	= ohne Ortsangabe
Konj.	= Konjunktiv	ostdt.	= ostdeutsch
Kor.	= Korintherbrief	ostmdt.	= ostmitteldeutsch
Kr.	= Kreis	ostpr.	= ostpreußisch

ABKÜRZUNGSVERZEICHNIS

Pauly	= Der kleine Pauly. Lexikon der Antike	Sprw.	= Sprichwort
		Sprww.	= Sprichwörter
PBB.	= Paul und Braunes Beiträge	Str.	= Strophe
		stud.	= studentensprachlich
pfälz.	= pfälzisch	student.	= studentisch
Plur.	= Plural	s. u.	= siehe unten
polit.	= politisch	Subst.	= Substantiv
poln.	= polnisch	südd.	= süddeutsch
pomm.	= pommerisch	suddt.	= sudetendeutsch
Pred.	= Prediger	Sz.	= Szene
preuß.	= preußisch	Thess.	= Thessalonicher
Ps.	= Psalm	thür.	= thüringisch
RA.	= Grimm: Dt. Rechtsaltertümer	tir.	= tirolisch
		Tob.	= Tobias
Rda., Rdaa.	= Redensart(en)	tschech.	= tschechisch
		u.	= und
rdal.	= redensartlich	u. a.	= und andere, unter anderem
RGA.	= Reallexikon der germ. Altertumskunde v. Hoops	u. ä.	= und ähnliche(s)
		Übers.	= Übersetzung
RGG.	= Religion in Geschichte und Gegenwart	übertr.	= übertragen
		Übertr.	= Übertragung
rhein.	= rheinisch	umg.	= umgangssprachlich
Rheinl.	= Rheinland	Urspr.	= Ursprung
rhet.	= rhetorisch	urspr.	= ursprünglich
Richter	= Buch der Richter	usw.	= und so weiter
Röm.	= Römerbrief	u. U.	= unter Umständen
röm.	= römisch	V.	= Vers
rom.	= romanisch	v. Chr.	= vor Christi Geburt
rotw.	= rotwelsch	verbr.	= verbreitet
rum.	= rumänisch	vermutl.	= vermutlich
russ.	= russisch	vgl.	= vergleiche
RVV.	= Religionsgeschichtl. Versuche u. Vorarbeiten	Vkde.	= Volkskunde
		W.	= Werke
S.	= Seite	WA.	= Weimarer Ausg.
s.	= siehe	wahrscheinl.	= wahrscheinlich
Sam.	= Samuel		
s. d.	= siehe dort	Wb., Wbb.	= Wörterbuch (-bücher)
sächs.	= sächsisch		
schles.	= schlesisch	WF.	= Western Folklore
schlesw.-holst.	= schleswig-holsteinisch	weibl.	= weiblich
		westf.	= westfälisch
schwäb.	= schwäbisch	wien.	= wienerisch
schweiz.	= schweizerisch	Wndg., Wndgn.	= Wendung(en)
siebenb.	= siebenbürgisch		
Sir.	= Sirach	wörtl.	= wörtlich
slaw.	= slawisch	ZA.	= Zentralarchiv d. dt. Volkserzählung in Marburg
s. o.	= siehe oben		
sog.	= sogenannt		
sold.	= soldatensprachlich	z. B.	= zum Beispiel
Sp.	= Spalte	zit.	= zitiert
span.	= spanisch	Zs., Zss.	= Zeitschrift(en)
sprachl.	= sprachlich	Zs. f. d. A.	= Zeitschrift f. dt. Altertum
sprw.	= sprichwörtlich		

ABKÜRZUNGSVERZEICHNIS

Zs. f. dt. Mdaa.	= Zeitschrift für dt. Mundarten	Zs. f. Vkde	= Zeitschrift für Volkskunde
Zs. f. dt. Ph.	= Zeitschrift für dt. Philologie	z. T.	= zum Teil
		z. Zt.	= zur Zeit
Zs. f. d. U.	= Zeitschrift für den dt. Unterricht		
Zs. f. dt. Wortf.	= Zeitschrift für dt. Wortforschung	*	= erschlossen
		↗	= siehe

VORWORT ZUR NEUAUSGABE

Das ‚Lexikon der sprichwörtlichen Redensarten‘ hat nach seinem ersten Erscheinen im Jahre 1973 innerhalb von zehn Jahren fünf Auflagen erlebt. Es ist außerdem 1977 in einer ungekürzten Taschenbuchausgabe (Kassette mit 4 Bänden) herausgekommen, die inzwischen ebenfalls in 5. Auflage erschienen ist. Damit hat das Werk eine ungewöhnlich breite Leserschaft erreicht. Zum internationalen Erfolg beigetragen hat nicht zuletzt auch die Tatsache, daß das Werk 1974 den 1. Chicago Folklore Prize gewonnen hat, für ein Werk deutscher Sprache sicher eine ehrenvolle Auszeichnung.

Alle Neuauflagen waren bislang unveränderte Reprints der Erstauflage. Inzwischen hat sich allerdings das in Freiburg aufgebaute deutsche Sprichwörter- und Redensarten-Archiv vervielfacht und eine völlige Neubearbeitung und Erweiterung des Lexikons notwendig gemacht. Was sind ihre Arbeitsprinzipien und Methoden? Wo liegen die Schwerpunkte der Umgestaltung? Was darf man von ihr erwarten?

Zuvörderst verdankt die Neuauflage den über 200 Besprechungen, die das Lexikon in großen und kleinen Zeitungen, in Wochenblättern ebenso wie in volkskundlichen und philologischen Fachzeitschriften erfahren hat, wesentliche Anregungen. Namentlich erwähnt seien die Rezensionen von Leopold Schmidt[1], Wolfgang Mieder[2], Anton Meden[3], Karlheinz Daniels[4] und Horst Beintker[5]. Darüber hinaus hat das ‚Lexikon der sprichwörtlichen Redensarten‘ einen vielfältigen Briefwechsel ausgelöst. Zahlreiche Korrespondenten haben Wünsche angemeldet oder auf Lücken aufmerksam gemacht, die nun geschlossen werden konnten. Ausdrücklich hervorgehoben seien die Beiträge von Dr. M. A. van den Broek, Amsterdam, Johannes Bücher, Bonn-Beuel, Dr. Hans Dittrich, Köln, Dr. h. c. Georg Duthaler-Gfeller, Basel, Dr. jur. Alfred Gleiss, Stuttgart, Prof. Dr. Gertrud Greciano, Strasbourg, Erich Heise, Kronshagen, Prof. Dr. Jarmo Korhonen, Oulu (Finnland), Prof. Dr. Ricarda Liver, Bern, Fritz K. Mathys, Basel, Dr. Claus Riessner, Rom, Prof. Dr. Ingrid Schellbach-Kopra, Helsinki, Otto Schnitzler (Israel), Siegfried Ulbricht, Lüdenscheid. Für alle Ergänzungen sind Autor und Redaktion herzlich dankbar.

Wie schon am äußeren Umfang zu erkennen, hat die Zahl der Stichworte um ca. 50% zugenommen, so daß aus einem Zweibänder nun ein dreibändiges Lexikon entstanden ist. Wenn trotz dieses beträchtlichen Zuwachses an neuen Stichworten noch immer Lücken bemerkt werden sollten, ist der Herausgeber dankbar für jeden Fingerzeig. Manche Korrespondenten suchten in unserem Lexikon freilich auch Dinge, die es gar nicht bieten konnte und wollte, z. B. Sprichwörter, Zitate oder literarische Wendungen, die nicht volksläufig sind.

Auch bei der Neubearbeitung wurde eine ‚Vollständigkeit‘ nicht angestrebt. Noch immer bestimmt das Prinzip der Erklärungsbedürftigkeit die Auswahl: Aufgenommen wurden vorzugsweise sprichwörtliche Redensarten, die einer kulturhistorischen Herleitung bedürfen. Wendungen wie ‚die Hände in den Schoß legen‘, ‚gegen den Strom schwimmen‘ etc. werden zwar metaphorisch gebraucht, d. h., sie sind nicht immer nur wörtlich zu verstehen. Dennoch bedarf es keiner Erläuterung, was damit gemeint ist, also auch

---

[1] *L. Schmidt:* Sprichwörtliche deutsche Redensarten. Lesefrüchte und Randbemerkungen zu Lutz Röhrichs ‚Lexikon der sprichwörtlichen Redensarten‘, in: Österr. Zs. f. Vkde. 77 (1974), S. 81–130.

[2] in: Fabula 15 (1974), S. 136–144.

[3] in: Blätter für den Deutschlehrer 3 (1979).

[4] in: Muttersprache 93 (1983).

[5] in: Theol. Lit. Ztg. 104 (1979).

VORWORT ZUR NEUAUSGABE

keines Lexikonartikels. Bei Wendungen dagegen wie ‚Maulaffen feilhalten‘, ‚dastehen wie ein Ölgötze‘, ‚ein Schnippchen schlagen‘, ‚am Hungertuch nagen‘ sind die Substantive erklärungsbedürftig[6]. Es gibt aber auch sprichwörtliche Redensarten, bei denen die Einzelwörter durchaus geläufig und verständlich sind; dennoch benötigen sie eine kultur- und sprachhistorische Erklärung, wie z. B. ‚Kohldampf schieben‘, ‚jem. durch den Kakao ziehen‘, ‚ins Bockshorn jagen‘, ‚an jem. einen Narren gefressen haben‘, ‚etw. auf die lange Bank schieben‘ etc. Gerade erstarrte Sprachschichten müssen erläutert werden. Oft enthält die Sprache solche altertümlichen Wendungen, die nur noch phraseologisch weitergegeben werden, wie z. B. ‚fröhliche Urständ feiern‘, ‚nicht viel Federlesens, Aufhebens machen‘, ‚Reißaus nehmen‘, ‚eine Scharte auswetzen‘, ‚ein Ritter sonder Furcht und Tadel‘, ‚durch die Lappen gehen‘. Immer mehr Gegenstände der alten Volkskultur sind ja erklärungsbedürftig geworden.

Das Lexikon wird vor allem dann herangezogen werden, wenn es um eine Rückübertragung der Metaphorik aus der Metasprache ins Nicht-Bildhafte geht. Dabei muß man dichterische Metaphern als individuelle Hervorbringungen von den traditionellen der Umgangssprache scheiden. Der Gebrauch von Metaphern ist nämlich kein Vorrecht dichterischer Ausdrucksweise. Nur sind die Metaphern der Volkssprache durch vielfachen Gebrauch vertraut; sie sind bereits Klischee geworden. Aber nicht jeder hat das phraseologische Bewußtsein oder die Phantasie, die übertragene Bedeutung sofort zu verstehen. Wenn sie ihren ursprünglichen Realbereich verlassen, nehmen Worte und Wendungen schnell einen bildhaft-figurativen Sinn ein; z. B. ‚eine Ehrenrunde drehen‘: die Wendung gehört primär in den Bereich des Sports, übertragen umschreibt sie euphemistisch die Wiederholung einer Schulklasse. Oder: es gibt blaue Briefumschläge; aber der sprichwörtliche ‚blaue Brief‘ braucht nicht unbedingt blau zu sein. Gemeint sind die Briefe, die die

Leitung einer Schule an die Eltern verschickt, wenn ein Schüler durchgefallen oder seine Versetzung gefährdet ist; auch der Kündigungsbrief einer Firma kann damit gemeint sein. Oft genug gehen wörtlich-reale und übertragene Bedeutung nebeneinander her. Z. B. ‚der Ofen ist aus‘ kann bedeuten: im Zimmer ist es kalt, weil der Ofen ausgegangen ist; in übertragener Bedeutung aber auch: ‚Ich will mit ihm nichts mehr zu tun haben, die Freundschaft (Liebe) ist zu Ende‘. Das Reizvolle an diesem ‚In-Gänsefüßchen-Sprechen‘ ist die Verbildlichungsstrategie, faszinierend wegen der visuellen Phantasie und Kreativität der Sprache.

Das Verstehen der Sprache setzt zunächst einmal die Kenntnis der realen Hintergründe voraus. Die Aneignung von ‚symbolischer Kultur‘, der Erwerb von Sprachbildlichkeit ist dann ein weiterer Prozeß, der sich über einen großen Teil der Kindheit eines Menschen hinzieht oder sich über sein ganzes Leben lang erstrecken kann. Dann kann fast jedes Wort auch bildhaft eingesetzt werden. Sprichwort- und Redensartenbilder sind vieldeutig und laden zu immer neuen Kombinationen ein. Aber zunächst wirken sie rätselhaft und verlangen eine Auflösung. Hierzu will das Lexikon Hilfestellungen leisten.

Stark erweitert wurde der Nachweis fremdsprachlicher Parallelen, insbesondere aus dem Französischen und Englischen. Bei verwandten Redensarten in anderen Sprachen ist dabei stets zu unterscheiden zwischen Parallelen, Äquivalenten und Varianten. Ganz sicherlich sind ‚Idiotismen‘ nicht unbedingt etwas Sprachspezifisches oder gar Ausdruck eines Nationalcharakters, zumal viele von einer Sprache in die andere übergegangen sind oder einem gemeinsamen Erbe entstammen. Manche Entsprechungen in anderen Sprachen sind auch nur Scheinentsprechungen[7]. Sprichwörtliche Redensarten sind andererseits nur innerhalb einer Sprachgemeinschaft verständlich. Ein Sprachfremder kann z. B. lernen, was

---

[6] Vgl. *H. Burger, Annelies Buhofer u. A. Sialm:* Handbuch der Phraseologie (Berlin 1982), S. 35.

[7] Vgl. *H. W. Klein:* Die volkstümlichen sprichwörtlichen Vergleiche im Lateinischen und in den romanischen Sprachen (Diss. Tübingen 1937).

VORWORT ZUR NEUAUSGABE

im Deutschen ‚grün' bedeutet, auch was ein ‚Zweig' ist; daß aber die sprichwörtliche Koppelung ‚grüner Zweig' im Kontext der Rede ‚Wohlhabenheit, Glück' etc. bedeutet, ist ihm ohne genaue Kenntnis des Deutschen unverständlich. Wie schwer mag sich da mancher Übersetzer tun! So hat tatsächlich einer einmal das französische ‚manger à belles dents' ‚mit schönen Zähnen essen' übersetzt, was aber ‚tüchtig zulangen' besagt. Ähnlich gelagerte Probleme gibt es manchmal auch mit den zahlreichen Entlehnungen aus dem Englischen. Wenn man heutzutage umgangssprachlich das Wort ‚checken' im Sinne von ‚begreifen, kapieren' gebraucht, so wird dem Verb ‚to check' eine Bedeutung zugemessen, die es im Englischen nicht hat. Eine literarische Passage bei Erich Kästner: ‚Der junge Mann wünschte Hals- und Beinbruch' lautet – zurückübersetzt – in der finnischen Ausgabe: ‚Er wünschte, daß Hals und Glieder brächen' – aber das genau ist keine Idiomatik mehr, d. h., eine wörtliche Übersetzung der Bestandteile eines Phraseologismus gibt nicht den Sinn wieder, eben weil die Bedeutung nicht wörtlich zu nehmen ist [8].

Obwohl das Lexikon von der hochdeutschen Umgangssprache der Gegenwart ausgeht, gehört zu den Erweiterungen der Neubearbeitung ein stärkeres Einbeziehen der Mundarten. Dies war schon ein Gebot von der Sache her, weil Mundartwendungen oft den älteren Sprachbestand widerspiegeln. Neue Mundartwörterbücher haben sich – zum Glück mehr als frühere Unternehmen – gerade auch der sprichwörtlichen Redensarten angenommen. So verdanken wir manche Anregungen dem ‚Badischen Wörterbuch', dem ‚Frankfurter Wörterbuch' oder dem neuen ‚Sudetendeutschen Wörterbuch', aber auch den älteren Mundartwörterbüchern des Schwäbischen, Bairischen, Schweizerdeutschen, des Rheinischen, Schleswig-Holsteinischen, des Sächsischen und Mecklenburgischen. Der Zusammenschluß von BRD und DDR macht den unterschiedlichen Sprachgebrauch plötzlich bewußter, denn so man-

che Redensart ist nicht im gesamten deutschen Sprachgebiet bekannt, z. B. ‚zum Schur tun' = zum Verdruß. Diese Wendung gehört nach Mittel- und Ostdeutschland. Eine andere redensartliche Wendung, die im Westen weithin ungebräuchlich ist, wäre etwa ‚jemand etwas aus dem Kreuz leiern', d. h., jemand etwas abschwatzen (z. B. bei Ulrich Plensdorf, Die neuen Leiden des jungen W.).

Ausgiebig konsultiert wurden das Dt. Wb. der Brüder Grimm, aber auch Sachlexika, insbesondere das Handwörterbuch des deutschen Aberglaubens (HdA), sowie andere Wörterbücher, die z. T. freilich noch nicht abgeschlossen sind, wie die Enzyklopädie des Märchens (EM.), das Handwb. der dt. Rechtsgesch. (HRG.), das Reallexikon der germ. Altertumskunde u. a. Noch mehr als bisher sind der Artikel durch weiterführende Literaturangaben ergänzt worden. Hierfür bildeten die grundsätzlichen, weit ausgreifenden und systematischen bibliographischen Arbeiten Wolfgang Mieders [9] eine zuverlässige Hilfe. Vielfach ergänzt wurde ferner die abschließende Bibliographie, die die gängigsten parömiologischen Grundwerke und Einzeluntersuchungen aufführt.

Die Hauptattraktion des Lexikons beruhte schon seither auf seiner Bebilderung. Insbesondere durch historische Illustrationen sollte auch ‚ad oculos' demonstriert werden, was ‚Kerbhölzer', ‚Daumenschrauben' oder ‚Scheuklappen' eigentlich sind; oder was man sich unter einem ‚Lockvogel' oder einem ‚Heftelmacher' vorzustellen hat; und wie ein ‚Eiertanz', ein ‚Pranger', ‚Pfingstochse', ein ‚Rohrspatz' oder eine ‚Goldwaage' aussehen. Im Sinne des Prinzips ‚Wörter und Sachen' – oder besser: ‚Wörter durch Sachen' sind Bildbelege äußerst wichtige Dokumente. ‚Bildlore' hat sich nicht zufällig als ein neuer Forschungszweig der Folkloristik etabliert [10]. Die Neubearbei-

---

[8] *I. Schellbach-Kopra:* Finnisch-deutsche Idiomatik (Porvoo/Helsinki, Juva 1985), S. 18.

[9] *W. Mieder:* International Bibliography of Expressions (Frankfurt a. M. 1977); *ders.:* International Proverb Scholarship: An Annotated Bibliography, (New York 1982), *ders.:* Investigations of Proverbs, Proverbial Expressions, Quotations and Clichés (Bern, Frankfurt a. M., New York 1984).

[10] Vgl. *N. A. Bringéus:* Bildlore (Lund 1981, dt. Übers.: ‚Volkstümliche Bilderkunde', München 1982).

tung des Redensartenlexikons zeichnet sich vor allem durch einen erheblichen Zuwachs an Abbildungen aus. Das graphische Werk mehrerer Illustratoren ist daraufhin systematisch durchgesehen worden, von Gustave Doré[11] bis zu Wilhelm Busch und Olaf Gulbransson[12]. Schon immer haben sich auch die Bilderbogen-Produzenten der Sprichwörter und Redensarten angenommen, um ihre Lehrinhalte illustriert weiterzugeben, in München[13] ebenso wie in Neuruppin[14]. Bei der Erschließung weiterer Bildquellen wurden im Freiburger Archiv zwei Schwerpunkte gesetzt: ein gegenwartsbezogener insofern, als die fast tägliche Bilderflut an Sprichwort- und Redensarten-Illustrationen aus der Tagespresse wenigstens beispielhaft vertreten sein sollte. Journalistische Redensart-Paraphrasen beziehen sich zwar meist auf flüchtige Tagesereignisse, die bald vergessen sein werden. Aber wo sie künstlerisch relevant sind, oder wenn sie sich bei manchen Redensartenfeldern massiv häufen, durfte dieser Gegenwartsaspekt nicht fehlen. Wir danken insbesondere Herrn Horst Haitzinger für seine großzügige Erlaubnis, einige seiner hervorragenden politischen Karikaturen abzudrucken. Er weiß wie in fast täglich neuen Kreationen die Sprache beim Wort zu nehmen[15]. Ebenso wichtig ist die historische Dokumentation. Hier ist vor allem eine Reihe von älteren Emblem-Büchern systematisch auf ihre Sprichwort- und Redensartbestände durchmustert worden. Kein Zweifel, daß die emblematische Literatur insbesondere des 17. Jahrhunderts erheblich zur Ausbreitung, Etablierung und Konsolidierung von Sprichwörtern und Redensarten beigetragen hat, nicht

zuletzt durch die beigegebenen Illustrationen.

Seit dem ersten Erscheinen des ‚Lexikons der sprichwörtlichen Redensarten‘ ist in der Linguistik eine lebhafte und grundsätzliche Debatte über die Begriffsbestimmung und Systematisierung der ‚Phraseologie‘ entbrannt. Dabei sind Sprichwörter und Redensarten freilich nur ein Teilaspekt. Doch das ganze Untersuchungsgebiet der Phraseologie ist in den letzten Jahren häufig beackert worden. Genannt seien insbesondere die Arbeiten von Harald Burger[16], Karlheinz Daniels[17], Josip Matešić[18] und Gertrud Greciano[19]. Die genannten Untersuchungen haben zunächst einmal die Rolle der Parömiologie auch für die Linguistik deutlich gemacht. Phraseologismen – wie man in der Linguistik sagt – bestimmen nämlich stärker noch als der bloße Wortschatz die Spezifik einer Sprache[20]. Diesbezügliche sprachwissenschaftliche Arbeiten konnten ihrerseits nicht ohne Rückwirkung auf die volkskundlich-kulturhistorische Parömiologie bleiben. Vor allem hat sich Klaus Dieter Pilz[21] für eine objektivere und international verbindliche Terminologie eingesetzt und sich gegen den nur umgangssprachlichen, sozusagen noch vorwissenschaftlichen Begriff ‚sprichwörtliche Redensart‘ ausgesprochen. So ging es für die Neuauflage des Redensarten-Lexikons einerseits darum, den Begriff ‚sprichwörtliche Redensart‘ präziser zu definieren, andererseits aber doch auch

---

[11] *Gustave Doré:* Das graphische Werk (München 1975).

[12] *Olaf Gulbransson:* Sprüche und Wahrheiten (München 1975).

[13] Eine lustige Gesellschaft. 100 Münchener Bilderbogen (Zürich 1978).

[14] *G. Zaepernick:* Neuruppiner Bilderbogen der Firma Gustav Kühn (Leipzig 1972); *Th. Kohlmann:* Neuruppiner Bilderbogen (Berlin 1981).

[15] Vgl. *E. Feldmann:* Interview mit einem Märchenkarikaturisten: Horst Haitzinger, in: ‚... und so leben sie noch heute‘? Katalog einer Ausstellung des Inst. f. Vkde. der Univ. Freiburg i. Br. (Freiburg 1990), S. 64–68.

[16] *H. Burger:* Idiomatik des Deutschen, Germanistische Arbeitshefte 16 (Tübingen 1973).

[17] *K. H. Daniels:* Neue Aspekte zum Thema Phraseologie in der deutschen Sprachforschung, in: Muttersprache 93 (1983), S. 142–170.

[18] *J. Matešić* (Hrsg.): Phraseologie und ihre Aufgaben, Mannheimer Beiträge zur slavischen Philologie 3 (Heidelberg 1983).

[19] *G. Greciano:* Signification et denotation en Allemand. La semantique des expressions idiomatiques, Recherches Linguistiques IX (Paris 1983); *dies.* (ed.): Europhras 88. Phraséologie Contrastive. Actes du Colloque International (Strasbourg 1989).

[20] wie Anm. 19.

[21] *K. D. Pilz:* Phraseologie. Versuch einer interdisziplären Abgrenzung, Begriffsbestimmung und Systematisierung..., 2 Bde. (Göppingen 1978); *ders.:* Phraseologie. Redensartenforschung (Stuttgart 1981); *ders.:* Zur Terminologie der Phraseologie, in: Muttersprache 93 (1983), S. 336–350.

VORWORT ZUR NEUAUSGABE

benachbarte und verwandte phraseologische Verbindungen als Untergattungen abzugrenzen, sie gegebenenfalls einzubeziehen oder auch aus dem Lexikon auszuschließen.

Die Vielfalt der alten wie der neuen Nomenklatur ergibt zunächst ein terminologisches Chaos. Durch- und nebeneinander werden folgende Termini gebraucht: ‚Redewendung‘, ‚Redensarten‘, ‚Redewendungen‘, ‚stehende Wendungen‘, ‚feste Ausdrücke‘, ‚Phrasen‘, ‚Floskeln‘, ‚Formeln‘, ‚Ausdrucksweisen‘[22]. Die englische und französische Wissenschaftssprache benutzen das vom Lateinischen abgeleitete ‚Locution‘. Aber wahrscheinlich ist das Wort ‚Redensart‘ selbst nur eine Lehn-Übersetzung von französisch ‚façon de parler‘. Termini wie ‚Ausdruck‘ oder ‚expression‘ sind wohl zu blaß und nichtssagend. Das metaphorische Bild unterscheidet die ‚sprichwörtliche Redensart‘ von der bloßen ‚Redewendung‘. Sprichwörtliche Redensarten sind aber auch nicht nur ‚fixierte Wortgefüge‘. Außer ‚Fixiertheit‘ gehört vor allem Wiederholung zu ihren wesentlichen Merkmalen: der Hörer weiß – bewußt oder unbewußt –, daß er das Gesagte schon einmal gehört hat, ein Prozeß, der in der Psychologie als ‚Déjà-vu-Effekt‘ bekannt ist. Wesentlich zur sprichwörtlichen Redensart gehört das Verwurzeltsein der sprachlichen Formel in der Sprechtradition. ‚Sprichwörtlich‘ werden, heißt wiederholt, im kollektiven Bewußtsein üblich werden. Man hat linguistisch darum auch von ‚wiederholter Rede‘ gesprochen. Es geht um sprachliche Elemente, die nicht eigens produziert, sondern nur reproduziert zu werden brauchen, um vorfabrizierte Formeln, ‚patterned speech‘.

Für den Gesamtkomplex werden in der Linguistik Begriffe bevorzugt, die entweder von griechisch ‚idioma‘ oder ‚phrasis‘ abgeleitet sind, wie ‚Idiotismen‘ oder ‚Phraseologie‘. ‚Idiomatisch‘ ist nun freilich die ganze Sprache und nicht nur ihre feststehenden Formeln. Das Wort ‚Phraseologie‘ ist andererseits schon insofern problematisch, weil es – analog zum Begriff ‚Folklore‘ – sowohl die in einer Sprache auftretenden Redewendungen bezeichnet als auch die sich damit befassende Wissenschaft! Schließlich wird das Wort ‚Phrase‘ im Deutschen meist nur abschätzig verwendet im Sinne von ‚leerem Gerede‘, ‚bloßen Redensarten‘. „Ein Phrasendrescher wird nicht ernst genommen, aber wer eine Fremdsprache idiomatisch spricht, darf mit Bewunderung rechnen"[23].

‚Sprichwort‘ und ‚sprichwörtliche Redensarten‘ bedeuten für den Linguisten indes nur einen Teilaspekt der vielen Möglichkeiten von ‚phraseologischen Einheiten‘. In der Tat deckt schon allein der Begriff ‚sprichwörtliche Redensart‘ einen großen – vielleicht allzu großen – Bereich in zu undifferenzierter Weise ab. Löst man diesen Begriff auf, so erkennt man recht unterschiedliche ‚phraseologische Einheiten‘, deren Klassifikation nicht ganz einfach ist, weil sich die Begriffe mannigfach überlappen. Es ergibt sich eine Vielfalt von Bezeichnungen, wie ‚Topoi‘, ‚Phrasen‘, ‚Parolen‘, ‚Idiome‘, ‚Formeln‘ (z. B. Zwillingsformeln, Gruß- und Anredeformeln), ‚Floskeln‘, ‚Klischees‘, ‚Slogans‘, ‚Schablonen‘, ‚Vergleiche‘, ‚Stereotype und feste Syntagmen‘, ‚geflügelte Worte‘, ‚Mode- und Schlagworte‘. Die Fakten, die von dieser Terminologie umschrieben werden, sind recht verschiedenartig, und alle definitorische Logik und Stringenz wird nicht vermeiden können, daß es auch künftig fließende Übergänge und Zweifelsfälle geben wird. Hier ist es außerordentlich schwer, eine Begriffssystematik zu entwikkeln.

Unter einer ‚phraseologischen Einheit‘ versteht die Linguistik eine Verbindung von zwei oder mehr Wörtern, wenn diese eine durch die syntaktischen und semantischen Regularitäten der Verknüpfung nicht voll erklärbare Einheit bilden[24]. Ein Beispiel bietet die Redensart ‚ins Gras beißen‘: Die Wortverbindung ist ungewöhnlich; man erwartet anderes. Aber ‚in den Pfirsich beißen‘ oder ‚ins Gras fallen‘ haben nichts mit der Bedeutung ‚sterben‘ zu tun, und Wendungen wie ‚in die Wiese beißen‘ oder ‚ins Gras schnappen‘ wären

---

[22] Vgl. *H. Thun:* Probleme der Phraseologie (Diss. Tübingen 1976), S. XV.

[23] Vgl. *H. Thun:* (wie Anm. 22), S. XV.
[24] Handbuch (wie Anm. 6), S. 1.

13

nicht die traditionell-gebräuchlichen Formulierungen[25].

Ebenso allgemein wie ‚phraseologische Verbindung‘ ist der Terminus technicus ‚fixiertes Wortgefüge‘, den Harald Thun einzuführen versucht hat[26]. Eine ‚sprichwörtliche Redensart‘ im Sinne unseres Lexikons ist aber nicht identisch mit ‚Phrasem‘ oder ‚Phraseologismus‘. Es gibt Tausende von fixen Wortverbindungen, die darum noch keine ‚sprichwörtliche Redensarten‘ sind. Ausdrücke wie ‚heißer Herbst‘, ‚strammer Max‘ oder der ‚springende Punkt‘ bilden mit Sicherheit eine ‚phraseologische Verbindung‘, sind aber keine ‚sprichwörtlichen Redensarten‘. Ebensowenig Einwort-Phraseologien wie ‚Elefantenhochzeit‘, ‚Kanonenbootdiplomatie‘, ‚Puddingabitur‘, wie ‚Hans-Guck-in-die-Luft‘, ‚Stehaufmännchen‘, ‚Hasenfuß‘, ‚Schlitzohr‘, ‚Sommerloch‘, ‚Beziehungskiste‘, ‚Pantoffelkino‘ (für Fernsehen) etc., zumal sich mit den Hilfsverben ‚sein‘ oder ‚haben‘ jede phraseologische Verbindung in eine sprichwörtliche Redensart umfunktionieren ließe: ‚ein alter Hase sein‘, ‚hoch zu Roß sein‘, ‚Marotten haben‘ oder ‚eine Pechsträhne haben‘. Doch kann jedes Wort ‚sprichwörtlich‘ werden, wenn es metaphorisch gebraucht wird. Das Wort ‚Wäsche‘ beispielsweise ist zunächst frei verfügbar. Wortverbindungen wie ‚Wäsche waschen‘, ‚Wäsche trocknen‘, ‚Wäsche bügeln‘ sind möglich und üblich zum Bezeichnen der Vorgänge, wie man mit ‚Wäsche‘ umgeht. Für die Wortverbindung ‚schmutzige Wäsche‘ gilt dies auch, aber in dieser Kombination ‚schmutzige Wäsche waschen‘ ist die phraseologische Verbindung auch sprichwörtlich verwendbar. Wenn es etwa in einem Zeitungsartikel heißt: „Im Parlament ist wieder einmal schmutzige Wäsche gewaschen worden", so wird jedermann klar, daß die phraseologische Verbindung diesmal einen sprichwörtlichen, d. h. übertragenen Sinn erhalten hat und nicht wörtlich zu verstehen ist. Es gibt Lexeme, die nur in sprichwörtlichem Gebrauch auftreten, z. B. Wörter wie ‚Bockshorn‘, ‚Fettnäpfchen‘, ‚Garaus‘, ‚Bohnenstroh‘, ‚Bürstenbinder‘, ‚Gold-

waage‘. Es sind zusammengesetzte Substantive, die nur in Verbindung mit traditionell-feststehenden Verben vorkommen. Worte wie ‚Kriegsfuß‘ oder ‚Hasenpanier‘ erscheinen beispielsweise nur in der Verbindung ‚mit jemand auf Kriegsfuß stehen‘ bzw. ‚das Hasenpanier ergreifen‘. Das gilt nicht nur für Substantive; es gibt auch Verben, die praktisch nur in phraseologischen Verbindungen vorkommen, z. B. ‚rümpfen‘ nur in ‚die Nase rümpfen‘. Linguistisch werden ‚sprichwörtliche Redensarten‘ auch als ‚Wortgruppen-Lexeme‘ bezeichnet. Wortgruppenlexeme stehen nicht für sich allein. Sie können nur innerhalb eines Satzes Verwendung finden. Es fehlt ihnen das Subjekt, wie z. B. bei ‚mit dem Zaunpfahl winken‘, ‚mit offenen Augen schlafen‘, ‚sich einen hinter die Binde gießen‘. In jedem Fall muß noch ein Subjekt eingesetzt werden. Hier bleibe ich bei meiner seitherigen Definition, wonach eine ‚sprichwörtliche Redensart‘ im Gegensatz zum ‚Sprichwort‘ als ein ‚offener verbaler Ausdruck‘ bestimmt wird. Andere Definitionen bestätigen diese Auffassung. So erklärt Dagmar Burkhart: Eine sprichwörtliche Redensart ist kein Satz, sondern eine prädikative Wortgruppe. Deshalb treten Redensarten in Sammlungen stets in Infinitivform auf, z. B. ‚einen Knüppel zwischen die Beine werfen‘, ‚im Trüben fischen‘. Die Anwendung sprichwörtlicher Redensarten benötigt also ein Subjekt, ein Objekt und eine diesen entsprechende Verbalform: ‚Er fischt im Trüben‘, ‚Ihr habt im Trüben gefischt‘; ‚Sie warfen ihm Knüppel zwischen die Beine‘ etc.[27]

Daneben gibt es aber ‚Phraseologismen‘, die doch einen ganzen Satz ausmachen: ‚Das geht auf keine Kuhhaut!‘, ‚Wiedersehn macht Freude!‘, ‚Es ist höchste Eisenbahn!‘, ‚Alles für die Katz!‘, ‚Es wird einem nichts geschenkt!‘, ‚So jung kommen wir nicht mehr zusammen!‘. Es handelt sich hier um ganze Sätze, die aber doch noch nicht eigentlich Sprichwörter sind. Es sind Feststellungen, häufig Ausrufe, die ohne Kontext sinnlos sind. Man kann in solchen

---

[25] Handbuch (wie Anm. 6), S. 2 f.
[26] H. Thun: (wie Anm. 22).

[27] Vgl. D. Burkhart: Die semiotischen Dimensionen des russischen Sprichworts, in: K. D. Seemann (Hrsg.): Beiträge zur Russischen Volksdichtung (Berlin 1987), S. 14.

VORWORT ZUR NEUAUSGABE

Fällen auch von Gemeinplätzen oder Routineformeln reden: ,Der Mensch ist ein Gewohnheitstier', ,Mein lieber Freund und Kupferstecher', ,Das nennst du aufgegessen (aufgeräumt, sauber etc.)', ,Ehrlich gesagt', ,Das kannst du vergessen' etc. Zu den von den Linguisten so genannten ,Phraseo-Schablonen' gehören ferner formelhafte Grüße (,Grüß Gott', ,Guten Tag', ,Servus' etc.), Fragen nach dem Ergehen oder auch Dankesformeln (,Vielen Dank!') oder auch die variablen Antworten auf die Frage ,Wie geht's!', tradierte Antworten auf bestimmte häufig wiederkehrende (oder auch lästige) Fragen wie: ,Was ist los?' (,Was nicht angebunden ist!'), ,Was sollen wir machen?' (,Kopf stehen und lachen') etc. In der Nähe stehen andere verblose Redensarten und deklarative Mitteilungen, wie z. B. ,Ende der Debatte!' oder Interjektionen wie ,Feurio!', ,Mordio!', ,Ach, du grüne Neune!' etc.

Mit Sicherheit gehören in ein Redensarten-Lexikon die sogenannten ,Zwillingsformeln' vom Strukturtyp ,klipp und klar', ,frank und frei', ,mit Fug und Recht', ,in Hülle und Fülle', ,gang und gäbe', auch wenn diese Wortverbindungen keine verbalen Ausdrücke sind. In der Linguistik werden sie als ,phraseologische Wortpaare' bezeichnet. Zwillingsformeln sind in der alten Auflage in Sammelartikeln (,Ach und Krach' – die stabreimenden bei ,Bausch und Bogen') summarisch behandelt worden; sie bedürfen aber z. T. eigener Artikel, gerade weil sie oft alte Rechts- und Glaubensvorstellungen enthalten und darum heutzutage erklärungsbedürftig sind.

Mehr als bisher sind die stereotypen Vergleiche in das Lexikon einbezogen worden, also Wendungen von der Struktur ,saufen wie ein Bürstenbinder', ,sich freuen wie ein Schneekönig', ,dastehen wie ein begossener Pudel' etc. Hier gab es auch eine Reihe neuerer Forschungen zu berücksichtigen[28]. Es geht um traditionelle Vergleichsformeln mit oder ohne ,wie'. Die Terminologie der Linguistik spricht von ,fixierten Vergleichen', ,phraseologischen Vergleichen' oder auch von ,komparativen Phraseologismen'. Strukturell bestehen sie aus einem Vergleichsobjekt (comparandum), einem Vergleichsmaß (comparatum) und einer Vergleichspartikel (Konjunktion)[29], wobei häufig mit Kontrasten (Antinomien, binären Oppositionen) gearbeitet wird: ,sich verhalten wie ein Elefant im Porzellanladen', ,klar wie dicke Tinte'. Worte, die besonders zu einem Vergleich einladen, sind im Deutschen z. B.: dumm, faul, frech, klug, schlau, dick, hungrig, alt, weiß. In vielen Fällen kann man den redensartlichen Vergleich in ein Wort zusammenziehen, oft aber auch nicht. Der Sprachgebrauch ist hier sehr kompliziert und wohl kaum in Regeln zu fassen: Warum kann man ,saudumm', aber nicht ,dumm wie eine Sau' sein? Warum ,rotzfrech', aber nicht ,oskarfrech'? Warum kann man ,baumstark' und ,lammfromm' sagen, aber nicht ,rasenschlank', sondern nur ,gertenschlank'? In vielen Fällen gibt es eine semantische Differenzierung, je nach dem Vergleichsobjekt; z. B. meint ,weiß wie Schnee': sehr sauber, ,weiß wie die Wand', aber blaß[30]. Vor allem stehen bestimmte Tiere sinnbildlich für bestimmte menschliche Eigenschaften: Biene für Fleiß, Schwein für Schmutz, Wolf für Hunger, Schlange für listige Klugheit, Hund für Müdigkeit (aber auch für Treue), Fuchs für Schlauheit, Lamm (Hammel) für Geduld, Schnecke für Langsamkeit usw. Manche Substantive haben zu unterschiedlichen Vergleichen Anlaß gegeben, z. B. Fisch: ,stumm wie ein Fisch', ,kalt wie ein Fisch', ,sich wohlfühlen wie ein Fisch im Wasser'. Auch Adjektive können mit unterschiedlichen Substantiven in Vergleich gekoppelt werden. Man kann ,stark wie ein Baum', ,wie ein Bär', ,wie ein Stier', oder ,wie ein Löwe' sein. Neben den einfachen, einleuchtenden und logischen Vergleichen ,hungrig wie ein Wolf', ,schwarz wie ein Rabe' (Kohle, Pech, Ruß), wobei sich das ,tertium comparationis' jeweils leicht ein-

---

[28] Vgl. *H. Schick:* Synchron-diachrone Untersuchungen zu volkstümlichen Vergleichen des Deutschen, Französischen und Spanischen (Mag. Arbeit Freiburg i. Br. 1978); *L. Röhrich u. W. Mieder:* Sprichwort, Sammlung Metzler 154 (Stuttgart 1977), S. 23–25; *R. Hessky:* Sprach- und kulturspezifische Züge phraseologischer Vergleiche, in: Europhras (wie Anm. 19).

[29] *R. Hessky:* (wie Anm. 28), S. 1.

[30] Vgl. *R. Hessky* (wie Anm. 28), S. 4.

stellt, gibt es doch auch ausgeprochen erklärungsbedürftige redensartliche Vergleiche, z. B. ‚alt wie Methusalem‘, ‚bekannt wie ein bunter Hund‘, ‚faul wie die Sünde‘, ‚dastehen wie Pik Sieben‘. Im umgangssprachlichen Gebrauch heben sprichwörtliche Vergleiche oft das Negative, Unvorteilhafte oder Lächerliche hervor: ‚dumm wie Bohnenstroh‘, ‚sich winden wie ein Aal‘, ‚dasitzen wie ein Häufchen Elend‘. Phraseologische Vergleiche haben vielfach eine verstärkende, intensivierende Funktion und verleihen einer Aussage ein erhöhtes Maß an Expressivität[31].

Immer mehr ist auch Gegenwartsidiomatik in das Lexikon aufgenommen worden, nicht nur überliefertes oder historisches Wortmaterial. So folgen z. b. bestimmte Slogans der Werbesprache den Bauformen des Sprichworts, wie etwa ‚Neckermann macht's möglich‘, ‚Persil bleibt Persil‘, ‚Im Falle eines Falles …‘, ‚Abends fort – Morgens dort‘ (Reklame für Güterbeförderung durch die Bahn), ‚Fahr und spar!‘, ‚Nicht warten – gleich starten!‘ (Werbung für Autobatterien). Werbung erhält durch Sprichwörter eine Emotionalisierung; die Sprichwörter bekommen darin einen Erinnerungswert. In einer Marketing-Gesellschaft wird Werbesprache immer beherrschender und hat z. T. sogar bereits die Mundarten ergriffen. Ähnlich hat die Sportsprache viele Wendungen zur modernen Sprachentwicklung beigetragen: ‚ein Eigentor schießen‘, ‚Durchstehvermögen haben‘, ‚den Startschuß geben‘, ‚in die Endrunde gehen‘, ‚Spitzenreiter der Saison sein‘ etc. Insbesondere die Sprache der Massenmedien, voran die Zeitungssprache, neigt zu solchen standardisierten Ausdrücken. Bedeutend ist der Sprichwortgebrauch in der modernen Publizistik bei Schlagzeilen und in Werbeslogans. Überhand genommen haben schließlich die Wendungen aus der Sprache der Technik, wie z. B. ‚Gas geben‘, ‚auf Touren kommen‘, ‚eine Panne haben‘, ‚Lautsprecher abstellen – Schalldämpfer aufsetzen‘ (sagt man zu einem Überlauten), ‚grünes Licht geben‘, ‚etwas unterbelichtet sein‘. Man kann jedenfalls von einer Technisierung der Sprache sprechen. Immer mehr fachsprachliche Ausdrücke werden Allgemeingut.

Viele neu entstehende Wendungen und Parolen kommen aus Schlagworten. Der politische Slogan kann schnell zum Sprichwort werden, z. B. ‚Vierzig (35) Stunden sind genug‘. Schnell entstehen neue Begriffe, insbesondere im Zusammenhang mit veränderten politischen Konstellationen. So hat uns das Jahr 1989 nacheinander die ‚Vogel-Metaphern‘, ‚Wendehals‘ und ‚Mauerspecht‘ beschert. Manchmal werden Aussprüche von Politikern (fast) sprichwörtlich, vor allem wenn sie so prägnant und zutreffend sind wie M. Gorbatschows Wort ‚Wer zu spät kommt, den bestraft das Leben‘ (Herbst 1989, anläßlich des 40. DDR-Jubiläums). Kleine Sprichwörter zeigen dabei oft große Wirkungen.

Wortprägungen bekannter Persönlichkeiten wären zunächst einmal als ‚Zitate‘ zu bezeichnen. Die Abgrenzung von Sprichwörtlichem zum ‚Zitat‘ und zum ‚geflügelten Wort‘ ist jedoch nicht immer problemlos. Die Linguisten sprechen in beiden Fällen von ‚wiederholter Rede‘[32], womit freilich die Herkunfts- wie die Rezeptionsfrage ausgeklammert bleibt. Zitate sind für den Linguisten zunächst einmal ‚Autor-Phraseologismen‘, d. h. individuelle Erfindungen, die aber sehr wohl sprichwörtlich werden können; z. B. ‚nicht alle Blütenträume reifen‘. Und natürlich hat ein Autor auch das Recht, traditionell vorgegebene Metaphern zu mischen. Gerade Kontaminationen sind oft literarischer Herkunft, z. B. ‚sang- und klanglos baden gehen‘ (Christa Wolf).

Der früheste schriftliche Beleg eines Sprichworts oder einer Redensart muß nicht unbedingt auch deren Ursprung darstellen. Vielmehr können Sprichwörter und Redensarten durchaus längst schon populär gewesen sein, bevor sie in die Literatur aufgenommen wurden[33]. Gegenüber den literarischen und historischen Bele-

---

[31] Vgl. *L. Röhrich u. W. Mieder* (wie Anm. 28), S. 111–114; *W. Mieder: Das Sprichwort in unserer Zeit* (Frauenfeld 1975).

[32] Vgl. *E. Coseriu:* Einführung in die Allgemeine Sprachwissenschaft (Tübingen 1988), S. 276.
[33] Vgl. *L. Röhrich u. W. Mieder* (wie Anm. 28), S. 26.

VORWORT ZUR NEUAUSGABE

gen ist oft auch Skepsis angezeigt. Literaturbelege entsprechen nicht unbedingt auch der volkstümlichen Ausdrucksweise. Sind Wendungen wie ‚die Gretchenfrage stellen‘, ‚gegen Windmühlen kämpfen‘, ‚den Gang nach Canossa antreten‘ oder ‚das Ei des Columbus‘ nun geflügelte Worte oder sprichwörtliche Redensarten? Hier gibt es offenbar Übergänge. Außerdem geht bei immer mehr ‚geflügelten Worten‘ das Zitat-Bewußtsein verloren. Das gilt z. B. für viele aus der Bibel stammende Wendungen, wie z. B. ‚von Gott verlassen sein‘, ‚jemand stehen die Haare zu Berge‘ (Hiob 4, 15), ‚Bubenstück‘ (Ps. 41, 9), ‚die Böcke von den Schafen trennen‘ (Matth. 25, 32)[34], ‚Wer anderen eine Grube gräbt, fällt selbst hinein‘ (Spr. Sal. 26, 27). Auffällig ist, daß in protestantischen Gesellschaften, wie in Deutschland, Skandinavien, England und in den USA mehr auf die Bibel angespielt wird als in katholischen[35]. Biblische Zitate – aber ebenso solche aus den Klassikern der Literatur – werden wie Sprichwörter oder Redensarten gebraucht, oft auch abgewandelt – unbewußt oder in parodistischer Absicht – und sie dürfen deshalb auch in einem Lexikon der sprichwörtlichen Redensarten nicht fehlen. Auch manche Titel aus der neuen Literatur oder aus Filmen haben mittlerweile schon sprichwörtlichen Charakter angenommen wie z. B. ‚Manche mögen's heiß‘, ‚Ein Hauch von Nerz‘ oder ‚Gruppenbild mit Dame‘. Prägungen dieser Art müssen deshalb aufgenommen und nachgewiesen werden. Sogar Operettentexte wurden zu sprichwörtlichen Merksätzen: ‚Glücklich ist, wer vergißt, / was nicht mehr zu ändern ist‘ (Fledermaus). Viele Redensarten und Sprichwörter sind abgekürzte Refrains aus Volksliedern oder Schlagern, wie z. B. ‚Trink, trink, Brüderlein, trink!‘, ‚Wenn du noch eine Schwiegermutter hast‘, ‚Schnaps, das war sein letztes Wort‘, ‚Es gibt kein Bier auf Hawaii‘, ‚Siehste wohl, da kimmt er‘, ‚Wer soll das bezahlen?‘, ‚Marmor, Stein und Eisen bricht …‘, ‚Balla, balla‘. Man darf in einem

Redensarten-Lexikon sehr wohl erwarten, etwas über die Herkunft und das Alter solcher sprichwörtlich gewordener Schlager-Zitate zu erfahren.

Neu hinzugekommen sind ferner viele Ausdrücke der sogenannten Jugendsprache. Erklärungsbedürftig ist hierbei das meiste für die Erwachsenen, die bei dem rasanten Tempo der Entwicklung der jugendlichen Sondersprache schon lange nicht mehr mitkommen. Da geht es nicht nur um den ‚Null Bock‘. Interessant ist die Entwicklung vor allem, wenn gebräuchliche Worte der Umgangssprache auf der Jugendebene einen anderen Inhalt oder eine andere Frequenz bekommen, z. B. bei Worten wie ‚stark‘, ‚echt‘, ‚irre‘, ‚unheimlich‘, ‚geil‘, ‚tierisch‘, ‚logo‘, ‚anmachen‘, ‚etwas bringen‘, ‚auf etwas abfahren‘, ‚sich einen abfrieren‘ etc. Wie bei allen Modeerscheinungen wechselt der Sprachgebrauch rasch. Das meiste wird morgen schon hoffnungslos veraltet wirken und bedarf deshalb der lexikalischen Dokumentation von heute. Mit Recht schreibt Dieter E. Zimmer: „Nichts ist so konservativ wie unser Sprachgehör. An allem, was es einmal gelernt hat, hält es zäh fest. Nur das klingt immer richtig. Wenn sich die Sprache draußen die Freiheit nimmt, von dieser Norm abzuweichen, schreit es unhörbar auf: ‚Sprachverfall, Sprachverderb!‘ “[36].

Beobachtet werden kann auch eine Neigung zu verkürzten Zitierweisen, zum nur noch andeutenden Fragment in der umgangssprachlichen Verwendung von Sprichwörtern. Wer nur sagt: ‚De mortuis‘ oder ‚De gustibus‘, der traut dem anderen zu, daß er aufgrund seiner Lateinkenntnisse den Rest selbst ergänzen kann: ‚De gustibus non est disputandum‘ oder ‚De mortuis nil nisi bene‘. Das ist natürlich recht bildungsbürgerlich gedacht[37]. Aber beim Zitieren von Redensarten und Sprichwörtern spielt das Prinzip der Ersparnis eine große Rolle. Und es gilt erst recht bei dem Bekanntheitsgrad deutschsprachiger Sprichwörter. Es genügt zu sagen ‚Was man nicht im Kopf hat …‘, weil

---

[34] Vgl. *W. Mieder:* Not By Bread Alone. Proverbs of the Bible (Shelburne/Vermont 1990); *C. Földes:* Die Bibel als Quelle phraseologischer Wendungen, in: Proverbium 7 (1990), S. 57–75.
[35] Vgl. *E. Coseriu* (wie Anm. 32), S. 277.

[36] Die Zeit, Nr. 17, 1981.
[37] Vgl. *M. Lüthi:* Volksliteratur und Hochliteratur (Bern u. München 1970), S. 11.

17

jeder Gesprächspartner weiß, wie es weitergeht und wie es gemeint ist. Ähnlich die Anspielung: ‚Wenn Engel reisen ...‘ Wenn Sprichwörter, die normalerweise ganze Sätze bilden, nur angerissen, angetippt werden, könnte man dies den redensartlichen Gebrauch eines Sprichworts nennen. Sprichwort- und Zitatfragmente erfüllen nicht selten die formalen Bedingungen von sprichwörtlichen Redensarten. In der linguistischen Terminologie ist ein Sprichwort als abgeschlossener Satz ein ‚Phraseo-Text‘, die Redensart als ein nicht abgeschlossener Satz ein ‚Phrasem‘. Gleichwohl gibt es fließende Übergänge. Die Wendung ‚im Glashaus sitzen‘ hat sich mit Sicherheit erst aus dem Sprichwort entwickelt: ‚Wer im Glashaus sitzt, soll nicht mit Steinen werfen‘. Ein Beispiel für die Nähe und Abhängigkeit von Sprw. und Rda. gibt gleich das erste (neue) Stichwort des Lexikons: A. ‚Wer A sagt, muß auch B sagen‘ – so lautet ein bekanntes Sprw., dessen Elemente nun aber auch einzeln, herausgelöst aus der Gesamtstruktur, in einen anderen Satz eingefügt, d. h., eben redensartlich verwendet werden können: z. B. in einem Werbetext: ‚Sie haben A gesagt ...‘, d. h.: Sie haben schon einmal gekauft, also sollten Sie bei dem gewählten Produkt bleiben und wieder kaufen, oder in einer Mahnung: ‚Du hast A gesagt ... du mußtest wissen, was du tatest; beklag dich nun nicht.“ Aber nicht alle Sprichwörter lassen sich in sprichwörtliche Redensarten umfunktionieren.

Es gibt einen konservativen wie auch einen innovativen Gebrauch von sprichwörtlichen Redensarten. Dabei wird dem Gewohnten oft bewußt gegengesteuert. So spielen die Abwandlungen von Redensarten und Sprichwörtern, das ‚Anti-Sprichwort‘ und die ‚Anti-Redensart‘ eine immer größere Rolle [38]: Parodien, Verballhornungen, Verfremdungen, Mischungen von Sprichwörtern etc. Eine Kontamination aus verschiedenen Phraseologismen hebt eine traditionelle Wendung schlagzeilenartig erst ins Bewußtsein: ‚Alte Liebe rostet doch‘. Oder man kehrt den Sprichwortsatz einfach um: ‚Ohne Preis kein Fleiß‘ – ‚Ein fetter Hahn tut's selten gut‘. Die geringfügigsten und unauffälligsten Änderungen sind oft die witzigsten: ‚Hummer ist der beste Koch‘ – ‚Sich legen bringt Segen‘ – ‚Scheich und Scheich gesellt sich gern‘. Recht beliebt sind auch Erweiterungen des vorgegebenen Sprichworts: ‚Liebe macht blind und nicht satt ein Kind‘. Die Vermischung zweier Sprichwörter und ihrer Bildlichkeit führen fast immer zu einem komischen Konflikt, z. B.: ‚Manch geschenkter Gaul ist aller Laster Anfang‘ – ‚Seid verschlungen, Millionen‘. Die Ironisierung von sprichwörtlichen Redensarten hat z. T. schon eine lange Geschichte. Die Wendung ‚das geht durch Mark und Bein‘ wird schon lange meist nur noch ironisch gebraucht in der Form: ‚Das geht durch Mark und Pfennig‘. Der Hauptgrund für den Trend zum Anti-Sprichwort liegt darin, daß die den meisten Sprichwörtern zugrunde liegende altväterliche Moral nicht mehr in die heutige gesellschaftliche Wirklichkeit paßt. Gerade weil Sprichwörter didaktisch sind, weil sie Erfahrungen und Weisheit lehren, Moral predigen, weil sie als ‚Wahrwörter‘ Autorität beanspruchen und weil sie oft und zu oft wiederholt worden sind, fordern sie kritischen Widerspruch heraus. Es ist jedenfalls frappant, wie das Sprichwort, das doch lange als traditionsbeharrendes Genre galt, zu Innovationen fähig ist, bzw. diese geradezu verlangt. Das Sprichwort überlebt, aber es überlebt vornehmlich in einer verfremdeten Variation. Dabei sind die Neuhervorbringungen keineswegs gleichgültige Sprachspielereien, sie sind vielmehr durchaus angemessener Ausdruck ihrer Entstehungszeit. Für eine Epoche, in der die Ethik der Leistungsgesellschaft vor allem von vielen Angehörigen der jungen Generation massiv in Frage gestellt wird, mutieren Anti-Sprichwörter das alte Loblied des Fleißes auffallend oft in ein Lob der Faulheit: ‚Arbeit adelt – wir bleiben bürgerlich‘, – ‚Arbeit macht Spaß – und Spaß wird nicht gemacht‘, – ‚Arbeit ist aller Laster Anfang‘ – ‚Morgenstund mit Gold im Mund, ist mitunter ungesund‘, – ‚Es gibt viel zu tun, lassen wir es bleiben‘. Die Gegenwart erlebt geradezu einen Boom von Anti-Sprichwörtern. Auch Sponti-Sprü-

---

[38] *W. Mieder:* Antisprichwörter, 3 Bde. (Wiesbaden 1982–1985); Vgl. *L. Röhrich:* Anti-Sprichwörter. Zu einem neuen Buch von Wolfg. Mieder, in: Muttersprache 93 (1983), S. 351–354.

VORWORT ZUR NEUAUSGABE

che und Graffiti sind mittlerweile ein selbständiger Sammel- und Forschungsgegenstand der Folkloristik geworden [39]. Eine nicht geringe Zahl von Sammlungen aus dem deutschsprachigen wie angelsächsischen Raum hat jedenfalls bewiesen, wie stark auf diesem Gebiet mit sprichwörtlichen Formeln gearbeitet wird, wie sehr aber auch schlagkräftige Wandsprüche ihrerseits Sprichwortcharakter annehmen können: ,Wer sich nicht wehrt, lebt verkehrt' – ,Brot für die Welt – aber die Wurst bleibt hier!'. Manche Sponti-Sprüche sind mittlerweile zu ganzen Modeserien weiterentwickelt worden, wie etwa die Varianten von ,Ich denke, mich trifft der Schlag' (,laust der Affe', ,ich werde verrückt' etc.), ,Ich denke, mich tritt (streift) ein Pferd' (Bus), ,... mein Hamster bohnert', ,... mich knutscht ein Elch', ,... mich bumst ein Bär' etc. Einem anderen Strukturmodell folgt die Reihe ,Stell dir vor, es ist Krieg und keiner geht hin', ,... es ist Krieg, und keiner geht drauf', ,... es sind Wahlen und keiner geht hin', ,... es gibt Freibier und keiner weiß, wo', oder die Serie ,Lieber fernsehmüde als radioaktiv', ,lieber instandbesetzen als kaputtbesitzen', ,lieber Gott als tot', ,lieber krankfeiern als gesundschuften', ,lieber einen Bauch vom Trinken als einen Buckel vom Arbeiten', ,lieber 'ne sechs als überhaupt keine persönliche Note' etc. Ebenso wie beim Sprichwort [40] kann man auch bei den Redensarten die Tendenz zur strukturgleichen Serienbildung beobachten. Aus der Grundform ,das Gras wachsen hören' haben sich Wendungen weiterentwickelt, wie z. B. ,die Mücken husten hören', ,die Flöhe an der Wand niesen hören' etc. Auch fremdsprachliche Parallelen zeigen manchmal überraschenderweise strukturelle Nähe trotz sprachbildlicher Fremdheit. Für verfrühtes, allzu vorschnelles Handeln gebraucht man im Deutschen ,Das Fell des Bären verkaufen, ehe man

ihn erlegt hat'. In anderen Sprachen sagt man statt dessen: ,Die Haut verkaufen, ehe man die Kuh hat', ,über das Fell streiten, ehe man das Lamm hat', ,einen Fisch verkaufen, bevor er gefangen ist', ,die Eier verkaufen, bevor die Küken ausgebrütet sind', ,für die Wiege sorgen, bevor man das Kind hat', ,das Messer schleifen, noch ehe das Kalb geworfen ist', ,Stoff weben, während das Schaf noch die Wolle trägt' etc. Die Bilder sind verschieden, aber das Strukturmodell bleibt stets das gleiche und ist offenbar in ganz unterschiedlichen Kulturbereichen beheimatet. Für den Phraseologismus ,Eulen nach Athen tragen' in der Bedeutung ,etwas Überflüssiges tun, etwas an einen Ort bringen, wo es ohnehin zuviel davon gibt', sagen die Engländer ,carry coals to Newcastle' (Kohlen nach Newcastle tragen – in eines der Zentren des Kohlebergbaus in Großbritannien), die Russen: ,mit dem eigenen Samowar nach Tula fahren' (– in die Stadt, die durch ihre Samowarherstellung bekannt geworden ist), die Ungarn ,a Dunába vizet hord' (Wasser in die Donau tragen, in den größten Fluß des Landes), und selbst im Deutschen gibt es dafür außerdem noch ,Wasser in die Elbe schütten'. Es gibt also ,Wanderidiome', die in den meisten Sprachen mit ähnlichem kulturellem Hintergrund anzutreffen sind. Seit langem weiß man, daß Sprichwörter nach bestimmten Strukturtypen gebaut sind [41], aber man weiß nicht, was die Produktivität einer Struktur ausmacht, wie eigenständig und beständig Neubildungen oder Variationen sind. Es gibt unterschiedliche Grade von Festigkeit der Wortverbindungen, verschiedene Stabilität. Die Einbeziehung strukturalistischer Überlegungen über Festigkeit und Variabilität von redensartlichen Klischees war jedenfalls auch eine reizvolle Perspektive für die Lexikonneubearbeitung.

Ein Problem des Wörterbuchs ist immer, daß es nicht die aktuelle Sprechsituation wiedergibt, nicht den tatsächlichen Sprechakt. Aber schließlich galt es, auch funktionalistische Aspekte mehr als seit-

---

[39] *Allan Walker Read:* Classic American Graffiti (Paris 1935, Reprint [Maledicta] Waukesha/Wisconsin 1977); deutschsprachig: zahlreiche Sammlungen erschienen im Eichborn-Verlag (ges. v. W. Hau), im F. Coppenrath-Verlag (T. Capelle), Wilhelm Heyne-Verlag (Hrsg. R. Bülow) und Verlag R. G. Fischer (Hrsg. K. Soachtzy u. A. Schmude).

[40] Vgl. *W. Mieder:* (wie Anm. 38).

[41] *M. Kuusi:* Towards an International Type-System of Proverbs, in: Proverbium 19 (1972), S. 699–735.

VORWORT ZUR NEUAUSGABE

her zu berücksichtigen. Die Fragestellung lautet: Was leistet die Phraseologie in der Kommunikation? Welche Sprechfunktion Redensarten haben, zeigt sich oft erst, wenn man sich bemüht, sie in einem Text auszuwechseln. So ergeben sich schon sehr verschiedene Stilebenen, wenn in einem Text statt ‚den Mund halten‘ eingesetzt wird ‚den Schnabel, die Klappe, das Maul, die Schnauze halten‘. ‚Jemand über’s Maul fahren‘ ist gröber als ihm nur ‚über den Mund zu fahren‘. Sprichwörtliche Redensarten haben oft sehr spezifische Bedeutungen. ‚Jemandem lacht das Herz im Leibe‘ bedeutet eben mehr als nur ‚sich freuen‘. ‚Mit einer wahren Leichenbittermiene herumlaufen‘ bedeutet eben nicht nur ‚traurig sein‘; die Redensart impliziert unterschwellig auch zur Schau getragene, oder gar geheuchelte, professionelle Trauer, für die es mit den ‚Krokodilstränen‘ dann allerdings auch noch andere Variationen der Umschreibung gibt. Manche sprichwörtliche Redensarten werden nur ironisch gebraucht, z. B. ‚Da brat mir einer einen Storch!‘ – ‚Jemand ist gut zu Fuß unter der Nase‘. Die Beliebtheit von Redensarten liegt in ihrer oft drastischen Hyperbolik begründet: ‚den Magen in der Kniekehle‘, ‚den Kopf in der Schlinge tragen‘, ‚als Kind zu heiß gebadet worden sein‘, ‚die Engel singen hören‘, ‚das sieht ein Blinder mit dem Krückstock‘. Es hängt mit der Natur der phraseologischen Ausdrucksweise zusammen, daß Redensarten häufig in negativer Konnotation vorkommen: Kommentar, Kritik, Karikatur dienen vorzugsweise einer negativen Charakteristik. Von einem wirklich klugen und gescheiten Menschen wird man nicht sagen, er höre ‚das Gras wachsen‘. Eher wird das gesagt von einem Eingebildeten, der sich nur klug dünkt. Andererseits kann man etwa das Sprichwort ‚Unkraut vergeht nicht‘ nur auf sich selbst beziehen, nicht dagegen auf einen Gesprächspartner. Erst der Redekontext zeigt, daß eine Redensart u. U. mehrere Funktionen haben kann. Hier lassen sich schwer objektive Gesprächsregeln aufstellen. Vielmehr hat jeder sozusagen sein ‚inneres Wörterbuch‘ für das, was richtig oder falsch, möglich oder unmöglich ist. Es gibt Texte, in denen redensartliche Formeln besonders

häufig sind, z. B. bei Liebeserklärungen (Liebesbriefen, in volkstümlichen Liebesliedern) und Schlagern. In allen diesen Fällen erleichtern vorgeprägte Redewendungen das individuelle Formulierungsproblem. Erst recht werden abstrakte Abhandlungen leichter verarbeitet, wenn die Anschaulichkeit phraseologisch gestaltet wird. Davon hat sogar ein Philosoph wie Theodor W. Adorno in seinen Reflexionen, die er unter dem Titel ‚Minima Moralia‘ veröffentlichte (Frankfurt a. M. 1983), Gebrauch gemacht. Zu einem nicht geringen Teil hat er sie nämlich unter Sprichwort- oder Redensarten-Überschriften gestellt wie ‚Fisch im Wasser‘, ‚Kind mit dem Bade‘, ‚Grau in grau‘, ‚Halblang‘, ‚Katze aus dem Sack‘, ‚Bangemachen gilt nicht‘ usw. Insofern müssen Redensarten nicht unbedingt Klischees sein, sie können als Stilmittel sehr bewußter Rhetorik eingesetzt werden.

Sprichwörter und sprichwörtliche Redensarten vermitteln nicht nur erprobte ‚Volksweisheit‘. Oft tradieren sie auch unkritisch Vorurteile, die sie damit verfestigen, d. h., Sprichwörter gehören auch zu den Ausdrucksformen verbaler Aggression und sind darum stets in der politischen Propaganda eingesetzt worden. Das galt schon für die Flugschriften der Reformationszeit, und es gilt noch für die politische Rhetorik des 20. Jahrhunderts. Was in Sprichwörtern über Franzosen und Engländer, aber auch über Schweden, Spanier oder Türken formuliert wurde, liest sich für die Betroffenen nicht angenehm und wird auch noch nicht dadurch entschuldigt, daß sich der Volksspott auch über die Deutschen selbst oder über die Vertreter ihrer Regionen und Stämme, über Hessen, Schwaben, Bayern, Preußen etc. ergießt. Die Völker sind heute unter dem gemeinsamen europäischen Dach einander nähergerückt, und da haben solche Ethnostereotypen nur noch historische Bedeutung. Gleichwohl wird den Leser auch heute vielleicht noch interessieren, warum man von einem ‚stolzen Spanier‘ spricht, warum man einen ‚Türken baut‘, warum ‚die Preußen nicht so schnell schießen‘, oder warum oder wo man sich ‚französisch verabschiedet‘. Ethnische Vorurteile beruhen ja fast immer auf Ge-

VORWORT ZUR NEUAUSGABE

genseitigkeit. So schiebt es z. B. der französische Redensartenschatz den Deutschen in die Schuhe, daß sie gerne einen ‚Streit vom Zaune brechen', denn die französische Redensart lautet: ‚Chercher une querelle d'allemand'. Unter dem Stichwort ‚deutsch' finden sich jedenfalls genug wenig schmeichelhafte Heterostereotypen versammelt. Bei einem anderen Stichwort hatte das Herausgeberteam weitaus größere Bedenken. So fehlt ein Stichwort ‚Jude, jüdisch'. Die zu diesem Umfeld gehörigen Sprichwörter und Redensarten sind zahlreich. Überwiegend enthalten sie Negativ-Aussagen. Sie sind der sprachliche Niederschlag jahrhundertelanger Judenverfolgung und sie lieferten auch der Nazipresse die sprachliche Munition. Um eine Perpetuierung dieses Wortschatzes nicht zu fördern, um einen eventuellen Rücklauf antijüdischer Sprichwörter und Redensarten in jedem Fall zu verhindern, werden sie hier nicht aufgeführt. Sie gehören in eine Abhandlung über die Geschichte des Antisemitismus, aber nicht in ein Gebrauchslexikon. Zum Glück sind Redensarten dieser Art aus dem Sprachschatz der Gegenwart, insbesondere dem Sprachgebrauch der jungen Generation, verschwunden, und sie sollten auch nicht mutwillig wieder aus der Versenkung geholt werden. Dazu wollte dieses Lexikon jedenfalls keine Handreichung bieten. Es möchte andererseits durchaus gegen verbale Aggression sensibilisieren. Wer z. B. das Lexikon mit feministischen Augen durchblättert, dem muß auffallen, wieviele Redensarten ausgesprochen frauenfeindlich sind und zum männlich-aggressiven Macho-Wortschatz gehören, z. B. wenn es um Schwängern und Schwangerschaft geht oder um die Schilderung oder die redensartlichen Vergleiche von weiblichen Attributen. Viele Phraseologien aus dem Bereich der Liebe und der Liebeswerbung sind aus dem Vokabular des Krieges genommen: eine Frau wird ‚erobert' wie eine feindliche Stadt, ‚errungen' wie ein Sieg, und sie ‚fällt' wie eine Festung. Man kann eine Frau ‚umlegen', ‚aufs Kreuz legen' wie einen Gegner im Zweikampf. Das gleiche könnte für die Metaphorik der Jagd beobachtet werden. Wie im mittelalterlichen Drachenkampf ist die Frau die Trophäe des Siegers. Die herkömmliche Liebessprache ist jedenfalls immer männlich erobernd und verletzend-aggressiv. Entsprechendes gilt auch für soziale Verunglimpfungen, z. B. unter den Stichworten ‚Schneider', ‚Metzger', ‚Seiler', ‚Nachtwächter' etc.

Deutlicher als bisher sollte bei der Neubearbeitung schließlich vermerkt werden, was noch der lebendigen, gesprochenen Umgangssprache zugehört und was andererseits ausgestorben oder nur noch literarisch nachweisbar ist. Grundsätzlich haben wir versucht, ein Lexikon zu erarbeiten, in dem man nicht nur nachschlagen kann, sondern auch zum Vergnügen sich festlesen soll. Linguistischer Fachjargon macht bei aller Hochachtung vor differenzierten Definitionen und Terminologien noch kein kulturhistorisches Lexikon aus. Schließlich möchte das Werk seinen deutschen Benutzern helfen, ihre Muttersprache bewußter zu erleben und Ausländern das Sprachverständnis erleichtern. Dazu gehört auch das Prinzip einer allgemein verständlichen Ausdrucksweise, die auch von Nicht-Fachleuten verstanden wird. Das Interesse für sprichwörtliche Redensarten setzt eine gewisse Distanz zur Sprache voraus, ein Sich-Bewußtmachen, die Sprache nicht einfach nur zu ge- oder verbrauchen, sondern sie sozusagen von außen zu betrachten. Das Lexikon möchte zu einem kreativen Umgang mit Phraseologie anregen. Es möchte Freude am Wortspiel wecken, am sprachlichen Experiment.

Bleibt zum Schluß noch die angenehme Pflicht, einer ganzen Reihe von Persönlichkeiten zu danken, die dem Lexikon aktive Mitarbeit haben angedeihen lassen: Längere Zeit waren (in chronologischer Abfolge) Frau Magdalen Rubbert-Frank, Frau Elisabeth Reich, Herr Gerald Tantzen und Frau Maria Rayers M. A. über das ABM-Programm vermittelte festangestellte Mitglieder des Redaktionsstabes. Alle haben sich nach Kräften um die Neufassung von Artikeln, die Erschließung von Quellen und die bibliographische Einarbeitung von Sekundärliteratur verdient gemacht. Einzelne Beiträge oder gelegentliche Mithilfe verdankt das Lexikon außerdem meinen Mitarbeitern Dr. Wal-

21

VORWORT ZUR NEUAUSGABE

traud Linder-Beroud und Dr. Reinhold Möller. Mein Freund, Prof. Jean Courtois, Lyon, hat in selbstloser Kleinarbeit ungezählte französische Parallel-Redensarten beigesteuert, die dem Lexikon eine weitere Öffnung zur Internationalität und zum interethnischen Vergleich eingebracht haben. Mit besonderer Dankbarkeit gedenke ich des befruchtenden Gedankenaustauschs mit dem Freund und Kollegen Prof. Dr. Wolfgang Mieder, Burlington (Vermont, USA). Seine zahlreichen biblio- und monographischen Arbeiten zur Parömiologie haben für das Lexikon eine bedeutende Hilfe geleistet. Nicht vergessen sei die Leistung meiner langjährigen Sekretärin, Frau Hannelore Kretschmer, die die oftmals nur schwer lesbaren handschriftlichen Manuskripte in Reinschrift gebracht hat. Über allen Redaktionsarbeiten wachte wieder wie bei der Erstausgabe meine bewährte Assistentin, Frau Gertraud Meinel. Sie hat nicht nur ungezählte Artikel umgeschrieben oder neu gefaßt, sondern auch dank ihrer Umsicht und Organisationsbegabung das Redensarten- und Bildarchiv aufgebaut, das die Grundlage der Artikel-Vergabe und Neubearbeitung wurde. Ohne ihre unermüdliche und selbstlose Hilfe hätte ich die anstehenden Arbeiten allein nicht bewältigen können.

EINLEITUNG

Was ist eine ‚sprichwörtliche Redensart'? Die Antwort auf diese Frage setzt bereits die Beantwortung einer zweiten voraus: Was ist ein ‚Sprichwort'?

Wie schon der Name sagt, gehören die sprichwörtlichen Redensarten in die Nähe der Sprichwörter; und doch sind sie keine. Die Unterschiede bestehen vor allem in Form, Struktur und Funktion. Ein Sprichwort hat die Form eines abgeschlossenen Satzes in fester und unveränderlicher Formulierung, z. B. ‚Hunger ist der beste Koch.' – ‚Wer lang hustet, wird alt.' Oft wird die Form des Sprichworts durch Stabreim, End- oder Binnenreim noch besonders gefestigt: ‚Glück und Glas – wie leicht bricht das.' – ‚Was ich nicht weiß, macht mich nicht heiß.' – ‚Einem geschenkten Gaul schaut man nicht ins Maul.' – ‚Je öller, je döller!'

Eine sprichwörtliche Redensart dagegen ist ein verbaler bildhafter Ausdruck, wie z. B. ‚für jemand die Kastanien aus dem Feuer holen' – ‚einen ins Bockshorn jagen' – ‚einem ein X für ein U vormachen' – ‚einem den Daumen drücken'. Diese sprichwörtlichen Redensarten müssen erst in einen Satz eingefügt werden, um eine feste Aussage zu ergeben; als verbale Ausdrücke sind sie veränderlich nach Zeit und Person: Wer drückt wem, wann, wofür die Daumen? Alles dies muß erst formuliert werden. In diesem Sinn sind die sprichwörtlichen Redensarten noch ungeformter sprachlicher Rohstoff. Natürlich könnte man, etwa durch die Einkleidung in einen formelhaften Rahmen oder in einen imperativischen Lehrsatz, auch Redensarten das Gewand eines Sprichworts geben, etwa: ‚Man soll niemand ins Bockshorn jagen.' – ‚Man darf keinem ein X für ein U vormachen.' – ‚Hole nie für einen anderen die Kastanien aus dem Feuer.' – ‚Daumendrücken schadet nie.' Aber solche künstlichen Sentenzen wären noch lange keine Sprichwörter; sie haben

in diesem Wortlaut keine feste Tradition. Manchmal freilich ist unser Sprachgefühl nicht so sicher. Was hat z. B. Vorrang: die Redensart ‚gute Miene zum bösen Spiel machen' oder das Sprichwort ‚Man muß gute Miene zum bösen Spiel machen'? Mit dem imperativischen Anspruch – ‚Jeder kehre vor seiner eigenen Tür!', ‚Man soll …', ‚Man muß …' oder ‚Man darf …' – hat das Sprichwort eine generalisierende Form angenommen. Es drückt in der Regel einen allgemeingültigen Satz aus, der entweder eine Erfahrung des täglichen Lebens (‚Neue Besen kehren gut.'), ein Urteil oder eine Meinung (‚Ein Sperling in der Hand ist besser als eine Taube auf dem Dach.'), eine Warnung (‚Verliebe dich oft, verlobe dich selten, heirate nie!' – ‚Es ist nicht alles Gold, was glänzt.'), eine Vorschrift oder Klugheitsregel enthält (‚Man soll den Tag nicht vor dem Abend loben.'). Viele Sprichwörter sprechen eine Sozialkritik aus (‚Als Adam grub und Eva spann, wo war denn da der Edelmann?') oder eine Religionskritik (‚Der beste Patron ist der Tierarzt.') oder schließlich einfache Haushaltsregeln (‚Ein gebranntes Kind scheut das Feuer.').

Unter einem Sprichwort verstehen wir also einen festgeprägten Satz, der eine unser Verhalten betreffende Einsicht oder eine Aufforderung zu einem bestimmten Verhalten ausspricht. Demgegenüber weisen sprichwörtliche Redensarten keine feste Prägung auf; sie sind in ihrer Tendenz beliebig einsetzbar; sie sind wertfrei, nicht normativ. Ihre offene Form des verbalen Ausdrucks bringt es mit sich, daß sprichwörtliche Redensarten auch keinen festen Inhalt und schon gar keine lehrhafte oder ethische Tendenz haben können. Sie bieten keine ‚Spruchweisheit'. Erst dadurch, daß sie zu Sätzen vervollständigt werden, bekommen sie einen Inhalt.

Es gibt allerdings auch einige Redensarten, die eine feste Form haben, starre

23

phraseologische Verbindungen, die selbst schon einen Satz für sich bilden, ohne daß man sie deshalb schon zu den Sprichwörtern zählen dürfte. Dazu gehören Ausrufe wie z. B. ‚Das geht auf keine Kuhhaut!' – ‚Das geht über die Hutschnur!' – ‚Das ist gehupft wie gesprungen!' – ‚Viel Geschrei und wenig Wolle!' – ‚Hals und Beinbruch!' und andere. Auch andere Wendungen kommen praktisch nur in ganz bestimmten Sätzen vor, obwohl ein Satz natürlich strenggenommen keine sprichwörtliche Wendung ist[1], z. B. ‚Es ist höchste Eisenbahn!' – ‚Da hast du die Bescherung!' – ‚Jetzt ist Sense!' – ‚Du ahnst es nicht!'

Aber auch diese feststehenden und abgeschlossenen sprichwörtlichen Formeln, wie man sie vielleicht bezeichnen kann, haben keinen Eigenwert, stellen keine selbständige Aussage dar, sondern müssen sich auf etwas Vorhergesagtes beziehen.

Die an sich klaren Unterschiede der Form schließen jedoch nicht aus, daß es Übergänge von Sprichwörtern zu Redensarten und umgekehrt gibt, und nicht immer ist eine scharfe Grenzziehung möglich. Es gibt z. B. das Sprichwort ‚Durch Schaden wird man klug'. Aber man kann natürlich auch redensartlich sagen: ‚Er ist durch Schaden klug geworden'. Es ist ebensogut möglich, im Sprichwort zu sagen: ‚Mit großen Herren ist nicht gut Kirschen essen' wie in redensartlicher Anwendung: ‚Mit Herrn X ist nicht gut Kirschen essen'. Ein bekanntes Sprichwort heißt: ‚Ein gebranntes Kind scheut das Feuer'. Aber Bert Brecht läßt z. B. seine Mutter Courage redensartlich sagen: „Ich bin ein gebranntes Kind". Ganz frei gestaltete auch Goethe Redensarten zu sprichwörtlicher Weisheit um:

Wer sich nicht nach der Decke streckt,
dem bleiben die Füße unbedeckt.

Die Grenzen zwischen Sprichwort und sprichwörtlicher Redensart werden in dem Augenblick fließend, wo Sprichwörter bzw. Redensarten in einen dichterischen Text eingeflochten werden.

Wo Sprichwort und Redensart nebeneinander vorkommen, läßt es sich oft schon in den älteren Sprachschichten nicht mehr entscheiden, was das Primäre ist. Gelegentlich wird durch Hinzufügen eines Subjekts aus einer Redensart ein Sprichwort. Aber es werden auch Sprichwörter zu Redensarten. Doch sind diese Fälle im Grunde Ausnahmen. Abgesehen von einer recht schmalen Randzone der Übergänge, sind sprichwörtliche Redensarten doch durchaus eigenständige Gebilde. Sie stehen von Anfang an neben den Sprichwörtern und haben mit diesen nicht zu viele Berührungspunkte; d. h. nur in relativ wenigen Fällen gibt es für eine sprichwörtliche Redensart auch ein paralleles Sprichwort.

Mit dem Sprichwort gemeinsam aber hat die sprichwörtliche Redensart das sprechende, kräftige und einprägsame Bild, das ebenso wie das Sprichwort in seinem Wortlaut festgefügt ist. Es heißt ‚Maulaffen feilhalten', nicht etwa ‚Maulaffen verkaufen'. Es heißt ‚ins Bockshorn jagen', nicht aber ‚ins Bockshorn treiben' – so jedenfalls nach unserem heutigen Sprachgebrauch und Sprachgefühl.

Das ‚Sprichwörtliche' einer Redensart liegt darin, daß sie in ihrem Wortlaut relativ konstant ist. Redensarten sind ‚patterned speech'[2]. Man kann zwar inividuell variieren, ob man sagen will: ‚Er zuckte die Achseln' oder: ‚Er zuckte seine Achseln'. Bei der sprichwörtlichen Redensart aber ist es nicht möglich, derartige Verän-

---

[1] Der Begriff ‚Wendung' meint ganz allgemein eine häufig auftretende Wortgruppe, die aus Verb und Objekt, Adjektiv und Substantiv, Präposition und Substantiv oder ähnlichen Verbindungen besteht; *Wolf Friederich:* Moderne deutsche Idiomatik. Systematisches Wörterbuch mit Definitionen und Beispielen (München 1966), S. 8 f.

[2] Der Begriff ‚sprichwörtliche Redensart' erscheint hier weitgehend synonym mit dem Begriff der ‚idiomatischen Redewendung', den W. Friederich (a. a. O., S. 9) folgendermaßen definiert: „Idiomatische Redewendungen sind solche Wendungen, deren Sinn ein anderer ist als die Summe der Einzelbedeutungen der Wörter ..., z. B. ‚etwas durch den Kakao ziehen' hat weder mit Kakao noch mit ziehen das geringste zu tun. Es ist deutlich, daß Wendungen wie ‚die Katze im Sack kaufen'; ‚etwas für bare Münze nehmen'; ‚ins Garn gehen'; ‚durch die Bank'; ‚von echtem Schrot und Korn' mit den genannten Dingen (Katze, Sack, Münze, Nuß, Ruder, Garn, Bank, Schrot, Korn) heute nichts mehr zu tun haben und darum ‚idiomatisch' sind."

derungen vorzunehmen. Es heißt nicht: ‚etwas auf seine leichte Achsel nehmen‘, sondern eben: ‚etwas auf die leichte Achsel nehmen‘. Redensarten zeigen eine relativ starre Formulierung, die nur selten den Ersatz bedeutungsähnlicher Wörter oder Erweiterungen durch andere Wörter gestattet. Man spricht deshalb auch von ‚stehenden‘ Redensarten. Die Redensart ist also ein Bildwort in überlieferter Ausdrucksform.

Ein Problem, das freilich noch nicht näher untersucht worden ist, ist die Formbeständigkeit bzw. Wandlungsfähigkeit sprichwörtlicher Redensarten, die Frage der Ablösung einer sprichwörtlichen Formulierung durch andere und neuere. Zur Geschichte einer sprichwörtlichen Redensart gehört jedenfalls mehr als nur der Nachweis ihres Herkommens. Es muß vielmehr untersucht werden, wann sie ihre heute feststehende Form erhalten hat. Sprache ist immer in lebendiger Bewegung, und ‚endgültig‘ ist in ihr nichts, selbst wenn eine sprichwörtliche Redensart jahrhundertelang in derselben Form nachweisbar ist oder wenn ihr Wortlaut für unser heutiges Sprachgefühl eindeutig fixiert ist. Das ‚Kerbholz‘ beispielsweise kennt unser Redensartschatz ausschließlich in dieser einen Formulierung, in ‚etwas auf dem Kerbholz haben‘. In der Sprache des 16. Jahrhunderts gab es aber daneben die Formulierung ‚an ein Kerbholz reden‘ oder ‚aufs Kerbholz reden‘, d. h. etwas versprechen, ohne ernstlich an die Erfüllung zu denken, blind darauf losreden. Die Variabilität der Fassung einer Redensart war früher z. T. sehr viel größer als heute. Wir können bei bestimmten Redensarten geradezu verfolgen, wie sie von variablen Formen schließlich zu einer festen Form übergegangen und so für den allgemeinen Sprachgebrauch erstarrt sind.

Zu den formalen Kennzeichen einer sprichwörtlichen Redensart gehört in der Regel auch der zusammengesetzte Ausdruck. Weder das treffende Einzelwort noch ein Schlagwort machen schon eine sprichwörtliche Redensart aus. Der Ausdruck ‚Vetternwirtschaft‘ (meist mundartlich schwäb. ‚Vetterleswirtschaft‘) ist z. B. nur ein bildkräftiger Ausdruck; dagegen die Wendung ‚Die Vetternstraße ziehen‘ eine sprichwörtliche Redensart. ‚Auf zwei Sätteln reiten‘ ist wieder eine sprichwörtliche Redensart; ‚umsatteln‘ dagegen eine bloße Metapher. Worte wie ‚verballhornen‘ oder ‚salbadern‘ sind noch keine Redensarten, wenn ihnen auch die bildliche Verwendung eigentümlich ist. Doch treten viele bildlich gebrauchte Wörter fast immer nur in bestimmten Fügungen auf, so z. B. ‚Luftschloß‘ nur in der Wortverbindung ‚Luftschlösser bauen‘, ‚ausbaden‘ nur in der Fügung ‚etwas ausbaden müssen‘, so daß wir solche Wendungen hier mit einbeziehen müssen. ‚Schabab‘ ist z. B. ein redensartlich gebrauchtes Einzelwort, das in einem Redensartenlexikon erklärt werden muß. Die Abgrenzung zwischen Einzelwort und Redensart ist freilich nicht immer vollständig klar und überzeugend möglich, und es geht dabei nicht ohne Überschneidungen und Kompromisse ab. Wo Einzelwörter in solchen festen Fügungen vornehmlich auftreten und wo deren Wortgeschichte sprachlich oder kulturgeschichtlich aufschlußreich ist, haben wir sie mit in das Lexikon aufgenommen. So wird z. B. etwas über den ‚weißen Raben‘ oder auch über die ‚Rabeneltern‘ zu finden sein, dagegen nicht das bloße Schimpfwort ‚Rabenaas‘. Ähnlich: ‚Dreck‘ im gewöhnlichen Sinne des Wertlosen wäre auch in stehenden Wendungen wie ‚sich um jeden Dreck kümmern‘ oder ‚im Dreck stecken‘ nicht in unser Lexikon aufzunehmen gewesen; dagegen sind erklärungsbedürftige Redensarten Wendungen wie ‚Dreck am Stecken haben‘ oder ‚durch Dreck und Speck‘. So werden oft innerhalb eines und desselben Wortfeldes ganz verschiedene Bedeutungsrichtungen deutlich.

Man könnte natürlich jede einfache Benennung, z. B. auch jedes originelle Schimpfwort, in eine Redensart umprägen. Es müßten dann folgerichtig auch Begriffe wie z. B. ‚Backfisch‘, ‚Twen‘, ‚Teenager‘ oder ‚Starlet‘ aufgenommen werden. Aber hier zeichnen sich deutlich die Grenzen und Aufgaben ab zwischen einem Wörterbuch der Umgangssprache der Gegenwart, das es ja bereits gibt und dem wir viel verdanken, und einem Wörterbuch der sprichwörtlichen Redensar-

25

ten. Das bloße Einzelwort haben wir nicht aufgenommen, auch wenn es noch so bildkräftig erscheint.

Auch das ‚Schlagwort‘ besteht im allgemeinen nur aus einem Wort, doch es gibt auch ganze schlagwortartige Wendungen, die dann in der Nähe der redensartlichen Wendungen stehen können, z. B. ‚auf die Barrikaden gehen‘ – ‚die Initiative ergreifen‘ – ‚das Banner hochhalten‘. Das Kriterium dessen, was davon hier aufgenommen wurde, ist die Erklärungsbedürftigkeit. So sind allgemein bekannte Schlagworte der Gegenwartssprache und Tagespolitik weniger aufgenommen als historische und unverständlich gewordene. Verschiedentlich wurden auch einige formelhafte Wendungen oder einfache idiomatische Ausdrücke aufgenommen, weil sie doch der eine oder andere in einem Lexikon sprichwörtlicher Redensarten suchen wird und darum nicht enttäuscht werden soll.

Der Begriff ‚sprichwörtliche Redensart‘ ist nicht eindeutig festgelegt. Unser Auswahlprinzip ist darum nicht immer straff durchgeführt. Im ganzen ist die Grenze dessen, was man noch als sprichwörtliche Redensart bezeichnen kann, wohl eher zu weit als zu eng abgesteckt worden.

Von allen Teilgebieten der sprachlichen Volksüberlieferung gelten die sprichwörtlichen Redensarten als das unscheinbarste. Unter den ‚einfachen Formen‘ sind sie die einfachsten. So einfach allerdings diese Form auch erscheint, so zeigt sie – ebenso wie die des Sprichworts – die Tendenz zu einer gewissen formalen Prägnanz und Geschliffenheit wie z. B. die Tendenz zum Reim oder zur Alliteration, zur Kontrasttechnik usw. (z. B. ‚Viel Geschrei und wenig Wolle‘).

Für die Strukturanalyse der sprichwörtlichen Redensarten gilt mutatis mutandis das gleiche, was Matti Kuusi für die Sprichwörter entwickelt hat: „Es gibt drei Aspekte, nach denen man die Sprichwörter zu Gruppen zusammenfassen kann: 1. nach der Idee, 2. nach der Struktur, 3. nach dem Baukern. Sprichwörter mit der gleichen Idee sind synonyme Sprichwörter. Sprichwörter, die nach gleichem Schema gebildet sind, bilden strukturgleiche Sprichwörter. Sprichwörter, die sich um gleiche bzw. sinngleiche Bilder oder Wortfiguren gruppieren, sind baukerngleiche Sprichwörter"[3].

Es gibt bei der Ausbildung von Sprichwörtern gewisse Form-Modelle, die auch in den Bereich der Redensarten hinüberwirken. Nach demselben Form-Modell verlaufen z. B. ‚Lieber den Spatz in der Hand als die Taube auf dem Dach‘. – ‚Lieber eine Laus im Pott als gar kein Fleisch‘. – ‚Lieber scheintot im Massengrab‘. Oder: ‚Besser Unrecht leiden als Unrecht tun‘. – ‚Besser ein guter Freund als zehn Freunde‘. – ‚Besser zehnmal verdorben als einmal gestorben‘. – ‚Besser ein Bär ohne Schwanz als ein Schwanz ohne Bär‘. Luther übersetzt Luk 6,45: „Wes das Herz voll ist, des geht der Mund über". Nach demselben Formmodell gebaut ist das schwäbische Sprichwort: ‚Wes der Magen voll ist, läuft das Maul über‘. Und noch das Dichterwort folgt solchen Form-Modellen, wenn Schiller etwa in ‚Wallensteins Tod‘ (I, 4) schreibt: „Was der frohe Mut mich sprechen ließ im Überfluß des Herzens". Die einfachsten formalen Redensartenschemata sind die sog. Zwillingsformeln, Wortpaare in starren phraseologischen Verbindungen, die durch Stabreim oder Endreim gebunden sind. Sie haben meist eine rhythmische oder klangliche Bindung, die eine fast unveränderbare Reihenfolge der Glieder bewirkt, z. B. ‚in Bausch und Bogen‘ – ‚verraten und verkauft‘ – ‚in Hülle und Fülle‘ – ‚in Saus und Braus‘ – ‚Knall und Fall‘ – ‚klipp und klar‘. Zwillingsformeln sind, falls sie ungleich lange Wörter enthalten, nach dem Gesetz der wachsenden Glieder geordnet, d. h. zuerst steht das kürzere, dann das längere Wort, z. B. ‚Roß und Reiter‘ – ‚Lust und Liebe‘ – ‚Nacht und Nebel‘ – ‚nie und nimmer‘ – ‚tun und lassen‘. Auch steht gewöhnlich das Wichtigere oder Wertvollere voran: ‚Mensch und Tier‘ – ‚Hund und Katze‘ – ‚Sonne und Mond‘ – ‚Katze und Maus‘. Beliebt als Mittel zur Verstärkung ist auch die Wiederholung des gleichen Wortes, z. B. in den redensartlichen Formeln ‚Schlag auf Schlag‘ –

---

[3] *Matti Kuusi:* Ein Vorschlag für die Terminologie der parömiologischen Strukturanalyse, in: Proverbium (1966), S. 97f.

EINLEITUNG

‚Wurst wider Wurst‘. Selbst noch heutige literarische oder politisch schlagwortartige Prägungen verlaufen nach dem Wortpaarschema der älteren Zwillingsformeln, z. B. ‚Soll und Haben‘ – ‚Schuld und Sühne‘ – ‚Ost und West‘ – ‚Frieden und Freundschaft‘. Nicht jeder Zwillingsformel konnte freilich in unserem Wörterbuch ein besonderer Artikel gewidmet werden. Doch fassen die Stichworte ‚Ach‘ und ‚Bausch‘ eine größere Zahl von ihnen als Sammelartikel zusammen.

So wie immer neue Zwillingsformeln oder auch redensartliche Vergleiche nach derselben formalen Struktur entstehen, werden auch sonst neue Redensarten nach dem typischen Form-Modell älterer Redensarten geprägt, die dann immer wieder abgewandelt und variiert werden. Zu der sprichwörtlichen Redensart ‚viel Geschrei und wenig Wolle‘ gehören z. B. als Parallelformen: ‚viel Geschrei und wenig Milch‘ oder: ‚viel Geschrei und wenig Ei‘. Eine besonders reiche Variantenbildung hat etwa auch die Redensart: ‚Es geht mir ein Licht auf‘. Daran hat sich angeschlossen: ‚mir geht ein Seifensieder auf‘ (weil der Seifensieder gleichzeitig auch Kerzen herstellte) – ‚mir geht eine Kerzenfabrik auf‘ – ‚eine Gasfabrik‘ – ‚mir geht eine Petroleumlampe auf‘ – ‚eine Stallaterne‘ usw. Ähnlich häufige Variationen bildete: ‚mit dem Zaunpfahl winken‘, wofür man z. B. auch ‚mit dem Laternenpfahl‘ oder ‚Scheunentor winken‘ hören kann.

Solche Variantenbildungen sind z. T. oikotypisch, regional oder nach verschiedenen Sprachbereichen differenziert. Der deutschen Redensart ‚zwei Fliegen mit einer Klappe schlagen‘ entspricht englisch ‚to kill two birds with one stone‘ (zwei Vögel mit einem Stein töten); italienisch: ‚prendere due colombi con una fava‘ (zwei Tauben mit einer Bohne fangen) und schon lateinisch: ‚duo parietes de eadem fidelia dealbare‘ (zwei Wände aus demselben Tünchgefäß weißen)[4].

Gibt es einerseits die Neigung der sprichwörtlichen Redensarten zur Ausschmückung und zur Variantenbildung bis zur parodierenden Umbildung, so steht auf der anderen Seite die Tendenz zur Verkürzung. Manche Redensarten sind durch Verkürzung aus sprachlich längeren Wendungen entstanden, so z. B. ‚einem eins auswischen‘ aus ursprünglichem ‚einem ein Auge auswischen‘. Ähnlich: ‚einem etwas anhängen‘ aus ‚einem ein Schandzeichen anhängen‘. Wieder andere sprichwörtliche Redensarten sind die Kurzformen von längeren Sprüchen und Vierzeilern, die sich immer mehr auf eine Zeile reduzierten, z. B. ‚mit ihm ist nicht gut Kirschen essen‘ aus: ‚mit großen Herren ist nicht gut Kirschen essen; sie spucken einem die Steine ins Gesicht‘. Je bekannter Sprichwort und Redensart durch häufige Anwendung und vielfachen Gebrauch werden – und Sprichwort bedeutet ja dem Wortsinn nach ‚vielgesprochenes Wort‘ –, desto mehr neigen sie zur Verkürzung, desto mehr genügt die bloße Andeutung. Nur so erklären sich die häufigen Reduktionen zu Kümmerformen und Schwundstufen. Zu den einfachen Formen und Strukturen redensartlicher Aussage gehören auch die sprichwörtlichen oder redensartlichen Vergleiche wie z. B. ‚arm wie eine Kirchenmaus‘ – ‚dumm wie Bohnenstroh‘ – ‚frech wie Oskar‘ – ‚zittern wie Espenlaub‘ – ‚aufgeputzt wie ein Pfingstochse‘ – ‚wie sauer Bier anbieten‘ – ‚auffahren wie von der Tarantel gestochen‘. Besonders massiert treten sie etwa in den Artikeln ‚dumm‘, ‚dastehen wie …‘, ‚dasitzen wie …‘ auf. Manche dieser redensartlichen Vergleiche wie z. B. die stehenden Farbvergleiche ‚rot wie Blut‘ – ‚weiß wie Schnee‘ – ‚grün wie Gras‘ können durch viele Jahrhunderte zurückverfolgt werden. Während es für das Lateinische, Französische und Englische gute Arbeiten über den sprichwörtlichen Vergleich gibt, steht die Forschung für den deutschen Sprachbereich noch ganz in den Anfängen[5].

---

[4] Vgl. *Karl Knortz:* Die Insekten in Sitte, Sage und Literatur (Annaberg 1910), S. 96.

[5] Vgl. *F. J. Wilstack:* A Dictionary of Similes (London 1917); *I. V. Zingerle:* Farbvergleiche im Mittelalter, in: Germania 9 (1864), S. 385–402; *A. Taylor:* Proverbial Comparisons and Similes from California, Folklore Studies 3 (Berkeley – Los Angeles 1954); *H. W. Klein:* Die volkstümlichen sprichwörtlichen Vergleiche im Lateinischen und in den romanischen Sprachen, Diss. Tübingen (Würzburg 1936); *W. Widmer:* Volkstümliche Vergleiche im Französischen nach dem Typus „Rouge comme un Coq" (Diss. Basel 1929).

Zahlreiche stehende Vergleiche sind von vornherein auf Witz und Groteske aufgebaut, so z. B. die verschiedenen Varianten des Klischees ‚Klar wie Kristall‘. In den Variationen heißt es dann: ‚Klar wie Kloßbrühe‘ – ‚dicke Tinte‘ – ‚Schuhwichse‘ – ‚Zwetschgenbrühe‘ – ‚Mehlsuppe‘ usw. Alle diese Wendungen bedeuten: unumstritten, völlig, durchsichtig. Tatsächlich entspricht nur die erste – literarische – Fassung ‚Klar wie Kristall‘ dieser Bedeutung. Aber gerade sie ist nicht volkstümlich. Alle volkstümlichen redensartlichen Vergleiche in diesem Wortfeld sind vielmehr scherzhaft, ironisch gemeint. Denn weder Kloßbrühe noch dicke Tinte oder Schuhwichse sind durchsichtig. Gerade die redensartlichen Vergleiche neigen besonders zur Variationenbildung, vielleicht weil sie sich rasch abnützen; z. T. sind die Variationen auch geographisch, regional unterschieden. So heißt es z. B. je nach Landschaft: ‚Lügen, daß sich die Balken biegen‘ – ‚wie ein Lügenmeister‘ – ‚wie eine Leichenrede‘ – ‚wie geschmiert‘ – ‚wie gedruckt‘ – ‚wie ein Buch‘ – ‚wie telegraphiert‘ – ‚wie Münchhausen‘ – ‚wie der Wetterdienst‘. Die sprichwörtlichen Vergleiche sind sprachlich und oikotypisch gebunden. Unserem ‚sich benehmen wie der Elefant im Porzellanladen‘ entspricht englisch ‚like a bull in a chinashop‘ – dasselbe Denkmodell, aber keine Übersetzung. Die stehenden Vergleiche sind zum überwiegenden Teil umgangssprachlich. Sie können aber auch literarisch sein und eine gewisse Stilfärbung besitzen, z. B. ‚singen wie eine Nachtigall‘ – ‚tief wie das Grab‘ – ‚schön wie der junge Frühling‘. Im volkstümlich umgangssprachlichen Bereich sind dagegen Wortspiele sehr beliebt, z. B. ‚ausreißen wie Schafleder‘, wobei ‚ausreißen‘ doppelsinnig in den beiden Bedeutungen ‚zerreißen‘ und ‚flüchten‘ gebraucht wird, oder ‚etwas aus der Armenkasse kriegen‘, d. h. Prügel bekommen (Wortspiel mit ‚Arm‘), ‚Einfälle wie ein altes Haus haben‘. Besonders häufig sind Namensscherze, z. B. ‚nach Bethlehem gehen‘ für: zu Bett gehen; ‚nicht von Gebersdorf stammen‘: geizig sein. Oft genügt nur die Veränderung eines Buchstabens, um eine komische Wirkung hervorzurufen.

Aus ‚schlank wie eine Tanne‘ wird ‚schlank wie eine Tonne‘.
Über den eigentlichen Gebrauchsbeginn, die Entstehung oder Geburt sozusagen einer sprichwörtlichen Redensart wissen wir so gut wie in keinem Fall Bescheid. Wenn wir von einer Wendung sagen, sie sei ‚sprichwörtlich‘, ist sie ja bereits Kollektivgut und hat dann meist schon einen mehr oder weniger langen Gebrauch hinter sich. Vermutlich sind aber sprichwörtliche Redensarten zunächst vielfach nur Augenblicksbildungen, die dann wegen ihrer treffenden Formulierung Anklang fanden und weiterhin gebraucht wurden. Zuerst prägt ein einzelner eine Wendung; er selbst oder ein anderer setzt sie in Umlauf. Auf dieselbe Art entstehen und verbreiten sich auch Sprichwörter. Nur manchmal ist ihr literarischer Ursprung nachweisbar. Der Spruch ‚Wer nicht liebt Wein, Weib und Gesang, der bleibt ein Narr sein Leben lang‘ wird allgemein Martin Luther zugeschrieben – allerdings erst seit dem späten 18. Jahrhundert. Und ebenso ist der ‚Ölgötze‘ des redensartlichen Vergleichs ‚dastehen wie ein Ölgötze‘ primär eine Lutherische Prägung, d. h. also ein Zitat, das anonym geworden ist. ‚Irren ist menschlich‘ (lat. ‚errare humanum est‘) beruht urspr. auf einem geänderten Zitat („errasse humanum est“) des Kirchenvaters Hieronymus (57. Brief, 12) und wurde auch von Pope aufgegriffen (‚To err is human, to forgive divine‘), und Sir Francis Bacon hat das Wort ‚Wissen ist Macht‘ (‚Knowledge is power‘) geprägt[6]. In derselben Weise gibt es auch auf dem Gebiet der sprichwörtlichen Redensarten ‚gesunkenes Kulturgut‘, d. h. ehedem literarische Wendungen und Zitate, die schließlich zum allgemeinen Gebrauch absanken. ‚Zitate‘ freilich sind keine sprichwörtlichen Redensarten. Wir verlangen vielmehr von sprichwörtlichen Redensarten, daß sie in der Volkssprache geläufig und populär sind. Sie sind bildhafte Ausdrücke, die man nicht mehr zu erfinden braucht, weil sie eben schon vor-

---

[6] *Archer Taylor:* The Proverb and an Index to the Proverb (Cambridge 1931; Ndr. Hatboro – Copenhagen 1962), S. 34 ff.

EINLEITUNG

geprägt und in der volkstümlichen Sprache vorrätig sind. Häufigkeit und Anonymität ihres Auftretens sind ihre Merkmale. Im allgemeinen ist der erste Urheber einer sprichwörtlichen Redensart ebenso unbekannt wie der eines Volksliedes oder eines Märchens. Die oben genannten Ausnahmen bestätigen nur die Regel. Selbst wenn man den Dichter oder Komponisten eines Volksliedes nachweisen kann – und in Hunderten von Fällen kann man dies bekanntlich –, bleibt das betreffende Lied dennoch ein Volkslied aufgrund seiner Häufigkeit, seiner Funktion und volkstümlichen Anonymität. Das gleiche läßt sich auf Redensart und Zitat übertragen: Ein Zitat wird dann zu einer Redensart, wenn es anonym, verfügbar geworden ist, wenn eben nicht mehr ,zitiert' wird. In dem Augenblick, wo bei einem Zitat der literarische Urheber vergessen wird, ist der Schritt zur Redensart schon getan.

Ein Beispiel ist die Redensart ,in einem Wolkenkuckucksheim leben'. Wer weiß – auch welcher ,Gebildete' weiß –, daß diese Wendung die Schopenhauersche Übersetzung eines Wortes von Aristophanes ist? Aber viel bekanntere und näher liegende Beispiele sind etwa die biblischen Wendungen vom ,Wolf im Schafspelz' – von ,den Fleischtöpfen Ägyptens' – vom ,Im-Zaumhalten der Zunge' – von ,den Haaren, die zu Berge stehen'. Diese Zitate sind ganz in den volkssprachlichen Redensartenschatz integriert worden. Nur der sehr bibelfeste Leser ahnt noch von fern ihren Zitatcharakter als ,geflügelte Worte'. Der Gebrauch von sprichwörtlichen Redensarten biblischen Ursprungs ist längst kein Zeichen der Bibelfestigkeit mehr, sondern Merkmal der Redensart ist gerade das Nicht-mehr-Wissen um die Quelle, im Unterschied zum Bibelzitat. Es gehört zum Wesen der sprichwörtlichen Redensart, daß sich der Sprecher der Herkunft des sprachlichen Bildes nicht mehr bewußt ist. Wendungen wie ,aus der Not eine Tugend machen' oder ,durch Abwesenheit glänzen' gehören trotz ihres primären Zitatcharakters durchaus in ein Redensartenlexikon, weil eben das Zitatbewußtsein in diesen Fällen schon sehr verblaßt ist. Auch wenn im

volkstümlichen Sprachgebrauch das Zitatsbewußtsein verschwunden ist, bleibt dem Wissenden, der seinen Büchmann nicht nur im Bücherschrank, sondern auch im Hinterkopf hat, das Zitat natürlich noch immer ein Dichterwort. Dennoch bestehen die Unterschiede nicht nur in der Funktion und subjektiven Bewußtseinslage. Das rechte Zitat ist ein wörtliches Zitat. Wird es volksläufig, so verliert es oft genug seinen genauen Wortlaut. So sind manche Redensarten nur noch die entstellte und verballhornte Schwundstufe und Stümmelform von geflügelten Worten wie z.B. Schillers Wort (,Wallensteins Tod' III, 15): „Daran erkenn' ich meine Pappenheimer". Ähnlich: „Spiegelberg, ik kenne Dir". – Was von Goethes ,Götz von Berlichingen' in der Erinnerung der Umgangssprache übrigbleibt, offenbart nur einen beklagenswerten Schrumpfungsprozeß. Andererseits ist es oft die sprachschöpferische Kraft eines Dichters, die einer Redensart die bleibende Form gibt. Gerade bei den älteren Belegen weiß man oft nicht, ob sie in dieser Formulierung wirklich im Volksmund gelebt haben oder ob sie nur eine glückliche Erfindung des betreffenden Schriftstellers sind. Sogar wenn eine bestimmte Redensart auch bei anderen Schriftstellern vorkommt, so bleibt immer noch die Möglichkeit, daß sie von dem ersten Schriftsteller aus als Zitat ihren Weg genommen hat[7].

In manchen Fällen ist es durchaus umstritten, ob die betreffende Wendung primär Zitat oder Redensart ist, z.B. bei ,seine verdammte Pflicht und Schuldigkeit tun'. Im allgemeinen freilich ist die Häufigkeit des Auftretens ein Kriterium dafür, ob es sich um eine individuelle literarische Wendung oder schon um eine volkstümliche sprichwörtliche Redensart handelt. Bestimmte bildhafte Ausdrücke und Wendungen etwa in der Sprache des 15./16. Jahrhunderts, z.B. bei Luther, Sebastian Brant, bei Thomas Murner, bei Geiler von Kaysersberg und allen diesen

---

[7] Vgl. *Wolfgang Schmidt-Hidding:* Sprichwörtliche Redensarten. Abgrenzung – Aufgaben der Forschung, in: Rhein. Jb. f. Vkde. 7 (1956), S. 114.

Autoren, die für die Frühgeschichte der sprichwörtlichen Redensarten eine so wichtige Quelle darstellen, müssen zunächst einmal natürlich als Zitate behandelt werden. Aber die Heranziehung neuerer Varianten, insbesondere aus den Mundarten, der Vergleich mit bestimmten regionalen und landschaftsspezifischen Ausdrücken zeigt dann doch oft, daß die betreffenden Autoren diese Wendungen nicht selbst geprägt haben können, sondern daß sie dem Volk ihrer Zeit wirklich ‚aufs Maul gesehen‘ hatten, daß sie wußten, wie man unter Landsknechten und Bettlern, Dirnen und kriminellem Gesindel ihrer Zeit zu sprechen gewohnt war[8]. Umgekehrt gibt es natürlich auch abgesunkenes Zitatgut. Vieles, was z. B. im 15. und 16. Jahrhundert noch als Zitat empfunden wurde, ist später das Gemeingut weiter Kreise geworden. Immer gibt es, wie in allen Volksüberlieferungen, die Doppelbewegung: von oben nach unten und von unten nach oben. Wir treffen literarische Belege natürlich immer erst dort, wo sprichwörtliche Redensarten anfangen, literaturfähig zu werden. Dieser Prozeß erreicht aber gerade mit der Reformationszeit einen Höhepunkt.

Zu allen Zeiten war die *Bibel* eine unerschöpfliche Quelle. Auf die Prägung sprichwörtlicher Redensarten hat sie weniger im Zeitalter der Bekehrung eingewirkt als vor allem im Reformationszeitalter, wo Luthers volkstümliche Bibelübersetzung eine Fülle von Worten und Wendungen in die allgemeine Sprache trug, denen man heute ihren biblischen Ursprung oft kaum mehr anmerkt. Daß biblische Zitate zu frei verfügbaren Redensarten geworden sind, liegt weitgehend an der bewußt volkstümlichen Art, in der Luther die Bibel eindeutschte. Aber auch schon die Kirchenväter zitierten und gebrauchten viele biblische Zitatweisheit. Später brachten die Bibelübersetzungen in die verschiedenen Sprachen einen ständigen Zustrom von Material. Biblischen Ursprungs sind z. B. die Redensarten ‚im siebenten Himmel sein‘ – ‚sein Licht unter den Scheffel stellen‘ – ‚die Spreu vom Weizen sondern‘ – ‚einem das Maul stopfen‘ – ‚das Herz ausschütten‘ – ‚einem das Leben sauer machen‘. Obwohl die biblischen Sprichwörter und Redensarten oft zusammengestellt wurden, ist der Rezeptionsprozeß, d. h. die Frage, wie die biblischen Passagen unter das Volk gedrungen sind, bislang nicht wirklich erforscht worden. Nicht geklärt ist die Frage, welche Bibelstellen in Sprichwort und Redensart besonders volkstümlich geworden sind, wie sie wechseln in der Benutzung und Ausdrucksweise, welche Bibelzitate redensartlich am meisten dem Wechsel ausgesetzt waren und was jeweils die genaue Quelle der betreffenden Formulierung ist. Vom wörtlichen Bibelzitat bis zur ungenauen Reminiszenz und schließlich auch bis zur stilistischen Nachbildung und Parodierung (z. B. bei Bert Brecht) lassen sich alle Stadien ablesen.

Nicht alle Redensarten, die aus der Heiligen Schrift ihren gemeineuropäischen Ursprung zu haben scheinen, sind wirklich biblischen Ursprungs, d. h. in der Bibel erstmalig belegt. Manche sind schon vor ihrer Aufnahme in die Bibel sprichwörtlich gewesen. In jedem einzelnen Fall stellt sich darum die genetische Frage, was schon im hebräischen und griechischen Urtext bzw. in den lateinischen Übertragungen stand, was sozusagen schon vor der Eindeutschung bildhafter Ausdruck war, wieweit Luther redensartenschöpferisch gewirkt oder wieweit er bereits vorhandene parömiologische Wendungen für die Bibelübersetzung benutzt hat. Wenn es z. B. heißt: „Es wird dir schwer sein, wider den Stachel zu lecken" (Apostelg. 26, 14), so ist das eine sprw. Phrase, die schon Pindar, Aischylos und Euripides kannten.

Bei Büchmann wird die Wendung ‚in den Wind reden‘ als biblisches Zitat nach 1. Kor 14, 9 erklärt („… denn ihr werdet in den Wind reden"). Dennoch ist die Wendung schon vor Luthers Bibelübersetzung geläufige Redensart gewesen. – ‚Mit jemand Salz essen‘, d. h. sich mit jemand verbünden, ist eine alte Redensart im Griechischen, lange bevor Lukas sie benutzte. Und solche Überlegungen gelten nicht nur für das Neue Testament. Hosea erfand nicht die Redensart ‚Wind säen

---

[8] Vgl. *R. Gruenter:* Thomas Murners satirischer Wortschatz, in: Euphorion 53 (1959), S. 26.

EINLEITUNG

und Sturm ernten' (Hosea VII, 7). ‚Eine sanfte Antwort kommt zornig zurück' war schon Aischylos so gut bekannt wie Salomon, und Homer benutzte ‚Gleiches will zu Gleichem', was unserem ‚gleich und gleich gesellt sich gern' entspricht, noch ehe dieses Sprichwort im Buch Sirach seinen Platz fand [9]. – Viele sprichwörtliche Redensarten sind jedoch wirklich primäre Bibelzitate, bei deren häufiger Benutzung nur das Zitatbewußtsein abhanden gekommen ist. Man wird sie also nicht im ‚Büchmann', sondern zunächst in einem Redensartenlexikon suchen.

Die Sprache hat sowohl die Neigung zur Abstraktion wie zur Bildhaftigkeit. In ihrer Bildlichkeit sind die sprichwörtlichen Redensarten das Gegenteil der Abstraktion. ‚Rot werden' ist z. B. eine metaphorische Umschreibung für das abstrakte ‚sich schämen', aber doch noch keine bildliche Redensart; ihre Bildwahl müßte noch stärker sein wie z. B. in der Wendung ‚in Grund und Boden versinken wollen'. – Für das abstrakte ‚Angst haben' könnte treten: ‚Es läuft einem eiskalt über den Rücken', wobei nicht zu entscheiden ist, was früher ist: die abstrahierende oder die bildhaft-konkrete Ausdrucksweise. Die Mundarten haben oft viel stärkere Bilder als die abgeschliffene allgemeine Umgangssprache. So sagt man z. B. statt ‚vor Müdigkeit gähnen': ‚nach dem Bettzipfel schnappen', statt ‚heftig lachen': ‚sich einen Ast lachen' oder gar: ‚sich einen Bruch lachen'. Die Bildhaftigkeit neigt sogar zu grotesken Übertreibungen wie etwa in der Wendung: ‚darüber lachen selbst die ältesten Suppenhühner'. Neben der Neigung zur Übertreibung begegnen auch Euphemismen zur Verhüllung von Dingen oder Vorgängen, die man nicht gern beim rechten Namen nennt. Sie häufen sich z. B. beim Stichwort ‚Teufel'. Oder es wird für den prügelnden Stock der Ausdruck ‚ungebrannte Asche' gesetzt, für ‚stehlen': ‚lange Finger machen'. Und vor allem gehören hierher die unzähligen redensartlichen Umschreibungen für ‚sterben', die in einem Sammelartikel unter dem Stichwort ‚zeitlich' (‚das Zeitliche segnen') zusammengestellt sind.

Ebensohäufig wird man – allerdings unter den verschiedensten Stichworten – verhüllende Redensarten aus der sexuellen und skatologischen Sphäre finden, z. B. ‚sie hat Kürbisse gesteckt' (sie ist schwanger), ‚der Backofen ist eingefallen' (sie hat geboren); ‚... wo auch der Kaiser zu Fuß hingeht'.

Ein Sprichwort *kann* bildhaft sein; es muß aber nicht. Es gibt zahlreiche Sprichwörter, die ohne jeden bildlichen Ausdruck und ohne jede Übertragung auskommen, z. B. ‚Aller Anfang ist schwer' – ‚Ende gut – alles gut'. Sprichwörtliche Redensarten dagegen sind in der Regel bildlich: ‚sich um des Kaisers Bart streiten' – ‚sich mit fremden Federn schmücken' – ‚Krokodilstränen weinen'. Das ursprüngliche Bild ist meist völlig verblaßt oder durch die kulturhistorische und zivilisatorische Entwicklung überholt und unverständlich geworden, z. B. ‚jem. auf den Leim gehen' – ‚durch die Lappen gehen'. Manche Redensarten lassen sich sowohl ‚eigentlich' wie auch ‚übertragen' verwenden, meist werden sie aber nur in übertragenem Sinne gebraucht, z. B. ‚Öl ins Feuer gießen' – ‚mir geht ein Licht auf' – ‚die Zelte abbrechen' – ‚über den Berg sein'.

Entbehrt ein redensartlicher Ausdruck des sprichwörtlichen Bildes, so spricht man gewöhnlich nur von ‚Redensarten'. Dabei ist der Begriff ‚sprichwörtliche Redensart' erst von dem der einfachen Redensart abgeleitet. Beide Bezeichnungen kommen im 17. Jahrhundert auf: ‚Redensart' als Lehnübersetzung von frz. ‚façon de parler' erstmalig bei Joh. Arndt ‚Vom wahren Christentum' (Frankfurt a. M. 1605). Der Terminus ‚sprichwörtliche Redensart' findet sich zuerst 1683 in Justus Georg Schottels ‚Ausführlicher Arbeit von der Teutschen Hauptsprache' (S. 1102 ff.). Beides ist nicht das gleiche, d. h. nicht jede Redensart oder ‚stehende Wendung' kann man schon als ‚sprichwörtlich' bezeichnen. ‚Einfache Redensarten' sind zunächst einmal schwächer, blässer, weniger bildhaft und farbkräftig, etwa ‚etwas über den Haufen werfen' – ‚auf die schiefe Bahn geraten'.

‚Mit den Achseln zucken' ist z. B. nur eine gewöhnliche Redensart, die keiner Erklärung bedarf. Als Gebärde des Zweifels,

---

[9] Vgl. *A. Taylor:* The Proverb, a. a. O., S. 59.

31

der Gleichgültigkeit wird sie allgemein ge-übt, und sie ist oft konkret so gemeint wie ausgesprochen. Anders aber etwa die Re-densarten ‚etwas auf die leichte Achsel nehmen‘ (= es für unbedeutend ansehen und deshalb vernachlässigen) oder gar ‚auf beiden Achseln tragen‘ (= es mit bei-den Parteien halten). Diese Redensarten sind meist nur noch bildlich gebraucht, ohne daß der Sprechende beim Gebrauch dieser Redensarten noch die Vorstellung einer Achsel zu haben braucht. Sie dürfen darum als sprichwörtliche Redensarten betrachtet werden. Desgleichen z. B. die Redensart ‚Oberwasser bekommen‘. Für denjenigen, der nichts mehr von ober-schlächtigen Mühlrädern weiß, hat diese Wendung den Bereich der bloßen Meta-pher verlassen und ist zum unverständli-chen sprichwörtlichen Bild geworden. Alle diese sprachlichen Bilder haben ihre ehemalige Wirklichkeit eingebüßt, ihre wörtliche Bedeutung ist verlorengegan-gen.

Die Metaphorik unserer Sprache machen wir uns meist nicht bewußt, d. h., die Spra-che gibt uns traditionelle Begriffsbilder an die Hand, die wir gebrauchen, ohne daß wir ihres Ursprungs innewerden. Wir schieben etwas ‚auf die lange Bank‘, ohne uns die ‚Bank‘ dabei vorzustellen; wir ma-chen mit etwas ‚kurzen Prozeß‘, ohne an ein Gerichtsverfahren zu denken. Man hängt etwas ‚an die große Glocke‘, ohne daß dabei von einem Kirchturm geläutet werden müßte[10].

Unsere Gegenwart liebt das Bild wie keine andere Zeit zuvor. Sie ist das Zeital-ter der Photographie, der Illustrierten, des Films und des Fernsehens. Je mehr Bilder aber von außen in unser Bewußtsein ein-dringen, desto mehr geht die Bildhaftig-keit der Sprache verloren. Hinzu kommt, daß sich im Laufe der individuellen Ent-wicklung das Bildbewußtsein wandelt. Im Alter von 5 Jahren empfindet und erlebt ein Kind die metaphorischen Ausdrücke der Erwachsenensprache noch ganz kon-kret. So ist unser Sprachbewußtsein, das sich nur auf unseren individuellen

Sprachbesitz stützt, kein objektives und allgemeingültiges Kriterium[11]. Aber man wird sagen dürfen: Je stärker und unge-wöhnlicher ein sprachliches Bild ist, desto eher werden wir von sprichwörtlichen Re-densarten sprechen können.

Das Sprichwort meint häufig etwas ande-res, als der Wortlaut sagt, z. B. ‚Der Teufel scheißt immer auf den großen Haufen‘. Und genauso verhält es sich mit den sprichwörtlichen Redensarten: sie stehen ‚out of context‘, d. h., sie verletzen in ge-wisser Weise die gewöhnlichen Konversa-tionsregeln, und zwar durch ihre unge-wöhnliche Form und Syntax.

Vielfach verläuft die sprachgeschichtliche Entwicklung so, daß sich eine Redensart immer mehr von ihrem Realbereich ent-fernt. Eine gewisse Erklärungsbedürftig-keit ist darum ein Kennzeichen der Gattung. Wenn eine Redewendung neben ihrem eigentlichen und wörtlichen Sinn noch eine übertragen-bildliche Bedeu-tung hat und wenn gar ihre heutige Ge-brauchsfunktion sich so weit von der primären Bedeutung der Einzelwörter entfernt hat, daß der ursprüngliche Sinn gar nicht oder kaum mehr empfunden wird, dann bezeichnen wir sie eben als ‚sprichwörtliche Redensart‘. ‚Am Hunger-tuch nagen‘ – ‚in die Tretmühle kommen‘ – ‚etwas auf dem Kerbholz haben‘ – ‚Maulaffen feilhalten‘ sind z. B. solche er-klärungsbedürftigen sprichwörtlichen Redensarten, die einen durchaus nach-weisbaren Realsinn gehabt haben, die aber heutzutage nur noch bildlich verstan-den werden. Ja sogar der ursprüngliche Sinn der Einzelwörter ist meist unver-ständlich geworden, weil er zu weit noch in das vortechnische Zeitalter zurück-reicht, als daß wir heute noch wüßten, was Kerbhölzer, Tretmühlen, Maulaffen, Hungertücher und dgl. dereinst waren und bedeuteten. Alle unsere sprichwörtli-chen Redensarten sind Überbleibsel, ‚Sur-vivals‘, insofern sie als Elemente einer geistigen oder materiellen Kultur sind, die in früheren Zeiten einen anderen Sinn und eine andere Funktion gehabt haben als heute. Der Charakter als ‚Survival‘

---

[10] Vgl. *H. Reimann:* Vergnügliches Handbuch der deutschen Sprache (Düsseldorf – Wien 1964), S. 29 ff.

[11] Vgl. *W. Schmidt-Hidding:* Sprichwörtliche Re-densart, a. a. O., S. 119.

EINLEITUNG

macht sie überhaupt erst zu sprichwörtlichen Redensarten [12].

Es geht bei den einzelnen Stichwörtern dieses Lexikons nicht nur um die Herkunft des sprachlichen Bildes, sondern es ist gleich wichtig, auch der Bedeutungsgeschichte einer Wendung nachzugehen. Dabei ist immer zu unterscheiden zwischen dem Alter einer Redensart als solcher, d. h. ihrem bildlichen und nicht mehr auf die reale Sphäre bezogenen Sprachgebrauch und dem ursprünglichen Realsinn der Einzelworte. Beide Termini können u. U. zeitlich weit auseinanderfallen. Ein gutes Beispiel gibt die Entwicklung der Rda. ‚etwas aus dem Ärmel schütteln‘.

Eine Mehrzahl von historisch geordneten Belegen zeigt die Kontinuität oder auch den Wandel einer Redensart in ihrem Wortlaut wie in ihrer Bedeutungsentwicklung. Eine größere Zahl von Belegen spiegelt den Grad der Popularität und ihr soziales Milieu. Die Wörterbücher und Sprichwortsammlungen lassen uns in dieser Hinsicht oft genug im Stich. Es zeigt sich bei diesen Entwicklungsprozessen die Tendenz der Sprache, ein einmal gefundenes sprachliches Bild zu präzisieren und zu vervollständigen, oder im Bedarfsfall auch zu modernisieren. Es entsprechen sich in ihrem Sinn z. B. die beiden Redensarten ‚er ist in allen Sätteln gerecht‘ und ‚er ist Hansdampf in allen Gassen‘; doch ist ihr kulturelles Milieu ganz verschieden.

Nicht mehr verstandenes parömiologisches Wortgut wird durch neues ersetzt, oder es macht eben einen Bedeutungswandel durch. Das alte Rechtssprichwort ‚Aller guten Dinge sind drei‘ ist etwa ein interessantes Beispiel für einen solchen Bedeutungswandel. Ursprünglich meint es, alljährlich sollten drei Thinge abgehalten werden. Daraus hat sich ein neuzeitliches Sprichwort entwickelt, das seinen Sinn von der Bedeutung der Dreizahl im Volksglauben bezieht [13]. Ist dieser Sprachwandel schon sehr früh eingetreten, so vollzieht er sich an anderer Stelle noch vor unseren Augen, so z. B. bei der Redensart ‚kurze Fünfzehn machen‘. Sie stammt aus dem mittelalterlichen sog. Puffspiel, bei dem man dem Gegner mit einem Schlag 15 Steine wegnehmen konnte (mhd. auch ‚der fünfzehen spiln‘), und meint soviel wie: ‚nicht viele Umstände‘, ‚kurzen Prozeß machen‘. Heute bezeichnen die Arbeiter im rheinisch-westfälischen Industriegebiet mitunter ihre Frühstückspause als ‚kurze Fünfzehn machen‘. Der Wortsinn einer Redensart kann sich geradezu ins Gegenteil verkehren wie z. B. bei ‚einem heimleuchten‘ – einst eine Höflichkeitspflicht, jetzt eine grobe Drohung. Auch der Wortlaut der ohnehin nicht mehr verstandenen Redensart ‚das geht auf keine Kuhhaut‘ ist völlig zersagt worden. Noch vor kurzem wurde aus der lebendigen Umgangssprache notiert: ‚das geht auf keinen Kuhhaufen‘. Dies sind nicht nur Erscheinungen eines Sprachverfalls oder allgemeiner des Sprachwandels. Es gehört vielmehr geradezu zur Begriffsbestimmung der Redensarten, daß uns ihre einstige und primäre Bildwirklichkeit nicht mehr bewußt ist. In manchen Fällen sind Redensarten auch in die Kinderfolklore abgesunken wie z. B. der ehemalige Frauenschwur ‚Hand aufs Herz‘, womit Kinder gelegentlich unter sich etwas unverbrüchlich versichern. Die sprichwörtliche Regel ‚der Ältere teilt, der Jüngere wählt‘ (bzw. ‚kiest‘, wie es in der älteren Sprache heißt), ist schon dem Sachsenspiegelrecht bekannt. Und nach diesem Prinzip teilen Kinder noch heutzutage.

Wo sprichwörtliche Redensarten ihren Sinn verändern, ist es oft schwer zu entscheiden, ob ein Mißverständnis vorliegt oder eine bewußte Umgestaltung. Nicht selten vollzieht sich neben dem Formwandel gleichzeitig ein Bedeutungswandel. Gute Beispiele geben unsere Stichworte ‚Pappenheimer‘, ‚Tapet‘ und ‚Laus‘. Der ältere Sinn von ‚jem. eine Laus in den Pelz setzen‘ entspricht keiner seiner heutigen Bedeutungen, sondern meint soviel wie ‚Eulen nach Athen tragen‘, d. h. etwas völlig Überflüssiges tun, denn in einem Pelz gab es normalerweise schon so viele

---

[12] *Matti Kuusi:* Regen bei Sonnenschein – Zur Weltgeschichte einer Redensart, FFC. 171 (Helsinki 1957), S. 388.

[13] Vgl. *Mathilde Hain:* Sprichwort und Rätsel, in: Deutsche Philologie im Aufriß III (2. Aufl. Berlin 1967), Sp. 2727–2754.

Pieter Bruegel: Die niederländischen Sprichwörter (Spreekwoordenschilderij), 1559

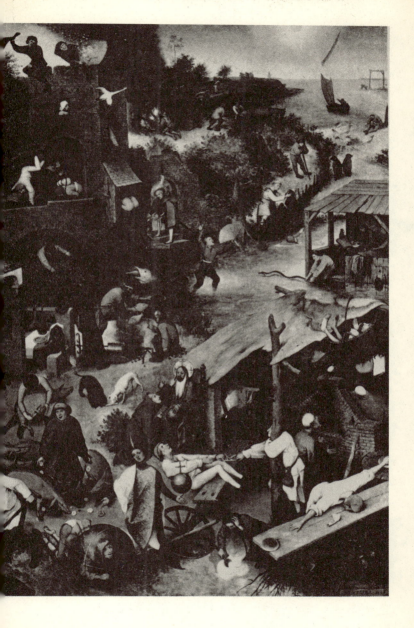

Läuse, daß man sie nicht erst dorthin zu bringen brauchte.

So manche ursprünglich sinnvolle Redensart hat im ausgehenden Mittelalter die Bedeutung ‚etwas Sinnloses tun‘ angenommen, z. B. ‚die Gänse beschlagen‘, ganz einfach deshalb, weil der ehemalige Wirklichkeitsbezug kulturhistorisch außer Kurs kam und den Menschen nicht mehr geläufig war. In dieser Weise hat ja auch Bruegel die Redensarten festgehalten: Sein Redensartenbild war für ihn kein primärer Selbstzweck, sondern es ist eine verkehrte und törichte Welt, die Bruegel weniger humoristisch als vielmehr pessimistisch und bittersatirisch geschildert hat. Es ist vorwiegend ein falsches, sinnloses und zweckloses Verhalten der Menschen, das redensartlich umschrieben dargestellt wird. Was die Leute auch immer tun auf dem Bild, ob sie ‚den Brunnen zuschütten, nachdem das Kalb darin ertrunken ist‘, ob sie ‚den Mantel nach dem Wind hängen‘, ‚Federn in den Wind streuen‘, ‚beim Teufel zur Beichte gehen‘, ‚sich gegenseitig an der Nase herumführen‘, ‚hinter dem Netz fischen‘ – alles ist vergeblich, närrisch, und diese Deutung wird noch unterstrichen durch die Dumpfheit der Gesichter. Die verkehrte Welt wird ganz buchstäblich als auf dem Kopf stehend dargestellt. Das große Haus in der linken Bildhälfte ist ein Gasthaus zur verkehrten Welt, auf dessen Schild das Kreuz nach unten zeigt.

Die Schwelle vom Spätmittelalter zur Neuzeit bedeutete offenbar für viele Redensarten den Übergang von der konkreten zur übertragenen Auffassung. In einem neuen sprachlichen Bewußtwerden empfand man nun plötzlich, daß viele Redewendungen der älteren Zeit nicht mehr ‚wirklich‘ aufzufassen waren, sondern nur noch ‚bildlich‘, d. h. erst jetzt wurden sie zu eigentlichen Redensarten, die nach ihrem Ursprung nicht mehr voll verstanden, sondern nur noch als sprachliche Bilder weitergeschleppt wurden und als Bilder auch gemalt werden konnten. Vor und nach Bruegel hat die Bildlichkeit des sprachlichen Ausdrucks die Maler und Graphiker immer wieder verlockt, diese Bildlichkeit der Sprache auch ins Bild umzusetzen. Das war aber erst möglich, als die Sprachbildlichkeit schon metaphorisch aufgefaßt und nicht mehr realiter verstanden wurde.

Dank der Großzügigkeit des Verlages hat dieses Buch von den Bildquellen einen reichlichen Gebrauch machen können. Das Bild macht die Metaphorik der Sprache ja erst deutlich. In dem Augenblick, in dem man die sprichwörtlichen Redensarten bildlich dargestellt sieht, wird einem erst voll bewußt, welchen scheinbar unsinnigen und surrealen Gehalt die Sprache mit sich herumschleppt, und das unbewußte Empfinden der Surrealität, aber auch das unterschwellige Wissen um die Anspielung macht ja eigentlich gerade die rhetorische Wirksamkeit sprichwörtlicher Redensarten aus.

Manche Redensarten beziehen sich auf Realien, die es heute nicht mehr gibt, und nur die Kenntnis der zugehörigen Sachgüter aufgrund historischer Bildzeugnisse macht die Redensart dann verständlich. Bestimmte idiomatische Ausdrücke, wie z. B. ‚in den sauren Apfel beißen‘ – ‚alles in einen Topf werfen‘ – ‚den Kopf in den Sand stecken‘ – ‚sich nicht in die Karten sehen lassen‘ u. a. werden zwar auch mit übertragener, bildhafter Bedeutung in den allgemeinen Sprachgebrauch übernommen, doch ist ihre Bedeutung ohne weiteres aus dem ursprünglichen Bereich ableitbar. Sie brauchen daher in einem Lexikon nicht eigens erklärt zu werden. Andere Redensarten sind ohnehin nicht erklärbar. Sie sind so phantastisch, daß sie keinen Wirklichkeitshintergrund zu haben scheinen, und sie haben offenbar ihre Entstehung der bloßen Freude am kräftig surrealen Sprachbild, der Lust am Paradoxen zu verdanken, wie z. B. ‚das Kind mit dem Bade ausschütten‘ – ‚einem Honig ums Maul schmieren‘ – ‚einen Besen fressen‘ – ‚das Gras wachsen hören‘ – ‚große Rosinen im Kopf haben‘ – ‚es ist ihm eine Laus über die Leber gelaufen‘ – ‚leben wie Gott in Frankreich‘ – ‚Krokodilstränen vergießen‘. Weder die Bibel noch eine außerbiblische Legende lassen Gott gerade in Frankreich ein besonderes Wohlleben führen, und wer hat wirklich schon ein Krokodil weinen sehen? Und doch führt uns auch die Geschichte dieser grotesk-phantastischen Sprachbilder z. T.

in literarisch und kulturhistorisch sehr bedeutsame Zusammenhänge. Die Erforschung der sprichwörtlichen Redensarten ist jedenfalls eines der reizvollsten Gebiete der Sprachforschung und Volkskunde wegen der vielfachen Aufschlüsse, die in kulturgeschichtlicher Hinsicht daraus zu entnehmen sind. Viele unserer Sprachbilder entstammen einer recht fernen Vergangenheit, deren Lebensumstände und Gewohnheiten uns fremd oder geradezu unverständlich geworden sind. Aus den verschiedensten Bezirken des Lebens sind sie in die allgemeine Sprache eingemündet, und so finden wir alle nur möglichen Kulturschichten in der sprachlichen Ablagerung. Kauf und Handel, Landarbeit und Handwerk, Schiffahrt und Seemannsleben aller Zeiten haben in unserem Redensartenschatz ihren Niederschlag hinterlassen. Eine Darstellung der sprichwörtlichen Redensarten nach ihrer stofflichen Herkunft wäre natürlich weit reizvoller und aufschlußreicher als die schematisch-alphabetische Reihenfolge, weil sich erst dann die kulturgeschichtliche und volkskundliche Zuordnung der einzelnen Redensarten abzeichnen würde. Um so mehr mag es die Aufgabe dieses Vorworts sein, einiges durch das Alphabet Getrennte wieder in einen sinnvollen Zusammenhang zu rükken.

Ein erstaunlich großer Teil des Redensartengutes entstammt dem alten *Rechtsleben.* Besonders der Anteil der sprichwörtlichen Formeln ist hierbei groß. Schon der ‚Sachsenspiegel‘ kennt redensartliche stabreimende Zwillingsformeln wie: ‚Haus und Hof‘ – ‚Haut und Haar‘, ‚Kind und Kegel‘ oder ‚gang und gäbe‘. Andere sprichwörtliche Redensarten aus dem mittelalterlichen Rechtsleben sind: ‚etwas von der Hand weisen‘ – ‚den Stuhl vor die Tür setzen‘ – ‚in den Wind schlagen‘ – ‚das geht über die Hutschnur‘. In vielen sprichwörtlichen Redensarten spiegeln sich ältere Strafen wider, z.B. ‚an den Pranger stellen‘ und ‚Spießruten laufen‘. Von der mittelalterlichen Folter kommen die Wendungen: ‚auf die Folter spannen‘ – ‚Daumenschrauben anlegen‘ – ‚wie gerädert‘ sein‘. Ältere Rechtsformen der Verurteilung und des Strafvoll-

zugs sind noch erhalten in den Redensarten ‚über einen den Stab brechen‘ – ‚die Henkersmahlzeit einnehmen‘ – ‚eine Galgenfrist setzen‘ – ‚einen für vogelfrei erklären‘ – ‚mit Hängen und Würgen‘.

Auf Maßnahmen einer unparaphierten Volksjustiz weist die Wendung ‚einem aufs Dach steigen‘. Aus dem Ordalwesen kommt: ‚für einen durchs Feuer gehen‘ und ‚ein heißes Eisen anfassen‘. Obwohl zahllose sprichwörtliche Redensarten abgesunkenes Rechtsgut sind, ist uns dies meist nicht mehr bewußt, weil diese Rechtsformen nicht mehr gelten. Sie leben nur noch als Survivals und nur noch als bloße Bilder ohne realen Hintergrund in unserer Sprache weiter. Nicht jeder, der sagt: ‚ich kann meine Hand für ihn ins Feuer legen‘, denkt daran, daß er sich dem Wortsinn nach zu einem Gottesurteil bereit erklärt hat [14].

Obwohl zahlreiche Sammlungen und Darstellungen vorliegen, wie z.B. Arbeiten von Graf, Dietherr, Künssberg, Cohen, Günther, Winkler u.a. (s. Lit.-Verz.), ist das Problem der Rechtssprichwörter und rechtlichen Redensarten doch noch nicht grundlegend genug erörtert worden.

Noch viel weniger sind bis jetzt die Redensarten systematisch untersucht worden, die ihre Herkunft den *Standessprachen,* insbesondere bestimmten Handwerksgruppen, dem Handel und Kaufmannswesen zu verdanken haben. Berufsständische Eigenprägungen sind aus fast allen Lebensbereichen in die allgemeine Sprache übernommen worden, insbesondere fast aus jedem Handwerk. Aus der Welt der Schmiede kommt: ‚in einer Sache gut beschlagen sein‘ – ‚Ränke schmieden‘ – ‚Hammer oder Amboß sein‘ – ‚vor die rechte Schmiede kommen‘. Vom Schuhmacher: ‚bei seinem Leisten bleiben‘ – ‚alles über einen Leisten schlagen‘ – ‚wissen, wo einen der Schuh drückt‘. Vom Müller: ‚das ist Wasser auf seiner Mühle‘. Vom Bergmann: ‚eine Schicht feiern‘ (auch: ‚eine schlaue

---

[14] *W. Schmidt-Hidding:* Sprichwörtliche Redensarten, a.a.O., S. 123; vgl. *Lutz Röhrich* und *Gertraud Meinel:* Reste mittelalterlicher Gottesurteile in sprichwörtlichen Redensarten, in: Alemannisches Jahrbuch 1970, S. 341–346.

Schicht fahren': wenig arbeiten) – ‚eine Kluft tut sich auf' – ‚etwas herausschlagen' – ‚die Sache nimmt einen guten Gang' – ‚ein Eigengrübler sein'[15]. Vom Winzer: ‚einen vollen (armen, schlechten) Herbst machen' – ‚er säuft sich durch ein Fuderfaß' – ‚sich das Kellerrecht ausbehalten' – ‚Wat is dat e Geräppels' (kleines Wachstum von Trauben) – ‚einem reinen Wein einschenken' – ‚den Wein taufen'. Aus der Welt des Handels und des Kaufmanns kommen die Redensarten: ‚ein Ausbund von Tugend' – ‚in Kauf nehmen' – ‚Kapital aus etwas schlagen'. Ebenso häufig sind die Redensarten aus dem Bereich der Schiffahrt und des Seemannslebens, z. B.: ‚mit jemand im selben Boot sitzen' – ‚ans Ruder kommen' – ‚das Steuer herumwerfen' – ‚mit vollen Segeln fahren' – ‚einen ins Schlepptau nehmen' – ‚etwas vom Stapel lassen'[16]. Aus dem Bereich der Jagd sind genommen: ‚sich ins Gehege kommen' – ‚einem auf die Sprünge helfen' – ‚wissen, wie der Hase läuft' – ‚einem das Fell über die Ohren ziehen' – ‚durch die Lappen gehen' – ‚ins Garn gehen'[17]. Aus der Soldatensprache und der Terminologie des Kriegswesens kommen die Redensarten: ‚grobes Geschütz auffahren' – ‚wie aus der Pistole geschossen' – ‚wie eine Bombe einschlagen' – ‚einen unter Beschuß nehmen'. Und nicht zuletzt hat die bäuerliche Welt so manche rdal. Ausdrücke beigesteuert: ‚leeres Stroh dreschen' – ‚durch die Hechel ziehen' (‚durchhecheln') – ‚einem zeigen, was eine Harke ist'.
Ein nicht geringer Teil von sprichwörtlichen Redensarten hat seinen Ursprung im *brauchtümlichen* Volksleben. Dazu gehören z. B. die heutigem Verständnis sonst ganz unverständlich gewordenen Wendungen wie: ‚unter die Haube kommen' – ‚das Fell versaufen' – ‚blauen Montag machen' – ‚in den April schikken' – ‚unter einer Decke stecken' – ‚nicht viel Federlesens machen'. Auch unsere Stichworte ‚Fasnacht' und ‚Gast' schöpfen weitgehend aus den volkskundlichen Kategorien von Sitte und Brauch. Einblick in die volkstümlichen Vorstellungen von Maß und Gewicht gewähren die Stichworte ‚Dutzend' (‚im Dutzend billiger' – ‚Bäckerdutzend') und ‚Zweiundsiebzig'. Viele Redensarten stammen von Sport und Spiel, insbesondere vom Kartenspiel: ‚die Karten aufdecken' – ‚sich nicht in die Karten gucken lassen' – ‚die Trümpfe in der Hand behalten'.
Einen starken Anteil an der Entstehung der sprichwörtlichen Redensarten hat sodann der *Volksglauben.* Beziehungen zu ihm zeigen Stichworte wie ‚Alraun', ‚Diebsdaumen', ‚Drache', ‚Drachensaat', ‚Stern' (‚unter einem guten Stern geboren sein'), ‚Himmel' (‚im 7. Himmel sein'). Redensarten sind nicht selten euphemistische Umschreibungen für tabuierte Ausdrücke aus den Sinnbezirken der Jagd, der Krankheit, vor allem der Geisteskrankheiten, des Geschlechtslebens, insbesondere aber des Todes, was die zahllosen Umschreibungen für ‚sterben' zeigen, die im Artikel ‚zeitlich' (‚das Zeitliche segnen') zusammengefaßt sind[18]. Andere Redensarten haben ihre Entsprechung in Hand-, Kopf- oder Fuß-*Gebärden,* d. h., sie sind als Gesten wirklich einmal ausgeführt worden, z. B.: ‚durch die Finger sehen' – ‚ätsch Gäbele' u. a. Die ‚Sprachgebärde' tritt in diesen Fällen an die Stelle der Gebärdensprache; die Redensart ist oft ein relikthafter Ersatz der Geste[19].
Daß sprichwörtliche Redensarten auch Schwundstufen aus allen möglichen kulturellen Bereichen sein können, wurde

---

[15] Vgl. *Herbert Wolf:* Studien zur deutschen Bergmannssprache, in: Mitteldeutsche Forschungen 11 (Tübingen 1958); *Lutz Röhrich* und *Gertraud Meinel:* Redensarten aus dem Bereich von Handwerk und Gewerbe, in: Alemannisches Jahrbuch (Bühl/Baden 1973).

[16] *F. Cowan:* Dictionary of the Proverbs and Proverbial Phrases of the English Language Relating to the Sea (Greenesburgh, Pennsylvania 1894); *Rudolf Eckart:* Niederdeutsche Sprichwörter und volkstümliche Redensarten (Braunschweig 1893).

[17] Vgl. *Lutz Röhrich* und *Gertraud Meinel:* Redensarten aus dem Bereich der Jagd und der Vogelstellerei, in: Et multum et multa, Festgabe für Kurt Lindner (Berlin – New York 1971), S. 313–323.

[18] Vgl. *Lutz Röhrich:* Gebärde – Metapher – Parodie. Studien zur Sprache und Volksdichtung (Düsseldorf 1967), S. 41ff.; *ders.:* Tabus in Volksbräuchen, Sagen und Märchen, in: Festschrift für Werner Neuse (Berlin 1967), S. 8ff.

[19] Vgl. *Lutz Röhrich:* Gebärde – Metapher – Parodie, a. a. O., S. 7ff.

schon mehrfach dargelegt. Oftmals sind sie Relikte von *Volkserzählungen*. Bis in den Anfang unseres Jahrhunderts war es üblich, Redensarten, die erst in verhältnismäßig junger Zeit belegt sind, auf urzeitliche mythologische Vorstellungen zurückzuführen, z. B. ‚unter den Hammer kommen' auf den Hammer des Gottes Thor, ‚Schwein haben' auf den Eber des Gottes Freyr. Es hat zu dieser speziellen Thematik vor einigen Jahrzehnten ein bekanntes Buch gegeben, das auch in einer 2. Auflage erschienen ist und neuerdings sogar einen Nachdruck erlebt hat. Es handelt sich um das Werk von Heinrich Leßmann ‚Der deutsche Volksmund im Lichte der Sage' (Berlin 1922). Vor diesem Buch kann nicht nachdrücklich genug gewarnt werden. Es stimmt in ihm so gut wie nichts. Dieses Werk ist ein Nachklang der mythologischen Folkloristenschule des 19. Jahrhunderts, die in jeder kulturellen Äußerung Nachklänge der germanischen oder der antiken Göttersagen erblickte. Die Redensarten ‚etwas auf die leichte Schulter nehmen' und ‚einem die kalte Schulter zeigen' bringt Leßmann z. B. in Verbindung zur antiken Sage von Pelops; die Wendung ‚mit den Wölfen heulen' mit den Werwolfsagen. ‚Gegen den Tod ist kein Kraut gewachsen' stellt er direkt zusammen mit dem Grimmschen Märchen von den drei Schlangenblättern (KHM. 16), ‚vor die rechte Schmiede kommen' mit der Erzählung vom Schmied zu Jüterbog, ‚wissen, wo einen der Schuh drückt' mit dem Aschenputtelmärchen (KHM. 21). Nicht alle Deutungen Leßmanns sind so ‚an den Haaren herbeigezogen' wie gerade die eben genannten. Aber sie sind trotzdem nicht richtiger. Darum eben ist dieses Buch so gefährlich und irreführend. Andererseits zeigt unser Lexikon, daß in der Tat doch nicht wenige sprichwörtliche Redensarten die Schwundstufen von z. T. ausgestorbenen Volkserzählungen sind, wie z. B.: ‚viel Geschrei und wenig Wolle' – ‚das geht auf keine Kuhhaut' – ‚die Katze im Sack kaufen'[20].

Häufig sind Sagen, Schwänke und Anekdoten ätiologisch (d. h. Ursachen erklärend) zur Erklärung von Redensarten entstanden, wie unter den Stichworten ‚Bockshorn' und ‚Hornberg', ‚Stein', ‚Haarbeutel', ‚Katze' oder ‚Fisimatenten' nachzulesen ist. Es gibt schließlich auch literarische Erzählungen, die eigens zur Illustration von Sprichwörtern und Redensarten erfunden worden sind, wie z. B. zu ‚einmal ist keinmal' eine gleichbetitelte Geschichte in Joh. Peter Hebels ‚Schatzkästlein'. Gewiß sind solche anekdotischen Herleitungen möglich, aber sie sind nur in seltenen Fällen beweisbar. Es gibt geradezu die Gattung der ‚Sprichwort-Geschichte[21]. Weitaus am häufigsten haben sich *Fabeln* zu sprichwörtlichen Redensarten verkürzt, z. B.: ‚sich nicht in die Höhle des Löwen wagen' – ‚kein Wässerchen trüben können' – ‚sich mit fremden Federn schmücken' – ‚saure Trauben'.

Gelegentlich wird ein und derselbe Fabelinhalt sogar mit verschiedenen Redensarten umschrieben, z. B.: ‚für einen anderen die Kastanien aus dem Feuer holen' und ‚sich für einen anderen die Finger (Pfoten) verbrennen'. In diesen Fällen handelt es sich zumeist um international verbreitete Redensarten, die sich bis in die gemeineuropäische Äsop-Tradition zurückverfolgen lassen. So manche dieser Redensarten ist nicht erst mittelalterlich oder neuzeitlich aus der Fabel hervorgewachsen, sondern hat schon im antiken parömiologischen Gut als Redensart neben der motivgleichen Fabel bestanden. Das griechische Wort ainos bedeutet sowohl ‚Fabel' als ‚Sprichwort', und offenbar sind schon in der Antike so manche Fabeln nur um ein bereits vorhandenes Sprichwort herum gedichtet worden. Die Verbindung Sprichwort – Fabel scheint ebenso ein Charakteristikum der orientalischen wie auch

---

[20] Vgl. *Lutz Röhrich*: Sprichwörtliche Redensarten aus Volkserzählungen, in: Volk – Sprache – Dichtung, Festgabe für Kurt Wagner (Gießen 1960), S. 247–275.

[21] Vgl. *Elfriede Moser-Rath*: Predigtmärlein der Barockzeit, in: Fabula, Supplement-Serie A 5 (Berlin 1964), S. 59 f.; *Antonio Cornazano*: Sprichwortnovellen, übersetzt von Albert Wesselski (Neuausgabe Hanau 1967); *Lutz Röhrich*: Johann Peter Hebels Kalendergeschichten zwischen Volksdichtung und Literatur (Lörrach 1972), S. 14 ff.

39

der Sprichwörter so mancher schriftloser Völker zu sein. Viele Redensarten afrikanischer und asiatischer Völker sind für uns ganz unverständlich, wenn wir nicht die Volkserzählungen kennen, die sinngleich dahinter stehen[22].

Alle Zeiten haben ihre Spuren in unserem Redensartenschatz hinterlassen, und auch in der *Moderne* ist neben dem Absterben von älterem überlebtem Wortgut noch ein starker Zuwachs an neuem und neuestem zu beobachten. Auch die unmittelbare Gegenwartssprache ist mit aufgenommen worden (,balla' oder ,Bart').

Nicht immer sind die Quellen trotz aller Gegenwartsnähe leicht zu ermitteln. Fernsehen, Film, moderne Theaterstücke, Operette und Musicals, triviale Romane und humoristische Schriften sind zweifellos wichtige Verbreitungsvehikel. Leichter erkennbar sind Redensarten, die ihre Entstehung erst der technischen Welt verdanken, z. B. ,auf Draht sein' – ,auf der Leitung stehen' – ,höchste Eisenbahn' – ,Dampf ablassen' – ,eine neue Platte auflegen' – ,Sand ins Getriebe streuen' – ,grünes Licht für ein Unternehmen geben' – ,100 000 auf dem Buckel haben' – ,die Pupille auf Null drehen' – ,keine Antenne für etwas haben'. Allenthalben zeigt sich in der Gegenwart die Technisierung der Sprache. Die Entscheidung darüber, wieweit solche Redensarten in unser Lexikon aufzunehmen waren, lag an ihrer Erklärungsbedürftigkeit. Die meisten bedürfen eigentlich keiner Erklärung. Solange noch vereinzelt Dampfzüge fahren, bleibt es noch verständlich, wenn man im redensartlichen Vergleich sagt: ,er schnauft wie eine Lokomotive'. Aber vielleicht gehört dies in der nächsten Generation bereits zu den erklärungsbedürftigen Sprachbildern. Manche moderne Redensarten werden, gerade weil sie Mode sind, für jünger gehalten, als sie in Wirklichkeit sind. Es ist jedenfalls immer wieder überraschend zu bemerken, wie ganz jung und modern erscheinende Redensarten oft auf ein schon recht erhebliches Alter zurückblicken. Wenn E. B. Tylor in seinem Buch

,Primitive culture' sagte, „that the age of proverbmaking is past", so gilt dies sicherlich nicht für die sprichwörtlichen Redensarten, die immer noch neu entstehen. Ihre Entwicklung ist keineswegs abgeschlossen. Auch in der politischen Rhetorik, in Zeitungsartikeln und Illustrierten spielen Sprichwort und Redensart eher eine zunehmende als rückläufige Rolle. Sprichwörtliche Redensarten finden sich in wachsendem Maße in politischen Leitartikeln und Reden von Politikern. „Man glaubt dem Bild eher als der direkten Behauptung, der volksläufigen Prägung eher als dem individuellen Wort"[23].

In der Gegenwart haben ferner bestimmte Werbeslogans durch die stetige Wiederholung der Reklame fast den Charakter von Sprichwörtern und Redensarten angenommen, z. B.: ,Darauf einen Dujardin' – ,Mach mal Pause, trink Coca-Cola' – ,Laßt Blumen sprechen' – ,Persil bleibt Persil' – ,Dir und mir – Binding-Bier' – ,Im Falle eines Falles klebt Uhu wirklich alles'.

Viele sprichwörtliche Redensarten sind sogar noch in ihrer Parodierung höchst lebendig, z. B.: ,es geht mir durch Mark und Pfennig' – ,jemand Moritz lehren' – ,man hat's nicht leicht, aber leicht hat's einen' – ,unter uns (katholischen) Pfarrerstöchtern' – ,einen Bart mit Dauerwellen haben' – ,aus der Falle rollen'.

Schon Friedrich Seiler hat in seiner ,Deutschen Sprichwortkunde' und ebenso W. Gottschalk in seinem Buch über ,Die sprichwörtlichen Redensarten der französischen Sprache' den Bestand an Redensarten aufgeteilt nach den Lebens- und Kulturbereichen, denen sie entnommen sind. Kapitelüberschriften heißen etwa: ,Der Mensch und sein Körper', ,Die Nahrung des Menschen', ,Die Kleidung des Menschen', ,Jagd', ,Kriegs- und Ritterwesen', ,Rechts- und Gerichtswesen', ,Dorf und Stadt' usw. Solche Zuordnungen sind natürlich oft sehr problematisch, vor allem dann, wenn die Zuweisung zu bestimmten Lebensgebieten

---

[22] Vgl. *A. Taylor:* The Proverb, a. a. O., S. 27.

[23] *Max Lüthi:* Das Sprichwort in der Zeitung, in: Proverbium 15 (1970), S. 80.

EINLEITUNG

aufgrund des Befundes der heutigen Umgangssprache und mit Hilfe unseres heutigen Bewußtseins erfolgt und nicht durch entsprechende historische Belege gesichert ist. Groß ist z. B. die Zahl der Redensarten, die man auf die ritterliche Kultur des Mittelalters zurückgeführt hat. Namentlich das Turnier- und Kampfwesen hat den Bildbereich für viele Redensarten abgegeben, z. B. ‚für jemand eine Lanze brechen' – ‚einem den Steigbügel halten' – ‚mit offenem Visier kämpfen' – ‚einen aus dem Sattel heben' – ‚einen in Harnisch bringen' – ‚etwas im Schilde führen' – ‚den Spieß umkehren' – ‚einem den Fehdehandschuh hinwerfen' und viele andere.

Sicherlich beziehen sich solche Redensarten auf mittelalterliche Kampf- und Turniersitten, doch gehen sie in den meisten Fällen nicht unmittelbar darauf zurück. Vielmehr handelt es sich um sprachliche Neubildungen einer späteren Zeit. Die Erstbelege für diese Wendungen tauchen häufig so spät auf, daß erst die Mittelalterbegeisterung der Romantik und der Historismus des 19. Jahrhunderts sie populär gemacht haben können. Ein bildhafter Ausdruck wie ‚jemand auf den Schild erheben' ist z. B. eine ganz späte Redensart, auch wenn sie archaisch anmutet und aus einem heroischen Zeitalter zu entstammen scheint. Gerade wo man gar Widerspiegelungen altgermanischer Lebensgewohnheiten in sprichwörtlichen Redensarten gesucht hat, lassen sich meist noch viel weniger unmittelbare Abstammungen nachweisen. Vielmehr sind manche derartige Redensarten, wie z. B. ‚auf der Bärenhaut liegen', erst um 1500 in humanistischen Kreisen geprägt worden, als sich die Forschung mit der Schilderung germanischer Sitten beschäftigte und die ‚Germania' des Tacitus neu entdeckt wurde. Aber das Problem liegt noch tiefer: Der Herkunftsbereich der sprachlichen Bilder muß nicht unbedingt auch der Ort ihrer ursprünglichen redensartlichen Funktion sein. Hat wirklich ein Hirte zuerst die Redensart vom ‚Schäfchen' gebraucht, das ‚ins trockene gebracht wird', oder war es vielleicht doch eher ein Kaufmann? Fragen dieser Art sind von Gottschalk, Singer,

Borchardt-Wustmann, Seiler u. a. noch gar nicht aufgeworfen worden. Eine Redensart braucht jedenfalls geschichtlich nicht der Zeit des Kulturgutes anzugehören, das ihr Wortlaut enthält und auf das sie abzielt. Die Redensart ‚seine Zelte abbrechen' entstammt z. B. nicht einem frühzeitlichen Nomadenleben, sondern ist erst eine Prägung des 20. Jahrhunderts. Die Herkunft des sprachlichen Bildes sagt also noch nichts über Anwendung, Gebrauch und Funktion der Redensart aus. Viel interessanter ist hierbei die Frage: Wo taucht die Redensart zuerst außerhalb ihres Bildbereiches auf, d. h. wo ist sie denn nun zum erstenmal ‚redensartlich'? Wie lebendig oder verblaßt ist dabei das Bildbewußtsein? Die Wendung ‚am Zuge sein' gehört dem Wortschatz des Schachspielers an. Daran denkt man jedoch heutzutage nicht mehr bei einer Zeitungsschlagzeile wie etwa ‚Jetzt ist Bonn am Zuge'. Wenn ein Dieb der Polizei ‚durch die Lappen gegangen' ist, denkt niemand mehr an ein Jägerfachwort.

Die lebendige Sprache bevorzugt immer den bildkräftigeren Ausdruck: Statt ‚jemand die Augen zu öffnen', ist es ausdruckskräftiger zu sagen, ‚ihm den Star stechen' – eigentlich ein medizinischer terminus technicus. Indem ein Fachausdruck zum Allgemeingut wird, wird er überhaupt erst bildhaft gebraucht und zur sprichwörtlichen Redensart; er hat seine primäre Wirklichkeitsebene verlassen und ist zum bloßen Sprachbild geworden.

Das Problem ‚Sprache und Wirklichkeit' stellt sich in fast jedem Fall wieder anders, und so hat doch auch die alphabetische Ordnung unseres Materials ihre Vorzüge, indem sie Verallgemeinerungen und eine vorschnelle kulturgeschichtliche Einordnung einer Redensart ausschließt. Oft ist eine solche überhaupt nicht durchführbar, oder die Sachzuordnung ist doch äußerst fraglich. Woher stammt z. B. die Redensart ‚im Stich lassen'? Gehört sie in die soziale Umwelt des Turnierstechens? Kommt sie von der Biene, die ihren Stachel in die Wunde zurückläßt? Bedeutet ‚im Stich lassen' eine liegengelassene Nadelarbeit, oder ist gar

41

das Kartenspiel der Ursprungsbereich der Redensart?

Hier helfen nur genaue Zusammenstellung und Sichtung historischer Belege.

In der Erklärung sprichwörtlicher Redensarten ist oft recht phantastisch drauf los fabuliert worden, ohne daß man sich immer den Kopf zerbrochen hat, ob ein angenommener Bedeutungswandel auch psychologisch wahrscheinlich und geschichtlich begründet sein könnte. Auf kaum einem anderen Gebiet der sprachlichen Volksüberlieferung gibt es so viele dilettantische Versuche. Die Zahl neuerer populärer Redensartenbücher geht in die Dutzende und ist in humoristischer Form und gewürzt mit Anekdoten. Fast jedes Jahr bringt neue populäre Redensartenbücher hervor[24]. Vor nicht allzu langer Zeit ist das Buch eines bekannten Rundfunkjournalisten unter dem Titel ‚Das geht auf keine Kuhhaut' erschienen, wobei gerade die den Titel abgebende Redensart – aber nicht nur diese – in absolut laienhafter Weise gedeutet wird. Solche sog. ‚Sachbücher' erleben indessen meist hohe Auflagen, vor allem wenn sie noch hübsch surrealistisch illustriert sind. Die Deutung von Redensarten ist in der Gegenwart überhaupt fast eine Moderscheinung geworden. Mehrere illustrierte Zeitungen, daneben aber auch Tageszeitungen, Werbehefte von Versicherungen und Verkaufsorganisationen, Jugendzeitschriften usw. führen hin und wieder regelmäßig wiederkehrende ‚Ecke' mit Redensartenerklärungen, und es ist oft recht verwunderlich, welche Meinungen dabei ‚ins Kraut schießen'.

Dilettantismus in der Erklärung von Redensarten hat es freilich zu allen Zeiten gegeben. Bei manchen Redensarten hat man im Laufe der Zeit eine ganze Reihe mehr oder weniger einleuchtender Erklärungen zusammengetragen, z. B. für: ‚ins Gras beißen' und ‚weder gehauen noch gestochen'. Unser Lexikon führt in solchen Fällen alle Erklärungsversuche an, warnt aber auch ebensohäufig vor allzu weit hergeholten, obschon gerade solche für den sprachgeschichtlichen Laien oft bestechend wirken. In einigen Fällen besonders umstrittener oder ganz gegensätzlich gedeuteter Redensarten hat sich der betreffende Artikel zu einer kleinen Monographie ausgewachsen, die den augenblicklichen Forschungsstand referiert, z. B. bei: ‚einen ins Bockshorn jagen' – ‚die schwarze Kuh hat ihn getreten' – ‚das heißt Otto Bellmann' – ‚wissen, wo Barthel den Most holt' – ‚einem aufs Dach steigen' – ‚auf die lange Bank schieben' – ‚das Blatt hat sich gewendet'; außerdem bei den Stichworten ‚Kuhhaut', ‚Horn', ‚Katze', ‚Teufel' u. a. An solchen Artikeln soll die Problematik der Redensartenforschung aufgezeigt werden. Im Grunde müßte zu jeder Redensart eine Monographie vorgelegt werden können, und viele Stichworte würden eine solche Einzeluntersuchung zweifellos lohnen. Aber es fehlt allenthalben an brauchbaren Vorarbeiten und Einzeluntersuchungen, und so bildet dieses Buch höchstens die Vorstudien zu einem Corpus der sprichwörtlichen Redensarten. Ihr Ursprung ist bisher nur in ganz geringem Maße wirklich erforscht. Ganz einsam steht noch immer die ‚Weltgeschichte einer Redensart' des finnischen Gelehrten Matti Kuusi, der weltweit jene Redensarten vergleichend untersucht hat, mit denen man die meteorologische Erscheinung ‚Regen bei Sonnenschein' bildlich umschreibt[25]. M. Kuusi ist dabei auf höchst überraschende Zusammenhänge gestoßen (s. Stichwort ‚Kirmes'). Aber Ursprung und Sinn vieler anderer Redensarten sind und bleiben im dunkeln. Zu den Redensarten, für die wir keine genügende Erklärung haben, gehören z. B. einige für alte Jungfern. Das

---

[24] Z. B. *Ludwig Göhring:* Volkstümliche Redensarten und Ausdrücke (München 1936); *H. H. Brunner:* 24 beliebte Redensarten (Zürich 1956); *Kurt Krüger-Lorenzen:* Das geht auf keine Kuhhaut (Düsseldorf 1960); *ders.:* ... aus der Pistole geschossen (Düsseldorf – Wien 1966); *Karl Erich Krack:* 1000 Redensarten unter die Lupe genommen (Stuttgart 1965) und Fischer-Bücherei Nr. 965 (Frankfurt – Hamburg 1969); Extrakte hieraus hat der Burda-Verlag in der Illustrierten ‚Moderne Frau' veröffentlicht; *Heinrich Raab:* Deutsche Redewendungen (2. Aufl. Wien – Köln 1964); *Hans Dittrich:* Redensarten auf der Goldwaage (Bonn 1970); *Hans-Josef Meier-Pfaller:* Das große Buch der Sprichwörter (München – Esslingen 1970).

[25] *M. Kuusi:* Regen bei Sonnenschein, a. a. O.

EINLEITUNG

deutsche ‚Giritzenmoos‘ und ‚Flederwische feilhalten‘ ist ebenso unverständlich wie englisch ‚to lead apes in hell‘ (‚Affen in die Hölle führen‘)[26]. Dunkel bleiben Redensarten wie: ‚Das ist ihm ein gefundenes Fressen‘ (vgl. engl. ‚to be duck soup for him‘), ‚Fersengeld geben‘ – ‚flöten gehen‘. Selbst von den international bekannten Redensarten sind viele bis jetzt nicht befriedigend erklärt worden. Es ist eine bedauerliche Tatsache, daß eine gültige Erklärung oder Altersbestimmung in vielen Fällen noch keineswegs gegeben werden kann. Viele Redensarten sind nach wie vor in ihrer Entstehung rätselhaft und werden es vermutlich auch bleiben.

Die Erklärung unseres Redensartenschatzes ist jedenfalls keineswegs etwas Abgeschlossenes, sondern bedarf unablässiger weiterer Forschung. Weniger als an phantasievollen Deutungsversuchen ist dabei an der systematischen Erschließung älterer literarischer Quellen und an der Auffindung von Frühbelegen für einzelne Redensarten gelegen.

Wie bei allen oralen Volkstraditionen gibt es auch bei den sprichwörtlichen Redensarten mündliche und literarische Überlieferungen, die sich gegenseitig überschneiden. Stets ist von den ältesten erreichbaren Beleg des betr. metaphorischen Ausdrucks auszugehen, was recht schwierig ist, da sich diese meist nur in der volkstümlichen Rede fortgepflanzten Wendungen der literarischen Fixierung oft jahrhundertelang entziehen.

Die Erforschung der sprichwörtlichen Redensarten steht hinter der der Sprichwörter noch weit zurück. Das ist kein Zufall. Die systematische Erschließung historischer Belege ist bei den sprichwörtlichen Redensarten wesentlich schwieriger als bei den Sprichwörtern. Für Sprichwörter besitzen wir seit dem 15. und 16. Jahrhundert die berühmten Sammlungen des Erasmus von Rotterdam, von Johannes Agricola, Sebastian Franck, Eucharius Eyering, Christoph Lehmann u. a., nicht aber für die Redensarten. Ignaz Zingerles und Samuel Singers Nachweise des mittelalterlichen par-

ömiologischen Gutes erstrecken sich ebenfalls vorwiegend auf die Sprichwörter, nicht eigentlich – und nur in Ausnahmen – auf die Redensarten. Das gleiche gilt für das umfassende Compendium der lateinischen Sprichwörter und Sentenzen des Mittelalters von Hans Walther. Für die sprichwörtlichen Redensarten aber sind die meisten Quellen noch nicht ausgeschöpft, obwohl doch auch hier in jedem Fall nach dem ältesten Beleg nach dem frühesten Auftreten der betreffenden Redensart zu fahnden wäre. So wird es in vielen Fällen unmöglich bleiben, eine Redensart auch nur ungefähr zeitlich und örtlich zu bestimmen. Vor allem werden die individuellen Anlässe und Ursprünge der meisten Redensarten im dunkeln bleiben müssen.

Auch ist der Quellenwert der Frühbelege umstritten. Nicht immer geben die mittelalterlichen oder auch frühneuzeitlichen Sammlungen einen wirklichen Beweis für eine lebendige Volkstradition ihrer Zeit. U. U. ist eine Redensart verhältnismäßig spät in die Schriftsprache aufgenommen worden und dort erst nachweisbar, nachdem sie vorher in Umgangssprache und Mundart lange Zeit bestanden hat; dies scheint z. B. der Fall zu sein bei der Wendung ‚in die Binsen gehen‘. – Redensarten können eine Zeitlang Mode sein wie beliebte Schlagworte; sie können wie Schlager oder Witze plötzlich aus der Vergessenheit auftauchen und dann wieder für längere Zeit verschwinden, um eines Tages doch wieder als neu empfunden zu werden.

Entsprechend dem hohen Alter vieler Sprichwörter und sprichwörtlicher Redensarten leben in ihnen bisweilen ältere oder veraltete Sprach- und Wortformen weiter. Das Sprichwort ‚Wie die Alten sungen, so zwitschern auch die Jungen‘ bewahrt z. B. die veraltete Konjugationsform ‚sungen‘. Eine altertümliche Deklinationsform enthält das Sprichwort ‚Es ist nichts so fein gesponnen, es kommt doch endlich an die Sonnen‘[27]. Andere Beispiele geben die Wendungen: ‚Gut Ding will Weile haben‘ – ‚Wes Brot ich ess‘, des Lied ich sing‘‘ – ‚gang und gäbe‘

---

[26] Vgl. *A. Taylor:* The Proverb, a. a. O., S. 191 f.

[27] Vgl. *A. Taylor:* The Proverb, a. a. O., S. 82.

43

EINLEITUNG

– ‚wie er leibt und lebt‘. Oder einzelne Wörter werden in heute nicht mehr üblichen Bedeutungen gebraucht, z. B. ‚schlecht und recht‘ (‚schlecht‘ bedeutet hier soviel wie ‚schlicht‘); ‚Kind und Kegel‘, wobei ‚Kegel‘ die unehelichen Kinder meint.

Um dieses Buch nicht nur für die Gegenwartssprache, sondern auch als Nachschlagewerk bei der Lektüre älteren Schrifttums brauchbar zu machen, schien es geboten, auch eine größere Anzahl heute ausgestorbener Redensarten mit zu berücksichtigen, die dem heutigen Leser erklärungsbedürftig erscheinen müssen. Bestimmte Passagen der Dichtung, und u. U. sogar entscheidende, bleiben sonst unverständlich, wie etwa die sprichwörtliche Formel ‚Ihr gebt mir ja nichts dazu‘ in Goethes Ballade ‚Vor Gericht‘; oder die Wendung ‚einem das Bad segnen‘ in Verbindung mit Schillers ‚Tell‘. Das vorliegende Buch erklärt auch eine ganze Reihe von Redensarten, die aus dem lebendigen Gebrauch der Sprache ausgeschieden sind, wie etwa ‚ein Loch durch einen Brief reden‘ – ‚Gänse beschlagen‘ – ‚aus einem hohlen Hafen reden‘ – ‚das Maul in den Himmel stoßen‘ – und andere mehr. Oft erhellt erst die Sprachgeschichte die ursprüngliche Bedeutung einer Redensart. ‚Etwas dick haben‘ erklärt sich z. B. aus der mhd. Bedeutung von dick, mhd. dicke = oft, massenhaft: Was man in Masse hat, dessen wird man leicht überdrüssig. In der Wendung ‚mir zulieb‘ ist noch die mhd. Bedeutung von liebe = Freude erhalten, was mit Liebe im nhd. Sinne nicht identisch ist.

Jede sprichwörtliche Redensart hat einen Inhalt und eine Form; sie gehört zu einem bestimmten sprachlichen Raum, d. h., sie hat einen geographisch begrenzten Geltungsbreich; sie hat ein bestimmtes Alter. Alle Faktoren bedingen sich gegenseitig. Wichtig ist deshalb die Heranziehung der heutigen Mundarten, die nicht selten ältere Varianten unserer Redensarten treu bewahrt haben und so über ihren ursprünglichen Wortlaut und Sinn Aufschluß geben können. In manchen Fällen kann u. U. ein und dieselbe Redensart in verschiedenen Landschaften und Mundartgebieten unterschiedliche Bedeutung haben. Ein Beispiel bietet die Redensart ‚Butter bei die Fische‘.

Dieses Lexikon geht von der hochdeutschen Umgangssprache der Gegenwart aus, und hinsichtlich der Mundartbelege kann es natürlich keine Summierung der regionalen Mundartwörterbücher bieten. Auch haben Mundartwörterbücher nur in sehr unterschiedlichem Maße sprichwörtliches Redensartgut aufgenommen. Wohl aber sind die Mundarten einbezogen bei den allgemeinen Redensarten, wenn ihr Gebrauch sich nicht auf eine Mundartlandschaft beschränkt. Beispiele dafür bieten etwa die Stichworte ‚Allbot‘, ‚Bach‘, ‚Bacchus‘, ‚Glocke‘ und viele andere. Unzählig sind demgegenüber natürlich die mundartlichen Redensarten nur lokaler Prägung; sie sind ortsgebunden und u. U. schon im Nachbarort nicht mehr oder kaum verständlich. Solche Redensarten konnten hier nicht alle berücksichtigt werden. So bedeutet etwa die Abkürzung ‚schweiz.‘ einen Beleg im Schweizerischen Idiotikon, ‚obersächs.‘ einen entsprechenden in dem Wörterbuch von Müller-Fraureuth, ohne daß jeweils die genaue Lokalisierung angegeben oder der Frage nachgegangen werden konnte, wie partiell oder lokal, kleinräumig oder großräumig die betreffende Redensart in diesen Mundartlandschaften verbreitet ist.

Eine nicht geringe Rolle bei der Ausbreitung vor allem neuerer Redensarten spielt die ehemalige Reichshauptstadt Berlin. Viele allgemein gewordene Redensarten sind zunächst einmal Berliner Lokalausdrücke gewesen. Oft handelt es sich um humoristische Erweiterungen oder Verfremdungen althergebrachter Wendungen, wie z. B.: ‚Spaß muß sin bei de Leiche, sonst jeht keener mit‘ oder ‚Vorsicht ist die Mutter der Porzellankiste‘.

Auch Hamburg und Köln haben viele Redensarten ausgestrahlt, und in H. Lützelers bekanntem Vortrag und Büchlein über die ‚Philosophie des Kölner Humors‘ finden sich auch wichtige Hinweise auf Kölner Redensarten. Sprichwörtliche Redensarten der norddeutschen Küstenlandschaften zeigen wieder ein ganz anderes Gepräge als die binnen-

44

ländischen. Fisch, Schiff und See sind dort das beständige Reservoir für die Bildwelt der Redensarten, und das ganze Leben wird unter diesem Aspekt verglichen[28].

Die regionale Streuung hat auch der Atlas der deutschen Volkskunde in den zwanziger Jahren bei einigen Redensartengruppen erfragt (Fragebogen Nr. 5), z.B.: „Mit welchen brauchüblichen Redensarten nötigt man den Gast zum Essen?" (‚Eßt und trinkt, der Topf steht draußen' – ‚schont die Butter' – ‚tut wie zu Hause', denn dort muß man sparen' – ‚langt zu, aber mir nicht in die Haare') oder: „Was sagt man, wenn jemand das Eßbesteck fallen läßt?" Insbesondere redensartliche Vergleiche, z.B. beim Feld ‚arm wie …' zeigen eine starke regionale und landschaftliche Aufsplitterung. Die geographische Grenze zwischen der Wendung ‚wie der Ochs vor dem Berg' und der parallelen ‚wie die Kuh vor dem neuen Scheunentor' verläuft quer durch das deutsche Sprachgebiet. Offenbar ist die Elbe die Grenze. Andere Variationen von Redensarten gehen auf geographische Verschiedenheiten zurück. ‚Etwas Überflüssiges tun' ist je nach Ort ‚Wasser in den Rhein tragen', aber auch ‚zur Elbe', ‚zur Donau' oder ‚ins Meer'.

Es wäre interessant, die heutige Verbreitung der Redensarten, dieser und anderer, kennenzulernen. Wir haben hier jedenfalls ein sprechendes Beispiel dafür, daß auch in der Redensartenforschung neben die geschichtliche die geographische Betrachtungsweise treten muß. Manche Redensarten sind von Landschaft zu Landschaft, von Mundartgebiet zu Mundartgebiet verschieden. Dem Begriff ‚gleichgültig' entspricht z.B. berlinisch: ‚Jacke wie Hose' oder ‚das ist mir piepe'; wienerisch jedoch: ‚das ist mir wurscht' und ‚das ist mir powidl'.

Die Frage: Wieweit sind Redensarten Gemeingut der verschiedenen Sprachlandschaften oder wie weit differieren sie, ist noch kaum gestellt worden, und der Volkskunde-Atlas hat solche redensartlichen Metaphern nur in Ansätzen erfragt und bearbeitet[29]. Hinzu treten müßte jetzt eine wesentlich umfangreichere und differenziertere Befragung.

Volkskundliche Redensartenforschung hat sowohl regional-mundartliche Forschungsaufgaben als auch internationale. Benötigt wird heute einerseits die Aufarbeitung des Redensartenbestandes einzelner Mundartgebiete. Wieder andere Aufgaben hat die vergleichende Redensartenforschung, die bis jetzt ebenfalls nur in ganz geringen Ansätzen vorhanden ist. Zunächst ist zu fragen, welche sprichwörtlichen Redensarten überhaupt internationale Verbreitung besitzen. Dazu gehören z.B. Wendungen wie: ‚mit dem linken Fuß aufstehen' – ‚das Eis brechen' – ‚das Gras wachsen hören' – ‚trocken hinter den Ohren' (engl. ‚dry behind the ears'). Entsprechungen im Redensartengut anderer Völker können Parallelen aufgrund eines gemeinsamen Kulturerbes sein, z.B. sprichwörtlich gewordene Bibelzitate, Weiterwirken antiken parömiologischen Gutes, aber auch spätere Entlehnungen. Die Wege der Redensarten von einem Volk zum anderen sind noch wenig erforscht[30]. Ebenso wissen wir noch zu wenig darüber, wer die Mittler von einem Kulturkreis zum anderen sind. Man kann dabei ebensogut an die zweisprachige Grenzbevölkerung denken wie an die berufsmäßigen Wanderer, Spielleute und Handwerker in früherer Zeit, Soldaten und Seeleute bis auf unsere Tage. Hinzu kommt das Werk von Dichtern und Schriftstellern, d.h. übersetzte Literatur aller Zeiten. Nicht auf dem Weg des Kulturkontaktes durch Nachbarschaft oder Wanderung, sondern nur auf dem literarischen Weg über Karl May, Wildwestroman und Westernfilm sind

---

[28] Vgl. *Rudolf Eckart*: Niederdeutsche Sprichwörter und volkstümliche Redensarten, a.a.O.

[29] Vgl. die Untersuchung von *Gerda Grober-Glück* aufgrund des Atlas-Materials; vgl. auch dies.: Zur Verbreitung von Redensarten und Vorstellungen des Volksglaubens nach den Sammlungen des Atlas der deutschen Volkskunde, in: Zs. f. Vkde. 58 (1962), S. 41–47.

[30] Vgl. *Franz Dornseiff*: Die griechischen Wörter im Deutschen (Berlin 1950); *Jürgen Werner*: Altgriechische Sprichwörter (Diss. Leipzig 1957); *Reinhold Strömberg*: Greek Proverbs (Göteborg 1954); *A. Otto*: Die Sprichwörter und sprichwörtlichen Redensarten der Römer (Hildesheim 1965).

z. B. Redensarten der nordamerikanischen Indianer in unseren Sprachschatz eingedrungen, wie: ‚das Kriegsbeil begraben' – ‚die Friedenspfeife rauchen' – ‚in die ewigen Jagdgründe eingehen'. Aber nicht immer sind die Entwicklungswege so klar. Meistens sind sie undurchsichtig und verworren.

Regionale und internationale Redensartenforschung unterscheiden sich nicht nur durch die geographische Perspektive. Ursprung und Verbreitung der international gebräuchlichen Redensarten sind vorwiegend literarisch, während die nur einem Volk oder einer Volksgruppe eigenen Redensarten meistens nur mündlich fortleben. Den beiden unterschiedlichen Gruppen entsprechen auch unterschiedliche Forschungsaspekte und Methoden[31].

Wie die Märchen- und Volksliedforschung verlangt auch die Sprichwort- und Redensartenforschung international vergleichende Aspekte, eine gewiß lohnende Aufgabe, die aber bis jetzt nur in ganz wenigen Ansätzen praktisch versucht worden ist, wie z. B. in M. Kuusis schon genannter Untersuchung ‚Regen bei Sonnenschein'. Auch unserem Lexikon kam es in einzelnen Fällen darauf an, die internationale Verbreitung eines redensartlichen Schemas aufzuzeigen, gerade z. B. bei ‚Kirmes in der Hölle', oder auch bei der verschiedenen Übersetzung von biblischen Wendungen in die einzelnen Nationalsprachen, wie etwa im Falle ‚Perlen vor die Säue werfen'.

Andererseits gibt es absolut unübersetzbare Redensarten und Sprichwörter, wie z. B. ‚Women have to give and to forgive, men to get and to forget', oder: ‚eat what you can and can what you can't'. Während hier nur ein Sprachspiel vorliegt, das im Deutschen nicht nachzuahmen, aber doch wenigstens leicht verständlich ist, verhält es sich mit den Redensarten anderer Kulturkreise z. T. wesentlich schwieriger. Das Verständnis des Redensartenschatzes ist an die Zugehörigkeit zu dem betreffenden Sprachkreis gebunden. An extremen Fällen wird dies besonders deutlich. Völlig fremd ist uns etwa die Bilderwelt japanischer Redensarten. In jedem einzelnen Fall zeigt es sich, daß die Übersetzung der Einzelworte noch keinen Sinn ergibt, sondern kulturspezifisch bedingt ist, z. B.: ‚gegen die Schuppen unterm Kinn des Drachen stoßen' (= sich die Ungnade des Kaisers zuziehen) – ‚wohlriechende Fußspuren betreten' (= einem tugendhaften Beispiel folgen) – ‚mit einer Papierlaterne Reiskuchen stampfen' (= sich erfolglos bemühen, auch im Sinne von Impotenz) – ‚von seinem Reisgehalt getrennt werden' (= entlassen werden)[32]. Diese letzte Wendung stammt aus der Feudalzeit, wo das Gehalt in Reis ausgezahlt wurde. Aber jede einzelne der genannten Redensarten kann nur von dem kulturellen Hintergrund Ostasiens her verstanden werden, der eben ein anderer ist als der unsere. Wie soll ein Forscher bei einem ganz fremden Volk ‚Sprichwörter' und ‚sprichwörtliche Redensarten' als solche überhaupt erkennen? Goethe sagt zwar (in ‚Sprichwörtliches'):

Sprichwörter bezeichnen Nationen,
muß aber erst unter ihnen wohnen.

Doch ist bei völkerpsychologischen Schlüssen größte Vorsicht geboten. Für sprichwörtliche Redensarten gilt das noch viel mehr als für die Sprichwörter, die immerhin eine bewertbare Aussage machen. O. Weise hat aufgrund der zahlreichen von Schrader gesammelten Redensarten, die ‚trinken' oder noch häufiger ‚sich betrinken' umschreiben, volkscharakterologische Schlüsse gezogen, wie z. B. den, die Deutschen müßten ja wohl alle notorische Säufer sein. Diesen Argumenten folgt noch Fr. Seiler in seiner Sprichwortkunde. In den meisten Fällen erklärt sich aber Synonymenreichtum bzw. häufige Behandlung desselben Themas dadurch, daß es sich um einen affektgeladenen Begriff handelt. Daß das Trinken im Leben unseres Volkes eine besondere Rolle spielt, läßt sich jedenfalls leichter aus der Statistik des Wein- und Bierkonsums errechnen als

---

[31] *V. P. Anikin:* 10 Thesen, in: Proverbium 2 (1965), S. 31.

[32] Nach *Paul Emann:* Die Sprichwörter und bildlichen Ausdrücke der japanischen Sprache (2. Aufl. Tokio 1927).

EINLEITUNG

aus der Tatsache, daß es im Deutschen so viele redensartliche Umschreibungen für ‚sich betrinken' gibt bzw. viele Sprichwörter, in denen es um das Trinken geht. Wenn mit der Wichtigkeit eines Begriffes oder einer Sache die Zahl der Bezeichnungen notwendig stiege, müßten wir viel mehr Ausdrücke für Gegenstände und Vorgänge etwa auf dem Gebiet von Technik und Sport haben. Oft erklärt sich Bezeichnungsvielheit bzw. immer neue Variationen gleicher oder ähnlicher Gedanken auch aus dem Bedürfnis, sich anders auszudrücken als der Gesprächspartner, oder als man sich selbst vorher ausgedrückt hat [33].

Schließlich muß noch etwas über die Funktion, den Gebrauchswert und das Stilregister der sprichwörtlichen Redensarten gesagt werden. Zwischen einer literarisch gehobenen Verwendung und einer ausgesprochenen Slang-Funktion von sprichwörtlichen Redensarten gibt es eine ziemlich große Spannweite ihrer möglichen Anwendung, d. h. die Gebrauchsfunktion und die Stilfärbung sind sehr unterschiedlich. ‚Gebildete' und ‚volkstümliche' Redensarten sind nicht im Prinzip oder in der Form verschieden, nur zeigen sie eine verschiedene soziale Schichtung ihrer Anwendung, verschieden große Verbreitung. Das Sprichwort ‚Man lernt, solange man lebt' hat z. B. mehr das Ansehen einer gebildeten Sentenz. Viel urwüchsiger und bildkräftiger drückt sich die Volkssprache bei gleichbleibendem Inhalt aus:

Man wird so alt wie 'ne Kuh
und lernt immer noch dazu.

Es gibt eine ganze Anzahl mehr literarisch-buchmäßiger Redensarten, wie z. B. ‚zwischen Scylla und Charybdis stehen', d. h. zwischen zwei Gefahren, oder ‚den Firnis der Kultur abstreifen', d. h. sich ungebunden, ohne Hemmungen benehmen; oder ‚mit Engelszungen reden'. Diese Wendungen gehören nicht in die einfache Alltagsrede. Dazu sind sie zu gewählt. Ausgesprochen papieren wirken die Wendungen: ‚einer Sache Abbruch (Eintrag) tun' und ‚etwas in Anschlag bringen'. Diese Redensarten sind farblos, aktenmäßig; sie haben keine Anschaulichkeit und erscheinen deshalb mehr als Kennzeichen eines Amtsstils. Geschraubt wirkt ‚die Honneurs machen', d. h. bei großem Empfang in einem vornehmen Hause jeden einzelnen der eintreffenden Gäste begrüßen. Ausgesprochen derbe Wendungen sind dagegen etwa: ‚einem über das Maul fahren', ‚das stinkt zum Himmel' und viele andere. Mit der Entstehung der sprichwörtlichen Redensarten in bestimmten Gesellschaftskreisen ist ihre ursprüngliche Stilfärbung verknüpft, und ein Teil von ihnen hat diese ursprüngliche stilistische Färbung bewahrt. Daneben gibt es aber eine mindestens ebenso große Anzahl von Redensarten, die ihrem Ursprung zum Trotz, in andere Stilschichten übergegangen sind. Wir können verfolgen, wie ursprünglich grobe oder familiäre Redewendungen in ihrer Wirkung allmählich verblassen und in die Literatursprache einziehen. Umgekehrt gibt es Redensarten, die in ‚exklusiven' Kreisen entstanden, mit der Zeit sich aber über die ganze Gesellschaft ausdehnen [34].

Es liegt in der Natur der Volkssprache, daß auch derbe, unflätige und oft obszöne Ausdrücke fallen. Selbst unappetitliche Stichworte, wie ‚Furz', ‚Pisse' und dergleichen, durften in diesem Wörterbuch nicht aus Prüderie ausgelassen werden. Hinzu kommt ein unverhältnismäßig großer Vorrat an Wendungen für trinken, betrunken sein, an Flüchen, Schimpfworten und Drohungen. Auch sie gehören zum ‚Volksvermögen', um mit Rühmkorf zu sprechen, der diesen Niederungen der Volkssprache ein ganzes Buch gewidmet hat. Ältere Redensartendarstellungen haben sich hier mancher Unterschlagung schuldig gemacht. So ist z. B. das aus Mundarten und Umgangssprache nicht wegzudenkende Wort ‚Arsch' von Borchardt-Wustmann einst züchtig beseite gelassen worden.

Obwohl man immer wieder sagt: ‚Schreibe, wie du sprichst', warnen allerorten doch die Lehrer eines guten, geho-

---

[33] *Jürgen Werner:* Altgriechische Sprichwörter, a. a. O.

[34] *Elise Riesel:* Stilistik der deutschen Sprache (Moskau 1959), S. 193.

47

benen und gepflegten Stils vor dem unmäßigen Gebrauch sprichwörtlicher Redensarten[35], und sicher passen sie nicht in einen Beileidsbrief und auch nicht in eine wissenschaftliche Abhandlung oder in eine akademische Ansprache. Ganz bewußt bedienen sich ihrer aber alle, die sich an ein breiteres Publikum wenden: Zeitungen, die Werbung, die Reklame, die politische Propaganda. Redensarten verraten einen gewissen Mangel an Individualität, kollektive Existenz, Neigung zum Formelhaften und zu volkstümlichen Denkklischees. Sie sind Kennzeichen einer nicht individuellen Ausdrucksweise, die sich eben der vorgegebenen volkstümlichen Denkmodelle bedient. Und doch geben sprichwörtliche Redensarten der Sprache eine gewisse Frische und Natürlichkeit. Man kann mit Redensarten so manches ausdrücken, was man mit eigenen Worten nicht sagen möchte oder auch einfach nicht sagen kann. Es gibt sogar brauchmäßig geregelte Fälle, in denen man es uns geradezu erwartet, uns formelhaft auszudrükken, z. B. bei Gratulationen und Kondolationen (,herzliches Beileid'). Sprichwörtliche Redensarten sind die Rhetorik des einfachen Mannes. Er liebt die Redensarten, besonders die drastischen, und verwendet sie unbefangen in allen Sprachsituationen. Sie gehören vor allem zum mündlichen Sprechstil.

Für den Ausländer bedeuten Redensarten die höchste Stufe in der Aneignung der fremden Sprache. Die Schwierigkeit ihrer Verwendung besteht darin, daß „es ja das wesentliche Merkmal einer idiomatischen Wendung ist, daß sie *nicht* das bedeutet, was sich aus den Bedeutungen der Einzelwörter zu ergeben scheint"[36]. Sinn und Bildbewußtsein einer Redensart können nur aus der Funktion beurteilt werden, d. h. in Kenntnis der konkreten Anwendungszusammenhänge. Dieses Lexikon will jedoch vor allem ein historisches Wörterbuch sein, d. h. es gibt Antwort auf die Frage: ,Woher

kommt?', nicht auf die Frage: ,Wann sagt man …?'

Deshalb sind zur Benutzung des Lexikons noch einige technische Hinweise notwendig: In den einzelnen Artikeln sind eine oder mehrere Redensarten zusammengefaßt, sie bringen die Bedeutung, Hinweise auf die Anwendungssituation, historische Belege, auch Bildquellen zur Erklärung und, falls wissenschaftliche Untersuchungen zu einzelnen Problemen vorliegen, eine kurze Zusammenfassung der Ergebnisse. Am Schluß der Artikel finden sich weiterführende Literaturangaben. Am Ende des Lexikons befindet sich außerdem eine umfangreiche Bibliographie der wichtigsten Sprichwörter- und Redensartenliteratur.

Da die Einordnung der sprichwörtlichen Redensarten nach Stichworten in alphabetischer Reihenfolge problematisch ist, ist dem Band ein Register beigefügt worden. Das Register dient vorzugsweise zur Aufschlüsselung der Sammelartikel. Außerdem will es die Auffindung solcher Redensarten erleichtern, die nicht nach den Anfangsbuchstaben ihrer Einzelwörter behandelt sind. Man findet z. B. abgeleitete Verbalformen beim Grundwort, etwa ,wie gerädert sein' bei ,Rad'; ,geschniegelt und gebügelt' bei ,schniegeln'; ,es hat geschnappt' bei ,schnappen'; ,gehupft wie gesprungen' unter ,hüpfen'. Schließlich bringt das Register entsprechende Verweise, wenn auf eine Redensart noch unter anderen Stichworten Bezug genommen wird. Von einem Artikel erfolgen Verweise (↗) zu anderen, die ähnliche Redensarten anführen oder zu dem gleichen Sinnzusammenhang gehören.

Vieles verdankt dieses Wörterbuch selbstverständlich anderen lexikalischen Vorgängern, die im Literatur-Verzeichnis aufgeführt sind. Besonders hervorgehoben seien aber das Deutsche Wörterbuch der Brüder Grimm, das Deutsche Sprichwörter-Lexikon von K. Fr. W. Wander, das Zitatenlexikon geflügelter Worte von G. Büchmann, das Wörterbuch der deutschen Umgangssprache von Heinz Küpper, die Deutsche Idiomatik von W. Friedrich und vor allem die ,Sprichwörtlichen Redensarten im deutschen

---

[35] *W. Schmidt-Hidding:* Sprichwörtliche Redensarten, a. a. O., S. 123.
[36] *Wolf Friederich:* Moderne deutsche Idiomatik, a. a. O., S. 7.

48

EINLEITUNG

Volksmund' von Borchardt-Wustmann-Schoppe sowie die 7. von Alfred Schirmer besorgte Auflage dieses Büchleins. Obwohl sich die Zahl der Stichworte gegenüber diesem einst maßgebenden Nachschlagebuch für sprichwörtliche Redensarten etwa verzehnfacht hat, ist dieses Werk uns doch darin vorbildlich geblieben, daß es für einen breiten interessierten Leserkreis bestimmt ist. Zur Lektüre des Buches sollten keine wissenschaftlichen Vorkenntnisse nötig sein. Wir haben uns bemüht, alles in allgemeinverständlicher Weise zu erklären. Die aus Platzersparnisgründen notwendigen zahlreichen Abkürzungen werden in dem beigegebenen Abkürzungsverzeichnis erklärt.

Zum Schluß ist es mir ein besonderes Bedürfnis, all denen herzlich zu danken, die bei der Bearbeitung des Materials mitgewirkt haben. Wesentlichen Anteil haben dabei meine früheren Mainzer und jetzigen Freiburger Mitarbeiter und Schüler: Dr. Peter Andraschke, Dr. Rolf W. Brednich, Werner Enzler, Rudolf Goerge, Heinke Hempel-Binder, Dr. Agnes Hostettler, Klaus König, Dr. Hannjost Lixfeld, Dr. Dietz-Rüdiger Moser, Ingrid Nürnberger, Dr. Eberhard Orth, Dr. Leander Petzoldt, Dr. Manfred Reinartz, Fritz Uhl †, Renate Wiehe. Die Deutsche Forschungsgemeinschaft hat dankenswerterweise zeitweilig durch eine Sachbeihilfe die Bezahlung einer wissenschaftlichen Hilfskraft für die vorausgegangenen Katalogisierungs- und lexikalischen Arbeiten unterstützt. Wissenschaftliche Hilfskräfte meines Freiburger Seminars haben diese Arbeiten fortgesetzt. Trotz der Mithilfe vieler wäre aber dieses Lexikon doch nie zum Abschluß gekommen ohne die aufopfernde und nimmermüde Tätigkeit meiner Freiburger Assistentin Gertraud Meinel. Sie hat eine große Zahl von Artikeln verfaßt, zahllose andere redigiert, Zitate und Literaturangaben überprüft, Abkürzungen und Zeichensetzung koordiniert und vor allem in der letzten und entscheidenden Phase der Arbeit die redaktionelle Arbeit umsichtig und energisch geleitet. Ihr gebührt darum mein ganz besonders herzlicher Dank.

A

A. *A gesagt haben:* zu Beginn sein Einverständnis erklärt, seine Einwilligung gegeben haben u. deshalb nicht mehr zurückkönnen, etw. fortführen müssen. Die Wndg. begegnet oft in der Form einer Zurechtweisung: ‚Du hast A gesagt': du mußtest wissen, was du tatest; beklag dich nun nicht.
Die Rda. spielt als eine Art Kurzform auf das bekannte Sprw. ‚Wer A sagt, muß auch B sagen' an: wer eine Sache begonnen hat, muß auch damit fortfahren u. die (oft unangenehmen) Konsequenzen tragen; wer einen Vertrag (leichtfertig) geschlossen hat, muß die Bedingungen erfüllen, auch wenn es schwerfällt. ‚A' steht hier, als erster Buchstabe des Alphabets, für den Beginn einer Angelegenheit, ‚B', als zweiter Buchstabe, für deren Fortführung in logischer Folge.

‚A gesagt haben'

Im Berlin. steht ‚A' auch für das ganze Alphabet u. sogar für eine ganze Sprache in den Rdaa.: ‚He hett dat A nich lehrt': er kann nicht lesen u. schreiben, ↗ ABC, u. ‚Meine Juste lernt jetzt de franzesche A': sie lernt jetzt die frz. Sprache.
Etw. ist das A und O für jem.: eine Sache ist für ihn elementar wichtig, eine Lebensbedingung, die Grundvoraussetzung.
Im griech. Alphabet ist A der erste und O (Ω) der letzte Buchstabe; daher stammt die Rda. *das A und O von etw. sein:* Anfang und Ende, alles bei einer Sache sein.

Die Rda. beruht auf einigen Bibelstellen (Offenbarung 1,8; 21,6 u. 22,13). Bes. die christl. Kirche bedient sich daher der Zeichen A u. O zur symbolischen Umschreibung der Allmacht Gottes.
Von A bis Z: vom Anfang bis zum Ende, z. B. ‚Die Geschichte ist von A bis Z erfunden' (↗ tz). Die Rda. stammt aus dem schulischen Elementarunterricht. Ähnl. *Das A ist nicht so schwer wie das Z.* Brendicke weist die Rda. für das 18. Jh. im berl. Raum nach: ‚Von A bis Zet' (S. 5); vgl. engl. ‚from A to Z' u. frz. ‚De A à Z'.

<small>Lit.: *H. Brendicke:* Berliner Wortschatz zu den Zeiten Kaiser Wilhelms I. (Berlin 1897); *S. Mauermann:* Der richtige Berliner in Wörtern und Rdaa. (Berlin 1921, ²1925); *E. G. B.:* From A to Z, in: American Notes and Queries 2 (1924), S. 17.</small>

Aal. Der Aal ist wegen seiner schleimigen Haut zum sprw. Bild des Glatten und Schlüpfrigen, wegen seiner Beweglichkeit zum Bild des nicht Entgleitenden und Lebhaften geworden.
Glatt wie ein Aal sein: listig, schlau, gerieben, diplomatisch, durchtrieben, raffiniert, doppelzüngig sein. Mit dem rdal. Vergleich *Er ist glatt wie ein Aal (aalglatt)* bez. man einen schlauen Menschen, der sich immer wieder entwindet, wenn man ihn gefaßt zu haben glaubt. Der *Aalglatte* ist genausowenig zu fangen wie ein Aal. Schon bei den Römern hieß es sprw. (Plautus: ‚Pseudolus' II, 4): „Anguilla est: elabitur" (Er ist ein Aal: er entwischt). Goethe (‚Faust', V. 5231): „Durch Drang und Menge aalgleich zu schlupfen".
Rhein. heißt es noch heute: ‚Wie en Aal es er mir durchgewitscht'.
Die Beweglichkeit des Aals wird in der Volkssprache bildl. auf den Menschen übertr. Man sagt: *sich winden wie ein Aal:* einer Schwierigkeit, einer peinlichen Lage zu entschlüpfen suchen, sich aus einer Verlegenheit herauszuschlängeln wissen. Bei Walther von der Vogelweide (76, 117;

Paul) heißt es: „Der sich dem man wint ûz der hant reht als ein âl". In Goethes ‚Götz' (IV,3) spricht Franz von Sickingen: „Laß sie sich wenden wie Äle in einer Reusse, sie sollen uns nicht entschlüpfen".

Viel ergiebiger und variabler als die lit. Belege sind die mdal., z. B. rhein. ‚He hätt sich bi en Ol erausgeschlängelt' (aus der Verlegenheit); ‚he krengelt (dräit) sich wie ene Ol'; ‚das flutscht wie en Ol'; dagegen allerdings auch: ‚Er krümmt sich (vor Schmerzen) wie ein Aal'. Doch wird das Sich-Winden des Aals meist als lustbetonte Bewegung gedeutet: *sich aalen* ist eine heute in ganz Dtl. verbreitete Wndg. mit der Bdtg.: sich faul dehnen und strekken, sich behaglich ausruhen, bes. an der Sonne und am Strand. Ihren Ausgang nahm sie wahrscheinl. in der 2. H. des 19. Jh. aus Ostmitteldtl. Dort besteht der Volksglaube, der Aal gehe nachts gerne an Land und werde in feuchten Wiesen häufig von der Sonne überrascht.

Den Aal beim Schwanze fassen: etw. verkehrt anfangen. Das Bild vom schlüpfrigen Aal ist bereits antik, aber erst im MA. ist auch von seinem Schwanz die Rede. Nur ist kaum zu unterscheiden, von wo die Neuerung ausging, da sie in Frankr. und in Dtl. gleichmäßig auftritt, zunächst in lat. Hss. des MA.: „Qui tenet anguillam per caudam, non habet illam" (MSD. XXII, 2, 192). In der Sammlung des Erasmus von Rotterdam heißt es: „Quod hodieque vulgo dicitur: anguillam cauda tenes" (‚Adagia' 26 v). In der mhd. Lit. ist die Rda. zuerst bei Heinrich von Melk (‚Priesterleben', V. 166) belegt: „Ûz den handen si im sliffent, als der âl bî dem zagele". Bei dem Mystiker Heinrich Seuse heißt es (Dt. Schriften, hg. v. K. Bihlmeyer, Bd. 9, S. 16): „Swer den helen visch, der da haißet an al, bi dem sweif wil haben und ein heiliges leben mit lawkeit wil an vahen, der wirt in baiden betrogen". „Dann ir habt euern man als den öl bei dem swantz" schreibt 1485 Kurfürst Albrecht von Brandenburg seiner Tochter. Im 16. Jh. heißt der Spruch bei Gartner (‚Proverbia Dicteria' 1566, S. 48) und Seidel (‚Loci Communes' 1572): „Non tenet anguillam, qui per caudam tenet illam. Wer einen Ahl hält bey dem Schwantz, dem bleibt er weder halb noch gantz". Auch Luther ist die Rda. sehr geläufig: „Er (der Kardinal Cajetan) dachte, er hette mich in der klappen, so hat er den ahl bey dem schwantze" (Eislebener Ausg. 1564, Bd. 1, S. 3); oder: „Aber ich besorge, ich werde zuletzt den ahl bey dem schwantze nicht halten, so ringet und dringet er sich zu drehen" (Burkhardt: Lu-

‚Den Aal beim Schwanze fassen'

thers Briefwechsel, Bd. 1, S. 293). Ebenso heißt es noch in der heutigen schweiz. Mda. ‚Wer en Ol hät beim Schwanz, der hät-en nid halb und nid ganz'; ndd. ‚He krigt den Aal bi den Steert', er will einen Vorteil erhaschen und fängt es unrecht an (vgl. auch frz. ‚Qui prend l'anguille par la queue et la femme par la parole, peut dire qu'il ne tient rien' [veraltet]; engl. ‚There's as much hold of his words as of a wet eel by the tail', man kann sich an sein Wort so halten, wie bei einem nassen Aal an den Schwanz); vgl. auch ,das ↗ Pferd beim Schwanz aufzäumen'.

Friedrich von Logau (1604–55) vergleicht das ,Aalglatte' mit den Versprechungen von Frauen und fühlt sich gleichermaßen betrogen:

Wer einen Aal beim Schwanz
und Weiber faßt bei Worten,
Wie feste der auch hält,
hält nichts an beiden Orten.

Kainis belegt einen ähnl. Spruch für Oesterr. (S. 7): ,Wer einen Aal nimmt beim Schwanz und eine Frau beim Wort, der bringt wenig fort'; vgl. engl.: ,to catch the eel of Science by the tail'.

Einen (kleinen) Aal haben: leicht betrunken sein. Die Rda. ist vor allem mdal. verbreitet, z. B. rhein. ,su voll wie en Ol'; moselfr. ,Er seift wie en Ol' oder ,He hot en Ol im Deppen'; ,Der hat aber en Aal!' Alle diese Wndgn., deren Herkunft noch nicht geklärt ist, bedeuten: er ist betrunken (↗ trinken).

Lit.: *J. Hooper:* To catch the eel of Science by the tail, in: American Notes and Queries 7, 1 (1886), S. 138; *O. Keller:* Der Aal, in: ders.: Die antike Tierwelt 2 (Leipzig 1913), S. 357–359; *Singer* I, S. 159 f.

Aas (toter, in Verwesung übergehender Tierkörper). Wird in seiner wörtl. Bdtg. noch in dem stehenden rdal. Vergleich *stinken wie ein Aas* gebraucht. Bildl. auf Personen übertr. ist Aas als Schimpfwort seit dem späten MA. belegt. Rüdiger von Müner nennt den Druckgeist Mahr „ein elbischez âz" (GSA. III, 60), und Hans Sachs gebraucht: „Du Aas! (vgl. frz. ,Charogne!') Ihr Äser! Du faules Aas!" In der ,Rockenphilosophie' (1705–06, Bd. 3, S. 264) wird gerügt: „Es ist nicht fein, wenn sie die Kinder wohl gar Donner-Äs\ser, Hagel-Ässer nennen". Sehr gebräuchl. sind noch heute die Verstärkungen ,Rabenaas' und ,Schindaas' (mdal. rhein. ,Schinoos'), eigentl. ein für den Schinder reifes Tier.

Ein Kuriosum in der Geschichte der Kirchenlieder ist die sog. ,Rabenaas-Strophe': „Ich bin ein rechtes Rabenaas, ein wahrer Sünden-Krüppel" ersch. seit 1840 in kirchl. Gesangbüchern. Man nimmt heute an, daß sie den parodierten Kirchenliedern der Barockzeit angehört. Der mit Friedrich Engels befreundete Fr. W. Wolff veröffentlichte diese Rabenaas-Strophe als angebliche Probe „aus einem alten Gesangbuche" ohne Verfasserangabe 1840 in den ,Schles. Provinzialblättern'. Populär wurde die Strophe wieder durch Thomas Mann, der sie in den ,Buddenbrooks' vollständig in einer Andacht „zu einer feierlichen, glaubensfesten und innigen Melodie" (I, S. 352) singen läßt:

Ich bin ein rechtes Rabenaas,
Ein wahrer Sündenkrüppel,
Der seine Sünden in sich fraß,
Als wie der Rost den Zwippel.
Ach Herr, so nimm mich Hund beim
Ohr,
Wirf mir den Gnadenknochen vor
Und nimm mich Sündenlümmel
In deinen Gnadenhimmel.

Berl. wird Aas aber heute auch i. S. v. ,tüchtig' gebraucht: ,Er is 'n Aas uf de (Baß-)Jeije', ein Hauptkerl (↗ Baßgeige). Vielleicht ist die Wertwandlung von der Schelte zum Lob unter dem Einfluß von frz. ,un as' (ein tüchtiger Kerl, urspr. As im Kartenspiel) vor sich gegangen. Jem., der alles besser weiß, ist ein ,kluges Aas'; ein Belesener ein ,gelehrtes Aas'; ein elegant Gekleideter ein ,feines Aas', meckl. gilt ,sötes Aas' auch als Bez. eines netten Mädchens oder eines reizenden Kindes. Schließlich bedeutet Aas auch allg. der Mensch, bes. in der Wndg. ,kein Aas', niemand, ↗ Rabe.

Lit.: *Th. Mann:* Buddenbrooks. Verfall einer Familie (Berlin 1926); *P. Klemm:* Art. ,Rabenaasstrophe', in: RGG. V (³ 1960), Sp. 760.

ab. *Ab dafür!:* bekräftigende Redewndg. zum Abschluß einer Handlung, wie z. B. ,einverstanden!' oder ,das Geschäft ist getätigt!' Die Rda. ist um 1920 als Schieberausdr. aus dem Bakkaratspiel übernommen worden: haben die Spieler ihre Sätze gemacht, so bekundet der Bankhalter mit diesem Ruf, daß er einverstanden ist. ,Ab' meint: jetzt geht's los; mit ,dafür' drückt er aus, daß er alles, was an Beträgen gesetzt ist, halten will.

Ab durch die Mitte!: wegtreten!, voran!, marsch!; stammt aus dem ↗ Spießrutenlaufen. Auf diesen Befehl hin wurde der Delinquent durch die Mitte der aus zwei

Gliedern Soldaten gebildeten Gasse getrieben. Der Ausdr., seit Anfang des 19. Jh. aus Kassel, dem Rheinl. und dem Vogtland bezeugt ist bei Soldaten, Sportlern und Schülern verbr., kann auch den Regieanweisungen von Bühnenstükken entnommen worden sein in der heutigen Bdtg. ‚verschwinde!'.
Ab nach Kassel!: hinaus!, fort! Die Rda. wurde mit dem Untertanenverkauf der hess. Landesfürsten an die Engländer zur Teilnahme am nordamer. Kolonialkrieg in Zusammenhang gebracht; die Sammelstelle war Kassel. Als 1870 Napoleon III. ins Exil nach Kassel-Wilhelmshöhe geschickt wurde, drang die Rda. mdal. durch. Vor 1870 ist die Aufforderung ‚Ab nach Kassel!' nirgends belegt; das erste schriftl. Zeugnis findet sich 1895 in Joseph Kürschners Buch: „Der große Krieg 1870/71 in Zeitberichten". Auf einem darin wiedergegebenen Flugblatt erscheint Napoleon III. als gebrochener Mann. Rechts und links von ihm stehen Moltke und Bismarck. Bismarck weist gebieterisch mit einem Arm nach Osten. Unter der Darstellung steht: „Ab nach Cassel!"

‚Ab nach Kassel'

Lit.: *J. Kürschner:* Der große Krieg 1870/71 in Zeitberichten (Berlin 1895); *A. Landau,* in: Mitteilungen zur jüd. Vkde., Bd. 10 (1908), S. 35f; *Küpper* II, S. 37.

abbeißen. *Einen abbeißen* (auch: *abknappern*): einen (Schnaps) trinken, umg., bes. ostmdt., nach der gierigen Geste beim Ansetzen des Glases. Verbr. ist die Aufforderung: *Wir wollen noch einen abbeißen!* Der älteste Beleg steht für Berlin 1850 in der Sammlung Kollatz-Adam.
Keinen Faden abbeißen ⁊ Maus.
Sich eher den Finger abbeißen ⁊ Finger.
Den Heiligen die Füße abbeißen ⁊ Fuß.

abblitzen. *Einen abblitzen lassen:* ihn kurz und schlagfertig (auch: schroff) abweisen; bes. bei Annäherungsversuchen oder Heiratsanträgen. Die Rda. ist erst seit etwa 1840 bezeugt (z. B. 1838 in Grabbes ‚Hermannsschlacht'). Das rdal. Bild stammt vom wirkungslosen Verpuffen des Schießpulvers, das bei den Gewehren vor und während der Befreiungskriege bisweilen mit blitzartiger Lichterscheinung von der Gewehrpfanne wegbrannte, ohne daß der Schuß losging; noch nicht in übertr. Sinne bei Ludwig Tieck (‚Novellenkranz' [1834], Bd. 4, S. 113): „Das Pulver war mir von der Pfanne abgeblitzt". Aus demselben Wirklichkeitsbereich stammen die Rdaa. ‚etw. auf der ⁊ Pfanne haben' und ‚verpuffen'. Da heutzutage die altertümliche Gewehrkonstruktion nicht mehr bekannt ist, ist das zugrunde liegende Bild so abgeblaßt, daß das ältere ‚abblitzen lassen' oft zu ‚abblitzen' verkürzt wird.

abbrechen, Abbruch. *Brich dir (man) nichts ab! Brich dir nur keinen ab:* sei nicht so eingebildet, hochmütig, übertrieben vornehm; benimm dich nicht so gespreizt, rede nicht so geschwollen! Als Objekt des Abbrechens kommen zwei Möglichkeiten in Betracht: *Brich dir keinen Zacken aus der Krone!* (⁊ Zacken), wobei die Krone eben Inbegriff der (eingebildeten) Vornehmheit ist. In der städtischen Umgangssprache wird aber auch zuweilen an Möbel mit empfindlichen Zieraten gedacht. Deshalb hört man auch: *Brich dir keine Verzierung ab!*
Vgl. frz. ‚Ne te casse rien!' i. S. v. ‚Reiß dir kein Bein aus!'
Einer Sache keinen Abbruch tun: es entsteht kein Schaden, keine Beeinträchtigung dadurch. Wie bei der Rda. *Das tut*

doch der Liebe keinen Abbruch erfolgte die Übertr. des Begriffes vom Bauwesen her.
Auf Abbruch heiraten: eine ältliche Person heiraten, mit deren baldigem Ableben zu rechnen ist. Die seit dem Ende des 19. Jh. bezeugte Rda. ist wohl eine scherzhafte Nachbildung der Wndg. *ein Haus auf Abbruch kaufen;* berl. ‚Se nimmt ihn (einen reichen alten Mann) uf Abbruch un behält de Baustelle'.

Abc. Die Rdaa., in denen das Abc eine Rolle spielt, sind sehr zahlreich; darin wird manchmal der allumfassende Charakter des Alphabets betont, manchmal die Wichtigkeit des Abc als Grundlage des Lernens und manchmal die strenge, unabänderliche Reihenfolge der Buchstabenordnung.

Bilder-Abc

Das Abc einer Sache (Wissenschaft) lernen: die Anfangsgründe, von Grund auf lernen. Das Abc ist der Anfang allen bewußten Lernens überhaupt und steht darum vergleichend für die Anfänge, die einfachsten Grundlagen jedes Wissensgebiets, z. B. ‚das Abc der Geometrie'; „daß Newton erst hier bemerkt, was zu dem Abc der prismatischen Erfahrungen gehört" (Goethe, Ausg. letzter Hand, Bd. 59, S. 157). Negativ gewendet: *Der kennt nicht einmal das Abc;* vgl. frz. ‚Il ne connaît pas son alphabet' (oder: *Der kann nicht einmal A sagen*): er kann gar nichts; *der versteht davon soviel wie eine Kuh vom Abc:* nichts; vgl. frz. ‚Il n'en connaît pas le B-A-BA'; *dein Abc verstehe ich nicht.*
Übertr.: *einem das Abc aufsagen:* seine ganze, uneingeschränkte Meinung sagen. Bereits aus dem 16. Jh. bezeugt ist die Rda. *einen durchs Abc loben* (oder *preisen*), etwa so: a) er ist gescheit, b) er ist fleißig, c) er ist liebenswürdig usw.; scherzhaft fügt man wohl auch hinzu: ‚beim X werde ich anfangen'.
Das paßt in mein Abc nicht rein: es paßt nicht zu meinen Vorstellungen.
Ein Abc-Schütze sein: ein Schulanfänger. Schütze bez. schon im frühen 15. Jh. den Anfänger im Lernen. Die Übers. des lat. ‚tiro' = Rekrut, Neuling wurde wohl irrtüml. mit dem ital. ‚tirare' und dem frz. ‚tirer' = schießen in Zusammenhang gebracht.

Lit.: *K. Knortz:* Folkloristische Streifzüge (Oppeln 1899), S. 14; *I. Willke:* ABC-Bücher in Schweden. Ihre Entwicklung bis Ende des 19. Jhs. und ihre Beziehung zu Dtl. (Lund 1965).

Abend. *Es ist noch nicht aller Tage Abend:* die letzte Entscheidung ist noch nicht gefallen. In Luthers Briefen steht: „Ists doch noch nicht aller Tage Abend, es sind noch zwölf Stunden des Tages, es kann ja nicht immer wolkig seyn und Regen". Die Rda. wird heute sowohl zum Trost als auch in der Drohung gebraucht. Es ist indessen fraglich, ob sie auf das lat. Zitat (Livius XXXIX, 26,9) „Nondum omnium dierum solem occidisse" zurückgeht (vgl. auch das Sprw. ‚Man soll den Tag nicht vor dem Abend loben').
Er kann mich am Abend (besuchen)! Die Rda. bedeutet eine derbe Abweisung. Abend steht verhüllend für das tabuierte Wort ↗ ‚Arsch', und dementsprechend steht besuchen für ‚lecken'; etwa seit dem Ende des 19. Jh. gebräuchlich.
Die Wndg. *Was machen wir mit dem angebrochenen Abend?* ist als Euphemismus für ‚späten Abend' oder ‚Mitternacht' 1911 für Berlin belegt. Um die Wirkung durch den Kontrast zu steigern, ist auch

die Frage ‚Was machen wir mit dem angebrochenen (angerissenen) Vormittag?‘ am
späten Abend gebräuchlich.

Lit.: *A. Taylor:* In the evening praise the day, in: Modern Language Notes 36 (1921), S. 115–118.

Abendmahl. *Das Abendmahl auf etw. nehmen;* diese Beteuerungsformel hat ihren
Urspr. in den Gottesurteilen (Ordalien)
des MA. Man glaubte die Schuld oder Unschuld eines Verdächtigten dadurch erweisen zu können, daß man ihm eine
geweihte Hostie (‚Abendmahlsprobe‘),
auch ein Stück trockenen Brotes oder dürren Käses (‚Probebissen‘) in den Mund
steckte. Konnte der Beschuldigte den Bissen leicht hinunterschlucken, so galt er für
unschuldig, dagegen für schuldig, wenn
ihm der Bissen im Hals steckenblieb oder
wenn er ihn wieder von sich geben mußte.
Die Abendmahlsprobe wurde insbesondere für Geistliche im Jahre 868 unter dem
Namen ‚purgatio per sanctam Eucharistiam‘ eingeführt, bei der der Beschuldigte die Worte sprach: „corpus Domini
sit mihi ad probationem hodie“. In Zusammenhang mit diesem Ordalbrauch
stehen auch andere Wndgn. und Beteuerungsformeln wie ‚Daß mir das Brot im
Halse steckenbleibe!‘ und ‚Ich will mir
den Tod an diesem Bissen essen!‘ Vgl.
auch ‚Gift auf etw. nehmen‘ (↗Gift); ‚für
jem. durchs Feuer gehen‘ und ‚die Hand
dafür ins Feuer legen‘ (↗Feuer).

Lit.: *Jac. Grimm:* Rechtsaltertümer II, S. 597; *Richter-Weise,* Nr. 1; *H. Nottarp:* Gottesurteile (Bamberg 1949); *Ebel,* S. 5; *L. Röhrich* u. *G. Meinel:* Reste mittelalterlicher Gottesurteile in sprichwörtlichen Redensarten, S. 342 f.

Aber. Das Aber wird in mehreren Rdaa.
verwendet; so sagt man: *Da ist ein Aber
dabei, jede Sache hat ihr Aber:* ihre
Schwierigkeiten; vgl. frz. ‚C’est là le hic!‘
oder *Kein Mensch ist ohne Aber:* ohne
Fehler. Der Sinn stimmt in allen Rdaa.
überein: gegen alles und jeden gibt es
einen Einwand.
Bes. häufig ist die Verbindung von *Wenn
und Aber.* Überall in Dtl. kennt man den
Reim ‚Haber – Wenn und Aber‘, der sich
auch bei G. A. Bürger findet (1815).
↗Wenn.
Ein Aberchen haben: eine kleine Schwierigkeit haben, ist nur in der obersächs.

Mda. (Müller-Fraureuth) belegt. Vgl.
auch Goethe:

Ein Aber dabei.
Es wäre schön, was Guts zu kauen,
Müßte man nur nicht auch verdauen;
Es wäre herrlich, genug zu trinken;
Tät einem nur nicht Kopf und Knie
           sinken;
Hinüber zu schießen, das wären
           Possen,
Würde nur nicht wieder herüber-
           geschossen;
Und jedes Mädchen wär gern bequem,
Wenn nur eine andre ins Kindbett käm.
(Hamburg. Ausg. I, 313)
abern: Einwände erheben.
Alle Wndgn. sind seit dem Ausgang des
18. Jh. belegt.

abfahren. *Bald abfahren müssen:* derber
Ausdr. für sterben, ↗zeitlich.
Jem. abfahren lassen: ihn abweisen, meist
auf den unerwünschten Freier bezogen,
↗Abfuhr.
Den Zug nicht abfahren lassen: die letzte
Gelegenheit nicht verpassen. Die Rda. begegnet in der Form einer Warnung ‚Laß
den Zug nicht abfahren!‘ und als Feststellung ‚Der Zug ist bereits abgefahren!‘, womit die Unwiderruflichkeit eines Geschehens ausgedrückt werden soll. Vgl. frz. ‚Il
ne faut pas louper le coche‘; wörtl. übersetzt: ‚Man darf die Postkutsche nicht verpassen‘.
Auf etw. abfahren: sich begeistern für etw.
Die Wndg. ist vor allem in der Jugendsprache der 80er Jahre sehr beliebt; oft in
„Statements“ wie: ‚Da fahr‘ ich voll drauf
ab!‘; ‚Da könnte ich nie drauf abfahren!‘
(Müller-Thurau, S. 99).

Lit.: *C. P. Müller-Thurau:* Laß uns mal ’ne Schnecke angraben. Sprache und Sprüche der Jugendszene (Düsseldorf-Wien 1984).

abfrieren. *Sich einen abfrieren:* sehr stark
frieren. Diese Wndg. gehört zur saloppen
Umgangsspr. Nach ihrem Muster werden
viele Ausdr. gebildet: das Verbum wird reflexiv und bekommt ein ‚ab-‘ als Präfix:
‚sich abgeilen‘: sich beruhigen; ‚sich abhotten‘: sich befreien; ‚sich etw. abschminken‘: auf etw. verzichten.

Lit.: *C. P. Müller-Thurau:* Laß uns mal ’ne Schnecke angraben. Sprache und Sprüche der Jugendszene (Düsseldorf - Wien 1984).

Abfuhr. *Jem. eine Abfuhr erteilen:* ihn abweisen, sein Ansinnen energisch zurückweisen.
Eine (schwere) Abfuhr erleiden: eine Niederlage, Ablehnung hinnehmen müssen. Der Ausdr. kommt von ‚abführen‘. Bei der student. Mensur wird ‚abgeführt‘.

abgebrannt. *Abgebrannt sein:* (durch Brand) verarmt, mittellos (geworden), ohne Geld sein; bez. im 16. Jh. zunächst ganz wörtl. einen, dessen Haus durch Feuer zerstört ist. In der Soldatensprache des Dreißigjährigen Krieges erweiterte sich die Bdtg. zu ‚verarmt‘. Bei Moscherosch (‚Gesichte Philanders‘ [1640], hg. v. Bobertag, S. 314) heißt es: „Vnderwegs stieße vns auff ein gut Gesell, den ich wol kante, der beklagte sich, daß er Abgebrant war, das ist nach der Feldsprach so viel, als daß er vmb alles kommen vnnd erarmet war, daß er alles zugesetzt vnnd verlohren hatte". Von da geht die Wndg. in der Bdtg. ‚ohne Geld‘ in die Studentensprache über. Gelegentlich tritt sie auch lit. auf; so heißt es im 8. Buch von Goethes ‚Dichtung und Wahrheit‘: „Da er es (das Geld) ablehnen wollte und mit einiger Schalkheit zu verstehen gab, daß er nicht so abgebrannt sei, als es aussehen möchte".
Die sprw. Sentenz *Dreimal umgezogen ist so gut wie einmal abgebrannt* wird als Zitat auf einen Ausspruch Benjamin Franklins zurückgeführt, findet sich aber auch in dt. Mdaa. ↗ Brandbrief.

abgedroschen ↗ Stroh.

abgefeimt. *Abgefeimt sein:* in allen Schlechtigkeiten erfahren sein. Abfeimen bedeutet urspr. den Schaum entfernen, der das Unreine, Überflüssige enthält. Sachlich und bedeutungsgeschichtl. ist der Ausdr. verwandt mit ‚raffiniert‘ oder ‚gerieben‘ und war schon zur Lutherzeit bekannt (Küpper).
In der Rda. ‚Jem. gehört zum Abschaum der Menschheit‘ ist die alte Verwendung von ‚feim‘ = Schaum bewahrt. Da das Wort heute nicht mehr verstanden wird, mußte es ersetzt werden.

abgehen. *Etw. geht gut ab* (↗ ablaufen): es verläuft glücklich. Urspr. ein Ausdr. der Schützensprache, der sich auf das Abschießen von Feuerwaffen und die Explosion von Sprengkörpern bezieht.
Abgehen wie warme Semmeln: sich leicht verkaufen lassen, ↗ Semmel.
Das geht mir (ihm) ab: dafür fehlt mir das Verständnis (ihm fehlt jedes Einfühlungsvermögen). Die Rda. ist seit 1900 bes. in Norddtl. üblich.
Sich nichts abgehen lassen: sich alles leisten, was man möchte, selbst wenn es auf Kosten anderer oder der Familie geschieht; egoistisch nur auf das eigene Wohl bedacht sein.
Lit.: *Küpper* II, S. 39; *Friederich,* S. 512.

abgemacht. *Abgemacht, Seife!:* abgemacht, einverstanden! ‚Seife‘ meint hier nicht das Waschmittel, sondern ist in der berl. Form ‚Seefe‘ auf frz. ‚c'est fait‘ zurückzuführen; das volksetymol. umgedeutet wurde; seit der 2. H. des 19. Jh. für Berlin bezeugt.
Gleichbedeutend ist *Abgemacht! Sela!* (aus frz. ‚c'est la‘). Es ist allerdings auch eine andere Ableitung denkbar. ‚Sela‘ kommt nämlich als formelhafte Wndg. am Ende eines Abschnittes und zur Bez. eines Zwischengesanges in den Psalmen insgesamt 71 mal vor, zuerst Ps. 3, 3, wie in Habakuk 3, 13, ↗ Sela.
Lit.: *Küpper* I, S. 33; *Büchmann*; RGG. IV (³ 1960), Sp. 1204; *M. Jepsen-Föge:* Märchenhafte Deutschlandreise. Städte und Landschaften alter Märchen, Sagen und Legenden (Düsseldorf-Wien 1981), S. 292.

abgeschnitten. *Dreimal abgeschnitten und noch immer zu kurz:* viel zu kurz; viel zu lang; noch immer nicht in der gewünschten Form. Die Rda. ist ein Wortwitz und beruht eigentl. auf einem gedanklichen Kurzschluß, auf einer psychologischen Fehlleistung (Küpper).
Es war plötzlich wie abgeschnitten: etw. hört auf unerklärliche Weise plötzlich auf, z. B. eine Unterhaltung, ↗ abschneiden.

abkanzeln. *Einen abkanzeln:* ihn zurechtweisen, ausschelten; urspr. ein kirchlicher Fachausdr. für ‚von der Kanzel herab verkündigen‘ (Aufgebote u. a.). Im 18. Jh.

wurde ‚abkanzeln‘ dann im Sinne der Sittenpredigt, des öffentl. Tadels in die Gemeinsprache übernommen. Dem gleichen Anschauungskreis entstammen auch die Rdaa.: ‚einem eine Strafpredigt halten‘ und ‚die ↗ Leviten lesen‘. Vgl. frz. ‚faire un sermon à quelqu’un‘; wörtl. ‚jem. eine Predigt halten‘.

abkaufen. *Dem muß man jedes Wort vom Munde abkaufen:* er ist schwer zum Reden zu bringen; mdal. bes. obersächs.
Jem. etw. abkaufen: seiner Behauptung oder Zusicherung glauben. Diese Rda. wird häufiger in der Negierung gebraucht, wie z. B. *Das kaufe ich dir nicht ab* oder: *Das kauft ihm niemand ab,* und ist in ganz Deutschland geläufig. Im gleichen Sinne wird verwendet: ‚jemandem etwas abnehmen‘.

abklappern. *Alles (bereits) abgeklappert haben:* überall nachgefragt haben, auf der Suche nach einem bestimmten Gegenstand in allen Geschäften gewesen sein. Die Wndg. wird meist als Entschuldigung gebraucht, wenn die Mühe vergebens war oder wenn der Erfolg lange auf sich warten ließ. Daneben ist die Rda. *die ganze Stadt nach etw. abgeklappert haben* gebräuchl., wobei der Bezug zum Urspr. der Wndg. völlig vergessen worden ist. Der Ausdr. ‚abklappern‘ stammt aus der Jägersprache. Bei der Jagd wurde das Wild mit Holzklappern aus seinen Verstecken aufgescheucht, ↗ Busch.

Lit.: *L. Röhrich* u. *G. Meinel:* Redensarten aus dem Bereich der Jagd und der Vogelstellerei, S. 314.

abklavieren. *Sich etw. abklavieren können:* etw. mühelos begreifen; gemeint ist: an den Fingern abzählen, denn ‚klavieren‘ ist das nervöse Trommeln mit den Fingern. Die Rda. ist seit dem 19. Jh. bekannt, ↗ Arsch.

Ablaß. *Ablaß nach Rom tragen:* etw. Überflüssiges tun; gleichbedeutend schweiz. ‚Ablaß in Bern holen und kein Geld mitbringen‘; vgl. ‚Eulen nach Athen tragen‘ (↗ Eule).

ablaufen. *Einen ablaufen lassen:* ihn zu nichts kommen lassen, ihm kein Gehör schenken. Urspr. ein Ausdr. aus der Fechtersprache. Für den Fechter kommt es darauf an, den gegnerischen Hieb an der eigenen Klinge ablaufen, d. h. abgleiten zu lassen.
Aus demselben Bildbereich kommt auch die Rda. *etw. läuft gut* (oder *schlecht*) *ab.* Urspr. wurde sie nur negativ gebraucht. Vielleicht gehört in denselben Zusammenhang die Rda. *An dem läuft alles ab:* bei ihm sind alle Ermahnungen fruchtlos, wenn man auch heute dabei meist an einen Regenguß denkt; vgl. ‚dastehen wie ein begossener ↗ Pudel‘, was ja ebenfalls von einem Ausgescholtenen gesagt wird. In diesem Sinne wird die Rda. nämlich schon 1649 bei Gerlingius (Nr. 46) gedeutet: „Asinus compluitur. Ein Esel lasset sich alles beregnen, und achtet es nicht, das ist, Er gibt auff keine schelt- oder dräu-wort. Er ist so naß, als er werden mag. Wann ich den Rock schüttle, so fället es alles ab“. Vgl. frz. ‚C’est comme la pluie sur le dos d’un canard‘; wörtl. ‚wie Regenwasser, das vom Rücken einer Ente heruntertrieft, ohne durch die Federn zu dringen‘.
Sich die Schuhe ablaufen ist die einfachste Form aus einer ganzen Reihe von Rdaa., die alle bedeuten: keinen Weg, keine Mühe scheuen. In komischer Steigerung heißt es ferner: ‚sich die Füße (die Hakken, die Beine, den Arsch) ablaufen‘, ‚sich den Herzbändel abrennen‘ oder ‚dem Teufel ein Ohr ablaufen‘.
Sich die Hörner ablaufen ↗ Horn.
Jem. den Rang ablaufen ↗ Rang.

Abracadabra. *Ein Abracadabra sprechen:* etw. beschwören. Diese lautmalerische Formel meint auch: Unverständliches murmeln. Im Engl. bedeutet ‚abracadabra‘: Kauderwelsch. In derselben Bdtg. gebraucht es Goethe (45, 158): „den Sinn eines solchen Abracadabra zu entziffern.“ Über den Urspr. des Wortes gibt es verschiedene Erklärungen. Meist wird es auf ‚Abraxas‘ zurückgeführt. In dieser Form erscheint der Gottesname in den hellenistischen Zauberpapyri und auf zahlreichen Amulettsteinen des Altertums und des Mittelalters. Der Dämon Abraxas ist urspr. der Jahresgott; sein Name besteht aus 7 Buchstaben, entsprechend den 7 Tagen der Woche, und er hat den Zahlenwert 365, ebensoviel wie die Tage des Jahres. Eine andere Deutung will darin a = ab (Vater), b = ben (Sohn), ruach (= Geist) sehen, leitet es also aus dem Hebräischen ab. Ebenso eine dritte, die das Wort übersetzt: ‚Entfleuch diesem Worte gemäß!' ‚Nimm ab!' (mit Bezug auf das Abnehmen der Buchstaben in sog. magischen Schwindeformeln, bei denen – in Analogie zum erwünschten Abnehmen einer Krankheit – immer mehr Buchstaben weggelassen werden. Jedenfalls ist Abracadabra schon früh in entsprechenden Zaubertexten verwendet worden, z. B. schon bei dem Mediziner Q. Serenus Sammonicus um 200 n. Chr.

Lit.: *H. P. L.:* Abracadabra, in: American Notes and Queries 10, 11 (1909), S. 418; *F. Dornseiff:* Das Alphabet in Mystik und Magie (Leipzig-Berlin ² 1925); *A. Jacoby:* Art. ‚Abracadabra' und ‚Abraxas' in: HdA. I, Sp. 95f, u. I, Sp. 99.

abrackern. *Sich mit einer Arbeit abrackern:* sich durch eine mühevolle, harte Arbeit erschöpfen, abmühen. A. v. Chamisso gebrauchte als einer der ersten Schriftsteller das Wort im Jahr 1809: „er ist sehr unglücklich ... und (verzeih' das Wort) rackert sich selber an sich selber ganz ab" (Chamisso, Werke, Bd. V [1836] S. 224).

Grundwort ist eine Ableitung zu Racker, urspr. ‚Schinder'; sich (ab)schinden ↗schinden ist die urspr. Form; ‚rack' in der Bdtg. steif, erschöpft ist dann umg. an die Stelle von ‚schinden' getreten.

Abraham. *Wie in Abrahams Schoß sitzen:* wie in der Seligkeit, wie im Paradies, in sehr guten Verhältnissen leben; ohne Sorgen, glücklich sein. Im bibl. Gleichnis vom ‚reichen Mann und dem armen Lazarus' (Luk. 16, 22) wird Lazarus von den Engeln in Abrahams Schoß getragen. Die jüdische Legende hat die Abrahamsgeschichten der Genesis noch um viele Züge bereichert und dem Abraham dabei z. T. geradezu göttliche Funktionen zugeschrieben. Zu seinem Grabe hat sich eine Wallfahrt entwickelt. Eschatologisch ist der Glaube an die Verdienste Abrahams für die Frommen, die hoffen, mit Abraham zu Tisch liegen (Matth. 8, 11) oder in Abrahams Schoße ruhen zu dürfen. Vgl. engl. ‚Abraham's bosom'; frz. ‚le Sein d'Abraham' und ital. ‚il Seno di Abramo'. Unter Bezug auf die genannten Bibelstellen spielt die Rda. auch in der geistlichen Lit. eine Rolle. Wohl am bekanntesten ist die 3. Str. von Martin Schallings (1532–1608) ev. Kirchenlied ‚Herzlich lieb hab' ich dich, o Herr', die J. S. Bach an den Schluß seiner Johannespassion gesetzt hat:

Ach Herr, laß dein lieb' Engelein
Am letzten End' die Seele mein
In Abrahams Schoß tragen.

‚In Abrahams Schoß sitzen'

In der Kapuzinerpredigt (Schiller: ‚Wallensteins Lager', 8. Auftr.) wird gefragt: „Quid faciemus nos? Wie machen wir's, daß wir kommen in Abrahams Schoß?" In der Wndg. *in Abrahams Schoß eingehen:* euphemist. Umschreibung für sterben (↗zeitlich), klingt die religiöse Bdtg. noch an. Aber sonst wird in der heutigen Volkssprache die Rda. oft nicht mehr auf die ewige Seligkeit, sondern säkularisiert und materialistisch nur noch auf die wirtschaftliche Geborgenheit bezogen.

Das Kinderspiel von der ‚goldenen Brücke', in dem sich das gefangene Kind für Himmel oder Hölle, für Engel oder Teufel entscheiden muß, hat die ma. Vorstellung von Abrahams Schoß in der Alternative zwischen Himmel und Hölle

59

bewahrt. Das Kind, das als ‚Engel‘ gilt, wird auf den verschränkten Armen der Brückenwächter gewogen mit dem Vers: „Wir wiegen (tragen) den Engel in Abrahams Schoß". Das Spiel war bereits im 16. Jh. bekannt und wird durch Rabelais, Geiler von Kaysersberg und Joh. Fischart lit. bezeugt. Lit. Belege über die Rda., die sich auf Volksdichtung und Volkssprache auswirkten, finden sich vor allem in der ‚Legenda Aurea‘ des 13. Jh., wo der sterbende Bischof Martin von Tours den Teufel voller Überzeugung abweist: „Ich werde kommen in Abrahams Schoß", in der ‚Straßburger Chronik‘ um 1400, wo im Zusammenhang mit Christi Abstieg zur Vorhölle vom ‚synus Abrahae‘ die Rede ist und im Alsfelder Passionsspiel (um 1500). Durch spätere Schuldramen und Volksschauspiele über den reichen Prasser und den armen Lazarus wurden die alten Vorstellungen von Abrahams Schoß weit verbreitet.

Auch in die Mdaa. ist die bibl. Wndg. eingedrungen, z. B. sagen Seeleute, die in der Mecklenburger Bucht einen guten Ankerplatz gefunden haben, voller Befriedigung: ‚Nu liggen wi, as wenn wi in Abrahams Schot liggen‘. Wenn jem. eine günstige Heirat in Aussicht hat, sagt man von ihm: ‚Denn kriggt he dat bi ehr so gaut, as set he in Abrahams Schot‘ (Mecklenb.). Auch ost- und westpreußische Rdaa. umschreiben das Gefühl sicheren Geborgenseins: ‚He huckt (sloapt) wie en Abrahams Schoot‘.

In Anlehnung an Joh. 8,57 f. bedeutet ndd. ‚He hett all Abraham seen‘: nicht mehr jung und unerfahren sein, die Fünfzig überschritten haben; vgl. ndl. ‚Abram gezien hebben‘. Das Gegenteil bedeutet die Rda. ‚Damals warst du noch in Abrahams Wurstkessel‘: du warst noch nicht geboren.

Lit.: *J. C. Gilmour:* Abraham's bosom, in: American Notes and Queries 9,1 (1898), S. 516; *P. Haupt:* Abraham's Bosom, in: American Journal of Philology 42 (1921), S. 162–167; *S. U. Palme:* Skogen är fuller af Abraham, in: Tidskrift för Nordisk Folkminnesforskning 7 (1951), S. 10–14; *Büchmann,* RGG. I (³1957), Sp. 68–71; *M. Hain:* „In Abrahams Schoß". Eine volkskundliche Skizze zu einem großen Thema, in: Festschrift Matthias Zender – Studien zu Volkskultur, Sprache u. Landesgeschichte, hg. v. Edith Ennen u. Günter Wiegelmann, Bd. I (Bonn 1972), S. 447–454; *A. Schreiber:* Art. ‚Abraham‘, in: EM. I, Sp. 22–26.

Abrede. *Etw. in Abrede stellen:* etw. bestreiten, leugnen. Diese Form der Rda. ist erst seit dem frühen 19. Jh. belegt und geht auf die ältere Form ‚in abreden sein, stehen‘ zurück. Diese ist schon 1461 belegt in ‚Frankfurts Reichskorrespondenz‘ 2, 165: „das er der abesage in abridde sij."
Die Wndg. ist bes. häufig in Gerichtsakten belegt, so z. B. 1654 in Abels ‚Gerichtshändel‘. S. 60: „es könne … nicht in Abred stehen, daß …"

Abreibung. *Jem. eine Abreibung erteilen (verpassen):* jem. schlagen, prügeln. Die ‚abreybung‘ war früher ein Begriff aus der Tierpflege; hier bedeutete sie eine Reinigung, bes. der Pferde, die durch Striegeln u. Reiben des Fells erzielt wird; belegt seit 1682: „… ihres (Ochsen) mit strigelung und abreibung wol zu pflegen."
Kurt Tucholski gebraucht die Rda. in der heutigen Bdtg.: „wenn du berlinerst, dann kriegst du die erste große Abreibung", sagt der Vater zu seinem Sohn (1930).

Abschied. *Seinen Abschied nehmen:* aus dem Dienst ausscheiden, bes. von Soldaten und Beamten gesagt.
Es gibt eine Reihe von Rdaa., die bedeuten, daß jem. verschwindet, ohne sich anständig zu verabschieden, ohne seine Schulden zu bezahlen oder seinen sonstigen Verpflichtungen nachzukommen. So sagt man obersächs. ‚den Abschied hinter der Tür nehmen‘, schwäb. ‚französisch Abschied nehmen‘, ostpr. ‚polnisch Abschied nehmen‘ oder auch ‚einen stumpfen Abschied nehmen‘; vgl. frz. ‚filer à l'anglaise‘; wörtl. ‚sich englisch verdrükken‘.
Allg. verbreitet ist der gleichbedeutende rdal. Vergleich: *Er nimmt Abschied wie der Teufel – mit Gestank.* Nach dem Volksglauben hinterläßt der ↗Teufel, wenn er durch ein heiliges Wort oder Zeichen verscheucht wird, einen entsetzlichen Schwefelgestank.

abschneiden. *Da könnte sich mancher andre eine Scheibe* (auch: *ein Stück*) *davon abschneiden:* daran sollte man sich ein Beispiel nehmen. Die Wndg. ist anerkennend gemeint, während die Aufforderung: *Da kannst du dir eine Scheibe von*

60

abschneiden! einen gewissen Tadel enthält. Diese junge Rda. ist in Mitteldtl. bes. häufig.

In einer Sache (Prüfung) gut abschneiden: ein gutes Ergebnis erzielen.

Absehen. *Sein Absehen auf etw. richten; es auf etw.* oder *auf jem. abgesehen haben:* etw. bezwecken, jem. treffen, verletzen, angreifen wollen, aber auch jem. heiraten wollen; vgl. frz. ‚jeter son dévolu sur quelqu'un' (dévolu: altfrz.: Wahl).

Absehen (auch Absicht) hieß die Kimme (kleine Kerbe) am Visier des Gewehrs. Bei Wallhausen ‚Kriegskunst zu Fuß' (1618, S. 38) heißt es: „Ehe du Feuer gibst, bringest du den Kopf zum Absehen der Muskete". Im selben, eigentl. Sinn auch in Grimmelshausen ‚Simplicissimus': „Dieser Corporal hätte ... mehr ermeldten Printz fleissig im Gesicht und vor seinem Absehen behalten": mit der geladenen Büchse an der Wange, um sofort auf ihn abdrücken zu können. Ebenso noch bei Gottsched: „Jede Scheibe hat nur einen Zweck (d.h. Ziel), nach welchem viele zielen durch ihre Absichten". Aus dem wörtl. Sinne von ‚Visier' wird ‚Absicht', dann im übertr. Sinn ‚Richtung des Geistes auf etw.'.

Es ist noch an kein Absehen zu denken: das Ende einer Sache ist noch nicht zu erkennen (zu erwarten).

Abseits. *Im Abseits stehen:* nicht Mittelpunkt des Geschehens sein, im ⁊ Schatten stehen. Die Rda. ist urspr. ein Ausdr. der Sportsprache und bez. da eine bestimmte Konstellation bei Fußball-, Handball-, Rugby- und Hockeyspielen. Das Wort hat in dieser Wndg. nichts mit dem dt. ‚Abseits', i.S. v. beiseite gemein, sondern wurde aus engl. ‚off side' eingedeutscht.

Lit.: *Koch:* Off side = abseits, in: Zs. des allg. dt. Sprachvereins 18 (1903), S. 172.

Absolution. *Jem. Absolution erteilen:* jem. etw. vergeben, ihn von etw. freisprechen. Die Rda. ist religiösen Urspr. und im 14. Jh. bei den dt. Mystikern belegt (1343): „sô wirhit di absoluzie und die bîchte sunderlîche gnade." Matth. 16,19; 18,18 und Joh. 20,22 f. bilden den Hintergrund der Geschichte der Absolution; sie bedeutet in kirchlicher Sicht: Lossprechung von Sünden und Sündenstrafen durch den dazu bevollmächtigten Priester an Gottes Stelle. Im 18. Jh. wurde dieser kirchenrechtliche Begriff auch in säkularisiertem Gebrauch verwendet i.S. v. Vergebung.

Lit.: *W. Jannasch:* Art, ‚Absolution', in: RGG. I (³1957), Sp. 78–79.

abspeisen. *Einen abspeisen:* sich jem. gegenüber geizig zeigen, jem. eine unbefriedigende Antwort geben, einer Bitte in unbefriedigender Weise entsprechen, jem. unverrichteter Dinge wieder gehen lassen, abfertigen.

Wahrscheinl. bezieht sich die Rda. auf einen alten, aber bis heute üblichen Brauch bei der Brautwerbung. Der Freier, der das Einverständnis seines Mädchens bereits besitzt, erhält die endgültige Antwort, ob er auch ihrer Familie willkommen ist, bei einer gemeinsamen Mahlzeit. Eine bestimmte Speise, die ihm gereicht wird, gilt als Symbol der Aufnahme in die Familie oder als Abweisung. Diese Speisen haben in verschiedenen Landschaften oft sogar entgegengesetzte Bdtgn. So spielt z. B. in der Schweiz der meistens viele Jahrzehnte aufbewahrte ‚Familienkäse' eine wichtige Rolle. Nur bei besonderen Anlässen wird von ihm gegessen. Darf der Freier von ihm kosten, ist er damit symbolisch in die Familie aufgenommen worden. Dagegen lehnt man in Hessen und auf dem Hunsrück einen Freier ab, wenn man ihn statt mit Wurst und Schinken nur mit Käse ‚abspeist'. Meistens bedeutet in Dtl. und Oesterr. ein Gericht mit Eiern eine gute Antwort, Bayern kennt dafür sogar den Ausdruck ‚Ja-Gerichte', in Frankr. jedoch gelten gekochte Eier als Symbol einer Absage, da sich die Lebenskeime, die die Eier enthielten, ja nun nicht mehr entwickeln können. Tischte man in Oldenb. Rüben oder Kartoffeln, in Thür. Wurst, im südl. Westfalen ein geschmiertes Butterbrot oder im Nassauischen Zwetschgenmus auf, bedeutete dies eine unzweifelhafte Absage. Der Freier wurde also einfach ‚abgespeist', Begründungen und Erklärungen hielt man für überflüssig. Daß die jungen Leute damit nicht immer einverstanden waren, zeigt die Äußerung: *Ich lasse mich doch nicht einfach abspeisen!*, die heute meistens in übertr. Bdtg. *(mit Worten abspeisen)* gebraucht wird; vgl. frz. ‚Je ne m'en laisserai pas conter‘; wörtl.: ‚Ich lasse mir keine Märchen erzählen‘.

Auch ein Zusammenhang mit der früher üblichen Armenspeisung ist denkbar. Lästige Bittsteller wurden zwar gespeist, aber danach sofort weggeschickt. Die Rda. ist bereits im 16. Jh. gut bekannt, Kirchhoff gebraucht sie im ‚Wendunmuth‘: „hinfurter wolter keinen armen mehr so schmal abspeisen", und auch Hans Sachs ist sie nicht fremd. Bei J. E. Schlegel finden wir: „Glauben Sie nicht, daß ich mich mit einer solchen Antwort abspeisen lasse" (Werke, ed. J. H. Schlegel [1761–70], II, 374); ähnl. bei Goethe: „Da wollt er mich mit leeren Worten abspeisen". In Schlesw.-Holst. sagt man von einem, der seinem Gast weder Essen noch Trinken angeboten hat: ‚De hett mi mit drögen Mund afspeist‘.

Jem. abspeisen bezeugt Adelung (1793) auch i.S.v. ‚jem. das Abendmahl reichen‘ (Bd. I, S. 111). In dieser Bdtg. erscheint der Ausdr. auch in Depinys ‚Österr. Sagenbuch‘, S. 278, Nr. 361: „Ein Frevler ließ sich in der Michaelerkirche in Steyr an einem Tag zehnmal abspeisen. Der Teufel holte ihn bei lebendem Leib und fuhr mit ihm durch die Mauer, das Loch ist noch zu sehen". In manchen Kirchen gibt es auch sog. ‚Speisgitter‘ zum Empfang der Hostie (Hupfauf, S. 60).

Lit.: *P. Sartori:* Sitte und Brauch, Teil I (Leipzig 1910), S. 53 f.; *H. Bächtold:* Die Gebräuche der Verlobung und Hochzeit mit besonderer Berücksichtigung der Schweiz (Basel 1914), S. 41 ff.; *E. Hupfauf:* Sagen, Brauchtum und Mundart im Zillertal (Innsbruck 1965), S. 59–60; *B. Denecke:* Hochzeit (München 1971), S. 7 ff.; *E. Shorter:* Die Geburt der modernen Familie; dt. v. G. Klipper (Reinbek bei Hamburg 1977), bes. S. 166–167.

abstauben. *Etw. abstauben:* etw. entwenden, sich unerlaubt aneignen; auch: etw. bes. günstig erwerben (z.B. im Ausverkauf) oder durch dringliches Bitten geschenkt bekommen (was der andere nicht mehr braucht, auf dem Dachboden ‚verstauben‘ läßt) oder durch Betteln erhalten.

Ein Zusammenhang der Wndg. mit dem Gewerbe des Müllers ist denkbar, der sich von dem Mehl(staub) angeblich einen Teil zurückbehielt, so daß sich die Bauern übervorteilt fühlten.

Berl. ‚Die Böme im Dierjarten abstoben‘: eine alte Jungfer werden.

Hat jem. in der Pfalz nichts zu tun, so sagt man zu ihm: ‚Geh in de Keller und staab Briketts ab‘.

Schweiz. ‚eini abstaube‘: mit einer Frau schlafen.

Abstimmung. *Eine Abstimmung mit den Füßen vornehmen:* weggehen, auch: wegbleiben. Von einer ‚Abstimmung mit den Füßen‘ redet man dann, wenn in einem diktatorisch regierten Land, in dem freie Wahlen nicht gestattet sind, die Bewohner das Land zu verlassen suchen. ↗ Fuß.

Harmlosere Bdtg. besitzt die Wndg. in bezug auf das Verhalten von Studierenden, die den Lehrveranstaltungen fernbleiben, wenn sie uninteressant oder niveaulos sind, oder wenn ihnen der Dozent nicht zusagt.

abstinken. *Jem. ist abgestunken:* jem. hat keinen Erfolg gehabt; er ist ohne Applaus von der Bühne abgegangen. Der Ausdr. gehört zur Sprache der Schauspieler und Artisten. Doch ist er hier nicht entstanden, sondern aus der Volkssprache entlehnt. (Vgl. Schwäb. Wb. ‚abstinken‘: mit Gestank abziehen, mit Schmach abziehen. Denkt man daran, daß Pech und Schwefel die Attribute des Teufels sind, so liegt die Erklärung der Rda. auf der Hand.)

In ma. Darstellungen und Erzählungen zieht der Teufel immer dann mit Gestank ab, wenn er von einem Engel, einem frommen Menschen bei der Ausführung eines bösen Plans gestört und sein Vorhaben vereitelt wurde. Manche ma. Darstellungen versuchten dieses Abstinken des geprellten Teufels sogar bildl. zum Ausdr. zu bringen, indem sie dem Fliehenden eine eklige Wolke anhingen.

Lit.: *A. Wünsche:* Der Sagenkreis vom geprellten Teufel (Wien 1905); *A. J. Storfer:* Teufelsspuren in der Sprache, in: Atlantis 2 (1935), S. 104; *L. Röhrich:* Teufelsmärchen und Teufelssagen, in: ders.: Sage und Märchen. Erzählforschung heute (Freiburg 1976), S. 252–272.

ACHILLESFERSE

abtakeln. *Abgetakelt sein:* ungepflegt aussehen; alt und gebrechlich geworden sein. In der Seemannssprache wendet man ‚abtakeln' auf ein Schiff an, das nicht mehr seetüchtig ist und daher aus dem Dienst gezogen wird; die Wndg. ist seit dem 19. Jh. üblich.

Lit.: *O. G. Sverrisdóttir:* Land in Sicht (Frankfurt/M. 1987), S. 104–105.

abwarten. Die Rda. *Abwarten und Tee trinken!,* mit der man einen Ungeduldigen beruhigt und zu geduldigem Warten auffordert, ist seit der 2. H. des 19. Jh. belegt. Die Rda. gehörte urspr. vielleicht einmal in den Mund eines Arztes, der seine Patienten ermahnte, die Weiterentwicklung der Krankheitszeichen abzuwarten und vorerst Kräutertee zu trinken. Vielleicht ist auch an die Berliner lit. Salons der Biedermeierzeit zu denken, in denen der Tee erst zu vorgerückter Stunde gereicht worden sein soll.

Lit.: *H. Meyer:* Der richtige Berliner in Wörtern und Rdaa. (München ¹⁰1965).

Abwesenheit. *Durch (seine) Abwesenheit glänzen:* abwesend sein. Im alten Rom war es Sitte, bei Leichenbegängnissen die Bilder der Vorfahren (‚imagines maiorum') der Leiche voranzutragen. Nun berichtet Tacitus in den ‚Annalen' (3. Buch, 76. Kap.), unter der Regierung des Kaisers Tiberius sei Junia, die Witwe des Cassius und Schwester des Brutus, gestorben und mit allen Ehren bestattet worden: „sed praefulgebant Cassius atque Brutus eo ipso, quod effigies eorum non videbantur". (Aber Cassius und Brutus leuchteten gerade dadurch hervor, daß ihre Bildnisse nicht zu sehen waren). Es war nämlich verboten, bei öffentl. Aufzügen die Bilder der Mörder Caesars zu zeigen. Dieses Tacitus-Zitat hat Marie Joseph de Chénier (1764–1811) in seiner Tragödie ‚Tibère' (I,1) so wiedergegeben: „Brutus et Cassius brillaient par leur absence". (Brutus und Cassius glänzten durch ihre Abwesenheit). Das Zitatbewußtsein ist der Rda. verlorengegangen. In der Volkssprache ist nur noch die Bdtg. einer unecht-großartigen Umschreibung für Abwesenheit übriggeblieben. Die Rda. ist allerdings nur in der Umgangssprache üblich; mdal. fehlt sie völlig (dagegen rdal. frz. ‚briller par son absence'; ndl. ‚schitteren door zijn afwezigheid').

Lit.: *Büchmann; Küpper.*

ach. *Mit Ach und Krach:* noch gerade eben, mit knapper Not. Die Rda. ist seit dem 16. Jh. bezeugt und hat einen Bedeutungswandel durchgemacht; sie meinte zunächst: ‚mit Ächzen und Krächzen' (mit Ach-Seufzen und Stöhnen). G. A. Bürger dichtet:

> Von Kling und Klang, von Ach
> und Krach
> Ward rund umher das Echo wach.

Die Wndg. ist bes. in der Studentensprache beliebt, etwa auf das Bestehen eines Examens angewandt, und deshalb auch in scherzhaftes Lat. übertr. worden: *cum acho et cracho* oder *acho crachoque.* Sie gehört zu den zahlreichen endreimenden Zwillingsformeln der dt. Spache wie: ‚unter Dach und Fach', ‚mit Sack und Pack', ‚ohne Saft und Kraft', ‚Knall und Fall', ‚Salz und Schmalz', ‚außer Rand und Band', ‚Sang und Klang', ‚mit Rat und Tat', ‚Habchen und Babchen', ‚Handel und Wandel', ‚in Saus und Braus', ‚mit Dreck und Speck', ‚Weg und Steg', ‚Krethi und Plethi', ‚Stein und Bein', ‚Freud und Leid', ‚Glimpf und Schimpf', ‚auf Schritt und Tritt', ‚nach bestem Wissen und Gewissen', ‚in Not und Tod', ‚Lug und Trug', ‚Gruß und Kuß', ‚Gut und Blut', ‚Schutz und Trutz', ‚in Hülle und Fülle', ‚Würde und Bürde', ‚dann und wann', ‚schlecht und recht', ‚de- und wehmütig', ‚mein und dein', ‚weit und breit', ‚pfiffig und kniffig', ‚toll und voll', ‚stumm und dumm', ‚hüben und drüben', ‚schalten und walten', ‚hangen und bangen', ‚hegen und pflegen', ‚sterben und verderben', ‚scheiden und meiden', ‚singen und klingen', ‚herzen und scherzen', ‚lügen und trügen', ‚rütteln und schütteln', ‚geschniegelt und gebügelt', ‚gerüttelt und geschüttelt', ↗ Bausch und Bogen.

Lit.: *G. Salomon:* Die Entstehung und Entwicklung der dt. Zwillingsformeln (Braunschweig 1919).

Achillesferse. *Einen an seiner Achillesferse treffen; das ist seine Achillesferse:* die schwache, verwundbare Stelle eines sonst tüchtigen Menschen.

Nach der griech. Sage tauchte die Meeresgöttin Thetis ihren Sohn Achilles, um ihn unverletzlich zu machen, in das Wasser des Styx; nur die Ferse, an der sie ihn hielt, blieb unbenetzt und daher verwundbar. Nach der 107. Fabel des Hygin (um 10 v. Chr.) tötete Apollo in der Gestalt des Paris den Achilles durch einen Pfeilschuß in die Ferse. Hier war die „Stelle, wo er sterblich war" (vgl. Schiller ‚Don Carlos' I,6). Die Rda. ist wohl z. Zt. des Humanismus aufgekommen, aber erst im Anfang des 19. Jh. lit. belegt (vgl. frz. ‚le talon d'Achille'; engl. ‚the heel of Achilles'; ndl. ‚Achilleshiel' oder ‚Achillespees').

Unverwundbarkeit des menschlichen Körpers ist ein Wunschzustand heroisch-kriegerischen, vielleicht auch jägerischen Denkens. Dem entgegen steht die ebenfalls ubiquitäre Erkenntnis, daß nichts unsterblich ist. Mythische und sagenhafte Parallelen zur homerischen Erzählung von der Achillesferse sind zahlreich: Das ind. Mahabharata-Epos berichtet von Krischna, daß er, nur an der Fußsohle verwundbar, dort von einem Pfeil getroffen worden sei. Der Siegfried des Nibelungenliedes gewinnt eine unverletzliche Hornhaut durch ein Bad im Blut des von ihm erschlagenen Drachen bis auf eine Stelle zwischen den Schulterblättern, wo ein Lindenblatt gelegen hatte. Dort trifft ihn der tödliche Speer Hagens. Der sarazenische Riese Ferraú in Ariostos ‚Orlando Furioso' ist nur am Nabel, die indianischen Götter Manitu und Kwa sind nur am Kopf, der Regenbogendämon der ostafrikan. Massai nur an einer Stelle im Nacken, der Apachenheld ‚Metal Old Man' nur unter der Achselhöhle verwundbar etc. Die vgl. Erzählforschung spricht von ‚vulnerable spot', vom ‚wunden Punkt', und hat das Motiv weltweit nachgewiesen.

Lit.: *O. Berthold:* Die Unverwundbarkeit in Sage und Aberglaube der Griechen (Gießen 1911); *A. de Cock:* De Achilleshiel, in:Vkde. 23 (1912), S. 185–193; *ders.:* De Onwondbaarheid en de Achilleshiel, in: ders.: Studien en Essays over oude Volksvertelsels (Antwerpen 1919), S. 311; *N. Nathan:* On the hip, in: American Notes and Queries 197 (1952), S. 74; *K. Ranke:* Art. ‚Achillesferse', in: EM. I (1977), Sp. 59–61.

Achse. *Auf Achse sein:* (dienstlich, geschäftlich) unterwegs sein; auch: immer beschäftigt, immer in Aktion, Bewegung sein. ‚Auf Achse' ist eine saloppe Umschreibung für die Fortbewegung mittels eines Eisenbahnzugs oder Autos; sie ist seit Ende des 19. Jh. belegt.

Achsel. *Etw. auf seine Achseln (Schultern) nehmen:* eine Sache und deren Folgen auf sich nehmen, die Verantwortung dafür übernehmen. Gleichbedeutend sind die Rdaa.: ‚etw. auf seine ↗ Kappe nehmen'.

Etw. auf die leichte Achsel (Schulter) nehmen; etw. für leicht, unwichtig oder unbedeutend ansehen und deshalb vernachlässigen oder nicht beachten. Die Achsel selbst ist weder leicht noch schwer; ‚leichte Achsel' meint eigentl. die weniger tragfähige Schulter, auf der man nur leichtere Lasten zu tragen gewohnt ist. Nicht mehr im wörtl., sondern im bildl., zur Rda. gewordenen Sinn findet sich die Wndg. bereits seit frühnhd. Zeit, so in der ‚Zimmerischen Chronik' (II, S. 435): „Solchs gab graf Wilhalmen wenig zu schaffen, nams uf die leicht achsel und schluegs in wind". Ähnl. schon im Lat. bei Horaz (Sat. 2,3,172): „sinu laxo ferre aliquid" (eigentl.: etw. nachlässig im weiten Bausch [der Toga] tragen).

Auf beiden Achseln tragen (mdal. z. T. noch erweitert, z. B. bad. ‚auf zwei Achseln Wasser tragen'): es mit keinem (von zweien) verderben wollen, es mit beiden Parteien halten, wie ein Träger, der die Last bald auf die linke, bald auf die rechte Schulter schiebt. Die Rda. ist schon in den Kampfschriften der Reformationszeit ganz geläufig. Bei Valentin Holl (1525/26) wird von einer Frau gesagt:

Wan sy kann lachen, wainen, wann
                                   sy will,
Vnd schießen ferr vnd nach zum zil,
Auff baiden achßlen tragen.

Ähnl. in Murners ‚Mühle von Schwindelsheim' (V. 595):

Mit beyden achslen kan ich gigen,
Wo ich wil nit bieten Welsch figen.

In einem makkaronischen Gedicht, das u. a. in der ‚Zimmerischen Chronik' (IV, 21) bewahrt worden ist, wird von Nürnberg gesagt:

Witz habuit Nürnberg, achsla tragavit
                                   utraque
Rathschlegis vestris sensit in esse
                                   metum.

Vgl. auch ‚den ↗ Mantel auf beiden Schultern tragen'.

Das Schimpfwort ‚Achselträger' für einen unaufrichtigen, schwankenden Höfling begegnet im Ausgang des 16. Jh. bei Nikodemus Frischlin und wurde im Sinne der heutigen Schelte ‚Konjunkturritter' bald sehr beliebt.

Einen über die Achsel ansehen: ihn mit geringschätzigem Blick (‚Achselblick') ansehen, ihn verachten. Der früheste bekannte mhd. Beleg steht im Nibelungenlied (Str. 447), wo von Brünhild gesagt wird: „mit smielendem (lächelndem) munde si über achsel sach". In Seb. Brants ‚Narrenschiff' (1494) heißt es: „Man sicht den über die Achslen an". Auch im Frz. ist die Rda. ‚regarder quelqu'un par-dessus l'épaule' geläufig (vgl. ndl. ‚iemand over de schouder aanzien', ‚over zijne schouders zien'). Die dt. Mdaa. kennen noch mancherlei Varianten der Rda., z. B. schweiz. ‚Du hättest zuerst über deine Achsel sehen sollen', vor deiner eigenen Tür kehren sollen (1677 zum erstenmal belegt); bair. ‚über die Achsel naus blasen', wobei die Andeutung des leichten Gewichtes die geringschätzige Meinung noch vermehrt; bair. ‚über die Achsel naus!', ich denke gar nicht daran; ähnl. ‚über die Achsel nüber', im Gegenteil (‚Der ist nobel. – Ja, über die Achsel nüber'). Vgl. ‚jem. die kalte ↗ Schulter zeigen'.

Mit den Achseln zucken: etw. mit Bedauern ablehnen; urspr. eine Reflexbewegung zu Abwehr und Selbstschutz; seit dem 17. Jh. als Rda. mit dem Sinn der Zurückweisung; vgl. frz. ‚hausser les épaules'.

Die Füße über die Achsel nehmen: die Beine unter den Arm nehmen (↗ Bein); mdal., bes. schweiz. geläufig.

Lit.: *H. Burger:* Die Achseln zucken – Zur sprachl. Kodierung nicht-sprachl. Kommunikation, in: Wirkendes Wort 26 (1976), S. 311–334.

Acht. *Jem. (etw.) in Acht und Bann tun:* jem. strengstens verurteilen, verdammen, etw. nicht zulassen, verbieten. Die Wndg. hat die Erinnerung an die früher bes. schweren Vergehen gleichzeitig verhängte Bestrafung durch Reichsacht und Kirchenbann durch Staat und Kirche bewahrt. Vgl. frz. ‚mettre quelqu'un au ban de l'Empire' (veraltet).

Lit.: *H. Siuts:* Bann und Acht und ihre Grundlagen im Totenglauben, in: Schriften zur Volksforschung, Bd. 1 (Berlin 1959), S. 14 ff., 112 f., 133 f., 140 ff.; *Th. Bühler:* Wüstung und Fehde, in: Schweiz. Arch. f. Vkde. 66 (1970), S. 1–27.

Achte. *Eine Achte bauen:* vom Fahrrad stürzen. Der scherzhafte sprachl. Vergleich beruht auf der Beobachtung, daß beim Sturz sich das Vorderrad oft stark verbiegt und die Form einer Acht annehmen kann.

Jem. achtkantig hinauswerfen: jem. mit aller Entschiedenheit abweisen, meist als Drohung ausgesprochen.

Ackermann ↗ Bauklotz.

Acta. *Etw. ad acta legen:* auf eine Sache (vorderhand) nicht eingehen, sie unberücksichtigt lassen. Die Rda. stammt aus der lat. Amtssprache. Wenn sich eine Behörde auf ein eingegangenes Gesuch (Bittschrift, Beschwerde usw.) nicht einließ und keinerlei Beschluß darüber faßte, so ließ sie es mit dem Vermerk ‚Ad acta!' zu den in der Sache bereits vorhandenen Akten legen. Erst seit dem 18. Jh. in übertr. Sinne gebraucht; vgl. frz. ‚renvoyer…' oder ‚remettre aux calendes grecques'; wörtl. eine Sache ‚bis zu den griech. Kalenden hinausschieben' ↗ Calendas.

Zum selben Bildbereich gehören die selteneren Rdaa.: *von einer Sache Akt nehmen:* (amtlich) Kenntnis davon nehmen, und *Darüber sind die Akten noch nicht geschlossen:* die Sache läuft noch.

Lit.: *Richter-Weise,* S. 16.

ad absurdum. *Ad absurdum führen:* eine sinnlose weil widernatürliche Entscheidung, Aufgabe oder Aussage durch ebenso sinnlose Behauptungen oder Antworten paralysieren, so daß diese selbst als absurd erwiesen werden. Diese Erzählstruktur kommt in zahlreichen motivlichen Abwandlungen in vielen Volkserzählungen vor, insbesondere in solchen Kontexten, in denen es um sinnlose Prozeßentscheidungen, Forderungen Aufgaben, unlösbare Rätsel etc. geht. Meist wird dabei die Sinnlosigkeit einer richterlichen Entscheidung dem Richter durch eine ebenso unsinnige oder unglaubhafte Behauptung demonstriert.

Lit.: *J. de Vries:* Die Märchen von klugen Rätsellösern (FFC. 73) (Helsinki 1928); *F. M. Goebel:* Art. ‚Ad absurdum führen' in: HdM. I, Sp. 11–14; *K. Ranke:* Art. ‚Ad absurdum führen', in: EM. I, Sp. 79–85.

Adam. *Den alten Adam ausziehen* (auch *ersäufen*): ein neuer Mensch werden. In seinen Briefen (Röm. 6,6; Eph. 4,22; Kol. 3,9) spricht der Apostel Paulus von dem ‚alten Menschen' als dem Urheber der Sünde und des Todes und dem ‚neuen Menschen', d.h. dem in christl. Geist Neugeborenen. Dieser Gegensatz wurde im späten dt. MA. in Wort und Sitte volkstümlich, so daß z. B. in Halberstadt am Aschermittwoch ein armer Missetäter als ‚Adam' (hebr. ädäm = Mensch) aus der Kirche gejagt wurde, während der Fastenzeit barfuß betteln mußte und an den Kirchentüren Speise erhielt, bis er am Gründonnerstag beim Abendmahl friedlich wieder aufgenommen und dann als gereinigt entlassen wurde, ein Reinigungssinnbild für die ganze Stadt (Repertorium librorum trium Ioannis Boemi de omnium gentium ritibus, Augsburg 1520).

Der ‚alte Adam' begegnet uns schon in einem 465 verfaßten Gedicht des Sidonius Apollinaris (Opera, ed. Baret [Paris 1878], S. 561) auf den Opfertod Christi, in dem Christus in der Menschwerdung angeredet wird:

Expers peccati pro peccatoribus
          amplum
Fis pretium, veteremque novus vice
          faenoris Adam,
Dum moreris, de morte rapis.

In der dt. Sprache ist die Wndg. erst durch Luther volkstümlich geworden. Während er in seiner Übers. des N.T. an den angeführten Stellen die Wndgn. ‚der alte Mensch' gebraucht, spricht er in seinen sonstigen Schriften und bes. in seinen Predigten häufig vom ‚alten Adam.', so schon 1518 in seiner Ausg. der ‚Theologia Deutsch', des Büchleins eines Mystikers aus der 2. H. des 14. Jh.: „Von rechtem Unterschied und Verstand, was der alt und neu Mensche sei, was Adam und was Gottes Kind sei, und wie Adam in uns ersterben und Christus erstehen soll"; in

übertr. Anwendung auch 1524 in der Schrift ‚Von Kaufshandlung und Wucher': „Der Faulenzer alter Adam, der nicht gerne arbeitet, um sein Brot zu erwerben".

Die Rda. *den alten Adam ausziehen* wurde dann bald allg. (daneben auch *der alte Adam regt sich:* die Erbsünde, das alte Laster tritt wieder hervor). Der Hildesheimer Chronist Oldekop gebraucht gern die Wndg. „unsen olden Adam castien" (kasteien); Chr. Lehmann schreibt (1639, Entschuldigen 13): „Das ist die alte Adams Rhethoric, daß man die Schuld Gott oder andern Menschen gibt"; (Gleißnerei 105): „Viel seynd der Meinung, es könne niemand in Himmel kommen, als in einer Mascarad von Lambspeltz, sonst so einer in seiner alten Adamshaut dem alltags Kleid dahin kömmt, der werde in die eusserste Finsternüß geworffen!" Jean Paul (‚Quintus Fixlein'): „Der Mensch denkt hundertmal, er habe den alten Adam ausgezogen, indes er ihn nur zurückgeschlagen, wie man die Unterschwarte des Schinkens zwar unterhöhlet und aufrollet, aber doch mit auffsetzt und noch dazu mit Blumen garniert". Bekannt sind die Verse in Mörikes ‚Fußreise' (1827):

So fühlt auch mein alter, lieber
Adam Herbst- und Frühlingsfieber ...
Also bist du nicht so schlimm, o alter
Adam, wie die strengen Lehrer sagen.

Dem bibl. Urspr. der Rda. entspricht es, daß sie auch in den anderen europ. Sprachen vorhanden ist; vgl. frz. ‚dépouiller le vieil Adam, le vieil homme'; engl. ‚to lay aside (to shake off) the old Adam', ‚to put off the old man'; ndl. ‚de oude Adam afleggen', ‚Adams rok uittrekken'.

Der Spruch:

Als Adam grub und Eva spann,
Wo war denn da der Edelmann?

zeigt keine direkte Übernahme aus der bibl. Erzählung; dort (Gen. 3,19–23) wird nur die Verweisung Adams zur Bebauung der Erde ausgesprochen. Das Spinnen Evas weist auf außerbibl. jüd. Legenden hin, die noch bis über das MA. hinaus weiterüberliefert wurden und auch in der bildenden Kunst seit dem 12. Jh. ihren Niederschlag fanden. Lit. tritt der Spruch zuerst in Engl. auf, und zwar anläßlich des von Wat Tyler geführten Bauernaufstandes von 1381. Der in der Gegend von London versammelte Bauernhaufe holte einen wegen Irrlehren eingesperrten Priester namens John Ball aus dem Gefängnis. Als Text zu seiner Predigt nahm er den Spruch:

>   Whan Adam delf and Eva span,
>   Who was than a gentleman.

‚Als Adam grub und Eva spann ...'

Dementsprechend war der Inhalt der Predigt gegen die gesellschaftliche Ungleichheit gerichtet und der Ausgangspunkt schwerer Ausschreitungen. Von nun an taucht der Vers bald als Spruch, bald als Liedstrophe, bald als Rda. immer wieder auf. In Dtl. bringt sie der Bauernkrieg von 1525 wieder in Erinnerung. In seinem ‚Weltbuch' schreibt Seb. Franck (1534):

>   Wo oder wer war der Edelmann,
>   Da Adam reutet und Eva spann?

Das Wiederaufleben des Zweizeilers im 20. Jh. ging vom Lied der Jugendbewegung aus. 1923 war das Lied ‚Wir sind des Geyers schwarze Haufen', das unsere Strophe enthält, in das Liedgut des Wandervogels eingeführt worden.

Die geistige Grundlage der Rda. geht aus ihrer Geschichte hervor. Der schwer bedrängte Bauernstand berief sich im Anschluß an die theologischen Bewegungen des 14. Jh. auf einen sozialen Urzustand der Gleichheit aller Menschen. Für die häretische Theologie handelte es sich dabei um die Gleichheit vor Gott, für den Bauern jedoch um eine Gleichheit aufgrund der Arbeit. Die spruchmäßige Ausdrucksform schließt in erstaunlicher Schlagkraft beide Gedankengänge zusammen, die theologische Begründung wie die gesellschaftskritische, revolutionäre Folgerung.

Im Adamskostüm gehen: nackt herumlaufen (auf Männer bezogen). Surrealistisch-witzig wird die Nacktheit als eine andere Form von Bekleidetsein aufgefaßt. Die Wndg. ist in Dtl. seit Anfang des 20. Jh. bekannt, aber auch in anderen Sprachen geläufig (vgl. frz. ‚l'habit du père Adam'; ‚se promener en costume d'Adam'; engl. ‚in Adam's suit'; ndl. ‚in Adamskleren', ‚in Paradijskostuum').

Ganz außer Adam sein: atemlos, eine seit 1900 geläufige Wortwitzelei, die auf der Lautähnlichkeit zwischen Adam, Odem und Atem beruht.

Bei Adam und Eva anfangen: in einer Rede weit ausholen, vom ersten Anfang an beginnen; vgl. frz. ‚remonter au déluge'; wörtl. ‚bis zur Sintflut zurückgehen', ↗ Sintflut.

Von Adam und Eva abstammen: uralt, altmodisch sein. Die Rda. wird auf Gegenstände, aber auch auf überholte Ansichten bezogen.

Nach Adam Riese ↗ Riese.

Lit.: *R. F. Smith:* When Adam delved and Eve span, who was then the gentleman?, in: American Notes and Queries 4,10 (1872), S. 17; *J. Kirchner:* Die Darstellung der ersten Menschenpaares in der bildenden Kunst (Stuttgart 1903); *S. Resnikow:* The Cultural History of a Democratic Proverb: ‚When Adam dalf, and Eve span, who was thanne a gentelman?, in: Journal of English and Germanic Philology 36 (1937), S. 391–405; *L. Schmidt:* Als Adam grub und Eva spann, in: Das dt. Volkslied, 46 (1944), S. 36–40; *W. Steinitz:* Dt. Volkslieder demokratischen Charakters (Berlin 1954), S. 9–11; *Küpper; Büchmann; Friederich,* S. 306; *L. Röhrich:* Adam und Eva. Das erste Menschenpaar in Volkskunst und Volksdichtung (Stuttgart 1968); *A. B. Friedman:* When Adam delved ...: Contexts of an Historic Proverb, in: Harvard English Studies 5 (1974), S. 213–230; *I. Fröhlich:* Art. ‚Adam' in: EM. I, Sp. 85–89; *L. Röhrich:* Art. ‚Adam und Eva', in: EM. I, Sp. 89–99; *ders.:* Adam und Eva in der Volksliteratur, in: F. Link (Hg.): Paradigmata (Berlin 1989), S. 253–279.

Ader. *Es ist keine gute Ader an ihm:* er taugt ganz und gar nichts. Die Adern galten von der Antike bis ins MA. vielfach als Sitz des Seelen- und Gemütslebens (daher wohl auch frz. ‚veine' = Ader und Glück; mauvaise veine = Unglück). Man glaubte, im Menschen seien gute und böse Adern vereinigt, daher sagt man bis heute von einem bösen Menschen: ‚Es ist keine gute Ader an ihm' und rühmt von einem vortrefflichen: ‚An dem ist keine falsche Ader'. In den niederoesterr. ‚Flinserln'

Joh. Gabr. Seidls (1828 ff.) heißt es von einem Kind: ‚Ka Tüpferl, ka Stäuberl, ka Unaderl hat's" (kein Unäderchen, d. h. keinen Makel).
Dementspr.: *Er hat eine leichte Ader:* er neigt etw. zum Leichtsinn. *Es schlägt mir keine Ader danach:* ich habe keine Neigung, keine Begabung dafür.
In dem Lied: ‚Wahre Freundschaft soll nicht wanken', heißt es zur Bestätigung der Treue:

Keine Ader soll mir schlagen,
wenn ich nicht an dich gedacht ...

Er hat keine Ader von seinem Vater: er ist ganz anders geartet als sein Vater. Allg. üblich sind Wndgn. wie *eine poetische (lyrische, musikalische) Ader* haben. In Süddtl. kennt man auch ‚Ein bißchen regt ein Aderle', ein bißchen macht Lust auf mehr.
Jem. zur Ader lassen: ihm Geld abnehmen. Urspr. war der Aderlaß gemeint, der in der Medizin eine wichtige Rolle spielte, ↗ Aderlaß, ↗ schröpfen.

Aderlaß. *Etw. bedeutet einen gewaltigen Aderlaß:* eine Sache bringt nur (materiellen) Verlust. Schon für 1789 ist dieser bildl. Ausdr. belegt: „er hatte nach diesem harten Aderlaß (= Bezahlung eines Rechtsberaters) kaum so viel übrig, daß er noch einige Tage leben konnte". (Dt. Wb. [Neubearb. Leipzig 1983], Sp. 1481).

‚Es bedeutet einen gewaltigen Aderlaß'

Der Aderlaß, ein Mittel der Humoralmedizin von der Antike bis z. T. noch in die Neuzeit, ist fast allen Natur- und Kulturvölkern bekannt. Bei diesem alten Behandlungsverfahren wird durch Einstich oder Einschnitt in die Ellbogenvene Blut entnommen.

‚Jemanden zur Ader lassen'

Gelegentlich liest man auch, daß ein Krieg einen ‚gewaltigen Aderlaß' bedeutet habe; und dies ist dann sehr wörtlich zu verstehen.

Lit.: *K. J. Bauer:* Geschichte der Aderlässe (München 1870); *A. Strubell:* Der Aderlaß (Berlin 1905); *A. Castiglioni:* Der Aderlaß, in: Ciba-Zeitschrift 66 (1954), S. 2186–2216.

Adler. *Als Adler keine Fliegen fangen:* sich nicht mit Kleinigkeiten abgeben. Vgl. das Sprw.: ‚Der Adler fängt keine Fliegen', „das ist, ein großer Herr bekümmert sich nicht mit Lumpen Sachen". In Adelungs Wörterbuch von 1774 steht: ‚Ein Adler heckt keine Tauben' und in Lipperheides Sprww.-Sammlung: ‚Der Adler fängt keine Mücken'.
In sprachl. Bildern wird immer die Stärke und Schnelligkeit des Adlers betont.
‚Adler zeugen Adler' will besagen, daß Großes nur von wahrhaft Großem stammt. *Einen Adlerblick haben:* einen scharfen, durchdringenden, alles in Schnelligkeit erkennenden Blick haben.
Auf Adlersflügeln davonfliegen: geistig eine enorme Entwicklung hinter sich haben; ebenso: *Jem. wachsen Adlersflügel,* so bei Franck (1539): „die inn den herren hoffen, den wirt kraft gemert, den wachsen adlerflügel."
Wie auf Adlersflügeln gebettet (getragen) werden: mit Schutz und Hilfe einer großen Macht, eines Mächtigen Gefahren sicher überstehen (vgl. 2. Mos. 19, 4); bes. in der Metaphorik des Kirchenliedes: „Lobe den Herren, der alles so herrlich regieret / der dich auf Adlers Gefieder so sicher geführet ..."

Lit.: *O. Keller:* Der Adler, in: ders.: Die antike Tierwelt 2 (Leipzig 1913), S. 1–12; *E. Hoffmann-Krayer:* Art. ‚Adler' in: HdA. I, Sp. 174–189; *L. Brown:* Eagles (London 1955); *G. B. Tennyson:* An eagle can look at the sun, in: American Notes and Queries 3 (1964/65),

S. 41–42; *H.-J. Uther:* Art. ‚Adler‘, in: EM. I,
Sp. 106–111; *E. u. L. Gattiker:* Die Vögel im Volksglauben (Wiesbaden 1989), S. 458–473.

Advocatus diaboli. *Den Advocatus diaboli
spielen:* alles Belastende (wie der Teufel
vor Gottes Thron) als Ankläger vorbringen, alles darlegen, was gegen eine Person
oder Sache spricht.
Urspr. bezieht sich die Wndg. auf das Verfahren der kath. Kirche bei Selig- u. Hei-
ligsprechungen (beatificatio u. canonisa-
tio). Bei dem sorgfältigen u. langwierigen
Verhandlungen der Congregatio rituum
werden die Verdienste des Verstorbenen
geprüft und festgestellt, ob sich seine Verehrung nach seinem Tode lange genug erhalten hatte. Der ‚Promotor fidei‘ hat alle
Hinderungsgründe gegen eine Selig- bzw.
Heiligsprechung vorzutragen, der Volksmund nannte ihn ‚advocatus diaboli‘ (ital.
‚avvocato del diavolo‘).
Der Ausdr. wird heute auch im profanen
Bereich benutzt. So kann jem. von sich sagen, daß er ‚den Advocatus diaboli spielen (machen) wolle‘, wenn es darum geht,
daß sich alle Versammelten ein richtiges
Urteil (z. B. über einen Bewerber, einen
Prüfling) bilden sollen. Vgl. auch frz. ‚se
faire l'avocat du diable‘ (Büchmann).

Affe. *Seinem Affen Zucker geben:* ausgelassen lustig sein, im Rausch lustig sein,
sich in Komik überbieten, seiner Neigung
nachgehen, seiner Eitelkeit frönen. Bei
der Rda. ist zunächst an den Affen in Zoo-
logischen Gärten zu denken, der bes. pos-
sierlich ist, wenn man ihn durch Zucker
erfreut. Hier ist aber zugleich die Vorstellung einbeschlossen, daß ein Mensch, der
sich in bestimmter Weise benimmt, ein
solches Tier in sich trägt. Seit 1719 ist die
Rda. nachweisbar (Zs. f. dt. Wortf. I,
S. 251). 1737 sagt C. F. Henrici alias Picander in seinen ‚Ernst-Scherzhaften und
Satyrischen Gedichten‘ von verliebten
Herren:

Und wenn sie, krumm und tief gebückt,
Ein Mäulchen obenhin erhaschen,
So sind sie durch und durch erquickt,
Und wie ein Äffchen so vergnüget,
Wenn es ein Stückchen Zucker krieget.

Häufiger erscheint diese Rda. im 19. Jh.,
so z. B. bei K. v. Holtei: „Außer diesem

Gesange lagen in der Partitur wenig Mittel, sich geltend zu machen; sie diente Ju-
liens Darstellung mehr zur Folie, während ich nachher im ‚Hanns Jürge‘ meinem Affen Zucker gab" (Vierzig Jahre, VI
[Breslau 1846], S. 24).
Im gleichen Sinne bedient sich ihrer der
ndd. Dichter Fritz Reuter: „Na, der (Kellner) bringt sie (die Flasche Wein), und wir
geben unserm Affen Zucker und werden
fidel wie die Maikäwer um Pfingsten"
(Werke, ed. Seelmann, IV, S. 48).
Dagegen tritt die Rda. bei Theodor Fontane 1898 in verhüllter Form auf. Die Do-
mina Adelheid verwendet sie dort im
Gespräch mit ihrem Bruder: „Ja, Dubs-
lav, was soll das nun alles wieder? Du
gibst da deinem Zeisig mal wieder ein gutes Stück Zucker. Ich sage Zeisig, weil ich
nicht verletzlich werden will". – An einer
anderen Stelle finden wir: „Da habe ich
demissioniert und dem Affen meiner Eitelkeit das Zuckerbrot gegeben" (Fontane, I, 4, S. 342).
Die Rda. ist in Mdaa. und in der Umgangssprache kaum anzutreffen. Lediglich in Hans Meyers ‚Richtigem Berliner‘
ist sie in Dialektform nachgewiesen: ‚Er
hat sein‘ Affen Zucka jeje'm‘ (seiner Eitelkeit die Zügel schießen lassen).
Den Affen loslassen: lustig sein, sich einen
vergnügten Tag machen; junge Rda., die
in einem obersächs. bekannten Gassen-
hauer ihren Niederschlag gefunden hat:

Traugott, laß den Affen los,
Kleene Kinder sind nicht groß,
Große Kinder sind nicht kleen,
Traugott, laß den Affen steh'n!

Einen Affen (sitzen) haben: betrunken
sein, ist spätestens seit Beginn des 19. Jh.
allg. geläufig; die Herleitung ist unsicher.
Man hat versucht, die Rda. auf die angebliche Trunksucht des Affen zurückzuführen; Lutz Mackensen hält eine scherzhafte Verwechslung von tschech. ‚opit se‘
= sich betrinken und ‚opice‘ = Affe für
möglich. Auch ist darauf verwiesen worden, daß in einigen Sprachen, so im Ital.,
Span., Portugiesischen, Engl. und
Tschech. Affe sowohl das Tier als auch
den Rausch bez. R. Riegler hat eine mythologische Deutung versucht, indem er
den Blick auf gewisse krankheitsdämono-
logische Vorstellungen richtete, nach de-

69

nen ein berauschter Mensch von bestimmten Tieren (unter anderem auch von einem Affen) besessen wäre (in: Wörter u. Sachen 6 [1914/15], S. 194 ff.). Wander will eine mhd. Nebenbdtg. von Affe (= Larve, Maske) für diese Rda. verantwortlich machen. Endlich ist auch eine Beziehung der Rda. zu dem Affen (= Tornister) der Soldaten oder auch zu dem Affen, den der Gaukler auf der Schulter trägt, nicht gänzlich auszuschließen. Von Moritz v. Schwind existiert eine Zeichnung aus dem Jahre 1838, die die Unterschrift trägt: ‚einen Affen sitzen haben‘. Sie zeigt einen heimkehrenden Zecher, der nach der Türklinke tastet und dem ein Affe auf der Schulter hockt. Sich betrinken heißt dementspr. *sich einen Affen holen* (oder *kaufen*).

Ich denke, mich laust (kratzt) der Affe! Ich dachte, der Affe soll mich lausen und *Es war, als hätte mich der Affe gelaust:* ich war erschrocken, plötzlich sehr verdutzt. Die Rdaa. sind der Ausdr. hochgradigen

AFFE

1/2 ‚Mich laust der Affe'
3 ‚Affentheater'
4 ‚Affe, was hast du für schöne Jungen!'
5 ‚Einen Affen sitzen haben'
6 ‚Modeaffe'
7 ‚Affentanz'

Erstaunens, unangenehmer Überraschung und höchster Verwunderung. Auch viele mdal. Wndgn. kennen dieses sprachl. Bild; wahrscheinl. sind sie sogar der Ausgangspunkt dafür. Die Übertr. der Rdaa. ins Hd. und ihre Verbreitung wird wohl im 19. Jh. von Berlin ausgegangen sein, wo die Wndgn. ‚Ik denke, der Affe laust mir' und in etw. gebildeterer Form: ‚Ik denke, mir soll der Affe frisieren' bes. häufig und beliebt sind. In Ostpr. heißt es ähnl. ‚Ök docht, mî sult de Åp luse', im Rheinl. dienen die Wndgn. ‚Do messt ich jo vom Affen gelaust sein'; ‚Du bös wal vam Affen gefluht?' und: ‚Du kanns mich ens den Affen fluhe (luse)!' als abschlägige Antworten.

Zur Abweisung eines lästigen Fragers gebraucht man die Rda. *Ich flöhe Affen, willst du den Sack aufhalten?* Ähnl. mdal. im Rheinl. ‚Wat duj dor? – Den Affen floje, on ge sollt de Stert fashale'. Diese Rdaa. und z. B. auch das westf. Sprw. ‚Wat van Apen kümt, will lusen; wat van Katten kümt, will musen' beruhen auf der Beobachtung, daß sich die Affen selbst oder auch gegenseitig eifrig das Fell durchsuchen. Es hat dabei den Anschein, als ob sie Läuse oder Flöhe entdeckten und diese dann voller Genuß verzehrten. In Wirklichkeit suchen sie aber nur nach den kleinen, salzhaltigen Hautschuppen im Fell oder auch in den Haaren eines Menschen, wenn sie Gelegenheit dazu erhalten. Diese bot sich dann, wenn die Gaukler oder Kameltreiber mit ihren Affen im Kreis einer staunenden Menge erschienen, die natürlich nichts von dem eigentl. Grund des ‚Lausens' ahnte. Der Gaukler ließ seinen possierlichen Affen Kunststücke vorführen, Lose verkaufen und mit einem Hut das Geld einsammeln, oder hatte ihn ruhig auf seiner Schulter sitzen. Wenn dann der Affe plötzlich auf den Rücken oder die Schulter eines Zuschauers sprang, um sofort bei ihm nach Läusen, d. h. den Schuppen auf dem Kopf zu suchen, war der Betroffene natürlich sehr erschrocken und peinlich berührt, weil nun alle anderen glauben mußten, daß er Ungeziefer herumtrage, das der Affe sofort entdeckt habe. Die Schadenfreude und der Spott der Umstehenden, die sich an seinem verdutzten Gesichtsausdruck weideten, waren groß und zogen immer mehr Schaulustige an, was der Gaukler ja gerade beabsichtigt hatte. Der rdal. Vergleich aus dem Rheinl. ‚De mischt e Gesicht, als wenn e vom Affen gelaust wure wär' weist deutlich auf diesen Zusammenhang. Kinder hatten das unerfreuliche Erlebnis mit dem Affen oft noch unvermuteter, wenn sie so glücklich waren, auf dem mitgeführten Kamel reiten zu dürfen. Meist saß auf ihm noch ein Affe, den sie nicht gleich bemerkten und der ihnen plötzlich die Haare durchsuchte. Der berl. rdal. Vergleich ‚Er sitzt wie der Affe uf't Kamel', er reitet sehr ungeschickt, deutet darauf hin, daß es tatsächlich üblich war, Affen auf dem Kopf des Kamels oder an dessen Hals geklammert reiten zu lassen.

Einen alten Affen (etw.) lehren: etw. Vergebliches tun. So sagt man an der Nahe: ‚Der will ach alde Affe lerne Gesichter schneide', er versucht etw. Aussichtsloses; im gleichen Sinne in der Eifel: ‚Dau

moss ken alen Aff lehren Konsten (Künste) machen'. Die Rda. ist schon recht alt, denn Thomas Murner gebraucht sie in seiner ‚Narrenbeschwörung' (58):

Ich lehr' vil eh'r einen Affen geygen,
denn eine böse Zunge schweigen.

Vgl. frz. ‚On n'apprend pas aux vieux singes à faire la grimace' (wörtl.: Den alten Affen macht man keine Grimassen vor) i. S. v.: Von der Jugend läßt man sich nicht belehren.

Schon früh wurde der Affe wegen seines Nachahmungstalents zum Sinnbild der Nachahmungssucht. Albertus Magnus wurde von seinen Gegnern ‚Affe des Aristoteles' genannt. Entspr. heißt es umgekehrt *Ich bin doch nicht dein Affe:* ich lasse mir von dir nichts vormachen, ich tanze nicht nach deiner Pfeife.

Thomas Murner kannte noch viele solcher Rdaa., die heute nicht mehr gebräuchl. sind und für die sich auch keine späteren lit. Zeugnisse beibringen lassen. Es muß deshalb vermutet werden, daß es sich hierbei um individuelle Prägungen Murners handelt, die in den allg. Sprachgebrauch nicht eingedrungen sind. In seiner ‚Narrenbeschwörung' finden wir: *Affen scheren, den Affen im Garn finden, es einem Affen an den Hintern schreiben;* etw. auf eine schmutzige Weise veröffentlichen, *den Affen in Purpur kleiden.* Anstelle der Rda. ↗‚Maulaffen feilhalten' erscheint gelegentlich auch die verkürzte Form *Affen feil haben,* so z. B. bei Andreas Gryphius.

Einen Affen gefressen haben: ‚einen ↗ Narren gefressen haben'. *Du bist wohl vom (wilden, giftigen* oder *blauen) Affen gebissen?:* du bist wohl toll, nicht bei Trost. Bei der in neuerer Zeit aufgekommenen Rda., die wahrscheinl. von Berlin ausging, wird auf den Biß eines tollwütigen Tieres angespielt.

An das behende Umherspringen des Affen denkt man, wenn man von *affenartiger Geschwindigkeit* spricht oder von *einen Affenzahn draufhaben.* Mit anderen Worten findet sich der Ausdr. in der Ev. Kirchenzeitung vom 22. April 1848: „Während der Engländer auch in der Auflösung Maß und Gesetz kennt, erfreut sich der Franzose mit äffischer Beweglichkeit und prinziploser Hast an dem Umsturz als sol-

chem". Auch Gesner schreibt in seinem ‚Tierbuch' (S. 8): „Von der Geschwindigkeit deß Affens ist ein Sprichwort erwachsen, damit man anzeigen will, wenn einer seiner Sach und Kunst stäts nachgehet, so spricht man, er ist so hurtig wie ein Aff".
Als ein Teufelstier par excellence, geradezu als ‚figura diaboli', galt der Affe dem MA. Wenn Mechthild von Magdeburg im 13. Jh. von einer Verstorbenen sagt, sie habe den „Affen der Welt" von sich geworfen, dann meint sie die weltliche Eitelkeit, Sündhaftigkeit und Teufelsverfallenheit.
Seit dem ‚Physiologus', dem Basis-Kompendium einer christlichem Zoologie, hat der Affe etw. mit dem Sündenfall zu tun, z. B. bei der Darstellung von Adams Benennung der Tiere; da sitzt unmittelbar vor ihm ein Affe, vom Apfel frißt, was den Sündenfall vorwegnimmt. Die Situation des apfelfressenden Affen ist also nicht primär humoristisch. Es gibt auch eine misogyne Verbindung zwischen Affe und Eva. Das MA. brachte den Affen meist in Verbindung mit weiblichen Eigenschaften: Nachäffen, häufiger simia als simius.
Der Affe steht auch in Verbindung mit der Sünde der Superbia, dem Verlangen zu sein wie Gott.
Die ‚similitudo hominis', die Menschenähnlichkeit des Affen hat schon die ma. Wissenschaft beschäftigt. Wegen seiner scheinbar menschlichen Eigenschaften galt der Affe auch als extrem häßlich, als ‚turpissima bestia', weil er ‚quam similis nobis' war.
Vielfältig sind auch die Wortverbindungen mit Affe. Luther verwendet die nicht mehr gebräuchl. Rda. *jem. auf einen Affenschwanz führen:* ihn irreführen: „Und er (Christus) habe seine liebe braut, die christenheit auf einen affenschwanz geföret als ein teuscher oder blastücker".
Etw. ist eine Affenschande: eine große (wahre) Schande; soll auf ndd. ‚Apenschanne' zurückgehen, das seinerseits aus ‚apenbare Schanne' verkürzt ist. Jedoch ist diese Deutung nicht zweifelsfrei gesichert.
Zu jem. eine Affenliebe haben (hegen): seine übertriebene, blinde Liebe auf jem. richten, bes. die maßlose Liebe der Eltern zu ihren Kindern wird damit bez. Wahrscheinl. stützt sich diese Rda. auf die Beobachtung des bes. innigen Beisammenseins der Affenmutter mit ihren Jungen.

‚Der Närrisch aff gedenckt geschwind/Er hab auff Erd das schönste Kind' - ‚Affenliebe'

‚Ape, wat hest du moje Jungen' (Ostfries.) und ‚Ap, wat hest du wackere Kinner' (Oldenb.): Ausdr. des Spottes, wenn Eltern voller Affenliebe ihre Kinder für die schönsten und begabtesten halten. Gleiche Bdtg. haben die Feststellungen: ‚Der Affe kennt nichts Schöneres als seine Jungen und der Narr nichts Klügeres als seine Taten'; ‚Kein Affe, er schwört, er, habe die schönsten Kinder', die vermutl. auf der Aesopischen Fabel ‚Von dem Affen und seinem Kinde' beruhen. Dort wird der Affe verspottet, weil er von Jupiter fordert, seine überaus häßlichen Kinder als die schönsten anzuerkennen. Aesop berichtet, die Affenmutter halte ihr häßlichstes Kind für das schönste. Wird sie gejagt, so preßt sie das ihr liebere Kind an sich und läßt es dann fallen; das vernachlässigte, das sich an sie klammert, wird gerettet. Diese Geschichte hat bes. weite Verbreitung erlangt.
Die drei Affen ↗sehen (‚Nichts sehen, nichts sagen, nichts hören').
Mit Affenmünze bezahlen: nicht bezahlen; vgl. frz. ‚payer en monnaie de singes'.
Ein Affentheater aufführen: ein unnatürliches übertriebenes Gebaren zeigen.
Etw. ist ein (wahrer) Affentanz: es ist ein tolles Treiben; der Freude wird unge-

hemmt Ausdruck gegeben. Die Rda. steht vermutl. mit den possierlichen Sprüngen der Affen auf den Leierkästen in Zusammenhang, die mitgeführt wurden, um die Leute anzulocken. Im MA. hatte das Wort ‚Affentanz‘ allerdings einen anderen Sinn; es bezeichnete vor allem die Eitelkeit und Torheit der Welt. Schon im 13. Jh. gebraucht Hugo von Trimberg in seinem ‚Renner‘ die Begriffe geradezu synonym:

> Was ist werltlicher eren glanz
> denne toren froude und affentanz?

(Hammerstein, S. 79).

Hier herrscht eine Affenhitze: eine sehr große Hitze; das Wort ‚Affen-‘ hat hier eine steigernde oder auch wertmindernde Bdtg. Der Ausdr. ist Ende des vorigen Jh. in Berlin nachgewiesen, heute aber gesamtdt. vertreten. Er ist in dieser Wortverknüpfung vielleicht aus *Hitze wie im Affenstall* verkürzt.

Ein Modeaffe sein: sich stets nach der neuesten Mode richten, auf seine Kleidung übertriebenen Wert legen.

‚Affengeil‘ ist ein Modewort der Jugendsprache und bedeutet ‚sehr gut‘. Es geht auf mhd. ‚geil‘ = froh zurück und hat in der alternativen Sprache jeden Bezug zur Sexualität verloren.

Lit.: *O. Keller:* Der Affe, in: ders.: Der antike Tierwelt 1 (Leipzig 1909), S. 3–10; *E. Kuhl:* Shakespeare's ‚Lead Apes in Hell', in: Studies in Philology (Univ. of North Carolina, Chapel Hill) 22 (1925), S. 453ff.; *A. Verwaetermeulen:* In den aap gelogeerd zijn, in: Biekorf 39 (1933), S. 16–17; *B. J. Whiting:* Old maids lead apes in hell, in: Englische Studien 70 (1936), S. 377–381; *H. Morgenthaler:* Die Gesellschaft zum Affen in Bern (Bern 1937); *W. C. McDermott:* The Ape in Antiquity (1938); *H. W. Janson:* Apes and Ape Lore in the Middle Ages and the Renaissance, in: Journal of the Warburg and Courtauld Institute 20 (London 1952); *G. B. Needham:* New Light on, Maids Leading Apes in Hell, in: Journal of American Folklore 75 (1962), S. 106–119; *J. Vandier d'Abbadie:* Les singes familiers dans l'ancienne Egypte, in: Revue d'Egyptologie 16 (1964), 17 (1965), 18 (1966); *J. A. W. Bennett:* An ape, is an ape, be she clothed in purpure, in: American Notes and Queries 211 (1966), S. 254; *R. Hammerstein:* Diabolus in Musica (Bern–München 1974), bes. S. 75–80; *R. u. S. Schenda:* Art. ‚Affe‘, in: EM. I, Sp. 137–146; *M. Bowden:* Ape-men: fact or fallacy? (Bromley 1977); *G. Göbel u. D. Hüppner:* Der Affe in Erzählungen der Völker, in: Hess. Bl. f. Volks- u. Kulturforschung 18 (1985), S. 77–92; *Th. Zaunschirm:* Affe und Papagei – Mimesis und Sprache in der Kunst, in: Kunsthistoriker. Mitteilungen d. Österr. Kunsthistorikerverbandes, Jg. 1 (1984), Nr. 4, Jg. 2 (1985), Nr. 1, S. 14ff. *J. Leibbrand:* Speculum Bestialitatis. Die Tiergestalten der Fastnacht und des Karnevals im Kontext christlicher Allegorese (= Kulturgesch. Forschungen 11), (Diss. Freiburg 1986, München 1989), S. 90ff.

Ägypten. Die Rda. von der *ägyptischen Finsternis* bezieht sich auf 2. Mos. 10,22 („Da war eine dicke Finsternis in ganz Ägyptenland drei Tage"). Modern umg. spricht man auch davon, wenn z.B. der elektrische Strom vorübergehend aussetzt.
Sich nach den Fleischtöpfen Ägyptens (zurück-)sehnen ↗ Fleischtopf.

Lit.: *E. Brunner-Traut, O. Spies, N. Salem:* Art. ‚Ägypten‘, in: EM. I, Sp. 175–227.

Ahnung ↗ blaß.

Akazie. *Wie stehn die Akazien?:* Wie geht es? (↗ Aktie).
Es ist, um auf die Akazien zu klettern oder *zum Auf-die-Akazien-Klettern:* es ist zum Verzweifeln, nicht auszuhalten. Die Rda. ist nach dem 1. Weltkrieg aufgekommen als Verstärkung der Wndg. ‚auf die ↗ Palme klettern‘, weil durch die Dornen das Erklettern der Akazie weit qualvoller ist.

Akten ↗ Acta.

Aktie. *Seine Aktien steigen* (oder *fallen*): das Unternehmen, an dem er beteiligt ist, wirft größeren (oder geringeren) Gewinn ab, übertr. die Aussichten auf den Erfolg seiner Bestrebungen und Hoffnungen mehren (oder mindern) sich. Die Rda. ist gegen Ende des 18. Jh. aus dem Börsenleben übernommen worden. Sie findet sich z.B. in Ifflands Drama ‚Der Spieler‘ von 1798 (III, 6): „Wie es scheint, sind die Actien gefallen. – Ha ha ha! der Seelenschmerz ist außer Cours gekommen!" Freiligrath schreibt am 18.4.1835 in einem Brief an H. Jerrentrup: „Während meine dichterischen Aktien von Tag zu Tag steigen, ist mein spießbürgerlicher Stern in cadente domo", d.h. im Niedergang (Werke, hg. v. Schwering, Bd. 6, S. 32).
Häufig begegnet die Rda. in Frageform: *Wie stehn die Aktien?* (auch verdreht zu: ‚Wie stehn die Akazien?‘): Wie geht es? Die Wndg. hat auch Eingang in die Mdaa.

gefunden, etwa rhein. ‚Wie stont die Aktien?', wie geht es? und ‚Stohn die Aktien esu?', steht die Sache so?

Alarm. *Alarm schlagen:* eine Warnung ausgeben, die Öffentlichkeit informieren, auch: sich aufregen über eine mißglückte Sache.
Falschen Alarm geben: zur Vorsicht warnen, obwohl es gar nicht nötig wäre; vgl. engl. ‚a false alarm'.

Lit.: *A. Taylor:* A false alarm, in: Western Folklore 22 (1963), S. 271.

Alibi. *Ein (einwandfreies) Alibi besitzen:* als Verdächtiger einen (nachprüfbaren) Nachweis (für die Polizei) erbringen können, sich zum Zeitpunkt einer Straftat (Einbruch, Überfall, Mord) an einem anderen (entfernten) Ort befunden zu haben u. damit für das Verbrechen als Täter ausgeschlossen zu sein.
Das substantivierte Adverb (lat. ‚alibi': anderswo, anderwärts) ist im Dt. seit der 2. Hälfte des 18. Jh. üblich u. wahrscheinl. über das gleichbedeutende frz. ‚alibi' eingedrungen.
Sich ein sicheres Alibi verschaffen: sich vorsorglich absichern, um sich vor einem evtl. Verdacht reinigen zu können, aber auch: trotz Verwicklung oder Schuld die Ermittler in die Irre führen, von sich selbst abzulenken versuchen.
Kein Alibi haben: keinen Nachweis (Zeugen) der Abwesenheit vom Tatort erbringen können.
Auf eine fragwürdige (kriminelle) Angelegenheit bezogen spricht man auch in übertr. Bdtg. von einer ‚Alibi-Funktion', wenn dadurch eine Entlastung erfolgt, von einem Strafverfahren abgesehen wird.

Alles. *Alles frisch!* Durch einen Reklamegag der Backwarenindustrie, die mit einem Aufkleber ‚Alles frisch!' auf sich und ihre Produkte aufmerksam machte, ist eine ganze Flut parodierender Aufkleber und Sprüche entstanden. So etwa: ‚Alles in Butter', ‚Alles Beschiß', ‚Alles (nur) Schau'.
Alles auf einmal haben wollen heißt engl. ‚to have the egg and also the halfpenny that you buy it with'.

Lit.: *Crescent:* The Egg and the Halfpenny, in: American Notes and Queries 5, 1 (1874), S. 57; *K. Daniels:* Alles frisch?. in: Der Sprachdienst 26 (1982), S. 36 bis 41.

Alp. Verschiedene Rdaa. vom Alp zeugen von dem alten Volksglauben an gefährliche Druckgeister: *einen Alptraum haben; Alpdrücken haben; es lag mir wie ein Alp auf der Brust; mir fiel ein Alp vom Herzen.*

‚Alpträume haben'

Der vom Alptraum befallene Schläfer hat die Vorstellung, daß ein dämonisches Wesen tierischer oder menschlicher Gestalt seine Brust preßt, so daß er kaum Atem zu holen vermag. Aus diesem Zustand hochgradiger Angst befreit ihn eine energische Abwehrbewegung, ein Aufschrei oder dgl. Der Schläfer erwacht aufgeregt, in Schweiß gebadet, tief Atem holend, der Alp ist von der Brust gewichen.
Die aus dem Alptraumerlebnis entwickelte Sage vom Alp gehört zu den ältesten und verbreitetsten mythischen Vorstellungen der Menschheit. In Dtl. gibt es für den Druckgeist verschiedene Bez.: ndd. ‚Mahr', obd. ‚Schrättel' und mdt. ‚Alb'; dieses in die Schriftsprache aufgenommene Wort ist identisch mit Alb, Alf (vgl. die aus dem Engl. übernommenen ‚Elfen'). Schon in der mhd. Lit. begegnen rdal. Zeugnisse für das Alpdrücken, z.B. „mich drucket heint der alp so hart, dasz mir aus gieng der oten", und: „dô kom si rehte als ein alp ûf mich geslichen" (Lexer I, 39).

Lit.: *F. Ranke:* Art. ‚Alp', in: HdA. I, Sp. 281; *W. E. Peuckert:* Art. ‚Alb', in: Handwb. der Sage (Göttingen 1961–62), Sp. 186–250; *G. Lixfeld:* Der Alp. Analyse eines Sagentyps (masch. Mag.-Arbeit) (Freiburg i. Br. 1979).

Alraune. Die mit Alraune gebildeten Rdaa. stehen in Beziehung zum Volksglauben. Die Alraune (Mandragora) ist eine Wurzel von menschenähnlicher Gestalt, die zu zauberischen Zwecken verwendet wurde. Der Mandragora-Glaube ist orientalischen Ursprungs und auf verschiedenen Wegen, bes. durch die gelehrtmagische Lit., nach Mitteleuropa gelangt. Im Ahd. gab man der Zauberwurzel einen altheimischen Namen (ahd. Glossen setzen alrûna für lat. mandragora).

Schon im klassischen Altertum wurde das Nachtschattengewächs Mandragora zum Liebeszauber und als Betäubungsmittel benutzt. Die schlafbringende Wirkung der Pflanze spiegelt sich auch in den Rdaa. Von einem trägen und schläfrigen Menschen sagt man *Er hat Alraun gegessen;* vgl. lat. ‚bibere mandragoram' (Sprichwörtersammlung des Erasmus von Rotterdam, 684); vgl. *einen Alraun im Leib haben* (KHM. 183).

Offenbar iron. gemeint ist der aus Nordthür. bezeugte sprw. Vergleich *munter wie ein Alräunchen.* Die Menschenähnlichkeit der Wurzelform hat schon früh zu Vergleichen geführt; der Meistersinger Michael Beheim sagt z. B.: „Eitze schaust grad aus wei d' Olrau".

Im Volksglauben gilt die Alraun-Wurzel als Glück und Reichtum bringend. Von einem, der schnell reich geworden ist, sagte man in der Gegend von Dortmund: ‚De hat 'n Alraun'. In Wien vermutet man von einem, der Glück im Spiel hat: ‚Der muß a Oraunl im Sack haben'. In Nordhausen/Harz heißt es: ‚He leift wie en Alrinechen' (er kennt alle Geheimnisse). Goethe läßt im ‚Faust' II den Mephisto sprechen:

Da stehen sie umher und staunen,
Vertrauen nicht dem hohen Fund,
Der eine faselt von Alraunen,
Der andre von dem schwarzen Hund.

Lit.: *A. T. Stark:* Der Alraun. Ein Beitrag zur Pflanzensagenkunde (Baltimore 1917); *H. Marzell:* Art. ‚Alraun', in: HdA. I, Sp. 312–324; *W. E. Peuckert:* Art. ‚Alraune', in: Handwb. der Sage, 2. Lieferung (Göttingen 1962), Sp. 403–422.

‚Alraune'

alt. *Alt wie Methusalem:* sehr alt; so alt, daß man es gar nicht mehr ausrechnen kann. Der rdal. Vergleich bezieht sich auf 1. Mos. 5,25–27 („Methusala war hundertsiebenundachtzig Jahre alt und zeugte Lamech; und lebte darnach siebenhundertzweiundachtzig Jahre und zeugte Söhne und Töchter; daß sein ganzes Alter ward neunhundertneunundsechzig Jahre"); vgl. frz. ‚vieux comme Methusalem'; engl. ‚as old as Methusalah'; ndl. ‚zo oud as Methusalem'. Der Begriff wurde durch Bernhard Shaws Werk ‚Back to Methusalah' (1921), dt. Übers. von Siegfried Trebitsch ‚Zurück zu Methusalem' (1923) im internationalen Sprachgebrauch wieder geläufiger (Büchmann).

So alt wie der Böhmerwald (Bremer, Harzer, Duisburger, Thüringer, Westerwald); auch mdal., z. B. ‚Hei is sau aalt, as de Düringer Wahld'. Der rdal. Vergleich stammt deutlich aus der Wechselbalgsage. Der Wechselbalg wird durch irgendeine merkwürdige Hantierung seiner Pflegemutter, z. B. durch das Brauen von Bier in Eierschalen, zum Sprechen veranlaßt. Dadurch, daß er als Wickelkind schon sprechen kann, sowie durch das Eingeständnis seines hohen Alters zeigt er, daß er nicht zu den Menschen, sondern zur dämonischen Welt gehört. Im Mittelpunkt der Sagen steht häufig ein solcher Altersvers, z. B.

I, so bin ik doch su alt
Wie der gruße Harzerwald,
Su was heb' ik net gesahn
In mein lange, lange La'm (Leben),

oder:

Su bin ik doch sau oolt,
Wie de Böhmerwoold,
Dreimal ehacket un dreimal ekohlt
(dreimal abgehackt und dreimal verbrannt).

Nachdem der Wechselbalg sich so verraten hat, muß er zu den Seinen zurückkehren, die dafür das gestohlene Kind wiederbringen. Der Spruch hat oft die Sage selbst an Lebenskraft überdauert und ist als Rda. (mit starken lokalen Abweichungen) noch ganz geläufig.

Alt und grau werden stammt aus 1. Sam. 12,2: „Ich aber bin alt und grau geworden".

Alter Schwede ↗ Schwede.

‚Der Ältere teilt, der Jüngere wählt'

‚Der Ältere teilt, der Jüngere wählt (kiest)', ist ein Rechtsgrundsatz, der auf 1. Mos. 13,5–11 zurückgeht und durch die Schriften des Augustinus (bes. „De civitate Dei' 1, XVI c.20) verbreitet wurde. Der älteste dt. Beleg ist der Bericht Nithards über die Teilung des Fränk. Reiches zwischen Lothar und Karl dem Kahlen unter Kaiser Ludwig d. Deutschen.
Die sprw. Regel ist auch dem Sachsenspiegelrecht bekannt und dort bildl. dargestellt worden.

Die Wndg.: *alt aussehen:* etw. vergeblich tun, Mißerfolg haben, ist in der heutigen Jugendsprache geläufig.

Die ganz jung erscheinende Wndg. *Alter Mann ist doch kein D-Zug* taucht bereits vor dem 1. Weltkrieg in einem Soldatenlied auf:

Die Aufsicht hat der Leutnant,
Die Ruhe haben wir.
Ein alter Mann ist kein D-Zug,
Er ist nur Passagier.

Nicht alt werden bei jem.: kein alter Mann werden, nicht lange aushalten bei jem., findet sich schon im Vincentius Ladislaus, wo es (I, 5) der Diener von seiner Dienstdauer dem Herrn gegenüber gebraucht, bei dem er nicht alt werden will; vgl. frz. ‚Ne pas faire de vieux os chez quelqu'un' (wörtl.: ‚Bei jem. werden einem die Knochen nicht alt'). Dann erscheint die Rda. allg. i. S. v. nicht aushalten.

Wer sich früh zu Bett legen will, pflegt wohl zu sagen: ‚heute werde ich nicht alt'.

Alles beim alten lassen: jede Veränderung vermeiden, wird oft als beruhigende Feststellung ‚Es bleibt also alles beim alten' gebraucht. Den Wunsch, daß alles beim alten bleiben solle, läßt Goethe im ‚Faust' I, in der Szene vor dem Tor einen Bürger aussprechen:

Herr Nachbar, ja! so laß ich's auch
   geschehn:
Sie mögen sich die Köpfe spalten,
Mag alles durch einander gehn;
Doch nur zu Hause bleib's beim alten.

Im Gegensatz dazu steht die Rda. *am Alten rütteln.*

Auf seine alten Tage ↗ Tag.

‚Wie die Alten sungen, so zwitschern auch die Jungen': die Kinder richten sich nach ihren Eltern, sie übernehmen alte Gewohnheiten. Die Wndg. ist durch das Lied vom Sperling: ‚Unterm Dach, juchhe ...' bis heute allg. verbreitet geblieben.

Für den Alten Fritzen arbeiten ↗ Preußen.

Lit.: *G. Beyeri:* Dissertatio de proverbio juridico: Major dividit et Minor eligit (Der ältere theilt, der jüngere kieset) (Vitebergae 1712); *H. v. Voltelini:* Der Ältere teilt, der Jüngere wählt, in: Zs. der Savigny-Stiftung für Rechtsgeschichte (Germanist. Abt.) 36 (1915), S. 478; *G. Kahlo:* Die Verse in den Sagen und Märchen (Berlin 1919), S. 102 ff.; *L. Röhrich:* Sprw. Rdaa. aus Volkserzählungen, S. 262; *J. Koepp:* Das Volkslied in der Volksgemeinschaft, in: A. Spamer: Die dt. Volkskunde, 2 Bde. (Berlin 1934), I, S. 306; *R. Schenda:* Art. ‚Alte Leute', in: EM. I, Sp. 373–380; *ders.:* Das Elend der Alten Leute (Düsseldorf 1972);

ders.: Häßliche Alte – lüsterne Greise? Bilder der Dritten Generation in Märchen, Sagen, Sprichwörtern, in R. Boeckler u. K. Dirschauer (Hg.): Emanzipiertes Alter, Bd. I (Göttingen 1990), S. 149–161; *R. Wildhaber:* Der Altersvers des Wechselbalges und die übrigen Altersverse (= FFC 235) (Helsinki 1985).

Altenhausen. *Von Altenhausen sein:* zu den Alten gehören, Wortspiel mit dem Ortsnamen Altenhausen bei Neuhaldensleben. In einem Schwank von Hans Sachs (,Die Hausmägde im Pflug') sagt eine alte Jungfer:

... bey meinen Tagen
Hab ich der Heyrat viel verschlagen.
Die mich wolten, die wolt ich nit.
Also mir jetzunt auch geschieht.
Des bin ich schier von Altenhausen.

Altes Haus ⟋ Haus.

Altenteil. *Sich auf sein Altenteil zurückziehen (setzen):* wird von dem Vater oder von den Eltern gesagt, die sich im Alter von der Arbeit und Leitung der Hauswirtschaft zurückziehen und sich zur Ruhe setzen. Unter Altenteil versteht man die Leistungen, die zur Versorgung der ,Altenteiler' (oder ,Altsitzer', ,Auszügler') bei der Übergabe des Besitzes an ihre Kinder festgesetzt werden. In übertr. Sinn bedeutet die Rda.: sich von seinen Ämtern, von der öffentl. Tätigkeit zurückziehen, aus dem Berufsleben ausscheiden.

Jem. aufs Altenteil abschieben: jem. von seinem langjährigen Arbeitsplatz verdrängen wollen, den er noch weiterhin gut ausfüllen kann.

Lit.: *J. Grimm:* Rechtsaltertümer I, S. 674ff.

Alter. *Zunehmen an Alter und Weisheit,* Rda. nach Luk. 2,52 in Luthers Verdeutschung. *In einem biblischen Alter sein:* sehr alt sein; beruht auf den hohen Altersangaben der Erzväter im A.T.
In das gefährliche Alter kommen: in eine Lebensphase, in der der Mensch zu Unüberlegtheiten neigt.

Altweibermühle. ⟋ Weibermühle.

Altweibersommer. *Einen (schönen) Altweibersommer haben:* schöne, warme, sonnige Herbsttage haben. Urspr. benannte man so die im Herbst umherfliegenden Spinngewebe (schriftsprachl. seit Ade-

lung 1801); diese herbstlichen Sommerfäden werden von dem Volksglauben als ein Gespinst von Elfen, Zwergen oder von Maria selbst angesehen; daher werden sie auch ,Mariengarn', ,Marienseide' genannt und als Überbleibsel vom Rocken der gen Himmel aufsteigenden Maria angesehen. Die Jahreszeit selbst wird auch ,Witwensömmerli' (schweiz.), ,Frauen-, Gallen-, Metten- oder auch nur Weibersommer' genannt; vgl. engl. ,Indian Summer'.

Lit.: *A. Lehmann:* Altweiber-Sommer (Diss. Berlin 1911); *L. Mackensen:* Art. ,Altweibersommer' in: HdA. I. Sp. 352–357; *K. Vilkuna:* Der Altweibersommer, in: *ders.*: Finnisches Brauchtum im Jahreslauf (= FFC 206) (Helsinki 1969), S. 242–244.

Amen. *Das ist (kommt) so sicher (so wahr) wie das Amen in der Kirche (in der Bibel):* das ist ganz sicher, das wird gewiß eintreffen, daran ist kein Zweifel. Gerlingius verzeichnet 1649 (unter Nr. 105): "Folium Sibyllae. ,Tis so waar alse Aamen". *Ja und amen zu etw. sagen; sein Ja und Amen zu etw. geben:* einverstanden sein, ausdrücklich zustimmen; auch mdal., z.B. meckl. ,Nu segg man Amen!' (gib deine Zustimmung). Die Rda. bezieht sich auf Bibelstellen, wie etwa 5. Mos. 27, 15–26; Matth. 5, 37; 2. Kor. 1, 20; Offenb. 22, 20.
Zum Amen in die Kirche kommen: in letzter Minute (auch: zu spät) kommen.
Es ist aus und amen: es hat definitiv ein Ende; das Leben ist zu Ende.

Lit.: *F. Pfister:* Art. ,Amen' in: HdA. I, Sp. 364–366; *W. Jannasch:* Art. ,Amen' in: RGG. I, (³1957) Sp. 308–309.

Amerika. Amerika wird rdal. als ⟋ ,Neue Welt', als Land der Freiheit und der ,unbegrenzten Möglichkeiten' bez. Goethe schrieb in den ,Zahmen Xenien' ein ,Gastgeschenk', den ,Vereinigten Staaten' gewidmet:

Amerika, du hast es besser
als unser Kontinent, der alte,
hast keine verfallenen Schlösser
und keine Basalte.
Dich stört nicht im Innern
zu lebendiger Zeit
unnützes Erinnern
und vergeblicher Streit.

In Heinrich Heines Romanzero ,Jetzt wohin?' wird auf die Auswanderer-Welle des 19. Jh. angespielt:

Manchmal kommt mir in den Sinn,
nach Amerika zu segeln,
nach dem großen Freiheitsstall,
der bewohnt von Gleichheitsflegeln.

Da zunächst jeder, der wollte, im Land der unbegrenzten Möglichkeiten sein Glück machen und reich werden konnte, gaben sich die ‚Daheimgebliebenen' oft den kuriosesten Vorstellungen über ihre Verwandten in Amerika hin: man glaubte sie unermeßlich reich. Der ‚Onkel aus Amerika' ist sprw. für einen reichen Verwandten geworden.

Ein ndd. Spruch verdeutlicht, warum so viele Deutsche nach Amerika ausgewandert sind: ‚Der hier sien Broot hett, he bruukt nich na Amerika um Botter to reisen'.

Lit.: *P. Assion* (Hg.): Der große Aufbruch. Studien zur Amerikaauswanderung (Hess. Bl. f. Volks- u. Kulturforschung 17) (Marburg 1985); *ders.:* Von Hessen in die Neue Welt. Eine Sozial- und Kulturgeschichte der hess. Amerikaauswanderung (Frankfurt/M. 1987); *Th. Gish* and *R. Spuler* (eds.): Eagle in the New World. German Immigration to Texas and America (Houston [Tex.] 1986); *P. Boerner:* Amerikabilder der europ. Lit.: Wunschprojektion und Kritik, in: Amerikastudien 23 (o.J.), S. 40–50.

Amok. *Amok laufen:* in blinder Wut umherlaufen (und töten). Der Ausdr. kommt von malaiisch ‚amuk, amok': Wut. Auf den malaiischen Inseln wurde bei Eingeborenen eine Art wütende Geistesgestörtheit beobachtet, die mit einem Mordtrieb einhergeht: der Amokläufer sticht im Laufen wahllos Menschen nieder, bis er selbst zusammenbricht.

In der Psychologie wird das Amoklaufen auch als Sonderform des Selbstmords angesehen. Eine aufgestaute Aggressivität entlädt sich nach außen.

Der Ausdr. kam vom engl. ‚to run amuck' ins Dt.

Lit.: *Trekane:* To run amuck, in: American Notes and Queries 3,8 (1865), S. 89; *A. F. Robbins:* Running amuck, in: American Notes and Queries 9, 2 (1898), S. 406; *G. M. Fenn:* Running amuck (London 1901); *Emeritus:* Running amuck, in: American Notes and Queries 9, 10 (1902), S. 307.

Amt. *In Amt und Würden sein:* eine berufliche Stellung einnehmen, ein Amt, eine Pfarrstelle innehaben.

Ähnl. Verbindungen ohne End- und Stab-

reim sind die folgenden Zwillingsformeln mit Dingwörtern: Ach und Weh (vgl. Goethes ‚Heideröslein': „half ihm doch kein Weh und Ach") – in Acht und Bann – Art und (Berliner) Weise – über Berg und Tal – Bomben und Granaten – Brief und Siegel – Dichten und Trachten – in Fleisch und Blut – mit Feuer und Schwert – mit Fug und Recht – in Grund und Boden – Hals und Bein (brechen) – über Hals und Kopf – mit Hand und Mund – Hand und Fuß (haben) – mit Hängen und Würgen – Haut und Knochen – auf Heller und Pfennig – Hopfen und Malz – Hunger und Durst – Jahr und Tag – in Ketten und Banden – Kraut und Rüben – über Land und Meer – Leben und Treiben – mit Leib und Seele – durch Mark und Bein (scherzhaft durch Mark und Pfennig) – ohne Maß und Ziel – Mittel und Wege – Mord und Totschlag – Mühe und Arbeit – mit Mühe und Not (vgl. Goethes ‚Erlkönig': „erreicht den Hof mit Müh und Not") – zu Nutz und Frommen – an Ort und Stelle – Pflicht und Schuldigkeit – in Reih und Glied – in Ruh und Frieden – in Sack und Asche – hinter Schloß und Riegel – ohne Sinn und Verstand – mit Spießen und Stangen – Spott und Hohn – Stadt und Land – Sünde und Schande – Tag und Nacht – Tisch und Bett (früher: bank und bette) – auf Tod und Leben – auf Treu und Glauben – zu Wasser und zu Lande – mit Rat und Tat – Zeit und Stunde. Zwillingsformeln mit Eigenschafts- und Umstandswörtern sind: alt und jung – angst und bange – früh und spät – hier und dort – hin und wieder – hoch und teuer – krumm und lahm – kurz und bündig – kurz und gut – über kurz oder lang – lang und breit – lieb und wert – nackt und bloß – recht und billig – steif und fest – voll und ganz – wohl oder übel. Auch aus Verbindungen von Tätigkeitswörtern entstehen Zwillingsformeln wie: drehen und wenden – dichten und trachten – grünen und blühen – hören und sehen – hungern und dürsten – kehren und wenden (alter Ausdr. bei Grenzbestimmungen) – kommen und gehen – lachen und weinen – leben und sterben – säen und ernten – sein und bleiben – sengen und brennen – stehen und liegen lassen – suchen und finden – tun und lassen – wagen und gewinnen – zittern und zagen.

79

Erstunken und erlogen – nicht gehauen und gestochen – gestiefelt und gespornt – verbrieft und besiegelt – verraten und verkauft – verriegelt und verschlossen.
Lit.: ↗ ach.

Amtsmiene. *Eine Amtsmiene aufsetzen:* sich wichtig tun, ernst und würdevoll dreinschauen, um andere einzuschüchtern.

Amtsschimmel. *Den Amtsschimmel reiten:* sich bürokratisch verhalten; *der Amtsschimmel wiehert (trabt, braucht wieder Futter):* es herrscht die Verwaltungsbürokratie. Der Amtsschimmel hat vermutlich

‚Den Amtsschimmel wiehern lassen'

nichts mit dem Schimmelpilz auf alten vergilbten Amtsakten zu tun, sondern geht wohl tatsächlich auf die früheren berittenen Amtsboten zurück. Eine andere Erklärung will darin das ‚simile', den vorgedruckten Musterentscheid der oesterr. Kanzleien sehen, nach denen der ‚Simile-reiter' jeden neuen Fall erledigt.
Lit.: *A. J. Storfer:* Wörter und ihre Schicksale (1935), S. 312f.

anbeißen. *Zum Anbeißen aussehen:* sehr schön und frisch aussehen; vgl. frz. ‚Belle à croquer', wird nur von einem hübschen Mädchen gesagt.

Nicht anbeißen wollen: nicht darauf eingehen; *angebissen haben:* ein Ansinnen freudig aufgreifen. Die Rdaa. beziehen sich auf den Fang von Fischen und anderen Tieren durch Köder und Lockspeisen, die sie entweder unberührt lassen oder gierig verschlingen; vgl. frz. ‚mordre à l'hameçon', i. S. v. ‚hereinfallen'.
Lit.: *L. Röhrich* u. *G. Meinel:* Redensarten aus dem Bereich der Jagd und der Vogelstellerei, S. 313–323.

Andacht. *Aufgehen in der Andacht zum Unbedeutenden:* sich in völlig unwichtigen Kleinigkeiten verlieren, ihnen die größte Aufmerksamkeit widmen.
Das Schlagwort von der ‚Andacht zum Unbedeutenden' wurde von Sulpiz Boisserée, die ‚Deutschen Wälder' der Gebrüder Grimm betreffend, geprägt. Boisserée schreibt an Goethe am 27. Oktober 1815 über A. W. Schlegels Rezension der ‚Dt. Wälder' in den Heidelberger Jahrbüchern: „Schlegel lobt an ihnen, was zu loben ist, aber das nichtige, kleinliche Sinnbildeln und Wortdeuteln, ihre ganze Andacht zum Unbedeutenden, verspottet er mit grimmigem Witz."
Wilhelm Scherer greift in seiner Würdigung von Jacob Grimm dieses kennzeichnende Schlagwort wieder auf und gibt ihm einen positiven Sinn: „Als Spottname war es gemeint, als Ehrenname lebt es unter uns fort. Und nichts kann man finden, um das Wesen der Brüder besser zu bezeichnen als: Andacht zum Unbedeutenden" (S. 124). Von Jacob Grimm soll der Ausdr. ‚Philologie ist die Andacht zum Kleinen' stammen.
Lit.: *S. Boisserée:* Briefwechsel, Tagebücher, Bd. II (Neudr. Göttingen 1970), S. 72; *W. Scherer:* Jacob Grimm; Neudr. d. 2. Aufl. besorgt v. S. v. d. Schulenburg (Berlin 1921).

anders. *Ja, Bauer! das ist ganz was anders* (‚Was anders ist des Schulzen Kuh!'); so (oder ähnl.) lautet die Pointe eines volkstümlichen Schwankes, die sich als Rda. verselbständigt hat. Sie ist heute noch vielerorts bekannt, meist ohne daß die zugrunde liegende Schwankerzählung noch bewußt ist.
Als Erklärung der Rda. erzählt man sich z. B. an der Fränk. Saale folgende Geschichte: „Einem Häcker wurde vom Ochsen des Amtmanns die einzige Kuh

ANGEBINDE, ANBINDEN, ANGEBUNDEN

getötet. Er lief zum Amtmann und sagte: Haltens z'Gnaden, Herr Amtmann, mei' Kuh hat Ihne Ihre Ochse tot gestoße. – So, rief der Amtmann, dann fälle ich das Urteil, daß der Schaden sofort in Geld zu ersetzen ist; mein Ochse kostet 15 Karlin (à 11 Gulden). – Haltens zu Gnaden, Herr Amtmann, sagte jetzt der Häcker pfiffig, ich han mich versproche, es is umgekehrt, Ihne Ihr Ochs hat mei Kuh totgestoße; sie hat mich 9 Karlin kost; ich will mei Geld. – Da rief der Amtmann: Ja, Bauer, das ist was ganz anderes!"
Der Schwank ist verschiedentlich lit. bearbeitet worden, z. B. in Karl Wilh. Ramlers (1725–98) Fabel ‚Der Junker und der Bauer'. Ihre unmittelbare Quelle ist die Fabel Michael Richeys ‚Duo cum faciunt idem, non est idem'. Fritz Reuter hat in seinen ‚Läuschen un Rimels' den Stoff ebenfalls lit. bearbeitet.
Der Schwank ist alt und kommt in verschiedenen Sprachen vor. Den ältesten bekannten Beleg bietet Erasmus von Rotterdam in ‚Ecclesiaste sive de ratione concionandi' (2. Ausg. 1536, S. 454); Martin Luther erzählt den Schwank 1546 in seinen ‚Tischreden' (Eisleben 1566, S. 612), aber schon Philipp Melanchthon hörte in Tübingen Kolleg bei einem Professor der Rechte, der bei einem jeden Fall, wo das Recht des Niederen zugunsten des Mächtigen gebeugt wurde, zu sagen pflegte: „Das ist des Schultheißen Kuh!"

Lit.: *A. L. Stiefel:* Sprichwörter-Anekdoten aus Franken, in: Zs. f. Vkde. 18 (1908), S. 447 f., Nr. 4; *L. Röhrich:* Sprw. Rdaa. aus Volkserzählungen, S. 253 f.

Angebinde, anbinden, angebunden. *Etw. zum Angebinde geben:* ein Festgeschenk machen. Die Rda. kommt von der seit dem 16. Jh. bezeugten Sitte, Bräuten, Wöchnerinnen und neugeborenen Kindern mit einem Seidenband ein Geschenk an den Hals oder den Arm anzubinden. Seit dem Ende des 17. Jh. bedeutet Angebinde allg. Geschenk zum Geburts- oder Namenstag. Goethe schreibt:
Zarter Blumen leicht Gewinde
Flecht ich dir zum Angebinde.
In Grillparzers Drama ‚Ein treuer Diener seines Herrn' (1830, 2. Akt) erinnert Otto von Meran die Königin:

Du weißt, wir feiern heute
Das Wiegenfest des Kleinen, deines
Sohns.
Die Herren sind, die Fraun bei uns
versammelt
Und binden ihn mit kleinen Gaben an.
Konnte der Gratulant dem Geburtstagskind das Angebinde nicht selbst anbinden, so fügte er der übersandten Gabe das Seidenband in einem besonderen ‚Anbindbrieflein' bei. Dieses Wort erscheint auch als Titel von Büchern Wolfh. Spangenbergs (1611) und Ed. Gärteners (1659). Als Paul Fleming einen Geburtstag der Liebsten fern von ihr verbringen mußte, klagt er in einem Gedicht:
Wie glückhaft war ich doch zu jener
Zeit zu schätzen,
Da ich in Gegenwart sie kunte binden
an.
Als die Erinnerung an die ursprüngliche Sitte mehr und mehr verblaßte, hat man Angebinde nicht allein auf Geldgeschenk beschränkt, sondern wandte den Ausdr. auf jede Festgabe und jeden festlichen Schenkanlaß an. Neben anbinden kommt bei Geschenken an Wöchnerinnen und Täuflinge auch die Form ‚einbinden', ‚Eingebinde' vor, weil das Geschenk in ein Tuch oder auch in die Windeln eingebunden wurde. Noch zu Beginn unseres Jh. wurde mancherorts, z. B. in Sachsen, das Geldgeschenk in den Patenbrief gelegt und in das Steckkissen des Kindes gesteckt.
Einen anbinden: ihn festhalten. Die Rda. hat ihren Ursprung in dem Brauch, jem. so lange festzuhalten, bis er sich durch ein Lösegeld oder Trinkgeld befreit. Am bekanntesten ist das Anbinden des Bräutigams im Hochzeitsbrauchtum. Die Dorfkinder spannen eine Schnur über die Straße und halten das Brautpaar beim Verlassen der Kirche so lange fest, bis der Bräutigam sich mit Geld loskauft. Auf ähnl. Weise wurden der Gutsherr oder der Gutsverwalter beim Beginn der Ernte von den Schnittern und Landarbeitern, der Bauherr beim Betreten des im Bau befindlichen Hauses von den Bauhandwerkern angebunden (auch: ‚mit der Schnur verzogen' oder ‚geschnürt') und nicht eher aus dem Hause gelassen, als bis er etw. zum besten gegeben hatte.

Mit einem anbinden: feindlich mit ihm zusammengeraten, Händel, Streit anfangen. Die Rda. stammt aus der Sprache der Fechter: Beim Beginn eines Ganges binden die Kontrahenten die Klingen, indem sie sie kreuzweise aneinanderlegen. Die Fechter banden sich auch gegenseitig den Degen an das Handgelenk, damit die Waffe während des Kampfes nicht weggeschlagen werden konnte (↗ Portepee). Die Wndg. hat heute die allgemeine Bdtg.: sich mit einem zu schaffen machen, ebenso wie *anbändeln:* ein Liebesverhältnis beginnen.

‚Mit einem anbinden'

Einen Bären anbinden: Geld schuldig bleiben (↗ Bär); *ein Kalb anbinden:* sich erbrechen (↗ Kalb).

Angebunden sein: nicht wegkönnen, nicht über seine Zeit frei verfügen können, wegen der Familie, wegen des Berufs oder aus anderen Gründen an einen bestimmten Ort gebunden sein.

‚Kurz angebunden sein'

Kurz angebunden sein: in mürrischer, abweisender Stimmung sein, barsch, unwillig oder schnippisch antworten, sich nicht weitläufig auslassen. Das Bild der Wndg. kommt wohl von dem kurz angebundenen Hofhund, der als bissig gilt. Luther hat diese Rda. bereits unter seinen Sprww. notiert und gebraucht sie auch sonst: „Wäre der Bauer ungeduldig und kurz angebunden".

Lit.: *J. J. Hornus:* Über die alterthümliche Sitte der Angebinde bei Deutschen, Slaven und Litauern (Prag 1855); *J. Grimm:* Über Schenken und Geben, in: Kleinere Schriften, Bd. 2 (Berlin 1865), S. 173–210; Zs. f. d. A., 53 (1912), S. 152 ff.; *Richter-Weise,* Nr. 3; HdA. I, Sp. 435; *D. Dünninger:* Wegsperre und Lösung. Formen und Motive eines dörflichen Hochzeitsbrauches (Berlin 1967); *E. Mehl:* Woher kommt der Ausdr. ‚mit jem. anbinden' (oesterr. ‚anbandeln')?, in: Muttersprache 78 (1968), S. 50; *O. Holzapfel:* Zur Phänomenologie des Ringbrauchtums, in: Zs. f. Vkde. 64 (1968), bes. S. 46; *L. Kretzenbacher:* „Anbinden" als Kultidee und als Devotionalform, in: Bair. Jb. f. Vkde. [1976/77], S. 150–156.

Angel, angeln. *Die Angel auswerfen:* sein Glück versuchen, etw. zu erlangen suchen, aber auch: sich vorsichtig vortasten, vorfühlen, um etw. auszukundschaften, sich abwartend verhalten nach einem Angebot, jem. neugierig machen, anlocken.
In die Angel beißen: die Hinterlist nicht bemerken und darauf hereinfallen.
Mit einer goldenen (silbernen) Angel fischen: für eine Sache mehr aufwenden, als sie einträgt, aber auch: jem. durch Geld für seine Absichten zu gewinnen suchen. Diese Rdaa. beziehen sich auf das Fanggerät (Rute mit Schnur und Köder) beim Fischen.
Die Wndg. *Angeln legen* kann sich ebenfalls darauf beziehen oder auf die ‚Fußangeln', die ‚Fallstricke', ↗ Fußangel, ↗ Fallstrick.
Nach etw. angeln: es (mühsam) zu bekommen suchen, auch: nach etw. tasten, um es ergreifen zu können, z. B. nach den Pantoffeln unter dem Bett.

‚Sich eine Frau angeln'

Sich einen Mann (eine Frau) angeln: sich
bemühen, einen geeigneten Heiratskandi-
daten zu finden, auch in der Form einer
scherzhaften Feststellung gebräuchlich:
sich (endlich) einen Mann geangelt haben:
einen Partner gefunden haben.

Auf die Türangel, den Drehpunkt der Tür
beziehen sich die folgenden Rdaa.: *Alles
(die Welt) aus den Angeln heben wollen:* alles umstürzen, grundlegend verändern,
umgestalten wollen, ↗ Welt.

Jem. zwischen Tür und Angel abfertigen:
ihn abweisend behandeln, ihn nicht zum
Eintreten und Verweilen auffordern,
↗ Tür.

Der Angelpunkt von etw. sein: der Kern-
punkt, die Hauptsache sein, um die sich
alles dreht. Der Ausdr. wird bereits seit
dem 18. Jh. metaphorisch verwendet.

Lit.: *O. G. Sverrisdóttir:* Land in Sicht (Frankfurt/M.
1987), S. 150–151.

angeschrieben. *Gut (schlecht) angeschrieben sein:* bei jem. viel (wenig) gelten. Der
Rda. liegen bibl. Vorstellungen zugrunde:
In 2. Mos. 32,32 wird zuerst das ‚Buch des
Lebens‘ erwähnt, in dem der Herr die Gerechten anschreibt und aus dem er die
Sünder tilgt (vgl. Ps. 69,29 und Luk.
10,20; Hebr. 12,23; vor allem aber Offenb. 3,5; 5,1–2; 17,8; 20,12 und 15);
entspr. frz. ‚être bien (mal) noté‘, ‚être bien
(mal) dans les papiers du quelqu‘un‘;
engl. ‚to be in a person‘s (black) books‘, ‚to
stand well in a person‘s books‘; ndl. ‚goed
(slecht) aangeschreven staan‘ und ‚in een
goed blaadje staan‘; ↗ Kuhhaut. Eine spätere Deutung bezieht die Rda. auf den
Lehrer, der die Leistungen seiner Schüler
anschreibt. Auch die Rda., ‚bei jem. eine
gute Nummer haben‘ weist auf diesen Zusammenhang.

Angesicht. *Das (An)gesicht abwenden:* aus
Rücksichtnahme oder Schamgefühl nicht
auf etw. Anstößiges blicken, aber auch
aus Verlegenheit wegschauen oder um zu
verstehen zu geben, keinerlei Kontakt zu
wünschen. Die Rda. hat einen Bezug zu
1. Mos. 9,29, wo es vom Verhalten der
Söhne Noahs heißt: „und ihr Angesicht
war abgewandt, daß sie ihres Vaters Blöße
nicht sahen“.

Ähnl. Bdtg. besitzt die ebenfalls urspr.

bibl. Wndg. *sein Angesicht verhüllen:* aus
Furcht oder Ehrfurcht sein Gesicht bedekken, wie es von Moses berichtet wird
(2. Mos. 3,6), als Gott zu ihm aus dem
brennenden Dornbusch sprach: „Und
Mose verhüllte sein Angesicht; denn er
fürchtete sich, Gott anzuschauen“.

Die Wndg. *Von Angesicht zu Angesicht* beruht auf 2. Mos. 33, V. 11: „Der Herr aber
redete mit Mose von Angesicht zu Angesicht, wie ein Mann mit seinem Freunde
redet“. Der Ausdr. für eine direkte mdl.
Kommunikation begegnet auch im Engl.:
‚from face to face‘.

Aus dem 4. Buch Mose 6,25 stammt der
die evang. Gottesdienste beschließende
‚Aaronitische Segen‘: „Der Herr segne
dich und behüte dich, der Herr lasse sein
Angesicht leuchten über dir und sei dir
gnädig“.

Im Schweiße seines Angesichts ↗ Schweiß.

Im profanen Bereich sind nur wenige
Rdaa. bekannt, z. B. *Jem. nicht ins Angesicht schauen dürfen:* ihm möglichst aus
dem Weg gehen, einem nicht unter die
Augen kommen dürfen, ↗ Auge.

Bes. drastisch umschreiben die folgenden
Vergleiche das abstoßende oder furchter-
regende Aussehen eines Menschen:
*Wenn sein (An)gesicht am Himmel stünde,
die Bauern würden zu Wetter läuten,* d. h.
ein Unheil abwehrendes Mittel gebrauchen, und: *Wenn sein (ihr) (An)gesicht an
der Küchentür stünde, so ginge kein Hund
hinein,* vgl. ndl. ‚Stond haar aangezigt aan
eene keukendeur, daar kwam nooit hond
in‘.

angetan ↗ antun.

angezapft ↗ anzapfen.

angezogen. *Von etw. (magisch) angezogen
werden:* sich einer Faszination nicht entziehen können. Feuer und Wasser besitzen eine solche ‚Anziehungskraft‘, aber
beispielsweise auch die Musik, die Menschen und Tiere anlocken kann. In der
Sage vom Schlangenbann oder vom Rat-
tenfänger und in vielen Märchen wird
dies geschildert. Aber auch in der Lit. wird
eindringlich gestaltet, wie sich ein
Mensch von etw. so angezogen fühlt, daß
er seinem Schicksal nicht entgehen kann,

z. B. in Goethes ‚Fischer‘ oder in Mörikes ‚Feuerreiter‘.

Sich von jem. angezogen fühlen: große Sympathie empfinden, dem Zauber der Liebe erliegen, jem. ‚anziehend‘ finden. In seinem Gedicht ‚Neue Liebe, neues Leben‘ hat Goethe seine Gefühle zu Lili gestaltet, deren Liebreiz er erlag, bis er sich schließlich doch davon befreite und die Verbindung löste, die ihn einzuengen drohte. Die 3. Str. lautet:

> Und an diesem Zauberfädchen,
> Das sich nicht zerreißen läßt,
> Hält das liebe, lose Mädchen
> Mich so wider Willen fest;
> Muß in ihrem Zauberkreise
> Leben nun auf ihre Weise.
> Die Veränderung, ach wie groß!
> Liebe! Liebe! laß mich los!

Lit.: *E. S. Gifford:* Liebeszauber (Stuttgart 1964); *G. Just:* Magische Musik im Märchen (Diss. Freiburg 1990).

Angst. Die Unsicherheit und Gefahr, das Risiko bei Transport und Sendung von Waren, hieß früher ‚Angst‘; eine Wortbedeutung, die in Wendungen wie ‚uf sine kost und anxt‘ oder ‚uf ihre Angst‘ zum Ausdr. kommt.

Panische Angst ↗ Panik, panisch.

Es mit der Angst (zu tun) kriegen: ängstlich werden; vgl. engl. ‚to be in a funk‘. *Jem. angst und bange machen:* jem. einschüchtern, Angst machen; die Rda. fußt auf Sirach 4, 19 ↗ bange.

Mehr Angst als Vaterlandsliebe (haben) besitzen: so große Angst haben, daß diese das Handeln bestimmt. Die Rda. ist in Kriegszeiten entstanden, nach Küpper allerdings noch vor dem 1. Weltkrieg.

Mit ‚Angströhre‘ ist umg. der Zylinderhut gemeint. Er wurde vor allem bei feierlichen Anlässen und Beerdigungen getragen, oft von einfachen Leuten, die sich mit dieser Kopfbedeckung äußerst unwohl fühlten und sich in der Öffentlichkeit zu blamieren fürchteten.

Im Engl. ist um 1800 ‚anxiety-hat‘ belegt (Küpper).

Der Titel von Peter Handkes Roman ‚Die Angst des Torwarts beim Elfmeter‘ (Frankfurt/M. 1970) wurde vielfach abgewandelt, z. B.: ‚Die Angst des Autofahrers vor der Raststätte‘.

Lit.: *C. H. Livingston:* To be in a funk, in: Modern Language Notes 55 (1940), S. 265–270; *M. Wandruska:* Angst und Mut (Stuttgart 1950), bes. das Kapitel ‚Der Wortschatz der Angst‘, S. 11–80; *H. Bergenholtz:* Das Wortfeld ‚Angst‘ (Stuttgart 1980); *H. Küpper:* Illustriertes Lexikon der dt. Umgangssprache, Bd. 1 (Stuttgart 1982); *L. Röhrich:* Sage – Märchen – Volksglauben. Kollektive Angst und ihre Bewältigung, in: G. Eifler, O. Saame u. P. Schneider (Hg.): Angst und Hoffnung. Grundperspektiven der Weltauslegung (Mainzer Universitätsgespräche 1983/84), S. 173–202 (mit weiterführender Lit.). *J. Delumeau:* Angst im Abendland, 2 Bde. (Reinbek bei Hamburg 1985); *W. Leppenies:* Die Wissenschaft und die Angst, in: ‚Die Zeit‘ vom 1. VIII. 1987.

Angstgegner. *Seinem Angstgegner begegnen:* im Wettkampf mit einem Überlegenen zu rechnen haben, den man zu Recht fürchten muß. Die moderne Wndg. stammt aus der Sprache des Sports. Wenn ein bekannter Sportler schon mehrfach gegen einen anderen verloren hat, wird dieser, bes. in den Medien, als sein ‚Angstgegner‘ bez. Der Ausdr. kann sich aber auch auf eine ganze Mannschaft beziehen, z. B. im Fußball, wenn die Auslosung das Aufeinandertreffen ungleich starker Gegner bedingt.

Angsthase ↗ Hase.

anhaben. *Einem nichts anhaben können:* ihm nicht schaden können. Die Rda. hat sich frühnhd. entwickelt aus mhd. ‚einem anehaben‘ = sich an jem. halten, Hand an ihn legen. Urspr. bedeutete die Wndg.: an dem kann man nichts greifen, er gibt sich keine Blöße, man kann keinen Anhalt zur Schädigung an ihm finden. Im mhd. Rabenschlacht-Gedicht (431) heißt es: „si habten an vil vaste mit slegen“ (= sie griffen ihn an). In der Lebensbeschreibung Wilwolts von Schaumburg (1507) werden die Landsknechte aufgefordert, auf den Feind loszugehen, mit dem Zusatz: „ob sie was an ihm haben mochten“. Der ältere, durchaus wörtl. zu verstehende Sinngehalt wurde später abgeschwächt und verallgemeinert.

Bei Luther ist der Übergang von der wörtl. Bdtg. zum rdal. Bild bereits eingetreten; er schreibt: „Denn würde er zu Wort kommen, möcht man ihm nichts anhaben“; und in seiner Bibelübers. (Jer. 15, 20) heißt es: „Ob sie wider dich streiten, sollen sie dir doch nichts anhaben; denn ich bin bei dir, daß ich dir helfe". In den Mdaa. hat *jem. etw. anhaben* vielfach die Bdtg.: ihm durch Behexen schaden; z. B. meckl. ‚In de Twölften kanen se eenen licht wat anheben'; ↗antun.

Lit.: *R. Aman* (ed.): Maledicta. The International Journal of Verbal Aggression 1 ff. (1977 ff.); *A. Dundes* (ed.): The Evil Eye. A Folklore Casebook (New York – London 1981); *Th. Hauschild:* Der böse Blick. Ideengeschichtliche und sozialpsychologische Untersuchungen (Berlin ²1982).

Anhalter. *Per Anhalter fahren, vom Anhalter Bahnhof fahren:* an der Straße Autos anhalten, um von ihnen mitgenommen zu werden (‚Autostop'). Die Rdaa. entstanden im 2. Weltkrieg und enthalten einen spezifisch berl. Wortwitz, der in der scherzhaften Gleichsetzung von Anhalter Bahnhof (dem ehedem größten Bahnhof Berlins) und dem Anhalten der Autos beruht.

1/2 ‚Einem etwas anhängen'

anhängen. *Einem etw. (eins) anhängen:* hinter seinem Rücken Nachteiliges von ihm sagen, böse Nachrede führen, verleumden; ähnl. auch mdal., z. B. ostpr.

‚einem Rad und Galgen anhängen', mit den ärgsten Schimpfworten ausschelten. Das Bild der Rda. stammt aus dem Rechtsbrauch des MA., bestimmte Missetäter wie Gotteslästerer, Schmäher, zänkische Weiber als ehrlose Menschen schon äußerlich zu kennzeichnen. Man hängte ihnen den ‚Klapperstein', ‚Lasterstein',

‚Klapperstein' von Mühlhausen

‚Pag-' oder ‚Bagstein' um und ließ sie ihn durch die Straßen der Stadt oder um das Rathaus schleppen. Im Mühldorfer Stadtrecht aus der 2. H. des 14. Jh. heißt es: „Wellich leicht weib baget (mhd. bâgen = zanken, streiten) mit worten, die sie vermeiden sollen, wider eine purgerin oder wider ir genössin, der soll der Fronpot den bagstein um irn Hals hängen". Trunksüchtige Weiber wurden zum Tragen von Schandflaschen oder Holzklötzen in Form von Flaschen verurteilt. Den an den Pranger gestellten Personen hängte man eine Tafel, ein Stück Blech oder einen Zettel um, worauf die Ursache der entehrenden Bestrafung zu entnehmen war. Möglicherweise geht auch der Ausdr. ‚Schandfleck' auf solche Bräuche zurück; vgl. die im 17./18. Jh. sehr beliebte Wndg. ‚einem einen Schandflecken anhängen'. Thomas Murner verwendet z. B. Ausdrücke wie ‚ein spettlin (Tuchfetzen), ein lotter spettlin anhencken' oder ‚ein blechly, ein kläpperlein anhencken', auch ‚ein schellen anhencken'. Hans Sachs sagt von den Mädchen, die sich über die Burschen lustig machen:

Ihr habt das Jar und die Fastnacht
Uns junge Gesellen seer veracht,
Manchem ein plechlein angeschlagen;
und von Leuten, die beim Tanzen müßig
zusahen:
Die teten giftig Nachred treiben
Von den tanzeten Mann und Weiben,
Hingen idem ein Schantlappen an.
Ein Übergang zu einem harmloseren Anhängen ist dann die bekannte Neckerei, daß einer dem anderen einen Strohhalm, einen Lappen, ein Stück Papier oder dgl. an den Rock steckt, um den Spott der Vorübergehenden auf den Geneckten zu lenken.

Lit.: *Richter-Weise,* Nr. 4; *Göhring,* Nr. 9. S. 6–8. *R. Schmidt-Wiegand:* Art. „Lasterstein', in: HRG. II (1978), Sp. 1629–31; *R. Süss:* Hochgericht u. Lasterstein. Rechtsleben im alten Freiburg (Freiburg 1980).

Anker. *Den Anker lichten (einholen):* sich zur Abreise entschließen, in See stechen, (fröhlich) zu neuen Ufern aufbrechen, so wie es in dem ‚Matrosenlied' von W. Gerhard 1817 heißt: „Auf, Matrosen, die Anker gelichtet!"

Vor Anker gehen: seßhaft werden, eine feste Bindung eingehen, heiraten, in der Seemannsspr. aber auch: an die Theke in der Kneipe gehen.

Den Anker werfen: sich in Sicherheit bringen, die Reise unterbrechen oder beenden.

‚Den Anker werfen'

Vor Anker liegen: nicht weiterkommen, auch eine Umschreibung für allg. Stillstand.

Alle diese Rdaa. werden auch außerhalb der Seemannssprache i. S. v. abreisen bzw. sich niederlassen verwendet. Das Wort ‚Anker' geht auf lat. ‚ancora' = Haken zurück und ist schon in ahd. Zeit belegt.
In der poetischen Sprache spielt der ‚Anker der Hoffnung' (‚Hoffnungsanker') eine große Rolle; überhaupt ist der Anker das Symbol der Hoffnung. Der Ursprung dieses Gedankens: Wurde ein Segelschiff durch Sturm auf eine Felsenküste oder auf Untiefen zugetrieben, warf man den Anker aus, um ein Auflaufen zu verhindern. Daß der Anker bzw. die Ankerkette hielten, war dann die letzte Hoffnung. In dem bekannten Kirchenlied ‚Es kommt ein Schiff geladen' von Daniel Sudermann von 1626 (Evang. Kirchengesangbuch Nr. 4) heißt es in der 3. Str.:

Der Anker haft' auf Erden,
da ist das Schiff an Land ...

Lit.: *O. G. Sverrisdóttir:* Land in Sicht (Frankfurt/M. 1987), S. 134–137.

ankerben. *Einem etw. ankerben:* ihm etw. nachtragen, ↗ Kerbholz.

Ankratz, ankratzen. *(Guten) Ankratz haben:* sehr begehrt sein, viel umworben werden. Wird vor allem von jungen Mädchen gebraucht, um die sich die Männer werbend drängen.
Die Herkunft der Rda. ist noch nicht eindeutig geklärt. Man hat sie ebenso vom Einlaß begehrenden Kratzen des Hundes an der Haustüre herleiten wollen wie aus der Mode des Kratzfußes, womit einst höfliche Verehrer ihre Dame begrüßten. Da die Wndg. ‚Ankratz haben' und ‚viel Ankrehens haben' dasselbe meinen, ist auch die Herleitung von der Beobachtung eines Hahnes denkbar (vgl. auch ‚Hahn im Korbe sein'), der vor den Hennen den Boden kratzt und ihnen Würmer und Körner überläßt, um sich damit bemerkbar und beliebt zu machen. Damit erklärte sich auch die urspr. Beschränkung der Rda. auf Mädchen. Obersächs. ‚sich bei jem. ankratzen (einkratzen)', sich einschmeicheln, sich lieb Kind machen; berl. ‚sich 'n Bräutjam ankratzen', sich einen Mann angeln.
Urspr. ist die Rda. nur von Mädchen gebraucht worden. Wenn sie später auch auf

Männer angewandt wurde, so war eben ihr Anlaß in Vergessenheit geraten. Die Rda. stammt aus dem 16. Jh., war eine Zeitlang verschollen und ist jetzt wieder in der Teenagersprache aufgetaucht.

Zu Ankratz und ankratzen gehört auch das Wort ‚ankrähen'. Während man obersächs. von den Mädchen, die beim Tanz sitzen bleiben, sagt ‚sie haben keinen Ankratz', heißt es von ihnen westf., daß sie ‚gar keinen Ânkrieg hewwen und ümmer op der langen ↗ Bank sitten'. Dieses ‚Ânkrieg' ist aber wohl soviel wie hd. ‚Ankräh', und dazu stimmt die aus dem 16./17. Jh. bezeugte Rda. ‚viel Ankrehens haben'. Der Prediger Mathesius (1504–65) sagt in seiner ‚Sarepta oder Bergpostille' (Bd. 2, S. 57): „Bergwerck haben viel Ankrehens", und Lehmann schreibt 1639 (S. 711; Schönheit 50): „Schöne Leute … haben viel ankrehens". Im Gegensatz dazu steht die Rda. ‚Da kräht kein ↗ Hahn danach'.

Jem. ankratzen: leicht verwunden, kam bei den Soldaten 1870/71 auf; seit 1933 wird es als Euphemismus für das Hinrichten gebraucht. Im 20. Jh. erscheint die Wndg. in erweiterter Bdtg. als *angekratzt sein:* nicht mehr jung, nicht mehr ganz gesund und kräftig sein. Die Rda. beruht auf dem Vergleich mit Gegenständen, die bei langem Gebrauch Kratzer und leichte Schäden erhalten, ihre Schönheit verlieren.

Lit.: *O. Weise:* Ankratz haben, in: Zs. f. hdt. Mdaa. 7 (1906), S. 13); *Richter-Weise,* Nr. 5; *Göhring,* Nr. 10, S. 8; *Krüger-Lorenzen* I, S. 16.

anlaufen. *Einen anlaufen lassen:* ihm unerwartet Widerstand leisten, ihn feindlich empfangen, ihn gehörig abfertigen, abkanzeln; stammt vermutlich aus der Sprache des Turnierwesens oder der Jäger. Der Ritter hielt seinem Gegner beim Turnier die Lanze vor und ließ ihn anlaufen. Ähnl. läßt der Jäger das Wildschwein auf den ihm entgegengehaltenen Spieß anlaufen. So heißt es schon im Nibelungenlied (Str. 938); „daz swîn vil zorneclîche lief an den küenen helet sâ". Mhd. aneloufen war auch der übliche Ausdr. für das Heranlaufen zur kriegerischem Angriff; frühnhd. ist es auf geistige Kämpfe bildl. übertragen worden. Luther verwendet die

Rda. „Dawidder sol ein Christ oder zween … vnser maur sein, daran sie anlauffen vnd zuscheitern gehen". Noch im heutigen volkstümlichen Sprachgebrauch heißt es z. B. vom abgewiesenen Freier ‚Dee is bi de Diern schön anlopen' (meckl.).

Jem. ist häßlich angelaufen: er hat sich getäuscht, ist betrogen worden.

Etw. anlaufen lassen: eine Aktion, ein Unternehmen beginnen (starten), in Gang bringen. Wahrscheinl. von der Technik (Rad, Motor, Maschine) her übertr.

Eine Sache erst einmal anlaufen lassen: abwarten, wie sich alles entwickelt, bevor neue Entscheidungen getroffen werden.

anmachen. *Etw. (jem.) macht einen (echt) an:* jem. findet starkes Gefallen an einer Sache oder Person.

Jem. anmachen: jem. ansprechen und ihm zeigen, daß man an ihm Gefallen gefunden hat. Davon abgeleitet dann das Subst. ‚Anmache'.

Diese Wndgn. sind speziell in der Jugend- und Szenensprache entstanden, sie gehen langsam in die normale Umgangssprache über; häufig auch der Ausruf: ‚Das macht mich echt an!': das gefällt mir.

Lit.: *C. P. Müller-Thurau:* Laß' uns mal 'ne Schnecke angraben: Sprache und Sprüche der Jugendszene (Düsseldorf – Wien 1984).

Anno. Die Wndgn. *von Anno eins her, von Anno dazumal* umschreiben längst Vergangenes und Vergessens, wie die Rda. *Anno Leipzig-einundleipzig,* die 1913 aufkam, als der Jahrhunderttag der Völkerschlacht gefeiert wurde. Die Endsilbe -zig verknüpft die Dekadenzahl mit der Stadt Leipzig, so daß sich der Ausdr. auf den Dt.-Frz. Krieg 1870/71 und die Völkerschlacht bei Leipzig 1813 bezieht.

Anno Tobak: vor langer Zeit, zu der Zeit, in der das Tabakrauchen aufkam. Tobak könnte auch eine Entstellung aus domini (anno domini: im Jahr des Herrn) sein oder ein Hüllwort, weil der Name Gottes nicht vergeblich geführt werden soll (↗ Tabak). Die in Ostpreußen bekannte Rda. *Anno Wind* ist eine Verkürzung aus ‚Anno ent (eins) als de grote Wind wär' und leitet sich vom Orkan her, der 1801 in Königsberg wütete. Im Sudetengebiet war auch gebräuchlich: ,anno elbe, anno neuni, wie der große Schnee gfalln is'. Eine ähnl. Wndg. ist *Anno Schnee.* In Frankr. vergleicht man das Vergangene mit den Veränderungen der Mode ,Cela est du temps des collets montés' = es ist noch aus der Zeit der stehenden Halskragen; heute ungebräuchl.

anpumpen. ↗ Pump.

anschaffen. *Etw. anschaffen:* sich etw. besorgen, käuflich erwerben, aber auch in übertr. Sinne: sich ein Mädchen, einen Kerl, einen Liebhaber, einen Schatz suchen, sich ein Kind ,anschaffen'.
Anschaffen gehen: der Tätigkeit einer Prostituierten nachgehen, um viel Geld beizubringen (für den Zuhälter).

anscheißen. *Jem. anscheißen:* ihn grob anfahren, zurechtweisen. *Scheiß dich nicht an!* sagt man zu jem., der sich aus Angst zu etw. nicht entschließen kann. Im Suddt. sind verschiedene Rdaa. verbreitet, z. B.: ,Ich scheiß dich o mit Erdäpplkasch' (Kartoffelbrei), Ausruf des Zorns, oder: ,Dejs scheißt an Totn ou': Das ärgert mich über alle Maßen. ,Den scheißt ka Hund mehr o' sagt man von einem, der seine (einflußreiche) Stellung verloren hat. ,Der is ze dumm, daß'n de Taubn oscheißn' (Suddt. Wb. I, S. 401).

anschießen. *Jem. anschießen:* ihn (versehentlich) verwunden, in übertr. Bdtg. heute auch: jem. angreifen, z. B. einem unliebsamen Politiker Vorwürfe machen, durch verleumderische Herabsetzung die Position von jem. gefährden, sein Ansehen untergraben. Urspr. bedeutet es der jägersprachl. Ausdr.: ein Wild durch einen Schuß verletzen, es aber nicht tödlich treffen. Im Suddt. ist die Rda. ,eine Frau anschießen' eine Umschreibung für schwängern.

anschirren. *Jem. anschirren:* ihn anspannen, ihm wie einem Zugtier das Geschirr anlegen, ihn zur Arbeit zwingen, keine Freiheiten gestatten.
Das Wort ,anschirren' wurde im 17. Jh. zu dem Subst. ,Geschirr' i. S. v. Leder- und Riemenwerk der Zug- und Reittiere gebildet; in übertr. Bdtg. meint es auch: sich ankleiden, sich bes. herausputzen. Im Suddt. heißt es z. B.: ,Zahn Pfahre (zehn Pferde) sein ehr ogeschorrt ols ejne Froue' und im Sinne von ,aufgedonnert': ,Er ist angeschirrt wie ein Pfingstochse (wie ein Hochzeitspferd)', oder es heißt verächtlich: ,A oegeschärrter Oaffe is a schien'.

Anschluß. *Anschluß suchen* wird vor allem von heiratslustigen Menschen gebraucht; *den Anschluß verpassen:* keinen Ehepartner finden, auch: rückständig sein, nicht mit der Zeit gehen.
Schwer (oder leicht) Anschluß finden: in einer neuen Umgebung nur langsam (schnell) Bekannte oder Freunde finden. Diese Rdaa. sind wohl erst im ausgehenden 19. Jh. entstanden und gehen auf den Anschluß im Eisenbahnverkehr zurück. Das Dt. Wb. der Brüder Grimm kennt 1854 zwar den Anschluß im Postverkehr, aber noch nicht unsere Redensarten.

anschreiben. *Anschreiben lassen (müssen):* Schulden machen, unter ständigem Geldmangel leiden und daher beim Kaufmann borgen, auch: sich vom Wirt die Zeche stunden lassen. Dies war noch vor einigen Jahrzehnten bei ärmeren Familien die Regel, wenn man Lebensmittel kaufen mußte, aber kein Geld vorhanden war. Die Fehlbeträge wurden von den Kaufleuten in ein eigens dafür eingerichtetes Buch eingetragen, was man ,anschreiben' nannte, da diese Notiz früher auf eine an der Wand hängende Tafel geschrieben wurde. Bei der nächsten Lohnzahlung wurden die meist geringen Beträge für das Lebensnotwendigste wieder beglichen, bis nach kurzer Zeit erneut Schulden gemacht werden mußten.
Gut (schlecht) angeschrieben sein ↗ angeschrieben.

anschwärzen ↗ schwarz.

anspinnen. *Da spinnt sich etw. an:* ein Liebesverhältnis scheint gerade zu beginnen nach den ersten Schwierigkeiten der Kontaktaufnahme. Die Rda. bezieht sich auf den Spinnvorgang, dessen jeweiliger Beginn mit bes. Schwierigkeiten verbunden war, bevor der Faden gleichmäßig entstehen konnte. In den Spinnstuben bestand früher auch Gelegenheit für die jungen Leute, sich (wenn auch unter ständiger Beobachtung) kennenzulernen. Die erfahrenen Älteren sahen meist sehr früh, wenn sich ein Paar zusammenfand, oft noch bevor sich die Liebenden selbst ihrer Gefühle füreinander richtig bewußt waren.

In der Gegenwart wird das Verb ‚anspinnen' in verschiedenen Wndgn. gebraucht, die immer den Beginn von etw. beinhalten: *Verhandlungen anspinnen,* d. h. einleiten, *Verbindungen anspinnen mit jem.:* Kontakte suchen oder *Beziehungen zu jem. anspinnen:* aufnehmen oder anknüpfen.

Anstand. *Den Anstand verletzen:* gegen die allg. üblichen gesellschaftlichen Normen verstoßen, sich außerhalb von Sitte u. Moral stellen, Anstoß erregen, ↗ Anstoß.

Wenigstens den Anstand wahren: nach außen hin so tun, als ob alles in Ordnung sei, z. B. in einer zerrütteten Ehe, einer in sich verfeindeten Familie, in einer Gruppe, einem Verein, in denen Uneinigkeit herrscht.

Der Anstand verbietet es einem: man wagt manches nicht zu tun, man scheut das Urteil der Öffentlichkeit.

Als Anstandsdame dabeisein, die Anstandsdame spielen: ein Liebespaar begleiten, um den Ruf der Frau nicht zu

‚Die Anstandsdame spielen'

gefährden (veraltet); die ‚Anstandsdame' wurde auch ‚Tugenddrache' oder ‚Anstandswauwau' betitelt; vgl. engl. ‚Play old goose berry'.

Den (letzten) Anstandsrest von ... verloren haben: sich jenseits der gesellschaftlichen Regeln benehmen, sich ungesittet verhalten. Der ‚Anstandsrest' war im 19. Jh. das aus Höflichkeit zurückgelassene Stück Butter oder Brot (Kuchen) auf dem Teller nach dem Essen als Zeichen, daß man so satt geworden war, daß man gar nicht alles aufessen konnte.

Lit.: *R. R.:* To Play Goose berry, in: American Notes and Queries 9, 1 (1898), S. 452; *N. Elias:* Über den Prozeß der Zivilisation, 2 Bde., (Bern u. München 1969); *H. Trümpy:* Anstandsbücher als vkdl. Quellen, in: Probleme der Gegenwartsvolkskunde (Wien 1985), S. 153–169.

Anstoß. *Jem. ein Stein des Anstoßes sein:* ihm im Wege, hinderlich sein, sein Ärgernis erregen. Die Rda. ist bibl. Herkunft. Jes. 8, 14 heißt es: „so wird er ein Heiligtum sein; aber ein Stein des Anstoßes und ein Fels des Ärgernisses den beiden Häusern Israels", während 1. Petr. 2,8 von einem „Stein des Anstoßes" und Röm. 9,32.33 von einem „Stein des Anlaufens" gesprochen wird. Entspr. auch in anderen Sprachen, z. B. frz. ‚C'est une pierre de scandale' (gehobene Sprache).

Anstoß erregen bei jem.: durch Worte oder Verhalten jem. kränken, was aber auch unbeabsichtigt geschehen kann.

An etw. Anstoß nehmen: sich durch etw. beleidigt fühlen, die Sitte oder den Anstand für verletzt halten.

Den Anstoß zu etw. geben: einwirken auf etw., damit die Sache in Bewegung kommt, damit etw. Entscheidendes unternommen wird. Diese Rda. unterscheidet sich grundlegend von den vorherigen, da sie das ‚Stoßen' als ‚Antreiben', d.h. Vorwärtsbewegen als aktiven Vorgang umschreibt.

anstreichen. *Dem werde ich's schon ordentlich anstreichen:* den werde ich tüchtig verprügeln. Diese Androhung der Strafe benutzt die Doppeldeutigkeit von ‚Streich' und ‚streichen' in übertr. Bdtg. Vgl. suddt. ‚Ech war dr dei freches Maul astreichn': ich werde dich ohrfeigen; ‚das Arschloch anstreichen': prügeln.

Anton. *Anton, steck den Degen ein!* Titel einer Posse von Kalisch, die 1859 in Berlin auf Aschers Narrenfest aufgeführt und als Anspielung auf die Kriegsgelüste des frz. Kaisers Napoleon III. betrachtet wurde. Durch häufige Wiederholung wurde das Wort bald zur Rda.; es wird angewandt, um im Ernst oder auch scherzhaft die Angriffs- und Streitlust zu dämpfen.

Anton, zieh die Bremse an! wird gebraucht, wenn es beim Wandern steil bergab geht. Die Wndg. stammt aus einem gleichnamigen Schwank von Franz Arnold und Ernst Bach. In übertr. Sinne mahnt die Rda. zu ruhiger Überlegung, zur Dämpfung einer Erregung oder Leidenschaft, zur Überwindung heftigen Zorns.

Antonius. *Daß dich Sanct-Antoni ankomme!* ist eine Verfluchung und Verwünschung zu einer schweren Krankheit, dem sog. ,Antoniusfeuer' (vgl. engl. ,Anthony's fire'), auch als ,Antoniplage' und ,Antoniraach' bez. Man glaubte, der hl. Antonius könne davor bewahren oder die Krankheit heilen, wenn man ihn inständig darum bitte, doch fürchtete man gleichzeitig auch, daß er sie als Strafe verhängen würde; wenn er nicht genügend Verehrung fand, auch aus Rache. Die Römer nannten die Krankheit ,ignis sacer' (heiliges Feuer), im MA. breitete sie sich aus und wurde zu einer gefürchteten Geißel der Menschheit, der viele zum Opfer fielen. Erst 1630 wurde ihre Ursache durch Tuillier entdeckt (Bauer, S. 53): ein Pilz (Claviceps purpurea) verursacht das sog. ,Mutterkorn' im Getreide. Die Körner in den Ähren werden schwarz; werden sie mit den übrigen, gesunden zusammen gemahlen, kann das in ihnen enthaltene Gift brennende Schmerzen verursachen, es läßt die Glieder schwarz werden, so daß sie wie verbrannt aussehen und amputiert werden müssen. Im MA. führte diese Vergiftung häufig zu geistiger Verwirrung und zum Tode. Ahnungslos aßen sich die Leute mit Mehlspeisen und Brot krank. Der hl. Antonius der Einsiedler (um 251–356) galt als Schutzheiliger der an der Mutterkornvergiftung, dem Ergotismus, Erkrankten, die in den Klöstern des 1095 eigens dafür gegründeten Antoniterordens versorgt wurden.

Im Feldarzneibuch von Gersdorf (1517) ist das Gebet eines Mannes überliefert, dessen rechter Fuß durch die Krankheit bereits abgefallen und dessen Hand angeschwollen war:

O heiliger Antoni groß,
Erwirb uns Gnad' ohn' Unterloß.
Ablaß der Sünden, Gottes Huld und
Gunst,
Behüt uns vor deiner schweren Brunst.

Das Kloster Isenheim im Elsaß war ein Zentrum für die Pflege der Erkrankten durch die Antoniter. Matthias Grünewald schuf dafür sein berühmtes Hauptwerk, den ,Isenheimer Altar', der heute im Unterlinden-Museum in Colmar aufgestellt ist. Urspr. diente vor allem die eindringliche Kreuzigungsszene dieses Wandelaltars zu einer Art Schocktherapie für die Hilfesuchenden. Vor ihrer endgültigen Aufnahme in das Kloster mußten sie eine Nacht vor dem Bild des Gekreuzigten verbringen, um dann willig ihr eigenes Leid auf sich zu nehmen und sich in die Regeln und Anordnungen der Ordensbrüder zu schicken. Auf einem Ausschnitt der Bildtafel ,Versuchung des hl. Antonius' ist ein Krankheitsdämon mit den Symptomen des ,Ergotismus gangraenosus' von Grünewald dargestellt worden, die er wohl aus eigener Anschauung kannte.

Der Stoßseufzer: *Hilf heiliger Antonius!* gilt Antonius von Padua (1195–1231), einem Heiligen, der als Nothelfer für hoffnungslose Fälle zuständig ist. Sein Grab in der Basilica del Santo in Padua ist das heutige Zentrum des Antoniuskultes. Um Verlorenes oder Gestohlenes wieder zu erhalten, wallfahrtet oder betet man zu Antonius.

In Dtl. ist der hl. Antonius bes. zuständig für alles, was man nicht finden kann (,Patron der Liederlichen'), deshalb heißt es bei Katholiken: *Da mußt du dich an den hl. Antonius wenden.* Dies soll in vielen Fällen zum Erfolg geführt haben, da man sich nach dem Gebet plötzlich erinnerte, wo der vermißte Gegenstand sein könnte.

Die Vorstellungen von dem Wirken des hl. Antonius von Padua haben sich verschiedentlich mit denen des Einsiedlers gleichen Namens vermischt.

Lit.: P. Sartori: Art. ,Antonius, der Einsiedler' u. ,Antonius von Padua, hl.', in: HdA. I, Sp. 503–507;

E. Stemplinger: Art. ‚Antoniusfeuer‘, in: HdA. I, Sp. 507–508; *V. H. Bauer:* Das Antoniusfeuer in Kunst und Medizin (Berlin – Heidelberg – New York 1973); *K. Lussi:* Der hl. Antonius von Padua in Wettersegen, in: Schweiz. Volkskunde 78 (1988), S. 49–57.

antun. *Es einem angetan haben, einem etw. antun:* urspr. ihm einen magischen Schaden zufügen, ihn verhexen. Antun zusammen mit dem unbestimmten ‚es‘ ist eine verhüllende Ausdrucksweise für den Schaden- oder Liebeszauber, den man bes. den Hexen zuschrieb; so heute noch mdal., z. B. meckl. ‚De Hexen kanen eenen wat andaun‘. Zunächst verstand man unter antun im wörtl. Sinne das Anheften, Anlegen oder Anhängen eines Zaubergegenstandes.
Die Rda. ist lexikalisch zuerst 1691 gebucht bei Kaspar Stieler in ‚Der Teutschen Sprache Stammbaum‘ (2355):„Es ist mir angethan worden“, ist aber sicherlich älter; z. B. gebraucht Joh. Fischart bereits 1575 (‚Gargantua‘, Ndr. S. 406) in übertr. Bdtg. „der jhnen solche schmach anthat“. Im heutigen Gebrauch der Umgangssprache ist die Rda. ganz abgeschwächt und bedeutet: ganz in den Bann einer Sache oder Person geraten. Vom alten Liebeszauber (daher auch seit dem 18. Jh. ‚bezaubernd‘, entzückend) ist die Wndg. schließlich auf die rein ästhetische Wirkung jeden Liebreizes erweitert worden. Man kann sagen: ‚Diese Musik, diese schöne Gegend hat es mir angetan‘. Dagegen lebt noch etw. von dem alten Tabu-Charakter der Rda. in der ebenfalls verhüllenden Wndg. *sich etw. antun:* sich das Leben nehmen.
Ganz dazu angetan sein (nicht dazu angetan sein): starke Tendenz oder Wirkung haben (nicht die Wirkung haben), z. B. ‚Der Streit ist ganz dazu angetan, die Freundschaft zu zerstören‘, ↗ anhaben.

Lit.: *E. S. Gifford:* Liebeszauber (Stuttgart 1964); *L. Honko:* Krankheitsprojektile. Untersuchung über eine urtümliche Krankheitserklärung (= FFC 178) (Helsinki ²1967).

Antwort. *Von jem. Antwort heischen:* energisch Auskunft fordern. Ähnl.: *Jem. Rede und Antwort stehen müssen* ↗ Rede.
Um eine Antwort nicht herumkommen: eine klare Aussage machen müssen, keine weiteren Ausflüchte gebrauchen können.

Auf etw. keine Antwort wissen: auf eine Frage stumm bleiben, auch: keinen Rat geben können, keinen Ausweg finden, nicht weiterwissen.
Jem. die Antwort schuldig bleiben (müssen): nichts zu erwidern haben. *Jem. die Antwort verweigern:* keinerlei Auskünfte geben.
Jem. keiner Antwort würdigen: ihn verächtlich (wie Luft) behandeln, ihn mit Nichtachtung strafen.
Etw. bedarf keiner Antwort: es ist völlig klar.
Die Wndg. ‚um Antwort wird gebeten‘, die häufig in abgekürzter Form als ‚U. A. w. g.‘ unter Einladungskarten steht, findet sich bereits bei 1. Makk. 12, 18, wo es heißt: „Und bitten um Antwort“. Kotzebue schrieb einen Schwank unter dem Titel: ‚U. A. w. g.‘ oder die Einladungskarte‘, der 1818 veröffentlicht wurde (Büchmann).
Gelegentlich werden auch Gegenmaßnahmen als ‚Antwort‘ bez., vor allem bei kriegerischen Auseinandersetzungen und da bes., wenn es sich um regel- oder gar (völker-)rechtswidrige Maßnahmen handelt. In solchen Fällen ist der Ausdr. ‚gerechte Antwort‘ sehr beliebt.

anzapfen. *Jem. anzapfen:* jem. um Geld bitten, auch anzüglich anfragen. Hergeleitet vom Anzapfen eines Fasses, um die Flüssigkeit zu entnehmen. Die Rda. begegnet bereits im 16. Jh. in übertr. Bdtg. In Hans Sachs' bekanntem Fastnachtsspiel ‚Das heiß Eisen‘ sagt der betrogene Mann: „mei frau zepfft mich an mit diesen stücken“.
Angezapft, Halbscheid, ausgeleckt und umgestürzt sagt man in manchen Mdaa. (z. B. südd.), wenn man seine Kaffeetasse ausgetrunken hat und nicht mehr weitertrinken will; dabei setzt man die leere Tasse umgekehrt auf den Tisch. Die Rda. gehört eigentl. zu einem Tiermärchen vom Typ AaTh. 15 (vgl. KHM. 2 ‚Katze und Maus in Gesellschaft‘). Im Böhmerwald wird sie etwa folgendermaßen erzählt: Dou wor a Bauer, der hot Strah ghockt hinterm Stodl. Dou is a Fichserl kummer. Hot der Bauer gsogt: „No, Fichserl, wou kummst denn du her?“ Hot der Fuchs gsogt: „Af der Kindstauf wor ich heint“. „Sue, auf der

Kindstauf? Wei hoißt denn offer das Kind?" Hot er gsogt: „Angezapft!", der Fuchs. Is er wieder weiterzuogn.
Zum Brauchtum des Münchner Oktoberfestes, dem bekanntesten bayerischen Volksfest, gehört der Anstich des ersten Bierfasses durch den Münchner Oberbürgermeister, eine Amtshandlung, die der damalige OB. Thomas Wimmer vor 40 Jahren zum ersten Mal vollzogen hat. Diese wichtigste Amtshandlung des Stadtoberhauptes wird beendet durch die feierliche Vollzugsmeldung ‚O'zapft is!'

Lit.: *U. Benzel:* Volkserzählungen aus dem nördl. Böhmerwald (Marburg 1957); *ders.:* Die dörfliche Kultur der suddt. Gemeinde Roßhaupt (Diss. Marburg 1954), S. 86 f.; *L. Röhrich:* Sprw. Rdaa. aus Volkserzählungen, S. 268; *G. Möhler:* Das Münchner Oktoberfest (München – Wien – Zürich 1981); *R. Bauer* u. *F. Fenzl:* 175 Jahre Oktoberfest (München 1985).

anzetteln. *Eine Sache anzetteln:* etw. ins Werk setzen, vorbereiten, anstiften. Die Rda. stammt urspr. aus der Fachsprache der Weber und bedeutet: den Anfang eines Gewebes herrichten, die Fäden aufspannen, wobei ‚Zettel' (nicht verwandt mit Zettel = Papierblättchen) die Längsfäden des Gewebes darstellen. Wie andere Ausdr. des Spinnens und Webens (‚etw. anspinnen', ‚Hirngespinst', ‚Lügengewebe' u. a.) ist anzetteln früh in den bildl. Gebrauch übergegangen. Übertr. wurde es zunächst im guten wie im schlechten Sinne gebraucht (z. B. 1561 bei Maaler: „Krieg und Hader, Heil anzetteln"). Heute wird es nur noch für das Anstiften von Komplotten und Intrigen verwendet; so auch mdal., z. B. schwäb. ‚Der Preuß häb's (den Krieg) wieder a zettelt'. Die heutige Einschränkung auf den schlechten Sinn soll sich zuerst im Ndd. vollzogen haben.

Anzug. *Im Anzug sein:* in Vorbereitung sein, oft als Hinweis, daß etw. drohend bevorsteht und sich unaufhaltsam nähert; z. B. heißt es: *ein Gewitter (Unwetter) ist im Anzug,* d. h., es zieht drohend herauf.
Jem. aus dem Anzug stoßen: ihn tüchtig verprügeln, ↗ schlagen.
Aus dem Anzug kippen: die Fassung verlieren, ↗ Latschen, ↗ Socken.
Der ‚blaue Anton' als Bez. von Arbeitsoveralls ist umgangssprachlich auch als Name für den feierlichen Sonntagsanzug geläufig.
Etw. ist erster Anzug: etw. ist allerbeste Qualität; ↗ Garnitur.

Apfel. *In den sauren Apfel beißen (müssen):* sich zu etw. Unangenehmen entschließen, etw. Unangenehmes auf sich nehmen (müssen). Die Rda. ist nicht weiter erklärungsbedürftig: saure Äpfel ißt niemand gern; sie werden deshalb bildl. für jedes notwendige Übel gesetzt.
Die Rda. findet sich schon in einem Brief Luthers: „obgleich E. k. f. g. (Eure kurfürstliche Gnaden) ein wenig hat müssen wermuth essen und in einen sauren apfel beißen" (De Wette, Briefe, Bd. 4, S. 347). Auch in des Ritters Hans von Schweinichen Tagebuch (um 1660). „Habe ich doch in einen sauren Apfel beißen müssen". Eigentümlich verschoben 1639 bei Lehmann, S. 240, (Geduld 47): „Laß die Kugel außlauffen, vnd beiß derweil in einen sawren Apffel". Die Wndg. ist noch in der heutigen Umgangssprache ganz gebräuchl., mdal. z. T. noch erweitert, etwa schwäb. ‚Mr muß in manche saure Aepfel beiße, bis mr en süße findt'. Auch von einem verdrießlich Aussehenden sagt man, er sehe aus, als habe er in einen sauren Apfel gebissen. Die Rda. wird auch verhüllend für ‚sterben' gebraucht (↗ zeitlich), z. B. meckl. ‚Dee hett tidig in'n suren Appel biten müßt', er hat zeitig sterben müssen.
Für einen Apfel und ein Ei (auch ‚für ein Ei und ein Butterbrot'): für eine Kleinigkeit, weit unter dem Wert, fast umsonst. Im allg. sind Apfel, Ei und Brot so reichlich vorhanden, daß man davon verschenken kann, ohne selbst ärmer zu werden. Die Rdaa. sind im 18. Jh. allg. bekannt, dürf-

‚Für einen Appel und ein Ei'

ten aber mdal. älter sein. Sie umschreiben anschaulich den Begriff ↗nichts.

Äpfel braten: rdal. für Nichstun, Beschäftigung mit unbedeutenden Dingen: ‚Er kann mehr als Äpfel braten', auch mit dem erweiternden iron. Zusatz: ‚Er kann sie auch essen'.

Äpfel nicht essen mögen: zur Liebe keine Lust haben. Im Gegensatz dazu bedeutet *Äpfel essen mögen:* nicht impotent sein. Beide Rdaa. gebrauchen verhüllend den Apfel als sexuelles Symbol u. beziehen sich auf den ‚verbotenen Apfel' beim Sündenfall (1. Mos. 2,9 u. 3,2–6), ↗Frucht.

‚Den verbotenen Apfel essen'

Noch einen Apfel mit einem zu schälen haben: noch ein Hühnchen (↗Huhn) mit ihm zu rupfen haben; vgl. ndl. ‚een appeltje met jemand te schillen hebben'; frz. ‚avoir des petits pois à écosser ensemble'; engl. ‚to have a bone to pick with a person'; ‚to have a nut to crack with a person'.

Da bleiben soviel Äpfel als Birnen: eine Sache ist unentschieden. Die Rda. findet sich schon bei Joh. Fischart („Da pleiben so vil Oepfel als bieren"; ‚Bienenkorb' 86b), ist aber sonst relativ selten belegt.

‚Der Apfel fällt nicht weit vom Stamm' sagt man, wenn Kinder in Aussehen oder Verhalten sehr den Eltern ähnlich sind. Parodistisch wird dann häufig daraus: ‚Der Apfel fällt nicht weit vom Birnbaum (Pferd)'.

Äpfel mit Birnen verwechseln: einen unzulässigen Vergleich anstellen.

Es konnte kein Apfel zur Erde (fallen) meint, daß es sehr eng war oder daß das Gedränge sehr groß war.

Schwitzen wie ein Apfelbutzen: sehr stark schwitzen, daß einem das Wasser nur so herunterläuft. Der rdal. Vergleich ist in den 70er Jahren im süddt. Raum bekannt geworden.

Drauflosstürzen wie die Sau auf den Äppelkrotze bedeutet in Rheinhessen: bes. gierig auf etw. sein. Im Schwäb. heißt dies: ‚gierig wie die ↗Gans auf den Apfelbutzen'.

Gerührt wie Apfelmus sein ↗gerührt.

Jem. veräppeln: jem. verkohlen, verspotten.

Lit.: *F. S. A.:* Eve's Apple, in: American Notes and Queries 2,6 (1858), S. 329; *A. Fath:* Am Jakobstage werden die Äpfel gesalzen, in: Pfälz. Museum und Heimat (1927), S. 78; *R. Jente:* Der Apfel fällt nicht weit vom Stamm, in: Publications of the Modern Language Association 48 (1933), S. 26–30); *M. B. Ogle:* Apple of the eye, in: Transactions of the American Philological Association 73 (1942), S. 181–191; *E. Bammel:* Das Wort vom Apfelbäumchen (1962); *W. E. Spengler:* Art. ‚Apfel, Apfelbaum', in: EM. I, Sp. 622–625.

‚Noch einen Apfel mit einem zu schälen haben'

Apostel. *Per pedes apostolorum, auf dem Apostelpferde reiten* (mhd. ‚der zwelfboten pfert riten'): zu Fuß gehen. Die Rda. bezieht sich auf Matth. 10, 5.7.11 und andere Stellen des N.T., in denen Jesus die Befehlsform „gehet hin ..." gebraucht (ital. ‚andare sul cavallo di San Francesco', weil die armen Bettelmönche im Gegensatz zu den reichen Benediktinern zu Fuß zu reisen pflegten; vgl. ‚auf Schusters Rappen' und ähnl. Ausdrücke).

Die scherzhafte Anwendung der Rda. ist in der Studentensprache aufgekommen und in dieser Form erstmalig 1757 belegt. Schon 1755 bezeichnete man in Hamburg (1781 in Pommern) die Füße und Beine als ‚Apostelpferde' (ndl. ‚op zijn apostelpaarden'). Ansätze zur Ausbildung der Rda. liegen freilich schon viel früher. Im 16. Jh. erzählt die ‚Zimmerische Chronik' (III, 429), wie sich der Bürgermeister von Buchen zu Fuß zum Reichstag von Speyer aufmacht: „und kam also per pedes geen Speier uf den reichstag geritten. Da zaicht er sich nun gleich bei der andern reichstetten gesanten an nach laut seins bevelchs. Die wollten sich seiner und seiner herren von Buchen einfalt zu krank lachen, gleichwol das nit in seiner gegenwurte beschach, und dieweil dieses gesanten comitatus hin und wider under den stenden erschall, do ward er nur der apostel genannt, dieweil er sein botschaft und befelch nur zu fueß uß richten thette".

Die Rda. ist auch mdal. vorhanden, z. B. westf. ‚up dem Apostelpearde riden', in Hamburg ‚Spann dine Apostelpeer an'. Ein ‚Apostelreiter' ist ein schlechter Reiter, der besser zu Fuß gehen würde. Zusammensetzungen mit Apostel haben überhaupt meist schlechte Bdtg. ‚Apostelbier' wurde um 1850 in Bayern ein Bier genannt, „wo zwölf an einem Seidel zu trinken haben"; ähnl. gilt der ‚Apostelwein' als schlechter Wein. Die von einem willenlosen Menschen meckl. gebräuchl. Rda. ‚Denn kann'n nachts henstellen as Apostel' geht auf die Apostelfiguren in den Nischen der Kirchen zurück; *dastehen wie ein hölzerner Apostel* ⟋ Johannes.

Einen Apostel machen: einen sehr hohen Bogenwurf machen. Die vor allem bair. bezeugte Rda. ist beim Ballspiel gebräuchl., wohl daher, weil man den Ball gleichsam fast bis zu den Aposteln im Himmel zu werfen dachte.

Apotheke. *Ein Geschäft ist eine Apotheke:* die Preise sind in diesem Geschäft sehr hoch, die Waren scheinen überteuert zu sein. Man spricht dann auch von ‚Apothekerpreisen'. Vgl. ndd.: ‚Dat sünd Aftekerpriesen': das ist zuviel, zu teuer.

Appetit. ‚Der Appetit kommt beim Essen', sagt man aus Erfahrung und meint in übertr. Bdtg., daß die Lust zu etw. sich bei näherer Beschäftigung, bei der Vertiefung in eine Arbeit (Aufgabe) schon einstellen wird.

‚Appetit' wird in manchen Sprüchen auch als Umschreibung von sexueller Stimulation gebraucht, wie z. B. in Alem.: ‚Appetit ʤerfsch der hole, aber gveschpert wird dahoim" oder im Ndd.: „Appetit dröffs di öwwerall halen", sagg de Frau to eren Mann, „män Sattäten dröffs di blooß to Huus!" (Büld, S. 3 u. 103).

Lit.: *H. Büld:* Ndd. Schwanksprüche zwischen Ems und Issel (Münster 1981).

April. *Einen in den April schicken:* ihn am 1. April auf irgendeine Weise anführen und zum Narren halten.

Die Sitte der Aprilscherze ist im 17. Jh. in Dtl., ähnl. wie in Frankr., Holland und Engl. bezeugt. Noch heute besteht in Dtl. überall der scherzhafte Brauch, am 1. April jem. mit einem drolligen Auftrag oer einer lächerlichen Botschaft in den April zu schicken. Meist sollen dabei (in der Apotheke) irgendwelche unmöglichen Dinge besorgt werden wie Mückenfett, Hahneneier, Gänsemilch, getrockneter Schnee, Stecknadelsamen, schwarze Kreide oder Buckelblau. Im ganzen dt. Sprachgebiet kennt man den volkstümlichen Reim: ‚Am ersten April schickt man die Narren hin, wo man will'; ebenso in zahlreichen mdal. Varianten, z. B. niederrhein. ‚Aprilgeck, steck de Nos in den Kafeedreck'.

Die Rda. ‚in den April schicken' begegnet zuerst 1618 in Bayern. Der Gefoppte heißt ‚Aprilnarr'. Dieses Wort erscheint als Nachbildung des engl. ‚Aprilfool' zuerst Ende des 17. Jh. Die Sitte des Aprilschickens ist noch relativ jung und stammt wahrscheinl. aus Frankr. Vermutl. hängt sie zusammen mit der Verlegung des Neujahrstages durch Karl IX. im Jahre 1564 vom 1. April auf den 1. Januar. Ein Rest der dadurch weggefallenen Neujahrsgeschenke sind die Scheingeschenke und scherzhaften Bestellungen am 1. April.

April.
April — frißt der Lämmer viel!

‚Aprilnarr' (‚Narrenfresser')

Wenn der Geprellte, der ‚in den April geschickt wurde', unverrichteter Dinge zurückkommt, schreien die anderen: ‚Poisson d'Avril!' (Aprilfisch). Und die Kinder hängen in Frankreich am 1. April ihren Altersgenossen oder den älteren Menschen heimlich aus Papier ausgeschnittene Fische an den Rücken.

Man hat allerdings das Aprilschicken auch noch anders zu deuten und herzuleiten versucht, so u. a. vom Termin des röm. Narrenfestes, vom Augsburger Reichstag vom 1. April 1530 oder vom Herumschicken Christi von Kaiphas zu Pilatus und Herodes am Abend vor der Kreuzigung (‚von Pontius zu ⁄ Pilatus schicken'). So deutet der meckl. Volksmund ‚Dat Aprilschicken is Sünn', up'n iersten April is ja uns' Herr Christus von Herodes nach Pilatus schickt worden'.

Auch in der Lit. ist der Brauch bezeugt, z. B. in dem engl. Roman ‚Clarissa Harlowe' von Richardson (übers. v. J. D. Michaelis [Göttingen ²1749]) heißt es: „sie werden jene dadurch April schicken" (Clar. III, 73) und an anderer Stelle: „So hat sie mich April schicken wollen" (send me upon a fool's errand, Clar. V, 188). Goethe dichtet (epigrammatisch):

Willst du den März nicht ganz
                   verlieren,
So laß nicht in April dich führen.
Den ersten April mußt überstehn,
Dann kann dir manches Gute
                       geschehn.

Schließlich ist der April wegen seines veränderlichen Wetters personifiziert und zum Bild der Unbeständigkeit geworden. Allg. bekannt ist die Wetterregel ‚April, April, der weiß nicht, was er will' und ‚April – frißt der Lämmer viel'. Rdal. Vergleiche dieser Art sind schon in mhd. Zeit bezeugt, z. B. „als aberellen weter vert ir wille" (Benecke-Müller-Zarncke, Mhd. WB. I, 5). Luther schreibt 1526 (‚Vier tröstliche Psalmen'): „(David) muste auch erfaren, das fürsten hulde aprilwetter were".

‚Ein Gesicht wie Aprilwetter'

Und in Grimmelshausens ‚Simplicissimus' (I, 84) heißt es: „weil seine lüfftige Gottheit nur auf des Printzen Aprillenwetterischer Gunst bestand". Andere Wndgn. sind umg. noch ganz geläufig, z. B. *Er ist launisch wie der April; ein Gesicht wie Aprilenwetter:* zwischen Lachen und Weinen.

Lit.: *J. A. Walz:* Zum Sprachgebrauch des 18. Jh., in: Zs. f. dt. Wortf., 12 (1910), S. 173 ff.; *Richter-Weise,* Nr. 6; HdA. I, Sp. 555–567 (Art. ‚April' von *G. Jungbauer); H. Hungerland:* In den April schicken, in: Niedersachsen, 3. Oster 1921, 26. Jg., Nr. 14, S. 305 ff.; *S. Stich:* April-Scherze der Handwerker, in: Das dt. Volkslied 45 (1943), S. 62; *H. Wolf-Beranek:* Zum Aprilscherz in den Sudetenländern, in: Zs. f. Vkde. 64 (1968), S. 223 ff.; *S. Metken:* Poisson d'Avril, in: Volkskunst 2 (1981), S. 106–113.

Äquatortaufe ⁄ Taufe.

Arbeit. *Sich an die Arbeit machen:* etw. beginnen, seinen Plan verwirklichen, emsig zu Werke gehen. *Etw. (gerade) in Arbeit haben:* voll damit beschäftigt sein, es aber noch nicht beendet haben, ähnl.: *mitten in der Arbeit stecken:* keine Ablenkung wünschen. *Sich in die Arbeit stürzen:* voller Eifer sein, nichts anderes mehr kennen, auch: Probleme dadurch verdrängen, Kummer vergessen (wollen). Vgl. Vergils Lehrgedicht ‚Georgica‘ (I, 145 f.): „Labor omnia vicit improbus“ (Unablässige Arbeit besiegt alles).

Jem. geht die Arbeit gut von der Hand: er ist geschickt, flink u. fleißig, er kommt rasch voran.

Sich viel Arbeit mit etw. (jem.) machen: sich sehr viel Mühe geben, sich bes. anstrengen, oft anerkennend gesagt.

Gute Arbeit geleistet (verrichtet) haben: etw. gründlich erledigt haben, für seine Tatkraft u. Tüchtigkeit gelobt werden.

Trotz der mit ihr verbundenen Anstrengung wurde die Arbeit über viele Jahrhunderte hoch geachtet. Lit. Aussagen darüber begegnen mehrfach bereits in der Antike. Schon Hesiod (um 700 v. Chr. geboren) sagt in seinem Lehrgedicht ‚Werke und Tage‘, Vers 309: „Arbeit schändet nicht“, was sprw. Bekanntheit erlangt hat. Fast ein Sprw. wurde auch die Devise des Benediktinerordens ‚Bete und arbeite‘ (Ora et labora). Die Arbeit gewinnt im Laufe der Zeit immer mehr an Wertschätzung, sie gereicht dem Menschen sogar zur Ehre. So heißt es in Schillers ‚Glocke‘: „Arbeit ist des Bürgers Zierde“. Bereits Luther stellte fest: „Von Arbeit stirbet kein Mensch“, und dem, der über zu viele Aufgaben stöhnt, kann heute noch immer tröstend gesagt werden: ‚Die Arbeit hat noch keinen Menschen umgebracht‘. Dagegen heißt es jedoch auch drastisch: ‚Von der Arbeit krepieren die Pferde‘, d. h. Stärkere als der Mensch.

Bereits von J. Fischart stammen die sprw. gewordenen Verse:

Arbeit vnd fleiß, das sind die flügel,
So füren vber Stram (Strom) und hügel

(‚Das Glückhafft Schiff von Zürich‘ [Straßburg 1576], V. 81–82).

Auch die bekannte Wndg. ‚Arbeit macht das Leben süß‘ ist lit. Herkunft. Es ist die Anfangszeile des Liedes ‚Arbeit‘ von Gottlob Wilhelm Burmann (1737–1805), das er 1777 in seinen ‚Kleinen Liedern für keine Jünglinge‘ veröffentlichte. Die scherzhafte Fortsetzung heißt: ‚Faulheit stärkt die Glieder‘, was den Lobpreis der Arbeit relativiert.

Auf dem Arbeitsethos des 19. Jh. beruhen verschiedene Sprww. mit erzieherischer Tendenz: ‚Arbeit kommt vor dem Spiel‘ oder: ‚Erst die Arbeit, dann das Vergnügen‘. Vgl. engl. ‚Business before pleasure‘. Nach Ciceros ‚Iucundi acti labores‘ (‚De finibus‘ II, 32, 105) zitieren wir: ‚Nach getaner Arbeit ist gut ruhn‘. Auch Goethe schätzte den gesunden Wechsel von Anstrengung und Erholung, denn er rät in seiner Ballade ‚Der Schatzgräber‘ (1797):

Tages Arbeit! Abends Gäste!
Saure Wochen! Frohe Feste!
Sei dein künftig Zauberwort.

Die Wndg. *Wie die Arbeit, so der Lohn* meint den gerechten Ausgleich gegenseitiger Interessen und Erwartungen; doch die bittere Erfahrung lehrt: ‚Von Arbeit wird man nicht reich‘, oder es heißt sogar rdal.: *Etw. ist verlorene Arbeit:* alle Mühe ist umsonst, die Anstrengung bringt nichts ein.

Die Entstehung der Arbeit wird ätiologisch als Folge des Sündenfalls im A.T. erklärt: sie gilt als Strafe des ersten Menschenpaares nach 1. Mos. 3,19: „Im Schweiße deines Angesichts sollst du dein Brot essen“.

Von einem leistungsunwilligen Menschen heißt es verächtlich: *Der hat die Arbeit nicht erfunden* oder: *Dem ist die getane Arbeit die liebste.*

Als Trost für einen, der sich andererseits für unabkömmlich hält oder auch zur Beschwichtigung des eigenen schlechten Gewissens sagt man: ‚Die Arbeit läuft einem nicht davon (ist kein Hase)‘ und mdal. im Sudd.: ‚Da Arwet es ka Frusch, die huppt neg wag‘: sie bleibt liegen, sie erledigt sich nicht von alleine.

Iron. heißt es auch: ‚Das sind die gesündesten Leute, die beim Essen schwitzen und bei der Arbeit frieren‘.

In unserm Jh. sind zahlreiche Sprw.-Parodien entstanden, die die Ablehnung der als ‚typisch bürgerlich‘ betrachteten Wertschätzung der Arbeit beinhalten: ‚Arbeit adelt – wir bleiben bürgerlich‘; ‚Arbeit ist aller Laster Anfang'; ,Wer die Arbeit kennt und sich nicht drückt, der ist verrückt'; ,Arbeit macht Spaß, und Spaß wird nicht gemacht'; ,Arbeit ist Silber, Nichtstun ist Gold'. Oder es heißt: ,Hoch die Arbeit, daß keiner drankommt', vgl. sudd.: ,Ar houts an liebstn, wenn de Arbt dreimettrfuffzich huch is'.

Im Schwäb., in dem das ,Schaffen' in allg. bis heute hohem Ansehen steht, hört man doch zuweilen im Sagte-Sprw.: ,Arbeit macht's Leabe süß, hot der seal Tagwerker gsait', ,I mag die süße Sache it (nicht); oder es heißt resignierend: ,Wenn d'Arbeit alle reich mache tät, war der Ochs reicher als der Bauer'.

Mit der fortschreitenden Industrialisierung entstand die Arbeiterklasse, die ein neues Selbtbewußtsein entwickelte. Dies kommt in Georg Herweghs 1863 gedichtetem ,Bundeslied' für den Allgemeinen deutschen Arbeiterverein zum Ausdruck, dessen Verse als Aufruf zu verstehen sind:

Mann der Arbeit, aufgewacht!
Und erkenne deine Macht!
Alle Räder stehen still,
Wenn dein starker Arm es will.

Die Probleme starker Arbeitslosigkeit führen zur Forderung ,Recht auf Arbeit', die auf ein frz. Schlagwort ,Le droit au travail' von Charles Fourier (1772–1837) zurückgeht, das er 1808 formulierte (Büchmann).

Lit.: *Anon.:* Business before pleasure, in: American Notes and Queries 188 (1945), S. 283; ,Arbeit und Volksleben' (= Veröffentlichungen des Inst. f. mitteleurop. Volksforschung a. d. Univ. Marburg 4) (Göttingen 1967); *B. v. Gemmingen:* Semantische Studien zum Wortfeld ,Arbeit' im Französischen (Tübingen 1973); *J. R. Klima:* Art. ,Arbeit', in: EM. I, Sp. 723–733.

Arbeiterdenkmal. *Arbeiterdenkmal spielen:* sich ausruhen und sich dabei auf sein Werkzeug (seine Schaufel) stützen, nur zusehen und bewegungslos wie eine Statue dastehen. Die Rda. verweist scherzhaft auf die oft zu beobachtende Tatsache, daß bei Arbeiten in der Öffentlichkeit (z. B. beim Straßenbau) meist nur einer wirklich etw. tut, während die Umstehenden diesen Vorgang voller Interesse verfolgen und begutachten, ohne selbst tätig zu werden.

Argusaugen. *Argusaugen haben; einen mit Argusaugen bobachten (hüten):* ihn scharfblickend und mißtrauisch beobachten; ein strenger und genauer Aufpasser oder Wächter sein.

Argos Panoptes (der Allessehende) ist eine Gestalt der griech. Sage. Dieser Hirte hatte am ganzen Körper Augen, weshalb ihn die eifersüchtige Hera zum Hüter der in eine Kuh verwandelten Io bestimmte. Der Götterbote Hermes aber schläferte ihn durch den Ton seiner Hirtenflöte ein, tötete ihn und setzte seine Augen in den Pfauenschweif ein.

Schon in der Antike diente der Name des Argos zu rdal. Vergleichen, z. B. lat ,Argum fallere' = den vorsichtigsten Menschen täuschen. Auch im MA. sind ähnl. Wndgn. in lat. Form bezeugt, z. B.

Cautius in terris vos exercete, fidelis,
Desuper intentans oculatus prospicit
Argus.

Dt. ist der Begriff Argusaugen seit 1696 belegt. In Schillers ,Kabale und Liebe' (III, 6) spricht Wurm von dem Major, der ihn „den ganzen Tag wie ein Argus hütet", und in ,Maria Stuart' (II, 8) wird der Graf von Leicester „vom Argusblick der Eifersucht gehütet". Vgl. Abb. S. 98.

Ariadnefaden ↗ Faden.

Arkadien. *Er ist in Arkadien geboren:* er ist ein einfacher und unverbildeter Mensch.

Die Arkadier, ein einfaches Volk von Jägern und Hirten des Peloponnes, galten als der einfältigste griech. Stamm, die Landschaft, in der sie lebten, als friedlich und anmutig. Daher war schon in der Antike ,Arcadium germen, Arcadius juvenis' sprw. Zur Zeit der dt. Klassik feierte man Arkadien als das Land der Unschuld und des Friedens. Schiller begann sein Gedicht ,Resignation' mit den Worten: „Auch ich war in Arkadien geboren ..."; Goethe wählte für seine ,Italienische Reise' den Wahlspruch „Et in Arcadia ego!"; Rückert sang in seinen ,Aprilreiseblättern':

Auch ich war in Arkadien geboren
Und ward daraus entführt vom
neid'schen Glücke.
Ist hier der Rückweg? fragt ich jede
Brücke;

‚Argusaugen'

Der Eingang hier? fragt ich an allen Toren.

Im Studentenlied („Als noch Arkadiens goldene Tage mich jungen Burschen angelacht ...") und in der Operette („Als ich einst Prinz war von Arkadien", Arie aus ‚Orpheus in der Unterwelt' von Jacques Offenbach) lebt die Erinnerung an das Idealgefilde der alten Welt fort.

Lit.: *Büchmann* (mit ausführlicher Darlegung des Goethe-Zitates und seiner lit. Vorgeschichte).

arm. Der rdal. Vergleich *arm wie Hiob (Job)* stützt sich auf das ganze bibl. Buch Hiob oder auch speziell auf Hiob 17,6 („Er hat mich zum Sprichwort unter den Leuten gemacht"); auch frz. ‚pauvre comme Job'. Der weniger häufige rdal. Vergleich *arm wie Lazarus* beruht auf Luk. 16,20.

Da es in der Kirche keine Speisekammer gibt, bedeutet *arm wie eine Kirchenmaus*: sehr arm (seit dem 18. Jh. bezeugt); entspr. engl. ‚as poor as a churchmouse', ebenso frz. ‚gueux comme un rat d'église' (veraltet), ⁊ Kirchenmaus. Gleichbedeutend: *arm, schmierig, aber brav. Armer Teufel* ⁊ Teufel; *armer Judas* ⁊ Judas. Daneben gibt es in den Mdaa. eine Fülle von rdal. Vergleichen der Armut, z. B. schwäb. ‚Dear isch so arm, daß d'Mäus in dr Schublad mit verheinate Auga rumloffet'; ‚Dear isch so noate, daß 'm 's dürr Holz auf'm Heard nemma brennt'; ‚Dear isch so nixig dra, daß 'm 's Kraut im Hafa nemme siadet'; ‚Dear haut nix as Läus, und dia send krank'; ‚Dear vermag 's Wasser an d'r Supp net' (Schindlmayr, S. 13).

Jetzt hat die arme Seele Ruh ⁊ Seele.

Es ist nicht wie bei armen Leuten: scherzhafte, iron. Aufforderung an einen Gast, doch beim Essen zuzugreifen. Man will damit andeuten, daß alles reichlich vorhanden ist. Ein schwäb. Spruch lautet: ‚Bei de arme Leut muß ma's Koche lerne und bei de reiche s' Spare'.

Lit.: *L. Dilcher:* Der dt. Pauperismus und seine Lit. (Diss. Frankfurt/M. 1957); *Ch. Sachße* u. *F. Tennstedt:* Geschichte der Armenfürsorge in Deutschland vom Spätmittelalter bis zum 1. Weltkrieg (Stuttgart

1980); *dies.*: Bettler, Gauner und Proleten. Armut u. Armenfürsorge in der dt. Geschichte (Reinbek bei Hamburg 1983); *H.-W. Nörtershäuser:* Art: ‚Arm und reich', in: EM.I, Sp. 789–794; *K. D. Sievers:* Volkskultur und Armut, in: Kieler Bl. z. Vkde 21 (1989), S. 5–24.

Arm. *Einem unter die Arme greifen:* ihm in einer augenblicklichen Not oder Verlegenheit behilflich sein. Die urspr. Vorstellung ist, daß man einem Strauchelnden oder Umsinkenden beispringt und ihn unter den Armen umfängt, ehe er zu Fall kommt; oder daß der Sekundant dem Fechtenden den Arm stützt. Von einem Hilfsbedürftigen sagt Lehmann 1639 (Helffen 52; S. 387): „Es hat mancher flüggel, kan sich aber nicht auffschwingen, wenn man ihm nicht unter die Arm greifft".
Heute wird die Rda. vielfach nur noch bildl. gebraucht, wenn wir einem Hilfsbedürftigen etwa mit Geld oder mit einem guten Rat unter die Arme greifen. Das Bild ist aber doch noch zu handgreiflich, als daß man solche Wndgn. anders als mit leisem Spott und mit dem deutlichen Gefühl der schiefen Ausdrucksweise gebrauchen könnte; vgl. etwa die berl. Parodie eines Tischgespräches: ‚Freilein, derf ick Ihnen mit 'n bisken Appelmus (auch: Krabbensalat) unter de Arme jreifen?'
Einen auf den Arm (aufs Ärmchen) nehmen: ihn zum besten haben, verspotten, anführen, necken. Auf den Arm nimmt man das kleine Kind; in übertr. Bdtg. wird also der Geneckte wie ein Kind behandelt. („Etwa seit 1850" lt. Küpper); vgl. engl.: ‚to pull one's leg'.
Einen langen Arm haben: großen Einfluß haben. Der Arm gibt die Reichweite eines Menschen an. Die Rda. gehört dem 19. Jh. an, entspr. frz. ‚avoir le bras long', ist aber schon in der Antike vorgebildet. So finden sich schon in den ‚Heroiden' von Ovid (V. 13,54) die Verse: „An nescias longas regibus esse manus". Im 16. Jh. hieß deshalb gleichbedeutend noch ‚lange Hände haben'.
Die Feststellung *Er hat zu kurze Arme* (ndl. ‚Zijne armen zijn te kort') wendet die Rda. ins Negative und deutet den voraussichtlichen Mißerfolg an, der auf geringem Einfluß, zu wenig Kapital, aber auch auf geistigem Unvermögen beruht. ‚Die Arme sind zu kurz' wird auch von einem Weitsichtigen gesagt, weil er ein Schriftstück weit weg von den Augen halten muß, um es ohne Brille lesen zu können.
Jem. in den Arm fallen: noch gerade rechtzeitig etw. zu verhindern wissen, energisch eingreifen, gegen eine aggressive Handlung vorgehen.
Jem. in die Arme laufen: zufällig begegnen. Diese Wndg. braucht der Verärgerte, der ein Zusammentreffen gerade vermeiden wollte.
Sich jem. in die Arme werfen: seine Zuflucht zu jem. nehmen, sich seiner Gewalt freiwillig unterordnen. Die Rda. hat immer mehr einen negativen Sinn erhalten und wird meist auf junge Mädchen oder Frauen angewandt, die allzu leicht bereit sind, die Geliebte oder Frau eines ihnen bisher Unbekannten zu werden. In der Wndg. *sich dem Vergnügen (Laster) in die Arme werfen* ist die Bedeutungsverschlechterung bes. auffallend.

‚Mit verschränkten Armen dabeistehen'

Mit verschränkten Armen dabeistehen (oder *zusehen*): sich völlig passiv verhalten, untätig bleiben, nicht helfen. Die Rda. beruht auf einer Gleichgültigkeitsgebärde und kann sie ersetzen. Auch im älteren Recht waren solche Gebärden üblich, wie Darstellungen aus dem ‚Sachsenspiegel' erweisen.
Auch die Rda. *einen mit offenen Armen*

aufnehmen (empfangen): einen sehnlich Erwarteten oder auch einen unverhofften lieben Besuch freudig begrüßen, steht symbolisch für eine Geste, ebenso die Wndg. *jem. dem Gegner (Laster) in die Arme treiben,* jedoch in negativer Bdtg.

Mit zertanen Armen beten: mit offenen, im Gegensatz zu gefalteten Händen – vor allem vor Schlachten – beten; ist bes. in der Schweiz „ein alteidgenössischer Brauch" gewesen (Ochsenheim).

Die Wndgn. *die Arme freihaben, die Arme freibekommen* und *sich die Arme freihalten,* urspr. auf den Kampf bezogen, meinen heute: keine Behinderung haben, nach freien Entschlüssen handeln können; Zeit und Kraft für neue Aufgaben besitzen.

Der rechte Arm von jem. sein: seine Stütze, seine beste Hilfe sein; ↗ Hand.

Mit dem krummen Arme kommen: Geschenke bringen.

Etw. mit dem weichen Arme umfassen: eine Angelegenheit milde behandeln, günstig entscheiden.

Bis über beide Arme in etw. hineingreifen (auch *stecken, verschuldet sein*): sehr tief in etw. hineingeraten, zu hoch verschuldet sein, so daß fremde Hilfe nötig erscheint. Dieselbe Bdtg. hat die Wndg. ,bis zu den Schultern'.

Mit den Armen höher greifen, als die Hände reichen: die gesteckten Ziele sind unerreichbar; Erhofftes kann sich nicht erfüllen.

Die Beine unter den Arm nehmen: schnell laufen, sich beeilen.

Den Kopf unter den Arm tragen: schwerkrank, todkrank sein. Die Rda. beruht auf der Vorstellung, daß Gespenster häufig ohne Kopf erscheinen, den sie unter dem Arm tragen, und geht wohl auch auf bildl. Darstellungen der Heiligenlegenden zurück, in denen enthauptete Märtyrer ihren Kopf tragen, wie z. B. Alban, Dionysius, Exuperius, Felix und Regula, Firminus und Nikasius.

Einen am steifen (ausgestreckten) Arm verhungern lassen: Drohung oder Warnung eines Kraftmenschen; vielleicht nach dem Vorbild Augusts des Starken, Kurfürsten von Sachsen.

Lit.: *W. F. Prideaux:* To pull one's leg, in: American Notes and Queries 11,8 (1913), S. 213; *S. J. Looker:*

With open arms, in: American Notes and Queries 188 (1945), S. 152; *P. Ochsenheim:* Beten mit ,zertanen armen' – ein alteidgenössischer Brauch, in: Schweiz. Archiv f. Vkde. 75 (1979), S. 129–172; *V. Ruke-Dravina:* Hand, Arm and Finger in Latvian and Swedish Phraseology: a comparison, in: Proverbium paratum 1 (1980), S. 63–81.

Armee. *Zur großen Armee abberufen (versammelt) werden, abgehen* (auch mdal., z. B. schles. ,zur grussa Armee geschappert'), ist einer der vielen verhüllenden Ausdrücke für sterben (↗ zeitlich).

Die Wndg. ist in dieser Form erst im 19. Jh. in militärischen Kreisen aufgekommen. Th. Fontane schreibt z. B. 1894 in ,Meine Kinderjahre' (18. Kap.): „Ja, der alte Flemming ... ist nun auch schon zur großen Armee. Alles marschiert ab ..." Im älteren Nhd. findet sich für unsere heutige Rda. wiederholt die Wndg. ,zu dem alten Haufen gehen (fahren)'. Die Verstorbenen werden alle im Jenseits beisammen gedacht, eine zahllose Schar, gegen die die Zahl der Lebenden nur klein ist.

Der Tod als Anführer eines großen Heeres findet sich schon in der mhd. Umschreibung für sterben: ,in des tôdes schar varn'. Nikolaus Höningers ,Weltspiegel oder Narren-Schiff' (1574) kennt „dem alten hauffen zuschicken", jem. Tod herbeiführen. Im ,Buch der Liebe' vom Jahre 1587 heißt es: „Euer Vater ist zu dem alten Haufen (gegangen)"; oder in der ,Zimmerischen Chronik': „Darauf fuhr der from Künig zum alten Haufen". Der alte Haufen ist die Totenschar, doch tritt Haufe schon mhd. in der Bdtg. ,Kriegerschar' auf. Später wird der alte Haufen das ,große Heer' genannt worden sein, denn das Wort Armee ist erst z. Zt. des Dreißigjähr. Krieges in die dt. Sprache eingedrungen.

Die Rda. hat offenbar urspr. gelautet ,zu dem großen (alten) Heere abgehen'. Der älteste Beleg findet sich bei Hans van Ghetelen ,Dat Narrenschyp' (Lübeck 1497), einer ndd. Bearbeitung von Seb. Brants ,Narrenschiff': „in olde heer ghaen". Heer bez. allerdings nicht bloß eine Armee, sondern urspr. auch jede große Menge. Aus der Fassung ,zu dem großen Heere abgehen' ist wohl später, indem man Heer und Armee fälschlich

ÄRMEL

gleichsetzte, die jetzt gebräuchl. Wndg. geworden, wozu die Vorstellung vom ‚Soldatenhimmel' trat.
Es ist möglich, daß für die Einbürgerung der Rda. das Schicksal der ‚großen Armee' Napoleons in Rußland 1812 beigetragen hat. Vielleicht besteht auch ein Zusammenhang mit der bibl. Vision in Hes. 37, wo es V. 10 in der Sprache der Lutherbibel von den Verstorbenen heißt: „Und ihrer war ein sehr großes Heer", d. h. eine zahllose Menge. Die Antike hatte übrigens eine ähnl. Redewndg. für die gleiche Sache: griech. οἱ πλείονες, d. h. ‚die vielen', war eine volkstümliche euphemist. Umschreibung für die Toten, ebenso lat. ‚plures'; z. B. ‚ad plures abire', sterben. Mit dem gleichen Wort ‚die große Armee' bezeichnete man in der Inflationszeit nach dem 1. Weltkrieg das ‚Heer' der Arbeitlosen.

Lit.: *R. Neubauer:* ‚Er ist zur großen Armee abgegangen', in: Zs. f. Vkde. 14 (1904), S. 313–316; *L. Günther:* Wörter und Namen, S. 36; *Mengis:* Art. ‚Geisterschlacht, -kampf', in: HdA. III, Sp. 546–549; *S. Baum:* Plötzlich und unerwartet. Todesanzeigen (Düsseldorf 1980).

Ärmel. *Etw. aus dem Ärmel (*auch *aus den Ärmeln)schütteln:* etw. Schwieriges leicht und mühelos, wie spielend, oder scheinbar gleichgültig ausführen; bes. von Dingen gesagt, die sonst eine genaue Vorbereitung erfordern, z. B. eine Rede aus dem Ärmel schütteln. Joh. Christoph Adelung leitet in seinem ‚Versuch eines grammatisch-kritischen Wb.' 1774 (I, 388) diese Rda. „von den weiten Ärmeln der Geistlichen" ab, „daher es auch bes. von Predigten, die ohne Zubereitung gehalten werden, gebraucht wird". Doch kommen die weiten Ärmel aus der spätma. Mode, und auch der Realsinn der Rda. muß auf eine Zeit zurückgehen, in der Ärmel so geräumig waren, daß man etw. darin verbergen oder aufbewahren konnte, was man dort nicht vermutete. Dafür gibt es genug reale Beispiele; etwa in einem schwäb. Beleg: „Anno 1399 hatten sich 5 Zünfft gesamelt mit iren Paneren in den Oermelen haimlich". In Fischarts ‚Gargantua' heißt es: „.. Und konnten sich nicht wehren, so voll haten sie den Ermel gesteckt". Seb. Brant sagt im ‚Narrenschiff' vom Narren:

Das man jn ouch füer witzig halt,
Bis jm die pfif uß dem ermel falt,

d. h., bis man seine Narrheit erkennt (weitere Belege vgl. Trübner I, S. 126). Die Taschen in den Ärmeln dienten später auch den Taschenspielern und Gauklern bei ihren Tricks.
So sagt man noch heute: *Das ist einer mit Ärmeln:* das ist ein geriebener, abgefeimter Schlauberger. Auf die Möglichkeit, etw. in den Ärmeln zu verstecken, spielt auch das abfällige Sprw. an: ‚Pfaffen haben weite Ärmel'; auch das ältere Sprw. ‚In Franziskanerärmel und Diebsgewissen geht viel' verbindet ebenfalls beide Erklärungsmöglichkeiten. Als sprw. Rda., d. h. in übertr. Bdtg., ist die Wndg. ‚aus dem Ärmel schütteln' jedenfalls erst seit dem 18. Jh. bezeugt. Chr. Fr. Henrici (Picander) sagt in seinen ‚Ernst-Schertzhaften und satyrischen Gedichten' 1727–37 (III, 49):

Will man ein Ding geschwind
           ermitteln,
So ist das Sprichwort eingeführt:
Er kann es aus dem Ermel schütteln,
Eh sich ein hocus pocus rührt.
Hingegen wird es einem sauer
Kommt alles bey ihm langsam raus,
So heißt's: Er sieht als wie ein Bauer
Und wie Hannß ohne Ermel aus.

Auch heutzutage denkt man bei der Erklärung der Rda. meist an die Tricks von Zauberkünstlern. Die Rda. etw. hinter dem Ärmel haben: zurückhaltend, hinterlistig sein, seine Gesinnung und seinen wahren Charakter geschickt verbergen, beinhaltet einen ähnl. Gedanken. *Jem. über den Ärmel einladen:* eine Absage zu erwarten haben. Dagegen *einem bald die Ärmel zerreißen:* einen Gast zum Dableiben nötigen.
Er wird den Ärmel einzupassen wissen, wird von jem. gesagt, von dem man erwartet, daß er eine Sache in Ordnung zu bringen versteht. Diese Rda. bezieht sich auf eine der schwierigsten Arbeiten im Schneiderberuf und wurde auf allg. Schwierigkeiten übertragen.
Ich kann die Ärmel aufstreifen (hochkrempeln) versichert derjenige, der selbst mit zupacken will, weil er keine Arbeit scheut. Die Rda. stammt aus der Zeit, als noch Handmanschetten getragen wurden, die

101

‚Die Ärmel hochkrempeln'

bei den meisten Arbeiten hinderlich waren.

Leck mich am Ärmel ist eine verhüllende Wndg. für die bekannte Aufforderung des Götz von Berlichingen, deren letzter Bestandteil durch ein anlautgleiches Wort ersetzt wird (bekannt seit dem Ende des 19. Jh.). Ähnl. wird die Wndg. ‚im Ärmel' für einen verächtlichen Platz gebraucht; z. B. ostpreuß. ‚He kan mi ōm Ärmel wanen (wohnen), denn brukt he keene Müd (Miete) to betaln' ↗ Arsch. *Auf den Ärmel binden* ↗ Bär; *Dreck am Ärmel haben* ↗ Dreck; *frech wie Rotz am Ärmel* ↗ frech.

Lit.: *Richter-Weise,* Nr. 149, S. 164 f.; *Trübner* I, S. 126; *Küpper.*

Armenkasse. *Etw. aus der Armenkasse kriegen:* Prügel beziehen; auch als Drohung ‚Du kriegst was aus der Armenkasse!' Die Rda. beruht auf einem witzigen Wortspiel, in dem ‚Arm' nicht ‚besitzlos', sondern das Körperglied bedeutet, mit dem zugeschlagen wird; seit der 2. H. des 19. Jh. berl., nordostdt. und obersächs. bezeugt.

Armutszeugnis. *Sich ein Armutszeugnis ausstellen:* sein geistiges Unvermögen offenbaren, sich eine Blöße geben. Das Armutszeugnis bezog sich indessen urspr. nicht auf die geistige, sondern auf die tatsächliche Armut an Geld und Gütern. Wer das Armenrecht beantragte, d. h., wer staatliche Unterstützung in Anspruch nehmen wollte, der mußte eine behördliche Bescheinigung seiner Armut, das Armutszeugnis, vorlegen. In übertr. Bdtg. ist die Rda. seit der Mitte des 19. Jahrhunderts belegt.

Arsch. Umgangssprache und Mdaa. gebrauchen das derb-anstößige Wort Arsch in zahlreichen Wndgn. Das berühmte Kraftwort *Er kann mich am Arsch lecken* gehört eigentl. in die Nähe verwandter Wortprägungen, wie ‚Staub-, Fuß-, Speichel-Lecken', denn es soll ja ebenfalls eine Entwürdigung und Demütigung darstellen.

Die Aufforderung ist von Hause aus keineswegs nur ein derbes Kraftwort. Vielmehr wurde dem nackten Gesäß apotropäische Wirkung zugeschrieben. Die Weisung des nackten Hinterteils war eine

‚Den nackten Arsch weisen'

Abwehrgebärde, die nicht nur spöttisch-verächtliche, sondern urspr. zauberisch-ernste Hintergründe hatte. In Resten hat sich dieser Abwehrzauber noch bis zur Ggwt. erhalten. Glaubte man z. B. einer Hexe oder gar dem Teufel zu begegnen, so murmelte man den Kraftausdr. mehrere Male vor sich hin. Als Ausdr. der Teufelsdevotion mußten die Hexen bei ihren Zusammenkünften auf dem Blocksberg angeblich dem Teufel ‚den Arsch lecken' oder ihm in Gestalt eines Bockes den Hintern küssen.

Da leckst du mich am Arsch! kann allerdings auch Ausdr. hoher Verwunderung sein. In der Umgangssprache läßt sich derbe Ablehnung und höchste Verwunderung mit derselben Rda. zum Ausdr. bringen. Als Ausdr. des Staunens, der Verwunderung, ist der ‚schwäbische Gruß', z. B. unter Bekannten gebräuchlich, die sich lange nicht mehr gesehen haben: ‚Jetzt l. m. i. A. – wo kommst du her?' Er kann gebraucht werden, um ein Gespräch anzuknüpfen, um eine ins Stocken geratene Unterhaltung wieder in Gang zu bringen, um einem Gespräch eine andere Wndg. zu geben, und schließlich, um eine Unterhaltung endgültig abzubrechen.

‚Einen am Arsch lecken'

Lange vor Goethes ‚Götz von Berlichingen' (III, 4) findet sich die Rda. bei Luther: „Wenn man aber nun den Teufel kennt, so kann man leichtlich zu im sagen: Leck mich im Arsch". Frühbelege gibt es allenthalben in grobianischer Sprache, z. B. bei Hans Sachs (‚Der doctor mit der grosen nasen'):

Ey wie wol dus getroffen hast,
Peim ars im Schlaff, mein lieber Fricz,
Kump her vnd kües mich, da ich sicz!

Grimmelshausens ‚Simplicissimus' kennt die Rda. noch als konkrete Demütigung: „Hätten sie ihm Nasen und Ohren abgeschnitten, zuvor aber gezwungen, daß er ihrer Fünfen den Hindern lecken müssen"; oder an anderer Stelle: „Ich sagte: Du Flegel, sie haben dir deine Schafe wollen stehlen. Der Bauer antwortete: So wollte ich, daß sie mich und meine Schafe müßten im Hintern lecken".

Johann Beer (1655–1700) im ‚Narrenspital': „... hinfort sollst du mich nicht mehr streichen, aber wohl im Arsche lecken, du Hundsfutt, hast mich gehalten wie einen jungen Tanzbären, aber nun blase mir ins Loch dafür, du Henkersknecht!" Die frühesten Belege finden sich in Beleidigungsprozessen und -klagen des 14. Jh. Nach den Luzerner Ratsprotokollen soll eine Frau, Jenzis Vasbindz Weib, zu ihrem Manne gesagt haben: „Leck den gabelman und fach mir im ars an und kuss mir die mutzen im zünglin"; 1454 in einer Bamberger Beleidigungsklage: „Auch sprache sie, er solle sie im Arse lecken und an ihre Brüche küssen!" Goethe fand die Vorlage in der ‚Lebensbeschreibung Herrn Götzens von Berlichingen', 1731, wo es u. a. heißt: „... da schrie der Amtmann oben heraus, da schrie ich wieder zu ihme hinauf, er sollte mich hinten lekken ..." Kaspar Stieler formulierte 1691 vornehm und lat.: „Ich werde dich darumb nicht im Arsche lecken, non supplicabo tibi, nec instar numinis te venerabor ob rem eius modi".

Da mit zunehmender Verfeinerung die Rda. als zu anstößig empfunden wurde, hat sich in der Umgangssprache eine große Zahl von umschreibend-beschönigenden Rdaa. entwickelt, z. B. die Abk. ‚l. m. a.', die wiederum als ‚Laß mich allein!' ausgedeutet wird; ‚Leck mich am Ärmel'; ‚Du kannst mich'; ‚Du kannst mich am Abend besuchen'; ‚Du kannst mir im Mondschein begegnen'; ‚Götz von Berlichingen, III. Akt, 4. Szene!'; ‚Bei mir Götz von Berlichingen!', indem man also statt des Zitates selbst nur die Stelle nennt. Als euphemist. Umschreibung für diese Aufforderung kennt der Volkswitz noch viele Rdaa., z. B. ‚Küß mir den Ellenbogen'; ‚Kannst mi auf den Bank hinauflupfen, ro kann i selber'; ‚Kannst mir den Buckel küssen, wo die Haut ein Loch hat'; ‚Kannst mir den Buckel ‚runterrutschen (oder: hinaufsteigen)'; ‚Du kannst mir auf die Kirbe (Kirchweih) kommen'; ‚Kannst mi fünfern, hast um sechs Feierabend'; ‚Kannst mir sonst was tun'; ‚Kannst mi gern haben' (Wien); ‚Kannst mir den Zukker vom Kuchen lecken'; ‚Kannst mich küssen, wo ich schön bin (wo der Buckel ein Ende hat)'; ‚Blas mir den Hobel aus'; ‚Leck oich der Geer'; ‚Kannst mich neunundneunzigmal – ungeschoren lassen'.

103

‚Leck mich am Auspuff'; eine mdal. Variante aus Schleswig lautet: ‚Klei mi an Mors'. Vgl. auch frz. ‚Mon cul!', umg. als Ausdr. der Empörung.
Die tabuierte Rda. ist u. a. durch folgende ebenfalls rdal. Umschreibungen paraphrasiert worden: ‚Du kannst mich ergötzen', ‚am Ärmel küssen', ‚im Adler treffen', ‚von hinten beriechen', ‚als Briefmarke betrachten', ‚am Marschieren nicht hindern', ‚zu einer intimen Goethefeier begleiten'; ‚Du kannst mir gewogen bleiben, am Hahnen riechen', ‚am Ammersee ein Haus kaufen', ‚meine Naturbrille putzen', ‚in die Tasche steigen'; ‚Du kannst mir den Buckel runterrutschen und dort, wo er den anständigen Namen verliert, mit der Zunge bremsen!' Auf die rdal. Aufforderungen gibt es auch eine ganze Anzahl rdal. witziger Erwiderungen, wie z. B.: ‚Vor meinem ist auch kein Gitter!'; ‚Das tät' ich nicht, und wenn er mit Zucker bestreut wär'!'; ‚Das hab' ich schon einer anderen Sau versprochen!'; ‚Bedaure, ich bekomme Sodbrennen davon!'; ‚Säue werden nicht geleckt, sie werden geschruppt!'; ‚Häng deinen Arsch zuerst ein halb's Jahr in den Neckar!'; ‚Schade, daß ich mir das Naschen abgewöhnt habe!'; ‚Tut mir leid, der Arzt hat mir Diät verordnet!'; ‚Wenn du deine Hose so schnell herunterziehst, wie ich die Zunge herausstrecke, warum nicht?'; ‚Recht gern, wenn ich wüßte, welches dein Arsch und welches dein Gesicht wäre!'
In einer großen Zahl von vulgären Volksliedern spielt das bekannteste aller Goethe-Zitate ebenso eine Rolle wie in einer Reihe von Spruchprägungen, z. B.

Wenn jeder wüßte,
Was er mich könnte,
Und es auch täte –
Nie käme ich zum Sitzen.

Sage mir, was Du von mir willst,
Und ich sage Dir, was Du mich kannst.

Wenn Dich Haß und Neid umringen,
Denk an Götz von Berlichingen!

Trost gibt Dir in allen Dingen
Ritter Götz von Berlichingen.

Einem in den Arsch kriechen (z. T. mit dem witzigen Zusatz: ‚sich darin umdrehen und den Eingang verteidigen'): sich jem. kriechend unterwürfig zeigen; sich bis zu schimpflicher Selbstaufgabe erniedrigen.
Ihm geht der Arsch (auf) mit Grundeis: er hat große Angst, bange Befürchtungen. Wenn nach starkem Frost das Grundeis losbricht, so entsteht polternder Lärm. Wegen dieses Geräusches und seiner Tiefenlage meint Grundeis hier den Durchfall, der als Begleiterscheinung von Angst und Feigheit auftritt. Die Rda. ist seit etwa 1760 belegt, aber sicher mdl. älter. Scheffel ersetzt sie in dem Gaudeamuslied ‚Der erratische Block' von 1864 durch die gemilderte Form:

Und der spielt die traurigste Rolle,
Dem die Basis mit Grundeis ergeht.

‚Einem in den Arsch kriechen'

Sich etw. am Arsch abfingern (abklavieren) können: etw. Selbstverständliches mit Leichtigkeit begreifen können. Die Rda. ist eine Groteskbildung zur Rda. ‚sich etw. an den fünf Fingern abzählen können'.
Am Arsch der Welt: in abgelegener Gegend; sold. seit dem 2. Weltkrieg.
Den Arsch betrügen: sich erbrechen. Betrogen wird er, weil aus dem Munde hervorkommt, was normalerweise den Weg durch den After nimmt; sold. seit dem 1. Weltkrieg.
In zahlreichen anderen Redewndgn. ist das anstößige Wort Arsch durch verhüllende Umschreibungen ersetzt worden

(z. B. Sitzfläche, die vier oder fünf Buchstaben, Allerwertester, Erziehungsfläche, Hinterer, Südpol, Hintergestell, Hinterviertel, Podex, Popo, wo der Rücken seinen ehrlichen Namen verliert. Verlängerung des Rückens, Armloch, Armleuchter).

Jem. den Arsch versohlen: ihn prügeln, schlagen.

‚Jem. den Arsch versohlen'

Den Arsch zukneifen: sterben, ähnl. *die Arschbacken zusammenkneifen,* ebenfalls metaphorisch in gleicher Bdtg., aber auch i. S. v. genau achtgeben, mutig sein. Die Wndg. galt im 2. Weltkrieg als Ermahnung der Soldaten, tapfer zu sein und nicht vor Angst zu ↗scheißen.

Der Arsch hat Feierabend (derb): jem. ist gestorben, ↗zeitlich.

Der Arsch ist ab: eine Sache ist erledigt.

Sich den Arsch abfrieren: unter sehr großer Kälte leiden müssen. *Arbeiten, daß einem das Wasser im Arsch kocht:* hart arbeiten müssen, ↗malochen.

Im brem.-ndd. Raum heißt es scherzhaft: ‚Loop to, so schimmelt di de Eers nīch', um jem. zum hurtigen Laufen aufzufordern.

Im (am) Arsch sein: erschöpft, kaputt sein.

Im (am) Arsche des Propheten! Beteuerungsformel, entstellt aus: ‚Beim Barte des Propheten' ↗Bart.

Sich vor Ärger in den Arsch beißen können: sich sehr ärgern, etw. zutiefst bereuen.

Jem. hat den Arsch offen: er ist blöd.

Ein Arsch mit Ohren sein: ein häßliches (nichtssagendes) Gesicht haben, dumm sein. In vielen Volkserzählungen bewirkt die (angebliche) Identifizierung vom Gesäß mit dem Gesicht große Lächerlichkeit: „Den Lehrjungen, der den Arsch zum Fenster hinaushängt, grüßen die Passanten: ‚Guten Tag, Meister!'" – Der Spottvogel fragt den das Kreuz grüßenden Pfarrer: „Warum nicht den Arsch, es ist das gleiche Holz?" Der Pfarrer: „Warum küßt ihr eure Frau auf den Mund und nicht auf den Arsch? Es ist doch die gleiche Haut?"

Schütze Arsch im (dritten) letzten Glied sein, sold.: unterster Mannschaftsdienstgrad sein. Im (dritten) letzten Glied stehen die Soldaten, von denen zu befürchten ist, daß sie das Bild der ganzen Mannschaft ungünstig beeinflussen.

Sich den Arsch vergolden lassen: pejorativ für: Einen Orden, eine Auszeichnung annehmen.

Sich den Arsch versilbern lassen: ein Strichjunge sein (Sprache der Homosexuellenszene).

Eine modische Überbetonung des Hinterteils in der Damenmode in der 2. Hälfte des 19. Jh. hieß ‚cul de Paris'.

Das Arschloch schonen: sich erbrechen.

Jem. verarschen: jem. zum besten, zum Narren halten; vgl. engl. ‚You're having me on' oder: ‚You're putting me on'.

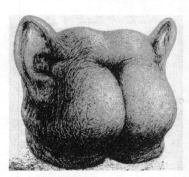

‚Ein Arsch mit Ohren'

Lit.: *G. v. Berlichingen:* Lebens-Beschreibung (Nürnberg 1731, Nachdr. Hildesheim 1977); *J. Wegeli:* Das Gesäß im Völkerglauben: ein Beitrag zur Gluteralerotik, in: Anthropophyteia 9 (1912), S. 209–243; *M. Müller-Jabusch:* Götzens grober Gruß (München 1956); Die Eiserne Hand. Intelligenzblatt der Götz von Berlichingen Academie z. Erforschung u. Pflege des Schwäb. Grusses (Tübingen 1964–76); *M. A. Crane:* You're having me on, in: American Speech 40 (1965),

S. 159–160; *H. E. Schramm:* LMIA. Des Ritters Götz von Berlichingen denkwürdige Fensterrede (Gerlingen/Württ. 1967); *T. Budenz:* Götz tut immer gut! Anekdoten, Aussprüche, Kuriositäten, Witze, Begebenheiten, die das Götzwort bewirkte (Offenbach 1968); *K. Ranke:* Art. ,Arsch', in: EM. I (1977), Sp. 823–827; Art. ,Arsch', in: Goethe-Wörterbuch I (1978), Sp. 832; *H. Küpper:* ABC-Komiker bis Zwitschergemüse. Das Bundessoldatendeutsch (Wiesbaden 1978); *J. Zintl:* Prosodic Influences on the Meaning of ,Leck mich am Arsch' in Bavarian, in: Maledicta 4 (1980), S. 91–95; *K. Wagenfeld:* Der ,Allerwerteste' und der Volksmund des Münsterlandes, in: Ick will di maol wat seggen; Sprww. u. Rdaa. ... des Münsterlandes (Münster 1983), S. 199–224; *A. Dundes:* Sie mich auch! Das Hinter-Gründige in der dt. Psyche (Amer. Titel: ,Life is like a chicken coop ladder') (Weinheim–Basel 1985); *H.-E. Schramm* (Hg.): Er kann mich hinden lekhen. Eine ergötzlich-hinterlecktuelle Dokumentation (Reutlingen 1987).

Art. *Aus der Art schlagen (fallen:)* diejenigen Eigenschaften, die der Art eigentümlich sind, die im Blute liegen, verlieren oder absichtlich ablegen, aber auch gute Eigenschaften und Talente zeigen, die bisher in der betreffenden Familie unbekannt waren. Die Bdtg. des Wortes ,Art' = Geschlecht ist heute selten geworden. ,Schlagen' hat hier dieselbe Bdtg. wie in der Wndg. ,Er schlägt nach seinem Vater' oder ,seinem Vater nach' (so schon ahd. „nah tien forderon ze slahenne an iro tugede"). Hierher gehören auch Prägungen wie: ,Menschen-, Volksschlag', ,ungeschlacht' und ,Geschlecht'.
Die Rda. ,aus der Art schlagen' ist seit frühnhd. Zeit bekannt; daneben steht die Form ,aus dem Geschlecht schlagen'. Grimmelshausen hat dafür die Wndg. ,sich ausärtlen'. Mit der Bedeutungsveränderung des Wortes ,Art' hat sich auch der Sinn der Rda. verändert und meint meist nur noch neutral: sich nicht so (nicht in der Art) benehmen, wie es sich gehört. Ebenso sind die Rdaa. zu verstehen *das hat keine Art* und umgekehrt, *daß es eine Art hat.*
Etw. ist nicht gerade die feine (englische) Art: eine Handlungsweise ist grob, gemein. ,Art' meint hier die schickliche Handlungsweise, die bes. den ,steifen Engländern' beim ,understatement' nachgesagt wird.

Asche. *Sich Asche aufs Haupt streuen, in Sack und Asche gehen (trauern)* und ähnl. Rdaa. sind bibl. Wndgn. Die Wortverbindung ,Sack und Asche' kommt zuerst Ester 4,1 bei der Schilderung eines Trauerbrauches vor („Da Mardochai alles erfuhr, was geschehen war, zerriß er seine Kleider und legte einen Sack an und Asche und ging hinaus mitten in die Stadt und schrie laut und kläglich"); ähnl. V. 3; Jes. 58,5 („auf einem Sack und in der Asche liegen"). Nach 1. Makk. 3,47 wird die Asche auf das Haupt gestreut, und bei den Evangelisten Matth. 11,21 und Luk. 10,13 tritt der Begriff „Buße tun" hinzu; vgl. frz. ,faire pénitence dans le sac et dans la cendre' (veraltet); engl. ,to repent in sackcloth and ashes'; ndl. ,in zak en as zitten'.
Ungebrannte Asche ist eine seit etwa 1600 bezeugte volkstümliche Umschreibung für ,Stockprügel'. In Westfalen sagt man heute noch ,ungebrannte Aske bruken'.
Wie ein Phönix aus der Asche ↗ Phönix.
Unter der Asche glimmen kann z. B. alter Haß. Die Rda. beruht auf dem alten Brauch, am Abend das Feuer im Herd mit Asche zu bedecken, um einem Brand vorzubeugen. Am Morgen wurde sie entfernt, die glimmende Kohle mußte angeblasen werden. Diesen täglichen Vorgang spiegelt die Rda. *Kohlen unter der Asche anblasen;* sie meint übertr.: Leidenschaften neu entfachen, die man längst beruhigt glaubte.
In Schutt und Asche legen (verwandeln, liegen, sinken): zerstören, zerstört sein, zerstört werden. Häufig als Drohung dem Feind gegenüber gebraucht und in Presse- und Rundfunkmeldungen während des 2. Weltkrieges von fremden und eigenen Städten berichtet.

Lit.: *I. Scheftelowitz:* Art. ,Asche', in: HdA, I. Sp. 611–617; *J. R. Klima:* Art. ,Asche', in: EM.I Sp. 855–859; *H. Stubbe:* Formen der Trauer. Eine kulturanthropologische Untersuchung (Berlin 1985); *Büchmann; Risse,* S. 302.

aschgrau. *Das geht ins Aschgraue:* ins Ungewisse, ins Unabsehbare, ins Unglaubliche. Die Zusammensetzung mit ,Asche' hat hier nicht den Zweck, eine bestimmte Farbvorstellung zu erwecken, etwa die der gewissen Schattierung des Graus, sondern einfach den Begriff der grauen, unerreichbaren Ferne zu steigern; so gebraucht der schles. Dichter Wenzel

Scherffer 1652 die Wndg. ‚aschgraue Ewigkeit' (verwandt sind Wortprägungen wie ‚pechschwarz', ‚feuerrot', ‚grasgrün'). Thür. sagt man auch ‚Er hat sich taubengrau geärgert'.
Wieder ganz anders zu verstehen ist *Das ging bis in die aschgraue Pechhütte*. Pechhütten lagen in der tiefsten Einsamkeit des Waldes, in Gegenden, aus denen das Holz schlecht abtransportiert werden konnte, so daß man es lieber zu Pech oder Holzkohle verarbeitete; der Zusatz ‚aschgrau' steigert nur den Begriff der Ferne und Abgeschiedenheit. Später nahm die Studentensprache den Ausdr. auf. Der Student nannte früher den Schuldturm und den Schuldenarrest ‚Pechhütte', und aus der Verbindung der Wndgn. ‚Schulden machen bis ins Aschgraue' und ‚Das führt schließlich in die Pechhütte' mag die Rda. von der ‚aschgrauen Pechhütte' entstanden sein, die dann auch angewandt wurde, wo von der urspr. Vorstellung nichts mehr übriggeblieben ist; z. B. *schlafen bis in die aschgraue Pechhütte:* bis ins Endlose.

Aßmann. *Das kannst du halten (oder machen) wie der Pfarrer Aßmann:* wie du willst, du hast freie Entscheidung; diese besonders in Westmitteldeutschland und Berlin verbreitete Redensart wird in der Zs. des Dt. Sprachvereins 39 (1924), S. 136 ff. auf den kurhess. Pfarrer Carl Christian Raßmann zurückgeführt, der 1860 in Mecklar bei Hersfeld amtierte und wegen seiner Eigenmächtigkeit bekannt war. Seine oft eigenwillige Amtsführung soll er mit den Worten begründet haben: „Das mache ich, wie ich will". Des Reimes wegen wurde hinzugefügt: „Der macht es wie der Pfarrer Nolte und Pfarrer Nolte hielt es immer, wie er wollte".
Auch auf einen thür. Geistlichen wurde die Rda. zurückgeführt. Dieser soll durch den Wurf mit der Bibel einen vorüberlaufenden Hasen getötet haben. Herzog Karl August entschied: „Der Pfarrer Aßmann hat zwar keine Jagdberechtigung; mit den Hasen aber, die er mit der Bibel totwirft, kann er machen, was er will!" – Auch andere Namensformen treten auf, z. B. Asmus, Rasmus, Nolte.

Ast. *Sich den eigenen Ast absägen* oder *(selbst) dem Ast absägen, auf dem man sitzt:* sich selbst empfindlichen Schaden zufügen, sich selbst eine wichtige Bedingung von Leben und Tätigkeit zerstören.
Die Rda. ist umg. und mdal. allg. verbreitet. Schon das Lat. hat dafür verwandte Bilder, z. B. bei Cicero: „navem perforare, qua quis ipse naviget" (das eigene Schiff durchlöchern); bei Horaz: „vineta sua caedere" (die eigenen Weingärten abschneiden); bei Tibull: „messes suas urere" (die eigene Ernte verbrennen). Die unsinnige Handlung, den Ast abzusägen, auf dem man gerade sitzt, bildet den Inhalt der Schwankerzählung vom ‚Ast absägen' (AaTh. 1240). Der Schwankheld ist unfähig, mit dem Fall des Astes auch seinen eigenen Sturz vorauszusehen.

‚Sich den eigenen Ast absägen'

Ast ist auch im Volksmund ein geläufiges Bild für Buckel; daher *einen Ast haben:* einen Buckel haben; *etw. auf den Ast nehmen:* etw. auf den Buckel bzw. auf die Schulter nehmen. Auch die Rda. *sich einen Ast lachen:* heftig lachen, hängt mit dieser Bdtg. von Ast zusammen: so sehr lachen, daß man dabei aussieht, als hätte man einen Ast, d. h. Buckel. Die Rda. ist seit 1850 belegt, vgl. frz. ‚rire comme un bossu'. Berl. wird die Redensart komisch erweitert zu: ‚Ik lach mir'n Ast un setz mir druff!', auch ausgedehnt zu einem Vers:

Gibt dir das Leben mal 'nen Puff,
Verziehe keine Miene!
Lach dir 'nen Ast und setz dich druff
Und bammle mit die Beene!

Oder (mit Wortspiel zwischen ‚grienen' und ‚grünen'): ‚Man lacht sich 'n Ast un jrient 'n an'. Das Schnarchen hört sich gelegentlich so an, wie wenn ein Ast durchgesägt werden müßte; so rhein. ,Wat hot de en dicke Ast, de kimmt gar nit dorich!'

Auf keinen grünen Ast kommen ↗ Zweig.

Sich auf dem absteigenden Ast befinden: über den Höhepunkt hinaus sein, so daß es bergab geht. Diese Rda. bezieht sich auf den Brauch, den Stammbaum eines Geschlechtes darzustellen. Bei Eheschließung zwischen Blutsverwandten tritt Ahnenverlust ein. Die Familie kommt auf den absteigenden Ast.

Jem. die Äste stumpfen: ihn hart bestrafen, ihm auch seine Entwicklungsmöglichkeiten begrenzen, vgl. ,jem. die ↗ Flügel beschneiden'.

Die Rdaa. *den dürren Ast kiesen (wählen)* und *auf dem dürren Ast sitzen:* alle Freude fliehen und sich ganz der Trauer um einen entfernten oder verstorbenen lieben Menschen hingeben und ihm für immer die Treue halten, beziehen sich auf die im MA. bes. beliebte Taubensymbolik. Konrad von Megenberg schreibt in seinem ,Buch der Natur' (S. 225 f.) darüber: „Turtur haizt ain turteltaub ... diu si hat irn gemahel liep und helt im allain trew, also vil, daz si ir kain ander liep nimt, wenn er gestirbt. und wenn sie witib ist, so fleugt sie neur auf die dürren est der paum und waint und ist traurig und singt niht ... Pei der turteltauben versten ich ain rain pider weip, diu allein irm ainigen liep trew helt und ist gedultig mit allen weipleichen zühten."

In Wolframs von Eschenbach ,Parzival' (57, 10 ff.) heißt es von Sigune, dem Urbild der Treue:

Der jamer gap ir herzen wic,
ir freude vant den dürren zwic,
als noch diu turteltube tuot.
Diu het ie denselben muot:
swenn ir an trutscheft gebrast,
ir triwe kos den dürren ast.

Außerdem ist die Taube auf dem dürren Ast das Gralzeichen.

Der ,Ackermann aus Böhmen' klagt nach dem Verlust seiner Frau (III. Kap., Z. 19 f.): „Bei trübem getranke, auf dürrem aste, betrübet, sware und zeherend beleibe ich und heule one underlaß!"

Auch im Volkslied lebt dieses Bild von der Taube auf dem dürren Ast als Symbol treuer Liebe und Trauer um den verlorenen Geliebten fort. In der ,Liebesprobe' (Straßburger Liederbuch von 1592) sagt das treue Mädchen dem unerkannten Geliebten:

Da hatt man im ein jüngfrewlin geben
So will ich beweinen mein leben
Vnd mir nemmen ein eynigen muth,
Gleich wie das turteltaeüblein thutt.
Es fleügt wol auf ein dürren nast,
Bringt vns ja weder laub noch grass ...

Etw. ist nicht ganz astrein: eine Sache ist nicht in Ordnung, nicht im Sinne des Gesetzes; eigentl.: wie ein Brett mit Astlöchern.

Lit.: *A. Hostettler-Freudenberg:* ,Die Liebesprobe'. Monographie einer Volksballade (Diss. Middelburg/Nl. 1969); *H. Lixfeld:* Art. ,Ast absägen', in: EM. I, Sp. 912–916.

Atem. *Etw. Atem einhauchen:* eine Sache beleben. Der Atem steht oft stellvertretend für das Leben oder die Seele. In 1. Mos. 2, 7 wird der menschliche Körper, den Gott aus Lehm geformt hatte, durch das ,Atemgeben' Gottes belebt: „und er blies ihm ein den lebendigen Odem". Dieses Motiv des Anhauchens und Zum-Leben-Erweckens ist in zahllosen Volkserzählungen zu finden.

Etw. in einem Atemzug tun: etw. sehr schnell erledigen.

Lit.: *E. Stemplinger:* Art. ,Atem', in: HdA. I, Sp. 647; *J. R. Klima:* Art. ,Atem', in: EM. I, Sp. 933–937; *L. Röhrich:* Adam u. Eva in der Volksliteratur, in: F. Link (Hg.): Paradeigmata (Berlin 1989), S. 253–279.

aufbinden. *Einem etw. aufbinden:* ihm Unwahres als wahr ausgeben, einem etw. ,weismachen', ihn anführen.

Die Rda. kommt in diesem Sinne zuerst bei dem Prediger Joh. Balth. Schupp 1663 vor und ist dann auch in den Wbb. seit Stieler (1691) wiederholt im heutigen Sinne gebucht. Die Erklärung hat freilich Schwierigkeiten bereitet. Man hat darauf hingewiesen, daß auf Warenballen von den Kaufleuten ein Musterstück ,aufgebunden' worden sei, das durch seine ausgesuchte Beschaffenheit oft trügerische Vorstellungen über den Inhalt erregt habe; doch heißt ein solches Schaustück ↗ Ausbund, nicht ,Aufbund'. Man hat sodann eine Lehnübers. von lat. ,imponere' angenommen. Wahrscheinlicher ist die umg. und mdal. geläufige Rda. eine Kür-

108

zung aus einer urspr. Vollform ‚einem etw. auf den Ärmel binden'. Diese Erklärung wird durch gleichbedeutende mdal. Varianten gestützt, z. B. ndl. ‚jemand iets op de mouw spelden' (wörtl: jem. etw. auf den Ärmel heften; ↗ anhängen). „Einem etwas auf den Ärmel heften oder binden, figürlich doch nur im gemeinen Leben, seine Leichtgläubigkeit mißbrauchen" bucht auch 1774 Adelung in dem ‚Versuch eines grammatisch-kritischen Wörterbuches' (Bd. 1, Sp. 388) neben „einem etwas aufbinden, d.h. ihn bewegen, eine Unwahrheit zu glauben" (Bd. 1, Sp. 428). In der heute üblicheren Form ‚einem einen Bären aufbinden' (daneben obd. auch ‚einen Bären anbinden', was sonst ‚Schulden im Wirtshaus machen' bedeutet; ↗ Bär) dient der Bär offenbar nur zur Steigerung, um die Last der Lüge bes. deutlich zu machen.

Einem etw. auf die Nase binden ↗ Nase.
Einem etw. auf die Seele binden ↗ Seele.

aufbrummen. *Jem. etw. aufbrummen:* jem. eine Strafe auferlegen, eine unmäßige Arbeit geben; ↗ brummen.

aufgedonnert. *Ist die aber aufgedonnert!* sagt man von einer Frau, die geschmacklos und aufdringlich angezogen ist. Die Rda., die seit dem 19. Jh. bekannt ist, hat mit Donner nichts zu tun, sondern enthält eine Entstellung von ital. ‚donna' = Dame. Urspr. meinte die Rda. ernsthaft: wie eine Dame gekleidet sein; erst später nahm sie die iron. Färbung an (Krüger-Lorenzen I, S. 19).

Aufgeputzt wie ein Pfingstochse sein ↗ Pfingstochse.

Aufheben. *Ein großes Aufheben (viel Aufhebens) von etw. machen:* viele Worte darum machen, damit prahlen.
Die Rda. stammt aus der Sprache der (Schau-)Fechter, die vor Beginn des Kampfes ihre Degen mit umständlichen Zeremonien und prahlerischen Worten vom Boden ‚aufhoben'. In diesem Sinne wird die Rda. schon in den älteren Wbb. erklärt. Stieler sagt hierüber 1691 (S. 806): „in arte pugillatoria est colligere arma cum ceremoniis quibusdam, quod dicunt ein aufhebens machen". Ähnl. bucht

Frisch 1741 (I, 431): „Das Aufheben, oder die Aufhebung, viel Aufhebens machen, viel Zubereitung zum Kampf machen, als die Klopf-Fechter, ridiculam adhibere praeparationem ad pugnam inanibus gesticulationibus arma ad duellum arripere".
Im Sinne der Fachsprache der Fechter verwenden auch die frühen lit. Belege den Ausdr. Das erste lit. Zeugnis bietet Johann Fischarts ‚Gargantua' (S. 402): „... wider zu seiner Kreutzstangen, mit der macht er ein auffhebens und satzt sich wieder zu Pferd". Bei Ayrer (II, 1003, 27) heißt es: „Berchting nimmt eins (ein Fechtschwert), macht ein auffhebents, gibt dem Jungen auch eins, thun ein gang zusammen". In übertr. Bdtg. erscheint die Rda. dann seit Abraham a Sancta Clara 1711 (‚Totenkapelle' 29): „mit allerley Schlitten allerhand Aufhebends machen". Wieland (XX, 60): „so viel Aufhebens und Prahlens davon zu machen". Lessing ‚Emilia Galotti' (I, 6): „auch war nicht viel Aufhebens davon zu machen". Bei Lessing blickt allerdings auch noch gelegentlich der alte und wörtl. Sinn der Wndg. durch: „Endlich scheinet der Hauptpastor Göze, nach so langem ärgerlichem Aufheben, welches nur bei der schlechtesten Art von Klopffechtern im Gebrauch ist, zur Klinge kommen und bei der Klinge bleiben zu wollen" (Sämtl. Schriften, hg. v. Lachmann, Bd. 10, S. 239, Nötige Antwort).
Da der Waffenbrauch der Fechter als umständlich, unnötig und überholt angesehen wurde, ist die Rda. im Laufe ihrer Entwicklung immer mehr nur noch in negativer Wndg. gebraucht worden: *nicht viel Aufhebens von etw. machen:* keine Umstände, nicht viele Worte machen, unauffällig über eine Sache hinweggehen, ihr keine weitere Beachtung schenken.
Auch ‚es mit einem aufnehmen', den Kampf mit ihm beginnen, sich dem Gegner gewachsen fühlen, geht möglicherweise auf das ‚Aufheben' oder ‚Aufnehmen' der Waffen vor dem Zweikampf zurück; vgl. nicht viel Federlesens machen', ↗ Federlesen.

Lit.: *A. Kuntzemüller:* Zur Gesch. des substantivierten Infinitivs im Nhd., in: Zs. f. dt. Wortf. 4 (1903), S. 58–94, bes. S. 72 f.

109

aufmutzen. *Einem etw. aufmutzen:* ihm etw. tadelnd hervorheben. In Luthers Bibelübers. heißt es Jes. Sirach 13,27: „Wenn aber ein Armer nicht recht getan hat, so kann man's aufmutzen". In Lessings ‚Freigeist' heißt es (II,1): „Aus einer flüchtigen Anmerkung, die du mir gar nicht hättest aufmutzen sollen". Urspr. hatte aufmutzen noch keinen tadelnden Beigeschmack, sondern bedeutete dasselbe wie ‚aufputzen' (mhd. mutzen = schmücken, putzen), und noch Hans Sachs schreibt „mit Kleidung sich aufmützt" (Richter-Weise, Nr. 9).

aufnehmen. *Es mit einem aufnehmen (können):* sich ihm gewachsen fühlen. Fast gänzlich aus dem Bewußtsein geschwunden ist uns heute, daß in dieser Redewndg. das ‚es' sich auf die Waffe (in älterer, z. B. noch von Luther gebrauchter Form ‚das wafen') bezieht, die vor dem Zweikampf vom Boden aufgenommen wurde; ↗ aufheben.

Lit.: *L. Günter:* Wörter und Namen, S. 34.

aufpassen. ↗ Heftelmacher; ↗ Luchs; ↗ Schießhund.

aufschneiden. *(Gern) aufschneiden (wollen):* unwahre Heldentaten erzählen, unglaubhafte Erlebnisse berichten, übertreiben, angeben, prahlen. Der Ausdr. ist eine seit dem 17. Jh. bezeugte Kürzung der älteren Rda. *mit dem großen Messer aufschneiden* (ndd. ‚dat grote Messer gebruken'), die gebraucht wurde, wenn einer allzu ‚starke Stücke' auftischte. Schon das MA. sprach von einer ‚snidenden lüge' (Hartmann, Büchlein, 2,511).
Der bildl. Gebrauch der Rda. ist in Dedekinds ‚Grobianus' (durch C. Scheid [Erfurt 1615]) vollständig durchgedrungen, wenn er die Weisung gibt, bei Tische so viel Reiselügen zu erzählen, daß das Brotmesser Scharten und Zacken bekommt und der Gastgeber damit das Brot sägen kann. Mit dem großen Aufschneidmesser beschäftigt sich ein fliegendes Blatt vom Jahre 1621 sehr ausführlich, das den Titel trägt: „Ambassador des Lucifer, jetzo aus der Höllen in die Welt gesandt, ein großes Messer allda einzukaufen, damit man weidlich aufschneiden kann".

Eine schöne ‚Aufschneidergeschichte' erzählt Grimmelshausen von Simplicissimus in den ‚Kalendergeschichten': Simplicissimus befand sich eines Tages in einer Gesellschaft, „welche dergestalt zusammenschnitt, daß man ihre Lügen auch

‚Aufschneider'

hätte greifen mögen". (S. 20). Als nun Simplicissimus an die Reihe kommt, erzählt er ein Abenteuer, welches ihm auf der Jagd passierte: er gab einen Schuß auf eine Ente im Weiher ab, traf dabei gleichzeitig einen Hecht, einen Bienenstock mit Honig, erwischte einen Hasen bei den Ohren, diesen „schmiß ich ... aus allen Kräften wider den Boden und warf eine Kütt Feldhühner unversehens damit zu Tod". (S. 20). Hinter dem Baum fand er „einen Hirsch von 16 Enden, den bemeldete Kugel auch getroffen hatte, in den letzten Zügen liegen, wie nicht weniger auch gleich hinter diesem eine Sau sitzen ..." (S. 21). Seine Zuhörer wollen die Geschichte nun nicht recht glauben, und so gesteht Simplicissimus, daß er aufgeschnitten habe, aber „es hat mich ... die Anhörung Eurer Erzählungen verwähnt, daß ich glaubte, es müßte jedweder so etwas daherschneiden" (S. 21).
Noch bis in unser Jh. hing früher in manchen Bierstuben ein großes Aufschneid-

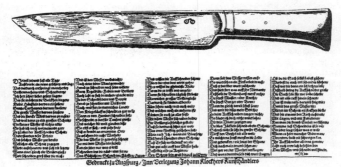

'Aufschneidmesser'

messer mit einer Glocke an der Decke befestigt, an der man läuten konnte, wenn einer eine handgreifliche Lüge erzählte. Dem entspricht auch die bildl. Darstellung der Aufschneidmesser schon in Bilderbogen des 16. und 17. Jh. Ihre illustrierenden Holzschnitte enthalten meist erläuternde Verse, z. B.:

Man schaut dich mit verwundrung an,
Jung Alt so wol, alß Frau vnd Man
Das Auffschneidt Messer, Hör, ich frag
Ist nit darvon ein grose Sag?

Endlich knüpft sich an das Aufschneiden ein urspr. wohl frz. Schwank, der selbst eine Aufschneiderei im wörtl. wie im bildl. Sinne des Wortes ist. Ein Schmied erzählt: „Do er hette Morgenbrod gessen und das Brod angeschnitten, hett er durch das Brod mitten durch geschnitten, und durch seinen Leib und durch die Wand und seinen Nachbarn etlichermassen in Rücken verwundet". In Franken und Schwaben heißen lustige Geschichten, Schwänke und bes. Lügenerzählungen ‚Schnitze'. Gleichbedeutende Rdaa. wie aufschneiden sind: ‚starke Stücke auftischen' und (heute veraltet) ‚das ↗ Beil zu weit werfen'.

Lit.: *K. Müller-Fraureuth:* Die dt. Lügendichtungen bis auf Münchhausen (Halle 1881, Neudr. Hildesheim 1965), S. 27 f.; *J. Bolte:* Bilderbogen des 16. und 17. Jh., in: Zs. f. Vkde. 47 (1938), S. 3–18, bes. S. 6 ff. (‚Das Aufschneid-Messer'); *Grimmelshausen:* Simplicianische Kalendergeschichten, hg. v. H. Gersch (Frankfurt/M. 1966); *E. Moser-Rath, J. Russell Reaver:* Art. ‚Aufschneider', in: EM. I, Sp. 983–989; *L. Röhrich:* Art. ‚Grimmelshausen', in: EM. VI, Sp. 195–205.

aufstehen. *Früh (früher) aufstehen müssen:* sich sehr zeitig ans Werk begeben, um etw. ausrichten, erreichen zu können. In Murners ‚Schelmenzunft' (angefügte Entschuldigung 89) heißt es:

Der miest warlich frieg uff stan!
Der jederman wol dienen kan
Und jedem stopffen wolt den mundt.

Um das fast Unmögliche zu vollbringen, allen Wünschen der Menschen gerecht zu werden, müßte nach Murners Ansicht selbst Gott früher aufstehen:

Er must warlichen frü uffston
Solt er eim jeden nach sym sinn
Regen, schynen (Sonnenschein)
              machen kinn!

(‚Narrenbeschwörung', 49,12).

Die ‚Vossische' Zeitung schrieb nach Aufhebung von § 2 des Jesuitengesetzes: „Wer die Jesuiten gebrauchen, benutzen zu können glaubt, der irrt sich immer; sie stehen früher auf als selbst der gewiegteste Diplomat". Eine gewisse Anerkennung der überragenden Fähigkeiten anderer wird hier ausgedrückt; vgl. frz. ‚Il faudra se lever de bonne heure'. Ebenso

111

geschieht dies in der heute sehr geläufigen Rda.: *Wer den betrügen will, muß früher aufstehen:* derjenige muß sich sehr anstrengen, ihm zuvorzukommen, denn es ist schwer, ihn zu überlisten. Eine noch größere Steigerung in den Bemühungen um Erfolg besagt die Rda. *aufstehen, ehe der Teufel Schuhe anhat.*
Dagegen sagt man iron. von einem bes. Langsamen: *Er steht früh auf, er muß helfen Mittag läuten.*
Mit dem linken Fuß (zuerst) aufstehen ↗ Fuß.

auftauen. *Jem. taut auf (beginnt langsam aufzutauen):* jem. beginnt sich in einer Gesellschaft wohl zu fühlen, er beteiligt sich am Gespräch; jem. gewinnt Zutrauen und fängt an zu sprechen; er ‚wird (langsam) warm'. Vgl. das Lügenmärchen von den ‚eingefrorenen Worten'.

Lit.: *O. Weinreich:* Antiphanes u. Münchhausen. Das antike Lügenmärlein von den gefrorenen Worten und sein Fortleben im Abendland (= Sitzungsberichte der Wiener Akad. d. Wiss.en, phil.-hist. Kl. 220, 4) (Wien – Leipzig 1942); *R. Goerge:* Art. „Gefrorene Worte" (AaTh. 1889 F), in: EM.V, Sp. 846–849.

Aufwaschen. *Das ist ein Aufwaschen; das geht in einem Aufwasch(en):* das geht in einem hin; mehreres – meist unangenehme Pflichten – zusammen erledigen. Die erst seit dem 18. Jh. bezeugte Rda. kommt vom Geschirrspülen, das man in Preußen und Obersachsen ‚Aufwaschen' nennt. Von diesen Gebieten her haben sich Wort und Rda. zur heutigen allg. umg. Bdtg. verbreitet. Die Rda. ist lit. zuerst aus Th. G. v. Hippels Roman ‚Lebensläufe' (1778ff.) belegt.

Augapfel. *Jem. Augapfel sein:* ihm sehr lieb und teuer sein, auch unentbehrlich wie das Auge, vgl. engl. ‚He is like the apple of his eye'. *An jem. Augapfel rühren:* seinen kostbarsten Besitz antasten, ihn zutiefst verletzen wollen.
Einen wie seinen Augapfel hüten ist eine bibl. Rda. (vgl. 5. Buch Mos. 32, 10 und Ps. 17, 8), kommt aber in ähnl. Form auch im Lat. ‚plus oculis suis amare' (mehr als seine Augen lieben) bei Catull († um 54 v. Chr.) vor und im Frz. ‚conserver quelqu'un comme la prunelle de l'œil' (in-

zwischen ungebräuchlich, heute heißt es: ‚garder quelqu'un comme la prunelle de ses yeux'); ebenfalls im Ndl. ‚iemand liefhebben als de appel zijner ogen' und im Engl. ‚to keep a person as the apple of one's eye'.

Auge. *Ein Auge zudrücken:* (ein Vergehen) milde beurteilen und nachsichtig behandeln. Wer ein Auge zudrückt, sieht weniger als der, der mit beiden Augen zusieht (Gegensatz ‚Vier Augen sehen mehr als zwei'). In den altdt. Weistümern, den bäuerlichen Rechtssatzungen, wird der Richter manchmal angewiesen, einen einäugigen Büttel mit einem einäugigen Pferde zu schicken, um anzudeuten, daß er unter Umständen Gnade vor Recht ergehen lassen solle. Eine neuere Steigerung der Rda. ist *beide Augen zudrücken:* etw., was man beobachten sollte, absichtlich übersehen. Die personifizierte Gerechtigkeit verhüllt beide Augen mit der Binde, um gerecht und ohne Ansehen der Person zu urteilen.
Seine Augen vor etw. verschließen: etw. ganz bewußt nicht wahrhaben wollen.
Jem. ein Auge zuhalten: jem. betrügen (vgl. die Historie 35 im Eulenspiegel-Volksbuch).
Die Augen schließen ist eine Umschreibung für sterben, ↗ zeitlich.
Es fällt mir wie Schuppen von den Augen: jetzt begreife ich die Sache endlich. Die bibl. Rda. ist der Bekehrung des Saulus (Apostelg. 9, 18) entlehnt, ähnl. *die Augen gehen einem auf.*
Jem. die Augen öffnen: ihm die (bittere)

‚Die Augen öffnen'

Wahrheit zu verstehen geben über eine Person oder Sache.
Sich Augen machen: sich nach der Einfahrt ins Bergwerk etw. aufhalten, um sich an die Dunkelheit zu gewöhnen. Der einfache Gedankengang geht davon aus, daß man nicht sieht, weil man keine Augen hat (O. H. Werner, S. 48).
Die Augen in die Hand nehmen (ähnl. wie ‚Die Beine unter den Arm nehmen', tüchtig laufen): sehr genau zusehen. Allg. bekannt ist die Drohung ‚Wart, ich werd' dir die Augen aufknöpfen!', auch mdal. z. B. meckl.: ‚Ik will em de Ogen upknöpen!'; sächs. ruft man in scherzhaftem Lat. ‚Sperr oculos!' = sperr die Augen auf! Die anonym gewordene Wndg. ist urspr. ein Zitat und stammt aus A. F. E. Langbeins (1757–1835) Gedicht ‚Abenteuer des Pfarrers Schmolke und Schulmeisters Bakel' (Str. 14).
Andere bibl. Wndgn. sind: *in die Augen springen (fallen, stechen), ein Auge auf etw. haben (richten, werfen), etw. ins Auge fassen, im Auge behalten.* Mehrere dieser Wndgn. hat Bismarck in einer Rede wortspielerisch gegeneinandergesetzt; er sagt von Eugen Richter (Reden VII, 20): „Er hat seinen Entschluß kundgegeben, diese selbe Bahn scharf im Auge zu behalten. Nun, das ist eine Wendung, die ich aus dem administrativen Diktionär kenne. Wenn jemand auch nicht recht weiß, wie er es machen will, dann sagt er: ich werde die Sache im Auge behalten, und wenn Sie diese Vertröstung am Regierungstisch mitunter auch gehört haben, so werden Sie danach das Maß dessen, was einer ‚im Auge behält', finden können. Ich möchte darauf lieber das Maß des andern Sprichwortes anwenden, was eben sagt, daß man nicht viel im Auge behalten kann; es ist so wenig, daß man's ‚im Auge leiden kann'. So ist auch der Trost, den der Herr Vorredner für die Erfüllung der Reichsbedürfnisse im Auge behalten hat, so klein, daß man ihn allerdings im Auge leiden kann".
Etw. im Auge haben: ein bestimmtes Ziel verfolgen; *etw. (jem.) nicht aus den Augen lassen:* ständig einer Sache eingedenk sein, jem. genau beobachten, ihn verfolgen. ‚Das Auge des Herrn macht das Pferd fett', wo alles gut beaufsichtigt wird, gedeiht es, wächst der Wohlstand. Das sprachl. Bild stammt aus der Antike und ist bei verschiedenen Schriftstellern belegt. So steht z. B. bei Aristoteles zu lesen, daß jem. auf die Frage, was ein Pferd am meisten fett mache, antwortete: „Das Auge des Herrn". Im Mittelalter erscheint

‚Das Auge des Herrn macht das Pferd fett'

das Sprichwort dann in deutscher Form: „Waisst nicht noch, daz ich dâ waiss, dein selbers aug daz vich macht faiss". Ähnl. lautet ein griech. Sprw.: ‚Das Auge des Herrn macht die Kühe fett'.
Das Sprw. ‚Das Auge des Herrn sieht mehr als das des Knechts' gehört zu einer Tiererzählung (AaTh. 162). Im Dt. spricht

‚Das Auge des Gesetzes wacht'

113

man vom alles überwachenden ‚Auge des Gesetzes' oder auch vom ‚Auge Gottes', das alles sieht.

Etw. (jem.) aus den Augen verlieren: etw. (jem.) in Vergessenheit geraten lassen.
Der Ausdr. *ein böses Auge haben* beruht auf dem Glauben, daß der Blick gewisser Menschen schädlich wirke (↗ Blick). Das Altertum war ganz und gar in dem Aberglauben an den ‚bösen Blick' befangen, und in Griechenland wie in Italien war die Furcht vor seinem schädlichen Einfluß verbreitet. Die Volksmeinung darüber hat sich vielerorts noch bis in den Volksglauben der Ggwt. erhalten. Der böse Blick wird denen zugeschrieben, die auch sonst als zauberkräftig gelten (Fahrenden, Hebammen, Hexen), und er wird gefürchtet für die am meisten gefährdeten Personen (Kinder, Bräute, Schwangere) oder bei wichtigen Verrichtungen. *Augen werfen:* durch den ‚bösen Blick' anderen Schaden zufügen. AaTh. 1006 verzeichnet unter ‚Casting Eyes' (Typ 1685): „Ordered to cast eyes on this or that, he kills animals and throws their eyes at the object" (K 1442). Der Ausdr. ‚einen Blick werfen', *sein Auge auf etw. werfen* wird von Wolfram von Eschenbach (‚Parzival' 510,2) mit einem etw. gewaltsamen Scherz konkretisiert:

maneger sîniu ougen bolt,
er möhts ûf einer slingen
zu senfterm wurfe bringen.

Das ‚Augen zuwerfen' wird im Märchen (KHM. 32) wörtl. genommen.
Ein Auge riskieren: heimlich seitwärts schauen, mit schnellem, neugierigem Blick eine verbotene Sache oder Situation zu beobachten wagen; erst seit dem 1. Drittel des 20. Jh. bezeugt.
Auge um Auge, Zahn um Zahn ist eine bibl. Rda. nach 2. Mos. 21,34 und 3. Mos. 24,20, 5. Mos. 19,21 und Matth. 5,38 in Luthers Übers.
Die mhd. Rdaa. *bei den Augen verbieten* und *einem an die Augen drohen* beziehen sich als Drohung auf die Strafe, einem die Augen auszureißen. Bei Caesarius v. Heisterbach (9,38) heißt es: „Praecipio tibi sub interminatione oculorum tuorum". Auch im mndl. ‚Lancelot' (V. 38457) wird die Wndg. gebraucht: „er gebôt hen bi haren ogen".

Sich die Augen ausweinen: so viel weinen, daß die Augen nichts mehr erkennen können. Die Rda. stammt aus dem Klagelied Jer. 2,11.
Einem gehen die Augen über: die Tränen kommen ihm. Die Wndg. beruht auf Luthers Übers. von Joh. 11,35, wo dies von Jesus gesagt wird. Goethe braucht sie in seiner Ballade ‚Der König von Thule':

Die Augen gingen ihm über
Sooft er trank daraus.

In veränderter Form schreibt Wilhelm Müller in seinem Gedicht ‚Der Glockenguß zu Breslau':

Die Augen gehn ihm über,
Es muß vor Freude sein.

Da bleibt kein Auge trocken: alle sind gerührt. In dem Gedicht ‚Paul. Eine Handzeichnung' von Joh. Daniel Falk (1768–1826) heißt es:

In schwarzen Trauerflören wallt
Beim Grabgläut der Glocken
Zu unserm Kirchhof jung und alt:
Da bleibt kein Auge trocken.

‚Da bleibt keen Ooge drocken'

Die Rda. ist in Inhalt und Formgebung so naheliegend und einfach, daß sie wohl nicht erst als Zitat einem Gedicht entlehnt zu werden brauchte; doch ist die Rda. erst vier Generationen nach Falk im Wortschatz der Umgangssprache nachweisbar. Eine ziemlich entgegengesetzte Bedeutung hat diese Rda. in neuerer Zeit gewonnen, wenn sie als ‚Kommentar' bei vermeintlich oder wirklich aufregenden Ereignissen geäußert wird: wenn ein Blitzschlag kracht, wenn Granaten einschlagen, bei einem überraschenden Stich im Kartenspiel, bei – verbalen oder tätlichen – Auseinandersetzungen, beim Aufdecken eines Skandals, beim Hinweis auf eine interessante Bühnenshow, auf eine gut aussehende weibliche Person u. ä.

Mit einem lachenden und einem weinenden Auge ist in der heutigen dt. Sprache wohl ein anonym gewordenes Shakespearezitat. Im ‚Hamlet' (I, 2) heißt es: „With one auspicious and one dropping eye", was die Schlegel-Tiecksche Übers. ‚mit einem heitern, einem nassen Aug' wiedergibt. Doch liegt der Rda. vielleicht ein älteres Märchenmotiv zugrunde. So findet sich in einem rumän. Märchen ein Kaiser, der mit dem rechten Auge immer lacht, mit dem linken weint (M. Kremnitz: Rum. Märchen [Leipzig 1882], S. 238).

Bei Henssen trägt eine ungarndt. Märchenaufzeichnung den Titel ‚Der König mit dem weinenden und dem lachenden Auge', in der es heißt (S. 61: „Jetz is der Keenig immer beim Fenster gstandn und hot immer nausgschaut, ob er net sein beste Kumerod, sein besten Kollege sehn werd kenne. Und er hot eahn holt nie gsehgn. Des eini Aug hot immer glacht, und des anderi Aug woar immer betriebt. Und die Buebn – woaren obr immer der eini greßer wie der anderi – und ham den Keenig nich traut, den Voder, frogn, warum des eini Aug lachn tuet und des anderi Aug is betriebt" (G. Henssen: Ungarndt. Volksüberlieferungen, Erzählungen und Lieder [Marburg 1959], S. 61 f.).

Mit offenen Augen schlafen: unaufmerksam sein. Die Rda. hat einen Bedeutungswandel durchgemacht und meinte in der Humanistenzeit noch: immer wachsam, auf der Hut sein, selbst im Schlaf. In der Emblematik ist deshalb der Hase ein Symbol der Wachsamkeit (vgl. Hasenschlaf, ↗ Hase, ↗ Löwe).

Die Wndg. *mit sehenden Augen nicht sehen* geht andererseits auf Matth. 13, 13 und Ps. 115, 5 zurück. Schon 1191 gebraucht der Minnesänger Heinrich v. Rugge die Wndgn.: „Wir sîn mit sehenden ougen blint" (Minnesangs Frühling 97, 40). *Seinen eigenen Augen nicht trauen:* etw. nicht glauben können (wollen). *Er hat Knöpfe vor den Augen* sagt man, wenn einer eine Sache sucht und nicht bemerkt, daß sie unmittelbar vor ihm liegt.

1/2 ‚Mit offenen Augen schlafen'

Ein Auge voll (Schlaf) nehmen: ein wenig schlummern. *Die Augen schonen:* schlafen; die humorvolle Rda. ist seit dem 1. Weltkrieg, zunächst sold. aufgekommen. Obersächs. sagt man von einem Langschläfer ‚Er schläft sich Maden in die Augen', er schläft so lange, bis er stinkig wird wie ein madiger Käse.

Ganz Auge sein: genauestens beobachten,

fasziniert sein, seinen Blick nicht lösen können.

Die allg. Wndg. *große Augen machen* (vor Erstaunen) wird in den Mdaa. mit sprw. Vergleichen z. T. noch originell erweitert, z. B. ostfries. ‚He makt Ogen as 'n tinnen Schöttel‘; obersächs. ‚Die Augen aufreißen wie Käsenäppel‘. *Seine Augen sind größer als der Magen (Mund)* sagt man von einem, der sich mehr auf den Teller gehäuft hat, als er bewältigen kann, vgl. ndl. ‚Zijn ogen zijn groter dan zijn maag‘; engl. ‚His eyes are bigger than his belly (stomach)‘; frz. ‚Il a les yeux plus grands que le ventre‘; ital. ‚Ha più grandi gli occhi che la bocca‘. Die Rda. gehört zu dem Sprw. ‚Man füllt den Bauch eher als das Auge‘, doch ist die Rda. bekannter. Schon in einer anonymen Sammlung von 1532 heißt es (Nr. 245): „Die Augen seyndt weitter denn der Bauch".

Mit dem linken (rechten) Auge in die rechte (linke) Westentasche sehen ↗ schielen; berl. ‚Er kiekt mit's rechte Ooge in de linke Westentasche‘. Ähnl., aber mit anderer Bdtg. ostpr. ‚Er kiekt mit dem einen Aug' nach Keilchen (Klößen) und mit dem andern nach Speck‘, er möchte zwei Fliegen mit einer Klappe schlagen, zwei Vorteile gleichzeitig erlangen. Der Scharfsichtige *hat* oder *macht Augen wie ein Luchs* (oder *wie ein Falke). Augen machen wie ein gestochenes Kalb:* schmerzlich verblüfft, hilflos, dumm, töricht, stumpfsinnig dreinschauen wie ein verendendes Kalb. *Stielaugen wie die Setzeier machen:* auffällig nach etw. hinsehen.

Einem etw. aus den Augen schwören: ihn glauben machen, daß er falsch sieht, schon von H. Sachs (II, 412ᵇ) verwendet:

ja wilt dich keren an sein jehen
(an das, was er sagt),
so schwert er dirs ja aus den augen.

Einem Sand in die Augen streuen: ihn täuschen, ↗ Sand; *einem die Augen auswischen:* ihn übervorteilen, vielfach mdal.

Mit einem blauen Auge davonkommen: mit einem geringen Schaden einer großen Gefahr entgehen, eigentl.: mit einem blauen Fleck neben dem Auge davonkommen, wo das Auge selbst gefährdet war. Das Auge ist die empfindlichste Stelle des Körpers; das kleinste Splitterchen richtet in ihm schon die peinlichste Störung an,

deshalb auch mdal. bair. ‚kein Augweh‘, ‚koan Augwehle‘, gar nichts Übles, überhaupt nicht das mindeste; hess. ‚Noch nett suvill, wei mer im Aag leire kann‘, noch nicht soviel, wie man im Auge leiden kann, nichts. Ähnl. am Rhein ‚Dat ka mich en en Og lige‘, nicht das geringste. Diese Rda. ist schon bei Meister Eckhart bezeugt (‚Reden der Unterscheidung‘, Kleine Texte 117, S. 41, Z. 17–20): „Ja in der warheit, das wil got kein wiss nit, das wir as vil eigens haben, als mir in minen augen moechte ligen". Dieser Text wurde vielfach in den Übers. völlig mißverstanden (vgl. hierzu Luise Berthold ‚Eine mißverstandene Eckhartstelle‘, in: Germ.-Rom. Monatsschrift, 15 [1927], S. 232 f.).

Das hätte ins Auge gehen können: das hätte eine schlimme Wndg. nehmen können. Die um 1900 aufgekommene Rda. kennt die hochgradige Empfindlichkeit des Auges und faßt alles, was nicht das Auge verletzt, für weniger schlimm auf. *Das paßt wie die Faust aufs Auge:* es paßt ganz und gar nicht, ↗ Faust; *einem ein Dorn im Auge sein* ↗ Dorn; *das Kalb ins Auge schlagen:* Anstoß erregen, ↗ Kalb.

Einem schöne Augen machen; einem (einer) zu tief ins Auge geschaut haben: verliebt sein; obersächs. ‚mit den Augen klappern‘, verliebt und kokettierend umherblicken.

Um ihrer schönen Augen willen: unberechtigterweise Zugeständnisse machen, Vorteile geben. Die Rda. wurde nach Molières Stück ‚Précieuses ridicules‘ (Sz. 15) gebildet, wo es heißt: ‚pour leur beaux yeux‘. Die Rda. *seiner schönen Augen halber* ist iron. gemeint. Vorgebildet erscheint sie bereits in einer Satire gegen Murner: ‚Ein schöner Dialogus zwischen einem Pfarrer und Schultheiß‘, wo der Schultheiß zum Pfarrer sagt: „Meint Ihr, man geb Euchs (Pfründe und Einkommen) Euers hübschen harß willen?"

Einem aus den Augen (aus dem Gesicht) geschnitten sein: ihm sehr ähnlich sehen. Die Rda. ist vermutl. eine relativ späte Vermischung zweier urspr. voneinander unabhängiger Wndgn. Nach alter Vorstellung gilt der Mensch als ein Kunstwerk des Schöpfers; so sagt Walther von der Vogelweide (53,25) von einer schönen Frau:

Got hâte ir wengel hôhen flîz:
er streich so tiure varwe dar,
sô reine rôt, sô reine wîz,
hie roeseloht, dort liljenvar.

Unserer Rda. näher steht Konrad von Würzburg, wenn er in seinem Epos ‚Der Trojanerkrieg' (V. 15285) die Ähnlichkeit der Jocundille mit ihrem Vater Achill schildert:

und ist ir lîp Achille
sô gar gelîch an allen sitten,
als ob sie von im sî gesnitten
und alerêrst von im gehouwen.

Daneben steht die ebenfalls ältere Wndg. *Das Kind sieht dem Vater aus den Augen.* Aus beiden Wndgn. bildete sich als Kontamination: *Das Kind ist dem Vater wie aus den Augen geschnitten.* Bei dem Barockdichter Andreas Gryphius (1616–64) begegnet die Rda. am frühesten in ihrer heutigen Form: „Ihr gleichet ihr (der Mutter) so eben, als wenn ihr ihr aus den Augen geschnitten wäret".

Ihm etw. an den Augen ablesen (absehen), die ältere Form dieser Rda. hieß ‚ihm etw. aus den Augen stehlen'. So schon mhd., z. B. in Ottokars ‚Oesterr. Reimchronik' (V. 85476):

den worten und dem dône
den ir ietweder hie
ûz sinem munde lie,
daz herze nicht gehal
wand ir ietweder stal
dem andern ûz den ougen
sînes herzen tougen.

Gnade vor deinen (meinen, seinen) Augen finden geht auf 1. Mos. 18,3 und andere bibl. Stellen zurück.

Unter vier Augen: ganz unter sich, ohne Zeugen, persönlich. *Es steht auf zwei Augen* sagt man von einer Familie, einem Geschlecht, wovon nur noch ein Namensträger (Erbe) existiert, aber auch von einem Land, einer Regierung, einer Partei, einem Industriewerk oder einer Organisation, wenn deren Schicksal von einem einzigen Menschen abhängt und bei seinem Weggang oder Tod eine unausfüllbare Lücke entsteht. Dagegen stammt die Rda. *auf seinen fünf* (auch *sieben, elf, achtzehn*) *Augen sitzenbleiben* (auch *beharren*): hartnäckig bei seiner Meinung bleiben, aus dem Würfelspiel, wo bisweilen unter den Spielern Streit entsteht, wieviel Augen

einer geworfen hat. Die Rda. findet sich schon im 16. Jh. in Oldekops ‚Hildesheimer Chronik' (S. 55): „dat de von Salder up eren vif ogen beharden".

‚Aus den Augen, aus dem Sinn' ist ein bekanntes Sprw., das besagt: was man nicht mehr sieht, vergißt man schnell. Es wird bes. auf Liebende und ihr Schicksal bezogen, wenn sie sich für längere Zeit trennen müssen; vgl. engl. ‚out of sight, out of mind'.

Im Augenblick, nur einen Augenblick lang: so schnell, wie beim Blinzeln die Augen geöffnet und geschlossen werden. Noch im Langenholtenser Hegericht (1651) heißt es: „so lange augebra von der andern leuchtet". Erst bei Agricola (Nr. 442) kommt die Wndg. in der heutigen Form vor: „Wir Deutschen haben der Hiperbolen vil, damit etwas bald und schnell geschieht, Ynn einem nu was es geschehen, ynn einem augenblick. Denn wir können nichts behenders machen, denn einn aug auff vnd zutun. Wir sagen auch unverwarntersachen, vberplötzlich, unversehens."

Als ‚Augenpulver' bez. man eine sehr kleine Druckschrift oder eine völlig unleserliche Handschrift. Eine ‚Augenwischerei' ist ein betrügerisches Vorgehen, ↗ Augenwischerei.

Lit.: *J. Grimm:* Rechtsaltertümer I, S. 335; *M. Stewart:* Out of sight, out of mind, in: American Notes and Queries 3,8 (1865); *R. Radrowski:* Das Auge des Gesetzes wacht, in: Zs. d. allg. dt. Sprachvereins 24 (1909), S. 267; *S. Seligmann:* Der böse Blick und Verwandtes, 2 Bde. (Berlin 1910); *H. S. Jones:* A proverb in ‚Hamlet' (to cry with one eye and laugh with the other), in: Modern Language Notes 27 (1912), S. 210–211; *E. Bensley:* The eye is the window of the soul, in: American Notes and Queries 153 (1927), S. 68; *S. Seligmann:* Art. ‚Auge', in: HdA. I, Sp. 679–701; *E. Lerch:* L'échapper belle (mit einem blauen Auge davonkommen): in: Revue Française 54 (1940), S. 202–226; *K. Meisen:* Der böse Blick und seine Abwehr in der Antike und im Frühchristentum, in: Rhein. Jb. v. Vkde. 1 (1950), S. 144–177; 3 (1952), S. 169–225; *R. Strömberg:* Griech. Sprww. (Göteborg 1961); *R. E. Peck:* ‚Out of Sight' is back in view, in: American Speech 41 (1966), S. 78–79; *Küpper; Krüger-Lorenzen* I, S. 20–23; *Büchmann; W. Gewehr:* Der Topos ‚Augen des Herzens'. Versuch einer Deutung durch die scholastische Erkenntnistheorie, in: Dt. Vierteljahrsschrift für Lit. wiss. u. Geistesgeschichte 46 (1972), S. 626–649; *G. Monteiro:* Eyes in the glass, in: Proverbium 24 (1974), S. 955; *H. Lixfeld:* Art. ‚Augenwerfen', in: EM. I, Sp. 1006–1010; *H. Schipperges:* Die Welt des Auges (Freiburg i. Br. 1978); *W. Jaeger:* Augenvotive. Votivgaben, Votivbilder, Amulette (Sigmaringen 1979); *G. Schleusener-Eichholz:* Das Auge im MA., 2 Bde. (= Münstersche MA-Studien 35) (Münster 1980); *A. Dundes* (Hg.): The evil Eye (New York – London 1981); *Th. Hauschild:* Der böse Blick (Berlin ²1982); *U. Jeggle:* Der Kopf des Körpers. Eine vkdl. Anatomie (Weinheim – Berlin 1986), S. 77–102; *G. Petschel:* Art. ‚Herr sieht mehr als Knecht‘, in: EM. VI, Sp. 863–866.

Augenwischerei. *Etw. ist nur (pure) Augen-wischerei:* es ist reiner Betrug. Die Wndg. wird oft mit einer Geste verbunden, um anzudeuten, daß es um die Verdeckung von Mißständen geht, in der Hoffnung, daß man es nicht bemerkt, daß man nicht klar sehen kann.

Vermutl. besteht urspr. ein Zusammenhang mit der Scharlatanerie von Wunderheilern. Sie wischten die Augen der Kranken mit einer Salbe aus, ohne sie dadurch im geringsten zu heilen oder ihre Sehkraft zu stärken.

Augiasstall. *Einen Augiasstall reinigen:* eine durch lange Vernachlässigung entstandene sehr große Unordnung aufräumen.

Augias, König von Elis, hatte einen ungeheuren Rinderstall mit 3000 Rindern, deren Mist seit 30 Jahren nicht ausgeräumt worden war. Herkules vollbrachte die Riesenarbeit, ihn an einem Tag zu reinigen, indem er zwei Öffnungen in die Stallmauern riß, die Flüsse Alpheus und Peneus vereinigte und hindurchleitete, die den Unrat gründlich fortspülten. In übertr. Bdtg. ist die Wndg. schon im klassischen Altertum (griech. „τὴν Αὐγείου βουστασίαν ἀνακαθήρασθαι“ (Lucian, Alex. 1); lat. ‚cloacas Augeae purgare‘ (Seneca, ‚Apoc.‘ 7), dt. erst im 19. Jh. belegt (vgl. frz. ‚nettoyer les écuries d'Augias‘; engl. ‚to clean the Augean stables‘; ndl. ‚een Augiasstal reinigen‘).

Augustin. *O du lieber Augustin!* Ausruf nach einem unerwarteten und als schwer empfundenen (materiellen) Verlust, der die weltschmerzliche Erkenntnis enthält: Es hat keinen Sinn, sich den Kopf zu zerbrechen mit der Sorge um den nächsten Tag, es kommt doch anders als gedacht! Es handelt sich um die Anfangszeile eines seit der Zeit um 1800 belegten Gassenhauers ironisch-pessimistischen Charakters, den die Wiener Lokalsage dem legendä-

ren Wiener Volkssänger und Dudelsackpfeifer Augustin in den Mund legt. Von dem Straßenmusikanten wird erzählt, er sei „im großen Pestjahr“ (1679) nach einer durchzechten Nacht betrunken an einem Wegrand eingeschlafen und von Siechknechten, die ihn für tot hielten, auf den Pestwagen geladen und in die Pestgrube geworfen worden. Am nächsten Morgen sei er dort inmitten der Toten aufgewacht und habe mit Musik aufgespielt, bis ihn die Siechknechte wieder herausholten.

Der früheste Nachweis dieses kuriosen Geschehens findet sich in der Pestordnung der Wiener Medizinischen Fakultät aus dem Jahr 1679, die damit auf die Gefahr des Lebendigbegrabenwerdens aufmerksam machen wollte, jedoch dort ohne Namensnennung, auch ohne den Hinweis auf den glücklichen Ausgang. Wenige Jahre später berichten der schlesische Rechtskandidat Johann Konstantin Feigius, der 1683 in Wien weilte, und Abraham a Santa Clara von dem Ereignis. Die Erzählforschung geht davon aus, daß Feigius kein historischer Tatsachenbericht zu Ohren kam, sondern daß sich bald nach dem Pestjahr das seit dem 16. Jahrhundert belegte Motiv des Musikers, der nach einer durchzechten Nacht in einer Totengrube aufwacht, in der volkstümlichen Erzähltradition auf die Wiener Verhältnisse übertragen wurde. Den Namen ‚Augustin‘ erhielt der Musikant möglicherweise deshalb, weil die Pestordnung von 1679 mit einem Gebet an den hl. Augustinus schloß.

In Wien hat man dem ‚lieben Augustin‘ im 7. Bezirk ein Denkmal gesetzt. Die ‚Lieber Augustin‘-Plastik an einem Haus in Lindau hat hingegen nichts mit dieser Figur zu tun. Sie gilt der Titelgestalt eines Romans von Horst Wolfram Geissler (München 1921 u. ö.), die dieser in Lindau angesiedelt hat.

Lit.: L. Schmidt, Der liebe Augustin. Die Wiener Lokalisierung einer Wandersage, in: ders., Volkserzählung (Berlin 1963), S. 211–224; *ders.:* Art. ‚Augustin, lieber‘, in: EM. I, Sp. 1015–1017.

aus. *Weder aus noch ein wissen:* keinen Ausweg mehr sehen. Die Rda. stammt in Luthers Verdeutschung aus dem A.T. (1. Kön. 3,7).

Bei jem. aus und ein gehen: häufig Besuche machen, verkehren.

Aus, dein treuer Vater!: Schluß! Fertig! Die um 1930 lit. belegte Wndg. soll sich auf den ‚Brief des Matthias Claudius an seinen Sohn', ein bekanntes Lesebuchstück, beziehen. Komische oder iron. Wirkung wird bei aller Ablehnung durch den Hinweis auf die väterliche Treue erzielt (Küpper).

Aus haben vor etw.: Abscheu, Schauder vor etw. haben. Diese sächs. Rda. kann sich aus Stellen wie in Fischarts ‚Flöhhatz': „Pfeu auß du Kammer voller Kommer" (S. 795) und „Pfeu auß ir Vihmägd, die ir stinckt" (S. 797) als Abk. entwickelt haben.

Etw. ist aus und vorbei: eine Sache ist endgültig fertig, beendet; jetzt ist definitiv Schluß. Die Wndg. wird oft bei Beendigung einer Liebesbeziehung gebraucht; vgl. engl. ‚over and out'; ‚all over' u. ‚past and gone'.

Lit.: *A. Wheeler:* All over, in: American Notes and Queries 9,12 (1903), S. 294; *E. S. Olszewska:* Past and gone, in: American Notes and Queries 211 (1966), S. 209; *W. D. Hand:* Over and Out. Magical divestment in Folk Belief and Custom, in: Miscellanea (Festschrift f. K. C. Peeters), (Antwerpen 1975), S. 287–294.

ausbaden ↗ Bad.

ausbaldowern ↗ baldowern.

Ausbund. *Ein Ausbund von Tugend sein* (ähnl. ‚ein Ausbund von Gelehrsamkeit, von Güte, von Frechheit oder von Schlechtigkeit'). Ein Ausbund wird derjenige genannt, der sich in einer dieser Eigenschaften bes. hervortut; ein Muster seiner Gattung. Die Rda., meist scherzhaft oder iron. gemeint, geht auf den früheren Kaufmannsbrauch zurück, bei einer Ware ein bes. gutes Stück außen auf die Packung zu binden, eben den Ausbund (mhd. ûberbunt; seit Geiler von Kaysersberg ußbund; die dazu erlesene Ware heißt mnd. ûtbundich). In diesem eigentl. Sinne läßt sich Ausbund freilich nicht belegen, vielmehr nur in der übertr. Bdtg.: ‚das Beste seiner Art' seit dem Anfang des 16. Jh.; so z. B. bei Josua Maaler: ‚Die Teutsch Sprach' (Zürich 1561): „ein Ausbund aller Schöne", ferner

bei Stieler (1691): „Ausbund aller Schelme, der Tugend, der Pferde, der Jungfern". Schon in Dürers ‚Reisetagebuch von Herzogenbuch' heißt es: „Pusch ist eine hübsche Stadt, hat eine ausbündige schöne Kirche". Für die Richtigkeit der Herleitung vom kaufmännischen Ausbund bei der verpackten Ware sprechen noch lebendige mdal. Varianten der Rda., z. B. berl. ‚Du bist der scheenste ur't halbe Dutzend. Du kommst uf't Paket!'; erzgeb. ‚Du mußt ofs Dutzend drofgebunn war'n!'.

ausfressen. *Etw. ausgefressen haben:* heimlich eine Straftat, etw. Schlechtes begangen haben. Die Rda. ist auch mdal. verbreitet, z. B. heißt es in Berlin: ‚Er hat wat ausjefressen'. In der Schülersprache wird die Wndg. heute noch häufig gebraucht mit der speziellen Bdtg.: seinen Lehrern einen Streich gespielt haben, heimlich gegen die Schulordnung, gegen ein Verbot verstoßen haben und deshalb ein schlechtes Gewissen haben.

Etw. ausfressen wollen: im Übermut, aus Rachelust den Vorsatz zu einer bösen Tat fassen; voller Freude etw. vorbereiten, das anderen Ärger bringen wird und dafür gern die Folgen in Kauf nehmen. Die Herkunft der Rdaa. ist nicht ganz sicher. Man hat an einen sprachl. Vergleich mit dem Verhalten der Katze gedacht, die gern heimlich nascht und einen Topf ‚ausfrißt', wofür sie Strafe zu erwarten hat. Wahrscheinl. aber weisen diese Rdaa. auf einen alten Rechtsbrauch zurück und stehen im Zusammenhang mit der Hauswüstung: Wenn ein Schuldner nicht zahlen wollte oder konnte, wenn die Steuern bei ihm nicht einzutreiben waren, wurde bei dem Verurteilten eine Partialwüstung angeordnet, d. h. durch Zwangseinquartierung von ‚Fressern' wurden ihm Essen und Trinken in seinem eigenen Hause genommen. Alle Vorräte wurden von den Fremden aufgezehrt, bis der Schuldige entweder bezahlte oder Haus und Hof verließ, weil er keine Existenzgrundlage mehr dort hatte. Die Strafe des ‚Ausfressens' wurde im MA. häufig verwendet, wie aus Gerichtsakten hervorgeht und aus Verboten im 13. Jh. Auch in Frankreich und Italien war das ‚Ausfressen' bekannt. So

119

verbot z. B. 1285 das Pariser Parlament diese allg. Bestrafung und genehmigte sie nur noch in bes. Fällen. Nach der Aufhebung des Edikts von Nantes versuchte man in großem Maße, die Hugenotten durch das ‚Ausfressen', d. h. durch die Erschöpfung ihrer Vorräte zum kath. Glauben zurückzuzwingen oder ihre Macht durch die Vertreibung von ihrem Besitz zu brechen. Die ndd. Rda. ‚Et is ein Utfräten', es geht in einem hin, scheint noch näher als die übrigen Wndgn. mit dieser ma. Strafe in Beziehung zu stehen. Sie dienst als Ermutigung zu einer Handlung, bei der Nachteile oder Strafen befürchtet werden müssen, die aber kaum das schon für andere böse Taten zu erwartende Strafmaß zu steigern vermögen.

Lit.: *N. Zahn:* Die Wüstung im ma. Recht unter bes. Berücksichtigung von Italien und Flandern (Diss. Basel 1956), S. 87 ff.

ausgerechnet. *Ausgerechnet Bananen!:* ausgerechnet das! Die Rda. ist eigentl. ein Zitat aus einem nach dem 1. Weltkrieg aufgekommenen Schlager mit dem Kehrreim „ausgerechnet Bananen, Bananen verlangt sie von mir!" (Küpper).

aushecken. *Etw. aushecken:* etw. heimlich (im Schutz einer Hecke) vorbereiten, etw. Böses ausdenken, einen Streich planen, eine List ersinnen, eigentl.: etw. ausbrüten. Das seit dem 15. Jh. bezeugte ‚aushecken' beruht auf mhd. ‚hecken', das zu dem Stamm *‚hag' gehört i. S. v. sich fortpflanzen. Vgl. ‚hecken wie die Karnickel': sich vermehren, viele Nachkommen haben. ⟋ Heckethaler.

ausmerzen. *Etw. ausmerzen* (z. B. Fehler, Unkraut): etw. als untauglich ausschalten, ausscheiden, ganz beseitigen; wurde im Mhd. als ‚merzen' bez. (Kluge). Ausmerzen ist ein altes landwirtschaftliches Wort, das seit dem 16. Jh. zu belegen ist und eigentl. und urspr. bis ins 18. Jh. nur von Schafen gebraucht wurde, die, weil zu schwach oder sonst zur Zucht unbrauchbar, aus der Herde ausgesondert wurden. Weil man diese Ausscheidung in der Regel im März vorgenommen wurde, so ist sie ausmerzen genannt worden. Aus

der Landwirtschaft ist dann der Ausdr. in das allg. Leben und seine Sprache übergegangen, so daß er seit dem 18. Jh. anfängt, ganz allg. zu bedeuten: etw. Unbrauchbares, Unpassendes aussondern. Luther hat das Wort auffallenderweise nicht, wohl aber sein Zeitgenosse Mathesius, der Pfarrer in Joachimstal in Böhmen: „Wie der Sohn Gottes am jüngsten Tage die reuigen Schafe und Böcke von seinen Schäflein ausheben oder ausmertzen wird". Das ausgemerzte Schaf heißt auch ‚Merzschaf'.

Lit.: *R. Neubauer:* Woher stammt das Wort „ausmerzen"?, in: Zs. f. Vkde., Bd. 13 (1903), S. 100–102; *A. Goetze:* ‚ausmerzen', in: Zs. f. dt. Wortf., 4 (1903), S. 326.

Ausnahme. *Die Ausnahme von der Regel sein:* nicht der Regel entsprechen. Die Rda. ist dem röm. Recht entnommen: „die Exceptio gibt der Regula als Topos des Rechtslebens erst das volle Relief; die Ausnahme erklärt die Regel, öffnet das Auge für ihren urspr. Sinn, und macht klar, von welchen Grundlagen her die Regel formuliert worden ist. ‚Die Ausnahme bestätigt die Regel' (Exceptio confirmat regulam) in jenen Fällen, die nicht unter die Ausnahme fallen (Exceptio firmat regulam in casibus non exceptis) und hält fest, daß die Regula sonst als Generalklausel gelten solle". (Elsener, S. 38).

Lit.: *R. Pierpoint:* Exceptio probat regulam, in: American Notes and Queries 8,4 (1893), S. 495; *A. Götze:* Die Ausnahme bestätigt die Regel, in: Jahrbücher für das klass. Altertum, Geschichte und Lit. 27 (Berlin 1924), S. 264–265; *F. Elsener:* Keine Regel ohne Ausnahme. Gedanken zur Geschichte der dt. Rechtssprww., in: Festschrift für den 45. Dt. Juristentag (Karlsruhe 1964), S. 23–40.

ausreißen. *Ausreißen wie Schafleder* (seltener *Schafleder geben*): eiligst die Flucht ergreifen, sich schnell davonmachen. Die seit dem 16. Jh. bezeugte Rda. ist zunächst ganz wörtl. verstanden worden: Das weiche Schafleder reißt beim Spannen leichter als Schweins- oder Rindsleder. Obersächs. ‚Diß reißt aus wie Schaafleder', es ist unbegründet, hält nicht Stich (so bei G. Chr. Martini: Redner-Schatz [1704], Bd. 1, S. 240). In der heutigen Umgangssprache wird die Rda. aber nur noch iron.witzig verstanden; sie spielt mit dem Doppelsinn des Wortes ausreißen = zer-

reißen und flüchten. Der Wortwitz ist derselbe wie in zahlreichen anderen sprw. Vergleichen, z. B. ‚aufrichtig wie ein Kuhschwanz‘, ‚Einfälle haben wie ein altes Haus‘, ‚klar wie Kloßbrühe‘, ‚klar wie dicke Tinte‘, ‚gerührt wie Apfelmus‘, ‚es inwendig haben wie die Ziegen den Speck‘; reichhaltige Sammlung bei Fr. Seiler: Lehnsprichwort, 4 (1924).
Sich kein Bein dabei ausreißen ↗ Bein.
Sich so stark fühlen, daß man Bäume ausreißen könnte ↗ Baum.

Aussätziger. *Jem. meiden (fliehen) wie einen Aussätzigen:* jem. bewußt aus dem Wege gehen, eine Begegnung geradezu fürchten, ihn hassen, verachten, eigentl.: sich vor ihm ekeln, sich nicht infizieren wollen, ↗ Pest.
Die wörtl. Bdtg. von ‚Aussätziger‘ (ahd. ‚ūzsaz (e)o‘ u. mhd. ‚ūzsetze‘ ist ja: ‚einer, der außen sitzen muß‘, weil die Leprakranken sich wegen der Ansteckungsgefahr von den menschlichen Siedlungen absondern mußten. Die Problematik für einen Betroffenen, der keine ärztliche Hilfe im MA. fand, schildert Hartmann von Aue eindringlich in seinem ‚Armen Heinrich‘.
Noch heute gibt es in vielen tropischen Ländern isolierte Leprastationen, wo die Kranken aufopfernd gepflegt und mit dem Lebensnotwendigen versorgt werden.

Ausschlag. *Den Ausschlag geben:* etw. entscheiden. Das rdal. Bild stammt von dem ‚Ausschlagen‘ des Züngleins an der Waage. Die Wndg. ist seit dem 15. Jh. bekannt und kommt auch bei Luther mehrfach vor, z. B.: „Es ist kündig gnug, wenn man dich nach deyner zungen wiegen solt, wo der außschlag hynn fallen wurdt“ (Antwort deutsch [1522]).
Die Wndg. *etw. ausschlagen:* von sich weisen, scharf ablehnen, stammt wohl aus der Fechtersprache, da ‚einen Streich ausschlagen‘ ihn durch einen Gegenschlag parieren bedeutet. Zahlreiche rdal. Vergleiche wurden hierzu gebildet, z. B. ‚Er schlägt's aus wie der Hund die Bratwurst, wie der Pfaff' das Opfer und der Bettler den Batzen‘.

aussehen. *Wie siehst du denn (bloß) aus?* Diese Frage drückt das Erstaunen über ein auffallendes Aussehen aus, z. B. bei unschicklicher oder beschmutzter Kleidung eines Kindes. *Du siehst aber aus!* kann einen Tadel, aber auch die mitleidige Äußerung der Besorgnis bei kranken oder bekümmertem Aussehen bedeuten. Dagegen meint die Rda. *So siehst du aus!* du hast dich geirrt, das glaubst du ja selbst nicht! oder: das könnte dir so passen! *Ihr seht mir gerade danach aus!* das traue ich euch auf keinen Fall zu.
Daß man vom Aussehen und Verhalten eines Menschen auf das zu schließen versuchte, was er zuvor gegessen hatte, zeigen die folgenden Rdaa.: *Er sieht aus, als hätt' er Dosten gegessen* wird dann gesagt, wenn jem. bes. viel Kraft und männlichen Mut zeigt. Dosten, auch Wohlgemut genannt, galt als Aphrodisiakum. Die Schärfe des Pflanzensaftes wurde als anregendes Mittel genutzt (vgl. lat. ‚origanum tueri‘). War jem. finster und von ernster Entschlossenheit, hieß es auch *Er sieht aus, als hätte er Kresse gegessen.* Verzieht jem. das Gesicht, als ob er sich vor etw. heftig geekelt habe, wird dazu scherzhaft bemerkt *Er sieht aus, als hätte er Maikäfer gefrühstückt* oder *als ob er einen Frosch verschluckt hätte.* Der Wütende, dessen Gesicht rot angelaufen ist, *sieht aus, als hätte er Krebse gegessen. Er sieht aus, als hätte er die Weisheit mit (Schöpf-) Löffeln gefressen* verspottet den Eingebildeten, der trotz seines lückenhaften Wissens von sich eingenommen und überheblich ist. Von einem Abgemagerten, der Hunger leiden muß, heißt es *Er sieht aus, als äß' er die Woche nur einmal.*
Zahlreich sind die rdal. Vergleiche für gutes, schlechtes oder bes. auffallendes Aussehen eines Menschen, wobei Tiervergleiche und witzige Übertreibungen sehr häufig und beliebt sind. Sauberes, frisches und gesundes Aussehen umschreiben die folgenden Wndgn.: *Jem. sieht aus, wie aus dem Ei gepellt:* sehr sauber und frisch. *Jem. sieht aus, als ob er aus dem Schächtelchen käme:* seine Kleidung scheint ladenneu zu sein, ↗ Schachtel. Übertriebene Sorgfalt in der Kleidung wird bei einem Manne getadelt, da man glaubt, daß er andere Mängel damit verbergen will; *er sieht*

121

aus wie geschniegelt und gebügelt oder gar *wie ein Lackaffe.* Bes. die Landbevölkerung beobachtete mißtrauisch die wechselnden Modeströmungen der Städte und zog z. B. die eigene praktische Kleidung, die derben Schuhe den Lackschuhen der feinen Herren vor. Spöttisch heißt es von einem, der vornehm tut, aber seine Unbildung verrät *Er sieht aus wie ein Bonbon, das in den Dreck gefallen ist.*

Bei einem blühenden, gesunden Aussehen von Frauen und Mädchen sind Vergleiche mit Blumen und Früchten beliebt: *Sie sieht aus wie ein Borsdorfer (Stettiner) Apfel:* sie hat frische Gesichtsfarbe, zarte Haut. Die leuchtende Farbe der Pfingstrose macht sie bes. geeignet im rdal. Vergleich. Im Erzgebirge sagt man z. B. von einem kräftigen, rotbäckigen Mädchen ,Sie sieht aus wie eine Punining (Päonie). Häufig ist die Wndg. *aussehen wie Milch und Blut* (auch *wie das ewige Leben*): jugendlich, rosig. Dagegen glaubt man bei plötzlich stark verändertem und krankem Aussehen, daß eine boshafte Verwünschung vorliege. Die Rda. *Er sieht aus, als ob er beschrien wäre* heißt demnach: die Krankheit muß ihm angehext worden sein, ↗ beschreien. Hat einer vor Schreck oder Übelkeit alle Farbe aus dem Gesicht verloren, werden sehr treffende Vergliche gebraucht, die regional verschieden sind. In Sachsen sagt man z. B. ,jem. sieht aus wie Rotz und griene Bern' oder ,wie Braun-(Weiß-)Bier und Spucke', ↗ Bier. (Vgl. auch HdA. I, Sp. 1279). Derart drastische Ausdrücke sind auch in die Lit. eingedrungen. Zuckmayer schreibt in seinem ,Schinderhannes' (2. Akt): „Du siehst ja aus wie geschissene Äppelbrei".

Eine Steigerung enthalten die Wndgn., die das schlechte Aussehen eines Menschen dem eines Toten vergleichen: *Jem. sieht aus wie ein Toter, wie eine Leiche, wie ein Gespenst* (vgl. Grimm, DS. 8). Dieses Erschrecken über das Aussehen eines anderen schildert ein ndd. Schwank, von dem sich die Rda. ,He sütt ut as Lüttmann, wenn he noch kên Hemd anhätt', herleitet: „Zu Beginn des 19. Jh. lebte in Oldenburg ein Arzt namens Dr. Lüttmann, zu dem, ehe er noch aufgestanden war, früh ein Bauer ins Zimmer trat; hier erblickte der Bauer ein aufgestelltes Skelett, bei

dessen Anblick er sich eilig davonmachte, so daß ihn Lüttmann, als er aufgestanden war, nicht mehr vorfand. Einige Stunden später drückte sich der Bauer an der gegenüberliegenden Seite der Straße vorbei, wurde aber von dem Diener des Arztes, der eben vor der Tür stand, bemerkt und dem letzteren genannt. ,He guter Freund', rief Lüttmann dem Bauer zu, ,Ihr wart ja heute früh bei mir'. – ,Bleibt mir drei Schritte vom Leibe', erwiderte der Bauer, ängstlich forteilend, ,ich hab' Ihn heut Morgen wol gesehen, als er noch kein Hemd anhatte'".

Ein bedauernswerter Mensch kann *aussehen wie das Leiden Christi, als habe er drei Tage am Galgen gehangen (im Grab gelegen), wie der Tod von Basel (von Warschau* oder *von Ypern),* ↗ Tod.

Kann man Kummer, Not und Bestürzung vom Gesicht eines anderen ablesen, heißt es z. B. *Jem. sieht aus, als wenn ihm das Korn verhagelt wäre* (vgl. HdA. III, Sp. 1304), vgl. ndd. ,utsiehn als wenn em de Petersilie verhagelt war'; ndl. ,een gezicht trekken gelijk botermelk' und frz. ,il a bien l'air grêle' (veraltet).

Vom Schlechtgelaunten sagt man *Er sieht aus, als wäre ihm eine Laus über die Leber gelaufen;* vgl. frz. ,On dirait qu'il a mangé des pois qui ne voulaient pas cuire' (wörtl.: Er sieht aus, als hätte er Erbsen gegessen, die nicht weich gekocht werden konnten); und von dem, der hilflos aussieht: *Er sieht aus, als sei ihm die Frau weggelaufen, als wäre ihm die Butter vom Brote gefallen, als seien ihm (alle) Felle fortgeschwommen.* Die letzte Wndg. bezieht sich wahrscheinl. auf das Gerberhandwerk (vgl. HdA. II, Sp. 1322). Der Traurige *sieht aus wie drei Tage Regenwetter,* dem in Schlesien noch hinzugefügt wird ,und der vierte noch nicht hübsch'; vgl. ndl. ,en gezicht trekken als een oorwurm'; engl. ,to look like the tailend of a bad road'. Eine wütende Frau *sieht aus wie eine Rachegöttin, wie eine Furie,* aber auch *wie ein rächender Engel,* eine bibl. Vorstellung, die im Zusammenhang mit der Vertreibung aus dem Paradies steht.

Für das verwahrloste und merkwürdige Äußere eines Menschen gibt es treffende und humorvolle, auch spöttische Wndgn.: *Jem. sieht aus wie ein gerupftes Huhn, wie*

122

ein wildgewordener Handfeger, als käm' er vom Aschermittwoch, so voller Staub ist er; der vom Regen Überraschte *sieht aus wie eine gebadete Maus, wie ein begossener Pudel*. Der Häßliche *sieht aus, als ob seine Mutter ein Rochen wäre*. Macht jem. eine lächerliche Figur, so sieht er aus, *wie ein Hampelmann, wie eine Schießbudenfigur*, die man auf Jahrmärkten ausstellt; der Dicke *sieht aus wie eine fette Sau,* eine kleine dicke Frau ‚sieht aus wie ein Pfannkuchen mit Been', wie in Sachsen scherzhaft bemerkt wird.

Hat jem. ein ausdrucksloses Gesicht mit Pausbacken, sieht er aus *wie ein Vollmond* oder *wie ein Posaunenengel*. Der rdal. Vergleich geht zurück auf die Bibelstelle Matth. 24,31: „Und er wird senden seine Engel mit hellen Posaunen". *Aussehen wie eine Vogelscheuche; wie das Leiden Christi (in Butter gebacken).*

Einer, der sich sehr steif bewegt, *sieht aus, als habe er ein Lineal verschluckt;* ist er müde und übernächtigt, sieht er aus *wie eine Nachteule;* eine Frau, die eine Brille tragen muß, *sieht aus wie eine Brillenschlange;* ein Verwahrloster *sieht aus wie durch den Kakao gezogen* oder *wie ein Strauchdieb*, vgl. frz. ‚avoir la mine de demander l'aumône au coin d'un bois' (veraltet).

Ist ein Raum in Unordnung geraten, sieht es darin aus *wie in einem Schweine- (Sau-) Stall* oder *wie in einer Räuberhöhle*.

Um die Dummheit eines Menschen zu bezeichnen, werden Tiervergleiche angestellt: *Jem. sieht aus wie ein gestochenes Kalb, wie eine Gans, wenn's donnert, wie eine Katze, wenn's blitzt* (vgl. HdA. V, Sp. 446), *wie eine Kuh (ein Ochs) vorm (neuen) Scheunentor (vorm Berg).*

Der Scheinheilige *sieht aus, als könnte er kein Wässerchen trüben*, eine Rda., die sich auf die Fabel vom Wolf und Lämmlein bezieht; derjenige, der es dick hinter den Ohren hat, *sieht aus, als ob er nicht auf fünf zählen könnte, und hat danach zehn im Ärmel*. Meckl. sagt man von zwei Schelmen, von denen einer nicht besser als der andere ist ‚as de een utsieht, heet de anner'. Viele weitere Beispiele sind bei Wander I, Sp. 196ff. zu finden.

Lit.: *R. Sprenger:* Aussehen wie der Tod von Ypern, in: Zs. f.d. U. 20 (1906), S. 135; *O. Weise:* Die volkstümlichen Vergleiche in den dt. Mdaa., in: Z. f. dt. Mda.-Forschung 1921; *W. Widmer:* Volkstümliche Vergleiche im Frz. nach dem Typus ‚Rouge comme un Coq' (Diss. Basel 1929); *H. W. Klein:* Die volkstümlichen sprw. Vergleiche im Lat. und in den rom. Sprachen, Diss. Tübingen (Würzburg 1936); *A. Taylor:* Proverbial Comparisons and Similes from California (= University of California Publications, Folklore Studies 3) (Berkeley – Los Angeles 1954).

aussitzen. *Etw. aussitzen (müssen):* eine schwierige (politische) Situation durchhalten müssen; sich auf langwierige Verhandlungen einstellen. Die Wndg. kann aber auch als Vorwurf für Untätigkeit gebraucht werden: *Er sitzt die Sache wieder einmal aus:* er läßt die Zeit für sich arbeiten, er wartet eine Entwicklung geduldig ab, ohne direkt einzugreifen.

‚Etwas aussitzen'

‚Einen ausstechen'

ausstechen. *Einen ausstechen:* ihn übertreffen, verdrängen. Die Rda. stammt aus dem Turnierwesen und ist aus der älteren

Vollform ‚aus dem Sattel stechen' verkürzt und dann auch auf andere Bereiche übertr. worden.

Einen bei jem. ausstechen: die Gunst eines anderen so stark gewinnen, daß sie der Vorgänger oder Konkurrent verliert. Urspr. auf den Zweikampf der Ritter zu Ehren einer Dame bezogen, wo der Unterlegene vom Sieger ‚ausgestochen' wurde und als¹ Nebenbuhler nicht mehr in Betracht kam.

Austrag. *Etw. zum Austrag bringen:* durch eine Entscheidung das Ende herbeiführen; meist von Streit und Zwist gesagt. ‚Austragen' ist ein alter Rechtsausdr. und bedeutet: bis zu Ende tragen, zum Ende, zu einer Entscheidung bringen (1342: „daz wir ... uber ein komen sin und mit enander üz getragen und geendt haben"; 1414: „mit rechte ... utdregen"). Das Rechtswort Austrag bedeutet also: Zu-Ende-Bringen einer Sache, friedliche Beilegung, Vergleich, Vereinbarung, schiedsrichterliche oder öffentl. richterliche Entscheidung; in übertr. Anwendung ist es seit dem 17. Jh. bezeugt. In der Ggwt. hat die Rda. weitgehend ihre alte Bdtg. verloren. Ganz neutral sagt man heute ‚Ein Sportfest wird zum Austrag gebracht' oder ‚Wettkämpfe kommen zum Austrag' (Dt. Rwb. I, 1122–25).

auswachsen. *Es ist zum Auswachsen:* es ist unerträglich, zum Verzweifeln; sächs. auch: das ist langweilig. Die Rda. setzt sich im 2. Drittel des 19. Jh. durch. Verwandt erscheinen die gleichbedeutenden Rdaa. ‚Das ist zum Aus-der-Haut-Fahren' und ‚Dabei kann man außer sich geraten'. Vielleicht dürfen die drei Rdaa. auch alle gleich gedeutet werden. Gemeint ist wohl: eine Sache ist so schlimm, daß man sich in seiner eigenen Gestalt nicht mehr wohl fühlt und aus ihr heraus möchte.

auswischen. *Einem eins auswischen:* ihm einen Streich spielen, eine Bosheit antun. Die Rda,. ist meist als Kürzung und Verharmlosung der älteren Wndg. ‚einem (im Nahkampf) ein Auge auswischen' erklärt worden. Es ist allerdings auch die harmlosere Entstehung aus mdal. auswischen = unvermutet einen Schlag (eine

Ohrfeige) beibringen, möglich (↗ Wischer).

Die Augen auswischen: übervorteilen, ↗ Auge.

ausziehen. *Sich nicht eher (früher) ausziehen, als man sich schlafen legt (bis man schlafen geht):* sein Vermögen nicht vor seinem Tod aus den Händen geben.

Jem. bis aufs Hemd ausziehen: ihn ausplündern, ↗ Hemd.

Den alten Adam ausziehen ↗ Adam.

Die Kinderschuhe ausziehen: erwachsen werden, ↗ Kind.

Etw. zieht einem die Stiefel aus: ist sehr unangenehm, beinahe unerträglich; oft bei stümperhaftem Musizieren gebraucht, ↗ Stiefel.

Das Wort ‚ausziehen' besitzt noch andere Bdtgn., z. B. die Wohnung wechseln oder in die Welt hinausgehen. So: *Auf Abenteuer ausziehen:* etw. Aufregendes erleben wollen. Vgl. KHM.4: ‚Märchen von einem, der auszog das Fürchten zu lernen'.

aut. *Weder aut noch naut haben:* gar nichts, nicht das mindeste haben. Im westlichen Mitteldtl. sind aus ahd. eo-wiht (irgendein Ding) und neo-wiht (nicht irgendein Ding, nichts) die Formen uwet und nuwet, zusammengezogen ut und nut, und daraus dann nach nhd. Vokalismus aut und naut entwickelt worden. Der älteste Beleg für die Rda. findet sich wohl in der ‚Zimmerischen Chronik' (III, 412), wo es von den vertriebenen und beraubten Grafen heißt: „Domit hetten sie weder ut, noch nut mer, wie man spricht". Der Zusatz „wie man spricht" bedeutet, daß die Worte schon damals nur noch als Rda. aufgefaßt wurden. In neuerer Zeit wird die Form ‚aut oder naut' auch i. S. v. ‚es mag biegen oder brechen' gebraucht. So steht es in Münchhausens Reisen: „Im Fall der Not, und wenn es aut oder naut gilt, welches einen braven Weidmanne nicht selten begegnet, greift er lieber, wer weiß wozu".

Aweck. *Mit Aweck:* sehr geschickt, mit Schwung. Übernommen vom frz. ‚avec' und in die Studentensprache eingegangen, meinte ‚Avec' anfangs die Wunde, den Hieb bei der Mensur. ‚Mit Avec schlagen' hieß: mit Erfolg schlagen. Die um 1840 belegte Rda. wurde vor allem durch Berlin volkstümlich; berl. ‚mit'n jewissen Aweck', mit einem geschickten Handgriff, mit Leichtigkeit und Eleganz (Küpper).

Axt. *Die Axt an die Wurzel legen:* eine Sache gründlich beseitigen, radikal, d. h. von der Wurzel her ausrotten. Die Rda. ist bibl. Ursprungs (vgl. Matth. 3,10; Luk. 3,9). Bei Abraham a Sancta Clara (1644–1709) findet sie sich in der Form: „die Axt an den Baum setzen".

Der Axt einen Stiel finden: eine Handhabe finden, bes. gegen jem. Deutlich wird der Sinn der Rda. in dem auch selbständig überlieferten Spruch:

Wenn man einem übel will,
So findet man der Axt leicht einen Stiel.

Die Wndg. ist bereits 1587 im ‚Buch der Liebe' bezeugt: „ich wüst diesem beihel einen styl"; bei Christian Weise (‚Tobias' I, 15) heißt es: „so wird der Axt bald ein Stiel gefunden werden".

Einem den Stiel zu seiner Axt geben: seinem Feinde Hilfe und Rat erweisen, beruht auf einer Aesopischen Fabel.

Die Axt stracks hinwerfen: vorschnell aufgeben (‚die ↗ Flinte ins Korn werfen').

Der Axt den Stiel nachwerfen: alles verloren geben.

Der stirbt nicht ohne Axt: einer ist so zählebig, daß er nur stirbt, wenn man ihn totschlägt. Die Rda. wird bes. von einem Kranken gebraucht, der wider Erwarten gesund geworden ist.

Ohne Axt in den Wald gehen: etw. anfangen, ohne die erforderlichen Mittel zur Ausführung zu besitzen.

Sich benehmen wie eine Axt im Walde: sehr ungesittet, rücksichtslos vorgehen.

Das Sprw. ‚Die Axt im Haus erspart den Zimmermann' will besagen, daß ein geeignetes Werkzeug sowie eine gewisse Geschicklichkeit mit seinem Umgang die Hilfe eines Fachmannes ersparen. Es stammt als Zitat aus F. Schillers Drama ‚Wilhelm Tell' (III, 1) von 1804: Tell hat gerade eine Reparatur mit der Zimmeraxt an seinem Haustor beendet. Indem er die Axt weglegt, sagt er zu seiner Frau: „Jetzt, mein' ich, hält das Tor auf Jahr und Tag. Die Axt im Haus erspart den Zimmermann".

Scherzhaft sagt man heute mitunter: ‚Die Axt im Hause erspart den Rundfunkmechaniker'; eigentl.: eine letztlich teure Reparatur ist fragwürdig; es ist einfacher und billiger, das Gerät gleich selbst zu demolieren.

Lit.: *W. Mieder:* Die Axt im Haus erspart den Zimmermann, in: Sprachspiegel 40 (1984), S. 137–142.

‚Einem den Stiel zu seiner Axt geben'

B

Babel, babylonisch. *Es ist ein wahres Babel (Sündenbabel):* es herrschen viel Verwirrung, Verfehlung und Sünde; vgl. ndl. ‚Het is een Babel van verwarring'.
Die Rda. beruht auf 1. Mos. 11, in dem vom Bau des babylonischen Turmes (18.–16. Jh. v. Chr.) berichtet wird, der bis in den Himmel reichen sollte. Er gilt als Sinnbild menschlicher Überheblichkeit und gleichzeitig menschlicher Ohnmacht. Gott gebietet Einhalt, indem er die Sprache verwirrt (1. Mos. 11, 7), so daß keiner mehr den anderen versteht und das gemeinsame Vorhaben unvollendet bleiben muß.
Noch in der heutigen Sprache der Politik und der Medien spielt diese bibl. Vorstellung eine Rolle, wenn es heißt: *Es herrschen (sind) babylonische Verhältnisse:* es gibt keine gemeinsame Sprachregelung.

Lit.: *H. Minkowski:* Aus dem Nebel der Vergangenheit steigt der Turm zu Babel [Rückentitel: Der Turm zu Babel] (Berlin 1960).

Bacchus. Els. ‚Der sieht so glickli üss wie der Bacheles uffem Faß'. Das els. Wb. (II, 8) erklärt den rdal. Vergleich irrig als durch ein altes Wirtshausschild veranlaßt. Es handelt sich dabei vermutl. um eine Verwechslung mit einer Verszeile des Dichters K. Boese „Mer hätte bald geglüejt wie uffem Fass der Baches", die er in Erinnerung an einen els. Faßreiter in einem Ensisheimer Wirtshaus gedichtet hatte (Els. Schatzkästel [1877], 206).
Es gibt zwar heute Wirtschaften ‚Zum Gambrinus', dem Gott oder König des ↗ Bieres, doch keine zum Bacchus. Es finden sich aber in der els. Volkskunst mehrfach geschnitzte Bacchusfiguren, sowohl als Faßreiter wie als Faßriegel, als Eckpfosten von Winzerhäusern, auf Trinkbechern und Pokalen. Bacchus gilt in diesem Sinne nicht eigentl. als röm. Gott des Weines, sondern es gibt im Elsaß einen verchristlichten Volksbacchus, das Patrozinium des hl. Bacchus, eines angeblich röm. Märtyrers. Sein Patronatstag ist der 7. Oktober, liegt also mitten in der Weinlese.
Der fröhliche Bacchus auf dem Faß ist jedoch weder der Weingott der Antike, noch der Heilige, noch der brave Bacchus, wie er im Trinklied des Al. Blumauer geschildert wird, oder der grobe Saufbold in seinem Gegenstück, einem Trinklied von G. A. Bürger, sondern der ‚Volksbachele', der fröhlich-heitere, rundlich-dicke Patron aller Zecher u. Schlemmer, wie er in

‚Glücklich wie der Bachus auf dem Faß'

zahlreichen Darstellungen im Straßburger ,Musée d'Alsace' zu sehen ist.

Lit.: *A. Pfleger:* Bacchus auf dem Faß. Ein Beitrag zur els. Volkskunst, in: Elsaßland – Lothringer Heimat 17 (1937), S. 259 ff.

Bach. *In den Bach fallen:* ins Meer fallen, im Meer ertrinken; *im Bach liegen:* im Meer ertrunken sein, den Seemannstod gefunden haben. Der Matrose fällt nie ins ,Meer', sondern in den ,Bach', ein typisches Beispiel für die verharmlosende und euphemist. untertreibende Ausdrucksweise der Seemannssprache; vielleicht hat die Rda. aber auch einen volksglaubensmäßigen Hintergrund.

In ganz anderem Zusammenhang sagt man in Oberösterreich bei anhaltendem Regen: *Es muß jem. in den Bach gefallen sein* (daß es nimmer aufhört zu regnen). Der Rda. liegt ein Analogieschluß zugrunde wie im volkstümlichen Regenzauber, wo jem. mit Wasser beschüttet oder gebadet wird, damit es regnet. Regnet es ununterbrochen, so folgert die Rda., so muß wohl jem. in den Bach gefallen sein.

Noch nicht über den Bach sein: das Schwierigste ist noch nicht überwunden, der Ausgang ist noch ungewiß, ↗ Berg.

,Scho de Bach na!' (Schon den Bach hinunter!) sagt man schwäb. für eine verpaßte einmalige Gelegenheit.

Lit.: *W. Stammler:* Seemanns Brauch u. Glaube, in: Dt. Philologie im Aufriß III (Berlin 1957), Sp. 1876 f.; *U. Zifreund:* Die dt. Regenlieder und ihre Beziehung zu Kult und Brauch (Diss. Marburg 1955), S. 154.

Backe. *Die Backen (den Mund) voll nehmen:* prahlen, viele Worte machen. Die Rda., die sich in diesem Sinne schon bei Lessing findet, erklärt sich von selbst.

Mit leeren Backen kauen: das Zusehen haben, vgl. auch frz. ,mâcher à vide'.

Dem kann man ein Vaterunser durch die Backen blasen ↗ Vaterunser.

Dagegen: *Er hat Backen wie ein Amtmann:* er ist wohlgenährt; ↗ Wange.

Das Sprw. ,Wie die Backen – so die Hakken' meint: wie man ißt, so arbeitet man auch.

Au Backe! ist zunächst ein Schmerzensausruf, der auf Backenschmerzen bei Zahnreißen oder beim Erhalten eine ,Backpfeife' zurückgeht, dann aber verallgemeinert und bildl. als Ausruf der (freu-
digen oder unangenehmen) Überraschung, der Verwunderung, auch des Zweifels. A. Lasch dagegen lehnt die Verbindung mit Backe = Wange ab und stellt die Rda. zum Verb ↗ backen, das ndd. als grobe Abweisung gilt (,Ik will di wat bakken!' ich will dir was andres tun!).

Au Backe, mein Zahn! ist eine junge Weiterbildung, wahrscheinl. im Zusammenhang mit einer das Wort illustrierenden Gebärde des Clowns Grock.

Lit.: *A. Lasch:* ,Berlinisch'. Eine berl. Sprachgeschichte (Berlin o. J. [1928]), S. 195; *Küpper.*

backen, Backen. Ndd. *einem etw. backen (braten):* einem eine Unannehmlichkeit zufügen; ähnl. ndl. ,iemand iets bakken', ,iemand een papje koken' ↗ Backe.

Schnee im Ofen backen: etw. Sinnloses tun, bedeutet in Bayern: sein Vermögen verlieren, zugrunde gehen.

Nicht (ganz) gebacken sein: nicht bei Verstand sein.

Frisch gebacken sein: gerade eine Ausbildung beendet, eine Prüfung bestanden haben, auch: ein neues Amt übertragen bekommen. Vgl. Abb. S. 128

Backen bleiben: in der Schule nicht versetzt werden. Die schülersprachl. Rda. gehört zu engl. ,back' = zurück, meint also ganz wörtl.: zurückbleiben (↗ pappen bleiben).

An de Backen und Banken! (auch *to 'm Back!*) ist in der Seemannssprache der Essensruf der Matrosen, kommt aber auch in anderem Zusammenhang vor, z. B. ,Bei Sturm ist an Backen und Banken nicht zu denken'. Die (das) Back ist in der Seemannssprache eine Essensschüssel (spätlat. bacca = Wassergefäß). Die Back ist aber auch ein Teil der Schiffsmannschaft, die auf einer Fahrt eine Arbeits- und Wachgemeinschaft bildet und dann natürlich auch zusammen ißt. Rhein. kennt man ,einem ob 'n Back liegen', zur Last fallen; Back meint auch hier den Eßnapf.

Lit.: *F. Eckstein:* Art. ,Backen', in: HdA. I, Sp. 754–779; *E. Moser-Rath:* Art. ,Backen, Backofen, Bäcker', in: EM. I, Sp. 1131–1137.

Bäcker. *Das Bäckerexamen machen:* den ganzen Tag zum Fenster hinaussehen, faulenzen. Iron. Handwerkerspott; seit dem 19. Jh. belegt.

‚Frisch gebacken'

Beim Becken! lautet in Mittel- und Oberdtl. die spöttisch ablehnende Antwort auf irgendeine zudringliche Frage oder Zumutung. Die Rda. ist vielleicht urspr. eine Abk. von ‚Das bekommst du beim Becken, aber nicht bei mir!' (↗ Kuchen). Obd. ‚Da ist nicht alle Tage Backtag', dort gibt es wenig Essen und Vorräte, dort herrscht Mangel.

Spott über den Beruf des Bäckers kommt z. Ausdr. in Necknamen wie: Semmeldreher, Stutenknieper, Laiblschmied, Kringelbäcker, Pamelfritze, Schrippenarchitekt, Kipfelschmied, Bollenbäck, Gottesgabendrexler, Knöpflesbäck, Teigaffe, Mehlwurm, Teigbildhauer, Korinthenbäcker u. a. sowie in Spottversen wie z. B.:
„Hutzelbäck, verbrenn dei Weck";
„Bäck verreck im Ofeneck";
„Der Bäcker zählt: 1, 2, 3, 4
das fünfte gehört mir";
„Auf jedem Eck
sitzet ein Datschenbäck".

Auch die ndd. Wndg. ‚Brööd maakt fett, avers blots de Bäckers!' gehört in diesen Zusammenhang.

Auf die Fragen: ‚Wie alt ist das Brot? u. ‚Wie alt sind die Brezle?' etc. antwortet man im Schwarzwald: ‚Der Bäcker lebt noch' (Buchenberg, 1988).

‚Ein Bäckerdutzend' ↗ dreizehn.

Lit.: *P. Y. Sébillot:* Traditions et superstitions de la boulangerie (Paris 1892); *R. Schömer:* Art. ‚Bäcker', in: HdA. I, Sp. 779–781; *G. Grober-Glück:* Motive u. Motivationen in Rdaa. u. Meinungen, Bd. I (Marburg 1974), S. 51, 369 ff., 390 ff.; *E. Moser-Rath:* Art. ‚Bakken, Backofen, Bäcker', in: EM. I, Sp. 1131–1137.

Backfisch. *Du benimmst dich wie ein Backfisch:* ein wenig schmeichelhafter Vorwurf für verspieltes, übermütiges Verhalten oder Betragen schwärmerischer, unreifer junger Mädchen. Die sprachgeschichtliche Ableitung des mehrdeutigen Wortes blieb lange Zeit umstritten. Wahrscheinl. meint es urspr. einen nur halbwegs ausgereiften Fisch, der lediglich zum Backen geeignet ist. Später übertrug man den Begriff auf Studienanfänger. Erstmals verwendet Erasmus Alberus (1550) die Bez. Backfisch für einen Bruder Studio. Nur wenige Jahre danach hatte der Begriff einen anderen Inhalt gewonnen. Vielleicht nach der Auffassung, die Wesensmerkmale des Unfertigen, Unvollkommenen, die dem Backfisch anhaften, entsprächen eher einem weiblichen Wesen, nennt Heinrich Bebel (1555) eine Halbwüchsige ‚Backfischlein' (‚Facetiae' 393). Aus dem Studentenjargon drang der Name in die Schriftsprache ein. Die Mdaa. haben ihn in dieser Bdtg. nicht aufgenommen, so volkstümlich das Wort auch zu sein scheint. In vielen Abwandlungen grassiert noch heute der Spruch:

Mit dreizehn Jahren und zwei Wochen
Da ist der Backfisch ausgekrochen.
Mit siebzehn Jahren, zehn Sekunden
Da ist der Backfisch schon verschwunden.

Abgeleitete Formen sind: ‚Backfischkaserne', ‚Backfischaquarium' = Mädchengymnasium oder Pensionat, Heimschule für Mädchen.

Auf Backfisch machen: sich jugendlicher kleiden, als es den eigenen vorgerückten Jahren entspricht. Eine gänzlich andere Bdtg. fand der Begriff in Norddeutschland: ‚He kreeg Backfisch' heißt schlesw.-holst.: eine Ohrfeige einstecken müssen.

Lit.: *J. F. Schütze:* Holst. Idiotikon (Hamburg 1800) 1. Teil, S. 55; *R. Eickhoff:* Wie ist das Wort „Backfisch" zu erklären? in: Zs. f. d. U. 14 (1900), S. 213–214; *A. Heintze:* Backfisch, in: Zs. f. d. U. 14 (1900), S. 273–274; *F. Teetz:* Zur Erklärung d. Wortes „Backfisch", in: Zs. f. d. U. 14 (1900), S. 662.

‚Gegen den Backofen gähnen'

Backofen. *Gegen den Backofen gähnen (jappen):* gegen einen Überlegenen, gegen etw. Unmögliches ankämpfen; aussichtslosen Widerstand leisten. Die nur ndd. verbreitete Rda. vergleicht die Öffnung des Backofens mit einem Mund: so weit ein Mensch auch seinen Mund aufsperrt, das Loch des Backofens ist auf jeden Fall größer. Der drastische Vergleich ist auch wiederholt in der Malerei bildl. dargestellt worden und auch lit. schon früh bezeugt. Bei Freidank (um 1230) steht der Spruch (126,19):

Es dunket mich ein tumber sîn,
swer went den oven übergîn

(d. h. ‚Wer glaubt, den Ofen im Aufsperren des Mauls zu übertreffen'). In den ‚Proverbia communia' heißt es: „Est insufflare stultum fornacibus ore".

Der Backofen, der früher zu jedem Bauernhaus gehörte, spielt auch sonst in Rdaa. eine Rolle, z. B. obersächs. ‚Er ist hintern Backofen nicht weggekommen', ‚noch nie hinter seinem Backofen hervorgekommen', er ist unerfahren, untüchtig (vgl. hausbacken, nicht hervorragend, ↗ Haus); bei Wilwolt von Schaumburg heißt es, Frauen seien tapfern Männern gewogen, „gedenkend, das dieselbig ehr oder depferlicher etwas von Frauen wagen oder tun dürfen, den heimbgebacken oder weibisch Männern"; schwächliche Kinder werden als ‚halbbacken', altmodische und rückständige Personen als ‚altbacken' bez.; bair. ist ‚nicht ausgebacken' nicht recht ausgeschlafen.

Der Backofen ist eingefallen (umgefallen): die Frau ist entbunden worden (insbes. umschreibend von außerehelicher Mutterschaft gesagt). Die Vorstellung vom Mutterleib als Backofen kennt auch Schiller, wenn er den Franz Moor (‚Räuber' I, 1) sagen läßt: „Das ist dein Bruder! – Das ist verdolmetscht: Er ist aus eben dem Ofen geschossen worden, aus dem du geschossen bist" (↗ Ofen).

Die Rda. *Einen auf den Backofen setzen (oder schieben)* gebraucht man in Mecklenburg und Ostpr., wenn ein Jüngerer vor dem Älteren heiratet.

Das ist ein kalter Backofen: das ist eine unnütze Sache.

Lit.: *C. R. Schnitger:* „Gegen 'n backaven kann man nich jappen" in: Korrespondenzblatt des Vereins für ndd. Sprachforschung 30 (1909), S. 41; *C. Walther:* „Gegen 'n backaven kann man nich jappen" ebd., S. 57–59; 69–70; *S. Singer* I, S. 155; *V. v. Geramb:* Art. ‚Backofen', in: HdA. I, Sp. 781–791; *E. Moser-Rath:* Art. ‚Backen, Backofen, Bäcker', in: EM. I, Sp. 1131–1137.

Bad, baden. Das Bad hatte, wie schon bei den Griechen und Römern, im häusl. und öffentl. Volksleben des MA. und der frühen Neuzeit eine sehr große Bdtg. Es war die erste Pflicht des Hausherrn, dem

Gaste, der freilich oft schmutzig genug ankommen mochte, ein Bad bereiten zu lassen (vgl. Wolframs ‚Parzival' 166,21 ff., um 1210). Auch in ganz anderem Zusammenhang gab es brauchtümlich geregelte Bäder (Hochzeits- und Märzenbäder, Eh- und Heilbäder). Für die Zurichtung der öffentl. Bäder sorgten die in Zünften zusammengeschlossenen Bader. Eine Stadt wie München hatte schon im 15. Jh. mindestens vier öffentl. Bäder und Ulm 1489 bereits 168 Badestuben. Die Handwerksburschen waren z. B. verpflichtet, allwöchentlich zu baden; die Gesellen erhielten dazu rechtzeitig Feierabend und ein Badegeld. Man badete gewöhnlich samstags und betrachtete die körperliche Reinigung als Vorbereitung zur kirchlichen Feier des Sonntags. Es hieß sogar sprichwörtlich: „Man soll den Badetag halten wie den Sonntag".

Zu Beginn der Neuzeit wurde das Baden in den öffentl. Badestuben wegen vielfach beanstandeter Unsittlichkeit und wegen der Ansteckungsgefahr durch die ab Ende des 15. Jh. sich seuchenartig ausbreitende Syphilis eingeschränkt. Bis in den Anfang des 17. Jh. war jedoch die Benutzung von Schwitz- und Dampfbädern, die als ein vorzügliches Schutzmittel gegen den seit den Kreuzzügen in Deutschland sehr verbreiteten Aussatz (Lepra) galten, ganz allgemein. Es kann nicht überraschen, daß eine so verbreitete Sitte sich in zahlreichen sprw. Rdaa. und Formeln spiegelt, wobei auffällt, daß mehrere Rdaa., die mit dem Baden zusammenhängen, etw. Unangenehmes bedeuten, was mit der Beschaffenheit des Bades, mit der Wehrlosigkeit im Bade oder mit den verschiedenen älteren, etw. gewaltsamen Praktiken, die die Bader an dem Badenden vornahmen, zusammenhängt.

Einen ins Bad führen; einem ein schlimmes (sauberes) Bad anrichten: ihn mit Absicht in eine unangenehme oder gefährliche Lage bringen (entspr. *recht ins Bad kommen:* in eine solche Lage geraten). Der schlimme Sinn, der mit der Rda. *jem. ein Bad an(zu)richten* verbunden ist, beruht wohl auf einer spätma. Folterpraktik, bei der Delinquenten in einem von außen beheizbaren Raum schwitzen mußten, bis sie gestanden. Im 16. Jh. erscheint die Rda. schon verblaßt wie heute, z. B. in Murners ‚Narrenbeschwörung':

Guck für dich, an wem du bist,
Sunst wirt dir ein badt gerist

(‚zugerüstet'); und in der Komödie ‚Hans Pfriem' von Martin Hayneccius (V. 145):

Ich sehe, sie werden ruhen nicht,
Bis sie mir ein Bad han zugericht.

Das schrecklichste Bad, glaubte man, erwarte die Sünder in der Hölle. Deshalb heißt es in Seb. Brants ‚Narrenschiff' (86,140):

Die tüfel sint gewiß der sel
Vnd tunt mit wüst triumphiren
Von eim bad in das ander füren,
Von itel kelt inn itel hitz.

In seinem Schwank ‚Das Höllenbad' schildert Hans Sachs die Hölle als ungeheure Badestube, wo die Teufel als Bader ehemalige Sünder bis aufs Blut schwitzen lassen. Auch die Redensart *einem einheizen:* ihm scharf zusetzen, stammt wohl von der Folterung durch ein zu heißes Bad.

‚Einem das Bad segnen'

Einem das Bad segnen: Die Wndg. ist uns geläufig aus Schillers einprägsamen Worten aus dem ‚Tell' (I, 1): „... und mit der Axt hab' ich ihm 's Bad gesegnet!" Die Geschichte von dem ehebrecherischen Schweizervogt, der im Bad erschlagen ward, läßt sich zurückleiten bis ins ‚weiße Buch' des Archivs von Obwalden, d. h. bis ins 14. Jh. hinein. Die Stilisierung der Erzählung vom Vogt, dem mit der Axt das Bad gesegnet wurde, geht allerdings nur zurück auf Peter Etterlins Kronika von 1507: „ich will im das Bad gesegnen, dass er's keiner mer tut!" Schiller hat die Geschichte mitsamt dem Ausdr. dann aus Tschudis Chronik (1569) entnommen.

BAD, BADEN

Obwohl die Wndg. also noch nicht zum urspr. Bestand der Schweizer Befreiungssage gehört, ist sie im Laufe der Zeit untrennbar mit ihr verbunden worden. Im Urner Spiel von Wilhelm Tell (vor 1545) z. B. heißt es: „do gab ich jm warms mit einem schlag und gsägnet jm mit einer achss das bad". Aus der urspr. Situation des einen berühmten Falles geht die Wndg. dann in die große Literatur ein, z. B. in Fischarts ‚Geschichtklitterung‘ (Gargantua). Wie auf eine altbekannte sprw. Rda. spielt er darauf an: „man gesegnets im nit wie dem Salust mit Peitschen oder dem Schweizerischen Amptmann mit der Achsst im Bad‘ (1575). Der Sprachgebrauch vom ‚gesegneten Bad‘ findet sich allerdings auch außerhalb der Sage. Die Rda. wird dabei im wörtl. wie im iron. Sinn gebraucht. In Römoldts ‚Hoffartspiel‘ (1564) steht der aufrichtige Wunsch der Königin an ihren aus dem Bade kommenden Gemahl: „Gott gesegn Euchs Bad" unmittelbar neben dem Ausruf des Baderknechts, der den König zum Bad hinausgestäupt hat:

So muß man solcher Herren pflegen
und in (ihnen) also das Bad gesegen
daß sie sobald nicht wieder kommen!

Der iron. Gebrauch des Ausdr. überwiegt allerdings bei weitem, und insofern sind die populären Erklärungen, über dem zubereiteten Bad sei das Kreuzeszeichen gemacht worden, damit es wohl bekomme, falsch. Nur einige Belege: „Der Teufel sprach, ich gsegn Dirs Bad" (Hans Sachs); „sy gesegnet mir das Bad mit fluchen und schelten" (Oswald von Wolkenstein). Auch Götz von Berlichingen (Lebensbeschreibung) will dem aus dem Bade steigenden Bischof das Bad segnen. Ganz losgelöst vom Bade bedeutet die Rda. heute soviel wie: ihn tüchtig durchprügeln. In diesem Sinne heißt es auch im ndd. Lied vom ‚Kaufmann zu Stralsund‘ (um 1603):

Stralsunt dat is eine werde stat,
dar bereit men dem mönnick dat
             küvenbat ...

(Röhrich-Brednich: Dt. Volkslieder I, S. 268, Str. 11).

Einem ein (warmes) Bad übertun heißt, jem. einen schweren Handel anrichten oder etw. Schlimmes auf den Hals laden,

daraus in abgekürzter Form ‚jem. baden‘: ihn schlagen, verprügeln. In Siebenbürgen sagt man: „Na, den hu^d em tichtig gebu^et", er wurde gründlich verprügelt.

Jem. steckt tief im Bad bedeutet, er ist in großer (ökonomischer) Bedrängnis, in Schwierigkeiten, in einer unangenehmen Lage. Er hat dann Glück, wenn ihn jem. *aus dem Bade zieht* oder wenn er gar ohne Hilfe *sich trocken aus dem Bade ziehen* kann. In der Schweiz heißt ‚einen ins Bad schicken‘, ihn töten.

Das Bad austragen (ausgießen) müssen: für eines anderen Vergehen büßen; derber gelegentlich sogar: *das Bad austrinken (aussaufen) müssen.* Die aus diesen Rdaa. hervorgegangene und noch heute geläufige Kurzform *(etw.) ausbaden müssen* nimmt am Ende des 16. Jh. die übertr. Bdtg. an: die Folgen einer unangenehmen Angelegenheit tragen, für eigene oder fremde Schuld herhalten, für andere büßen müssen. Wie wir von den Baderegeln des Hans Sachs wissen, war es üblich, daß mehrere Personen nacheinander das gleiche Bad benutzten. Der letzte hatte das schmutzige Wasser auszugießen und das Bad zu säubern, also ‚auszubaden‘, woraus später dann spöttisch auch austrinken, aussaufen wurde. So z. B. mehrfach bei Abraham a Sancta Clara: „Dieses Bad muß ein jeder austrincken" (‚Reim dich‘, 171); „Das Bad, so er andern zugericht, muste er selber austrincken" (‚Judas‘ III, 543).

Zunächst bedeutete ‚ausbaden‘ nur: bis zu Ende baden, am Schluß baden; schon im 16. Jh. aber erhielt es in übertr. Anwendung den Sinn: ausgespielt haben; so schon spöttisch bei Hans Sachs (‚Der schönen Frauen Kugelplatz‘, 40):

Pald den ein Kegel nam ein schaden,
das er tut auf den placz auspaden.

Denselben spöttischen Beiklang erhielt das transitive ‚ausbaden‘; daher erzählt Hans Sachs (‚Spieler mit dem Teufel‘ 27 u. 38) von einem Spieler, der „verlor all sein geld und ward so gepadet aus"; im Winkel des Domes findet er ein altes Teufelsbild und redet es an:

Du bist wohl auch so arm als ich.
Wer hat dich so gebadet aus?

Hinzu kommt noch ein rückbezügliches ‚sich ausbaden‘, d. h. beim Bezahlen des

131

Bades all sein Geld vertun, wie der Bräutigam in P. Rebhuns ‚Hochzeit zu Cana‘ ([1538], 1. Akt, V.188):

> Es ist mir vor mein beutel lehr,
> ich hab mich fast gar außgebadt

(d. h. mich völlig ausgegeben). Wer zahlungsunfähig ist, der ‚hat sich ausgebadet‘, so noch in der heutigen Umgangssprache. Und schließlich mit sachlichem, innerem Objekt in Fischarts ‚Geschichtklitterung‘ (Neudruck, S. 331): „Dann der einmal einsteigt, der muß das Bad außbaden oder doch zahlen". Hieraus entwickelt sich dann die heutige Bdtg., die im 18. Jh. voll erreicht ist. Adelung verzeichnet 1774 in dem ‚Versuch eines grammatisch-kritischen Wb.‘ (Bd. 1, Sp. 514): „Figürlich, aber nur im gemeinen Leben, etwas ausbaden müssen, d. i. für eines andern Vergehen büßen müssen". Gellert läßt in der Erzählung ‚Die beiden Knaben‘ den einen, der in eine Wassergrube springen will, durch den andern warnen:

> Und kommst du drauf zum Vater naß hinein,
> So hast du's da erst auszubaden.

Goethe schreibt: „Es ist ganz einerlei, vornehm oder gering sein, das Menschliche muß man immer ausbaden".
Schon frühzeitig hat ,etw. ausbaden müssen' auch die Bdtg. erhalten: ein unfreiwilliges Bad bis zu Ende erleiden. So wird z. B. in der 3. Historie des Eulenspiegelvolksbuches berichtet, wie Eulenspiegel, nachdem ihm das Seil, auf dem er sich ,dumlen' wollte, durchschnitten ist, in die Saale fällt: „Da fiel Ulnspiegel in das wasser mit grossem spot, und badet redtlichen in der Sal. Da wurden die bauren gar ser lachen, und die jungen rufften im fast nach, he bad nur wol uß usw. Du hast lang nach dem bad gerungen". In diesen Zusammenhang gehört wohl auch die umgangssprachl. Wndg. *baden gehen:* weggehen, ohne Erfolg gehabt zu haben; wirtschaftlich zugrunde gehen.
Der Ausdr. taucht zuerst im ‚Siebenb.-Sächs. Wb.‘ von Adolf Schullerus auf (1910), dann in Sammlungen aus Schlesien (1927) und Preußen (1935) in der Bedeutung von ‚geh weg‘, ‚mach, was du willst‘, ‚laß dich begraben‘, aber auch von ‚bankrott‘. Erst nach dem 2. Weltkrieg erhält der Ausdr. seinen heute geläufigen Sinn von ‚mit etwas Mißerfolg erleiden‘, damit gleichsam ‚ins ↗ Wasser fallen‘.
An den ma. Brauch des Hochzeitsbades – aus Erfurt ist überliefert, daß es ‚ußbade‘ (Ausbad) hieß – erinnert die aus Baden und dem schweiz. Aargau belegte Rda. *zu tun haben wie die Braut im Bad:* sehr beschäftigt sein.
Baden und d'Bäckle et wäsche, wobei wohl die Hinterbacken gemeint sind, steht schwäb. für ,die Hauptsache vergessen'.
Morgen nach dem Bad: du kommst zu spät. Von einem aussichtslosen Unterfangen hieß es früher: *einen Mohren weiß baden (waschen) wollen,* so in Martin Hayneccius' ‚Hans Pfriem oder Meister Keck‘ (1582):

> Ich arbte vergeblich, sehe ich wol,
> Niemand kein Mohr weisbaden sol.

↗ Mohr.
Scherzhaft sagt man ‚Er ist ins Bad gereist‘, um die Abwesenheit eines Menschen, der im Gefängnis sitzt, vornehm zu vertuschen.
In ein Bad gehören: die gleiche Behandlung, Strafe verdienen (vgl. ,über einen ↗ Kamm geschoren sein').

‚In ein Bad gehören'

Mehrere Rdaa. haben das Bild vom Baden des Neugeborenen aufgegriffen:
Das Kind mit dem Bade ausschütten: das Gute mit dem Schlechten verwerfen, übereilt in Bausch und Bogen aburteilen. Die Rda. ist schon bei Luther bezeugt: „Man sol das kindt nicht mit dem Bad ausgießen" (Weim. Ausg. Bd. 20, S. 169). Seb. Franck (1541) gibt eine Erklärung der Rda.: „Wenn man den rechten Brauch und Mißbrauch miteinander aufhebt und ein Gespött daraus macht, das heißt

Zaum und Sattel mit dem Pferd zum Schinder führen, das Kind mit dem Bade ausschütten. Das Kind soll man baden und von seinem Wuste säubern, darnach das Bad ausschütten und das Kind aufheben und einwickeln". Die Rda. wird in neuester Zeit auch parodiert: ‚Man muß das Bad so ausschütten, daß sich das Kind im Sande verläuft'.

‚Das Kind mit dem Bade ausschütten'

Wer als Kind ‚zu heiß gebadet' wurde, behält davon einen geistigen Schaden, ↗ heiß.
Zu einem ungeratenen Menschen sagt man in Süddeutschland ‚Di hätt ma im erste Bad versäufe solle'. Auch eine weit verbreitete Volkslied-Wanderstrophe benützt diese Wendung:

Ei hätt mich meine Mutter
Im ersten Bad ertränkt
...
So wär ich doch gestorben
Als ein unschuldig Blut
Und hätte nicht erfahren
Wie falsche Liebe tut!

Im 17. Jh. kannte man noch die Rda. ‚mit in allen Pfützen baden' von einem Menschen, der sich mit schlechter Gesellschaft abgibt.
Das Bad in der Menge nehmen heißt es von Vertretern des öffentlichen Lebens, die – oft zum Verdruß der Sicherheitsbeamten – sich im Glücksgefühl des Umjubeltwerdens unter die Umstehenden mengen, um in Form von Händeschütteln, Schulterklopfen etc. unmittelbare körperliche Kontakte mit dem ‚Mann aus dem Volke' herzustellen. Mit dieser Geste versuchen vor allem Politiker, ihre Beliebtheit im Volke zu steigern; seltener ist es spontaner Ausdr. solcher Beliebtheit, wie z. B. bei John F. Kennedy. Doch eine wirkliche Kontaktnahme in Form eines Gesprächs mit einem sich so präsentierenden ‚Mann zum Anfassen' ist dabei meistens nicht möglich. Die Rda. ist Anfang der 60er Jahre aufgekommen und wurde in neuester Zeit besonders populär.

Lit.: *F. Bothe:* Etw. ausbaden müssen, in: Zs. f. dt. Unterr. 16 (1902), S. 710 f.; *R. Sprenger:* Etw. ausbaden müssen, in: Zs. f. dt. Unterr. 17 (1903), S. 529; *E. Bäumer:* Die Geschichte des Badewesens (Breslau 1903); *C. Nohle:* Etw. ausbaden müssen, in: Zs. f. dt. Unterr. 19 (1905), S. 193 f.; *G. Goetz:* Etw. ausbaden müssen, in: Zs. f. dt. Unterr. 20 (1906), S. 520 f.; *A. Martin:* Dt. Badewesen in vergangenen Tagen (Jena 1906); *F. Söhns:* Etw. ausbaden müssen, in: Zs. f. dt. Unterr. 21 (1907), S. 487 f.; *Richter-Weise*, Nr. 10; *Risse*, S. 234 f.; *R. Hallo:* Vom Vogt von Wolfenschießen, dem mit der Axt das Bad gesegnet wurde, in: Schweiz. Arch. f. Vkde. 27 (1927), S. 1–26; *A. Martin:* Art. ‚Bad, baden', in: HdA. I, Sp. 796–850; *W. Anderson:* Der Schwank vom alten Hildebrand (Dorpat 1931); *N. Elias:* Über den Prozeß der Zivilisation, 2 Bde. (Bern – München 1969); *K. Schier:* Art. ‚Badewesen' in: Reallex. d. German. Altertumskde. I (1973); *J. R. Klima* u. *K. Ranke:* Art. ‚Bad, baden' in: EM. I, Sp. 1137–1141; *H. P. Duerr:* Nacktheit und Scham (Frankfurt/M. 1988).

Bader. *Aus einem Bader ein Bischof werden:* aus niedrigem Stande zu hoher Würde emporsteigen. Schon Luther gebrauchte die Wndg.: „Wir können nicht alle Bischof werden, man muß auch Bader haben". Bischof und Bader werden oft als Beispiele sozialer Gegensätzlichkeit einander gegenübergestellt, wobei die Einprägsamkeit der stabreimenden Formel zur Beliebtheit der Rda. beigetragen haben mag.
Bischof oder Bader werden: alles oder nichts erreichen. Luther kennt diese Formel ebenfalls und verwendet sie in der Bdtg. des lat. Sprw. ‚Aut Caesar aut nihil'. Ähnl. *Bischof wie Bader:* vom ersten bis zum letzten; keiner ausgenommen, wes Standes er auch sei. In der ‚Zimmerischen Chronik' heißt es (III, 571, 2): „es dorft im weder bischof oder bader einreden".

baff. *Baff sein:* überrascht, sprachlos, sichtlich verwirrt, meist in der Zusammensetzung *ganz einfach baff sein;* vgl. ndl. ‚paf staan'. Das Wort baff taucht schon im 17. Jh. lautmalend für den Schuß auf (vgl. mhd. baffen = bellen). Wer baff ist, steht gleichsam da, als ob er durch einen Knall erschreckt worden sei (wie der Hund des Jägers nach dem Schuß, der nicht sofort auf den Befehl reagiert).

Lit.: *W. Lehnemann:* Standessprache und Gemeinsprache, in: Der Deutschunterricht, Jg. 15, H. 1 (1963), S. 50 ff.; *L. Röhrich* u. *G. Meinel:* Redensarten aus dem Bereich der Jagd und der Vogelstellerei, S. 313–323.

Bahn. *Bahn brechen:* in einer schwierigen Unternehmung den Anfang machen, so daß für andere der Weg frei ist. Die Wndg. ergibt sich aus der Grundbdtg. von Bahn = Schlagfläche, Durchhau durch einen Wald.

Freie Bahn haben: alle Schwierigkeiten aus dem Wege geräumt haben, von niemand behindert werden.

Etw. auf die Bahn bringen: etw. Neues einführen, zur Sprache bringen; so auch mdal., z. B. schweiz. ‚öppis uf d' Ban bringe'; ndl. ‚iets op de baan bringen'; westf. ‚dat sall wir (wieder) bei de ban', das soll wieder zum Vorschein kommen. Im Hintergrund der Rda. steht die Bdtg. von Bahn als geebnetem Platz, nämlich die Kampfbahn der Ritter. Bereits mhd. wird der Ausdr. ‚einen ze bane bringen', auf den Weg bringen, in übertr. Bdtg. verwendet; ebenso bei Hans Sachs: „Jederman nam die schwenck für gut, so si auf die ban hetten pracht". In Nicolaus Gryses ‚Leien Bibel' (Rostock 1604) wird Bahn mit Bein zu einer stabenden Formel verbunden: „denn de Sünde hefft anfenckliken … den Dodt up de Bane unde Beene gebracht". Die Rda. lebt möglicherweise auch in verkürzter Form noch in den Ausdrücken ‚etw. (Neues) aufbringen' und ‚anbahnen' weiter.

Aus der Bahn geworfen werden: im Berufsleben scheitern. Auch diese Wndg. scheint dem Turnierwesen entlehnt zu sein: wer beim Kampf aus der Bahn geworfen wurde, war der Unterlegene.

Auf die schiefe Bahn geraten ↗ schief.

Etw. in die richtigen Bahnen lenken: den besten Weg weisen, um einem vernünftigen Ziel zuzustreben.

In die gewohnten Bahnen zurückkehren: seine alten Gewohnheiten aufnehmen.

Bahnhof. *Immer nur Bahnhof verstehen:* schlecht hören (wollen), ↗ Rhabarber. Diese Wndg. nennt Hans Fallada in sei-

nem Roman ‚Wolf unter Wölfen' „die gängigste Redensart" der Inflationszeit. Sie entstand bei den kriegsmüden Soldaten am Ende des 1. Weltkrieges. Der Bahnhof wurde zum Symbol des Heimaturlaubs; jedes Gespräch, das sich nicht auf die Heimkehr bezog, wurde mit dieser Rda. abgebrochen.

Bescheid am Bahnhof wissen: sich im Leben auskennen, wendig und erfahren sein. Auch diese Wndg. ist sehr jung.

Anhalter Bahnhof fahren ↗ Anhalter.

Großer Bahnhof: großer, offizieller Empfang am Bahnhof für Staatsoberhäupter und Regierungschefs, auch für berühmte Künstler und erfolgreiche Sportler, allg. großes Aufhebens um eine Person.

Balanceakt. ↗ Drahtseil.

baldowern. *(Etw.) baldowern (ausbaldowern):* auskundschaften, die günstige Gelegenheit erspähen. Das hebr. ‚ba'al-dāwār' = Herr des Wortes, der Sache, ein ma. Euphemismus für den Teufel, dringt über jidd. ‚baldöwer' = der in Rede Stehende, der Betreffende mit der Bdtg. ‚Kundschafter' in die Gaunersprache ein u. besagt, daß der ‚Baldowerer' (Auskundschafter) mit z. T. kriminellen Methoden überall herumschnüffelt, um einen Diebstahl, Einbruch, Überfall o. ä. vorzubereiten. Das in diesem Jargon abgeleitete Verb gelangt im 19. Jh. in die Umgangssprache, vor allem in das Berlin., lit. bezeugt bei Fontane u. H. Fallada: „Da muß einer mindestens zwei Wochen lang baldowert haben" (‚Wer einmal aus dem Blechnapf frißt', 1961).

Baldowern meint auch die Methode, Menschen auf ihre Gesinnung zu prüfen oder ihre Meinung auszuhorchen, indem man eine provokative (meist nicht die eigene) Ansicht ins Feld führt.

Balg. In der älteren dt. Sprache war ‚Balg' eine Bez. für die menschl. Haut oder das tierische Fell, wie in der noch erhaltenen Rda.: *einen dicken Balg haben:* unempfindlich sein (↗ Fell, ↗ Schwarte). Des weiteren bezeichnete der Ausdr. ‚Balg' (mhd. balc) den Bauch. Daher die Rda.: *sich den Balg vollschlagen:* essen, was hineingeht, einen Wolfshunger stillen, „so doch der

wolf, was er schnapt, frisset, u. nicht aufhöret, er hab seinen balk erfüllet" (H. W. Kirchhoff: ‚Wendunmut' [1581]).
In der Rda.: *jem. auf den Balg rücken:* sich ihm in aufdringlicher Weise nähern, ihn bedrängen, ist Balg allgemein i. S. v. ↗ Leib gebraucht, wie z. B. schon bei Luther (Dt. Schriften 6 [1578]): „wir müssen uns also mit dem alten balge schleppen u. martern, bis wir an jenem tage gar geistlich fleisch werden". Desgl.: *eins auf den Balg bekommen:* verprügelt werden.
Dagegen ist in der Wndg. *jem. den Balg abziehen* wieder die Haut gemeint. Sie ist entstanden in Anlehnung an das Abziehen des Fells bei Tieren. Beim Tier ist Balg vor allem eine Bez. für das Fell des Fuchses: ‚ein jeder fuchs wart seines balgs' (Fischart, Gargantua, 159).
Nach einem alten Rechtsspruch galt beim Tode ausgeliehener Tiere der Balg, d. h. der Wert des Balgs mußte erstattet werden. Das Abziehen des Balgs stellte daher oft eine Beraubung dar, wie es – übertr. auf den Menschen – in der o. a. Wndg. zum Ausdr. kommt i. S. v.: betrügen, ausnutzen, ausbeuten.
Mit Balg wird aber auch das unartige, ungezogene Kind bezeichnet. Schlecht erzogene oder arme, hungrige Kinder wurden als ‚ungezogenes Balg', ‚elende Bälger' u. ä. bez.: „ich sehe so einen ungezogenen balg in der gesellschaft" (J. Th. Hermes: Sophiens Reise von Memel nach Sachsen [³1778]). Vgl. Wechselbalg.

Balken. *Den Balken im eigenen Auge nicht sehen, aber den Splitter im fremden* stammt aus bibl. Sprachgebrauch (Matth. 7,3–5 und Luk. 6,41: „Du Heuchler, zieh am ersten den Balken aus deinem Auge; darnach siehe zu, wie du den Splitter aus deines Bruders Auge ziehest"). Bei Hans Sachs: „Gesell, zeuch vor den balken aus deim aug, darnach das pechtlein (mhd. bâht = Unrat) klein zeuch aus des nechsten augen dein".

‚Den Balken im eigenen Auge nicht sehen ...'

An die Stelle des Balkens setzten andere Schriftsteller den schweren Kelterbaum der Weinpressen ein, so z. B. Seb. Brant (1494):
> Wer jn sym oug eyn trotboum trag,
> Der tüg jn druß, ee dann er sag:
> Brůder, hab acht, ich sich an dir
> Ein äglin (Fäserchen), die mißfallet
> mir.

Geiler von Kaysersberg setzt entspr. seiner Mda. den ‚torkelboum'; vgl. frz. ‚voir

‚Den Balken im eigenen Auge nicht sehen'

la paille dans l'œil de son voisin, et ne pas voir la poutre dans le sien'; engl. ‚to behold the mote in the eye of one's neighbour, but not the beam in one's own'; ndl. ‚de splinter in een anders oog wel zien, maar niet de balk in zijn eigen'. In dem satirischen Druck von Jacques Norenbault heißt es 1608 in Fläm.:

In eens anders ooghe een splinter siet
Ende in sijn eyghen den balcke niet.

Die bildl. Darstellungen des MA. nehmen das Gleichnis vielfach ganz wörtlich.
Lügen, daß sich die Balken biegen ↗ lügen.

Ball. *Der Ball ist rund.* Die Feststellung des bekannten Fußballtrainers Sepp Herberger wurde wegen ihrer Einfachheit zum geflügelten Wort. Sie besagt, daß beim Ballspiel alles im Fluß u. nichts entschieden ist, solange der Ball rollt. *Am Ball bleiben:* eine Sache nicht aus den Augen verlieren, sie konsequent weiterverfolgen. Auch diese Rda. stammt aus dem Fußballsport. Dagegen hat die Wndg. *den Ball zurückgeben* ihren Ursprung im Federballspiel, bei dem im wörtl. Sinn der Ball zurückgegeben wird. Heute wird sie nur noch gebraucht i. S. v.: schlagfertig sein, auf die gleiche Art antworten (frz.: ‚Renvoyer la balle').

Sich die Bälle zuspielen: sich in einer Debatte spielerisch einander die Argumente u. Stichworte liefern, wie im Handballspiel, das schon im Altertum ein beliebter Sport war. Ein ausschließlich mit der Hand gespieltes Ballspiel war das Uraniaballspiel mit einem apfelgroßen Ball, das Homer (ca. 800 v. Chr.) in seiner Odyssee beschrieb. Es handelte sich um ein tänzerisch beschwingtes Spiel, bei dem es darum ging, den anderen den Ball zuzuspielen.

Das Zuspielen der Bälle i. übertr. Sinne ist vor allem im polit. Bereich, d. h. unter Parteifreunden üblich. Auch das ist nicht neu, denn schon in einer ahd. (heute nicht mehr gebräuchl.) Wndg. heißt es: „Die sich miteinander vergleichen können, die schlagen einander den ballen zu" (ndl.: ‚elkander den bal toewerpen').

Auf den Ball gehen: ein Tanzfest besuchen. Der Begriff Ball für ein Tanzfest ist erst seit dem 18. Jh. geläufig, sein Urspr. jedoch nicht belegt. In Frankr. war der Ausdr. schon zur Zeit der ritterl. Turnierfeste an den ma. Höfen bekannt u. wurde erstmals 1385 in Amiens erwähnt. Erst im 17./18. Jh. wurde er auch in Dtl. gebräuchl., etwa zu der Zeit, als die für Ballspiele vorgesehenen Ballhäuser in Theater oder Tanzsäle umgewandelt wurden. Ob der Begriff Ball tatsächlich auf die frz. Turnierspiele zurückgeht, ist nicht erwiesen.

Die meisten Ballspiele waren an jahreszeitl. Ereignisse gebunden. So wurde als Frühlingsspiel vor allem das Osterballspiel bekannt, insbesondere in Norddtl. u. England. Alt u. jung zogen auf den Anger zum Ballschlagen. Abends beschloß ein Tanz das Spiel. Es hieß allgemein: „den Osterball feiern". Seitdem wurde mit dem Begriff Ball die Vorstellung eines Tanzfestes verbunden. In anderen Gegenden war mit dem Osterball der Brauch des Brautballholens verknüpft: am Ostertag holten die Burschen u. Mädchen des Dorfes bei den jungen Eheleuten, die zuletzt geheiratet hatten, den in ihrem Haus versteckten Brautball. Wenn sie ihn gefunden hatten, gingen sie im gemeinsamen Zug zum Wirtshaus. Dort wurde der Ball an der Decke befestigt u. damit der Tanz eingeleitet. Da in beiden Varianten des Osterballs mit dem Begriff Ball eine Tanzveranstaltung verbunden war, könnte die Rda. hier ihren Urspr. haben.

Auf den Feder(n)ball (Matratzenball) gehen: zu Bett gehen (↗ Feder, ↗ Matratze).
Ballern: mit Bällen (oder Kugeln) wild um sich schießen.
Jem. eine ballern: eine schallende Ohrfeige geben.

Lit.: *R. Schmekel:* Art. ‚Ballspiel', in: HdA. I, Sp. 859–863; *S. Mendner:* Das Ballspiel im Leben der Völker (Münster 1956); *K. Ranke:* Art. ‚Ball, Kugel', in: EM. I., Sp. 1146–1150; *D. Morris:* Das Spiel. Faszination u. Ritual des Fußballs (München 1981); *F. K. Mathys:* Die Ballspiele. Eine Kulturgeschichte in Bildern (Dortmund 1983).

Balla. *Balla sein:* nicht ganz bei Verstand, einfältig sein. In Wunsch und Bitte, auch im Ruf beim Spielen wird der Spielball in der Kindersprache als Balla bezeichnet. Wird ein Erwachsener so genannt, dann heißt das, daß er wie ein Kind zu behandeln ist, das noch nicht die volle Zurechnungsfähigkeit im Sinne der Erwachsenen besitzt. Die Soldaten gebrauchten im 2. Weltkrieg für einen beschränkten Menschen die Bez. *Kamerad Balla Balla.* Seit 1955 ist die erweiterte Wndg. *Vater doof, Mutter doof, Kind Balla-balla* allg. stud. bezeugt. Die Wndg. hat neuerdings Eingang in den Schlagertext gefunden.

Lit.: *U. H. Peters* u. *Johanne Peters:* Irre u. Psychiater (München 1974).

Ballhorn, Balhorn. *Etw. nach Johann Ballhorn verbessern, verballhornen, verballhornisieren:* eine Sache unzweckmäßig und lächerlich abändern in der Absicht, sie zu verbessern; ,verschlimmbessern'; bremisch-niedersächs.: ,dat is verbetert dör Jan Balhoorn', von einer lächerlichen und unnützen Verbesserung. Diese Rdaa. wurden zunächst nur auf Erzeugnisse der Buchdruckerkunst angewendet, heute spricht man jedoch auch von Verballhornungen der gesprochenen Sprache.
Die Wndgn. sind abgeleitet von dem Namen des Buchdruckers Johann Balhorn d. J., der im 16. Jh. in Lübeck wirkte. Von ihm und seinem Vater, Johann Balhorn d. Ä., gest. 1573, sind über 220 Drucke nachzuweisen und erhalten, Kinderfibeln, Reformationsschriften, Volkslit., geschichtl. und rechtswissenschaftliche Abhandlungen, darunter auch ,korrigierte' Ausg., z. B. 1545 ,De dorch M. Hermannum Bonnum Superintendenten tho Lübeck gecorrigereden Geistlyken Gesenge vnd Christlyken Leder, dorch Johann Balhorn in offentlyken Druck gegeuen', im gleichen Jahr ,De kleine Catechismus upt nie gebetert ,tho Lübeck by Johann Balhorn gedrücket' und 1586 das Lübische Recht ,Auffs Newe vbersehen, Corrigiret'. Vermutl. erregten solche korrigierten und ,verschlimmbesserten' Ausg. den Widerspruch der Zeitgenossen, so daß der Verlag in Verruf kam, und vielleicht ist es schon eine Abwehr von seiten Balhorns, wenn er in einem der spätesten Balhorndrucke (1602) am Ende die Leser ermahnt: „so dar wat in tho verbetern war, dat woldi en yder bröderlik corrigern, und ydt dem boeckdrücker antögen".
Bahnbrechend für die gesicherte Herleitung des Balhorn-Spruches wurde K. F. W. Wander (IV, Sp. 1529). Gestützt auf Autoren des 18. Jh., unter Ablehnung

bestehender Irrtümer, kam er zu dem Schluß, allein der Druck des „korrigierten" lübischen Gesetzbuches vom Jahre 1586 habe Balhorn ganz ohne sein Verschulden der Lächerlichkeit preisgegeben. Den urkundlichen Beweis seiner Darlegungen lieferten P. Hagen und, auf ihn zurückgehend, H.-B. Spies. Die 1586 unter Zeitdruck herausgegebene Revision des Lübecker Gesetzbuches, das weit über die Stadt hinaus maßgebend war, brachte außer vielen Unzulänglichkeiten auch gänzlich neue, schikanöse Bestimmungen, die fast die gesamte Bevölkerung in Mitleidenschaft zogen. Das getäuschte Publikum mußte die „Korrektur" seiner Statuten (die Bez. mochte ihm positive Verbesserungen vorgespiegelt haben) als blanken Hohn empfinden. Da es kein anderes Objekt für seine Rache fand, vergalt es dem unschuldigen Buchdrucker „Gleiches mit Gleichem". Aller Wahrscheinlichkeit nach hatte Balhorn die Arbeit bona fide übernommen und, anders als die allein verantwortlichen Kommentatoren (Mitglieder des Lübecker Senats), seinen Namen auf dem Titelblatt nicht verschwiegen. Die 2. Aufl. der editio Balhorniana, so wurde das Lübecker Gesetzbuch in der juristischen Fachlit. zitiert, erschien bezeichnenderweise anonym. Weil aber seine mißlichen Bestimmungen, – sie riefen eine nicht abreißende Flut ärgerlicher Prozesse hervor –, bis ins 17. Jh. hinein in Kraft blieben und die Unzufriedenheit der Masse wachhielten, konnte die Rda., die ihnen sozusagen ihre Entstehung verdankte, volkstümlich werden.

Um 1650 taucht der heutige sprw. Sinn des Namens zuerst in der Lit. auf. In Johann Peter de Memels ,Lustiger Gesellschaft' (Lübeck 1656) wird der verstorbene Balhorn als willkürlich „verbessernder" Übersetzer verhöhnt.

Die eigenen Landsleute haben seinen Namen auch später nicht geschont. Die Firma ging zwar in andere Hände über, aber sie hatte einen Ball und ein Horn im Druckzeichen und hielt die Erinnerung an Joh. Balhorn fest. Um 1800 gebrauchte man ,verballhornen', ,verballhornisieren' bes. im altev. dt. Sprachgebrauch. Damals hieß es beispielsweise im Holsteinischen

„von einer unnützen und possierlichen Bearbeitung": ‚dat is verbetert dör Jan Ballhorn‘.

Der Name des Lübecker Buchdruckers ist in der meckl. Mda. bis heute ein Begriff geblieben und wird oft in Rdaa. verwendet; z.B. beim Kartenspiel: ‚Mit sonn (d.h. günstigen) Koorten kann Johann Ballhorn ok spälen‘, eine Herabsetzung, die er nicht verdient hat.

Eigenmächtigkeiten oder Eigentümlichkeiten eines Buchdruckers sind bei Balhorn nicht nachgewiesen ... Der Name Johann Balhorn ist ganz zu Unrecht in den schlechten Ruf gekommen, der ihm noch jetzt ... anhaftet. Die Träger dieses Namens ... sind vielmehr hervorragende Buchdrucker gewesen, die ihre Berufstüchtigkeit durch zahlreiche Erzeugnisse ihrer besonders auch für die niederdt. Lit. anerkannt wertvollen Presse erwiesen haben.

Lit.: *Wander* IV, Sp. 1529; *A. Kopp:* Joh. Balhorn (Lübeck 1906); *G. A. Brüggemann:* Wortschatz und Sprachform (Leipzig 1928), S. 100; *P. Hagen:* Der Ursprung der Rda. „Verbessert durch Johann Balhorn", in: Zs. f. Bücherfreunde N.F. 21 (1929), S. 10–17; *H.-B. Spies:* „Verbessert durch Johann Balhorn", in: Zs. d. Vereins f. Lübeckische Geschichte u. Altertumskunde 62 (1982), S. 285–292.

Ballon. *Einen Ballon kriegen:* im Gesicht hochrot werden (wie ein roter Luftballon); *einen auf den Ballon kriegen:* auf den Kopf geschlagen werden, eine Kopfverletzung erleiden. Der bildl. Ausdr. Ballon für den menschlichen Kopf stammt aus der Soldatensprache des 1. Weltkrieges.

Balz, balzen. *Balzen:* flirten, auf Brautwerbung gehen. Desgl. *auf die Balz gehen.* Die Wndg. stammt aus der Jägersprache u. bedeutet eigentl. Jagd auf balzende Vögel machen. Der Ausdr. ‚Balz‘ bezeichnete urspr. nur das Liebesspiel größerer Wald- u. Feldvögel, u. ist vor allem von der Birkhuhn- u. Auerhahnbalz her bekannt. Im Laufe der Zeit wurde die Rda. ‚auf die Balz gehen‘ jedoch auch für das Liebeswerben junger Burschen gebräuchlich.

Lit.: *L. Röhrich* u. *G. Meinel:* Redensarten aus dem Bereich der Jagd und der Vogelstellerei. Festgabe für K. Lindner (Berlin – New York 1971), S. 313–323.

Bammel. *Einen Bammel haben:* eine unbestimmte Furcht hegen (↗ bange). Die Rda. leitet sich von der schaukelnden u. baumelnden Hin- u. Herbewegung eines Bandes oder eines Pendels, insbesondere aber eines am Galgen Hängenden ab: „Am Galgen soll der Hund mir bammeln müssen" (H. Fallada: ‚Junger Herr – ganz groß‘ [Berlin 1965]). Deshalb wird die Wndg. hauptsächl. gebraucht i.S.v. Angst vor dem Strafgericht haben, z.B. der Eltern oder des Lehrers, wenn Kinder etwas ‚ausgefressen‘ haben (↗ ausfressen).

Banane. *Ausgerechnet Bananen!:* häufig gebrauchter Ausruf i.S.v.: ‚auch das noch!‘. Die Wndg. geht zurück auf einen nach dem 1. Weltkrieg entstandenen amerikanischen Tanzschlager, der unter dem engl. Titel ‚Yes, we have no bananas‘ – in dt. Fassung ‚Ausgerechnet Bananen‘ oder ‚Meier ist ein Don Juan‘ – bekannt wurde. Sein Kehrreim lautet:

Ausgerechnet Bananen,
Bananen verlangt sie von mir!

(Dt. Text: Beda; Originaltext u. Musik: Frank Silver u. Irving Stone).

Dich haben sie wohl mit der Banane aus dem Urwald geholt (gelockt) ist eine Rda. für einen dümmlichen Menschen, der nichts zu begreifen scheint.

Als *Bananenrepublik* bez. man ein kleines zuschußbedürftiges Land. Urspr. galt die Wndg. nur für ein kleines Land in den trop. Gebieten Amerikas, das nur vom Bananenexport lebt u. von US-Kapital abhängig ist.

Auf einer Bananenschale ausrutschen: über eine Kleinigkeit straucheln u. sein Amt verlieren. Die Rda. wird vor allem im polit. Bereich verwendet.

Lit.: *M. Sperr* [Hg.]: Das große Schlager-Buch (München 1978); *L.-W. Wolff* [Hg.]: Puppchen, du bist mein Augenstern. Dt. Schlager aus vier Jahrzehnten (München 1981).

Band, Bändel. *Außer Rand und Band sein* ↗ Rand. *Am laufenden Band:* unablässig. Der um 1920 aufgekommene Ausdr. ist kurz nach Einführung des Fließbandes in Dtl. verbreitet worden.

Das spricht Bände!: das besagt sehr viel, das ist sehr aufschlußreich. Gemeint ist, daß die Äußerung gleichwertig ist mit dem Inhalt vieler Bücherbände.

Einen am Bändel haben: ihn in seiner Gewalt haben; ihn leiten, wie man will; in anderer Bdtg.: eine Liebschaft haben, an jem. gebunden sein, der einem in Liebe ergeben ist. Die Rda. geht zurück auf das Band, das als Zeichen der Liebe u. Freundschaft schon im MA. in vielen lit. Zeugnissen belegt ist. Vor allem in der Minnedichtung begegnet es mehrmals in den provenzalischen Liedern des Peire Vidal (um 1175–1215) wie auch bei Arnaut de Caracasse. Bei ihnen wird dem höfischen Ritter von der Dame seines Herzens außer einem Ring auch ein golddurchwirktes Band geschenkt, das als Zeichen der Freundschaft u. Liebe, aber auch als Schutzzeichen u. Glücksbringer mit Stolz getragen wird. Auch in der dt. Dichtung erscheint um 1215 das Band bei Herbort von Fritzlar in seinem ‚Liet von Troye':

durch der frouwen minne
truc er daz golt an siner hant
und ein guldin harbant
in den selben stunden
um sin houbet gebunden,

später bei Jörg Wickram in ‚Galmy' (1539), dem eine französische Quelle zugrunde liegt.

Daß die Vergabe von Bändern als Liebespfand ein wirklich geübter Brauch war, ist bes. durch Geiler von Kaysersberg (1445–1510) erwiesen, der mit vielen Belegstellen aus der ma. Liebeslyrik an dieser Art von Bindung harte Kritik übte. Auch der Satiriker J. M. Moscherosch (1601–69) geißelt diesen Brauch: „Die andere Verliebte sind wunderlichen anzuschauen, u. möchte mancher meynen, er sähe einen Kram-Gaden aufgethan, oder in einen Pater-noster Laden, so mit mancherlei farben von Nesteln, Bändeln ...".

Offensichtlich hatten solche Äußerungen keinen Einfluß auf den traditionellen Brauch des Bänderschenkens, denn auch im älteren Volkslied finden sich zahlreiche Belege dafür, so in einem alten schles. Lied:

Was schenket sie ihm bald wieder?
Ein schönes Kränzelein.
Womit war es gebunden?
Mit lauter Liebeshand
Wol mit Jelänger je lieber
Mit lauter Liebesband.

Aber auch in außerdt. Liedern ist das Motiv des Bandes verwendet, wie etwa in dem aus dem Schwed. ins Dt. übernommenen, in dem das Band deutlich als das Symbol der Bindung zwischen den Liebenden erscheint:

Zum Tanze da geht ein Mädel mit
goldenem Band:
Das schlingt sie dem Liebsten so fest
um die Hand.

Ferner kehrte das Band im 17. Jh. in zahlreichen Namenstags- u. Geburtstagscarmina wieder, die geradezu ‚Bindebriefe' genannt wurden.

Noch im 18. Jh. erscheint das Motiv in der alten Verwendung als Liebespfand, das vom Mädchen an den Jüngling verschenkt wird, u. zwar bei Ch. F. Gellert (1744) in einem Schäferspiel, in dem ein Aufzug den Titel ‚Das Band' erhielt:

Bedenk es nur einmal: Ich schenk ihm
jüngst ein Band
und knüpf es ihm dazu noch selber in
die Hand.

In dieser Zeit wurde das Band aber auch so verwendet, daß es vom Mann an die Frau geschenkt wurde – so belegt bei Klopstock in seinem Gedicht ‚Das Rosenband', das von Franz Schubert vertont wurde:

Im Frühlingsschatten fand ich sie,
da band ich sie mit Rosenbändern ...

Vor allem ist hier aber auch Goethe zu nennen mit seinem bekannten Lied ‚Mit einem gemalten Band', aus dem zu ersehen ist, daß damals auch gemalte Bänder als Liebesgeschenke verehrt wurden:

Kleine Blumen, kleine Blätter
streuen mir mit leichter Hand
gute junge Frühlingsgötter
tändelnd auf ein duftig Band.

Auch in neuerer u. neuster Zeit erscheint das Band der Liebe in vielen Textstellen, u. a. in dem von K. Nachmann verfaßten Lied ‚Mariandl, -andl, -andl, aus dem Wachauer Landl, Landl, Landl' aus dem Tonfilm ‚Der Hofrat Geiger' (vertont von H. Lang): „du hast mein Herz am Bandl, Bandl, Bandl ..." in einer sprachl. Fassung, die der urspr. Rda. ‚jem. am Bändel haben' am nächsten kommt.

Einen am Bändel herumführen: ihn zum besten haben, vgl. frz. ‚tenir quelqu'un par les cordons', veraltet, dafür heute: ‚tenir quelqu'un en laisse' (wörtl.: jem. an der Leine führen), ↗ Leine.

Etw. am Bändel (auch *am Schnürchen*) *haben:* es sicher beherrschen, so daß es einem geläufig ist; *alles am Bändel haben:* die volle Herrschaft erreicht haben, frei schalten können. Diese vor allem mdt. Rdaa. sind meist recht jung; sie sind entweder vom Leitseil der Haustiere oder (wahrscheinlicher) vom ↗ Gängelband der kleinen Kinder hergeleitet. Die erzgeb. Rda. ‚Die müssen vom Bändel zehren', d. h. vom Grundstock ihrer Habe, findet sich schon bei Hans Sachs:

Mein werkstatt die ließ ich zusperren,
Weib und Kind vom bändlein zehren.

Die Rda. *Band hauen gehen:* sich mit Besenbinden Geld verdienen müssen, verarmt sein, gehört auch in diesen Sinnzusammenhang. Mdal. ‚Do werd d'r Bännel dairer wie d'r Sack' (da wird der Bändel teurer als der Sack), das Drum und Dran macht die Sache zu teuer; ndd. ‚Wammet glik metm Bänneken binnet, bruket me hernägest kein Strick'; bair. ‚'s Bandl bricht', der Geduldsfaden reißt, und ‚Es hat mi beim Hosenbandl', ich bin in großer Verlegenheit, in äußerst kritischer Lage.

Lit.: *K. Meisen:* Liebespfänder in mittelalterlicher u. neuerer Zeit, in: Rhein. Jb. f. Vkde. 4 (1953), S. 142–204.

Bandagen. *Mit harten Bandagen kämpfen:* den Gegner nicht schonen. Die Rda. stammt aus dem Boxsport u. geht zurück auf die urspr. Gepflogenheit, die Hände des Boxers mit schützenden Bandagen zu umwickeln. Je härter diese waren, um so verletzender wurden die Schläge. Heute wird die Wndg. übertr. vor allem im polit. Bereich verwendet.

bange, bangen. *Angst und bange werden:* die Rda. ist bibl. Ursprungs. Jer. 50,43 heißt es vom König zu Babel: „Ihm wird so angst und bange werden wie einer Frau in Kindsnöten". Nach Sir. 4,19 sagen wir „angst und bange machen". „Bange und angst" steht 1. Makk. 13,2. Diese Zwillingsformel enthält zwei Wörter mit urspr. gleichem Wortstamm. ‚Angst' steht in Zusammenhang mit ‚eng' und bedeutet sowohl Mutlosigkeit als auch quälende

Sorge, ist also ein bedrückender, beengender Zustand (↗ Beklemmung). ‚Bange' ist aus ‚beange' = beengt (gedrückt, gepreßt) hervorgegangen. Die neuere Abwandlung *Bange machen gilt nicht!* ist mdal. und lit. seit dem frühen 19. Jh. belegt.

Mit Hangen und Bangen ↗ Hangen.

‚Ik bün nig bang un waar nig bang', ich bin und werde nicht furchtsam; so sagt man holst. zu einem, der sich für beherzt ausgibt, in Wirklichkeit aber ein Hasenfuß ist. Die Rda. bezieht sich auf das plattdt. Schwankmärchen vom Bauern Waghals (Wander I, Sp. 227). Eine ebenfalls iron. Bdtg. hat die Wndg. *Es ist ihm nicht bange, das Herz klopft ihm nur bis in die rechte Wade (das Herz ist ihm in die Hosentasche gefallen),* scherzhaft im Ndd.: ‚Bang is hei nich, ober hei kann schnell loopen!'; vgl. ndl. ‚Hij is niet bang, maar het hart popelt hem in't lijf'.

Bank. *Etw. auf die lange Bank schieben:* eine Entscheidung aufschieben, die Ausführung verzögern.

Die Rda. stammt aus der Welt des Rechts, doch ist bislang nicht eindeutig geklärt, welche Funktion die Bank dabei hatte. Es ist nicht auszuschließen, daß Bank stellvertretend für die Truhe steht, die als Vorläuferin des Aktenschrankes alle vom Richter zum Lagern bestimmten Sachen aufnahm u. darin der Urspr. der Rda. zu sehen ist, wie A. Götze darlegt. Entsprechende Zitatstellen lassen diesen Schluß ohne weiteres zu.

Als erste schreibt 1481 die Kurfürstin Anna von Brandenburg über einen Gerichtshandel: „Kombt it herauß, so underwindt sich der vater, euer sach zu treiben, damit sie zu einem end kombt … sußt wurdt es dortinnen in die langen truhen gespilt" (Steinhausen, Privatbriefe des MA. I, 233). Die Truhe erscheint hier synonym mit Bank. Ähnl. im Sprachgebrauch Luthers: „Wo es also ins Recht keme, Hoffet ich, Es solte in die lange Druen komen, Wie es mit Paulo auch gescha". An anderer Stelle: „laßt der armen leüt hendel nit jar und tag in der langen truchen ligen zu irem mercklichem verderben".

Es könnte sich bei ‚Truhe' jedoch auch um eine sekundäre Begriffsbildung handeln

u. der Urspr. der Rda. durchaus primär in der Verwendung der Bank als Sitzgelegenheit zu suchen sein, z. B. im Gerichtssaal. Das Urteil mußte im Sitzen gefunden werden (Sachsenspiegel 2.12; 3.69). Der Richter saß gewöhnlich auf einem Stuhl, die Schöffen nach der Ordnung auf der Schöffenbank. Daher heißt es nach dem Sachsenspiegel (3.69) auch: ‚bankes bidden'. Auch andere, vor allem ndd. Urkunden u. Statuten nennen die Gerichtsbank, Schöppenbank, ‚banca scabinorum'. Gewöhnlich ist von vier Bänken die Rede: ‚klagen binnen ver benken' (Bremer Statut); ‚binnen die vier benke' (Gaupp: Das alte magdeburg. u. hallische Recht [1826], 281).

Nach römischem Grundsatz durfte vor Sonnenaufgang kein Verfahren eröffnet werden u. nach Sonnenuntergang keines mehr fortgeführt werden, d. h. bis Sonnenuntergang mußte das Urteil gesprochen u. die Strafe vollzogen sein. Konnte bis dahin kein Urteil gefunden werden, so mußte der Prozeß verschoben werden, woraus sich oft eine sehr lange Frist (Üfschub) ergab. Als Zeichen für den unerledigten Gerichtshandel wurden Stühle und Bänke umgeworfen: ‚und man warf allenthalben stuel u. benk ein, damit nichts aus der sach werde' (Zimmerische Chronik, 3,98).

Oft konnte kein Urteil zustande kommen, weil das Verfahren die Befragung der Schöffen zu jedem einzelnen Punkt vorsah: ‚und so seind gegangen aus gesetzter bank die geschworene schultesen u. schöffen u. haben sich beredt u. besprochen miteinander, darnach seint sie wieder sitzen gegangen in gericht u. hent geantwortet uf die vorfrage' (Eschborner Weistum 1447).

In vielen Fällen kam es bis zum Sonnenuntergang deshalb nicht zu dem erwarteten Urteil.

Der Streit wurde vor andere Urteiler gebracht, d. h. die Umstehenden konnten das Urteil eines Schöffen anfechten (daher die Rda.: ‚Umstände machen'; vgl. Umstand): „schilt ir ordel en ir genot, he sal des bankes bidden, en ander to vindene, so sal jene upstan, de 't ordel vant, unde der sal sik setten in sine stat unde vinde dat ime recht dünke" (Sachsenspiegel 3,69). Es gab u. a. auch gewohnheitsmäßiges Verzögern. So war es z. T. bei den Bauern üblich, zweimal ohne Ergebnis wiederzukommen u. erst nach dem dritten Beratungsgang ihr Urteil abzugeben (Glosse zum Sachsenspiegel 1,58). Ein gescholtenes Urteil konnte auf derselben Bank unter Vorsitz desselben Richters gefällt oder aber an ein höheres Gericht (mit höherer Schöffenzahl) verwiesen werden: In einem Urspringer Weistum vom Jahre 1545 heißt es: „... werden sie des urteils eins, so sollen sie es heraus sprechen, werden sie aber d. u. nicht eins, so mögen sie das urteil schieben bis zum nechsten gericht" (d. h. ein Gericht mit langer Schöffenbank).

Daß die Rda. mit der Schöffenbank zu tun hat, die wegen der langwierigen Verhörpraxis für den wiederholten Aufschub u. die Verlängerung der Prozeßdauer verantwortlich war, geht auch aus den folgenden Textstellen hervor: „doch damit meine Sache nicht in die lange Bank komme, sondern in kurzer verhör abgehandelt werde" (A. Gryphius, Senyanne [1663] 2, 1 in dessen Teutschen Gedichten I [1698], 859).

Eine weitere Bestätigung dieses Sachverhalts findet sich in einem bei A. Götze vermerkten Zitat von Joh. Leonhard Frisch in seinem Teutsch-Latein. Wörterbuch 1 (1741) 57: „Auff die lange Bank schieben (in longi subsellii judicationem differe) ist so viel als aufschieben, bis ihrer mehr zu Gerichte sitzen, ut magno judicum concessu res definiatur".

Auch die Ratsbank gehört in diesen Zusammenhang, da es nach Eichhorn (Zs. für geschichtl. Rechtswissenschaft 2,165) die ‚rathsmannen' oder ‚rathsherrn' waren, die im MA. als ‚rathgeber' u. Schöffen bei Gericht mit ‚rathgeben' beschäftigt waren. Die Rda. ‚etw. auf die lange Bank schieben' bedeutete daher urspr. wohl nur: an ein anderes Gericht verweisen „en ordel ‚tien', ‚to rechte tien'" (Sachsenspiegel 2,12). Im Urspringer Weistum wird für ‚ziehen' das Synonym ‚schieben' gebraucht: „schieben bis zum nechsten gericht". Später wurde die Rda. allgemeiner gebraucht i. S. v. ‚einen Prozeß in die Länge ziehen'.

In den großen Rechtsstreit des Bistums

Worms, der beim Kammergericht anhängig war, greift 1499 Bischof Johann III. ein mit der Mahnung: „hat sich leider die Sach bißhero länger dann uns nutz verlängert, were zu besorgen, daß sie alsdann gantz uf die lange Bahn gesetzet würde".
Vom ungerechten Richter des Evangeliums predigt Geiler von Kaysersberg (†1510): „der richter kert sich nüt doran, sunder thett ein toub or dorzu, und wolt sye nit erhören durch lange zeyt. Er richt die sach yemermeder uff den langen banck". Bei Geiler finden sich außerdem die Fassungen: „ob man dich uff den langen banck wisset ... man wisset in uff den langen banck", und: „so ... man die sach uff die langen banck zeucht".
Noch bei Lessing in einem Brief vom 12. Juni 1759 an seinen Vater heißt es: „Sie werden selbst wissen, wie sehr ein Prozeß in Sachsen auf die lange Bank geschoben werden kann".
Schwäb. heißt es ‚der Bank'; sonst hat die Rda. in den Mdaa. nur ausnahmsweise Fuß gefaßt – ein weiteres Zeichen dafür, daß sie eben aus Gerichtssaal und Aktenkammer stammt.

‚Durch die Bank'

Durch die Bank: vom ersten bis zum letzten, ohne Ausnahme, ohne Unterschied; eigentl. in der Reihenfolge, wie alle auf der Bank sitzen. Die Rda. ist von einer alten Tischsitte hergeleitet. Bei den Mahlzeiten wurden alle der Reihe nach ohne Bevorzugung bedient. Die lit. Belege reichen in mhd. Zeit zurück; um 1296 schildert die Livländische Reimchronik (V. 938 ff.) eine reiche Mahlzeit und rühmt den Wirt wegen seiner guten Verpflegung:

die wirtschaft was also getân,
daz sie im alle sageten danc.
rîche vnd arme durch die banc,
der pflac man vollenclîch alsô,
daz sie alle in gote waren vrô.

Auch im ma. Reichstag hatten die Bänke (z. B. die Fürstenbank) eine strenge Rangordnung; dies gilt in ländlichen Bereichen bis heute auch für die Sitzordnung in der Kirchenbank.
Die folgenden Rdaa. sprechen von der Bank des häuslichen Bereichs:
An der Bank anfangen und am Tisch aufhören: klein beginnen und gut enden.
Einen auf die Ofenbank setzen: ihn lange warten lassen, eine alem. Rda.
Jem. auf eine Bank mit einem andern setzen: ihn für gleichberechtigt oder nicht für besser halten (vgl. Lessing 6, 226: „und ich habe Cramern geschmäht, daß ich ihn mit Popen auf eine Bank setze?").
Unter der Bank war der Platz für Minderwertiges und Verachtetes. So sagt Luther vom Papst: „er leszt das evangelium unter der bank ligen". Die Rda. *etw. unter die Bank legen* (auch *schieben* oder *stoßen*) bedeutet: es beiseite legen, wegwerfen, verbergen; *einen unter die Bank tun:* ihn herabsetzen.
Von der Bank fallen: uneheliche Kinder zeugen, vgl. bei Grimm: „Er ist mit der Dirne von der Bank gefallen", d. h., er hat mit ihr ein uneheliches Kind (Bankert) gezeugt.
Die Bänke des Tanzbodens sind in den beiden folgenden Rdaa. gemeint: obersächs. ‚die Bank scheuern' und thür. ‚mit Bankhansen tanzen', beim Tanz wiederholt sitzenbleiben.
Etw. auf allen Bänken singen: etw. von allen Dächern rufen, spielt auf die Bänkelsänger an, die sich bei Festen und Jahrmärkten auf Bänke stellten, um bes-

‚Auf allen Bänken singen'

‚Vor leeren Bänken'

ser gehört zu werden. In der Rda. *leeren Bänken predigen:* keine Zuhörer haben, sind zweifellos die Kirchenbänke gemeint. Heute wird sie aber meist im parlamentar. Bereich verwendet, wenn es für eine Rede keine Interessenten (mehr) gibt. Von allen Bänken des öffentl. Lebens sind nur noch die Fleischbank, die Geldbank und die Waschbank in den folgenden sprw. Rdaa. bewahrt worden:

Einen zur Bank hauen erinnert an die Fleischbank. Die Rda. meint eigentl.: jem. in Stücke zerhauen, wie man sie auf der Fleischbank des Metzgers zum Verkauf auslegte. So heißt es bei G. A. Bürger (‚Lied der Treue'): „Wir haun, als hackten wir Fleisch zur Bank". Die ältere Bdtg. ist aber: jem. verleumden. Das geht z. B. hervor aus einer Stelle in Leonhard Thurneissers 1584 erschienener Schrift ‚Notgedrungenes Ausschreiben', wo es heißt: „Hat mich redlichen über die Zunge springen lassen und zur Bank gehauen". Heute heißt einen zur Bank hauen soviel wie: ihn im Wortgefecht mundtot machen (vgl. ‚einen in die ↗ Pfanne hauen').

Einen durch die Bank ziehen: lästern, schelten. Die Rda. stammt von der Hechelbank, auf der der Flachs gereinigt wurde. So heißt es im 17. Jh. bei Joh. B. Schuppius: „auß der Ursache haben die Herren Scholarchen ihn ... tapffer hergenommen, dadurch es verursacht worden den Aristotelem wider wacker durch die Banck zu ziehen", ↗ Hechel.

Auf die Waschbank führen (kommen): Geschwätz, ‚Gewäsch' über jem. anstellen, wobei an den Einfluß von waschen in der Bdtg. ‚plaudern, klatschen' zu denken ist. Els. nennt man eine nicht aufhörende Schwätzerin ‚eine lewendige Wäschbank'. Thür. ‚Geld in den Bänken haben', Vorrat haben; meckl. ‚in Bänken hewwen', Vermögen besitzen. Beide Wndgn. sind durchaus mit der Vorstellung der Anlage des Geldes auf der Bank verbunden. Auf die Bank als Geldinstitut bezieht sich auch der rdal. Vergleich *so sicher wie die Bank* (ndl. ‚zo vast als de bank', frz. ‚comme la banque' (veraltet), engl. ‚his word is as good as the bank'.

Die Bank sprengen, seine Bank ist gesprengt: sein Bargeld ist zu Ende, er hat keine Kraft mehr; vgl. frz. ‚faire sauter la banque' i. S. v. einen ungedeckten Scheck ausstellen.

Auf der Bank der Spötter sitzen bezieht sich auf Ps. I,1 in Luthers Bibelübersetzung.

Im politischen Bereich sind in neuester Zeit einige Wndgn. entstanden, die in ihrer Bildhaftigkeit von großer Aussagekraft sind. So weist *die harte Bank der Opposition* darauf hin, daß es ein hartes Brot ist, in der Opposition die vielfältigen Vorteile einer Regierungspartei entbehren zu müssen. ‚Hinterbänkler' aber sind Abgeordnete, die als Neulinge auf den

‚Die harte Bank der Opposition'

143

hinteren Plätzen sitzen müssen, oder auch sonst nicht durch besondere Aktivitäten auffallen.

Lit.: *J. Grimm:* RA. II, S. 435ff., 485ff., 502ff.; *A. Götze:* Eine Rda. aus dem Rechtsleben, in: Zs. f. Deutschkunde, 38 (1924), S. 94–99 (zu: ,auf die lange Bank schieben'); *Richter-Weise,* Nr. 12 und 13, S. 15–17; *L. Schmidt:* Bank und Stuhl und Thron, in: Antaios XII, 1 (1970), S. 85–103; *ders.:* Stuhl und Sessel. Zur Geschichte des europäischen Sitzmöbels, in: Studia Ethnographica et Folkloristica in Honorem Béla Gunda (Debrecen 1971), S. 349–359; *G. Buchda:* Art. ,Gerichtsverfahren', in HRG. I, Sp. 1551–1563.

Bankerott, Bankrott. Bank(e)rott ist urspr. ein um 1500 aus der ital. Kaufmannssprache entlehnter Fachausdr. In südlichen Ländern betrieben die Geldwechsler früher ihre Geschäfte auf offener Straße. Bei Zahlungsunfähigkeit wurde die Bank des Händlers zerschlagen (ital. ,banca rotta' = zerbrochene Bank). In der heutigen Umgangssprache wird die Wndg. auch bildl. gebraucht. *Bankrott machen; sich bankrott erklären:* Schiffbruch erleiden, aufgeben. Statt dessen kennt die ältere Sprache auch die Wndg. ,Bankrott spielen', die in ndd. Mdaa. noch nicht lebendig ist (vgl. frz. ,faire banqueroute'; engl. ,to become a bankrupt'; ndl. ,Bankroet gaan').

Lit.: *A. Schirmer:* Wb. d. dt. Kaufmannssprache (Straßburg 1911).

bar, Bargeld. *Bargeld lacht:* es wird weder geborgt noch gestundet. Die Wndg. läßt sich bis ins MA. zurückverfolgen u. kommt hauptsächlich in getrennter Schreibweise vor: ,das baare geld', ,die baare münze', auch ,die blanken thaler'. Es ist damit das aus dem Beutel gezogene, auf den Tisch gezählte Geld gemeint, wenn es nicht ausdrücklich heißt: *bar auf die Hand* (↗ Handgeld). Urspr. gab es außerdem noch die Versionen: ,baar geld kauft' u. ,baar geld kauft wohlfeil', weil das Borgen schon in frühester Zeit recht teuer war:
und aufschlag machen in all wahr,
auf porg vil thewrer wann umb par.
(H. Sachs, I, 1558); „baar geld ist die losung; wer baar geld gibt, hat macht zu dingen; baren solt geben" (Geiler von Kaysersberg: ,Der hellische lewe' [1517]). Mit Bargeld wurden auch die Taglöhner u. Arbeiter entlohnt: „und man gab das geld bar uber denen, die da arbeiten" (dabant in manum) (2. Könige 12,11). ,Etw. für bare Münze nehmen' ↗ Münze. Oft wurde die nähere Bezeichnung weggelassen u. durch die Wndg. *in bar* oder *gegen bar* ersetzt. Vgl. Eiselein 50: ,Baar gegen baar setzen' u. ,Zale! ich will's bar sehen'.

Bär. Die verschiedenen Eigenschaften des Bären, seine Stärke und Schwerfälligkeit, seine unbeholfene Drolligkeit haben in vielen rdal. Vergleichen Ausdr. gefunden. Ein großer starker Mensch ist *ein Kerl wie ein Bär,* ein ,Bärenkerl'; auch mdal. belegt, ,n Kerl as'n Boar' in der Mark Brandenburg; ostpr.: ,de is wie e Boar': strotzend vor Gesundheit u. ,de heft Krefte wie e Boar'.

Weniger schmeichelhaft heißt es in Bremen u. Umgebung von einem rauhen, plumpen Menschen, ,he is een Baar'. Fällt jem. durch linkisches Benehmen auf, dann sagt man in Nordostdeutschland: ,Der ös so tolpatschig wie e Boar': ungeschickt.

Den belustigenden Eindruck, den der Bär durch seine Tapsigkeit hervorruft, gibt die schweiz. Rda. wieder: ,Er isch e Bäremani': ein gutmütiger, im Denken u. Handeln etw. schwerfälliger Mensch. Auch ist der Bär ein vergleichsweise harmloses Raubtier, das – wenigstens im Märchen (KHM. 161: Schneeweißchen u. Rosenrot) – keinem Kinde etw. zuleide tut. Aber gerade seine liebenswerten Eigenschaften machen ihn in der Volkserzählung zum erkorenen Opfer seines gerissenen Begleiters, des Fuchses.

Von einem mürrischen Menschen sagt man: *Er brummt wie ein Bär;* man nennt ihn ,Brummbär' oder ,bärbeißig'; u. in den Mdaa., nordostdt.: ,bromm doch nich wie e Boar!' Ähnl. ist es in der Bibel bezeugt: „wir brummen alle wie die Bären" (Jes. 59,11). Für die Gemütslage übellauniger Menschen verfügt die Sprache über verwandte Formulierungen, beispielsweise Schlesw.-Holst. ,He maakt n Gesicht as'n Bar': grimmig. ,Er ist wie ein Bär, er trauert, wenn schön Wetter ist', damit meint man einen, der durch heiteres Wesen anderer verstimmt wird.

BÄR

‚Ein ungeleckter Bär'

‚Einen Bärendienst erweisen'

‚Tanzen wie ein Bär'

‚Einen Bären anbinden'

‚Den Bärenführer spielen'

‚Einen Bären aufbinden'

Verbreitet sind auch die Wndgn. *Er schläft wie ein Bär* und in Ostpr.: ‚he schleppt wie e Boar': fest schlafen, Anspielung auf den Winterschlaf des Tieres. Dazu kommt *einen Bärenhunger haben,* letztere schon im 13. Jh. bei Reinmar von Zweter. Vgl. dagegen frz. ‚une faim de loup' (Wolfshunger).

Ein ungeleckter Bär: ein ungehobelter, grober Geselle, ist in ähnl. Form vielen europ. Sprachen bekannt, z. B. frz. ‚un ours mal léché'; ndl. ‚het is een ongelikte beer'.

Die Rda. stammt aus dem bereits im Altertum bezeugten Volksglaubens, der Bär werde als gestaltloses unförmiges Stück Fleisch geboren und erst durch die Mutter in die richtige Form geleckt.

Die Emblematik des 16. und 17. Jh. ward nicht müde, das dankbare Thema der mütterlichen Fürsorge der Bärin, ins Pädagogische gewendet, zu variieren. Steht doch bei Demokrit: ‚wer soll den Bären lecken': wer soll die schwere Kulturarbeit ausführen? Nach den ‚Centurien' (1615), den

Emblembüchern des Joachim Camerarius, ist die Kunst mächtiger als die Natur. Sehr abgesunken erscheint das erzieherische Anliegen der Renaissance in der modernen saloppen Feststellung: ‚Dich hat der Bär geleckt': du hast schlechten Umgang gehabt oder: du bist aus keinen guten Händen gekommen.

Der Glaube an die verwandelnde Kraft der Kultur (‚die alle Welt beleckt') geht auch durch die Dichtung. Die dt. Lit. des 18. Jh. bietet zahlreiche Belege für die Wndg. (zuerst bei Gottsched 1752). Jean Paul gebraucht sie z. B. 1795 in ‚Quintus Fixlein': „Ein Opus, das, wenn ich es eben hinwerfe, gleich einem neugebornen Bären noch größer ist als eine Ratze, leck ich mit der Zeit zu einem breiten Landbären auf".

Die zoologische Merkwürdigkeit findet sich bei H. Heine. Er schreibt von einem „dt. Edelmann, dem diese Künste in der bärenleckenden Lutetia mühsam eingeübt worden": der in Paris unter Schwierigkeiten erst dazugelernt hatte (H. Heine, ‚Reisebilder' [1830]).

An die lustigen Tanzbären der Jahrmärkte ist in den folgenden Rdaa. gedacht: *tanzen wie ein Bär:* unbeholfen tanzen; oft auf Menschen angewendet, ‚er macht lauter Bärensprünge': tanzt blind, ist ein plumper, ungelenker Tänzer.

Den Bären machen: zu niedrigen Dienstleistungen mißbraucht werden; der Jahrmarktsbär hatte zu tanzen, sooft es der Bärenführer befahl. Für die sinnbildliche Darstellung der beginnenden Neuzeit war dies ein beliebtes Thema. So erscheint der Bär in den ‚Emblemata moralia & bellica' (1615) des Jacob von Bruck: der Bärenführer mit Peitsche und Kette, dessen Geschöpf nach seiner Pfeife tanzen muß, versinnbildlicht die wohltätige Macht des Fürsten über das ohne seine Leitung zügellose Volk.

Aber nicht immer gelingt es, ‚einem Bären den Ring durch die Nase zu ziehen': ihn zu zähmen. Schlesw.-Holst.: ‚He is tagen as'n Bar': ohne Erziehung – oder in Nordostdtl. ‚dem oole Baare ös schlömm danze lehre': die Versäumnisse der Jugend bleiben meist irreparabel, aber auch unentschuldbar, ‚lernt doch ein Bär tanzen': Erziehung und Schule bilden selbst min-

der begabte Kinder. Rhein. heißt ‚den Bären machen' allerdings: in einer lustigen Gesellschaft der Ausgelassenste sein; oder auch: ‚den Bären loslassen': den Ausbrüchen der Lust u. des Mutwillens, aber auch den wilden Leidenschaften die Zügel schießen lassen; schweiz.: ‚er thued beret': benimmt sich wild u. ungezogen; ndl.: ‚Hij laat den beer los'; ‚die machen de Bär mit dir', sie halten dich zum Narren. Südd. kennt man schließlich noch ‚den Bären tanzen lassen', Spektakel machen, vgl. frz. ‚jouer au montreur d'ours' (wörtl.: als Tierbändiger auftreten) und ‚den Bärenführer spielen', den Fremdenführer machen.

Einen Bärendienst erweisen: eine unzweckmäßige Hilfeleistung geben, jem. ungewollt schaden; eine Rda., die aus der Volkserzählung erklärt wird. L. Göhring denkt an den Schwank vom Einsiedler und seinem jungen gezähmten Bären: Um die Mücken zu verjagen, die den schlafenden Einsiedler belästigen, wirft der Bär mit einem Stein auf sie, wodurch er die Mücken vertreibt, aber zugleich den Einsiedler tötet. Fabel wie Rda. sind europ. weit verbreitet.

Allg. bekannt war die Wndg. *Er ist ein Bärenbinder:* ein Flausenmacher; frz.: ‚C'est un donneur de bourdes'.

Für die aus dem 17. Jh. erstmals belegte Rda. *einen Bären anbinden:* Schulden machen (bes. im Wirtshaus), sind verschiedene Deutungen vorgeschlagen worden. Grimmelshausen verwendet sie im ‚Simplicissimus' (I, 289) im Sinne von einer durch nichts gerechtfertigten, leeren Prahlerei.

Ostpr.: ‚er hat einen guten Bären brummen': er hat Schulden u.: ‚die Bären brummen': die Gläubiger wollen bezahlt sein. Recht unglaubwürdig ist die Erklärung, die J. L. Frisch 1741 in seinem ‚Teutsch-Lat.-Wb.' (I, 61 c) gibt: „einen Bären anbinden, oder anlegen ... Heißt Schulden machen, deren Glaubigern man immer richtige Zinse bringen muß, oder sie brummen".

Am wahrscheinlichsten ist die von Schütze (Holst. Idiotikon, 54) u. Müller-Fraureuth (Obersächs. Wb. I, 62) gegebene Erklärung: Bär sei mißverstandenes mdt. und ndd. ‚Bere, Bäre' = Abgabe.

146

Ähnl. erklärt Müller-Fraureuth die Rda. *einen Bären aufbinden:* aufschneiden, weismachen, aus einem Mißverständnis des Wortes Bär = Last, vgl. bern = tragen; mhd. bér = Schlag.

Auffällig scheint, daß die Grenzen der Anwendung beider Rdaa. lange Zeit hindurch fließend waren. Adelung bringt um 1800 für ‚den Bären anbinden‘ sowohl die Schuldenversion als auch die letztgenannte Bedeutung, läßt diese – das „einem etwas weismachen" – aber nur für Österreich gelten. Dagegen findet sich auch, ‚mir einen solchen Bären aufzubinden‘: solche Schulden aufzuhalsen, dazu das Sprw.: ‚Es ist besser einen Bären loslassen als einen Bären anbinden‘: besser Schulden bezahlen als machen.

Das Bären-aufbinden nach heutigem Sprachgebrauch findet sich erstmals 1663 in J. B. Schupps Schriften. Unter Beiziehung von Luther- u. Gryphiuszitaten hält Trübner die Wndg. für eine Übertragung des lat. imponere = den Leichtgläubigen täuschen. Doch ist vielleicht auch an den richtigen Bären und an eine Herleitung der Rda. aus der Jägersprache zu denken. Schon mhd. bezeugt ist die Wndg. ‚ich hete senfter einen bern zu dirre naht gebunden‘, woraus sich ergibt, daß man es als bes. schwer ansah, einen Bären zu fesseln. Wenn nun ein Jäger mit seinem Latein andern eine Jagdgeschichte aufbinden wollte, so konnte er sich einer solchen Heldentat rühmen. Darauf deutet schon 1668 die Stelle im ‚Simplicissimus‘ (I, 289): „daß ich ihnen, wenn ich nur aufschneiden wollen, seltsame Bären hätte anbinden können". Später ist ‚anbinden‘ durch ‚aufbinden‘ ersetzt worden, vermutlich, um eine Verwechslung mit ‚einen Bären anbinden‘ (=Schulden machen) zu vermeiden.

Sinnfällig erscheint die Rda. auch in der Negation, ostpr.: ‚De lett sick nich inne Boarestall bringe‘: dem ist nichts weis zu machen; und es mag ihm doch geschehen sein, „dasz er sich abendlicht für morgenlicht (hat) aufbinden lassen" (Jean Paul, ‚Der Komet‘ [1822] 3, 122).

‚Dä well all de Boare binge (binden)‘, sagt man in Nordostdtl. von einem Menschen, der alles wissen und erreichen möchte. Kaum noch gebräuchl. dürfte die früher

häufig (so bei Hans Sachs) belegte Wndg. sein, *den Bären treiben:* den Kuppler, Gelegenheitsmacher spielen. Sie rührt wohl aus der Geringschätzung her, die das MA. dem fahrenden Volk entgegenbrachte.

Aus dem reichen Erfahrungsschatz von Predigern und Gewissensräten stammt *dem Bären ins Ohr blasen:* unter Lebensgefahr die Wahrheit aussprechen.

Es ist ihm noch kein Bär in den Weg gekommen: er weiß nichts von Anfechtung. Sucht jem. lange vergeblich nach einem Gegenstand, der ihm geradezu in die Augen springen müßte, heißt es: *wenn es ein Bär wär, würde er dich beißen;* engl.: ‚If it were a bear, it would bite you‘.

Weniger gefährlich taucht der Bär in Rdaa. auf, die Verblüffung u. Verwunderung ausdrücken: *Ja, daß dich der Bär herze!,* 1631, nach einer wahren Begebenheit bezeugt; oder: ‚Eck docht, mi klaut der Boar‘: als Ausdr. der Überraschung, aber auch des Geschmeicheltseins (in Nordostdtl.).

Der Volksglaube verbietet es, an ein bereits angezogenes Kleid hinten noch etwas anzunähen u. sagt, wie entschuldigend: ‚Denn klaut mi der Bar‘.

Lit.: *Wander* I, Sp. 230–233; *H. Schrader:* Bilderschmuck, S. 218 ff.; *Richter-Weise,* Nr. 8; *Bolte-Polívka* II, S. 427–435; *W. E. Peuckert:* Art. ‚Bär‘, in: HdA. I, Sp. 881–905; *A. Taylor:* Proverb, S. 187; *Göhring,* S. 18–21; *Raab,* S. 22–34; *Küpper; Büchmann;* Bären anbinden, in: Zs. f. d. U. 21 (1907), S. 526; *A. Henkel* u. *A. Schöne* (Hg.): Emblemata. Hdb. z. Sinnbildkunst des XVI. u. XVII. Jh. (Stuttgart 1978), Sp. 441 f., 447; *H. J. Paproth:* Art. ‚Bär, Bären‘, in EM. I, Sp. 1194–1203; *J. Leibbrand:* Speculum Bestialitatis (Diss. Freiburg i. Br. 1986) (München 1989), S. 95 ff.

barbieren. Jem. *barbieren:* den Bart abschneiden, rasieren, übertr.: ihn betrügen, erniedrigen. Die Rda. bezieht sich auf das schimpfliche Abschneiden des Bartes, das im MA. als entehrende Strafe galt.

Schon bei den alten Griechen u. Römern war der Bart ein Zeichen von Mannhaftigkeit. Jedes Ausreißen oder Scheren des Bartes, das vor allem in Racheakten eine Rolle spielte, stellte eine grobe Erniedrigung dar. Deshalb wurden mannhafte Standfestigkeit, Stolz u. Geradlinigkeit durch auffälliges Drehen des Schnurrbartes ausgedrückt, oft auch – zum Beweis der Aufrichtigkeit – mit den provozieren-

BÄRENHAUT

den Worten: ‚Du kannst mir diesen Bart Haar um Haar ausreißen, wenn ich dich betrüge!‘ (Von daher auch die frz. Rdaa: ‚avoir la barbe au menton‘: ein entschlossener Mensch sein; ‚s'en toucher la barbe‘: nicht viel danach fragen; ‚Il se laisserait arracher la barbe poil à [par] poil‘: er läßt sich alles bieten.)

Auch bei den Germanen wurde das Barthaar allg. lang getragen, vor allem bei den Langobarden, die durch ihre auffallend lange Barttracht ihren Stammesnamen ‚Langobardi‘ (Langbärte) erhielten. Da sie die Urheber der ersten schriftl. Aufzeichnung der german. Volksrechte (7. Jh.) waren, die u. a. Knechten u. Unfreien das Wachsenlassen der Haupt- u. Barthaare untersagten (lex. burg. VI, 4), ist anzunehmen, daß auf sie auch die ma. Gesetze zurückgehen, die das unbefugte Scheren des Bartes unter schwere Strafe stellten (lex. sal. 28, 2).

Mit dem modischen Wechsel der Barttracht gerieten diese Gesetze jedoch in Vergessenheit, als das Ansehen einer Person nicht mehr von Bart abhing u. entsprechend durch das Abrasieren nicht mehr beeinträchtigt werden konnte. Anders jedoch in der Türkei. Dort galt es noch bis ins 19./20. Jh. hinein als der größte Schimpf, wenn dem Besiegten der ⟋ Bart abgeschnitten wurde. (Vgl. auch: ‚Jem. über den ⟋ Löffel barbieren‘).

Lit.: *H. Carstens:* ‚Jemanden barbiren‘, in: Am Uhrds-Brunnen. Organ des Vereins für Verbreitung volksthüml.-wissenschaftl. Kunde, 4 (1886/87), S. 111; *G. Megas:* Der Bartlose im neugriech. Märchen (= FFC.157) (Helsinki 1955), S. 3–16; *R. Schmidt-Wiegand:* Art. ‚Haar‘ u. ‚Haarscheren‘ in: HRG. I, Sp. 1880–1887.

Bärenhaut. *Auf der Bärenhaut liegen:* faulenzen, sich dem Müßiggang hingeben; mdal., ‚oppe Boerehut ligge‘: sich ausruhen, nichts tun (nordostdt.). Wander bringt die Varianten: *Die Bärenhaut ist sein Unterbett,* vom Faulenzer; *er muß die Bärenhaut umhängen:* ein faules, tatenloses Leben führen.

Diese Rda. taucht zuerst im 16. Jh. in humanistischen Kreisen auf und schließt sich an eine Stelle der damals neuentdeckten ‚Germania‘ des Tacitus (Kap. 15, 22) an. Die ersten Belege finden sich 1509 bei Heinrich Bebel (‚Facetien‘), 1575 bei Joh.

Fischart (‚Geschichtklitterung‘) und 1579 bei Ritter Hans von Schweinichen, auch wiederholt im ‚Simplicissimus‘ ,auf der faulen Bärenhaut liegen‘ (1, 256; 2, 81): durch Nichtstun korrumpiert werden. In scherzhafter Negation gebraucht Jean Paul die Wendung: „... ebenso sind unsere Statuen keine müßigen Staatsbürger auf der Bärenhaut“ (Titan 1, 43).

Allg. bekannt geworden ist die Rda. wohl erst durch das Studentenlied ‚Tacitus und die alten Deutschen‘ von A. Kunitz und W. Ruer, dessen 3. und 4. Strophe lauten:

An einem Sommerabend, im Schatten
　　　　　　　des heiligen Hains,
Da lagen auf Bärenhäuten zu beiden
　　　　　　　Seiten des Rheins
Verschiedene alte Germanen,
Als plötzlich mit freundlichem Gruß
Ein Römer kam: „Meine Herren!
　　　　　Ich heiße Tacitus“.

Dem röm. Historiker dürfte der Anblick von Kriegern im Fellkleid unter seinen eigenen Landsleuten nicht fremd gewesen sein. Die ‚signiferi‘ (Feldzeichenträger) im kaiserlich-römischen Heer empfingen als Auszeichnung eine Bärenhaut, über Helm und Panzer gelegt (Keller, Antike Tierwelt 1, 180). Nicht nur unsere noch unkultivierten Vorfahren, auch andere Barbaren bedienten sich ihrer: Im ersten messenischen Kriege (8. Jh. v. Chr.) fochten in Bärenfelle gehüllte Arkadier als Bundesgenossen der bedrohten einheimischen Bevölkerung gegen die auf dem Peloponnes vordrängenden Spartaner (Keller, a. a. O. 1, 176).

Selbst als die skandinavischen ⟋ Berserker ihr „Bärenkleid“, das ihnen nach altem Glauben die Stärke des erlegten Tieres verlieh, abgelegt hatten, hielt man im Deutschland des ausgehenden MA. bis zu einem gewissen Grade an altgermanischen Lebensgewohnheiten fest. Das Bärenfell, Lagerstätte, Zeltteppich u. a. galt noch im 15. u. 16. Jh. als nützliches Reiseutensil und unentbehrlich für Feldzüge. Wer aber auf der Bärenhaut nicht verschimmeln wollte (Joh. Fischart, Gargantua 185ª), fürchtete doch die demoralisierenden Folgen eines allzu müßigen Lagerlebens. Solche Erfahrungen mögen auch eine Erklärung sein für das Herabsinken des heroischen Kriegers der europäischen

Des ersten Bernhäuters Bildnus.

So sah ich aus, ich erster Bärenhäuter,
Den Namen ich bekam von Bärens Haut
Den ich erschoß, daß mir nicht einmal graut,
Ob ich bekam gleich dazumal viel Kleider.
So hoch mein vor Zeiten war geflieten,
So tief muß er im höchsten Schimpf jetzt liegen:
Man sieht hieraus, was hochgeachtet wird heut,
Das stürzt der Neid in allzu kurzer Zeit.

Frühgeschichte zu dem immer mehr verachteten Bärenhäuter der Moderne.

Die Schelte ‚Bärenhäuter' für einen Faulenzer und Nichtstuer, auch für einen ungepflegten Menschen, ist heute selten, war aber vom 16. bis 18. Jh. sehr geläufig, wobei die im Deutschen Wörterbuch (I, Sp. 1128 f.) verzeichneten Belege teilweise die urspr. nicht abschätzige Vorstellung bezeugen: „bärenhäuter, du hast dich gehalten als ein resoluter kerl" (Insel Felsenburg I, 32).

In unseren Tagen bedeutet ‚er ist ein Bärenhäuter': eigentlich nur noch Müßiggänger, Strolch, Faulpelz, grob, ungehobelt. Zur Erklärung des ‚teuschgegebenen Schandnamens Bärnhäuter' erzählt Grimmelshausen 1670 die Geschichte ‚Der erste Bärnhäuter'. Die Erzählung erscheint in den Märchen der Brüder Grimm als Vorspann von KHM. 101 ‚Der Bärenhäuter'.

Was der Barockdichter, angeregt durch Tacitus, schuf, war eine Ehrenrettung des mit Mut und Stärke begabten ‚Bärenhäuters', dessen Prüfungen die Leiden jener Zeit illustrieren. Zweifelsohne beeinflußt von Grimmelshausen griffen Brentano und Arnim den dankbaren Stoff auf. Als Binnenerzählung in Arnims Novelle ‚Isabella von Ägypten' erscheint die schauerlich-ironische ‚Geschichte des ersten Bärenhäuters', eines unglücklichen, zwiespältigen Wesens. Obwohl gestorben, tritt er in den Gang der Handlung ein, zuletzt so verflucht, daß ihn sein Geiz bis zum Jüngsten Tag nicht zur Ruhe kommen lassen wird, im scharfen Gegensatz zum frommen, freigebigen Helden des nachmaligen (gleichnamigen) Grimmschen Märchens (KHM. 101).

Ganz anders wirkt die possenhafte Heiterkeit in Uhlands Lustspiel ‚Die Bärenritter', dessen Inhalt sich auf die Formel ‚Braut gegen Bärenfell' bringen läßt.

Die Bärenhaut verkaufen, bevor man den Bären hat, oder ‚Des Bären Fell verkaufen, ehe der Bär gestorben ist': voreilig handeln, geht wohl auf den Schwank von den zwei reisenden Jägerburschen zurück, die ihrem Wirt versprachen, mit der Haut des noch unerlegten Bären zu bezahlen. Schwank und Rda. sind international; ägypt. ‚Man muß das Pantherfell nicht eher verschenken, bis man den Panther erlegt hat'; lat. ‚Priusquam mactaris, excorias' u. ‚Ante lentem augere ollam'; frz. ‚Il ne faut pas vendre la peau de l'ours, avant qu'il soit pris'; engl. ‚to sell the skin before you have caught the bear'. Frühbelege der Rda. finden sich in Thomas Murners ‚Narrenbeschwörung' von 1512 (V. 67):

(Die Priester) hondt die Berenhüt
                verkoufft.
Ee das ir einer in erloufft.

‚Die Bärenhaut verkaufen, bevor man den Bären hat'

Dazu findet sich eine Parallelstelle in Murners ‚Von dem großen Lutherischen Narren' von 1522 (V. 740):

(Die Kardinäl) wollen doch betrachten nit,
Das sie die Berenhaut verkauffen,
Ee sie mit Jagen darumb lauffen.

Bei Lehmann (834) schließlich heißt es (‚Ungewiß' 9): „Es ist nicht gut Baernhaut kauffen, der Baer sey dann gestochen, wie auch nicht Kälber kauffen, ehe die Kuh gekälbert". Vergleiche die Wendung ‚für die Wiege sorgen, ehe das Kind geboren ist'.

Nordostdt.: ‚Das Bärenfell teilen, ehe er erlegt war': wenn Kinder vor dem Ableben der Eltern die Erbmasse an sich reißen.

An der Bärenhaut sind noch Klauen: die Sache hat noch ihre Schwierigkeiten; wenn jem. etw. versprochen hat, was noch zu erringen ist; dän. ‚Der er klo for björneskindet'.

Die Erzählung über die Rda. ist zum ersten Mal gedruckt in dem 1495 erschienenen ‚Hecatomythium' von Laurentius Abstemius, dem Bibliothekar des Herzogs von Urbino. In diesem Büchlein erzählt, in wörtl. Übers., das 49. Stück: Ein Gerber kommt zu einem Jäger, kauft von ihm eine Bärenhaut und gibt ihm das Geld dafür. Der Jäger sagt, derzeit habe er keine, verspricht aber, am nächsten Tage jagen zu gehen und ihm nach Erlegung eines Bären dessen Haut zu geben. Der Gerber ging mit ihm, voller Neugierde, in den Wald und stieg dort, um dem Kampfe mit dem Bären zuzusehen, auf einen gar hohen Baum. Furchtlos schritt der Jäger auf die Grube zu, wo sich der Bär verborgen hielt, ließ die Hunde hinein und zwang ihn herauszukommen; der Bär aber wich dem Speerwurf des Jägers aus und riß diesen nieder. Da nun der Jäger wußte, daß dieses Tier nie gegen Aas wütet, hielt er den Atem an und stellte sich tot. Der Bär beschnupperte ihn, und da er weder aus der Nase noch im Herzen einen Atem spürte, trollte er sich. Als der Gerber sah, daß das Tier abgezogen war und keinerlei Gefahr mehr bestand, stieg er von dem Baume herab, ging zu dem Jäger hin, der sich noch nicht aufzustehen getraute, hieß ihn aufstehen und fragte ihn dann, was ihm

der Bär ins Ohr gesagt habe; und der Jäger: Er hat mich ermahnt, fortan das Fell des Bären nicht zu verkaufen, ehe ich ihn gefangen hätte (Aesopi Phrygis et aliorum fabulae, Venetiis, 1539, 45 a).

Weitere Bearbeitungen dieser Fabel finden sich bei Joachim Camerarius in seiner zuerst 1538 erschienenen Fabelsammlung; dann in dt. Sprache bei Hans Wilhelm Kirchhoff in dem 87. Stück seines ‚Wendunmuth' (1563). Bei La Fontaine (livre V, fable 20):

Qu'il ne faut jamais
Vendre la peau de l'ours qu'on ne l'ait mis par terre.

In dt. Übers. lautet sie:

Zwei Freunde, beide knapp bei Kasse,
Besuchen in der nächsten Gasse
Den Kürschner, und sie bieten an
Zum Kauf ein Bärenfell dem Mann.
Der fragt: „Wo ist das Fell, Ihr Herren?"
„Das, Meister, laßt Euch gar nicht scheren,
Den Pelz, den sehet Ihr sehr bald!
Der Bär? Der streift jetzt noch im Wald ...
„Ein Fell man nicht zu Markte trägt,
Bevor den Bären man erlegt!"

Auf La Fontaine beruht schließlich die Version von Hagedorns Fabel ‚Die Bärenhaut'. Auch Burkard Waldis kennt die Fabel von der leichtfertig verkauften Bärenhaut. Dies geht aus einer Anspielung in dem 88. Stück des IV. Buches des ‚Esopus' hervor, wo die Moral beginnt:

Die Haut soll man zu Marckt nit tragen.
Man hab denn erst den Beren geschlagen.

In Hans Sachsens Meistergesang vom Neujahrstag 1536 heißt es von einem frechen Jäger im Schwabenland, der im Wald einen Bären gesehen hat:

Nein in Marck det lauffen
Und det die Hawt verkauffen,
Halff auch den Leitkauff sawffen,
E er den Peren stach.

Eine merklich abweichende Variante der Erzählung kennt Luther. Schon 1520 sagt er in dem großen Sermon von dem Wucher (W. A. VI, 56): „Doch wollen itzt die reyche Kauffleut yhrs Geldis Gluck, und dasselb eytell on Ungluck, darzu anderer

Leut Willen und Mut vorkauffen, on wilchen es leytt, ob sie vorkauffen wollen, das heyst die dreytzehende Bern Haud vorkaufft": durch Verzicht auf angebotene Grundstückshypotheken den Kredithaien eine unerwartete, herbe Enttäuschung bereiten (jem. die Rechnung ohne den Wirt machen lassen).
Eine spätestens im 14. Jh. und wahrscheinl. im Engl. entstandene Variante setzt an die Stelle des Bären den Löwen; so auch noch bei Shakespeare (,König Heinrich V.', IV,3):

> The man, that once did sell the lion's skin
> While the beast liv'd, was kill'd with hunting him.

Durch geschichtl. Nachrichten wissen wir, daß Kaiser Friedrich III. 1475 die Fabel bereits mdl. erzählt hat, d. h., es ist wahrscheinl. nicht nur mit einer nur schriftlichen und nur lit. Überlieferung zu rechnen, sondern auch mit einer mündlichen. Vermutl. war die Erzählung dem Kaiser durch irgendeinen Prediger bekanntgeworden, auch wenn das Exempel selbst bis jetzt von Abstemius nicht nachgewiesen werden konnte. Wenn es ein solches Predigt-Exempel gab, dann hat es sich wahrscheinl. an jene Stelle des 2. Makkabäerbuches (8,14) angeschlossen, wo von Nikanor die Rede ist, der die Juden verkaufte, ehe er sie gefangen hatte (,qui Judaeos, prius quam comminus veniret, vendiderat'). Oder wie Seb. Brant für das ,Narrenschiff' (12, V.25) 1494 übersetzt hatte:

> Nycanor überschlug geryng,
> Verkoufft das Wyltpret, ee ers fyng.

Von ihm ließe sich sagen: ,Er ist ein Bärenstecher': ein Aufschneider, Prahler.
,Er hat ein Bärenfell': er ist gegen jede rauhe Witterung abgehärtet, er ist unempfindlich. Schließlich bedeutet ,den Bärenpelz machen': sich ruppig benehmen, seine rauhe Seite herauskehren.

Lit.: *O. Keller:* Die antike Tierwelt 1 (Leipzig 1909); *A. Wesselski:* Die Fabel eines Kaisers, in: Erlesenes (Prag 1928), S. 88–97; *H. Naumann:* Art. ,Bärenhäuter', in: HdA.I, Sp. 910–912; *H. Rölleke:* Art. ,Bärenhäuter', in: EM. I, Sp. 1225–1232; *L. Röhrich:* Art. ,Grimmelshausen', in: EM. VI, Sp. 195–205.

Barrikaden. *Auf die Barrikaden gehen (steigen):* sich für eine Sache mutig enga-

,Auf die Barrikaden gehen'

gieren; auch: sich ereifern, Widerstand leisten. Die Rda. geht zurück auf den frz. Begriff ,barricade' = Straßenschanze, der vor allem seit der Frz. Revolution überall bekannt wurde. In Dtl. seit 1848 häufig gebrauchte Rda., auch in der Wndg.: *jem. auf die Barrikaden treiben:* ihn zum Widerstand anstacheln, insbesondere aber auch i. S. v.: die Geduld Gutgläubiger so lange ausnutzen u. auf die Probe stellen, bis es ihnen zuviel wird. Das kommt z. Ausdr. in iron. populären Wndgn. wie ,das treibt selbst den katholischen Mittelstand auf die Barrikaden'.

Bart. In zahlreichen Rdaa. spielt der Bart eine Rolle, sei es, daß er pars pro toto für den ganzen Mann steht, sei es als Zeichen der Manneswürde bei Beteuerung und Schwur, in Beziehung zum Sprechen und Essen, als empfindliche Stelle beim handgreiflichen Streit, bei Liebkosungen und Schmeicheleien, als Zeichen der Trauer oder schließlich als Bild des Alten, Überlebten und Rückständigen.
Einem um den Bart gehen: ihn umschmeicheln. Vollständig würde die Rda. lauten ,mit der Hand um den Bart gehen', d. h. einem das Kinn streicheln, wie es schon in Homers ,Ilias' (I, 501 ff.) von Thetis erzählt wird, die Zeus durch diese Schmeichelei für sich gewinnen will. Im mhd. Kudrun-Epos (Str. 386) geht die Tochter ihrem Vater um den Bart:

> Der herre gie balde dâ er die maget vant.
> In triuteclîcher wîse dô was der magede hant
> an ir vater kinne. Si bat in vil sêre,
> si sprach: ,liebez vaterlîn,
> heiz in hie ze hove singen mêre'.

‚Einem in den Bart greifen'

In denselben Sinnzusammenhang gehören *einem den Bart lang machen:* Versprechungen machen; *der Bart lacht ihm darob:* es ist ihm angenehm; *einem den Bart kraulen* (mdal. rhein. ‚enem em Bart krawele'): ihm schmeicheln. Auch die Form *einem Honig um den Bart schmieren* (mdal. rhein. ‚enem jet öm de Bart schmiere'; ‚enem jet öm de Bart schmuse') kommt in gleicher Bdtg. vor, ↗ Honig.

Im Gegensatz zur schmeichelnden Gebärde steht die aggressive und drohende: *einem in den Bart greifen (fahren):* ihn beschimpfen, Streit mit ihm anfangen. Es galt als schwere Beleidigung, jem. Bart anzutasten. Die Rda. ist lit., z.B. in Seb. Brants ‚Narrenschiff' („einen an den Bart greifen"), aber noch in der Ggwt. mdal. reich belegt, etwa rhein. ‚Dem han ech en de Bart getast', den habe ich ausgeschimpft, oder: ‚De es mol düchtig om Bart gezoppt wore', dem haben sie tüchtig mitgespielt.

Einem etw. in den Bart reiben (werfen): ihm einen Vorwurf machen. So sagt z. B. Abraham a Sancta Clara (‚Judas' I,104; II,312): „Einem die Wahrheit in Barth reiben". Luther hat daneben noch: „Gott in den Bart greifen", ihm zu nahe treten, und: „dem todten Löwen den Bart reufen", den Mut an einem kühlen, wenn er unschädlich ist. Vom Starken heißt es: ‚Er läßt sich nicht im Barte kratzen', vom Hartnäckigen: ‚Er würde sich seinen Bart Haar für Haar ausrupfen lassen'. In heutiger Umgangssprache hört man gelegentlich auch den Verzweiflungsruf: ‚Das ist zum Bart ausreißen!', ↗ Schwanz.

Der Bart gilt vielfach als Attribut eines wirklichen Mannes. Ndd.: ‚En Keerl ahn Bart is as'n Supp ahn Solt'; ‚Kuss ahn Bart, de smeckt as en Ei ahn Solt'. Obdt. Versionen: ‚E Kuß ohne Bart ist wie e Supp' ohne Salz; ‚E Kuß ohne Bart ist grad wie e saure Wurst ohne Esse'. ‚He hett en groot Wort un en lütten Bart': seine Worte sind nicht für voll zu nehmen. ‚Dar is em de Baart nich na wussen': er hat nicht das Recht, solch große Worte zu führen.

Von einem Stolzen heißt es ndd.: ‚He hett sien Bart dick maakt', oder: ‚He hett sik en basigen Baart stahn laten'. Von einem, der betrogen wurde: ‚Se hebbt em den Bart ahn Seep afnahmen'.

Das Einseifen und Beschneiden des Bartes durch den Barbier wurde übertr. zum allg. Bild der Menschenbehandlung. *Einem den Bart gut einseifen:* ihn übervorteilen; *einem den Bart abmachen (scheren, putzen):* ihn hart mitnehmen, ausschelten; *an meinem Barte soll er das Scheren nicht lernen:* ich möchte nicht das Versuchskaninchen sein; vgl. niederdeutsch: ‚Se wüllt an sien Bart dat Balbeern lehren' ↗ barbieren.

Man wird ihm bald den letzten Bart abnehmen: er wird nicht mehr lange leben. *Der Bart ist ab:* die Sache ist endgültig erledigt, überstanden; das Unternehmen ist

‚Einem den Bart abmachen'

gescheitert. Die Wndg. ist ziemlich jung und vielleicht um 1890 aufgekommen, als auf den Vollbart Wilhelms I. und Friedrichs III. der Schnurrbart Wilhelms II. gefolgt war („Soldaten, tragt den Bart – nach des Kaisers Art!").
In Rußland galt während der Regierungszeit Peters des Großen die altrussische Barttracht als Zeichen der Reaktion u. Opposition. Peter ließ daher den widerspenstigen ‚Altgläubigen', die ihm bei der Europäisierung Rußlands im Wege standen, die langen Bärte – Wahrzeichen ihres Glaubens – rigoros abschneiden, auch wenn die Unglücklichen flehentlich um Gnade baten mit den Worten: „Schneid uns die Köpfe ab, aber rühre unsere Bärte nicht an!"
Laß dir keinen (grauen) Bart darum wachsen: ärgere dich nicht länger; hör mit der Trauer auf. Der Sinn der Rda. erklärt sich aus älterem Brauch, nach dem man sich zum Zeichen der Trauer den Bart unbeschnitten wachsen ließ. Joh. Agricola erklärt 1529 die Rda. (Nr. 161) folgendermaßen: „Welchen ettwas leidens widerfahren ist / vnd die do trawren / die lassen gemeyniglich bertte wachsen / da mit sie eusserlich yhren iamer vnnd vnfall menigklich beweisen / in dem daß sie leydt tragen ... die da betrübt sind / lassen faren alle wolfart vnd freuden / zeigen vnd beklagen iemmerlich yhren vnfal mit geberden vnd wandel. Zu solchen pflegt man also zu sagen / Laß dir keinen bart darumb wachsen ...". Die Rda. ist heute weitgehend durch die jüngere Form verdrängt: ‚Laß dir keine grauen ↗ Haare darum wachsen'.
Der Schwur beim Bart geht auf sehr alte Volksglaubensvorstellungen zurück. Wir kennen ihn heute nur noch aus morgenländischen Erzählungen, z. B. aus den Märchen von 1001 Nacht, in denen es üblich ist, *beim Barte des Propheten* zu schwören; vgl. frz. ‚par la barbe du prophète'. Aber auch das dt. MA. kannte den Schwur *bei meinem Barte:* bei meiner Ehre; so wahr ich hier stehe; vgl. frz. ‚par ma barbe'. Heinrich der Löwe und Otto mit dem Bart schworen ‚sam mir mîn bart'; vgl. Konrad von Würzburg ‚Otte mit dem barte' V. 253: „bî dem barte swern"; ähnl. im ‚Reinhart Fuchs':

Sam mir mîn bart,
so muoz der fuhs Reinhart
gewislîchen rûmen diz lant.

Beim Schwur selbst wurde der Bart berührt.

‚Bei meinem Barte'

Um des Kaisers Bart streiten: sich um Dinge streiten, die des Streitens nicht wert sind, die sich vielleicht auch gar nicht entscheiden lassen. Die Rda. wurde auf die unergiebigen wissenschaftlichen Diskussionen darüber zurückgeführt, ob die röm. Kaiser, Karl der Große oder Friedrich Barbarossa einen Bart getragen hätten. Von dem Streit um Barbarossas Bart handelt das schwankhafte Gedicht ‚Von des Kaisers Bart' von Emanuel Geibel, wo es am Schluß heißt:

Zankt, wenn ihr sitzt beim Weine,
Nicht um des Kaisers Bart!

Wahrscheinl. liegt der heutigen Rda. aber eine volksetymol. Umdeutung zugrunde aus ‚um den Geißenbart streiten', übertr. aus lat. ‚de lana caprina rixari' = um Ziegenwolle streiten. Horaz (Episteln 1, 18, 15) macht sich über die müßige Streitfrage lustig, ob man Ziegenhaare (wie beim Schaf) auch als Wolle bezeichnen dürfe. Diese Rda. ist international geworden: ital. ‚disputar della lana caprina'; engl. ‚to contend about a goats wool'. Die Ziegenwolle wurde im Dt. erst zum Geißenbart, dieser dann zu des Kaisers Bart umgeprägt. Dies beweisen ebenso ältere lit. Belege (wie z. B. aus Hugos von Trimberg ‚Renner': "umb geiz wollen kriegen") wie mdal. Varianten, z. B. ndl. ‚twisten um een geitenhaar'. Sonst heißt es ndl. entspr. dem Dt. ‚spelen om's Keizers baard'. Verwandt, aber mit einem anderen Grundbild sind die Rdaa. frz. ‚se battre de la chappe à l'évêque' (heute unbekannt) und ital. ‚disputar dell'ombra dell'asino'.

Einem einen strohernen (auch *flächsernen*) *Bart flechten (drehen)*: ihn hintergehen, ihm etw. aufbinden, ihn täuschen. Schon bei Luther: "weil sie im solch eine feine nasen drehen und einen solchen schönen ströern bart flechten". Ähnl. in Thomas Murners ‚Schelmenzunft' und bei Joh. Agricola (Nr. 691): "Er macht yhm eynen bart von stro. Das ist / er vberredet yhn eyns dings / das offentlich erlogen ist ..." Aus den Bauernkriegen von 1525 wird überliefert: "Die Bauern lassen sich keinen strowin Bart mehr flechten", sie lassen sich nichts mehr vormachen. Jünger ist die Verwendung der Rda. in dem Reimspruch:

> Wenn du die Sach' besiehest recht,
> So ist's ein strohern Bartgeflecht.

Eyn stroen bart flechten

> Ich hor ouch an der schelmen rott
> Das ich kan thün eyn gferbten spott
> Ano dir eyn sach fürbalten do
> Du schwierst eyn eid im wer also
> Wen du die sach besühest recht
> Eyn stroen bart hab ich dir geflecht

Schwäb. ist die Rda. noch in der Form belegt: ‚sich kein Stroh in den Bart flechten lassen'.

‚Gott einen strohernen Bart flechten'

Sehr altertümlich ist die Form der Wndg. *Gott einen strohernen Bart flechten*, ebenfalls bereits bei Luther belegt: "Herr Caiphas fienge an und machte Gott auch eine Nasen und ströern Bart"; vgl. frz. ‚faire barbe de paille à Dieu' (veraltet). Die Rda. ist auch dargestellt auf Bruegels 1557 entstandenem großen Rdaa.-Bild. Entstehung und Herkunft der Wndg. liegen jedoch im dunkeln.

Am wenigsten erklärungsbedürftig sind die Rdaa., die den Bart in seinen natürlichen Funktionen in das sprachl. Bild übernehmen, z. B. *etw. in den Bart brummen*: undeutlich vor sich hinreden, bes. murren, wird heute auch von einem gesagt, der gar keinen Bart trägt; vgl. frz. ‚murmurer dans sa barbe'.

Sich den Bart streichen: Zufriedenheit ausdrücken; dies kann übertr. auch von einem Bartlosen gesagt werden.

Mit dem Bart wackeln: lachen, ist bes. in den rhein. Mdaa. verbreitet, z. B. ‚Do waggelte he met der Bart', da lachte er. ‚Has du jet gesat oder has de mom Bart gewaggelt?' ist eine beliebte Frage an einen, der undeutlich spricht. Ndd. wird Bart oft i. S. v. Mund verwendet, etwa ‚Hool dien Bart!', Halt deinen Mund!, ‚Ik snak rein vun'n Bart', ich spreche, wie mir der Schnabel

gewachsen ist; ,he snackt as em de Bart wussen is', er redet, ohne zu überlegen.
Bei Mundfunktionen ist der Bart oft mit beteiligt: *durch den Bart trinken:* langsam schlürfen; *er kann nicht mehr über den Bart spucken:* er ist betrunken; rhein. ,E frißt (seift), dat em de Bart trippst'; ,da geht ge te Bart', es schmeckt.
Bart kann auch i. S. v. ↗ Hals stehen, z. B. *bis an den Bart in Arbeit stecken.* Schließlich ist der Bart das rdal. Maß des Erwachsenwerdens und der Männlichkeit: rhein. ,Kerl mit Bärt', starke Männer; ,Ruheg (Mull hallen), wer ke Bart hot!' (auf Frauen und Kinder bezogen); ndd. ,Da is di de Bard noch nich naawussen', davon verstehst du noch nichts; ,er kann noch nicht über den Bart spucken' (schlesw.-holst. ,He kann noch ni öwer'n Bart speen'), er ist noch zu jung. Ostfries. heißt es von der plötzlich rauhen Stimme eines jungen Mannes im Stimmbruch: ,He hatt den Bart in den Hals'.
In manchen jüngeren Rdaa. bezeichnet der Bart das Überlebte und Rückständige. *Einen Bart haben:* altbekannt, langweilig sein; verkürzt zu: *So'n Bart!,* bes. von Witzen gesagt (vgl. den frz. Ausruf ,la barbe!', mit dem man eine langweilige Erzählung unterbricht oder umg. seine Ungeduld kundtut).
Die Rda. hat auch lustig parodierende Fortsetzungen gefunden, wie: ,Das Ende des Bartes ist im Keller (auf der 16. Sohle) zu besichtigen', ,von Ferne hört man das eintönige Summen der Bartwickelmaschine', ,einen Bart mit Dauerwellen haben'. Der Bart selbst wird spöttisch ,Fußsack', sein Träger ,Rübezahl' oder ,Weihnachtsmann' genannt. Doch wechselt die Bartmode; heute ist der ,Kaiser-Wilhelm-Gedächtnis-Bart' wieder modern und gilt als jugendlich.

Lit.: *R. Köhler:* Des Kaisers Bart wachsen hören, in: Kleinere Schriften, Bd. III (Berlin 1900), S. 610f.; *Richter-Weise,* Nr. 15; HdA. I, Sp. 929–931 (Art. ,Bart' von *E. Stemplinger); Göhring,* S. 23f.; *Singer* I, S. 38–40; *L. Röhrich:* ,Kaiser Otto' oder ,Heinrich von Kempten', in: Germ.-Rom. Monatsschrift, N.F. 1 (1951), S. 151 bis 154; *ders.:* Gebärdensprache und Sprachgebärde, S. 146; *A. Megas:* Der Bartlose im neugriech. Märchen (= FFC. 157) (Helsinki 1955); *Küpper; Büchmann; G. A. Megas* u. *K. Ranke:* Art. ,Bart' und ,Bartloser' in: EM. I, Sp. 1280–1288; *M. Jedding-Gesterling* u. *G. Brutscher* (Hg.): Die Frisur. Eine Kulturgeschichte der Haarmode von der Antike bis zur Gegenwart (München 1988).

Barte. *Die Barte zu weit werfen:* übertreiben; eine im 16. Jh. sehr gebräuchl. Rda. Barte ist ein altes Wort für das Doppelbeil. In neuerer Zeit ist mit der Sache das Wort in Vergessenheit geraten und in die Rda. ist Beil für Barte eingetreten (↗ Beil). In den Mdaa. lebt das Wort vereinzelt weiter, z. B. thür. ,einem in die Barte laufen', wider Willen auf jem. stoßen.
Die Barte stets bei sich haben: einen losen Mund haben.

Barthel. *Wissen, wo Barthel den Most holt:* sich zu helfen wissen, alle Schliche kennen; sehr gewandt, schlau und verschlagen sein (oft mit sexueller Bdtg.).
Die Rda. ist seit der 2. H. des 17. Jh. lit. belegt, z. B. in Grimmelshausens ,Simplicissimus' (I, 139) und in Schnabels ,Insel Felsenburg'. Es handelt sich um eine der interessantesten Rdaa., für die immer wieder neue Erklärungen vorgelegt worden sind, nicht alle freilich von gleicher Originalität und Stichhaltigkeit. Es ist z. B. an altfrz. Rdaa. erinnert worden, die von einem entschlossenen Bartole berichten, der seinen Weinberg verkauft habe, um neue Senker zu erhalten, also lächerlich und töricht handelte. In ähnl. Weise gibt es noch andere anekdotenhafte Erzählungen, die den angeblichen Urspr. der Rda. erklären. So leitet man die Wndg. auch von einem berühmten ital. Rechtsgelehrten Bartolus (gest. 1357) ab, über den auch im Frankr. des 16. Jh. ähnl. Rdaa. umliefen. Einer seiner dt. Schüler müßte dann die Wndg. im Dt. nachgebildet haben.
Ebenso soll sich der Ausdr. auf einen Schultheiß von Heilbronn beziehen. Dieser Barthel lebte im 13. Jh. und hätte sich auf billige Weise aus dem Rathauskeller mit Wein versorgt. Eine weitere Deutung bezieht sich darauf, daß nach altkirchl. (aber nicht bibl.) Überlieferung der Bräutigam auf der Hochzeit zu Kana, auf der Wein beschafft werden mußte, Bartholomäus oder Barthel geheißen habe (vgl. Joh. 2,9: „Als aber der Speisemeister kostete den Wein, der Wasser gewesen war, und wußte nicht, von wannen er kam ... ruft der Speisemeister den Bräutigam ...").
Ferner hat man darauf hingewiesen, daß in Unterfranken eine bestimmte Art gro-

ßer Spitzkrüge, in denen man namentlich Most aus dem Keller heraufzuholen pflegt, Barthel genannt wird ('Bartmannskrüge'); doch können diese Krüge auch umgekehrt ihren Namen erst von der Rda. erhalten haben.

Auch als ndd. hat man die Rda. zu erklären versucht: ,He weet, wo Bartheld de Mus herhalt', er weiß, wo der Storch (Berthold, Name des Storches in manchen Gegenden Niederdtls.) die Mäuse, nämlich die kleinen Kinder, holt, er ist klug und gewitzt; er glaubt nicht mehr an den Klapperstorch.

Einleuchtender als alle die genannten Deutungen ist die aus der Gaunersprache. In dieser bedeutet das aus dem Hebr. stammende Wort ,Barsel' = Eisen und ,Moos' = Geld (aus hebr. mā'oth = kleine Münze). Der urspr. Sinn der Rda. wäre also: wissen, wo man mit dem Brecheisen an Geld kommt, d.h., wo man durch Einbruch etw. erbeuten kann, dann in besserem Sinne: alle Schliche kennen.

Freilich ist auch diese Erklärung nicht ohne Einwand, denn ,Barsel' bedeutet rotw. lediglich das Eisen, wohl auch das Schließeisen, die Vorlegestange, während das Stemmeisen hebr. ,schâbar barsel', rotw. ,Schaberbartle' heißt. Immerhin wäre eine Verkürzung von Schaberbartle zu Bart(h)el, vielleicht auch aus Gründen umschreibender Verhüllung, denkbar. Wenn diese Erklärung stimmt, dann ist die ndl. Form der Rda. ,weten waar Abraham de mosterd haalt' nur eine verderbte volkstüml. Variante.

Schließlich – und dies hat mindestens ebensoviel Glaubwürdigkeit als das vorher Gesagte – hat man an den Kalendertag des hl. Bartholomäus (24. August) angeknüpft, der für den Ausgang der Weinernte wichtig ist; er spielt im Bauern- und Winzerleben überall eine große Rolle als Lostag. Wichtig ist in diesem Zusammenhang eine Notiz aus Augsburg vom Jahre 1872, die besagt, daß alle Wirte ihre Schankgerechtigkeit verloren, wenn sie an Bartholomä noch keinen Most hatten. Allerdings kann sich diese Deutung nur auf den Obstmost beziehen, da der Traubenmost am 24. August noch nicht gemacht wird. Balthasar Schupp schreibt einmal: „Wo man Holz umb Weynachten,

Korn umb Pfingsten und Wein umb Bartholomäi kauft, da wird Schmalhans endlich Küchenmeister". Der Witz der Rda. liegt vielleicht tatsächlich darin, daß man auf St.-Bartholomäus-Tag noch nicht Weinlese halten kann und daß demnach Barthel keinen Most hat. Derjenige, der dennoch weiß, ,wo Barthel Most holt', muß also schon ein ganz bes. schlauer Mensch sein. Der Sinn der Rda. bliebe bei dieser Erklärung gewahrt.

Tatsächlich tritt der Bartholomäustag als wichtiger Termin des volkstüml. Kalenders in südd., bes. in schwäb. Wetterregeln häufig personifiziert als ,Bartle' oder ,Bâtle' auf. Es ist klar, daß der am Bartholomäustag, sei es aus Trauben, sei es aus Äpfeln gepreßte Most noch sehr sauer ist. Dies kommt zum Ausdr. in schwäb. Rdaa. wie: ,Dear besseret se wia's Bartles Moscht, dear ischt zua Esse woara', oder: ,Dea richt se wie Bartls Moscht, un den habbe mr uff de Mischthufe gschütt'. Schließlich in gereimter Form:

Bâtle roicht en wollfle (wohlfeilen)

Moscht,

Beim Michl (29. September) er scho

maier koscht.

Aber auch wenn der frühe Most noch nichts taugt, so sieht man am Bartholomäustag doch schon recht gut, in welchem Garten gutes Obst oder gute Trauben einen guten Most geben werden. Eine schwäb. Wetterregel heißt z. B.: ,Wie der Bartholomäus sich hält, so ist der ganze Herbst bestellt'. Bartholomäus, der personifizierte 24. August, weiß also schon, wo der Most zu holen sein wird. In der Tat lautet die Rda. urspr.: ,Barthel weiß, wo er den Most holt' – so steht sie in Simrocks ,Sprichwörtern' und im Dt. Wb. der Brüder Grimm. Die ältesten Erklärungen dazu heißen: „Bartholomäi Tag ist der 24te August, da man mit einiger Wahrscheinlichkeit sehen mag, ob und wieviel Traubenmost desselben Jahres in den Reben zu holen sein werde"; so J. Eiselein im Jahre 1840. K. Riesel erklärt im Jahre 1856: „Demnach ist es der Barthel, von dem eine gute Weinernte abhängt, der Barthel holt oder bringt den Most, er weiß, wo der Most zu holen ist". Auch Herm. Fischer, der Herausgeber des Schwäb. Wb., erklärt: „Kommt wohl daher, daß man mit Sicherheit rechnen kann, daß es um Bartholomäi herum schon reifes Mostobst gibt". Von dieser urspr. Rda. zweigen dann andere ab, die vermuten lassen, daß man die frühere Bdtg. mehr und mehr vergaß. Dazu gehört die mehrfach belegte schwäb. Scherzfrage: ‚Wo holt der Baatle den Moscht?', oder: ‚Waischt au, wau Bartle da Moscht holet?' Die Antwort lautet: ‚Beim Michel!', d.h. erst Ende September. Bekannte Drohungen sind: ‚I will der zaige, wo Bartle Moscht holt!'; ‚Dem will i sa, wo Bartle de Moscht holt!'

Lit.: *Wander* I, Sp. 241; *Richter-Weise*, Nr. 16; Zs. f. dt. Mdaa. III, S. 375; *O. Meisinger:* Hinz und Kunz (Dortmund 1924), S. 9; *A. Taylor:* Proverb, S. 194; *A. Bertsch:* Wb. der Kunden- und Gaunersprache (Berlin 1938), S. 39 und 103; *F. Thiele:* „Er weiß, wo Barthel den Most holt", in: The German Quarterly 12 (1939), S. 11–15; *Raab*, S. 25; *G. Gugitz:* Barthel, der den Most holt, in: Das Jahr und seine Feste im Volksbrauch Oesterreichs, 2 Bde. (Wien 1950), I, S. 77–83; Zs. f. dt. Wortf. X, S. 267; *R. Schenda:* Wo hat der Barthel den Most geholt, in: Stuttgarter Zeitung vom 5. Dezember 1964; *G. Schreiber:* Deutsche Weingeschichte (Köln 1980).

Bartputzer. *Zum Bartputzer gehen (müssen):* scherzhaft, spöttische Bez. für den Friseur, zu dessen Hauptaufgaben die Pflege des Bartes oder das Barbieren gehörten. Vgl. auch die Ausdr.: ‚Bartkratzer', ‚-schaber', ‚-schraper', ‚-schrubber', ‚-scherer', ‚-schinder' u. ‚-stutzer'.

Lit.: *G. Grober-Glück:* Motive u. Motivationen in Rdaa. u. Meinungen (Marburg 1974), Bd. I, S. 395–406, § 213 ff.

Baselemanes. *Baselemanes machen:* Umstände machen, weitschweifig sein. Die Wndg. ist entstanden aus span. ‚besa la mano' oder ‚beso las manos', womit der Handkuß gemeint ist, der im span. Hofzeremoniell eine wichtige Rolle einnahm. Dem Dt. ist diese Sitte fremd, sie mutet ihn unnatürlich und lächerlich an und wird von ihm als übertriebenes Gebaren gebrandmarkt. In der heutigen Bdtg. hat sich der Ausdr. im 18. Jh. durchgesetzt (Küpper). Vgl. frz. ‚faire des manières'.

Basiliskenblick. *Einen Basiliskenblick haben:* jem. mit stechenden Augen fixieren, ihn mit ‚vernichtendem Blick' anschauen. Der Basilisk ist ein Fabeltier des Altertums. Seine Eier sind tödlich, wenn man sie ißt (vgl. Jesaja 59, 5). Auch schon der Blick des Basilisken hat tödliche Wirkung. Plinius berichtet in ‚Nat. hist.' XXIX, 19, 66 von dem Fabeltier Basilisk, „einem ungeheuren Drachentier", das den Menschen durch seinen Blick töte.

Lit.: *S. Seligmann:* Der böse Blick u. Verwandtes (Berlin 1910, Nachdr. Hildesheim 1985), S. 141 f.; *Th. Hauschild:* Der Böse Blick (Berlin ²1982), S. 40–46; *H. Güntert:* Art. ‚Basilisk', in: HdA. I, Sp. 935–937; *H. J. Uther:* Art. ‚Basilisk', in: EM. I, Sp. 1311–1315.

baß. *Baß erstaunt sein:* sehr erstaunt, mehr als überrascht sein. Die Wndg. wird heute meist scherzhaft gebraucht, da das Wort ‚baß' (noch erhalten in ‚fürbaß') als altmodische Bez. empfunden wird, deren Gebrauch an sich leicht erheiternd wirken kann.

Basseltan. ‚Des mach ich for basseltan', zum Zeitvertreib. Die Mainzer Wndg., die auch in der Pfalz und in Baden bekannt ist, läßt noch deutlich die frz. Grundform ‚pour passer les temps' erkennen, wie sie vor allem auch in der Frankfurter Rda. ‚Deß is doch nor for Baßledant' oder der schwäb. Wndg. ‚für Passleta' (‚basledä') zum Ausdr. kommt.

Baßgeige. *Er is 'n Aas uf de Baßjeije;* Ausdr. der Bewunderung für einen tüchtigen Menschen. In der Volkssprache kann oft ein derber Ausdr. zu einem lobenden, im guten Sinn steigernden werden. Vielleicht beeinflußten die absonderliche Größe des Instruments und sein tiefer Ton die Wndg. Berl. hört man auch, wenn einer sinnlos betrunken ist: ‚Er sieht den Himmel für ne Baßjeije an'. Bekannter ist die Drohung: ‚Ich schlag dich, daß du meinst, der Himmel ist eine Baßgeige'. Im ‚Wehrwolf' von Hermann Löns (1910) findet sich eine Variante: „alles was recht ist, das ist ein aast uff die fiedel".

↗Aas, ↗Brunnen, ↗Fiedel, ↗Geige, ↗Himmel.

Lit.: *M. Willberg:* Die Musik im Sprachgebrauch, in Sprww., in Rdaa., im Schrifttum, in: Die Muttersprache (1963), S. 202; *U. Förster:* Aas auf der Baßgeige', in: Sprachdienst 20 (1976), S. 27.

Bast. *Sich das Bast von den Händen ringen* ist vor allem durch G. A. Bürgers ‚Die

Pfarrerstochter von Taubenhain' (1781) bekanntgeworden („wild rang sie das Bast von den Händen"). Die Rda. hat aber durchaus ihre Entsprechungen in den Mdaa., etwa meckl. ‚den Bast sick ut de Fingern reten' oder derber ‚sick den Bast von de Rippen quälen'. Spöttisch heißt es obersächs. von einem, der heftig Beifall klatscht: ‚Mancher junge Fant klopft sich beinahe das Bast von den Händen'. Bast (masc. und neutr.) bedeutet mdal. ‚Haut, Fell', daher auch Wndgn. wie rhein. ‚He kreg wat op dem Bast', er bekommt Schläge, ndd. ‚upn Bast kom', ‚upn Bast sitn', bestrafen, zur Arbeit antreiben.

Basta. *Und damit basta!:* Fertig, Schluß, erledigt! Basta ist eine Imperativform und kommt von dem gleichlautenden span.-ital. ‚basta' = es genügt, es ist genug; das Wort ist wohl während des Dreißigjähr. Krieges durch die Vermittlung ausländischer Soldaten ins Dt. gedrungen und in den dt. Mdaa. auch heute noch gebräuchl., z. B. schwäb., rhein., meckl. heißt ‚basta machen' aufhören, etwa bei der Arbeit: ‚de Snitters möken basta'.

Batzen. *Seine Batzen zählen:* sein Geld zählen. Batzen sind die vor 1500 in der Schweiz geprägten Vierkreuzerstücke, so genannt nach dem Bätzen (Betz-Bär), der die Schauseite zierte. Diese Vierkreuzerstücke haben sich seit dem 15. Jh. auch in Dtl. verbreitet, vor allem in den unmittelbar an die Schweiz angrenzenden Regionen.
Der Bär verschwand aus dem Münzbild, aber der Name blieb u. wurde sogar zur Bez. von Geld schlechthin, wie es auch in den Wndgn. *das kostet Batzen, seine Batzen zusammenhalten* oder in dem Sprw. ‚ein Batzen im Säckel ist besser als ein langsamer Sechser' z. Ausdr. kommt. Auch die Rda. *fünfzehn Batzen für einen Gulden geben:* Gleiches mit Gleichem vergelten u. das Sprw. ‚Es ist ein guter Batzen, der einen Gulden spart': schön, wenn man mit kleinem Aufwand sein Ziel erreicht, zeigen, daß sein Wert trotz der geringen Münzeinheit durchaus einmal geschätzt war. Vgl. auch das Volkslied:
Ein Heller und ein Batzen,
die waren beide mein ... (↗Heller)

Nachdem später das Wort als Bez. einer Währungseinheit wohl nicht mehr verstanden wurde, rückte die andere Bdtg.: Klumpen, Masse in den Vordergrund, wie aus der Rda. *das kostet einen Batzen Geld* hervorgeht. Doch bestand zur gleichen Zeit die Vorstellung von geringem Geld. Sie führte im Laufe der Zeit auch zu allerlei Spottnamen zur Kennzeichnung kleiner Münzen, die sich oft durch starken Wertabfall auszeichneten. Es trat eine Verquickung mit dem abwertenden Ausdr. Batzen für Klumpen, Dreck ein, in der Annahme, daß die kleine, am Finger klebende Münze ein Dreck (Batze), d. h. nichts wert sei.
Dies kommt vor allem zum Ausdr. in der Wndg. *keinen Batzen wert sein* oder in schwäb. Wortzusammensetzungen wie: ‚Batzelaib': ein Laib Brot von geringer Qualität; entspr. für einen Armen oder Geizhals: ‚Batzlelaiblesverdrucker', ferner ‚Batzewecken', ‚Batzewurst' u. für einen armen Rentner ‚Batzewurstrentner', ‚Batzenhaus' oder ‚Batzehäusle' für ein Wirtshaus, in dem alles nur einen Batzen kostete, wo man z. B. ‚Batzebier' trank oder einen ‚Batzevierer': die geringste Weinsorte, von der ein Schoppen nur einen Batzen kostete.

Lit.: *H. U. Geiger:* Der Beginn der Gold- u. Dickmünzenprägung in Bern (Bern 1968), S. 97 ff.; *G. Hatz:* Münze u. Volk, in: Beiträge zur dt. Volks- u. Altertumskunde, 16 (1972/73), S. 11–32; Münzen in Brauch u. Aberglauben, Hrsg. German. Nationalmuseum Nürnberg (Mainz 1982), S. 232.

Bau. *Nicht aus dem Bau (Bude) herauskommen:* nicht aus seiner Wohnung gehen, nichts unternehmen. Das sprachl. Bild beruht auf einem Vergleich mit Tieren, die Höhlen bewohnen und sich selten blicken lassen; vgl. frz. ‚ne pas sortir de sa tannière' (Tierhöhle).
In den Bau gehen müssen: in Arrest, ins Gefängnis müssen, kommt aus der Soldatensprache des 1. Weltkriegs; vgl. frz. (umg.) ‚Aller au gnouf' (Soldatensprache), ‚... au bloc', ‚... au violon'.
Vom Bau sein: Fachmann, Kollege sein. Diese jüngere umg. Wndg. stammt sicher aus dem Theaterleben. ‚Er ist auch vom Bau', sagen die Schauspieler von einem Kollegen, den sie als einen der Ihren anerkennen. Ähnl. bezeichnet berl. ‚der ganze

Bau' alle, zunächst die Bauhandwerker, dann alle zum Bau Gehörenden.

Bauch. Die Rdaa. vom Bauch sind meist jüngerer umg. Herkunft und bedürfen kaum einer Erklärung. Älter ist lediglich *dem Bauch dienen:* gut leben. Luther übersetzte Röm. 16,18: „Denn solche dienen nicht dem Herrn Jesus Christus, sondern ihrem Bauche" und gebraucht auch sonst oft Wortbildungen wie ‚Bauchdiener', ‚Bauchdienerei' oder ‚Bauchknecht'. 1640 sagt Lehmann: „Die Familie Bauchknecht ist ein groß Geschlecht".

Vor jem. auf dem Bauche liegen: unterwürfig sein, beruht auf einer alten Geste der Unterwerfung.

Jüngere Rdaa. sind z. B.: *sich den Bauch vollschlagen:* beim Essen heftig zulangen; *aus dem Bauch reden* (schwäb. ‚aus dem hohlen Bauch schwätzen'): unbedachtes Zeug reden, das nicht aus dem Kopfe kommt. *Etw. nicht aus dem hohlen Bauch können:* etw. nicht ohne gründliche Stärkung und Sachkenntnis meistern können. *Einen schlauen Bauch haben:* schlau, klug sein. Hängt vielleicht mit dem jidd. ‚bauchen' = kundig sein zusammen.

Ein voller Bauch studirt nicht gern!
sagte das Schwein, nachdem es sich satt gefressen.

Den Bauch halten vor Lachen spielt auf die Erschütterungen des Zwerchfelles an, die bei starkem Lachen verursacht werden; schon Goethe kennt ein „bauchschütterndes Lachen". *Den Bauch voll Wut haben:* sehr wütend sein, hängt mit der volkstüml. Vorstellung vom Sitz der Wut im Bauch (bes. in der Galle) zusammen. Obersächs. ‚sich etw. durch den Bauch stechen', hinterziehen, unterschlagen, meint wohl eigentl.: ohne Gewissensbisse etw. nach hinten, beiseite bringen (vielleicht im Gedanken an ein Taschenspielerkunststück).
Einem ein Loch in den Bauch reden (fragen) ↗ Loch.
Sich gebauchpinselt fühlen (sächs. ‚sich gebauchmiezelt fühlen'): sich geschmeichelt fühlen; burschikos stud. Nachbildung zu ‚Ohrenkitzel', ‚Gaumenkitzel' usw.

Der Bauch dient häufig auch dem politischen Vergleich. Als Sitz des Magens u. der Verdauungsorgane nimmt er eine besondere Stellung gegenüber dem Kopf ein. Sind die polit. Verhältnisse in einem Staat z. B. ungesund, heißt es im Sprw.: ‚Der Bauch regiert den Kopf', verkürzt auch: ‚Der Bauch regiert'. Diese Metaphern stehen im Zusammenhang mit der Fabel vom Streit der Glieder mit dem Magen: Die einzelnen Körperteile sind in ihrer Funktion aufeinander angewiesen; keiner kann auf die Mitwirkung des anderen verzichten.

Lit.: *D. Peil:* Der Streit der Glieder mit dem Magen (Frankfurt/M. 1985).

bauen. *Auf Sand bauen* ↗ Sand; *dem Feinde goldene Brücken bauen* ↗ Brücke; *auf jem. Häuser bauen können* ↗ Haus; *Hütten bauen* ↗ Hütte; *Luftschlösser bauen* ↗ Luftschloß.

Bauer. Der Gegensatz Stadt – Land hat zur Ausprägung einer ganzen Reihe von Rdaa. geführt, in denen – meist aus städt. Sicht – das Wort ‚Bauer' hochmütig zur Kennzeichnung grober, ungesitteter Art, der Dummheit und des tölpelhaften Wesens, bisweilen aber auch für Schlauheit oder für Tüchtigkeit gebraucht wird, ↗ bauernschlau.

So fragt man einen Bauern aus: so lasse ich mich nicht ausfragen, als Antwort auf einen neugierigen Frager; vgl. ndl. ‚zo vraagt men de boeren de kunst af'.

Draufschlagen wie der Bauer auf den Wolf: sehr derb und grob dreinschlagen; ndd. ‚Wat versteit de Bur von Safran!' (ehemals ein wertvolles Kuchengewürz) oder ‚Wat weet de Bur von Gurkensalat!' (oft mit der Ergänzung ‚er ißt ihn mit der Mistgabel'); meckl. ‚Ick heff de Ollsch tau'n Buern brukt', ich habe sie übertölpelt, reingelegt; sächs. ‚mit der Bauernflinte schießen', grob werden. *Der Bauer haut ihm ins*

Genick: er fällt aus der angenommenen Rolle (eines feinen Mannes). Diese Rdaa. werden heute jedoch selten gebraucht.

Auf Bauernfang ausgehen: die Arglosigkeit und Leichtgläubigkeit der Bauern ausnutzen, seine Mitmenschen betrügen wollen. Nur die Sprww.: ‚Die dümmsten Bauern haben die größten Kartoffeln‘ und ‚Was der Bauer nicht kennt, frißt er nicht‘ werden noch häufig in die umg. Rede eingeflochten.

Bauer, das ist was andres! ↗ anders.

‚Der Bauer ißt nichts ungesalzen‘ wird gebraucht als spöttische Bemerkung, wenn etw. auf den Boden gefallen ist, aber dennoch gegessen wird.

Die Rda. *einen Bauern opfern* stammt vom Schachspiel: eine relativ geringe Person wird geopfert, um eine gewichtigere schadlos zu halten (vor allem oft in der Politik gebraucht).

Als ‚kalten Bauer‘ bez. man das Ejakulat im Falle von Onanie oder nächtlicher Pollution, im Gegensatz zum ‚warmen Bauer‘, der geschlechtlichen Beiwohnung.

Dagegen bedeutet die verniedlichende Wndg. *ein Bäuerchen machen:* Erwartetes Aufstoßen eines Kleinkindes. Beim Saugen aus der Mutterbrust oder aus der Milchflasche wird Luft mitgeschluckt, die wieder heraus muß. Dieser Vorgang wurde benannt nach der als bäuerlich geltenden Sitte, zum Zeichen der Sättigung nach dem Essen laut zu rülpsen.

Lit.: *J. Müller:* Der Bauer im Spiegel des rhein. Sprw., in: Zs. d. Vereins f. rhein.-westf. Vkde. 15 (1918), S. 88–102; *A. Haas:* Der Bauer im pomm. Sprw., in: Heimatkalender für Pommern (1925), S. 47–51; *K. S. Kramer:* Art. ‚Bauer‘, in EM. I, Sp. 1327–1338; *Th. Kohlmann (u. a.):* Das Bild vom Bauern. Vorstellungen u. Wirklichkeit vom 16. Jh. bis zur Ggwt. (=Schriften des Museums für Dt. Vkde. 3) (Berlin 1978); *H. Moller:* Wet dreams and the ejaculate, in: Maledicta 4 (1980), S. 249–251; *E. Moser-Rath:* Lustige Gesellschaft (Stuttgart 1984), S. 232–247.

Bauernjunge. Bei starkem Regen sagt man obersächs. ‚Es dröscht Bauernjungen runter‘, auch ‚Es regnet wie mit Bauernjungen‘; berl. ‚Et rejent Bauernjungs‘. Die dicken Regentropfen werden mit Bauernjungen verglichen, wie umgekehrt ‚Tropf‘ auch mit der Bdtg. ‚Bauerntölpel‘ bekannt ist. Vgl. frz. ‚Il pleut des hallebardes‘ (Hel-

lebarden), ‚... des cordes‘ (Schnüre), ‚... comme vache qui pisse‘ (umg. wie eine pissende Kuh).

bauernschlau. *Bauernschlau sein:* auf pfiffige Weise seinen Vorteil geltend machen können, Mutterwitz besitzen. Während der Bauer in den frühen gedruckten Quellen zum rohen, ungezügelten Wesen degradiert wird u. er im Märchen in Mühsal u. Armseligkeit die niedrigsten Arbeiten verrichtet, wird er im Schwank als ein gewitzter Mensch dargestellt, der auf die Repressalien u. Schikanen seiner Dienstherren stets eine treffende Antwort weiß. Schwanksammlungen sind voll von entspr. Beispielen. In der Erzählung von der ‚Kopfarbeit‘ z. B. (H. W. Fischer: Lachende Heimat [Darmstadt 1955]) beantwortet der Bauer die auf Kopfarbeit beruhende hohe Rechnung des Doktors, Pastors oder Notars mit einer durch die Kopfarbeit seiner Ochsen (im Joch) verursachten noch höheren Rechnung. Im Schwank ‚Lauter Flegel‘ (H. Ruppel u. A. Häger: Der Schelm im Volke [Kassel 1952]) quittiert der Bauer im Amtszimmer die Aufforderung sich zu setzen nach kurzem Umherschauen mit der Bemerkung: „Wie bei mir in der Scheune, keine Stühle, aber lauter Flegel", u. in der Geschichte vom ‚Akten schreiben, Akten dreschen‘ (L. Kiesgen u. W. Spael: Rhein. Volkshumor [Essen 1941]) soll der Bauer die mit weit auseinanderstehenden Zeilen geschriebenen Gerichtsakten teuer bezahlen u. beantwortet dies damit, daß er beim Dreschen für den Gerichtsherrn die Garben weit auseinanderlegt, sie nur halb ausdrischt u. dies ‚Aktendreschen‘ nennt.

Solche ‚Bauernschläue‘ gibt Überlegenheit und wird auch noch in heutiger Zeit leicht bewundernd und wohlwollend betrachtet.

Lit.: ↗ Bauer.

Bauklotz. *Bauklötze(r) staunen:* vor Verwunderung, Erstaunen sprachlos sein. Die Rda. ist um 1920 von Berlin ausgegangen.

S. A. Wolf betrachtet sie als Ergebnis eines Mißverständnisses. Sie bedeute nichts anderes als: vor Erstaunen große

Augen – berl.: ‚Jlotzoogen' oder ‚Jlotzen' – machen. Aus der Wndg. ‚da machste Jlotzen, wa?' wäre im Laufe der Zeit ‚da staunste Jlotzen' geworden u. durch Zuwanderung des synonymen Ausdrucks ‚Klozzer' aus dem Fränkischen schließlich ‚da staunste Klötze (Bauklötze)' entstanden.
Es ist aber auch nicht auszuschließen, daß die Rda. ihren Urspr. hat in dem kindlichen Spiel mit Bauklötzen, das immer neues Erstaunen hervorruft. Ob nun die eine oder andere Erklärung zutrifft, ist letztlich unerheblich, da gerade der surreale Gehalt den Reiz der Rda. ausmacht. Neuerdings ist sie noch ironisch parodiert worden: ‚Da staunst du Bauklötze mit Gummiecken!' Bauklötze mit Gummiecken gibt es nur in der Phantasie; sie sind ebenso ungewöhnlich wie das, worüber der andere staunen soll. Verwandte rdal. Ausrufe des Staunens sind: ‚Da staunste Backobst!', ‚da staunste Preßkohlen!' Unerklärt ist die etwa gleichzeitig, bes. obersächs. aufgekommene Rda. ‚Ackermann, da staunste!'.

Lit.: *S. A. Wolf:* Da staunste Bauklötzer, in: Muttersprache 73 (1963), S. 308–309.

Baum. In Sprw. und Rda. sind Bäume häufige Symbole für die Standhaftigkeit und Unbeugsamkeit eines Menschen, Sinnbilder von Stärke und Größe. Von einem Starken sagt man, er könne ‚Bäume ausreißen'. Man spricht von einem ‚Kerl wie einem Baum', von einem ‚baumstarken' Menschen. Noch stärker aber ist jem., dem nicht einmal ein Baum standhält: ostpr. ‚Dat es e Kerl, de kann Beem ute Eerd utriete'; häufig auch in der Form einer negativen Aussage: ‚Wie Bäumeausreißen ist mir's nicht gerade zumute' (von einem Genesenden, der sich noch matt fühlt).
Die ‚unbeugsame Eiche' ist ein Bild menschlichen Charakters: ‚Was schadet es der stolzen Eiche, wenn eine Sau sich daran reibt?!' – das meint: Beleidigungen von Kleinen können einen Selbstbewußten nicht erschüttern. ‚Alte Bäume lassen sich nicht mehr biegen'. Das meint: ‚Was Hänschen nicht lernt, lernt Hans nimmermehr'. ‚Einen alten Baum verpflanzt man nicht'. Andererseits ‚wachsen die Bäume nicht in den Himmel'; das Sprichwort

‚Alte Bäume lassen sich nicht mehr biegen'

zeigt die Begrenztheit menschlichen Strebens.
Jemand ‚schlägt Wurzeln'; er ist ‚verwurzelt' oder ‚entwurzelt'. ‚Krummes Holz' nennt man andererseits Menschen, deren Lebensweg nicht gradlinig verlaufen ist. ‚Wie der Baum, so die Früchte'; ‚An ihren Früchten sollt ihr sie erkennen' – Der ‚Apfel fällt nicht weit vom Stamm' – in all diesen Sprichwörtern und Emblembildern steht ‚Baum' für ‚Mensch': die Größe und Höhe von Bäumen meint hohen Rang, Stand oder Alter. Die Frucht von Bäumen steht für die Folgen von Taten, aber auch für Kinder und Enkel, das Aufwachsen und Beschneiden von Bäumen für Erziehung. Das Fällen von Bäumen steht für Niedergang, Katastrophen und Tod.
Zwischen Baum und Borke stecken: in einer kritischen Lage sein, aus der man weder vor noch zurück kann. Ähnl.: *Sich fühlen wie zwischen Baum und Borke:* eingeklemmt, in seiner Bewegungsfreiheit behindert sein, nur im Verborgenen gestattete Aktivitäten ausführen können. Das sprachl. Bild ist vom Beil genommen, das sich beim Behauen eines Baumes oft derartig einklemmt, daß es nicht mehr hin und her bewegt werden kann. Die stabreimende Zwillingsformel (↗Bausch und Bogen) ist heute nur noch ndd. geläufig, z. B. meckl. in der Form ‚twischen Bork (Rinde) und Bark (Birke) sitzen', auch ‚teuschen Bork un Bom stân', zwischen Tür und Angel stehen. Entspr. warnt das frz. Sprw. ‚Il ne faut pas mettre le doigt entre l'arbre et l'écorce' (man darf den Finger nicht zwischen Baum und Borke stecken) davor, sich in Zwistigkeiten zwischen Mann und Frau zu mischen, über-

‚Auf den Bäumen wachsen'

haupt zwischen Personen, die eng miteinander verbunden sind.
Den dürren Baum reiten: gehenkt werden, was meist an laublosen Bäumen geschah. Dem entspricht die schwäb. Rda. ‚er ist uffm dürra Bömle', verdorben.
Das geht über alle Bäume; das steigt auf die höchsten Bäume (Pappelbäume); das ist um auf die Bäume (Akazien) zu klettern: es ist unglaublich, es ist zum Verzweifeln (↗ Akazie). Die Wndg. begegnet schon in ‚Familie Buchholz' von Julius Stinde, weswegen Berlin als Ausgangs- oder Vermittlungsort anzusehen ist.
Etw. hinter dem Baum gefunden haben: etw. besitzen, dessen Herkunft dunkel (unbekannt) ist, oft in Form einer Ausrede gebraucht.
Die Rda. *vom Baum der Erkenntnis essen* ist biblischen Urspr. und bezieht sich auf 1. Mos. 2,9 und 3,2–6 (frz. ‚manger les fruits de l'arbre de la science'), wird aber oft in ganz anderem Sinn gebraucht, vor allem in negativ gewendeter Form: ‚Er hat nicht vom Baum der Erkenntnis gegessen', er ist nicht sehr begabt.
Zwischen zwei Bäumen etw. wagen: Metapher für ein sexuelles Abenteuer, die auch im Volkslied begegnet.
Auf den Bäumen wachsen: mühelos und in großer Menge heranreifen. Die Wndg. bezieht sich auf die Volksglaubensvorstellung von der Kinderherkunft von Bäumen (‚Kinderbaum'). Scherzhaft heißt es auch: ‚In Sachsen, wo die schönen Mädchen auf den Bäumen wachsen' in Anspielung auf den ‚Baum der Liebe', eine in der populären Druckgraphik beliebte Darstellung.
Den Wald vor Bäumen nicht sehen ↗ Wald.
Als eine Neuprägung eines politischen Sprww.-Slogans ist in bezug auf den Natur- und Umweltschutz die Wndg. entstanden: ‚Wenn die Bäume fallen, stehen die Menschen auf'.

Lit.: *L. Fränkel:* Hinter dem Baum gefunden, in: Zs. f. d. U. 8 (1894), S. 544; *I. Beth:* Die Baumzeichnung in der dt. Graphik des 15. u. 16. Jahrhunderts (= Studien zur dt. Kunstgeschichte 13) (Straßburg 1910); *U. Holmberg:* Der Baum des Lebens (Helsingfors 1922); *H. Marzell:* Art. ‚Baum' in: HdA. I, Sp. 954–958; *R. Bauerreiß:* Arbor vitae. Der ‚Lebensbaum' und seine Verwendung in Liturgie, Kunst u. Brauchtum des Abendlandes (München 1938); *R. Marcus:* „The tree of life in proverbs", in: Journal of Biblical Literature 62 (1943), S. 117–120; *K. Koch:* Der Baumtest. Der Baumzeichenversuch als psychodiagnostisches Hilfsmittel (Bern 1954); *M. Lurker:* Der Baum in Glauben u. Kunst (= Studien zur dt. Kunstgeschichte 328) (Baden-Baden – Straßburg 1960); *D. Ward:* Art. ‚Baum', in: EM. I, Sp. 1366–1374; *W. Danckert:* Symbol, Metapher, Allegorie im Lied der Völker, Bd. III (Bonn – Bad-Godesberg 1978), S. 951 ff.; *S. Selbmann:* Der Baum. Symbol und Schicksal des Menschen. Eine Ausstellung der Badischen Landesbibliothek (Karlsruhe 1984); *H. Gercke* (Hg.): Der Baum in Mythologie, Kunstgeschichte und Gegenwartskunst (Heidelberg 1985); *O. Mazal:* Der Baum. Ein Symbol des Lebens (Graz 1988); *L. Röhrich:* Der Baum in der Volksliteratur, in Märchen, Mythen und Riten, in: Germanistik aus interkultureller Perspektive. Hommage à G.-L. Fink (ed. A. Finck et G. Gréciano) (Strasbourg 1988), S. 9–26.

Baumeister. ↗ Einfall.

Baumöl. *Etw. geht einem ein wie Baumöl:* man hört es sehr gern. Die Wndg. wird zumeist dann gebraucht, wenn jem. eine Schmeichelei zu hören bekommt, die leicht übertrieben wirkt, die er aber so selbstverständlich aufnimmt (‚schluckt'), als käme sie ihm zu u. wäre ernst gemeint. Berl. ‚Et is zum Beboomölen', ostpr. ‚Dat ös foorts tom bebommeelje' und obersächs. ‚Is das nich gleich zum Boomeelschwitzen?' sind mdal. Varianten der Rda. *Es ist zum Bebaumölen (zum Baumölschwitzen):* es ist zum Verzweifeln, zum Verrücktwerden. Baumöl (d.i. minderwertiges, aus der letzten Pressung gewonnenes Olivenöl) steht hier für ‚Harn‘, wie andere mdal. Wndgn. erweisen, z. B. *einen schlagen, daß er Baumöl brunzt (seicht), bis er nach Baumöl stinkt.*

Sich bebaumölen meint eigentl.: sich in der Aufregung bepissen, hat aber mdal. verschiedene Bdtgn. angenommen, z. B. obersächs.: außer sich sein vor Freude oder Ärger, berl.: ängstlich sein.

Verbaumölen: zum Narren halten, weismachen; vgl. schlesw.-holst. ‚Lat ju nich bebomöhlen‘; dies sagte am 9. 4. 1848 Major Michelsen, als man meldete, daß die Dänen seine Abteilung umgingen. Im ‚Simplicissimus‘ Grimmelshausens steht ‚baumölen‘ für durchprügeln. Ölen ist ein älteres Synonym für schlagen; im Steir. ist Baumöl = Stockprügel. Urspr. war also *jem. verbaumölen:* einen mit einem Baum, d. h. einem Knüppel, verprügeln.

Bauplatz, Baustelle. In der großstädt. Umgangssprache sind Bauplatz und Baustelle sprachl. Bilder für die ‚Glatze‘, z. B. berl. ‚Der hat Baustellen zu verkoofen‘; leipzigerisch: *Er hat einen Bauplatz zu verkaufen.* In Berlin sagt man von einem, der große Füße hat, auch: ‚Wo der hintritt, is jleich ’ne Baustelle‘.

Bausch. *Eine Sache aufbauschen:* größer machen, ihr mehr Bedeutung beimessen als ihr zukommt. Bausch (mhd. bûsch) ist das Geschwollene, der Wulst. Die Wndg. stammt wohl aus der Kleidermode früherer Zeiten, als die Bauschärmel üblich waren.

In Bausch und Bogen: im ganzen, alles in allem; vor allem gebräuchl. in der Verbindung: etw. in Bausch und Bogen berechnen, bezahlen. Diese stabreimende Rda. hat sich wohl nur durch die Amtssprache bis in unsere Zeit hinein gehalten. Von der Nebenform *Pausch* hat die Kanzleisprache das lat. Adj. pauschalis gebildet, das noch heute in Begriffen wie Pausch(al)betrag, Pauschalsumme usw. lebendig ist. Eine Erklärung der Rda. hat bereits Jac. Grimm in seinem Wb. (I, Sp. 1198) gegeben: „Bei Grenzen heißt Bausch die auswärts, Boge die einwärts gehende Fläche, Bausch das Schwellende, Boge das Einbiegende, daher die Redensart ‚in Bausch und Bogen‘ – eins gegen das andere, im ganzen“. Kauft man also ein Stück Land in Bausch und Bogen, so bedeutet das: Nach allg. Überschlag, ohne einzelnes genau gegeneinander abzuwägen; das Zuviel der einen Seite wird durch das Zuwenig der anderen Seite ausgeglichen.

‚In Bausch und Bogen (ver)kaufen‘ ist seit etwa 1700 in der Kaufmannssprache allg. und ohne Einschränkung auf bestimmte Warenarten gebräuchl. Später weitete sich der Anwendungsbereich der Rda. aus, und sie wurde sogar literaturfähig. Goethe gebraucht sie in den ‚Zahmen Xenien‘:

Nehmt nur mein Leben hin in Bausch
Und Bogen, wie ich’s führe;
Andre verschlafen ihren Rausch,
Meiner steht auf dem Papiere.

Eine neuere Deutung der Rda. schlägt eine Ableitung aus dem Sprachgebrauch der Papiermühle vor: „Auf den abgelegten Bogen kam sogleich ein neues Filztuch, auf das der nächste Bógen aufgepreßt wurde, bis 181 Bogen zwischen 182 Filzen lagen, bis ein Pauscht, ‚ein Bausch Papier in Bogen‘, dastand“ (Bockwitz, S. 62). Die Herleitung der Rda. aus diesem vereinzelten Vorgang hat allerdings wenig Wahrscheinlichkeit für sich.

‚In Bausch und Bogen‘ gehört zur Gruppe der stabreimenden Zwillingsformeln, die im dt. Redensartenschatz sehr reich vertreten ist, z. B.: zwischen Baum und Borke; an allen Ecken und Enden; auf Eid und Ehre; Feuer und Flamme; Freund und Feind; weder Fisch noch Fleisch; Geld und Gut; Gift und Galle; Glück und Glas; Grund und Grat; Haus und Hof; mit Haut und Haar; mit Herz und Hand; Himmel und Hölle; Hirt und Herde; Kaiser und König; Kalb und Kuh; mit Kind und Kegel; Kisten und Kasten; Kopf und Kragen; Küche und Keller; Land und Leute; Lappen und Lumpen; Mann und Maus; bei Nacht und Nebel; Nahrung und Notdurft; Roß und Reiter; in Samt und Seide; Schild und Schwert; mit Schimpf und Schande; Schloß und Schlüssel; Schmach und Schande; Speer und Spieß; Stecken und Stab; Stiefel und Sporn; über Stock und Stein; mit Stumpf und Stiel; vor Tag und

Tau; Tür und Tor; Tod und Teufel; Wald
und Wiese; Wasser und Wein; Wind und
Wasser; ohne Wissen und Willen; Wit-
wen und Waisen; – ab und an; blank und
bloß; braun und blau; durch dick und
dünn; drauf und dran; drunter und drüber; einzig und allein; fix und fertig;
frank und frei; ganz und gar; gang und
gäbe; im großen und ganzen; grün und
gelb; gut und gern; hoch und heilig; hü
und hott; klipp und klar; kurz und klein
(schlagen); je länger, je lieber; lieb und
leid; los und ledig; niet- und nagelfest;
null und nichtig; nun und nimmermehr;
offen und ehrlich; samt und sonders; –
ich bin und bleibe; nichts zu beißen noch
zu brechen haben; biegen oder brechen;
bitten und beten; drehn und deuteln; fasten und feiern; hoffen und harren; küssen und kosen; wie er leibt und lebt; sich
nicht rücken noch rühren; singen und sagen; tun und treiben; nicht wanken noch
weichen; zittern und zagen; (↗ Ach und
Krach).

Lit.: *H. Schrader:* Bilderschmuck, S. 443; *Richter-
Weise,* Nr. 17; *Bockwitz:* Kulturgesch. des Papiers
(Stettin 1935); *D. Puetzfeld:* Jetzt schlägts aber 13 (Ber-
lin 1937), S. 16.

bayerisch ↗ Ruhe.

beben ↗ Wut.

becircen. *Jem. becircen:* ihn umschmeicheln, umgarnen, verführen – wie Circe
(griech. Kirkē), die ränkevolle Zauberin
der Antike, der es gelang, Odysseus zur
Liebe zu verleiten. Circe war eine der
größten mythischen Gestalten, deren verführerische Gaben von Homer in seiner
,Odyssee' beschrieben u. somit der Nach-
welt überliefert wurden. Auch Ovid berichtete in seinen ,Metamorphosen' von
ihren Zauberkünsten.

Lit.: *R. Wildhaber:* Kirke und die Schweine, in:
Schweiz. Arch. f. Vkde. 47 (1951), S. 233–261; *A. Stasi-
nopoulos-Skiadas:* Der Kirke-Mythos (Diss. Kiel
1967); *H.-P. Schönbeck:* Art. ,Circe' in EM. III,
Sp. 57–59.

Beckmann. *Mein Gott, Frau Beckmann!*
Ausruf der Verwunderung. Die Identifizierung der Frau Beckmann ist bisher
nicht geglückt. Der Ausdr. ist mdl. seit
etwa 1920 bekannt und vorwiegend in
nordd. Mdaa. belegt (Küpper).

Beckmesserei. *Beckmesserei betreiben:*
kleinlich pedantische Rechthaberei, mit
übertriebener Akribie Fehler anstreichen
– eine Eigenschaft, die ihren Namen erhielt nach der Figur des Stadtschreibers
Sixtus Beckmesser in Richard Wagners
,Meistersinger von Nürnberg'. Diese wiederum geht zurück auf den Meistersinger
Sixtus Beckmesser, der im 16. Jh. lebte u.
zum Vergnügen seiner Mitmenschen
Verse gedichtet u. Lieder gesungen hat.
Seine Melodien waren noch lange beliebt.
Wagner wollte in seiner komischen Figur
des philisterhaften Nörglers, der in übertriebener Weise zu kritisieren pflegt, den
Wiener Musikkritiker Eduard Hanslick
verspotten und hatte sie deshalb urspr.
Hans Lick genannt. Von dieser Bühnenfi-
gur leitet sich auch ab der Ausdr. *beckmes-
sern:* übergenaue Maßstäbe anlegen, kri-
tiksüchtig sein.

bedeppert. *Bedeppert sein:* betroffen, niedergeschlagen, eingeschüchtert oder ratlos sein; z. B. ostpr.: ,Ganz bedeppert
schlich er nach Hause'. Für die Erklärung
der Wndg. bieten sich zwei Möglichkeiten
an: die Ableitung aus mhd. beteben = be-
drücken oder aus dem Hebräischen. In
der Gaunersprache bez. das Wort ,bedep-
pert' einen Menschen, auf den so stark
eingeredet worden ist, daß er unschlüssig
und ratlos ist. Eine Ableitung von dem
obd. mdal. Wort ,Depp' = einfältiger
Mensch, das dem 19. Jh. angehört, schei-
det aus, weil bereits Grimmelshausen im
,Simplicissimus' (VI, 2) das Wort gebraucht: „... die süße Betöberung deß
Schlaffs".

bedient. *Bedient werden:* als Gast oder
Kunde die Befriedigung seiner Wünsche
erfahren. Die Wndg. begegnet im Ge-
schäftsleben häufig in Form einer höfli-
chen Frage: ,Werden Sie schon bedient?'
Bedient sein: ausreichend versorgt worden sein, in übertr. Bdtg. aber ins Negative
gewendet: etw. satt haben. Weitere Zumu-
tungen werden oft durch die subjektive
Feststellung: ,Ich bin bedient!' zurückge-
wiesen, i. S. v.: Mir langt es jetzt; mir
reicht's; ich habe schon zuviel gekriegt.
Sich (selbst) bedient haben: zugelangt haben, oft nach der Aufforderung eines

Gastgebers: ‚Bedienen Sie sich!' In übertr. Bdtg. meint die Wndg. auch: sich egoistisch selbst versorgt haben, sich (auf unerlaubte oder unfeine Weise) bereichert haben.

Beelzebub ↗ Teufel.

Beeren. *In die Beeren gehen:* zu einem heimlichen Stelldichein, unbeobachtet sexuelle Abenteuer erleben. Die erot. Metapher begegnet als Umschreibung des vor- und außerehelichen Geschlechtsverkehrs gern im Volkslied, ↗ Brombeeren.
Jem. in die Beeren schicken: jem. den Laufpaß geben, ihn vorübergehend wegschicken, sogar: in den Tod schicken wollen, ↗ Binsen, ↗ Pilze.

Lit.: *L. Röhrich:* Gebärde – Metapher – Parodie. Studien zur Sprache und Volksdichtung (Düsseldorf 1967), S. 79–80; *W. Danckert:* Symbol, Metapher, Allegorie im Lied der Völker, Bd. III (Bonn – Bad Godesberg 1978), S. 1085 ff.; *G. Meinel:* Pflanzenmetaphorik im Volkslied, in: Jb. f. Volksliedforschung 27/28 (= Festschrift für L. Röhrich z. 60. Geburtstag) (Berlin 1982), S. 162–174.

Beet. ↗ quer, Quere.

befriedricht. *Befriedricht sein:* befriedigt sein. Ein sprachl. Scherz seit 1850, vor allem für Berlin bezeugt; beruht auf der lautlichen Ähnlichkeit von ‚befriedigt' mit dem weitverbreiteten, vor allem in Preußen beliebten Vornamen Friedrich (Küpper).

begießen. *Eine Sache begießen:* mit einem Trunk bekräftigen oder feiern, meist in der Form: ‚Das müssen wir begießen', darauf müssen wir einen trinken! Diese schon im 16. Jh. bei dem Ritter von Schweinichen bezeugte Rda. ist heute noch sehr gebräuchl., z. B. beim Abschluß eines Geschäfts, nach bestandenem Examen, bei einem unerwarteten Wiedersehen usw.; vgl. frz. ‚arroser quelque chose'.
Sich die Nase begießen ↗ Nase.

begraben. *Laß dich begraben!* (vor allem berl. ‚Laß dir bejraben!'): gib es auf! Du taugst nichts; wozu bist Du eigentl. noch auf der Welt; es ist so gut, als wenn Du schon tot wärst, und damit wäre nichts verloren.

Die scherzhafte Rda., als Kritik einer schlechten Leistung gebräuchl., ist seit etwa 1850 bezeugt. Sie bez. übertreibend einen Menschen, der so dumm ist, daß sein Leben eigentl. unbrauchbar ist. Daraus hat sich auch gebildet *Man hat vergessen, ihn zu begraben:* der Betreffende ist eine aus Versehen noch nicht bestattete Leiche.
Da möchte ich nicht (scheintot) begraben sein: da möchte ich nicht leben müssen.
Lebendig begraben sein: sich an einem Ort völlig isoliert fühlen, auch: durch eine Krankheit (Lähmung) keine Bewegungsfreiheit mehr besitzen, alle Lebensqualität eingebüßt haben. Die in übertr. Bdtg. übliche Wndg. bezieht sich auf die in früheren Jhh. aufgekommene Angst, tatsächlich begraben zu werden, ohne richtig tot zu sein, was manchmal vorgekommen sein mag, z. B. bei Epidemien. So berichtet z. B. die bekannte Kölner Stadtsage von ‚Richmodis von Aducht', daß diese in der Pestzeit ‚scheintot' begraben wurde und durch Grabräuber, die ihren Sarg öffneten, wieder zu sich kam und noch einige Zeit danach weiterlebte.
Lebendig begraben werden war auch eine Form der Hinrichtung. In Verdis ‚Aida' folgte treue Liebe dem Verurteilten ins Grab und ließ sich lebendig mit einmauern. Auch im Märchen begegnet diese Vorstellung. (KHM. 16: ‚Die drei Schlangenblätter').
Das Kriegsbeil begraben ↗ Kriegsbeil.
Hier liegt der Hund begraben ↗ Hund.

Lit.: *l. Röhrich:* Die erweckte Scheintote, in: Erzählungen des späten Mittelalters und ihr Weiterleben, Bd. II (Bern u. München 1967), S. 86 ff., 415 ff.; *R. Schenda:* Art. ‚Begräbnis', in: EM. II, Sp. 28–41; *J. de Voss:* Lebendig begraben. Analyse einer Metapher im expressionistischen Drama (Frankfurt/M. 1983).

Begräbnis. *Ein ehrliches Begräbnis erhalten:* eine der Sitte gemäße Bestattung erfahren. Die Wndg. wurde nach mehreren Bibelstellen (1. Mos. 23,6; Sir. 38,61 u. 2. Macc. 4,49) gebildet.
Ein unehrenhaftes Begräbnis zu erwarten haben: damit rechnen müssen, nicht einmal mit Erde bedeckt oder an einem ungeweihten Ort verscharrt zu werden, was als Schmach oder zusätzliche Strafe verstanden wurde. Die Kirche konnte Exkommu-

nizierten, ungetauften Kindern, aber auch Hingerichteten und Selbstmördern ein Begräbnis auf dem Friedhof (,in geweihter Erde') verweigern. ⌐ Ehre.

Lit.: *R. Schenda:* Art. ,Begräbnis', in: EM. II, Sp. 28–41, bes. 32–33.

Begriff. *Schwer von Begriff sein:* lange brauchen, um etw. zu verstehen (dagegen schwäb. ,Der ist kurz von Begriff', der ist unbegabt). *Keinen Begriff von etw. haben:* keine Ahnung haben. *Im Begriff des Begreifens sein:* gerade anfangen, etw. zu tun. Die sehr junge Rda. spielt scherzhaft mit den ähnl. lautenden Ausdr. ,im Begriff stehen' und ,begreifen'. ,Des Begreifens' wird aus Freude am Unsinn hinzugesetzt (Küpper). Die Rda. *einen schönen Begriff von etw. bekommen* wird ironisch verwendet.

Beichte ⌐ Narr.

beigeben. *Klein beigeben:* sich fügen, nachgeben, den Widerstand aufgeben; z.B. in Arnims ,Schaubühne' 1839 (2,264): „Ihr seid desperate Leute hier, aber ihr werdet klein beigeben, wenn ihr die erste Stückkugel sausen hört". Die erst zu Beginn des 19. Jh. aufgekommene Rda. ist dem Kartenspiel entnommen: ,klein beigeben' muß man, wenn man keine hohen Karten mehr besitzt.

Lit.: *C. Puetzfeld:* Jetzt schlägts aber 13 (Berlin 1937), S. 17.

Beihaspel. *Eine Beihaspel sein:* außerehelich geboren sein, eine Art unwillkommene ,Beigabe', die auf dem Hof (in der Familie) nur geduldet und nebenbei mit aufgezogen wird. Die euphemist. Bez. steht in Zusammenhang mit der Flachsverarbeitung und der Spinnstube. Die Garnwinde war ein notwendiges Gerät, das zu jedem Hausstand gehörte. Die Haspel wurde deshalb oft reich verziert als Liebesgabe der Braut überreicht und besaß auch symbolische Bdtg. Eine ,Beihaspel' hingegen war eigentl. ,überflüssig', so daß die Wndg. als äußerst abwertend zu verstehen ist.

Beil. *Er wirft das Beil zu weit:* er ist ein Großsprecher, er schneidet auf, er lügt

und übertreibt. Diese alte Rda. ist heute noch in den Mdaa. gebräuchl., z.B. schwäb. ,den Beil zu weit 'naus werfen', eine Behauptung, einen Ausspruch überspannen.

Das Beilwerfen spielte im altdt. Kriegswesen und in der Rechtssymbolik eine Rolle. Bes. bei Grenzbestimmungen war es üblich, die Entscheidung über die Entfernung der Grenze von einem gewissen Punkte dem zukünftigen Besitzer in die Stärke seines Armes zu legen. Öfters begegnet in Urkunden die Bestimmung, daß ein Müller in dem Bach, der die Mühle treibt, so weit abwärts und aufwärts soll fischen dürfen, wie er von der Mühle aus ein Beil zu werfen vermag.

Im Bilde dieses Brauches konnte man von einem, der sich viel anmaßte, und dann weiter von einem, der Unglaubliches von sich berichtete, sagen: ,Er wirft das Beil zu weit' (vgl. engl. ,to throw the hatchet'). Die ältere Form der Rda. lautet ,Er wirft die Barte zu weit', ⌐ Barte. Grimmelshausen berichtet im ,Simplicissimus' (III, 411) von einem, der von seinen Reisen erzählt: „Warffe auch bißweilen das Beyl so weit, daß ich selbst vor ihm sorgte, wo ers wieder finden würde". Noch heute hört man ganz ähnl. in der Umgangssprache von einem Angeber ,Der wirft das Beil so weit, daß er's nicht mehr holen kann'; vgl. KHM. 72.

Dem Beil einen Stiel wissen: ein Hilfsmittel kennen, Abhilfe wissen. Zuerst 1587 im ,Buch der Liebe' (215 d) bezeugt: „ich wüst diesem beihel einen stil". Später erscheint auch die Nebenform *der Axt einen Stiel wissen,* ⌐ Axt.

Einen unter dem Beile (des Henkers) stecken lassen: ihn in der größten Gefahr verlassen.

Lit.: *J. Grimm:* Dt. Rechtsaltertümer I, S. 82 f.; Dt. Rwb. I, Sp. 1465; *F. Sieber:* Beil und Beilwurf auf dem rückseitigen Gemälde des Annaberger Bergaltars, in: Zwischen Kunstgesch. und Vkde. Festschrift für W. Fraenger (Berlin 1960), S. 197–212.

Beilade. *An die Beilade gehen:* erwachsen sein, verfügungsberechtigt sein. Die vor allem im Tessin verbreitete Redensart bezieht sich auf die ,Beilade', ein bes. Fach unter dem Deckel der Truhe, in dem die kostbarsten Dinge aufbewahrt wurden. Heranwachsenden war es selbstverständlich noch verwehrt, etw. daraus zu entnehmen.

Beileid. *Herzliches Beileid:* mitempfundene Trauer. Das Wort Beileid wurde im 17. Jh. von Paul Fleming geprägt. Obwohl es schon 1669 bei Schottelius gebucht ist, wurde es noch 1755 obd. nicht allg. verstanden und mit ‚Mitleid' verwechselt. Im 20. Jh. hat es sich dann allg. zur Bekundung des Mitgefühls bei Trauerfällen durchgesetzt, wohl unter dem Einfluß der gedruckten Beileidskarten. Vgl. frz. ‚Sincères condoléances'.

Bein. Die ältere Bdtg. Bein = Knochen zeigen noch Rdaa. *wie durch Mark und Bein* (↗ Mark). *Fleisch und Bein, Stein und Bein* (↗ Stein). *Bein von meinem Bein,* nach 1. Mos. 2,23; vgl. frz. ‚Os de mes os'; *ein Bein im Rücken haben:* sich sehr steif halten. Bei Geiler von Kaysersberg heißt es: „Er hat ein Schelmenbein im Knie stekken": er ist ein Schelm. Bei Joh. Fischart: „Gesellen, die ein Schelmenbein haben im Rücken". Hierher gehört auch die von Luther gebrauchte Wndg.: „schinden die Leute bis auf die Beine" (Erlanger Ausg. Bd. 42, S. 262). Schwäb. sagt man von einem recht bösen Menschen: ‚An dem ist kei guts Bei'. *Kein Bein* wird gebraucht für: niemand, berl. auch für: kein Gedanke. Das Gegenteil davon ist *alles, was Beine hat:* jedermann.

In der heute gebräuchl. buchstäblichen Bdtg. wird Bein in vielen Rdaa. gebraucht: *einem auf die Beine helfen:* ihn unterstützen, ihm aus bedrängter Lage helfen; seit dem 16. Jh. belegt, z.B. bei Joh. Fischart im ‚Bienenkorb', 202a; vgl. frz. ‚aider quelqu'un à se remettre sur ses pieds' (Füße), ↗ Fuß; *wieder auf die Beine kommen, wieder auf den Beinen sein* sagt man bes. von einem Genesenden (schon bei Luther bezeugt).

Die Beine übereinanderschlagen: mit gekreuzten (d.h. übereinandergeschlagenen) Beinen sitzen; eine lässige Sitzhaltung einnehmen, die bis heute als ungehörig gilt. Bildquellen erweisen, daß das Beinekreuzen urspr. eine Richtergebärde war, die die Befugnis zur Rechtsprechung öffentl. sichtbar werden ließ, ↗ Engel.

‚Die Beine übereinanderschlagen'

Auf eigenen Beinen stehen: unabhängig sein, keiner Unterstützung bedürfen; vgl. frz. ‚voler de ses propres ailes' (wörtl.: mit eigenen Flügeln fliegen).
Fest auf beiden Beinen stehen: wissen, was man im Leben erreichen will; vgl. frz. ‚avoir les deux pieds sur terre' (wörtl.: mit beiden Füßen auf dem Boden stehen).
Seine Beine unter fremdem Tisch haben: keinen eigenen Haushalt führen, schmarotzen; ähnl.: *Er steckt die Beine unter seines Vaters Tisch:* er läßt sich von seinem Vater ernähren. Weit verbreitet sind auch: *sich auf die Beine (Strümpfe, Socken) machen:* sich davonmachen; *etw. auf die Beine bringen (stellen):* zustande bringen; die Rda. geht wohl vom Heer aus, das man bei der Mobilmachung auf die Beine brachte.
Einem Beine machen: ihn wegjagen, ihn zur Arbeit antreiben (schon bei Fischart). ‚Dir wer 'k Beene machen!' droht der Berliner dem an, den er so schlagen will, daß er davonläuft. *Sich die Beine vertreten:* spazierengehen; *sich die Beine in den Leib stehen:* lange im Stehen warten müssen; *die Beine in die Hand* (auch *unter die Arme*) *nehmen:* sich beim Gehen beeilen; vgl. frz. ‚prendre ses jambes à son cou' (wörtl.: seine Beine um den Hals legen); *viel auf den Beinen sein:* viel gehen, keine

Zeit haben; *sich die Beine ablaufen,* um etw. zu erlangen (auch mdal., z.B. schlesw.-holst. ‚Ik heff mi de Been dorna ut dat Liev lopen', ich habe keine Mühe gescheut, um es zu bekommen).

Das Gegenteil zu dieser Wndg. ist *sich kein Bein ausreißen:* sich nicht übermäßig anstrengen, eine Sache träge und langsam tun (‚Deshalb reiße ich mir kein Bein aus!'). Bei schwerem Ärger sagt man *Es ist zum Beinausreißen!* Einer, der große Unordnung sieht und nicht eingreifen darf, sagt: *Es ist, um mit beiden Beinen hineinzuspringen. Mit einem Bein bereits im Grab stehen:* todkrank sein, auf dem Sterbebett liegen (↗ Grube).

Mit den (beiden) Beinen auf der Erde bleiben: sich nicht in Träumen und Spekulationen verlieren, sondern mit realen Tatsachen rechnen.

Kein Bein auf die Erde kriegen (bekommen): trotz aller Bemühungen wenig erfolgreich sein.

Immer wieder auf die Beine fallen: Glück im Unglück haben, keinen ernstlichen Schaden nehmen. Die Rda. enthält die häufige Beobachtung, daß eine Katze beim Sprung immer auf die Beine fällt und sich auch beim Sturz aus großer Höhe nicht verletzt; vgl. frz. ‚retomber toujours sur ses pieds'.

Mit dem linken Bein zuerst aufgestanden sein: schon am Morgen schlecht gelaunt sein. Das Aufstehen mit dem verkehrten Bein wurde als schlechtes Vorzeichen genommen (vgl. lat. ‚sinistro pede profectus'; ndl. ‚met het verkeerde been uit het bed stappen'; engl. ‚to get out of bed the wrong foot foremost'; frz. ‚se lever le cul, le derrière le premier' (ungebräuchl.), dafür heute: ‚s'être levé du pied gauche').

Kein Bein in etw. finden: keine Bedenken haben. Bein hat hier wieder die alte Bdtg. von Knochen. Die Rda. meinte also urspr. ‚keinen Knochen im Essen finden'. Den Gegensatz enthält die Wndg. ‚ein Haar in der Suppe finden' (↗ Haar); vgl. auch ndl. ‚geen been (graten) in iets vinden', engl. ‚without finding bones in'.

Etw. ans Bein binden: etw. verloren geben, einen Verlust verschmerzen, namentlich von Geldsummen gebraucht, z.B. ‚Die 100 Mark binde ich ans Bein', d.h. ich opfere sie, ich gebe sie verloren. Zur Deutung dieser Rda. hat man verschiedene Vorschläge gemacht; die richtige Erklärung scheint folgende: Man sagte und sagt scherzend ‚Ich binde etw. ans Bein, unters Knie', wenn man es sich nicht zu Herzen lassen will (vgl. die gegenteiligen Rdaa.: ‚einem etw. auf die Seele binden' und ‚einem etw. ans Herz legen'); z.B. els. ‚Er loßt's Kritz (Kreuz) nit uwr d'Strümpfbandel auf', er macht sich keine Sorgen. 1638 heißt es in einer Breslauer Leichenrede: „Er hat nicht einen schlechten oder geringen Kummer, der bald zu vergessen ist oder den man unter den Knien zubindet, wie man im Sprichwort redet".

Noch älter und deutlicher in dem Liederbuch der Hätzlerin aus dem Jahre 1471:

Sie sprach: far hin mein lieber

knecht ...

Laß dir das laid dein haubt auch nit

zerbrechen.

Der knab der sprach: gern ich das tu,

Bei dem knie so bind ichs zu,

Das es mir in das herz nit mag

geschlagen.

Die Rda. ist schon mhd. bezeugt, z.B. bei Walther von der Vogelweide (101,31): „Mîn leit bant ich ze beine", ich achtete mein Leid gering. In dem spätmhd. Lehrgedicht ‚Die Windsbekin' heißt es am Schluß von allerlei Ermahnungen: „die rede ze beine nicht enbint", d.h. achte diese Rede nicht gering. Mdal. sagt man noch heute von etw. Unbedeutendem ‚Das binde ich mir erst einmal unters Knie'. Daher auch: *noch etw. am Bein haben:* bezahlen oder leisten müssen; wenn man es auch – etwa wie ein Schellenband oder eine geringe Last – ans Bein gebunden hat, ist man es doch nicht los. Sächs. ‚Das kann noch ans Been loofen', das wird wohl noch Kosten machen.

Im übrigen hat die Rda. ‚ans Bein binden' im heutigen Sprachgebrauch eine weitere und konkreter zu verstehende Bdtg. angenommen: eine Sorge aufbürden, auch: einen behindern. Hierbei ist an die Bestrafungen zu denken, die etwa Festungsgefangene und Wilddiebe erleiden mußten: Man legte ihnen einen eisernen Ring um das Fußgelenk und band daran eine schwere Kugel, um die Missetäter oder Gefangenen an der Flucht zu hindern.

BEISPIEL

Auch die Rda. *einen Klotz (Knüppel) am Bein haben* heißt: in seiner Handlungsfreiheit eingeschränkt sein. Sie zeugt von dem noch heute üblichen Brauch, Weidetiere durch einen Knüppel, der an einer Kette zwischen ihren Vorderbeinen hängt, am Weglaufen zu hindern (↗ Knüppel).

Einem ein Bein stellen: ihn in heimtückischer Weise zu Fall zu bringen suchen, indem man ihm plötzlich ein Bein vorhält; in übertr. Sinne: jem. hinterlistig Schaden zufügen, z. B. in Grimmelshausens ‚Simplicissimus' (I, 189): „wie er ihm ein Bein vorsetzen und zu Fall bringen möchte!". Auch bei Goethe im ‚Faust' (II. Teil, V. 6792): „Der Teufel stellt dir nächstens doch ein Bein" (vgl. ndl. ‚iemand een beentje zetten' u. frz. ‚faire un croc en jambe à quelqu'un').

Jem. Knüppel zwischen die Beine werfen: ihm Schwierigkeiten bereiten, seinen Erfolg hindern; vgl. frz. ‚jeter à quelqu'un des bâtons dans les roues' (wörtl.: jem. Knüppel in die Räder werfen), ↗ Rad.

Jem. auf die Beine (Zehen, Hühneraugen) treten: ihn nachdrücklich ermahnen, seine Aufmerksamkeit erregen, ihn unter dem Tisch heimlich anstoßen; vgl. frz. ‚monter sur les pieds de quelqu'un' i. S. v.: ‚einen ausstechen, ihm auf dem Kopf herumtanzen.

Von Kindesbeinen an ↗ Kind.

Kalte Beine (Füße) kriegen: Angst bekommen ↗ Fuß.

Vom Storch ins Bein gebissen werden ↗ Storch.

Über seine eigenen Beine fallen kann der Ungeschickte, der sich selbst in Schwierigkeiten bringt.

Scherzhaft sagt man von einem, der ungelenke oder krumme Beine hat, daß bei ihm *die Beine verkehrt eingehängt (eingeschraubt) seien;* hat er einen langsamen, wackligen Gang, heißt es sogar: *Er geht, als wenn ihm die Beine in den Arsch gebohrt wären.*

Ein bes. großer Mensch *weiß oft nicht mit seinen Beinen wohin* und sagt selbst in gespielter Verzweiflung *Ich kann mir doch keinen Knoten in die Beine machen,* weil sie zu lang sind.

Ist ein junger Mensch zu rasch gewachsen und paßt ihm seine Kleidung nicht mehr, dann hat er *die Beine zu weit durch die Hosen gesteckt.*

Die berl. Rda. ‚Det hat noch lange Beene' meint: es hat noch lange Zeit, denn es hat sich noch nicht auf die Beine gemacht, es hat noch nicht begonnen.

Die Wndg. *nicht auf einem Bein stehen können* gilt als Ermutigung und Aufforderung, ein weiteres Glas Alkohol zu trinken; vgl. ndl. ‚Op een been kan men niet loopen (staan)' oder ‚Een goed Monik (Mönch) gaat niet alleen' und engl. ‚Wet the other eye!'. *Ich bin nicht auf einem Beine hergekommen* sagt der Gast, der noch etw. zu trinken wünscht.

In die Beine gehen kann einem der Alkohol, aber auch die Musik zum Tanz. Der Schreck dagegen *fährt jem. in die Beine* und lähmt ihn.

Humorvoll ist die Befürchtung, daß ein Gegenstand *Beine kriegen könnte,* d. h., daß er abhanden kommt, gestohlen wird. Die Rda. *jüngere Beine haben:* frisch und beweglich sein und deshalb älteren Menschen eine Besorgung erledigen, einen Weg abnehmen können, wird als vorwurfsvoller Hinweis gegenüber den Jüngeren gebraucht, wenn er nicht hilfsbereit genug ist (vgl. frz. ‚Il a encore ses jambes de quinze ans').

Auf Tiervergleichen beruhen die Wndgn.: *sich auf die Hinterbeine stellen:* sich wie ein störrisches Zugtier (Esel) mit aller Kraft gegen etw. sträuben, dagegen *sich auf die Hinterbeine setzen:* sich anstrengen, bes. in der Schule.

Den Schwanz zwischen die Beine nehmen: wie ein furchtsamer Hund fortschleichen; vgl. frz. ‚porter la queue basse' (wörtl.: mit eingezogenem Schwanz herumlaufen).

Um einen bei einem Mißgeschick zu trösten, sagt der Berliner ‚Det is ja noch lange keen Beenbruch', es hätte schlimmer kommen können. In Dtl. allg. ist der Ausruf *Besser als ein Beinbruch!,* ↗ Hals.

Lit.: *E. Stemplinger u.a.:* Art. ‚Bein', ‚Beinbruch', ‚Beine kreuzen, verschränken', in: HdA I, Sp. 1010–1016; *H. J. Lixfeld:* Art. ‚Beinverschränkung', in: EM. II, Sp. 64–67.

Beispiel. *Ein Beispiel geben:* Vorbild sein, richtungweisend sein. Der Begriff ‚Beispiel' hatte zunächst ebensowenig wertenden Charakter wie die Wörter ‚beispielhaft': häufig vorkommend, oder ‚beispiel-

169

los': noch nie dagewesen. Dieser wurde erst aus dem Gesamtzusammenhang ersichtlich, wie aus folgenden Bibelstellen hervorgeht: „Du machst uns zum Beispiel unter den Heiden ..." (Ps. 44,15), „... daß er verstehe der Sprüche u. ihre Deutung, die Lehre der Weisen u. ihre Beispiele" (Spr. Sal. 1,6), „... ein Beispiel habe ich euch gegeben, daß ihr tut, wie ich euch getan habe" (Joh. 13,15).

In manchen Rdaa. wird die Bedeutung durch ergänzende Adjektive hervorgehoben: *mit gutem Beispiel vorangehen* bzw. *ein schlechtes Beispiel geben.* Dagegen drückt die Rda. *sich ein Beispiel an jem. nehmen:* sich jem. zum Vorbild nehmen, die Forderung nach einer positiven Lebenshaltung aus, so auch Schiller: „Erfreue unsern Vater, nimm ein Beispiel!" Allg. bez. der Begriff ‚Beispiel' das aus allen anderen herausragende Vorbild eines Menschen, weiterhin das Muster einer Gattung, aber auch ausgewählte Proben aus einem Text, einer Erzählung, Fabel, Lehrdichtung, wie sie im MA. häufig zur Untermauerung von Predigten u. Reden beliebt waren. Sie haben zumeist eine beweisende oder erläuternde, manchmal auch eine auflockernde Funktion u. werden mit der Wndg. *zum Beispiel* eingeleitet oder in den Satz eingeschoben: „... Zum Beispiel meiner Erklärung kann ich den mehrmals erwähnten ägypt. Antonius anführen" (J. J. Winkelmann, Werke [Dresden 1808 ff.], 3, 117).

Die Beispielerzählung (mhd. ‚bîspel', lat. ‚exemplum') ist erst in neuerer Zeit als belehrende und unterhaltende, moralisierende Gattung ins Blickfeld der Folkloristik getreten. Das Exemplum begegnet dabei in recht verschiedenen Anwendungsebenen und Funktionsbereichen. Es gibt zahlreiche Überschneidungen zu anderen lehrhaften Erzählkategorien, wie zum Predigtmärlein, zur Legende und Mirakelerzählung, zur Fabel, zum Sprichwort etc. In der ma. u. nach-ma. Lit. fanden die Exempla Eingang in eigens zu diesem Zweck zusammengestellte Beispiel- oder Exemplasammlungen. Oft wurden auch *Exempel von Beispielen* oder *Beispiele von Exempeln* zitiert. Grimm u. Wander sahen in diesen Wndgn. eine Anhäufung von gleichen Ausdrücken für ein u. dasselbe (Tautologie, Pleonasmus), doch handelt es sich eher um eine genaue Differenzierung der sich ergänzenden u. nur z.T. überschneidenden Begriffe, wie auch aus den Rdaa. *als abschreckendes Beispiel,* ‚ein Exempel statuieren' ersichtlich ist. Das Exempel ist als ein aus einer Reihe von ähnl. Gegebenheiten herausgegriffenes Beispiel zu betrachten, wie außerdem aus der häufig als Einleitung eines erklärenden Zusatzes verwendeten Wndg. *um nur ein Beispiel herauszugreifen* deutlich wird (↗ Exempel).

Lit.: *V. Mylene:* Art. ‚Par exemple', in: Archivum Linguisticum 8 (1956), S. 38–50; *H. Bausinger:* ‚Zum Beispiel', in: Volksüberlieferung, FS für Kurt Ranke ... (Göttingen 1968), S. 9–18; *R. Schenda:* Stand u. Aufgaben der Exemplarforschung, in: Fabula 10 (1969), S. 69–85; *Ch. Daxelmüller:* Art. ‚Exemplum', in: EM. IV, Sp. 627–649; *W. Brückner:* Art. ‚Exempelsammlungen', in: EM. IV, Sp. 592–626.

beißen. *Nichts zu beißen und zu brechen* (auch *nichts zu nagen und zu beißen*) *haben:* nichts zu essen haben, weder Fleisch zum Beißen noch Brot zum Brechen. Die Rda. begegnet mehrfach in Grimms Märchen, z. B. in KHM. 15 u. 54.

Mdal. heißt es im Wolgadt.: ‚Der hot nix zu beissa un nix zu reissa'. Vgl. frz. ‚n'avoir rien à se mettre sous la dent'.

Ich dachte, was mich bisse: warum nicht gar; umg. vor allem in Norddtl. verbreitet.

Bei jem. auf Granit beißen: auf starken Widerstand stoßen.

Etw. beißt sich: es paßt nicht zueinander (z. B. Farben verschiedener Kleidungsstücke).

Ich beiße doch nicht! wird zu einem Zaghaften zur Beruhigung gesagt.

In den sauren Apfel beißen ↗ Apfel.

Ins Gras beißen ↗ Gras.

Lit.: *H. Hepding:* Art. ‚beißen, Biß', in: HdA. I, Sp. 1016–1023.

bekleckern. *Sich mit Ruhm bekleckern:* Mißerfolg haben, sich blamieren. Die jüngere, erst seit etwa 1850 für Berlin bezeugte Rda. ist eine scherzhafte Umformung der Wndg. ‚sich mit Ruhm bedekken', ironisch-wortwitzelnd, weil Mißerfolg als Fleck auf der Ehre aufgefaßt wird. – Berl. ist auch ‚Bekleckern Se sich man nich!', höhnisch, beim Beginn eines Wortwechsels, auf das ‚Begeifern' bei lebhaftem Redefluß anspielend.

bekloppt: nicht ganz bei Verstand, verrückt, nach dem 2. Weltkrieg zur sprw. Rda. erweitert: ,Selig sind die Bekloppten, denn sie brauchen keinen Hammer' in parodistischem Anklang an die Seligpreisungen der Bergpredigt.

belichtet ↗ unterbelichtet.

beliebt ↗ angeschrieben, ↗ Fuß, ↗ Nummer.

Bellmann. *Das soll Otto Bellmann heißen* sagt man berl. von etw. ausgesucht Gutem, z. B. ,Nu wer 'k Ihnen mal eenen Kognak jeben – der soll Otto Bellmann heeßen'.
In einer großen Zahl von Rdaa. kommen Personennamen vor, und zwar bes. häufig in berl. Wndgn., z. B. ,So muß et kommen, sagt Neumann'; ,Guten Morgen, Herr Fischer!'; ,Da kennen Sie Buchholzen schlecht!'; ,Mein Gott, Frau ↗ Beckmann'; ,Freudenberg, die Strippe reißt!'; ,Grünemann, es kommt ein bös Gewitter' (bei Skatspielern üblich).
Es wird nicht immer gelingen, wie bei ↗ Buchholz und ,Freudenberg' (der ein Puppenspieler war), bestimmte hist. Persönlichkeiten für die betr. Rdaa. nachzuweisen. Psychologisch ist die Nennung eines Personennamens so zu erklären, daß der Inhalt der Rda. dadurch an Wahrscheinlichkeit gewinnt, ebenso wie ein Zitat, das man mit dem Namen des Gewährsmannes versieht. Aber hinter der Rda. ,Otto Bellmann' steckt doch eine bestimmte Persönlichkeit, genaugenommen sogar deren zwei: eine Figur der lit. Satire und ein Studentenwitz.
Der bisher älteste Beleg für das Vorhandensein der Rda. findet sich in einem Brief, den Rahel Varnhagen am 21. September 1818 von Baden aus an Auguste Brede in Stuttgart schrieb: „... gestern weint' ich, anstatt zu lachen ... und nachher bekam ich eine halbe Stunde Krampfmigräne, die hieß Otto Bellmann, sagen die Berliner".
Es ist auffallend, daß der zeitlich nächste Beleg bei Rahels Bruder Ludwig Robert vorkommt. Dieser war der Verfasser einer Lokalposse ,Lebende Wachsfiguren in Krähwinkel' (1827): Der Direktor eines Wachsfigurenkabinetts führt den Krähwinklern mit seinen ,lebenden Wachsfiguren' eine Reihe von Bildern vor, u. a. eine Figur namens Otto Bellmann. Es ist der Typus eines in Wahrheit ungebildeten, dafür aber um so eingebildeteren, sich unfehlbar dünkenden Alleswissers, eine Anspielung auf bestimmte Vertreter der Berliner Journalistik.
Seitdem spielt die Figur Otto Bellmann in der Berliner Presse immer wieder als Personifikation eine Rolle. Sie wurde schnell zu einer stehenden Figur in der Berliner Lokalposse (z. B. ,Otto Bellmann'. Posse mit Gesang von David Kalisch [Berlin 1857]; ferner ein Stück von H. Salingré: ,Otto Bellmann auf der Leipziger Messe' [Berlin 1858]). Willibald Alexis schreibt: „Otto Bellmann, eine alte Berliner Maske, ist nun der stehende Scherzname für einen Kritiker geworden."
Daneben hat der Name aber schon vorher doch irgend etw. auch in dem Sinne bedeutet, wie er noch heute gebraucht wird, nämlich: nicht von schlechten Eltern, nicht von Pappe. Dafür spricht schon der oben genannte früheste Beleg bei Rahel Varnhagen. Der Name muß sich also wohl einmal auf eine wirkliche Person bezogen haben.
Wer aber war Otto Bellmann? Die hist. Zeugnisse verweisen in Studentenkreise der (1811 nach Breslau verlegten) Univ. Frankfurt a. d. Oder. Dort soll ein Schuhmacher namens Otto Bellmann gelebt haben, der rdal. in die Studentensprache einging (z. B. in einem Wortwechsel: ,Das läßt sich Otto Bellmann nicht gefallen!').
Im Häuserregister von Frankfurt a. d. O. fand man für das Jahr 1798 tatsächlich einen Schuhmacher Johann Gotthilf Bellmann verzeichnet. Offenbar erst von hier aus ist die Rda. auch nach Berlin verpflanzt worden, wo sie dann völlig akklimatisiert und zur spezifisch berl. Rda. geworden ist. Sie ist allerdings auch in Berlin erst sehr allmählich populär geworden. Es ist z. B. auffallend, daß C. F. Trachsel (,Glossarium der Berlinischen Wörter und Rdaa.' [Berlin 1873]) die Rda. noch nicht verzeichnet; sie fehlt auch noch in den ersten Aufl. des Buches von H. Meyer: ,Der richtige Berliner'. Aber auch außerhalb Berlins hat sich die Rda.

vielfach erhalten und ist mdal. weitergebildet worden, z. B. meckl. ‚Dat was ’n
Musikant, de sed Otto Bellmann‘, ein sehr
guter Musikant; ‚’n Wäder, wat man so
Otto Bellmann seggt‘, gutes Wetter; ‚’n
richtigen Otto Bellmann‘, starker Knoten-
stock; ‚Dickbuuk Bellmann‘ heißt der
Daumen im meckl. Fingerreim (↗Otto).

Lit.: *F. Sandvoss:* So spricht das Volk (Berlin 1861),
S. 7; *H. Kügler:* Otto Bellmann. Eine Berliner Rda.,
in: Willibald-Alexis-Bund. Jb. 1928 (Berlin 1929),
S. 29–46; *ders.:* „Die Berliner Redensart ‚Det heesst
Otto Bellmann‘“, in: Zs. f. Dt. Phil. 73 (1954),
S. 306–329.

bemoost. Das Wort bemoost begegnet bes.
in traditionellen Verbindungen wie *be-
moostes Haupt, bemooster Herr* u. a. Wer
Moos anzusetzen beginnt, der wird alt, ist
zu lange an einer Stelle gewesen. Bair.-
oberpfälz. heißt es: ‚Es wachst iehms Mies
aufm Mantel. Dieß sagt man von alten
Studenten‘ (Zaupser, Bair.-oberpfälz. Id.
[1789], S. 52).
In der Studentensprache des 19. Jh. ist der
Begriff auf die Studenten der letzten Se-
mester eingegrenzt worden; bekannt ist
die Stelle in Goethes ‚Faust‘ (II. Teil,
V. 6638): „bejahrt und noch Student, bemooster Herr!“ Beim Abschied von der
Universität nach bestandenem Examen
erklingt noch heute in Studentenkreisen
Gustav Schwabs Studentenlied ‚Bemooster Bursche zieh ich aus‘.

Lit.: *W. Fabricius:* Zur Studentensprache, in: Zs. f. dt.
Wortf. III (1902), S. 96.

benedeien. *Nichts zu benedeien haben:*
nichts zu sagen, zu befehlen haben. Diese
Rda., die sich an das lat. ‚benedicere‘ = gut
reden, rühmen, preisen, Segen sprechen
anschließt, ist vornehmlich im Rheinland
gebräuchlich: ‚Dä (der) hät nix ze bene-
deie‘, oft auch mit der Vorsilbe ge-: ‚Du häs
hej (hier) jar nix ze jebenedeie‘.

Benedicite. *Einem das Benedicite machen:*
ihm eine Strafpredigt halten. Der Bischof
las nämlich den kanonischen Geistlichen
jeden Tag einen Schriftabschnitt vor und
knüpfte daran allerhand Rügen und Ermahnungen (Seiler, S. 277). Bei Thomas
Murner in der ‚Schelmenzunft‘ (VIII, 37)
heißt es:

Wer er meyn sun in solchen sachen,
Ich wolt im das benedicite machen!

Die Wndgn. *selten zum Benedicite kommen* und *wenig nach dem Benedicite fragen*
bedeuten, daß den Gelegenheiten, eine
Ermahnung zu erhalten, ausgewichen
oder daß solchen Strafreden keine Beachtung geschenkt wird, weil sie zu häufig geschehen.

Einem das Benedicimus singen ↗ Placebo.

berappen. *Berappen müssen:* bezahlen
(burschikos). Kluge erklärt berappen =
bezahlen in Rappen. Dem widerspricht
aber, daß das Wort erst 1840 bezeugt ist;
das Dt. Wb. verzeichnet es 1854 noch
nicht. Der Rappen war aber bereits im 15.
und 16. Jh. allg. Zahlungsmittel; er gilt
noch heute in der Schweiz. Gerade aber in
der Schweiz scheint das Wort berappen
urspr. fremd zu sein; erst neuerdings hört
man schweiz. ‚Es ist alls berappt‘. Das
Wort gehört vielmehr urspr. der Studen-
ten- und der Gaunersprache an und ist
aus der schwäb. Krämersprache und aus
dem Rotw. ins Hd. und in die dt. Mdaa.
eingedrungen.
Buttenwieser führt es auf eine hebräische
Quelle zurück, u. zwar auf 2. Mos. 21,19,
wo es heißt: rappô jerappé = die Hei-
lungskosten bezahlen. Wenn einer den anderen im Streit verletzt hat, muß er ihm die
Versäumnis für die Zeit der Heilung ersetzen. Der Übergang von jerappé zu berappen scheint ebenso leicht wie der Bedeu-
tungsübergang von ‚Heilung bezahlen‘
zum allg. Begriff ‚bezahlen‘.
Die Berappungsarie singen: den Kellner
zur Begleichung der Rechnung rufen, bes.
bei Studenten beliebt, schon 1898 als Mo-
deausdr. üblich.
Eine Scherzbildung zu berappen ist
St. Berappius, der Schutzheilige des
Steuerzahlers, der für Berlin seit 1960 bezeugt ist.

Lit.: *M. Buttenwieser:* Die Herkunft des Wortes be-
räppen, in: Zs. f. Deutschkde. 36 (1922), S. 181 f.;
L. Göhring, S. 24; *S. A. Birnbaum:* Der Mogel, in: Zs. f.
d. Ph. 74 (1955), S. 249; *H. Maué u. L. Veit:* Münzen in
Brauch u. Aberglauben (Mainz 1982).

Berchtesgaden. *Laß dir’s bei den Berchtes-
gadenern drachseln;* die alte bair. Rda.
erinnert noch heute an die Blütezeit
der holzverarbeitenden Volkskunst im
Berchtesgadener Land. Gemeint ist:
Wenn dir etw. nicht gut genug ist, wenn

dir dies oder das nicht ansteht, dann laß es dir bei der Berchtesgadener Heimindustrie drechseln.

Lit.: *M. Bachmann* u. *R. Langner:* Berchtesgadener Volkskunst (Leipzig 1957), S. 14.

Berg. *Berge versetzen (wollen)* ist ein bibl. Gleichnis für eine äußerste Wundertat; schon Hiob 9,5, im N.T. häufig verwendet i.S.v.: das Unmögliche möglich machen, z.B. Matth. 17,20 („Denn wahrlich, ich sage euch: So ihr Glauben habt wie ein Senfkorn, so mögt ihr sagen zu diesem Berge: Hebe dich von hinnen dorthin!, so wird er sich heben; und euch wird nichts unmöglich sein"; vgl. auch Matth. 21.21; Mark. 11,23; 1. Kor. 13,2). Die Wndg. ist im Dt. erst durch Luthers Bibelübers. heimisch geworden. In der ‚Zimmerischen Chronik' (IV, 329,8) sagt ein Liebender, der vergebens um Erhörung fleht: „wenn ich trüeg ain großen berk in ain tiefes thal, es hülf mich nit". Wer sich wirklich vermißt, Berge versetzen zu wollen, d.h., Übermenschliches vollbringen zu wollen, ist ein Prahler, ein Großsprecher. Die beiden ital. Renaissancedichter Bojardo und Ariost erzählen in ihren Roland-Dichtungen von einem prahlerischen riesenhaften Mohrenhelden, namens Rodomonte, d.i. ‚Bergfortwälzer', daher: ‚Rodomontade' = Aufschneiderei.

Goldene Berge versprechen: unglaublich große und großen voraussichtlich nichtige Versprechungen machen; falsche Hoffnungen erwecken; vgl. frz. ‚promettre des montagnes d'or' (ungebräuchlich geworden); ‚promettre monts et merveilles' (wörtl.: Berge und Wunder versprechen); engl. ‚to promise a person whole mountains of gold'; ndl. ‚iemand gouden bergen geloven'.

Die Rda. ist bereits der Antike geläufig; bei Terenz (‚Phormio' I, 2,18) steht: „montes auri polliceri" vgl. Aristophanes (‚Acharnes' 82), wo es vom Perserkönig heißt, er sitze „auf goldenen Bergen". Bei Persius (3,65) heißt es nur: „magnos montes (große Berge) promittere". Die Kirchenväter brauchten das Bild ebenfalls (Hieronymus: „Cum montes aureos pollicitus fueris"), und durch die geistliche Tradition ging es dann ins MA. über.

In Mythologie und Sage herrscht vielfach die Vorstellung, im Mittelpunkt der Erde stehe ein hoher Berg aus Gold, auf dem die Gottheit wohnt und sich auch das Paradies befindet (HdA. I, 1049). Vgl. den goldenen Berg im Märchen, auf dem das Lebenskraut wächst (KHM. 92: ‚Der König vom goldenen Berge').

Über alle Berge sein: weit fort sein, nicht mehr eingeholt werden können. Die Rda. findet sich zuerst bei Luther; „denn sie fürchteten sich, und weren lieber über alle Berge gewesen". Auch im ‚Alamodischen Politicus' (1671): „Obwohl das Fräulein ihm etliche Däncke in wärenden Ritterspielen zuerkannt hatte, so blieb doch alles Übrige in weiten Bergen". Verhüllend wird dieselbe Rda. ‚Dee is oewer alle Barge' meckl. auch von dem aus dem Leben Geschiedenen gebraucht; der durch den Tod Erlöste ‚is ok oewern Barg' (↗zeitlich). Im Allgäu sagt man von einem Abwesenden: ‚Er ist über Berg und Bühel'. Vgl. engl.: ‚over the hills and far away', das in England zuerst von Gay in ‚The beggars' opera' verwendet wurde und auf einen Vers von J. Swift zurückgeht (1728):

Round the rocks and clifts to stray
O're the hills and far away.

(Noch nicht) über dem Berg sein: das Schlimmste, die Krise (noch nicht) überwunden haben; bes. auch von Kranken gesagt. Urspr. ist dabei an eine mühsame Wanderung über eine Bergeshöhe gedacht. Vgl. frz. ‚n'avoir pas encore dépassé le cap' (wörtl.: das Vorgebirge noch nicht umschifft haben).

In manchen Seminaren feierten die Schüler früher das ‚Bergfest', wenn sie die Hälfte der Zeit hinter sich gebracht hatten; nach dem Fest ging es dann bergab, d.h. dem Examen und der Entlassung zu, vgl. engl. ‚fall-semester' = Wintersemester.

Es geht mit ihm bergab: seine Kraft, sein Ansehen usw. nehmen ab.

Hinter dem Berg(e) halten: etw. Schwerwiegendes verheimlichen; schon von Luther bildl. gebraucht von einem, der seine Meinungen und Urteile nicht ausspricht, der nicht redet, wie er denkt, und überhaupt nicht offen zu Werk geht.

Trübner und Borchardt-Wustmann erklärten die Rda. aus der militärischen

Fachsprache: Das Geschütz mitsamt den Mannschaften ließ man hinter dem Berg in Deckung halten, um sie erst im günstigsten Augenblick hervorbrechen zu lassen. In dieser Funktion wird die Wndg. seit dem Dreißigjähr. Krieg gebraucht.
O. B. Schlutter hat indessen auf eine andere Deutungsmöglichkeit aufmerksam gemacht; er glaubt, daß die Rda. urspr. gelautet habe: ‚hinter der Berge (d. h. hinter dem Verbergenden) halten', und erinnert an die Gewohnheit der Frauen, „die schwerlich je etwas über die Gasse tragen, ohne die bergende Hülle ihrer Schürze darüber zu decken". Sie halten tatsächlich den getragenen Gegenstand ‚hinter dem Berge' (mhd. berc, masc. und neutr. = Umschließung, Verbergung). Dieser Erklärung hat sich neuerdings auch K. Spalding angeschlossen. Schlesw.-holst. heißt ‚Se hebbt wat achter'n Barg', sie haben etw. gespart.

Mit seiner Meinung nicht hinterm Berg halten: offen über etwas sprechen.

Sich hinterm Berg halten: in Sicherheit (Deckung) bleiben.

Hinter dem Berge (den Bergen) wohnen auch Leute: es gibt auch Dinge, die du nicht kennst. Schon in Sprw.Sammlungen des 16. Jh. verzeichnet, z. B. bei Luther, LV 59 Nr. 51: ‚Ihenest des berges sind auch leute'. Bei Grimmelshausen kritisch gegen die Überheblichkeit des Bildungsbürgertums verwendet.

Der kreißende Berg gebiert nur eine Maus. Auch: *der Berg kreißt und bringt ein Mäuslein hervor,* oder: *Der Berg hat ein Mäuslein geboren:* es wurde von einer Sache viel Aufhebens gemacht, aber schließlich ist wenig oder nichts dabei herausgekommen. Vgl. auch ndl. ‚De berg heeft een muis gebaard'; frz. ‚La montagne a enfanté une souris'; engl. ‚The mountain has brought forth a mouse'.

Die Vorstellung vom kreißenden Berg geht wahrscheinl. auf Mythen zurück, in denen der Berg als Sitz der Götter galt. Diese wurden oftmals mit dem Berg identifiziert. In einem syr. Mythos ist die Personifizierung bereits so weit entwickelt, daß man erzählen konnte, der Berg Pishaisha habe die Göttin Ischtar vergewaltigt. Anthropogonische Mythen erzählen von Bergen, die die Menschheit hervorgebracht hätten. Bei Äsop wird die Berggeburt jedoch bereits parodiert: „Mancher reißt den Mund gewaltig auf, doch seine Leistungen sind ganz unscheinbar; so gebiert der gewaltig stöhnende, kreißende Berg nur eine Maus".

Schon Phädrus gebrauchte die Wndg. in einer Fabel (4,22), dann auch Horaz: „parturiunt montes, nascetur ridiculus mus" (Ars Poetica, V. 139). Bei Luther heißt es: „Die Berge gehen schwanger, und wird eine Maus draus"; er meint damit ungeheure Anstrengungen, denen der Erfolg nicht entspricht.

Auch in Hartmanns von Aue ‚Erec' taucht die Geschichte auf, dann in einem Volkslied von 1632, ferner bei Rollenhagen im ‚Froschmeuseler' (1595) II 2, 14, 59–172,

‚Der Berg hat ein Mäuslein geboren'

wie auch in Fabeln von La Fontaine („La montagne qui accouche ...') und Gleim („Der gebärende Berg'). Bei einem anonymen Autor des 12. Jh. ist die Geschichte erzählt unter dem Titel ‚De monte parturiente'. Darin ist die Rede von einer Schwangerschaft der Erde und nicht des Berges, wie auch bei Rollenhagen 64–73. Ulrich Boner macht im ‚Edelstein' (ca. 1330) eine Geschichte daraus, deren Schluß lautet: ‚dâz hat ein mûs getan'. Harder nimmt an, daß die Anschwellung der Erde infolge der Wühlarbeit eines Maulwurfs den ersten Anstoß zur Vorstellung einer Schwangerschaft gegeben hat und daß es erst später zur Vorstellung vom schwangeren Berg gekommen ist, wobei an die Stelle des Maulwurfs ein noch kleineres Tier – die Maus – gesetzt wurde. Wahrscheinl. handelt es sich jedoch nur um eine andere Version, die den neuzeitlichen Vorstellungen eher entsprach.

Den hölzernen Berg hinaufsteigen, mdal. in Moers ‚den höltern Berg herop gohn': westdt. Scherzwort für zu Bett gehen.

Jem. stehen die Haare zu Berge ↗ Haar.

Dastehn wie der Ochs am Berge ↗ Ochse.

‚Berg und Tal kommen nicht zusammen': eine beliebte Formel zur Darstellung von Gegensätzen, wie sie auch im Volkslied formelhaft ausgedrückt werden, z. B.

Zwischen Berg und tiefem Tal ...

oder:

Ich stund auf hohen bergen,
schaut in das tiefe tal ...

Bei Grimmelshausen (Simpl. IV. 15) ist nur dieser Teil als Fragment zitiert. Da es für die Menschen jedoch keine unüberwindlichen Gegensätze gibt, lautet die gebräuchlichere Version wie sie u. a. auch im Märchen ‚Die beiden Wanderer' (KHM. 107) vorkommt: ‚Berg u. Tal kommen nicht zusammen, aber die Menschen wohl'. Vgl. frz.: ‚Il n'y a que les montagnes qui ne se rencontrent pas' oder: ‚Deux montagnes se rencontrent jamais, mais les hommes se rencontrent'. Engl.: ‚Mountains cannot meet, but men can'.

‚Wenn der Berg nicht zum Propheten kommen will, muß der Prophet zum Berge gehen', wird gebraucht i. S. v.: ‚Da wir nicht tun können, wie (was) wir möchten, müssen wir tun, wie (was) wir können'. Das Sprw. soll von Mohammed, dem Stif-

ter des Islam (570–632), stammen. Büchmann nennt als Quelle die 1631 n. Chr. abgefaßte Rezension der Anekdoten des arabischen Hodscha Nasreddin. Danach antwortete Dschocha auf die Bitte, zum Beweis seiner Heiligkeit ein Wunder zu vollbringen, er werde einem Baum befehlen, zu ihm zu kommen; dieser werde ihm gehorchen. Das Wunder mißlang, und Dschocha ging fort mit den Worten: „Die Propheten und die Heiligen sind nicht hochmütig und verblendet. Kommt der Palmbaum nicht zu mir, so gehe ich zu ihm". Daß in den europäischen Fassungen der Legende für den Baum der Berg gesetzt wurde, geht wahrscheinl. auf das christl. Wort vom Glauben zurück, der Berge versetzt (1. Kor. 13, 2).

In einigen Versionen des Sprw. steht Mohammed an der Stelle des Propheten, z. B. engl.: ‚If the mountain will not go to Mahomet, let Mahomet go to the mountain'. In anderen wird die Rolle des Propheten auf alle Menschen übertragen, so frz.: ‚Si la montagne ne vient pas à nous, il faut aller à elle'.

Auf einem Berg von ↗ *Schulden sitzen, von einem Schuldenberg erdrückt werden:* auf einer Ansammlung oder Anhäufung von Verbindlichkeiten (oder Gütern) sitzen, die abgetragen oder verkauft werden müßten (z. B. auch ‚Butterberg'), durch Fehlentwicklung jedoch zu einem unüberwindlich hohen Berg anwachsen, auf dem man (wie auf einer unverkäuflichen ↗ Ware) sitzen bleibt oder von ihm erdrückt wird.

Lit.: *E. Solly:* ‚Over the Hills and Far away', in: Notes & Queries 5. 6. (1876), S. 128; *E. Marshall:* ‚If the mountain will not go to Mahomet ...', in: Notes & Queries, 7. 1. (1886), S. 58; *O. B. Schlutter:* Glossographische Beiträge zur dt. Wortgeschichte, in: Zs. f. dt. Wortf., 14 (1912/13), S. 140 f.; *F. Seiler:* Lehnsprichwort, S. 150; *F. Harder:* ‚Parturient montes, nascetur ridiculus mûs', in: Zs. f. Vkde. 35/36 (1925/26), S. 278–280; *L. Weiser:* Art. ‚Berg', in: HdA. I, Sp. 1043–1056; *Spalding* I, S. 259; *Büchmann; W. Danckert:* Symbol, Metapher, Allegorie im Lied der Völker, I (Bonn – Bad Godesberg 1976), S. 369–389; *D. Ward:* Art. ‚Berg', in: EM. II, Sp. 140–141.

Berlin. *Berlin bleibt doch Berlin* ↗ Heimweh.

Bernhard. *Einen Bernhard machen:* einen Stein ver-hauen. Die Rda. ist fachsprachl.

noch immer bei den Steinmetzen üblich. Der ‚Bernhard‘ ist ein durch falsche Maße, falsches Abbretten und nicht verstandene Zeichnung verpfuschter, unbrauchbarer Stein, für den es nach oft tagelanger Arbeit natürlich keine Bezahlung gibt. Der Unglückliche muß den Spott seiner Kameraden ertragen und dazu noch etw. ausgeben. Seit der Frühgotik wurde der ‚Bernhard‘ feierlich in der Nähe der Hütte vergraben, der Hauptleidtragende wurde gepritscht und mußte den Leichentrunk bezahlen. Bei Grabungen am Regensburger Dom wurde kürzlich ein gotischer Wasserspeier in Stier-Gestalt gefunden, der offenbar den Bauleuten zersprungen und von ihnen begraben worden war.

Lit.: *E. Weiss:* Steinmetzart und Steinmetzgeist (Jena 1927), S. 61; Der Spiegel, Nr. 31 (1989), S. 141–142.

Berserker. *Wie ein Berserker wüten, kämpfen wie ein Berserker,* auch: *Eine Berserkerwut im Bauche haben:* durch außergewöhnlichen Ingrimm erregt sein und deshalb wilde, hemmungslose Angriffslust besitzen.

Berserker, aus dem Altnord. entlehnt, war urspr. nur die Bez. für das Bärenhemd (serkr = Hemd, Gewand; ber = Bär), in das sich die skandinavischen Krieger hüllten, um die Kraft des Bären durch das Fell auf sich zu übertragen. Dieser Glaube, daß die Stärke der wilden Tiere auf den Träger ihres Felles übergeht, ist eine bei Naturvölkern weitverbreitete Vorstellung. Berserker nannte man dann in Nordeuropa die Männer, die durch eine Bärenhaut ein solch furchterregendes Aussehen erhielten, daß man von ihnen glaubte, sie könnten zeitweilig wirkliche Bärengestalt annehmen. Ähnl. wie die Werwölfe wurden sie als Wesen zwischen Mensch und Tier mit übernatürl. Kräften gefürchtet. Die altisländ. Saga berichtet von ihrer blinden, tierischen Wut, der nichts widerstehen konnte, obwohl sie ohne Waffen kämpften.

Zu Sorgen und Arbeit hatte die Söhne
Arngrim gezeugt mit Eyfura.
Daß Schauer und Schrecken von
Berserkerschwärmen
Über Land und Meer gleich Flammen
lohten.

Es ist nicht auszuschließen, daß es sich bei den Berserkern um sakrale Männerbünde handelte, die dem Totengott Odin als Krieger dienten u. durch übermenschl. Einwirkung oder Zauber(mittel) in ekstatische Kampfeswut versetzt wurden. In der Inglinga-Saga heißt es: „Odin machte, daß seine Männer in der Schlacht ohne Brünnen kämpften u. rasend waren wie Hunde oder Wölfe, die in ihre Schilde bissen u. stark waren wie Bären oder Stiere; sie töteten die Männer, aber weder Feuer noch Eisen verletzte sie; das nannte man ‚berserkirgang‘!“

Aus den Quellen ist nicht zu ersehen, ob die bis zur Raserei gesteigerte Kraftentfaltung der Berserker auf das Wirken göttlicher Mächte oder auf Stimulation durch Rauschgifte zurückzuführen war. Übereinstimmung herrscht jedoch bei allen Autoren darüber, daß sie in Verbänden auftraten, in ihrem Kampfesrausch ungeheure Kräfte entwickelten u. nach dem sog. Berserkergang in tiefe Erschöpfung fielen, d. h. das Auffallendste am Berserkertum war das (seit dem 9. Jh. bezeugte) Ekstase u. der wilde Kampfeszorn. Von daher wird auch verständlich, daß der Name in späteren Sagas auch auf einzelne Gewalttäter ausgedehnt wurde.

In der neueren Lit. begegnet die Berserkerwut erstmals wieder im 19. Jh. (Goethe, ‚Dichtung u. Wahrheit‘). Die rdal. Vergleiche *wütend wie ein Berserker sein* und *toben (schreien, kämpfen) wie ein Berserker* haben die Erinnerung an den Bärenhäuter bis heute lebendig erhalten (↗ Bärenhaut).

Lit.: *L. Weiser:* Altgerman. Jünglingsweihen u. Männerbünde (Bühl/Baden 1927); *W. Müller-Bergström:* Art. ‚Berserker‘, in: HdA. I, Sp. 1093–1094; *L. Huchting-Gminder:* Die Berserker der altisländ. Sagas, in: Nddt. Zs. f. Vkde. 11 (1933), S. 239–243; *W. Müller-Bergström:* Zur Berserkerfrage, in: Nddt. Zs. f. Vkde. 12 (1934), S. 240–244; *O. Höfler:* Kultische Geheimbünde der Germanen, 1. Bd. (Frankfurt/M. 1934); *E. Kaufmann:* Art. ‚Berserker‘, in: HRG. I, Sp. 384–385; *O. Höfler:* Art. ‚Berserker‘, in: RGA. II (1976), Sp. 298–304; *H. P. Duerr:* Traumzeit. Über die Grenze zwischen Wildnis u. Zivilisation (Frankfurt/M. 1978), S. 80, 267ff.

berücken. *Jem. berücken:* ihn bezaubern. Es handelt sich um sprachl. Reste früheren Dämonenglaubens. Wenn wir eine Frau ‚berückend schön‘ nennen, so ist hier ein Ausdr. aus der magischen Welt ge-

wählt. Das ‚Berühren' ist eine Form der Bannung durch Schönheit, die auch in der Sage eine Rolle spielt, wenn bes. schöne jenseitige weibl. Wesen einen Mann in ihren Bann ziehen; vgl. die Sagen von Nixen oder die ‚Tannhäuserlegende'.
Der Ausdr. ‚berücken' ist aber auch eine fachsprachl. Bez. beim Fischen und Vogelfang in der Bdtg. ‚den Kopf verdrehen', d. h. das Netz über das zu fangende Tier werfen, das sich vergeblich wehrt.

Beruf, berufen. *Sich etw. zum Beruf machen:* sich dafür mit seiner Begabung und seinen Fähigkeiten einsetzen, etw. als seine eigenste Angelegenheit betrachten.
Seinen Beruf verfehlt haben: trotz seiner Ausbildung nichts Rechtes leisten, ohne Interesse und Erfolg arbeiten, meist als Tadel gebraucht, aber auch scherzhaft ins Positive gewendet; wenn für eine unerwartete außerberufliche Leistung gelobt werden soll.
Sich zu etw. berufen fühlen: sich selbst für auserwählt halten, sich zutrauen, eine schwierige Aufgabe bewältigen zu können. Vgl. Matth. 20, 16: „Denn viele sind berufen, aber wenige sind auserwählt."
Etw. berufen ↗ unberufen.

berühren. *Etw. nicht berühren dürfen:* einen Gegenstand, ein Kunstwerk, eine Ware nicht anfassen dürfen, oft als kurzer Hinweis gebraucht: ‚Bitte nicht berühren!'

‚Rühre mich nicht an'

Jem. nicht berühren dürfen: nahen Hautkontakt meiden, ein Tabu beachten müssen. Die Wndg. ist bibl. Herkunft und bezieht sich auf die Worte des Auferstandenen (Joh. 20, 17): „Rühre mich nicht an! denn ich bin noch nicht aufgefahren zu meinem Vater", die nach der ‚Vulgata' „Noli me tangere" lauten.
Auch der scherzhafte Spruch:
   Das Berühren der Figüren
   mit den Pfoten ist verboten,
mit dem ein allzu stürmischer Liebhaber in die Schranken gewiesen wird, steht mit dieser Szene aus dem N.T. noch in Zusammenhang.
Etw. (nur flüchtig) berühren: ein Thema (kurz) streifen, etw. nur erwähnen.
Sich von etw. (schmerzlich, peinlich) berührt fühlen: davon (unangenehm) betroffen sein, Mitgefühl empfinden.

Bescheid. *Jem. (gehörig) Bescheid sagen oder stoßen:* ihn zurechtweisen, ihm nachdrücklich erklären, was ihm zukommt oder zusteht, 1819 bei Julius v. Voss für Berlin bezeugt.
Bescheid tun: Anweisung geben, Rede stehen, wird auch bildl. von der Erwiderung des Zutrinkens gebraucht und meint dann eigentl.: die Antwort auf den ausgebrachten Trinkspruch geben; so z. B. 1561 bei Maaler (60a): „das freundlich und holdsälig nöten ze trinken oder bescheid ze thun", was früher auch schon 1537 in dem ‚Dictionarium' von Dasypodius vorkommt; ferner 1575 in Joh. Fischarts ‚Geschichtklitterung' (Ndr. S. 148): „Schenck ein das Glaß: Thu bescheid".

bescheißen ↗ scheißen.

Bescherung. *Da haben wir die Bescherung:* das erwartete Unglück ist eingetroffen.
Die ganze Bescherung: das alles. *Da liegt die ganze Bescherung* (auch *die ganze Pastete*) *auf der Erde:* ‚Bescheren' und ‚Bescherung' werden urspr. religiös verstanden („und segne, was Du uns bescheret hast"; ‚Weihnachtsbescherung'), dann aber auch häufig iron. im Sinne eines unerwünschten Beschenktwerdens, einer unangenehmen Überraschung gebraucht. So schon 1784 in Schillers ‚Kabale und Liebe' (II, 5): Miller (lacht voller Bosheit):

„Gottlob! Gottlob! Da haben wir ja die Bescherung!" (das Unheil). Bescherungen bringen manchmal auch unangenehme Überraschungen, wofür Fritz Reuter in seiner Weihnachtsgeschichte ‚Wat bi 'ne Aewerraschung 'rute kamen kann' ein ergötzliches Beispiel bietet.

Lit.: *I. Seidel-Slotty:* „Da haben wir die Bescherung", in: Revue des études indoeuropéennes, 4 (1947), S. 27–33.

bescheuert. *Bescheuert sein:* total verrückt sein. Die Rda. bezieht sich auf die geistig Behinderten, die in der Anstalt Scheuern bei Nassau betreut und teilweise nur verwahrt werden.

beschlagen. *Gut beschlagen sein:* in einer Sache erfahren, kenntnisreich sein. Die übertr. Bdtg., die erst im 17. Jh. auftritt, ist wohl hergenommen von dem Pferd, dessen Huf der Schmied mit einem Eisen beschlägt, um ihm sicheren Gang zu verleihen. Die Rda. heißt frz. genau analog ‚ferré sur quelque chose'. Die Mdaa. haben die Wndg. z. T. noch verstärkt, z. B. siebenb. ‚Di äs af alle vären beschloen'; ostpreuß. ‚Dei ös beschlage wie Bötzke Schömmel'.

bescholten ↗ unbescholten.

beschreien. *Die vier Wände beschreien:* sich dadurch als lebenskräftig erweisen, beruht auf einem alten Rechtsbrauch. Ein neugeborenes Kind mußte die vier Wände des Zimmers beschreien, damit es die Erbberechtigung erhielt. In diesem Sinne illustrierten schon die Sachsenspiegel-Hss. den Vorgang. Die Nachbarn, die das Schreien gehört hatten, galten vor Gericht als Zeugen.

Bereits im Jahre 1300 heißt es in einer Aufzeichnung: „dat sey eyn Kint tosamen hebben gehat, dat ... de wende beschreien hedde". Beschreien hatte urspr. nur einen guten Sinn, es bedeutete: öffentl. ausrufen, bekanntmachen, loben und rühmen. Es nahm jedoch immer mehr die Wndg. zum Negativen hin, denn es hieß auch ‚anklagen, vor Gericht bringen, verleumden, ins Gerede bringen', was wir heute als ‚verschreien' bezeichnen. Die Wndg. *sich beschreien* war bes. als Tadel für die Ärzte gedacht, die ihre Kunst selbst rühmten.

Bis heute erhalten aber hat sich die Furcht vor dem Beschreien, dem Schadenzauber durch das Wort, durch Lob und Bewundern. Die so häufig gebrauchten Wndgn. *Man darf es nicht beschreien, Beschreie es nicht!* und *Unberufen!* dienen der Abwehr des möglichen Unheils durch den Wortzauber, da jeder sich selbst oder einen andern beschreien kann. Dies geschieht entweder in voller Absicht durch abfällige Bemerkungen und Zauberformeln oder durch unvorsichtiges Bewundern, das auf verstecktem Neid beruht.

Wie Fluch und Segen wird dem Neid im

‚Die vier Wände beschreien'

Volksglauben eine große Wirkung zugeschrieben, er kann Krankheit oder gar Tod von Mensch und Vieh herbeiführen. Man spricht deshalb auch von ‚einem zu Tode Loben'. Zu einem Menschen, dessen Aussehen sich plötzlich verschlechtert hat, sagt man *Du siehst aus, wie wenn du beschrien wärest.*
Die Wirkung des Beschreiens wird aufgehoben, wenn man dem Beschreienden ins Gesicht sagt *Du hast mich beschrien!*, wenn man ihm etw. Böses wünscht oder in einem Absud von ‚Beschreikraut' badet. Am besten beugt man dem Unglück vor, indem man sich bei einem Lob sofort verwahrt und dreimal an die untere Seite einer Tischplatte klopft. Daß diese Verwahrung sogar schriftlich erfolgen kann, beweist ein Brief Goethes an Zelter, in dem er schreibt: „Zuerst also ist mir mein Zuhausebleiben für diesmal ganz wohl gerathen, wir wollen es aber nicht beschreien, sondern in stiller Bescheidenheit thätig hinleben". Da der Wortzauber häufig mit dem Blickzauber (‚böser Blick') verbunden ist, erscheint er so gefährlich, bes. für Menschen und Tiere in Übergangsstadien (Neugeborene, Kinder, Wöchnerinnen, Brautleute).

Lit.: HdA. I, Sp. 1096ff.; Dt. Wb. I, Sp. 1594ff.; *J. Grimm:* Rechtsaltertümer, S. 75, 76; Dt. Rwb. (Wb. der älteren dt. Rechtssprache), hg. v. der Preuß. Akad. d. Wissenschaften, 2 (Weimar 1932–35); *S. Seligmann:* Der böse Blick und Verwandtes, 2 Bde. (Berlin 1910); *K. Meisen:* Der böse Blick und seine Abwehr in der Antike und im Frühchristentum, in: Rhein. Jb. f. Vkde. I (1950), S. 144–177; III (1952), S. 169–225; *A. Dundes:* The Evil Eye (New York-London 1981); *Th. Hauschild:* Der böse Blick (Berlin ²1982).

Besen. Der Besen – meist aus Birkenruten gefertigt – spielt im Volksglauben wie auch in Rechtsvorstellungen eine Rolle. So bedeutet z. B. *einen Besen vor die Türe stellen* nach westf. Sitte ein Zeichen von Mißachtung. Wenn zwei Nachbarinnen sich zankten und die eine dem Streit mit einer auffallenden Beleidigung ein Ende machen wollte, stellte sie einen Besen vor die Türe. In Zusammenhang damit steht auch die Rda. *einen mit Besen und Schemelbein bewirten:* jem. schlagen.
Das *Besentragen* war eine Ehrenstrafe. Die betroffene Person mußte barfüßig den Besen um die Kirche tragen u. sich dann vor die Kirchentüre legen, wo jeder, der wollte, über sie hinwegschreiten u. sie mit dem Besen schlagen durfte. In Holland u. auch andernorts wurden dem vor Gericht geschleppten Dieb als bes. peinliche, den Spott der Mitmenschen herausfordernde Strafe Schere und Besen (als Sinnbild des Stäupens) auf den Rücken gebunden.
In manchen Wndgn. steht der Besen symbolisch für das Recht, das man hat oder sich nimmt, z. B. in *den Besen ausstecken* (den ↗ Reif ausstecken). Im frühen MA. hatte jeder Haushalt die Befugnis, zu seinem eigenen Verbrauch Bier oder Wein herzustellen. Später durfte durch befristete Schankerlaubnis der Überschuß gegen Bezahlung abgegeben werden. Dieses Recht wechselte wöchentlich von Haus zu Haus. Wer an der Reihe war, mußte zum Zeichen für sein Schankrecht einen Bierwisch, Kranz, Strohbusch oder Besen an einem Stiel aus dem Dachfenster herausstecken.
Aus diesem Urspr. leitet sich der Name *Besenwirtschaft* (Straußwirtschaft) her, der heute noch gebräuchlich ist für Gasthäuser, die nur zu bestimmten Zeiten eigene Produkte verkaufen. Für dieses Recht steht auch die Wndg. *da steckt der Besen raus*, ndl.: ‚daar steekt de bezem uit'. Bruegel benutzte diese Wndg., um sie zusammen mit der Rda. *unterm Besen getraut* bildlich darzustellen. Der Kuß deu-

‚Unter dem Besen getraut'

tet an, daß sich hier ein Liebespaar ‚unter dem Besen' das Recht nimmt, wie ein Ehepaar zusammenzuleben, ohne verheiratet zu sein.

Den Besen auseinanderreißen ist eine ältere, heute vergessene Rda., die gebraucht wurde i. S. v.: eine Sache aus ihrem Zusammenhang reißen. Cicero nannte einen schlechten Menschen daher einen ‚zerrissenen Besen'.

Ich freß einen Besen! Diese Beteuerungsformel kennt man seit Beginn dieses Jh. als bes. Bekräftigung einer Aussage; das Versprechen ist ebenso absurd und unmöglich, wie wohl meist der Inhalt der Aussage, der damit bekräftigt wird.

Die aus Berlin stammende Rda. wird manchmal abgeschwächt durch den Zusatz ‚... aber schön weich gekocht'; andererseits gibt es auch noch groteske Steigerungen. So heißt es in Norddtl. oft: ‚Wenn das (nicht) wahr ist, freß ich einen Besen, und wenn's einer aus dem Schweinestall ist', ‚... mitsamt dem Stiel', oder – was man neuerdings hören kann –, ‚... mitsamt der Putzfrau'. Vielleicht ist die Rda. entstanden in Erinnerung an die Degenschlucker, die einst auf den Jahrmärkten gelegentlich zu sehen waren. Doch ist diese Erklärung nicht wahrscheinlich, weil das Vergleichsmoment dabei zunächst der Stiel wäre; in der Rda. wird aber, wie der Zusatz ‚mitsamt dem Stiel' zeigt, zunächst einmal an den eigentlichen Besen, d. h. an die Borsten gedacht. Auch mdal. schließt das Wort Besen den Stiel durchaus nicht immer mit ein. Eher liegt hier eine sprachl. Neubildung vor in der Art der vielen formelhaften und rdal. Umschreibungen für ↗ niemals.

‚Besen' als Schimpfwort für eine weibliche Person hat ein charakteristisches Arbeitsgerät der Frau pars pro toto einfach zur Person verselbständigt, die in ihrem Wesen rauh und ruppig wie ein Besen gedacht wird (schon gegen Ende des 18. Jh. zur Bez. der Magd); ähnl. die Rda. *nur mit Besen und Kochlöffel umgehen können*.

Mit fremden Besen kehren: fremde Kräfte zum eigenen Vorteil ausnutzen.

Einen auf den Besen laden: ihn verspotten, zum Narren halten (eigentl. ist wörtl. gemeint: einen beim Kehren mit hinausfegen). Die Rda. ist erst in neuerer Zeit

‚Auf dem Besen flöten'

aufgekommen und vermutlich aus der Soldatensprache übernommen.

Auf dem Besen flöten: seine Wünsche wie ein Geisteskranker als Realitäten nehmen. Die Rda. begegnet bereits im 18. Jh. im Fläm.: ‚Hij fluit op den besem', und wird satirisch für einen Schwachkopf gebraucht. Auch die Kreuznacher Rda. ‚Auf eme Beeseschdiehl (Besenstiel) kammer kee Huppepfeif (Horn zum Blasen) mache' enthält dasselbe Bild.

Eine ganz andere Bdtg. hat die Rda. *einen Besenstiel verschluckt haben:* steif, ungelenk sein, sich nicht verbeugen können oder wollen; z. B. ‚Er geht, als hätt' er einen Besenstiel (auch: ein Lineal, einen Ladestock) verschluckt'. Vgl. frz. (umg.): ‚avoir avalé un balai'. Die Wndg. *steif wie ein Besenstiel* kommt z. B. in Viktor Scheffels Lied ‚Im schwarzen Walfisch zu Askalon' (1856) vor, aber ein ähnl. Bild kennt sogar schon das Liederbuch der Clara Hätzlerin:

Tregt ainer den leib vffgestrackt,
man seyt: Im steck ain scheytt ymm ruck,
wa er get oder reit.

Vgl. frz. ‚raide comme un balai'.

Ähnl. spöttisch gemeint ist die Wndg.: *Wenn Gott will, so grünt ein Besenstiel:* unverdientes Glück haben.

Das Sprw. ‚Neue Besen kehren gut' wird auf den gemünzt, der sich bei Antritt einer neuen Stellung besondere Mühe gibt, dessen Eifer aber bald nachläßt. Es stammt aus dem 13. Jh. u. läßt sich zuerst in Freidanks ‚Bescheidenheit' nachweisen (Freidank 50, 12). Es heißt dort:

Der niuwe beseme kert vil wol,
ê daz er stoubes werde vol.

Vgl. frz.: ‚Il n'est rien tel que balai neuf' u. engl.: ‚New brooms sweep clean'.
Es gibt aber auch Versionen, die eine andere Bdtg. haben. So eine Wndg. aus dem Aachener Raum: ‚Neue Besen kehren gut, aber die alten fegen die Hütten rein', wobei mit Hütten (Hötten) die Ecken u. Winkel gemeint sind, d.h. neue Bedienstete sind eifrig und energisch, aber die alten kennen sich bis in die letzten Winkel aus.
Der Begriff ‚neuer Besen' erfreut sich auch in der polit. Karikatur großer Beliebtheit, desgl. die Rda. *mit eisernem Besen kehren* (↗ eisern). Sie wird oft verwendet i.S.v.: rücksichtslos durchgreifen, denn gewöhnl. nimmt man einen Rutenbesen zum Auskehren oder ↗ Kehraus machen.

Lit.: „Hanging out the broom", in: Notes & Queries 3rd, 2 (1862), S. 484; 8th, 8 (1895), S. 274 f., 330 f., 8th, 9 (1896), S. 94 f., 435; „Putting out the besom", in: Notes & Queries 6th, 10 (1884), S. 526; 6th, 11 (1885), S. 78 f., 178; *J. Grimm:* RA. I, S. 237 u. 243, II, S. 308 ff.; *A. Haberlandt:* Art. ‚Besen' in HdA. I, Sp. 1129–1147; *K. Ranke:* Art. ‚Besen, Besenbinder' in: EM. II, Sp. 190–194.

Besenbinder. Besenbinder gelten als Mitglieder der untersten Gesellschaftsstufe und werden daher gerne zur Herausstellung von extremen Standesunterschieden als Gegenpart zum vornehmen Herrn genannt, wobei die Tätigkeit nicht als entehrend betrachtet wird. Doch gibt es Geschichten (z.B. vom Alten Fritz), in denen Besenbinder sich das Besenreis oder ganze Besen durch Diebstahl besorgten, um sie dann billig verkaufen zu können. Darauf geht wohl auch das Sprw. zurück:

1/2/3/4 ‚Neue Besen kehren gut'

‚Die Besen kann man am wohlfeilsten geben, die man fertig stiehlt'.
Der Beruf des Besenbinders ist auch ein beliebtes Motiv von Märchen u. Sagen. So ist z. B. der Mann im Mond der Sage nach *ein Besenbinder, der das Besenreis* entweder *gestohlen* oder *am Sonntag gebunden hat.* Diese Wndg. wird dann gebraucht, wenn man ausdrücken will, daß etw. nicht mit rechten Dingen zugeht oder unerklärlich ist.

Dazu gehört der schwäb. Kinderreim
Des Male im Mau (Mond)
Was het er denn tau (getan)?
Hat Besereis gschnitte.
Jetzt isch er im Mau.

(Vgl. W. Wolf: Der Mond im dt. Volksglauben [Bühl 1929], S. 54–68). ↗ Bürstenbinder.

Lit.: *K. Ranke:* Art. ‚Besen, Besenbinder', in: EM. II, Sp. 190–194.

‚Besessen sein'

besessen. *Besessen sein:* von Fanatismus gepackt sein. Vom Urspr. her bedeutet die Wndg. soviel wie: im Besitz anderer, fremder Wesen (↗ Besitz). In der Sprache des N.T. sind meist die bösen, unreinen Geister u. Teufel gemeint, wenn von ‚besessen' die Rede ist, so bei Matth. 4, 24: „Und sie brachten zu ihm allerlei Kranke, mit mancherlei Seuchen u. Qual behaftet, die Besessenen ..." oder in der Apostelgesch. (8, 7): „Denn die unsauberen Geister fuhren aus vielen Besessenen mit großem Geschrei." Bei Markus (5, 15) heißt es: „... und sahen den, der vom Teufel besessen war" (↗ Geist, ↗ Teufel). Darüber hinaus wird die Wendung in Zusammenhang gebracht mit Feindschaft, Wut, Bosheit, Ehrgeiz, Fleiß, Wahrheitsliebe und ähnlichem.

Auch der rdal. Vergleich *wie besessen* kann auf unterschiedliche Weise gebraucht werden. Jem., der z. B. ‚von einer Idee besessen' ist, ‚arbeitet wie besessen', um sie zu Papier zu bringen. Wer sich fürchtet, ‚schreit wie besessen'. Immer wird unterstellt, daß jem. von guten oder bösen Geistern gehetzt oder von Leidenschaften getrieben wird.

Lit.: *A. Franz:* Die kirchlichen Benediktionen im MA. (Freiburg 1909, Neudr. Graz 1960); *A. J. Storfer:* Teufelsspuren in der Sprache, in: Atlantis 2 (1935), S. 103; *L. Petzoldt:* Besessenheit in Sage u. Volksglauben, in: Rhein. Jb. f. Vkde. 15/16 (1964/65), S. 76–95; *Ch. Daxelmüller:* Art. ‚Besessenheit', in: EM. II, Sp. 195–205 (mit weiterführender Lit.).

Besitz, besitzen. *Im Besitz einer Sache sein:* etw. sein eigen nennen; *Besitz erwerben:* von jem. etw. kaufen, oder *jem. in den Besitz einer Sache einsetzen:* an jem. etwas verkaufen oder vererben.

Anstelle der heutigen Urkunden waren nach ma. Rechtsbrauch symbolische Handlungen vorgeschrieben. So galt z. B. ein grüner Zweig, den der vorige Besitzer dem Erwerber u. neuen Besitzer überreichte, als Symbol der Besitzeinsetzung u. -übergabe (vermutl. hat die Rda.: ‚auf keinen grünen Zweig kommen': zu keinem Besitz gelangen, hier ihren Ursprung, ↗ Zweig).

Auf die Übergabe folgte die Inbesitznahme durch den neuen Eigentümer, die z. Ausdr. kommt in der Rda. *Etw. in Besitz nehmen:* Dinge, Tiere und Personen als Eigentum erklären. Auch diese Wndg. beruht auf alten Rechtsbräuchen. Bei einem Eigentumswechsel mußte der neue Herr sein Grundstück (meist auf einem dreibeinigen Stuhle) drei Tage hintereinander regelrecht ‚besitzen'. Um sich als Eigentümer zu erweisen, mußte er auf seinem Land sitzen und seine Gäste bewirten, damit seine neue Rechtsstellung allen deutlich wurde.

Auch der Erbantritt geschah feierlich vor der Öffentlichkeit durch Umschreiten oder Umreiten des Landes. Fremde zeig-

‚Etwas in Besitz nehmen'

ten sich als neue Herren durch das Löschen und Wiederanzünden eines Feuers auf ihrem Grundstück. Mit dem Aufsetzen ihres Fußes auf das Land oder beim Überschreiten der Schwelle ihres Hauses symbolisierten sie ihr Recht. Äkker wurden durch Umhegen und Umpflügen zum Besitz.
Der Erwerb eines Besitzes war also stets mit einem besonderen Übernahmeritus verbunden, durch den er erst verbindliche Rechtskraft erhielt.
Wenn jem. auf diese Weise *zu Besitz gekommen* war, konnte er *an seinem Besitz hängen, an seinem Besitz kleben, seinen Besitz wie einen Schatz hüten* oder gar beruhigt auf ihm liegen: er konnte ihm nicht mehr streitig gemacht werden.
So brummt auch der Drache Fafnir in Richard Wagners ‚Siegfried' (II. Aufzug): „Ich lieg' und besitze – laßt mich schlafen!"
Von etw. Besitz ergreifen: etw. berühren und sich damit ganz zu eigen machen. Dies geschah ebenso durch gewisse Besitzergreifungszeichen (Namen, Symbole des Besitzers), mit denen wichtige Dinge gekennzeichnet wurden, um eine unlösliche, magische Wechselbeziehung herzustellen. Häuser, Ställe und Tiere erhielten Familienzeichen oder christliche Symbole (Kreuz, C, M, B), durch die sie gleichzeitig dem Schutz Gottes empfohlen wurden, dem sie angehören sollten.
Häufig wird die Wndg. passiv gebraucht, wenn z. B. ein anderes Wesen von jem. Besitz ergreift (↗ besessen).

Nicht im Besitz seiner 5 Sinne sein: seiner Sinne nicht mächtig sein, geistig beschränkt sein; vgl. frz. ‚n'avoir pas tout son bon sens'. Gegensatz: *im vollen Besitz seiner geistigen Kräfte sein:* uneingeschränkt geschäftstüchtig sein.
Die Übertr. der Rda. auf den abstrakten Bereich zeigt sich auch in den Wndgn. *Mut besitzen* und *das Vertrauen von jem. besitzen.*

Lit.: *J. Grimm:* Das Wort des Besitzes, in: Kleinere Schriften (Berlin 1864, Neudr. Hildesheim 1965), Bd. I, S. 113–144; *M. Beth:* Art. ‚Besitz', in: HdA. I, Sp. 1152–1157; *P. Geiger:* Eigentum und Magie, in: Volkskundl. Gaben. John Meier zum 70. Geb. dargebracht (Berlin – Leipzig 1934), S. 36–44; *W. Ogris:* Art. ‚Besitz' u. ‚Besitzeinweisung', in: HRG. I, Sp. 389–394.

besser. *Besser als gut,* mhd.: ‚bezzer danne guot'. Die Wndg. begegnet schon früh im dt. Minnesang. Sie war eine beliebte Formel zur Steigerung des Guten u. wurde vor allem dann eingesetzt, wenn es galt, andere im Lob der Frauen zu übertreffen. Bei Rudolf von Fenis (ca. 1158–92), dem ersten schweiz. Minnesänger, der sie aus dem Provenzalischen übernahm, heißt es (Minnesangs Frühling 83, 9): „wan diu vil guote ist noch bezzer dan guot". Später findet man die Wndg. auch bei anderen Dichtern, z. B. bei Walther von Klingen (1253–86): „guoter wîbe minne ist bezzer danne guot". Auch bei Tannhäuser (um 1250) begegnet sie: „diu ist noch bezzer danne gut".
Das Wort ‚besser' wird nicht immer als Steigerung von gut gebraucht, sondern dient in einzelnen Gesprächssituationen sogar dazu, ein weniger Gutes zu bezeichnen, so z. B. ‚wenn ein Genesender sagt: ‚Es geht mir besser'. Aus dieser Verwendung des Wortes geht der Gebrauch von besser als selbständiges Adj. hervor, das nicht mehr als Komparativ zu gut empfunden wird. So spricht man von ‚besseren Leuten'; ähnl. ein ‚besserer Laufbursche' und *eines Besseren belehren, sich eines Besseren besinnen, in Ermangelung eines Besseren* (frz.: faute de mieux').
Die ‚bessere Hälfte' als Bez. für die Ehefrau (neuerdings auch für den Ehemann) ist eine Übers. des engl. ‚better half', das Sir Philip Sidney (1554–86) als erster verwandte.
Allerdings begegnet besser auch häufig in

komparativer Verwendung, zum Beispiel ‚besser als keen Hemd' (berl.) oder ‚besser als in die Bux geschissen', besser als nichts.

Schon bessere Tage gesehen haben wird von jem. gesagt, dessen soziale Stellung sich stark zum Negativen verändert hat. Meist unverschuldet durch Krieg oder Unglück, auch durch Arbeitslosigkeit und Krankheit kann er in diese Notlage geraten sein.

Die Rda. *Besser als sein Ruf sein* begegnet zuerst als Zitat bei Ovid, der von der Claudia·Quinta sagt: „Ipsa sua melior fama" (Epistolae ex Ponto, I, 3, 143); dann bei Beaumarchais ‚Hochzeit des Figaro' (III,5) und in Schillers ‚Maria Stuart' (III,4): „Ich bin besser als mein Ruf".

Das bessere Teil erwählt haben ist eine Umgestaltung der Bibelstelle: „Maria hat das gute Teil erwählt" (Luk. 10,42).

Häufig begegnet der Ausruf *Besser ist besser!* Er mahnt zur Vorsicht oder begleitet eine vorbeugende oder nochmals überprüfende Handlung.

Die Wndg. *Das wäre ja noch besser (schöner)* enthält sogar negative Bdtg. und meint: es kommt gar nicht in Frage.

Lit.: *A. H. Touber:* „bezzer danne guot." Das Leben einer Formel, in: Viertelj.schrift für Literaturwiss. u. Geistesgesch. 44 (1970), S. 1–8.

Beste. *Zum besten geben:* darbieten, in einem geselligen Kreise einen Beitrag zu leiblichem oder geistigem Genuß spenden; z.B. ‚eine Flasche Wein, eine Geschichte, einen Witz zum besten geben'. Die allg. Bdtg. der Rda. ist erst aus einer speziellen hervorgegangen und gehört urspr. nur in den Bereich der alten Wettkampfspiele. Da hieß ‚das Beste' der Preis, der für den besten Mann, d. h. für den Sieger (z. B. den besten Schützen), ausgesetzt war. So erzählt Joh. Fischart im ‚Glückhaften Schiff' (V. 97 ff.) von dem Straßburger Schießen im Jahre 1576, daß Züricher Schützen gefahren seien

Zu eim hauptschießen schön mit lust
Zugleich mit büchsen und armbrust,
Zu deren jedem war das best
Hundert gulden, on sonst den rest,

d. h. abgesehen von den anderen Preisen. So gebrauchen auch Goethe und Schiller ‚das Beste', auf alte Zeiten angewandt; im ‚Götz von Berlichingen' (I,3): „da war ein Schneider von Stuttgart, der war ein trefflicher Bogenschütz, und hatte zu Cöln auf'm Schießen das Beste gewonnen"; und im ‚Tell' (IV,3):

Aber heut will ich
Den Meisterschuß tun und das Beste mir
Im ganzen Umkreis des Gebirgs gewinnen.

‚Zum besten geben' bedeutet also eigentl.: bei einem Feste etw. als Preis, dann als Beitrag oder Hauptbeitrag zu den Kosten beisteuern. In Bayern und Tirol heißt noch heute der erste Schützenpreis ‚Das Best', auch ein ‚Kegelbest' gibt es da und eine ‚Bestenhalle'. In Norddtl. kommt der Name ‚Bestemann' für den Schützenkönig vor.

Etw. zum besten haben: etw. voraushaben, ist seit dem 17. Jh. belegt und in den Mdaa. z.T. noch immer lebendig, z.B. schwäb. ‚Er hat net viel zum besten' (von einem Kranken, an dessen Aufkommen gezweifelt wird). Schon im 17. Jh. begegnet die Wndg. ‚zum besten haben' in der Bdtg. ‚als Gewinn davontragen'. In ‚Jucundi Jucundissimi wunderlicher Lebensbeschreibung', einem Seitenstück zum ‚Simplicissimus' vom Jahre 1680, erzählt Jucundus: „Ich war ganz naß und hatte noch zum besten (d. h. den Gewinn, Vorteil), daß mich eine Bauersfrau ins Haus aufgenommen".

Erst seit dem 18. Jh. hat die Rda. ‚jem. zum besten haben' den noch heute gültigen Sinn angenommen: jem. necken, verspotten, foppen, aufziehen, zum Narren halten. Die Rda. bezieht sich nicht auf ‚das Beste', sondern auf ‚den Besten', allerdings meist in iron. Bdtg.: der Beste muß einen Spaß verstehen, er muß es vertragen, die Zielscheibe des Spottes zu sein. In Goethes Gedicht ‚Meine Wahl' (1815) heißt es:

Ich liebe mir den heitern Mann
Am meisten unter meinen Gästen:
Wer sich nicht selbst zum besten haben kann,
Der ist gewiß nicht von den Besten.

In den besten Jahren (im besten Alter) sein: im mittleren Mannesalter, auf der Höhe seiner Schaffenskraft stehen. Die Wndg. geht zurück auf H. Heines Gedicht

,Mensch verspotte nicht den Teufel' (1826), wo es vom Teufel heißt:
Er ist nicht häßlich und ist nicht lahm,
Er ist ein lieber charmanter Mann,
Ein Mann in seinen besten Jahren.
Vgl. frz. ,être dans sa fleur de l'âge' (wörtl.: in der Blüte seines Alters sein), ↗ Blüte.
Mit etw. (jem.) steht es nicht zum besten: in finanzieller oder gesundheitlicher Hinsicht gibt es große Schwierigkeiten.
Das Beste von jem. im Auge haben: ihm nur helfen wollen, ihm ohne böse Hintergedanken zu seinem Vorteil gute Ratschläge erteilen, die er meist nicht als solche erkennt.
Die Aussage ,Ich will nur dein Bestes' wird heute gern absichtlich mißverstanden und beantwortet mit: ,Das möchte ich aber lieber selbst behalten!'
Das Beste aus etw. machen: nicht resignieren, sondern jeden kleinsten Vorteil wahrnehmen.
Sein Bestes getan haben: alle Kräfte eingesetzt, sich sehr angestrengt haben; vgl. frz. ,avoir fait de son mieux'.
Das Beste ist für jem. gerade gut genug sagt man iron. zu einem Unbescheidenen. Goethe gebrauchte die Wndg. in seiner ,Ital. Reise'. Im 2. Brief aus Neapel schrieb er am 3. März 1787: „In der Kunst ist das Beste gut genug".
Vergiß das Beste nicht! sagt man heute scherzhaft zu einem, der weggeht, um ihn zu erinnern, sein Geld nicht liegenzulassen. Urspr. begegnet diese Formel in Märchen und Schatzsagen, wo der Habgierige nur an die Schätze denkt und das Wichtigste, den Schlüssel oder die Zauberblume, in der Höhle, im Berg vergißt, so daß er den Eingang nicht mehr finden kann.
Iron. gemeint ist die westf. Feststellung ,Du bist de Beste' mit dem humorvollen Zusatz: ,wann de annern nich to Huus sind'.
Doppeldeutig erscheinen die Rdaa.: *sich von seiner besten Seite zeigen:* von seiner schlechtesten; vgl. frz. ,se montrer de son meilleur côté, ... sous son jour le plus favorable' (wörtl.: sich von der besten Seite, unter seinem günstigsten Licht zeigen) und *auf dem besten Wege zu etw. sein:* im Begriff sein, Gefahr laufen.

Lit.: *R. Hildebrand:* Ges. Aufsätze und Vorträge zur dt. Philologie (1890), S. 45 ff.; *J. Grimm:* Dt. Rechtsaltertümer (Leipzig 1899, Ndr. Darmstadt 1974), Bd. I, S. 49, 502–516, Bd. II, S. 106–111; *L. Winter:* Die dt. Schatzsage (Diss. Köln 1925); *A. Jacoby:* Die Sage vom verlorenen Kind in der Schatzhöhle, in: Volkskundliche Ernte. Hepding-Festschrift (Gießen 1938); *H. Sebald:* Ich will ja nur Dein Bestes (Wien-Düsseldorf 1981).

Besuch. Wenn Messer oder Gabel beim Herunterfallen im Boden steckenbleiben, sagt man: *Es kommt Besuch*. Die anderen bei dieser Gelegenheit üblichen Rdaa., die durch den Atlas der dt. Vkde. (Frage 233 d) erfaßt worden sind, lauten: ,Es kommt ein Brief'; ,Es kommt ein spitzer Bescheid'; ,Es kommt ein hungriger Gast'; ,Das Glück (Streit, Tod) kündigt sich an'.

Redensarten beim Steckenbleiben von Messer oder Gabel
Überblick über die häufigsten Motive

Besuch kommt nach dem Volksglauben auch, wenn die Türe von alleine aufgeht oder der Wind sie öffnet, ferner wenn die Katze sich rechts oder links putzt. Je nachdem, wohin sie schaut oder wo sie sich putzt, wird Damen- oder Herrenbesuch erwartet, lieber, hoher, schöner oder seltener Besuch: ,Putzt sie's Mäule, kommt ein Fräule, putzt sie's Öhrle, kommt ein Herrle. Putzt sie's Augerl, kommt ein Frauerl, putzt sie's Näsle, kommt ein Bäsle' usw.
Ein armenischer Besuch ist ein Besuch, der besonders lang ausgedehnt wird. Die Wndg. stammt aus dem Griechischen.
Die Wndg. *Besuch bekommen* wird auch umschreibend für den Beginn der Menstruation gebraucht wie die ähnl. Feststellung: ,Die Tante Rosa ist angekommen'.

Lit.: *G. Grober-Glück:* Motive u. Motivationen in Rdaa. u. Meinungen, Bd. I (Marburg 1974), S. 176–180.

beten. *Jetzt hilft nur noch beten:* die Lage ist aussichtslos, der Mensch ist machtlos, nur Gott kann helfen.
Da hilft auch alles Beten nichts, oft mit dem Zusatz: *Da muß Mist hin:* man muß selbst eingreifen und zupacken, man kann sich nicht nur auf eine vage Hoffnung verlassen; vgl. schwäb. ‚Da hilft kei bete, da muaß Mist na'; ähnl. ‚Da hilft kein Singen und kein Beten' ⁊ singen.
Die Benediktinerregel ‚Bete und arbeite' (⁊ ‚Ora et labora') wurde parodiert zu
   Bet' und arbeit', sagt die Welt:
   Bete kurz, denn Zeit ist Geld.

Beton, Betonkopf. *Jem. Beton in die Waden spritzen:* ihm zu mehr Standfestigkeit verhelfen. Die Wndg. ist im Polit-Jargon 1982 aufgekommen.
Ein Betonkopf sein, auch: *zu den Betonköpfen (zur Betonriege) gehören:* starrsinnig an überholten Anschauungen festhalten, nicht mehr flexibel und lernfähig genug sein. Die modernen Rdaa. werden stark auf Politiker und Bürokraten bezogen, die keinerlei Anpassungsfähigkeit bei historischen Veränderungen zeigen.

Betrieb. *Betrieb machen:* sich amüsieren: Fröhlichkeit und Unruhe verbreiten. Ende des 19. Jh. aus der Studentensprache in die städt. Umgangssprache übernommen. Berl. sagt man ‚Is ja jakeen Betrieb!', wenn es nicht lebhaft und lustig hergeht.
Entspr. wird die Wndg. *eine Betriebsnudel sein* gebraucht für den, der immer etw. in Bewegung setzt u. organisiert, bei dem immer etw. ‚laufen' muß.

betrinken, betrunken ⁊ trinken.

Bett. *Einem sein Bett machen:* ihm behagliche Verhältnisse bereiten; heute vor allem *sich in ein gemachtes Bett legen* (bei einer gesicherten Heirat mit reicher Mitgift der Braut oder bei guter Stellung des Bräutigams): obersächs. ‚Er kommt in e gemachtes Bette', er findet alles bereit, u. kommt sogleich in günstige Verhältnisse.
Anders in Hamburg: ‚He is darmit to Bedde brocht', er ist hintergangen, eigentl. wohl: trotz seines Rechtsanspruchs zur Ruhe gebracht.
Das Bett hüten: krank sein; vgl. frz. ‚garder le lit'; auch *ans Bett gefesselt sein,* bei langer Krankheit; vgl. frz. ‚être cloué au lit'.

‚Das Bett hüten'

Einem das Bett unterm Arsch wegnehmen: ihm sein letztes Hab und Gut wegnehmen.
Sie werden nicht mehr lange in einem Bett schlafen: mit ihrer Freundschaft (Liebe, Ehe) geht es zu Ende. Dagegen bringt die sprw. Wndg. ‚'s Bett macht's wieder wett' z. Ausdr., daß der Beischlaf jeden Ehestreit beendet u. Versöhnung schafft.
Statt ‚zu Bett gehen' sagt man auch mit scherzhaftem Wortspiel *nach Bethlehem* (auch *nach Bethanien) gehen;* so schon im 16. Jh. in der ‚Zimmerischen Chronik' (III, 233) bezeugt: ‚gleichwol sie bald hernach von einander geen Bethlehem schieden"; ähnl. noch heute in Südwestdtl. ‚nach Bettingen, nach Bettlach gehen'; schles. ‚nach Liegnitz machen'. Heute sagt man im gleichen Sinn ‚an der Matratze horchen', ‚auf den Matratzenball gehen' (⁊ Matratze).
Sich nach dem Bettzipfel sehnen, nach dem Bettzipfel schnappen (oder *gähnen):* sehr müde und schläfrig sein. Dagegen enthält die Wndg. *das Bett schonen wollen* eine scherzhafte Entschuldigung des Nachtschwärmers. *Sleep you well in your Bettgestell:* schlafen Sie gut! Scherzhaftes Gemisch aus dt. und engl. Wörtern um des Reimes willen; zugleich Ironisierung einer engl.-dt. Mischsprache.

Das Bett an 5 Zipfeln fassen wollen: mehr, als nötig oder möglich ist, tun wollen. Verlangt aber jem. zuviel oder Unmögliches, sollte er sich nicht über die Antwort ‚i kann's Bett net an siebe Zipfel hebe' wundern.

Sich weich betten: sich ein angenehmes Leben machen. Bekannt ist auch der sprw. Vergleich: ‚Wie man sich bettet, so liegt man', d.h., jeder ist für seine Lage selbst verantwortlich. Eine ähnl. Aussage findet sich schon bei Grimmelshausen (102, 5) in dem Sprw. ‚Hast du dir wohl gebettet, magst du auch wohl liegen'.

Die nötige Bettschwere haben: genug getrunken haben, auch sehr müde sein, seit Ende des 19. Jh. gebräuchl.

Jüngeren Datums ist auch der Begriff ‚Betthupferle' für eine Süßigkeit, die vor dem Zubettgehen verzehrt wird. Das Betthupferle ist bei Kindern wie bei Erwachsenen gleichermaßen beliebt (nach dem Zähneputzen freilich schädlich für die Zähne).

‚M'r wann ens Bett, ass d'Litt heim kenne' findet scherzhafte Verwendung bei Gästen, die zu lange bleiben.

Mit den Hühnern zu Bett gehen ↗ Huhn.
Von Tisch und Bett getrennt sein ↗ Tisch.

Lit.: *C. u. M. Gray:* The Bed (London 1946); *R. Reynolds:* Beds (with many Noteworthy Instances of Lying on, under and about them) (London 1952); *G. Janneau:* Comme on fait son lit on se couche, in: L'Oeil (1956) Nr. 24, S. 48–63; *W. Stengel:* Alte Wohnkultur in Berlin u. in der Mark (Berlin 1958), Kap. ‚Das Bett', S. 129–172; *M. Eden* u. *R. Carrington:* The Philosophy of the Bed (London 1961); *L. Wright:* Warm and Snug. The History of the Bed (London 1962); *C. Catalani:* Het Bed. 5000 jaar waken en slapen (Bussum [Holland] 1968); *K. Ranke:* Art. ‚Bett', in: EM. II, Sp. 238–242 (mit weiterer Lit.); *P. Dibie:* Wie man sich bettet. Die Kulturgeschichte des Schlafzimmers (Stuttgart 1989).

Bettel. *Jem. den Bettel vor die Füße werfen:* voller Mißachtung die Arbeit niederlegen, im Zorn seinen Arbeitsplatz verlassen. Urspr. war ‚Bettel' eine Bez. für das Gebettelte, die Bettelei. Jem., der es bis zum Bettel gebracht hatte, war auf der niedrigsten Stufe angekommen. Mit Bettel ist allg. aber auch jede Art von Plunder, wertlosem Kram, Geringfügigkeit gemeint, vgl. rhein. ‚Wat duhn ek met sonem Bettel': was fange ich mit einem solchen wertlosen Kram an? Eine andere rhein.

Rda. lautet: ‚Blif mech met dem Bettel vam Lif': verschone mich mit solchen dummen Sachen (Nichtigkeiten).

Betteln gehen: von Tür zu Tür gehen, im Lande umherziehen u. Almosen erbitten. Die Wndg. ist schon aus dem A.T. bekannt: „ich schäme mich betteln zu gehen, seine Kinder werden betteln gehen" (Hiob 20, 10). Sie begegnet unter anderem auch in Murners ‚Schelmenzunft' (1512): „das ir müst an den bettel gan", desgl. in einem Gedicht von J. Schwarzenberg (1535):

auch etlich der mit schad und schand
den Bettel nehmen durch die land.

In neuerer Zeit wird sie jedoch meist in übertr. Sinn verwendet, z.B. ‚die Kunst geht betteln', d.h., sie kann sich nicht aus eigener Kraft erhalten u. ist auf Zuschüsse angewiesen.

Die Wndg. *um etw. betteln* stellt eine flehentliche Bitte dar, ein zumeist demütiges Verlangen nach Liebe, Freundschaft, Verständnis, nach Zuwendung, die andere nicht von sich aus geben (↗ Bitte).

Einen Bettelbrief schreiben: schriftlich um Unterstützung bitten. Hierbei handelt es sich um ‚amtlich erlaubten' Bettel, wie u.a. auch aus der Schweizerchronik von J. Stumpf (2, 106) hervorgeht: „es hat auch bemelter bischof in einem andern instrument erlaubt, dasz die nunnen mit biderber leuten stür und hilf möchtind das kloster bauwen, und im selbigen Bättelbrief verheiszt er ablasz der sünden denen, die daran steurend". Die Bettelerlaubnis stellte im MA. also einen Teil der Sozialfürsorge dar.

In neuerer Zeit versteht man unter Bettelbrief in der Hauptsache einen Brief, in dem man angebettelt wird. Nicht unüblich ist er als Bittgesuch, wenn es um Unterstützung bei der Organisation von Tagungen, Festen u. Feiern geht, die im Interesse der Allgemeinheit veranstaltet werden u. bestimmten förderungswürdigen Zwecken dienen.

Auch andere alte Begriffe haben einen leichten Bedeutungswandel erfahren wie z.B. das ‚Bettellied', das schon bei S. Franck (Sprww. 2, 51) Erwähnung findet: „... u. singt jedermann das bettelliedlein, dem loch unter der nasen zulieb".

Für ein Bettelgeld arbeiten: einen beschämend geringen Lohn erhalten. In scherzhafter Umdeutung begegnet des öfteren auch die Wndg. ‚Er hat's im Griff wie die Bettelleut die Läus': er weiß mit dem Problem fertig zu werden.

Bettelmann. *Bei Bettelmanns Umkehr wohnen:* in einer kümmerlichen, armseligen Gegend, am äußersten Ende einer Ortschaft wohnen; so z. B. bad. ‚Dort ist des Bettelmanns Umkehr!', eine ganz arme Gegend. Die bes. im Schwäb., Bad. und Schweiz. verbreitete Rda. spielt darauf an, daß Bettler manche Gegenden meiden und umkehren, sobald sie sehen, wie ärmlich dort alles ist und daher auch für den Bettler nichts zu holen bleibt.
Von einem ganz ärmlichen Leben sagt man auch *Da ist's wie auf der Betteleinkehr.* Ähnl. auch die Wndg.: ‚'s hat sie vermehrt wie's Bettlmas Supp', 's hat dreig'regnet!'
Bettler, Bettelmann u. Bettelleut haben von jeher den Spott oder die Mißachtung der Bürger auf sich gezogen. So hieß es von einem Ort, in dem viel gebettelt wurde: ‚O weh, in dem Dorf, wo der Vogt barfuß geht und der Pfarrer zum Betteln'.
Einen zum Bettler machen: ihn ausnutzen, um seine Habe bringen.
Den Bettler aufs Pferd setzen: es hilft wenig, jem. eine Chance zu geben, der nichts damit anzufangen weiß. Das wird bes. deutlich in der rhein. Variante, ‚Wenn ne Bettelmann op je Perd kömmt, ritt he et dut' (reitet er es zuschanden).

Lit.: *J. U. Schöll:* Abriß des Janner- u. Bettelwesens in Schwaben und der angränzenden Schweiz (Stuttgart 1793); *A. M. Dubler:* Armen- u. Bettlerwesen in der Gemeinen Herrschaft „Freie Ämter" (16.–18. Jh.) (Basel 1970); *H. O. Pelser:* Das Invalidenhaus als Beitrag zur Entwicklung der Kriegsopferversorgung, darin Kap. ‚Beute u. Bettel' (Diss. Freiburg i.Br. 1976), S. 19–29; *R. Schenda:* Art. ‚Bettler', in: EM. II, Sp. 243–258; *E. H. Rehermann:* Art. ‚Bettler: Die beiden B.', in: EM. II, Sp. 263–268.

Bettelsack. *Den Bettelsack umhängen müssen:* in Armut geraten, an den Türen sein Brot erbitten müssen. Pieter Bruegel stellt bildl. dar, daß dabei oft vergeblich angeklopft werden mußte, als wären die Leute taub. Sehr geläufig ist der Bettelsack durch das bekannte südbadisch-ale-

‚Den Bettelsack umhängen'

mannische Volkslied ‚In Mueter's Stübeli ...', wo es in Str. 2 und 3 heißt:

Mir wei go bettle go ...
Du nimmsch der Bettelsack un i der Korb.

Zwei Bettelsäcke in denselben Kochtopf ausschütten heißt es, wenn zwei Arme einander heiraten.

Bettelstab. *An den Bettelstab geraten:* verarmen, keine Reserven mehr haben. Die Wndg. stammt aus der Zeit, als es noch keine Sozialhilfe gab. Heute wird sie meist im übertr. Sinne gebraucht. Wenn z. B. jem. zu verschwenderisch mit seinem Geld umgeht, heißt es: Du wirst noch *an den Bettelstab kommen.*
Jem. an den Bettelstab bringen: ihn durch überzogene Ansprüche zu größeren Ausgaben verleiten, als er es sich leisten kann; ihn ausnehmen. Ebenso können eine Pleite oder ein Börsenkrach jem. an den Bettelstab bringen, so daß er im übertr. Sinn *den Bettelstab ergreifen* (in die Hand nehmen) muß, d. h. nicht mehr genügend Eigenmittel für seinen persönlichen Unterhalt hat.
In einigen Rdaa. werden bedeutungsmäßig die Begriffe Bettelstab u. Wanderstab gleichgesetzt. Häufig wird jedoch durch einen Zusatz differenziert, wie bei Grimmelshausens ‚Simplicissimus' (Ausg. 1967, hg. R. Tarot, S. 39), wo es heißt „das Brot am Bettelstab suchen". Auch im Märchen (u. a. KHM. 87: Der Arme u. der Reiche) begegnet der Bettelstab ebenso häufig wie in der allg. Literatur, da er we-

gen seiner Bildhaftigkeit gerne zur Veranschaulichung der Armut eingesetzt wird, ↗ Stab.

Bettenberg ↗ Berg.

Bettkante. *Den (die) würde ich nicht von der Bettkante stoßen:* dieser Mann (diese Frau) ist attraktiv, annehmbar, sexuell anziehend; d. h. für ein Liebesabenteuer gerade recht. Diese zweideutige Wndg. ist vermutl. noch recht jung. Sie wird von jungen Leuten gebraucht.

Beutel bezeichnet in den Rdaa. schon seit dem 15. Jh. meist speziell den Geldbeutel. *Sich in den Beutel (oder in seinen eigenen Beutel) lügen;* sich einreden, man habe einen großen Gewinn gehabt, wo man doch einen Schaden hatte; auch von einem gesagt, der etw. billiger gekauft zu haben behauptet, als er es wirklich gekauft hat. Es liegt die Vorstellung zugrunde, daß jem. sich vorlügt, er habe nach einem schlechten Geschäft noch mehr im Beutel, als wirklich darin ist. Christoph Lehmann führt 1639 („Betrügen' 15, S. 91) an: „Einer kaufft vnd sagt, er habs noch (das heißt noch einmal) so wohlfeil, vnd beleugt sich vnd sein Seckel".

‚Einem in den Beutel blasen'

Einem in den Beutel blasen: ihn mit Geld bestechen (heute kaum noch üblich). Im Jahre 1502 warf man den Leipziger Universitätsexaminatoren Bestechlichkeit vor und sagte von den Kandidaten: „sunder wer Beutelsamen zu säen hat, der mag gut Hoffnung haben; pauper ubique iacet" („der Arme liegt überall darnieder'). Ein *Beutelschneider* ist ein Dieb. Der Ausdr. geht auf einen Trick der Taschendiebe zurück, sie stehlen nicht das Geld aus dem Beutel, weil sie dabei viel zu leicht entdeckt werden könnten, sondern schneiden einfach den ganzen Beutel ab. Die Rda. stammt aus der Zeit, in der man den ledernen Geldbeutel außen am Gurt trug; zuerst belegt bei Weckherlin: „der beutelschneider hie hätt bald den Strang erhalten".

‚Beutelschneider'

Ebenfalls der Geldbeutel ist in den folgenden Rdaa. gemeint: *einem den Beutel fegen; auf den Beutel klopfen:* ihm Geld abnehmen. *Das geht an den Beutel; das reißt ein arges Loch in den Beutel;* vgl. frz. ,Cela fait un trou dans le porte-monnaie'; *das schneidet in den Beutel:* das kostet viel Geld. *Den Daumen auf den Beutel halten:* nicht gern Geld ausgeben. *Aus eigenem Beutel zahlen;* vgl. frz. ,payer de sa poche' (wörtl.: aus eigener Tasche zahlen), ↗ Tasche. *Einen gefrorenen Beutel haben:* nicht gern etw. ausgeben. *Er hat den Beutel immer auf:* er ist verschwenderisch, freigebig. *Etw. in einen löchrigen Beutel legen:* vergebens etw. ausgeben, nicht sparen können. *Sein Beutel hat die Schwindsucht (auch ist durchlöchert); sich den Beutel spicken; sie zehren aus einem Beutel:* sie machen gemeinsame Kasse; *tief in den Beutel greifen:* viel ausgeben müssen.

beuteln. *Jem. (arg) beuteln:* ihn tüchtig mitnehmen, eigentl. ihn mächtig durchschütteln. ‚Beuteln' ist zuerst 1482 belegt u. meint urspr.: das Mehl durch den Beutel, durch das Sieb laufen lassen, z. B. in der Mühle oder beim Bäcker. Beuteln heißt also zunächst: sieben, aussondern. 1707 ist es erstmals in übertr. Bdtg. belegt: ‚den Kopf beuteln', den Kopf schütteln; später dann auch: ‚sich beuteln', sich schütteln. Wenn wir heute sagen ‚jem. beuteln' greifen wir auf die übertr. Bdtg. zurück, während die Rda. *einem die Seele aus dem Leibe beuteln* noch an die alte Bdtg. des Aussonderns anklingt, aber auch ‚schütteln' und ‚schlagen' heißen kann.

bewegen, bewegt. *Etw. bewegen wollen:* Veränderungen herbeiführen wollen.
Viel bewegt haben: (nach kurzer Zeit) neue Entwicklungen eingeleitet, Festgefahrenes wieder in Gang gebracht haben, heute bes. von aktiven, erfolgreichen Politikern gesagt; aber auch in übertr. Sinne von Anregungen u. Impulsen im geistigen, künstlerischen, religiösen, wissenschaftlichen Bereich gebraucht.
Bewegt sein: aus seiner Gemütsruhe gebracht, menschlich beeindruckt, tief berührt sein. Ähnl.: *sich bewegt zeigen:* seine Anteilnahme (Rührung) deutlich werden lassen.
Bewegte Zeiten erleben (erlebt haben): in Unsicherheiten, gesellschaftlichen, kulturellen, polit. u. sozialen Umbrüchen, kriegerischen Auseinandersetzungen, Gefahren leben müssen (viel durchgemacht haben) – aber auch auf persönliches Schicksal gewendet, das mit dem von Stürmen bewegten Meer verglichen wird: Auf und ab, Erfolg u. Mißerfolg, Glück u. Unglück, Gefahr u. Rettung, Hilfe u. Verzweiflung erleben, einen Aufruhr der Gefühle durchleiden (auf ein unruhiges, sorgenvolles Leben zurückblicken).

Bewerbchen. *Sich ein Bewerbchen machen:* einen Vorwand suchen, eine angeblich wichtige Angelegenheit vorschieben, um jem. sprechen (sehen) zu können, um ihm einen unverfänglichen Besuch abzustatten. Die bes. im mitteldt.–sächsischen Sprachgebrauch häufige Wndg. wird gern auf Schüler bezogen, die sich auf diese Weise beim Lehrer oder Pfarrer einzuschmeicheln suchen, aber auch auf junge Leute, die ‚anbandeln' möchten, oder de-

ren Beziehung von ihnen noch geheimgehalten werden soll, obwohl es andere längst durch ihr auffälliges Verhalten gemerkt haben, ↗Gewerbe.

bezahlen. *Für alles (im Leben) irgendwann bezahlen müssen:* für etw. büßen, die Folgen tragen müssen: vgl. die Zeche bezahlen müssen ↗Zeche.
Scherzhaft heißt es berl.: ‚Mit Bezahlen wird das meiste Geld verplempert!'
Wer bezahlt die Musikanten? wird rdal. gefragt, wenn etw. unternommen wird, wobei voraussichtlich kein Gewinn gemacht wird, vielmehr nicht einmal die Kosten gedeckt sind. Ähnl. heißt es im Refrain eines Karneval-Schlagers von Willi Ostermann: „Wer soll das bezahlen?"
Sich (nicht) bezahlt machen: Vorteile bringen, (keinen) Gewinn abwerfen.

biegen. *Es geht auf Biegen und Brechen:* es geht ums Äußerste, es geht hart auf hart. Die stabreimende Wndg. kommt in dieser Form im Dt. erst seit der Mitte des 17. Jh. vor, doch ist die Gegenüberstellung von ‚biegen' und ‚brechen' weit älter; z. B. schreibt Luther (IV, 174, 24): „Aber die iungen bewmlin kan man besser biegen vnd ziehen, ob gleich ettliche druber zubrechen"; „Man boygets so lange, bis es bricht". Weckherlin (‚Geistliche und weltliche Gedichte' [Amsterdam 1648], S. 117): „Was dan nicht biegen will, muß brechen". (Parallelen aus anderen Sprachen bringt S. Singer II, S. 30 f.).
Lügen, daß sich die Balken biegen, ↗lügen.
Sich vor Lachen biegen ↗lachen.

Bien, Biehn. *Der Bie(h)n muß!* (ging es auch ans Leben): der Mann muß das tun; etw. muß auf alle Fälle irgendwie zu schaffen sein. Man gebraucht die Rda. mit oder ohne den Zusatz, um irgendeinen unvernünftigen, widersinnigen, lächerlichen Zwang zu charakterisieren. Die Wndg. ist 1849 zuerst bezeugt, und zu ihrer Erklärung müssen verschiedene Anekdoten herhalten, die aber vermutl. erst sekundär und ätiologisch ad hoc erfunden sind. Einmal wird die Rda. auf eine Lügengeschichte von einem ausländischen Reisenden zurückgeführt, der in gewöhnlichen

Imkerkörben in Rußland Bienen in der Größe von Enten oder sogar Schafen gesehen haben wollte. Auf die Frage, wie denn diese Bienen durch das Flugloch des Korbes kämen, legte der Düsseldorfer Maler Wilhelm Camphausen in seiner Illustration von 1849 dem Aufschneider die treffende Antwort in den Mund: „Der Bien muß!".

Selma Lagerlöf beendet den ‚Gösta Berling' (1891) mit einer ähnl. „alten Geschichte", die sie in Dtl. spielen läßt, dem „wunderbaren Land im Süden". Hier bleibt es der Geschicklichkeit des Bienenvolkes überlassen, wie es sich hindurchzwängt. Aber ihre „Riesenbienen", Gebilde der Phantasie, symbolisieren menschliche Sehnsüchte, Wünsche, Begierden und Träume; sie müssen selbst sehen, wie sie mit dem harten Zwang gemeiner Wirklichkeit fertig werden (Selma Lagerlöf: ‚Skrifter', I [Stockholm 1961], S. 406).

Nach einer anderen Anekdote aus Offenbach wies der Buchhalter eines Geschäftshauses dem Chef der Firma das Konto eines Schuldners mit dem Namen Bien vor. ‚Der Bien-Soll', sagte der Buchhalter. ‚Was heißt hier Soll?' entgegnete der Chef sarkastisch, ‚der Bien muß!' (d.h. zahlen).

Lit.: *Wander* I, Sp. 372; *Büchmann*; *Wunderlich*, S. 57; *Krüger-Lorenzen* I, S. 34.

‚Bienenfleißig sein'

Biene. *Bienenfleißig sein:* unermüdlich tätig sein. Der ‚Bienenfleiß' ist sprw. Man sagt: ‚Sie ist fleißig wie eine Biene (Imme)'; schweiz.: ‚flissig wie nes Beiji': überaus fleißig; bair.-österr.: ‚trogn wie a Paie': etw. emsig nach Hause schaffen. Geschätzt wurde der Bienenfleiß allerdings nicht immer. Demokritos verabscheute die Bienen, weil sie wie der ‚Geizige arbeiten, als ob sie ewig leben würden". Auch nach Ch. Dickens tun die Bienen des Guten zuviel: „... they work, but ... they overdo it ... And are human labourers to have no holidays because of the bees?" (Our mutual friend, 94).

Diese u.a. Angriffe haben aber das Ansehen der „Wachs- und Honigvögelein" (Abraham a Sancta Clara, 1644–1709) in antiker Mythologie und christlicher Legende nicht verdunkeln können. Ehrfurcht und Dankbarkeit des Menschen maßen ihnen übernatürliche Herkunft und übersinnliche Fähigkeiten bei.

Menschlich nahe, d.h. als ansprechbare Partnerin, erscheint die Biene schon im Lorcher Bienensegen (rheinfrk., 10. Jh.). In Lit. u. Volksdichtung spielt die Biene eine große Rolle u. wird z.T. sogar poetisch verklärt. Auch im Märchen wird ihre Dankbarkeit gerühmt (KHM. 62). Im Schlußabsatz des Märchens vom ‚Tischlein deck dich' (KHM. 36) bleiben Klugheit, Mut und Entschlossenheit eines so „schwachen Geschöpfes" siegreich, wo List und Stärke versagen. Das Volkslied läßt „die lieben Bienlein summen/daher von grüner Au" (‚Grüß Gott, du schöner Maien'). „Die unverdross'ne Bienenschar" (Paul Gerhardt: ‚Geh aus, mein Herz') ging und geht nicht nur durch die geistliche Dichtung (Friedrich v. Spee: ‚Trutznachtigall' [1649]), sondern auch in viele weltliche Kunstlieder ein. Schiller spricht zwar mitleidig-abschätzig von den „Bienensorgen" der Menschen (‚Die Räuber', III, 2); für Jean Paul aber ist „liebe ... die bienenkönigin des jugendlichen gedankenschwarms" (‚Der Komet' (1, 70 (1820–22).

Hatte man das Tier aus der animalischen Sphäre herausgehoben, so gewann es nicht nur menschliche, sondern auch allzumenschliche Züge. Für Gregor den Großen ist das harmlose Geschöpf ein Symbol der Hinterlist. Auch der Elsässer Matthias Holzwart (Emblemata, 1581) betrachtet die Biene als falsche Kreatur.

Zwar lobt er ihren Fleiß und Nutzen, stellt sie aber auf eine Stufe mit den ‚Katzen, die vorne lecken, hinten kratzen‘. Ihr Abbild gibt er als das Emblem des giftigen Schmeichlers wieder.

Geiler von Kaysersberg vergleicht den Doppelzüngigen mit der „bin, die honig in dem maul tregt und hinden hat sie den angel" (‚Von den Sünden des Mundes‘ [1518]).

Eine harmlose Rolle spielt der Stachel in der ndd. Rda.: ‚Er ist von der Beene jestoche‘: er geht gleich hoch, ist leicht erregbar, ↗ Tarantel. Der Schweizer behauptet, ein übelgelaunter Mensch ‚schießt desume wie nes stächiges Beiji‘.

In der Sprache des Imkers heißt *die Bienen brechen:* am Tage der Lese die Waben herayₒbrechen, um den Honig herauszunehmen.

Von einem reinlichen, geordneten Haushalt mag das Wort gelten: *Es ist, als wenn's die Bienen zusammengetragen hätten.*

Nichts mit der Küche u. kulinarischen Genüssen zu tun hat der witzige Ausdr. *Bienen braten:* große Umstände machen u. geringen Erfolg sehen.

In der trinkfrohen Pfalz ist der Vergleich ‚der sauft wie e Bien‘ weit verbreitet.

Die wissenschaftliche Forschung des 19. Jh. verwandelte die hl. Geschöpfe antiker Mythen, denen Namen die Priesterinnen der keuschesten Göttin u. die Pythia zu Delphi trugen, in bescheidene ‚Arbeitsbienen‘. Sie sanken auch immer tiefer zu ‚Fabrikbienen‘, ‚kessen Bienen‘ (d.h. schlauen Dirnen), ‚Bruchbienen‘ (Soldatenhuren) herab.

Auch die Gaunersprache bemächtigte sich der unschuldigen Tiere. ‚Er hat Biene uff'm Kopp‘ bedeutet: ein mit Kopfläusen behaftetes Individuum, ‚Bienenzüchter sein‘: sich des Ungeziefers kaum noch erwehren können, ↗ Imme. Kaum minder unerwünscht erscheint: ‚To have a bee in one's bonnet‘: einen Sparren haben, ↗ Hummel.

Lit.: *E. Fehrle:* Die Keuschheit der Biene im Volksglauben, in: Alemannia 39 (1911), S. 45 ff.; *O. Keller:* Die antike Tierwelt 2 (Leipzig 1913); *M. Sooder:* Bienen u. Bienenhalten in der Schweiz (= Schriften der Schweizer. Ges. f. Vk. 34) (Basel 1952); *K. Ranke* u. *J. R. Klima:* Art. ‚Biene‘, in: EM. II, Sp. 296–307; *L. Röhrich:* Bienenwohnungen zwischen Handwerk u. Volkskunst, in: Apimondia. Bienenmuseum u.

Gesch. d. Bienenzucht (Bukarest 1979), S. 155 ff.; *F. Lerner:* Biene u. Bienenkorb als Emblem, in: Apimondia (Bukarest 1979), S. 165 ff.

Bienenhonig ↗ Honig.

Bienenkorb. *Das kribbelt wie im Bienenkorb:* Es herrscht Leben, Unruhe, Bewegung. Zu den synonymen Rdaa. gehört der pfälz. Spruch ‚Do wusselt's wie ime Bienstock‘: Da geht es lustig (geschäftig) zu.

Dieser scherzhafte Vergleich entspricht nicht dem geordneten, harten Leben der Bienen, auch nicht der Bedeutung des Korbes, mit dessen Hilfe der Mensch die Bienen domestizierte. Wie diese selber galt ihre Behausung von der Antike bis ins späte Mittelalter als Sinnbild unschuldigen Lebens, des goldenen Zeitalters. Wegen ihrer exemplarischen staatlichen Ordnung sahen Ambrosius von Mailand (339–397) und viele nach ihm im Wohnsitz der Bienen das Abbild der wahren christlichen Gemeinde. In der bildenden Kunst erhielt dann auch der Mailänder Bischof, ihr Schutzpatron, sowie Bernhard von Clairvaux und Chrysostomos als Attribut den Bienenkorb: Zeichen süßer Beredsamkeit und wissenschaftlichen Eifers. Abraham a Sancta Clara verglich das Klosterdasein mit dem fleißigen, gehorsamen und keuschen Leben des Bienenvolkes.

Die Deutung des Bienenkorbsymbols als Sinnbild reiner Glaubensgemeinschaft bekämpften aufs schärfste die Anhänger Calvins, Philipp von Marnix im ‚Roomsche Byen-Korf‘ (1569) und sein Übersetzer und Bearbeiter Johann Fischart mit derb satirischer Polemik (‚Bienenkorb des heyl. römischen Immenschwarms‘, 1579). Der erklärte Gegner des Gerichtswesens seiner Zeit, Charles Dickens, goß Spott und Hohn aus über den „juristischen Bienenkorb", Gray's Inn: „The whole legal hive was in a bustle" (The posthumous papers of the Pickwick Club, 741).

Die urspr. Bdtg. des alten Emblems (überströmende Fülle und Segen) verlor sich immer weiter. Das 1834 errichtete Grabmonument der Barbara Uttmann (sie führte im 16. Jh. im Erzgebirge die Spitzenklöppelei ein u. schuf so für die Bevölkerung eine Existenzmöglichkeit) stellt die geschäftstüchtige Handelsherrin auf einem Bienenkorb sitzend dar, als Symbol des Fleißes. Heute ist er, jeden sakralen Charakters beraubt, zu einem Werbemittel geworden für Banken u. Sparkassen; ↗ Biene.

Lit.: *L. Armbruster:* Der Bienenstand als völkerkundliches Denkmal (Neumünster 1926); *B. Schier:* Der Bienenstand in Mitteleuropa (Leipzig 1939).

Bienenschwarm. Als Bild lebhafter Bewegung wird das schwärmende Bienenvolk verwendet. *Da ist es immer wie in einem Bienenschwarm:* Da gehen viele Menschen ein und aus. Pfälz.: ,Do geht's zu wie im Bieneschwam': es gibt dort Lärm und wilde Bewegung.
Im Ndd. kann der ‚Bienenschwarm' auch auf Stimmung u. Verhalten eines Menschen bezogen werden: ,He is wie e Beeneschwarm': er ist leicht gereizt.
Wie harmlos auch der Anlaß des Schwärmens ist – die Bienen sind mit einer Königin auf der Suche nach einem neuen Wohnplatz –, so drohend erscheint der Anblick der schwarzen Traube. Als unheilbringendes Vorzeichen gilt der Bienenschwarm noch heute im Volksglauben: Bleibt etwa ein Bienenschwarm nicht in der Nähe, so will er einem Verhängnis (Krieg, Bergsturz) entfliehen, verfolgt er den Schläfer bis in den Traum, kündigt er ihm den Tod an. Aber der Imker weiß ihn zu würdigen, erwartet, berechnet das Schwärmen der Bienen, das ihm ja ein neues Bienenvolk beschert. Ein zu früher, ein zu später Eintritt ist ihm höchst unerwünscht, nach der alten, oft variierten Bauernregel (Pfälz.):

E Bieneschwam im Mai – e Fuder Hai,
e Bieneschwam im Jun – e fettes Huhn,
e Bieneschwam im Jul – e Federspul.

Bienenvölker, die nach Johanni (24. Juni) ausschwärmen, bleiben wertlos; sie können, nachdem die meisten Pflanzen geblüht haben, nicht mehr ausreichende Wintervorräte einsammeln.
Zugeflogene Schwärme gelten, über ihren wirtschaftlichen Wert hinaus, als Glücksbringer.
Der Bienenzüchter bemüht sich, die eigenen Bienen am Ausschwärmen zu hindern (oder den Schwarm wieder einzufangen), was durch sog. ,Bienensegen' schon aus ahd. Zeit bezeugt wird, ↗ Biene.

Bier. *Er braut Bier ohne Malz:* urspr. von dem Bierbrauer gesagt, der seinen Kunden ein dünnflüssiges Erzeugnis anbot, dann übertr. von allen Scharlatanen, die eine Sache trügerisch aus dem Nichts hervorzaubern wollen. Bildhaft verwendet die Rda. schon im 13. Jh. der Minnesänger Konrad Marner, indem er gegen seinen lit. Gegner Reginar den Vorwurf des Plagiats erhebt mit den Worten: „Du doene diep, du prüvest âne malz ein bier". Mehrfach spielt vor allem das ,saure Bier' als Bild für etwas Unliebsames, Schlechtes oder Schädliches im Sprachschatz eine Rolle: *etw. ausbieten (ausschreien) wie sauer (saures) Bier:* eine Sache, die keinen Wert hat, mit vielen Worten und zu niedrigem Preis, aber vergeblich anbieten. Vgl. frz.: ,Ce n'est pas de la petite bière' (wörtl.: Das ist kein kleines Bier), i.S.v.: Das ist etw. Wertvolles.

‚Einem das Bier verrufen'

Schon Hans Sachs sagt im Schwank vom bittersüßen Eheleben: „Wer meinst, der saures pier ausschrey?" Die Rda. ist auch bei Grimmelshausen belegt; in Christian Weises ,Drei Erznarren' sagt Lieschen im Gespräch mit Chremes iron.: „Sie werden sich sehr um dich reißen, wie um das saure Bier". Die Rda. geht auf die ma. Sitte zurück, das fertig gebraute Bier ,auszurufen', d.h. öffentl. bekanntzumachen. Daher stammen auch die Rdaa.: *Sie rufen einander das saure Bier aus:* sie machen sich gegenseitig schlecht, einer enthüllt des andern schwache Seiten, und *einem das Bier verrufen:* ihn verleumden, üble Nachrede gegen ihn führen.

Ein Gesicht machen wie saures Bier: eine verdrießliche Miene machen, mdal. aus Baden und Obersachsen belegt; ‚Ich meinet, wann du einem in sein bier sehest, du solst es sauer machen‘, heißt es schon Anfang des 17. Jh.; bair. ‚Er hat's Griß wie's saure Bier‘, niemand reißt sich um ihn, er ist unbeliebt. Ein solcher Mensch *bessert sich* denn auch *wie saures Bier,* also nie. *Beim sauren Bier zusammenkommen:* sich wegen einer strittigen Angelegenheit zusammenfinden. *Einen beim sauren Bier finden* steht schwäb. für ‚ihn bei einer Lüge ertappen‘, ähnl. siebenb.-sächs. ‚af'm soure Bär erwäschen‘, erwischen. Von einem trinkfesten Zecher sagt man in Süddtl. ‚Der lat's Bier au net suer were‘. Geraten zwei solche Zecher im Wirtshaus miteinander in Streit, so nennt man das: ‚Sie haben sich das Bier ausgeschüttet, rhein. ‚Die ham sich enanner s'Bier ausgesuff‘.

Die Rolle, die das Bier im Studentenleben spielte, zeigt sich in manchen eigenen Zusammensetzungen, wie Bierjunge, -schisser, -verschiß, -bank, -baß, -bauch, -held, -idee (närrischer, verrückter Einfall; erst nach 1900 aufgekommen), -knoten (= Adamsapfel), -leiche (= sinnlos Betrunkener), -ruhe (= große Unerschütterlichkeit), -tisch, -ulk; vgl. auch ‚Biereifer‘ = großer Eifer, namentlich von Studenten, die sich mehr dem Bier als dem Studium zuwenden (2. H. des 19. Jh.).

Das ist nicht mein Bier: in dieser neu aufgekommenen Rda. bedeutet Bier soviel wie ‚Sache‘, ‚Angelegenheit‘. In diesem Sinne sagt man im Rheinland ganz allgemein: ‚Dat is en ander Moß Bier‘.

Eine Bierreise unternehmen: mehrere Wirtschaften nacheinander aufsuchen (19. Jh.). Eine neue Rda. ist *das Bier trocken 'runterwürgen müssen:* Bier ohne Schnaps trinken. Das Bild vom Herunterwürgen trockenen Brotes wurde witzig auf das Getränk übertragen. An den tropfnassen Wischlappen knüpft dagegen die schwäb. Rda. an: ‚Se hont g'schwitzt ärger as a Bierlump‘.

Auch in zahlreichen anderen Rdaa. spielt das Bier eine Rolle, z. B. sagt man von einem Sparsamen, daß er *von einem Stoff Bier dreimal trinkt,* d. h. an drei Tagen, drei Tage lang. Und der geizige Sterbende, der seinen Erben nichts gönnen will, ‚stöt dat letzt Kann Beer mit de Föt üm‘.

Von dem Unpünktlichen heißt es: ‚Er kommt stets, nachdem das Bier schon getrunken ist‘. *Er sieht aus wie Weißbier* ist eine geläufige Rda., um eine kränkliche, blasse Gesichtsfarbe zu kennzeichnen; berl. noch etwas derber ‚Er sieht aus wie Braunbier mit Spucke‘.

In Schwaben kennt man auch die ‚Bierschnecke‘ und den ‚Biertripper‘ als Krankheiten, die man vom Biergenuß bekommen kann. Von einem Sterbenden sagt man: *Für ihn ist das Bier schon bereitet* – nämlich im Jenseits.

Ndd. ‚Dat is stark Beer‘, das ist ein starkes Stück.

Er hat sich das Bier selbst gebraut: er ist selbst schuld. Schon im 13. Jh. verwendet Berthold von Regensburg, möglicherweise nach frz. Vorbild, in einer Predigt bildlich den Ausdruck: „Daz dû dir selber gebriuwen habest, daz trinck ouch selber", und in einem Fastnacht-Spiel zu Hildesheim um 1520 heißt es: „Ick will di helpen ein Ber bruwen, / Dat schaltu allene drincken".

Ndd. ‚Seht, wat dat Beer deit!‘ bedeutet spöttische Verwunderung, vor allem, wenn jem. heftig aufbraust. *Wäre das Bier nur wieder im Fasse* ist ein Wunsch, daß etw. nicht geschehen sein möge. *Das Bier ist über eine Brücke (durch einen Graben) gefahren:* mit Wasser verdünnt.

Unter einem *Bieresel* versteht man im östl. Mitteldtl. einen Aufhocker, dem man Bier opfern muß, sonst schreit er und zerschlägt alles. Im Vogtland sagt man zu einem Kind, das überlaut lacht: *Du lachst wie der Bieresel.* Man benützt den Begriff auch als Schimpfwort, so schwäb.: ‚Host dei dumme Gosch net könna ufthua, du Bieresel?‘

Man spricht heute umg. bei einem heißen trockenen Sommer von *Bierwetter,* oder von *Bierschnee,* wenn bei Inversionswetterlage der Wasserdampf aus den Brauereien zum Schnee gefriert, aber auch vom

194

Bier-König, und man stellt in Anlehnung an Shakespeare die ‚bierernste' Frage: *Bier oder nicht Bier?*
Da im Gasthaus Sitzende nach dem Genuß von einigen Glas Bier gern großartige Reden führen (und dabei alle Weltprobleme lösen), spricht man – auch wenn anderswo schwungvolle, aber oberflächliche politische Reden gehalten werden – von ‚Bierbank-Politikern'.

Lit.: *J. G. Th. Graesse:* Bierstudien. Ernst u. Scherz. Geschichte des Bieres ... (Dresden 1872, Nachdr. Leipzig 1975); *E. Huber:* Bier u. Bierbereitung (Berlin 1926); *F. Eckstein:* Art. ‚Bier', in: HdA. I, Sp. 1255–1282; *L. Hermann:* Das Bier im Volksmund. Alte Sprww. u. Rdaa. (Berlin 1930); *H. Lüers:* Die wissenschaftl. Grundlagen von Mälzerei u. Brauerei (Nürnberg 1950); *M. Hoffmann:* 5000 Jahre Bier (Frankfurt/M. – Berlin 1956); *K. Hennies* u. *R. Spanner:* Die Brauerei im Bild. Der Werdegang des Bieres (Nürnberg ⁵1964); *A. Hallema* u. *J. A. Emmens:* Het bier en zijn brouwers (Amsterdam 1968); *H. Jung:* Bier. Kunst u. Brauchtum (Dortmund ²1970); *M. Jackson:* Das große Buch vom Bier (Stuttgart 1977); *H. Glöckle:* München, Bier, Oktoberfest – acht Jhh. Bier- u. Stadtgeschichte (Dachau 1985); *K. Ranke:* Art. , in: EM. II, Sp. 308–316; *A. Koch:* „Bier und Burschenschaft – das gehört zusammen!", in: Hess. Bll. für Volks- u. Kulturforschung NF 20 (1986 [1987]), S. 185–193.

Bierlala. *,Is all got', seggt Bierlala:* es ist alles in Ordnung, es ist nur halb so schlimm. Die Wndg. stammt urspr. aus einer Volksliedstrophe (E. B. III, S. 540–542, Nr. 1756).

Lit.: *E. Seemann:* ‚Is all got', seggt Bierlala, in: Volkskundliche Gaben. Festschrift John Meier (Berlin – Leipzig 1934), S. 187–198.

bigott. *Bigott (bigottisch) sein:* übertrieben fromm, frömmelnd, auch: scheinheilig sein. Das Wort ‚bigott' ist im 18. Jh. aus frz. ‚bigot' ins Dt. entlehnt, wobei es volksetymol. zu einer Assoziation der 2. Silbe mit ‚Gott' kommt. Voraus liegt vielleicht eine altengl. Schwurformel ‚bī god', vgl. nhd. ‚Bei Gott', und die in den obd. Mdaa. geläufige Beteuerung ‚bigott': wahrhaftig, fürwahr. Das Jidd. ‚begotisch': fromm, gottbegnadet, ist eine weitere mögliche Quelle für das frz. Adj.
Möglich wäre auch eine Entlehnung aus einem span. ‚(hombre de) bigote': (Mann mit) Knebelbart. Die moderne Bdtg. wäre dann von dem ernsten und finsteren Gesichtsausdr. übertr., den ein solcher Bart bewirkt.

Bild, Bildfläche. *Im Bilde sein:* sich über etw. im klaren sein, den Zusammenhang erfaßt haben. Die Rda. ist erst zu Beginn des 20. Jh. in militärischen Kreisen aufgekommen, zunächst in der verneinenden Form ‚nicht im Bilde sein', d. h. sich bei taktischen und strategischen Aufgaben keine klare Vorstellung von der Sachlage machen können. Erst später ist die Wndg. auch auf nichtmilitärische Vorstellungen übertr. worden, ebenso die Rdaa.: *sich ein Bild von etw. machen:* sich eine Meinung bilden, und *jem. ins Bild setzen:* ihn genau informieren.

In Bildern reden: wie in Gleichnissen sehr anschaulich sprechen; vgl. frz. ‚parler par symboles ... en images'.

Ein Bild ohne Gnade sein: schön, aber unfruchtbar sein, eine Anspielung auf die Gnadenbilder. Die Wndg. begegnet bereits 1447/78 in der Steinhöwelschen Übers. der Aesopischen Fabel ‚Von dem Bild und dem Wolf' i. S. v. schön, aber unwissend.

‚Ein Bild ohne Gnade'

Ein Bild des Jammers sein: einen bes. traurigen Eindruck machen, im Gegensatz zu der Wndg. *ein Bild von einem Mädchen (Manne) sein:* sehr schön sein. Bild hat hier noch nicht die urspr. Bdtg. von Gestalt. Bild bedeutet urspr. gestaltetes Wesen, Gestalt voller zauberhafter Kraft, nicht Abbild (vgl. Mannsbild, Weibsbild, Unbilde). Notker gebraucht den Begriff ‚ebanbilidi' i. S. v. Vorbild, noch nicht als Abbild oder Nachbildung.

Wolfs These, daß ‚bil' zu den Wörtern mit numinosem Inhalt gehört, die urspr. die Kraft zu gestalten, das gestaltete Wesen meinen, wird unterstützt durch den Hinweis auf das ahd. Subst. bilidari = Töp-

195

fer, der Gestaltlosem eine Form gibt. Wenn Gott als Schöpfer ebenfalls als ,pilidari' bezeichnet wird, soll damit die Vorstellung von seiner ungewöhnlichen Machtfülle verdeutlicht werden, die allen Dingen und Geschöpfen ihre eigene Form verleihen kann.

Damit kannst du keine Bilder 'rausstecken: darauf kannst du dir nichts einbilden. Die in Berlin aufgekommene Rda. bezieht sich urspr. auf die Auslagen der Straßenbilderhändler.

Ein schiefes Bild geben ↗ schief.

Ein Bild für (die) Götter ↗ Gott, Götter.

Sich ein Bildchen verdienen wollen: sich beliebt machen wollen, einschmeicheln.

Auf der Bildfläche erscheinen: zum Vorschein kommen. Die am Ende des 19. Jh. aufgekommene Rda. bezieht sich urspr. auf die Fläche des photograph. Bildes; erst etw. später (Beginn des 20. Jh.) und auf die Filmleinwand bezogen *von der Bildfläche verschwinden:* sich entfernen.

Zur Bildsäule erstarren (↗ Salzsäule) (zu Stein erstarren): vor Schreck wie gelähmt sein; frz.: ,être comme changé en pierre'.

Bildschön ist Dreck dagegen: zur Steigerung werden im 20. Jh. gern Gegensatzwörter verwendet.

Lit.: *Anon.:* „Im Bilde sein", in: Zs. des allgem. dt. Sprachvereins 30 (1915) Sp. 242; *F. Pfister:* Art. ,Bild u. Bildzauber', in: HdA. I, Sp. 1282–1298; *A. Wolf:* Die germ. Sippe bil. in: Språkvetenskapliga Sällskapets Förhandlingar (Univ. Upsala 1928–1930); PBB. 66 (Halle 1942), S. 291ff. (Ahd. bilidi von *Elis. Karg-Gasterstädt);* *W. Benjamin:* Das Kunstwerk im Zeitalter seiner techn. Reproduzierbarkeit (Frankfurt/M. 1963); *W. Brückner:* Bildnis u. Brauch (Berlin 1966); *ders.:* Art. ,Bildnisstrafe' u. ,Bildzauber', in: HRG.I, Sp. 424–430; *ders.:* Art. ,Bild, Bildzauber', in: EM. II, Sp. 319–326; *N. A. Bringéus:* Volkstüml. Bilderkunde (München 1982); *H. Vekeman* u. *J. Müller-Hofstede:* Wort u. Bild (Erftstadt 1984); *N. A. Bringéus (Ed.):* Man and Picture (Lund 1986); *Ch. Pieske:* Bilder für jedermann (München 1988).

Bildung. *Die Bildung mit dem (Schöpf)Löffel gegessen (gefressen) haben* wird von jem. gesagt, der sehr gebildet (scherzh.: ,gebüldet') tut u. bei jeder passenden u. unpassenden Gelegenheit sein Wissen anzubringen sucht. Der Begriff ,gebildet' war zunächst nur in der Bedeutung ,geschaffen' u. ,Bildung' als das geschaffene Bildnis (auch als die ,Gestalt') bekannt (↗ Bild). Das geht aus vielen Belegstellen hervor, wie z. B. aus J. Pauli: ,Schimpf u.

Ernst', Kap. 344: „.. u. liessen seine bildung an die thürn machen ..." oder aus S. Franck; ,Weltbuch' (195): „... ir münz ist papirin, viereckecht, darauf des künigs bildung getruckt". Später wurde der Begriff Bildung zunehmend für die kulturelle Bildung verwendet u. durch Zusätze wie ,gelehrte', ,wissenschaftliche', ,feine', ,vielseitige' ,künstlerische' Bildung näher bez. Er umfaßt neben der beruflichen Ausbildung vor allem die Beherrschung der gesellschaftlichen Regeln u. das geistig-kulturelle Wissen des gehobenen Bürgertums.

Wie wenig die Bildungsversuche oft fruchteten, zeigt sich in erheiternden Aussprüchen u. Dialogen wie: ,Ede, benemm di! häst doch Bildung!' oder ,Du böst in de Stadt gewäst koche lehre?' – ,Ne, schaiss, ech woar Bildung lehre!' Ähnl. auch die Antwort einer Dorfschönen auf die Frage, was sie im Pensionat gelernt habe: ,Hä! Bildung, du Chue! (Kuh)'. Man konnte also nicht immer davon ausgehen, daß der Kochlehrling in der Stadt mit dem Schöpflöffel auch wirklich die feine Bildung erhielt, die man sich im Dorf vorstellte. Das führte dann auch zuweilen zu Verzweiflungsäußerungen, wie z. B. in dem Neckvers: „Äwerall dringt Bildung dorch, obber nich in Ensterborch (Insterburg)".

Lit.: *W. v. Humboldt:* Schriften zur Anthropologie u. Bildungslehre. Hg. v. A. Flitner (Düsseldorf–München 1964); *R. Dahrendorf:* Bildung ist Bürgerrecht (Hamburg 1968), (mit Lit.).

Bilwis. *Der Bilwis hat ihn geschossen:* er ist krank, geistesgestört. Diese Rda. bezieht sich auf eine Sagengestalt. Der Bilwis galt in seiner frühesten Form vor der christl. Umdeutung im 14. Jh. als menschenfeindlicher Naturdämon, der durch seine Geschosse Krankheiten verbreitete (↗ Hexenschuß). Den ältesten Beleg für Bilwis gibt Wolfram von Eschenbach in seinem ,Willehalm' (324,6):

si wolten, daz kein pilwiz
si dâ schüzze durh diu knie.

Von dem weitverbreiteten Glauben, daß plötzlich auftretende Schmerzen und Krankheiten durch Dämonen erregt werden, die mit ihren Geschossen (Pfeilen) auf die Menschen schießen, berichtet auch der Cod. Vindob. (2817):

dâ kom ich an bulwechsperg gangen,
dâ schôz mich der bulwechs,
dâ schôz mich die bulwechsin,
dâ schôz mich als ir ingesind.

Der Name des Dämons erscheint in Dtl. in verschiedener Lautung und Schreibung, er gilt als Substantivierung des engl. Adjektivs ‚bilewit' = wohlwollend. Urspr. wurde er als Epitheton ornans für die heidnischen Götter und als euphemistischer Ausdruck für den schadenbringenden Naturdämon gebraucht, dessen Name tabu war (nach Singer). Im Etymolog. Wörterbuch v. Kluge wird der Name Bilwis als eine Zusammensetzung von germ. bil- = Wunderkraft mit einem Wort, das zum Stamm von ‚wissen' gehört, erklärt.

Die Rda. *Er ist ein Pilwiskind:* ein Kind des Teufels, spiegelt die theologische Umdeutung des Dämons zu Zauberer und Hexe und seine Gleichsetzung mit dem Teufel. In diesem Sinne verwendet Berthold von Regensburg das Wort ‚pilwis' in seinen Predigten (II, 70, 32). Joh. von Tepl stellt im ‚Ackermann aus Böhmen' (Kap. VI) die ‚bilwisse' neben die Zauberinnen und läßt sie wie die Hexen der Sage auf Böcken und Stäben reiten. So geschieht dies auch im Fastnachtsspiel, wenn es heißt: „die do sagen, das sie mit der Perchten und bilbissen oder truten farn auf den Pruckelberg". (Fastnachtspiele 1463).

Noch aus dem 16. Jh. sind Todesurteile aus Schlesien bekannt, die sich gegen ‚pilwissen', d.h. Hexen, richten. Gryphius spricht im ‚Horribilicribrifax' von der ‚pileweissin' und in der ‚Dornrose' von ‚Büleweesse'.

Die weitere Entwicklung der Gestalt zeigt sich in der noch heute üblichen Rda. *vom Bilwis geschnitten sein.* Im 16. Jh. begann die Umwandlung des Bilwis zu einem Korndämon. Der Name wurde volksetymolog. zu ‚Bilsen- und Binsenschneider' umgewandelt, indem man an Binsen und Bilsenkraut dachte. Bes. in Ostdtl. entwickelte sich die Vorstellung von diesem Dämon, der Sicheln an den Füßen trägt und damit Schneisen ins Kornfeld schneidet. Die Erscheinung der abgemähten Halme an einigen Stellen des Feldes wird nun damit erklärt, daß sich der Bilwis den ihm zustehenden Getreidezehnt in der Nacht geschnitten habe, sie trägt aber auch die Bez. ‚Wolfs- oder Hexenschnitt'.

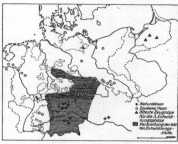

Bilwis. – Verbreitung

Heute ist der Bilwis als lebendige Gestalt eines Korndämons noch bekannt in Bayern, Sachsen und Thüringen; die ältesten Zeugnisse stammen aus Bayern und Österreich. Das Verbreitungsgebiet umfaßte auch größere Teile von Nord- und Ostdtl. in früherer Zeit, wie aus den Befragungen zum Dt. Volkskundeatlas hervorgeht.

Lit.: *L. Mackensen:* Art. ‚Bilwis', in: HdA. I, Sp. 1308–1324; *W. Deboy:* Der Bilwis (Diss. Marburg 1954); *L. Honko:* Krankheitsprojektile (= FFC. 178) (Helsinki 1959); *Schönwerth-Winkler:* Oberpfälz. Sagen, Legenden, Märchen und Schwänke (Kallmünz o.J. [1967]). S. 29f.; *E.D. Güting:* Der Bilwis (Mag.arbeit Freiburg i.Br. 1973); *C. Lecouteux:* Der Bilwiz. Überlegungen zu seiner Entstehungs- und Entwicklungsgeschichte, in: Euphorion 82 (1988), Sp. 238–250.

Bimbam. *Heiliger Bimbam!* Dient als Tabuwort zum Ausdr. des Erstaunens und des Schreckens. Bimbam, eine lautmalerische Nachahmung des Glockenläutens, ist der scherzhafte Name eines fiktiven Heiligen.

bimsen. *Einen bimsen:* ihn mit allen Mitteln in die gewünschte Verfassung bringen.

Zum Glätten von Häuten und Pergament wurde schon in der Antike Bimsstein benutzt; später verwendeten ihn die Mönche in der gleichen Weise. Heute ist bimsen ein Fachausdr. aus der Sprache der Maler: mit Bimsstein glätten. Von da kam er in die Soldatensprache in der allg. Bdtg. ‚putzen‘. Hier wurde der Ausdr. noch weiter ausgeweitet; er bedeutete dann auch: den Soldaten herausputzen, in allen seinen soldatischen Eigenschaften. Das geschah durch stetiges Üben. So kam bimsen zu der Bdtg.: ständig üben lassen, drillen.

Gehörig bimsen müssen: tüchtig lernen, sich anstrengen müssen. Ein Stück ‚Bimsstein‘ war früher in jedem Hause vorhanden, um die Hände zu schrubben, die mit Seife allein nicht sauber wurden. Es war eine mühevolle Arbeit, bis sich der Erfolg zeigte. Auch von daher kann die Übertragung auf geistige Anstrengungen erfolgt sein. Die Wndg. war bes. in der Schüler- und Soldatensprache üblich.

Außerhalb der Soldatensprache hat sich noch entwickelt: *jem. verbimsen:* ihn verprügeln. Verbimsen heißt aber auch: sein Geld durchbringen, denn Bims ist ein Wort der Gaunersprache für Geld. – Alle Bdtgn. sind seit ungefähr 1850 auch mdal. nachgewiesen.

Binde, binden. *Einen hinter die Binde gießen:* ein Glas trinken (von alkohol. Getränken, bes. Schnaps), vielfach auch allg.: ↗trinken, ohne Rücksicht auf die Menge; vgl. frz. ‚s'en envoyer un derrière la cravate‘.

Er hat zu viel hinter die Binde gegossen: er ist betrunken. Die Rda., die erst um 1850 aufgekommen ist, geht davon aus, daß man unter Binde in dieser Zeit speziell die Halsbinde verstand, die dann bildl. für den Hals selbst gesetzt wird. Die Fassung ‚einen hinter die Binde kippen‘ zeigt, daß dabei zunächst an ein schnelles Trinken gedacht ist.

Einem eine Binde um die Augen legen: ihm die Tatsachen bewußt vorenthalten. *Jem. die Binde von den Augen nehmen (reißen):* ihm klar sagen, wie die Dinge liegen; ihm zeigen, was er nicht selbst erkennen konnte. Sieht einer den ihm bisher verborgenen Sachverhalt plötzlich selbst, sagt er, daß es ihm *wie eine Binde von den Augen gefallen* sei (vgl. ‚wie Schuppen von den Augen fallen‘).

Einem etw. auf die Seele binden ↗Seele; *einem etw. auf die Nase binden* ↗Nase.

Bindfäden. *Bindfäden regnen:* sehr stark regnen, so als wären die Tropfen an Bindfäden aufgereiht, die niemals abreißen, ↗Regen, regnen.

Weitere sprw. Vergleiche für starken Regen sind: ‚Es gießt in Strömen (wie aus Eimern, Kannen)‘ ‚Es schüttet‘; ‚Es regnet junge Hunde‘; vgl. engl. ‚Raining Cats and Dogs‘; vulgär: ‚Es schifft!‘

Binse. *In die Binsen gehen:* verlorengehen, verschwinden; ertrinken und verderben. Bereits Notker versuchte eine Worterklärung und leitete Binse von ‚bi nasz‘ her: ‚der binez, pezeichenet immortalitatem, wanda er io gruone ist fono dero nazi, an dero er stât, unde dannan er namon habet“ (Marc. Cap. 104). Obwohl diese Ableitung zweifelhaft ist, erscheint doch die Tatsache, daß Binsen am und im Wasser wachsen, für die Entstehung der Rda. wichtig.

Die aus dem 19. Jh. stammende Wndg. geht vermutlich auf die Jägersprache zurück, denn die vor dem Hund flüchtende Wildente rettete sich ins Wasser und versteckte sich in den Binsen. Damit war sie für den Jäger verloren, ähnlich wie das Wild, das ihm ‚in die Wicken ging‘ und in deren Ranken und Schlingen nicht mehr aufgefunden werden konnte. In übertr. Bdtg. kann heute z. B. ein Auftrag oder ein Angebot ‚in die Binsen gehen‘ und eine Sache ‚ins Wasser fallen‘. Außerdem benutzen wir die Rda. zur Umschreibung für ‚ins Wasser gehen‘ und sterben. ‚He (dat) is in de Binsen gahn‘ sagt man z. B. in Schlesw.-Holst., wenn jem. gestorben oder etw. entzweigegangen ist; vgl. ‚in die Wicken‘, ‚in die Rüben‘, ‚in die Pilze gehen‘.

Auch mit dem Fischgang kann die Rda. in Verbindung gebracht werden. Bes. in Ostpreußen wurden aus Binsen Reusen zum Fang von Krebsen und Fischen hergestellt. Was sich in den Binsen verfing, war verloren und mußte sterben. Darauf weist die in Preußen bekannte Wndg. ‚De es echt in de Binsen‘, er sitzt in der Klemme, seine Lage ist verzweifelt. Da die Binsen auch zum Ausbessern von schadhaften Stellen an Dächern und Fachwerk benutzt wurden, offenbarte der, der ‚in die Binsen gehen‘ mußte, ebenfalls seine Armut und besondere Notlage.

Die Verwünschung *Geh hin, wo die Binsen wachsen!* (↗ Pfeffer) macht deutlich, daß mit den Binsen eigentl. das Wasser gemeint ist.

Daß die Binsen allg. bekannt waren, zeigen die rdal. Vergleiche ‚den Kopf henken wie ein binz' und ndd. ‚A es schlank wie e Bees'.

Lit.: *A. Englert:* Zu den Ausdrücken „in die Binsen gehen", „in die Pilze gehen", in: Zs. f. d. U. 7 (1893), S. 626; *B. Buckrucker:* „In die Binsen, in die Wicken gehen", in: Zs. f. d. U. 13 (1899), S. 281; *O. Weise:* In die Wicken gehen, flöten gehen und Verwandtes, in: Zs. f. hd. Mdaa. 3 (1902), S. 211–217; *W. Dickertmann:* „In die Binsen gehen", in: Muttersprache 69 (1959), S. 233–234; *P. Abl* u. *W. Seibicke:* „In die Binsen gehen", in: Muttersprache 70 (1960), S. 31; *L. Röhrich* u. *G. Meinel:* Rdaa. aus dem Bereich der Jagd und der Vogelstellerei, S. 319; *W. Danckert,* Symbolik III, S. 840 ff.

Binsenwahrheit. Die Feststellung *Das ist eine Binsenwahrheit* bezieht sich auf einen zwar richtigen, aber so selbstverständlichen Satz, daß es sich nicht lohnt, ihn auszusprechen oder gar zu diskutieren. Es ist also eine Wahrheit, die überall so bekannt und verbreitet ist wie die Binsen.

Im Gegensatz zu anderen Grasarten besitzen Binsen keine Knoten. Eine Binsenwahrheit ist demnach eine ‚glatte Sache' ohne Verwicklungen und Verknotungen, d. h. ohne Schwierigkeiten. Die Rda. *Knoten in einer Binse suchen:* Besonderheiten und Schwierigkeiten dort suchen, wo keine vorhanden sind, weist auf die Entstehung unserer heutigen Rda. von der Binsenwahrheit; vgl. ndl. ‚In gladde biezen zoekt hij knobbels'. Das zugrunde liegende Bild ist eine gelehrte Übernahme aus dem Lat., wo die Rda. ‚nodum in scirpo quaerere', d. h. Stengelknoten auch an der Binse suchen, schon in den Komödien von Plautus und Terentius belegt ist. In Dtl. war die Wndg. schon lange bekannt, ehe sie sich allg. durchsetzte. In der Mitte des 16. Jh. schrieb Jakob Heerbrand: „Sucht dieser Mensch einen Knopf an einer Binzen". Das Schweiz. Idiotikon bringt einen Beleg von 1638: „Sonst find ich die Sach so klar, daß wer nicht will in der Binzen einen Knopf suchen, da nichts wegdisputieren kann". Verbreitet wurde diese Vorstellung seit Wieland, der feststellte: „Es gehört wirklich eine ganz eigene Liebhaberei, Knoten

in Binsen zu finden, dazu, die Sache so außerordentlich schwer zu finden".

Man kann aber auch die Binsenwahrheit als ein Geheimnis der Binsen verstehen, das diese weiterverbreiteten, wie eine griech. Sage erzählt: In einem musikal. Wettstreit zwischen Apollon und Pan entschied sich der phrygische König Midas für Pan. Zur Strafe ließ ihm Apollon Eselsohren wachsen. Als der Friseur das Geheimnis des Königs entdeckte, vertraute er es der Erde an, indem er ein Loch in den Boden grub. Binsen fingen seine Worte auf und erzählten sie überall weiter. Vgl. M. Boskovic-Stulli: Narodna predaja o vladarevoj tajni (König Midas hat Eselsohren), Zagreb 1967.

Göhring (S. 30) versucht noch eine andere Erklärung. Er hält das Wort ‚Binsenwahrheit' für die Eindeutigung eines jidd. Ausdr., dessen Sinn man zwar erfaßte, aber dessen sprachl. Bestandteile ähnl. klingenden dt. Silben angepaßt wurden. ‚Bienemes' heißt: die Wahrheit begreifen. Der Nichtjude machte daraus ‚Binsen' und fügte dann sinngemäß das Wort ‚Wahrheit' hinzu, das in dem jidd. Wort enthalten war.

Eine sekundäre, aber doch amüsante ätiologische Erklärung versuchte auch A. Kußmaul (1822–1902) in seinen ‚Jugenderinnerungen eines alten Arztes'. Er berichtet aus seiner Heidelberger Studenzeit von einem törichten Menschen, der der ‚Binsenbub' genannt wurde, weil er den Pfeiferauchern Binsen zum Reinigen der Pfeifen verkaufte. Da er wegen seiner geistigen Beschränktheit bekannt war, nannten die Studenten alles das eine Binsenwahrheit, was sogar der Binsenbub verstehen konnte. So hat das Unverständlichwerden der im Altertum geläufigen und zunächst durchaus durchschaubaren Rda. immer neue Sekundärerklärungen provoziert.

Birne. Die Birne ist neben dem ↗ Apfel in Sprww. und Rdaa. sehr beliebt. *Die Birnen satt (dicke) haben:* genug von einer Sache haben, ihrer überdrüssig sein. Eine Variante dieser Rda. kennt schon Hans Sachs: „Ich hab der biren gnunck"; Birnen steht hier für Prügel, wie auch in Schumanns ‚Nachtbüchlein' (26): „als er

199

der byren genug hatte". In der Ggwt. sagt man dafür auch: ‚(Ich) danke für (Back-)-Obst (und Südfrüchte)'.

‚Ein reife Birne fällt oft in den Dreck'

Die Birnen reif werden lassen: den günstigen Zeitpunkt für etw. abwarten. *Dafür gebe ich keine faule Birne:* nichts; auch von einem Taugenichts: *Er ist keine faule Birne wert;* vgl. ndl. ‚Hij is geene rotte peer waard'. Von einem Drohenden sagt man: *Er hat ihm keine süßen Birnen versprochen.* Obersächs. und schles. *seine (sieben) gebackenen Birnen zusammennehmen (und abschieben):* mit all seinen Habseligkeiten abziehen

‚Birnen pflücken' (erotische Anspielung)

Ein ‚Backbirnmännl' ist ein altes, zusammengeschrumpftes Männlein (zu Weihnachten werden aus getrockneten Früchten solche Hutzelmännchen gebastelt). Ein schwieriger Mensch ist ‚e kritische Bir'.
Im Volksmund wird auch der menschliche Kopf häufig als Birne bezeichnet: ‚sich die Birne zerbrechen'; ‚eins auf die Birne kriegen (geben)'; *Eine weiche Birne haben:* unzurechnungsfähig, dumm, beschränkt sein (unter Anspielung auf ‚Gehirnerweichung').

Mehr können als Birnen braten: bes. schlau und gerissen sein, wird von Abraham a Sancta Clara in ‚Narren-Nest' (II,67) verwendet. Die mdal. Fassung der Rda. ‚Der kånn mehr as wia Birn siadn' erhält manchmal den Zusatz ‚er kånn sie esn a!' (Carinthia 143, S. 137).

Birnen vom Ulmenbaum fordern: Unmögliches verlangen.

Die Birnen sind gegessen: eine Sache ist erledigt, man kommt zu spät; eigentl.: erst nach Beendigung der Mahlzeit, vgl. ‚Der Zug ist abgefahren' ↗ Zug.

Etw. zwischen Birnen und Käse versprechen: in der guten Laune nach dem Essen, beim Nachtisch; vgl. frz. ‚faire quelque chose entre la poire et le fromage' (wörtl.: etw. zwischen Birnen und Käse tun), i. S. v. etw. so nebenbei, oberflächlich tun, etw. verpfuschen.

Aus teigen Birnen böhmische Feigen machen: etw. Minderwertiges als bes. gut und begehrenswert hinstellen.

Lit.: *W. Danckert:* Symbol, Metapher, Allegorie im Lied der Völker, Bd. III (Bonn – Bad-Godesberg 1978), S. 1033 ff.

Biß. *Etw. hat Biß:* ist handfest, herzhaft, zum Hineinbeißen wie ein Apfel oder eine Knackwurst. Es handelt sich um eine neuzeitliche Wndg., die auch im übertr. Sinne für ein lit. Werk verwendet wird, um anzudeuten, daß es sich um eine zupackende Arbeit handelt, die die Dinge angreift u. beim Namen nennt. (Gegensatz: ‚Wischiwaschi').

Auf eine Sportmannschaft gemünzt ist die Wndg. ‚sie spielen ohne Biß', d. h. ohne Kampfgeist.

Bissen. *An einem harten Bissen zu kauen haben:* eine unangenehme Sache durchstehen müssen. Urspr. verband man mit dem Begriff ‚Bissen' das Lebensnotwendige, ein Stück Brot:

„... und ich wil euch einen Bissen Brots bringen" (1. Mos. 18,5). Er ist die kleinste Mengenbez. einer festen Speise.

Im MA. hing oft das Leben eines Menschen von einem solchen Bissen ab, da er als Probebissen galt, mit dem ein Gottesurteil angerufen wurde. Zur Prüfung des Wahrheitsgehaltes seiner Aussage wurde einem des Diebstahls Beschuldigten, der sich als unschuldig ausgab, ein Stück Käse oder trockenes Brot von bestimmtem Gewicht in den Mund gestopft. Konnte er den Bissen ohne Mühe schlucken, war das ein Beweis für seine Unschuld. Blieb er ihm jedoch im Halse stecken, so galt er als schuldig u. der Erstickungstod als gerechte Strafe.

‚Der Bissen bleibt einem im Halse stecken'

Auf diesen Probebissen lassen sich viele Rdaa. zurückführen, so z. B.: *jem. bleibt der Bissen im Halse stecken,* d. h. er ist gelähmt vor Entsetzen (frz.: ‚j'ai le souffle coupé'). In Zusammenhang damit steht auch die Verwünschung: ‚der Bissen möge ihm im Halse stecken bleiben'. Ähnl.: *an einem schlechten Bissen kauen:* mit einer üblen Sache zu tun haben; *den Bissen schlucken:* das Unangenehme hinnehmen; *der Bissen quillt ihm im Halse:* er droht vor Unbehagen zu ersticken, die Sache wird immer unangenehmer.
Wie Forschungsergebnisse aus anderen Ländern zeigen, spielt der Bissen auch im außereurop. Raum eine große Rolle. Mit ihm sind gute, meist aber schlimme Vorbedeutungen verbunden. So gilt der zur Erde gefallene Bissen fast überall als nicht gegönnt. Dasselbe sagt man, wenn der Bissen drückt (↗Kloß im Halse). Nach jüd. Volksglauben darf man beim Essen nicht sprechen, damit der Bissen nicht in die falsche Kehle kommt (↗Kehle). Vielerorts glaubte man, daß Gott dem Adam, als er vom Apfel essen wollte, an die Kehle griff u. daß ihm der Bissen im Halse stecken blieb; womit der Adamsapfel erklärt wird (vgl. L. Röhrich, Adam u. Eva [Stuttgart 1968], S. 155).
Bei vielen Völkern galten die besten Bissen als Ehrenbissen, die z. B. den jungen Helden nach Beendigung einer siegreichen Schlacht gereicht wurden. Bei den Arabern ist es der Gast, der die besten Bissen erhält. Auf ähnl. Vorstellungen beruht wohl auch die bei uns bis heute noch erhaltene Rda. *Jem. die besten Bissen zustecken:* ihm Vorteile verschaffen. Andere Rdaa. wiederum drücken das Gegenteil aus: *Jem. die Bissen im Munde zählen,* d. h. ihm nichts gönnen. *Jem. die Bissen vom Munde wegnehmen:* ihn übervorteilen.
Auf eine hartnäckige Angelegenheit gemünzt ist der Ausspruch: *An dem Bissen hat er noch lange zu kauen,* d. h. er hat das Unangenehme noch lange nicht hinter sich. Ähnl. die Rda. *Das ist ein zäher Bissen:* sich mit einem hartnäckigen Verhandlungspartner abplagen müssen.
Keinen Bissen herunter (hinunter) bekommen (anrühren können): Angst haben vor einer unangenehmen Sache, Furcht vor ‚starken Brocken' (↗Brocken).
Eine neuere Wndg. ist: *Sich einen fetten Bissen angeln:* einen dicken Auftrag sichern, der großen Gewinn abwirft. Ähnl.: *Einen fetten Bissen abbekommen haben.* Beide Rdaa. sind als Begleiterscheinung der Ausschreibungs- und Vergabepraxis im Baugewerbe entstanden.
Auf den Ursprung, auf das Lebensnotwendige weist dagegen: *Sich jeden Bissen vom Munde absparen müssen:* nur unter äußerstem Verzicht sich oder anderen einen Wunsch erfüllen können (↗Mund).

Lit.: *F. Eckstein:* Art. ‚Bissen', in: HdA. I, Sp. 1343–1347; *L. Röhrich* u. *G. Meinel:* Reste ma. Gottesurteile in sprw. Rdaa., in: Alemannisches Jb. (Bühl/Baden 1970), S. 341–346; *A. Erler:* Art. ‚Gottesurteil', in: HRG. I, Sp. 1769–1773.

Bitte, bitten. *Einer aus der siebenten Bitte:* ein übler Kerl, ein lästiger, unerwünschter Mensch. Die siebente Bitte des Vaterunsers lautete: „Und erlöse uns von dem Übel!" Daher nennt man ‚einer aus der siebenten Bitte' einen Menschen, den man verabscheut, von dem man gerne erlöst sein möchte. *Eine aus der siebenten*

Bitte: ein widerwärtiges Frauenzimmer, auch eine öffentliche Dirne. Die Rda. ist vielleicht erst abgeleitet aus der älteren Wndg. von der ‚bösen Sieben‘ (↗ sieben), oder aber es handelt sich um zwei verschiedene Wndgn., die durch Verkürzung ihren urspr. Sinn verloren haben u. zu einer neuen Rda. verschmolzen wurden. Obwohl es sich nach kirchlichem Verständnis bei den sieben bösen Geistern urspr. um männliche Teufel handelte (Matth. 12, 45), ist der Begriff ‚Böse Sieben‘ als verkürzte Fassung der Wndg. ‚eine von den bösen Sieben‘ in der Hauptsache als Bez. einer verabscheuungswürdigen weibl. Person bekannt. Doch hat sich in manchen Gegenden im Zusammenhang mit der ‚siebenten Bitte‘ auch die urspr. Bdtg. erhalten, so in Frankfurt in der Rda. „Er sieht aus wie der Teufel in der 7ten Bitte in Luthers kleinem Catechismus – ist so dumm wie ein Heupferd“ (Briefe der Frau Rat Goethe, hg. A. Koester [Leipzig 1904], S. 54). Auch bei E. Menzel (Alte Hausmittel [Frankfurt/M. ²1901]) ist sie mdal. belegt: „... sieht aus wie der Deiwel von der siebte Bitt im kleine lutherische Katechismus“. Eine Erweiterung der Rda. findet sich 1803 in Seumes ‚Spaziergang nach Syrakus‘ (I, 22): „... ein Muster von einem alten häßlichen, keifigen Weibe, die schon seit vierzig Jahren aus der sechsten in die siebente Bitte getreten war“. Mit zuviel Witz arbeitet auch die Rda. *Er versteht unter der fünften Bitte des Vaterunsers den Wirt mit der Kreide* (↗ Vaterunser).

Da muß ich doch sehr bitten: Einspruch erheben.

Da hilft kein Bitten u. kein Beten (Betteln): das ist vergebliche Liebesmüh, ich lasse mich nicht beeindrucken.

Lit.: *F. Kluge:* Die böse Sieben, in: Zs. f. dt. Wortf. 1 (1901), S. 363–365; *F. Seiler:* Dt. Sprww.-kunde (München 1922), S. 278; *U. Masing:* Art. ‚Bitten: Wer bittet, wird bekommen‘, in: EM. II, Sp. 428–432.

bitter. *Einen (seinen) Bittern haben:* verstimmt sein; z. B. obersächs. ‚Wenn ich den Kerl nur sehe, habe ich gleich meinen Bittern‘ (sozusagen: getrunken), regt sich mir die Galle, habe ich ein bitteres Gefühl. Ähnl. *einen Bittern auf jem. haben:* ihm

nicht gewogen sein. *Das ist bitter,* vermutl. verkürzt aus *Das ist eine bittere Pille:* das ist sehr unangenehm (↗ Pille).

Etw. bitter nötig haben: sehr nötig haben. Bitter dient hierbei der Steigerung, wie bei ‚bitterkalt‘, ‚bitterer Ernst‘, ‚bitteres Unrecht‘, ‚bittere Not‘.

Bla-Bla. *Bla-Bla reden:* dumm schwätzen, törichtes Zeug babbeln oder blabbern (preuß.), ‚Blech reden‘ (↗ Blech). Die Rda. ist seit dem MA. geläufig u. erscheint zum erstenmal im Zusammenhang mit der Vorstellung vom schreibenden Teufel auf der ↗ Kuhhaut. Der früheste Beleg findet sich in St. Georg auf der Reichenau in einem Wandfresko, das zwei schwatzende Frauen zeigt mit dem erläuternden Zusatz:

Ich wil hie shribvn,
Von disen tvmben wibvn,
Was hie wirt plapla gvsprochvn
Vppigs in der wochvn
Das wirt allvs wol gvdaht
So es wirt fvr den rihtvr braht.

Da es sich um eine lautmalerische Wndg. handelt, hat sie trotz veränderter Schreibweise bis heute ihren urspr. Sinn behalten. Frz.: ‚faire du bla-bla‘.

Blackout. *Einen Blackout haben:* von plötzlichem Gedächtnisschwund befallen sein. Die Rda. stammt aus dem Engl. u. hat sich wegen ihrer Kürze u. Prägnanz allg. durchgesetzt. Sie wird zumeist gebraucht i. S. v.: ‚den Faden verlieren‘ oder ‚der Faden ist mir gerissen‘.

blank. Die rdal. Verbindung *blank und bloß* zeigt, daß blank auch ‚entblößt‘ bedeutet. Von hier aus sind mehrere Rdaa. zu verstehen: *blank ziehen* und *mit einem blank stehen:* ihm mit entblößter Waffe gegenüberstehen; übertr.: in gespanntem Verhältnis zu jem. stehen, auf dem Kriegsfuß mit ihm leben (bereits im 17. Jh. belegt, doch heute weithin veraltet); *blank sein:* kein Geld haben, eigentlich: von Geld entblößt sein.

In moderner Bdtg. heißt diese Wndg. auch: sein Tagwerk erledigt haben. Blank bezieht sich hier auf den gesäuberten Arbeitstisch nach Fertigstellung der Arbeit (Küpper I, S. 69). *Jetzt hab' ich's blank:*

jetzt verstehe ich es; eigentl.: jetzt liegt es bloß und sichtbar vor mir.

Für die letzte Rda. ist allerdings auch eine andere Erklärung möglich: Es fällt auf, daß für Dinge, die Verstand und Geist betreffen, in Rdaa. immer Wörter wie hell, blitzend, klar usw. gebraucht werden (‚es wird mir klar', ‚Gedankenblitz', ‚etw. leuchtet ein', ‚er ist eine Leuchte', ‚jetzt geht mir ein ↗ Licht auf', ‚helle sein'). ‚Ich habe es blank' könnte in der gleichen Weise erklärt werden: es liegt klar vor mir. Ebenso ist vielleicht bei der ‚blassen Ahnung', dem ‚blassen Schimmer' usw. an die geringe Helle gedacht.

Blase. Wohl weil sie hohl ist, erscheint die Blase in verächtlichen Wndgn. Ndd. heißt ‚mit 'n Blase vull Bohnen kommen' mit einem ungenügenden Einschüchterungsversuch keinen Erfolg haben. Bei Luther lesen wir: „einen mit dürren blasen und mit dreien erbeßen jagen".

Als Ausdr. der Verachtung gilt *die ganze Blase.* Gemeint ist eine unbedeutende Gesellschaft, eine unwürdige Sippschaft, gleichsam zusammengeblasenes, -gewürfeltes Volk. Um die Mitte des 19. Jh. begannen student. Corps andere, weniger straff organisierte student. Verbindungen so zu nennen. Bei dieser Bildung soll (nach Trübner und Küpper) an die Eiterblase gedacht worden sein, die Schlechtes, Ekelerregendes enthält. Denn in dem Ausdr. ‚die ganze Blase' oder auch ‚die faule Blase' schwingt immer etw. Negatives mit, ebenso in der iron. Bez. einer Menschenansammlung: ‚eine nette Blase'.

Von den Blasen auf der Haut, die durch Verbrennen oder Ansteckung entstehen, hat man die Rda. abgeleitet: *Blasen ziehen:* schmerzliche, ärgerliche Stimmung machen, z. B. ‚Das zog damals Blasen', es gab zur Verbitterung und bösen Bemerkungen Anlaß (↗ Blut).

blasen. Die Rdaa.: *Das ist nicht nur so geblasen, Es läßt sich nicht gleich blasen* und *Man kann es nicht blasen* bedeuten: es ist nicht so leicht, wie sich die Sache ansieht, man braucht dazu Mühe, Fleiß und Zeit. Jac. Grimm bringt diese Rdaa. in Zusammenhang mit der Glasbläserei, zu der

große Übung und Geschicklichkeit gehören.

Vielleicht aber beruhen diese Wndgn. auf der alten Vorstellung, daß die Seele, der Geist, auch das Leben durch Anblasen, Anhauchen übertr. werden kann, wie in 1. Mos. 2, 7 und Joh. 20, 22. Dieses Blasen war nachweislich schon bei Augustin in den Taufritus übergegangen (Ep. 105). Urspr. besaß nur Gott oder ein Dämon die Macht, seine Seele, seinen Geist und Willen durch ‚Blasen' zu den Menschen zu bringen. Da es so leicht aussah, versuchte es auch der Mensch zu erlernen, doch für ihn wurde es zu einer schwierigen Kunst. Er nutzte sie, um seinen Willen auf einen anderen wirken zu lassen, um ihn zu schädigen, um ihm eine Krankheit anzublasen oder um ihn von einer solchen, ‚angeblasenen' (angeflogenen) Krankheit zu befreien.

Der alte, noch bei Kindern geübte Brauch, auf eine schmerzende Stelle zu blasen, steht hinter unserer noch häufig verwendeten Rda. *Etw. war wie weggeblasen:* es war plötzlich verschwunden, die zuerst in Herders ‚Cid' vorkommt. Schon 1526 stellte sich Luther gegen den Brauch, Kindern bei Krankheiten in den Hals zu blasen. Wenn wir heute noch sagen, daß ‚die Schmerzen (Warzen usw.) wie weggeblasen sind', bewahren wir sprachlich damit die lange bekämpften Vorstellungen und Praktiken der Volksmedizin.

Die Wndg. *geblasen sein:* weg oder tot sein, ist dagegen dem Damespiel entlehnt. Man spricht dabei von ‚Blasen' (‚Pfeifen'), wenn man seinem Gegner eine Dame oder einen Stein wegnimmt, mit dem er hätte schlagen können, es aber versäumte; vgl. ndl. ‚geblazen zijn'; frz.: ‚souffler quelque chose à quelqu'un'; engl. ‚to blow' – alles Ausdrücke, die beim Damespiel gebraucht werden. Vgl. hierzu auch frz. ‚Souffler n'est pas jouer' (wörtl.: blasen ist nicht spielen): Ausruf beim Damespiel: wer seinem Gegner eine Dame oder einen Stein weggenommen hat, darf noch einmal spielen.

Vielleicht stehen hiermit in Zusammenhang *Du kannst mir was blasen!* und *Ich werde dir gleich was blasen!* Diese grobe Ablehnung bedeutet: man wird dich enttäuschen, nicht das tun, was du erhoffst.

Nach Küpper bezeichnen diese Rdaa. das Geräusch, das entsteht, wenn jem. ‚pöh‘ macht. Ähnl. sagt man: ‚Ich werde dir gleich was husten!‘ oder ganz grob: ‚Jawohl, Blosarsch!‘ – *Blas mir den Hobel aus!* ↗ Hobel.

Neue Rdaa. mit erotischer Bdtg. sind: *sich blasen lassen:* sich fellieren lassen und *sich einen blasen:* sich selber fellieren. Sie stammen aus dem Sprachbereich von Prostituierten und Homosexuellen. Die Flöte gilt dabei als phallisches Symbol, ↗ Flöte.

Seit dem 19. Jh. ist mdal. die Wndg. *Blas mir auf den Kopf:* laß mich in Ruhe, ebenfalls als Ausdr. starker Ablehnung bekannt, der in Köln lautet: ‚Blôs mêr op et Häuv‘. *Einen blasen:* ein Glas trinken. Blasen wurde von der starken Bewegung des Windes auf die heftige Bewegung verallgemeinert und dann nur noch zur Steigerung benutzt. Es bedeutet also hier: ‚stark trinken‘ und ist so schon im 19. Jh. im Rotw. und in Mdaa. nachgewiesen.

Die Rda. *Es ist nicht zu blasen:* es ist unglaublich und unerträglich, bezieht sich auf ein für Blasinstrumente gesetztes Stück, das zu schwer ist. Die Wndg. ist um 1850 für Berlin bezeugt.

Einem den Marsch blasen ↗ Marsch.

In das gleiche Horn blasen ↗ Horn.

Staub in die Augen blasen sagte Geiler von Kaysersberg für ‚Sand in die Augen streuen‘; vgl. frz. ‚jeter de la poudre aux yeux de quelqu'un‘ (wörtl.: jem. Pulver in die Augen werfen).

Kalt und warm aus einem Munde blasen: bald so, bald anders reden. Wird von einem Doppelzüngigen gesagt, der ins Gesicht lobt und hinter dem Rücken tadelt. In ähnl. Form kennt diese Wndg. Walther von der Vogelweide (29, 10):

Zwô zungen habent kalt und warm,
die ligent in sîme rachen.

Reinmar von Zweter schreibt:

Du blaeses kalt und hûches warm.

Im ‚Narrenschiff‘ (18,17) des Sebastian Brant heißt es:

Wer tun wil, das eim jeden gfalt,
der muß han otem warm und kalt.

Seit Luther steht die Form fest:

Das heißt auff deudsch
kalt vnd warm aus einem maul blasen.

(Warnung an seine lieben Deutschen, 1531)

Die Rda. geht zurück auf eine Fabel des lat. Dichters Avian (Ende des 4. Jh. n.Chr.) vom Satyr und Holzhauer, die Erasmus Alberus und Hans Sachs auch bearbeitet haben. Dieser erzählt, wie im Winter ein Pilgrim zu einem Satyr in die Wildnis kommt; es friert ihn so an den Händen, daß er hineinbläst, um sie mit seinem Hauch zu erwärmen. Der Satyr nimmt ihn gastlich auf und setzt ihm einen heißen Trank vor. Da bläst der Pilgrim diesen an, um ihn abzukühlen. Hans Sachs schließt:

Der satirus auch das ersach
und sprach zu im: Ich merke,
daß deine zung und munt vermag
widerwertige werke.
Das kalte kannstu machen heiß,
das heiß machstu kalt ...
Wankel und unstet ist dein zung
und auf zwu schneit geschliffen ...
Weich von mir, ich trau dir nicht mer:
Dein will ich wohl entraten.

Die Redenart kann aber auch einen positiven Sinn erhalten, wenn damit der Vielseitige, der auf zwei Achseln Tragende gemeint ist; vergleiche frz. ‚Ne vous fiez point à lui, il souffle le chaud et le froid‘.

Einen, der erst begeistert tut und dann doch säumig handelt, vergleicht man in Nordwestdtl. mit einem schlechten Hirten: ‚He bläst fröh und drift late‘ (treibt spät aus).

Blasen und das Mehl im Maul behalten: viel versprechen und nichts geben wollen oder selbst Vorteile haben wollen, ohne dafür etw. einzusetzen. Die Wndg. ist mdal. in Hessen üblich: ‚He wil blose on ds meal im maul behale‘, aber auch im Westerwald in ähnl. Form: ‚Mer kann net blose on den Wend behalen‘. Den ältesten Beleg gibt Notker:

Nóh tú némaht nieht fóllen múnt
háben mélues únde dóh blásen.

(De partibus logicae – Pipers Ausg. I, 595).

Einem etw. ins Ohr (in die Ohren) blasen oder *einem etw. einblasen:* ihn aufhetzen, Verleumdungen und Geheimnisse erzählen (vgl. ‚jem. einen Floh ins Ohr setzen‘), ↗ Federlesen (Abb.).

In der Schülersprache bedeutet *ein-* oder *vorblasen* einem Mitschüler helfen und vorsagen.

Von Tuten und Blasen keine Ahnung haben
↗tuten.
Auf dem letzten Loch blasen ist von den Blasinstrumenten her zu verstehen. Die Rda. bedeutet, daß jem. seine letzten Kraft- oder Geldreserven angebrochen hat und kurz vor dem Ende steht, denn das letzte Loch bez. den höchsten und dünnsten Ton des Instrumentes. Blasen ist archaischer als Streichen. Vgl. die Funktion von magischen Blasinstrumenten im Märchen.
Trübsal blasen ↗Trübsal. *Das Lebenslicht ausblasen* ↗Lebenslicht. *Sich aufblasen wie ein Frosch* ↗Frosch.

Lit.: *W. Aly:* Art. ‚Blasen', in: HdA. I, Sp. 1354–1360; *I. Zingerle:* Die dt. Sprww. im MA., S. 101; *L. Berthold:* Ma. Sprww. S. 64f; *K. Leidecker:* Zauberklänge der Phantasie. Musikalische Motive und gesungene Verse im europäischen Märchengut (Diss. Saarbrükken 1983), S. 243f.

blaß. *Keine blasse (nicht die blasseste) Ahnung haben:* nicht das geringste Wissen von einer Sache haben, völlig in Unkenntnis von etw. sein.
‚Blaß' ist keine Bez. für eine Farbe, sondern deutet eher an, daß es sich allenfalls um einen Schimmer von Farbe handelt. Daher auch die Rda. *(nur) eine blasse Erinnerung haben* oder – in negativer Verwendung – *keinen blassen Schimmer, keinen blassen Dunst haben:* rein gar nichts wissen.
Dagegen deutet die vergleichende Rda. *blaß wie die Wand* (in Kölner Mda.: ‚Blaß wie en Wasserpöppche': Wasserpuppe) auf eine (verborgene) Krankheit oder einen erschreckten Zustand hin.
Auch menschl. Unzulänglichkeiten finden in entspr. Wndgn. ihren Ausdr., so z. B. in den Rdaa. *vor Neid erblassen* oder *aus ihm spricht der blasse Neid.* Ein schlecht aussehender Mensch wird häufig auch als *Bläßling* bez. u. ein farbloser, langweiliger Mensch als *blasse Figur* oder *blasser Typ.*

Lit.: *S. Ek:* „Bleikna som bast, svartna som jord. Uttryck för vrede eller sorg i norska folkvisor (Erblassen wie der Bast, schwarz werden wie die Erde. Ausdrücke für Zorn oder Trauer in den norwegischen Volksliedern)", Saga och sed (1959), S. 44–51; *W. Koch:* Farbnamen, in: Muttersprache 69 (1959),S. 9–14.

Blässe. *Von der Blässe des Gedankens angekränkelt* ist ein Zitat aus Shakespeares ‚Hamlet'; rdal. gebraucht für einen Menschen, der in Gedanken vertieft in seiner Studierstube hockt, kaum noch Berührung mit der Wirklichkeit hat u. schließlich auch seine Tatkraft einbüßt.
Anders die Wndg. *vornehme Blässe:* Nach heutiger Auffassung wird eine blasse Hautfarbe stets mit Krankheit oder schlechtem Gesundheitszustand verbunden. Das war nicht immer so. Im Gegenteil: keine gebräunte Haut zu haben, war lange das Vorrecht der oberen Stände, die nicht hart an der frischen Luft arbeiten mußten. Schon im späten MA. gibt es Belege dafür, daß die Blässe ein Zeichen von Adel war (vgl. ‚Tristan u. Isolde'). Später – im 17./18. Jh. – gingen die Damen u. Herren des Adels u. des gehobenen Bürgertums dazu über, sich ihre Gesichter weiß zu pudern, um sich deutlich von der gebräunten Hautfarbe der arbeitenden Bauern abzusetzen. Erst seit der Wandlung des Schönheitsideals im 19. Jahrhundert erhielt die Wendung ‚vornehme Blässe' ihren heutigen spöttisch-entschuldigenden Sinn (↗braun).

Blatt. *(Sich) kein Blatt vor den Mund nehmen:* sich ohne Scheu aussprechen, geradeheraus reden, sich rücksichtslos, unumwunden äußern, jem. tüchtig die Meinung sagen. Die Rda. spiegelt eine alte Theatersitte wider. Die Schauspieler machten sich unkenntlich, indem sie Blätter vor ihr Gesicht hielten. Sie konnten dann manches vorbringen, ohne später dafür zur Rechenschaft gezogen zu werden. Einen Beleg dafür gibt Francisci im ‚Sittenspiegel' (S. 638b), wo es heißt: „Ehe die Komödianten die Masken erfanden, haben sie das Gesicht mit Feigenblättern verstellt und also ihre Stichelreden vorgebracht".
Wer also kein Blatt vor den Mund nimmt, will sich nicht verstecken, sondern offen seine Meinung bekennen. Bei der Rda. kann wohl auch an ein Laub- oder Papierblatt gedacht worden sein, das man zur Abdämpfung der Stimme vor den Mund hält, so wie sonst die Hand, wenn man eine unangenehme Wahrheit nicht zu laut hören lassen will.
Ähnl. drückt es Joh. Fischart im ‚Gargan-

‚Kein Blatt vor den Mund nehmen'

tua' aus: „sie spotteten durch ein Rebblatt mit abgestollener Stimme", d. h. mit verhaltener Stimme (vgl. ndl. ‚geen blad voor de mond nemen'). Die Rda. findet sich schon mhd. bei Wirnt von Grafenberg in dem Artusroman ‚Wigalois' (V.10166): „Der rede wil ich dehein blat legen für mînen munt"; dann in lat. Form in der Sprww.-Sammlung des Humanisten Heinrich Bebel (Nr. 579); „Nullum folium ori apponere; id est: libere loqui"; dt. 1541 bei Seb. Franck: „Der wein nimpt keyn blat für das maul", und 1534 bei Luther: „Aber David feret heraus vnd nimpt kein blat für das maul, machts grob vnd unvernunfftig gnug, vnd wil nichts verbeißen", sowie 1545: „so nimpt Christus kein blad fur den mund".

Ein unbeschriebenes Blatt sein: unwissend, unerfahren, harmlos sein, noch nichts erlebt haben. Die der lit. Sprache der Gebildeten angehörende sprw. Rda. geht auf die Antike zurück. Aristoteles schreibt in ‚De anima' III,4: „ὥσπερ ἐν γραμματείῳ ᾧ μηδὲν ὑπάρχει ἐντελεχείᾳ γεγραμμένον" (= wie auf einer Tafel, auf der in Wirklichkeit nichts geschrieben steht). Plutarch setzt in ‚Ausspr. d. Philos.' (4,11) ‚Blatt' (χαρτίον) für ‚Tafel'. Auf dieselbe Aristoteles-Stelle wird auch der lat. Ausdr. ‚tabula rasa' zurückgeführt (vgl. Büchmann).

Eine etw. andere Bdtg. hat die Rda. *ein unbeschriebenes Blatt für jem. sein.* Gemeint ist ein nur oberflächlich bekannter Mensch, von dem der andere so gut wie nichts weiß, dessen Fehler und Vorzüge er noch nicht durchschaut hat.

Kein unbeschriebenes Blatt mehr sein: nicht mehr naiv, unschuldig, unvoreingenommen, d. h. ohne Vorwissen sein – meist gebraucht i. S. v. aufgeklärt sein, keiner sexuellen Aufklärung mehr bedürfen.

Das Blatt (Blättchen) hat sich gewendet: die Verhältnisse haben sich (zum Guten oder zum Schlimmen) geändert. Die Rda. scheint in den meisten dt. Mdaa. üblich und noch allg. lebendig zu sein: schweiz. ‚'s Blettli hei si c'chêrt'; schwäb. ‚Wenn sich 's Blättle wende tät!'; siebenb. ‚Det Bliet hut sich gedrêt'; ndl. ‚Het blad (blaadje) is (om)gekeerd'. Es fällt auf, daß der Gebrauch der präteritalen Form bei weitem überwiegt, vor allem in den älteren Belegen: ‚Da wandte sich das Blatt' heißt es gewöhnlich. Es ist außerdem festzustellen, daß die Rda. vorwiegend die Wndg. zum Schlimmen, den Beginn des Niedergangs bezeichnet. Andere Sprachen scheinen die Rda. nicht in entspr. Wndgn. zu kennen, vgl. frz. ‚La médaille est renversée' (veraltet), ‚Les camps sont intervertis' (wörtl.: Die Lager sind vertauscht); engl. ‚The tables are turned'; span. ‚Volvióse la tortilla' (der Eierkuchen ist gedreht).

Die dt. Rda. ist am frühesten 1534 in Seb. Francks ‚Weltbuch' (Vorrede) bezeugt: „Das blätlin wirt sich umbkören". Johannes Gerling verdeutscht ‚Nemesis' in des Erasmus ‚Adagia' mit den Worten: „Es wird sich das blat einmal umbkeren. Er wird der straffe nicht entgehen". J. J. Müller schreibt 1665: „Der gottlose Schlämmer empfahet sein Gutes in seinem Leben, der fromme Lazarus aber das Böse, und wirt das Blat erst nach diesem Leben umbgewendt, daß der Gottlose gepeiniget, der Fromme aber getröstet wird". In gereimter Form predigt Abraham a Sancta Clara:

Wenn das Blätlein sich wendet,
und der Wohlstand sich endet.

„Wenn sich das Blatt nicht völlig wendet", so will sich Lessings wackrer Tellheim nicht von seinem Entschlusse abbringen lassen. Die Rda. ist auf mannigfache Weise erklärt worden. Dabei hat man u. a. an das Kartenspiel gedacht: wer lange eine gute Karte bekommen hat, erhält nun eine schlechte und umgekehrt. Man hat zur Erklärung auch an die Guckkastenmänner gedacht, die, wenn sie auf den Jahrmärkten ihre Moritaten vorzeigten, gerufen haben könnten: ‚Das Blatt wendet sich', um mit dem neuen Bild auf eine neue spannende Wndg. ihrer gruseligen Geschichte aufmerksam zu machen. Aber für eine solche Erklärung ist die Rda. zu alt. Man hat schließlich auch an das Blatt eines Buches gedacht. Dafür spräche, daß es auch rdal. heißt: ‚Das steht auf einem andern Blatt', das ist etw. ganz anderes (s. u.); bad. ist für 1634 die erweiterte Form belegt: „wie hat sich das blädtlin so bald gewendt und umbgeschlagen". Doch muß sich die Rda. primär auf ein Blatt bezogen haben, das ‚sich', d. h. von selber, ohne menschliches Zutun, ‚wendet'; aber weder das Blatt eines Buches noch ein Kartenblatt wendet sich von selbst. Eigenbewegung hat nur das lebendige Blatt eines Baumes. In der Landwirtschaft hat man es zweifellos schon in verhältnismäßig früher Zeit bemerkt, daß um Johannis die Blätter sich etw. senken oder auch auf die Seite legen (bes. die der Pappel). Aus der veränderten Stellung der Blätter erklärt es sich auch, wenn die Bäume nach Johannis den Regen durchlassen. Auch antike Naturkundige, wie Gellius und vor allem Plinius, haben diese Beobachtung schon beschrieben. Theophrast bespricht in der Pflanzengeschichte eine Eigentümlichkeit einiger Laubbäume. Ölbaum, Linde, Ulme und Weißpappel, sagt er da, kehren nach der Sommersonnenwende ihre Blätter um; an den gewendeten Blättern kann man feststellen, daß der längste Tag gewesen ist. In stärkerem oder schwächerem Grad geschieht das bei allen Bäumen: In diese Reihe von Naturbeobachtungen gehören auch einige dt. Wetterregeln, die sich auf den Veitstag (15. Juni) beziehen. So sagt ein hess. Vers: „Sankt Veit legt sich das Blatt auf die Seit".

In der Dahlenberger Gegend sagt man: ‚Na Jehanns wen't sik 't Blatt na' n Bom'. Hier wird die Wndg. mit der Einzahl ‚dat Blatt dreiht sik' noch von dem Naturvorgang gebraucht, der ja mit einem wichtigen Wendepunkt des Jahres zusammenfällt, dem Kürzerwerden der Tage, der Sonnenwende. Auf das Blatt des Baumes paßt also, was auf die papierenen Blätter nicht passen wollte: es dreht sich, und diese Zeit ist eine Zeitenwende: der längste Tag, die beste Zeit war gewesen, der Höhepunkt des Jahres ist überschritten. Der Ausdr. ‚Das Blatt hat sich gewendet', der zunächst nur den Wechsel der Jahreszeit, das Kürzerwerden der Tage bezeichnete, wurde allmählich zur Bez. jedes bedeutsamen Wechsels.

Das Blättlein umkehren: sich von einer neuen, meist unangenehmen Seite zeigen. Die Rda. findet sich schon in Murners ‚Narrenbeschwörung', 70 (vgl. ‚den Spieß umdrehen'). Seinen Charakter oder seine Gesinnung grundlegend ändern, heißt im Ndl. ‚omgekeerd (veranderd) als een blad'. Die westf. Rda. ‚dat Bleaeken noa dem Winne dreggen' entspricht der hochdt. Wndg. ‚den Mantel nach dem Winde hängen (tragen)', ↗ Mantel.

Das steht auf einem andern Blatt: das gehört nicht in diesen Zusammenhang, das ist eine ganz andere Frage. Diese Rda. geht im Unterschied zur vorher erwähnten deutlich auf das Blatt im Buch zurück.

Mir schoß das Blatt: ich ahnte etwas. Herkunft und Entstehung dieser Rda. sind nicht sicher. Henisch erklärt 1616 in ‚Teutsche Sprach und Weißheit' (S. 407): „Das Blatt schoß ihm. Er ward bestürzt, aufgeregt, ahnte Wichtiges". Er erklärt Blatt mit ‚Herzblatt, Diaphragma', d. i. Zwerchfell. Die Wndg. steht in diesem Sinne schon um 1600 im Tagebuch des Ritters Hans von Schweinichen: „Da schoß i. f. g. (Ihrer fürstlichen Gnaden) das blatt, und wären diese Nacht gern fort gewesen". Frisch (1741) und Adelung (1774) in ihren Wbb. erklären Blatt als den Wirbel auf dem Kopf, der beim Kind offen steht und nur mit dünner Haut bezogen ist. Nun begegnet die Rda. aber gar nicht selten in der Bdtg. ‚aufmerksam werden', ohne daß dabei an ein Angstgefühl gedacht wird, so z. B. 1801 in J. J. Engels Roman ‚Herr Lorenz Stark' (Kap. 30): „Der Doktorin schoß auf der Stelle das Blatt", und in Kleists ‚Zerbrochenem Krug' (7. Auftr., V.938 ff.), wo Ruprecht sagt:

Nun schießt,
da ich Glock eilf das Pärchen hier
begegne,
– Glock zehn Uhr zog ich immer ab –
das Blatt mir,

ebenso wie bei Fritz Reuter in ‚Schurr-Murr' (Werke, hg. v. Seelmann, Bd. 6, S. 7): „Den Ratsherren schütt dat Blatt bi dere Red". Freilich ist auch aus der Bdtg. ‚Wirbel auf dem Kopf, Fontanelle' für Blatt kaum eine Erklärung der Rda. zu gewinnen, ebensowenig wie aus dem Blatt an der Scheibe, woran man auch gedacht hat. Es könnte in der Rda. auch ein Zusammenhang zwischen Blatt und Blut bestehen, da beide Wörter auf eine gemeinsame idg. Wurzel *bhlo- (blühen) zurückgehen. Die Germanen hatten eine abergläubische Scheu vor dem Blut und nannten es deshalb euphemistisch ‚das purpurrot Blühende'. Verwechslungen zwischen Blatt und Blut sind durch mdal. verschiedene Aussprache (bloat) denkbar. Außerdem besteht in der Rda. ‚jem. schoß das Blut ins Gesicht', die bei einem Bericht über Erregung, Zorn oder Scham eines anderen gebraucht wird, ebenfalls die auffällige Verbindung von ‚Blut' und ‚schießen'. Würde man nun Blatt durch Blut in den angeführten Textstellen ersetzen, blieben sie trotzdem verständlich. Die Wndg. *Das Blatt fiel ihm* läßt an die Bdtg. von Blatt als ‚Herz' oder ‚Sitz des Lebens' denken. In Luthers Tischreden (171 a) heißt es: „weil er aber nu sihet, das unsre kirche teglich wechst und sich pfarren werden wüst, möcht ihm das blatt auch schier fallen". In diesem Zusammenhang bedeutet die Wndg.: sich fürchten, bange werden. Sie entspricht damit der heutigen Rda. ‚Jem. fällt das Herz in die Hosen'.

Wenn der Jäger dem Wild ‚aufs Blatt schießt', gibt er ihm den tödlichen Schuß ins Herz. Vielleicht besteht hierin eine Beziehung zu unserer Rda. ‚Mir schoß das Blatt', die dann inhaltlich der Wndg. ‚Es gab mir einen Stich' nahekäme. Eine Textstelle in der ‚Insel Felsenburg' (1202): „das herzblatt begunte mir zu schieszen",

weist mit der Zusammensetzung ‚herzblatt' ebenfalls auf das ‚Herz'. Dieser Text legt aber noch den weiteren Gedanken nahe, daß mit dem ‚herzblatt' das wichtigste, innere Blatt einer Pflanze gemeint sein kann, das sie unbedingt zu ihrem weiteren Wachstum braucht. Der Vergleich des Menschen mit Wachstum, Blühen und Vergehen der Pflanzen ist ja allg. beliebt und schon in der Bibel bezeugt:

Ein Mensch ist in seinem Leben wie
Gras,
er blühet wie eine Blume auf dem
Felde
(Ps. 103,15).

Von dem Bild her, daß ‚der Salat schießt' oder sogar ‚etw. ins Kraut schießt', wäre auch die Rda. *Das Blättchen schoß mir:* die Augen gingen mir auf, zu erklären: eine schon vorhandene Ahnung, die nur im Verborgenen da war (wie das Herzblatt, das von den anderen Blättern verdeckt wurde), wird zur plötzlichen Gewißheit und so sichtbar, wie das innerste Blatt einer Pflanze, das auf einmal geschossen ist.

Gut Blatt! ist als Skatspielergruß bekannt. Auch die Rda. *ein gutes Blatt haben* stammt aus der Sprache der Kartenspieler u. bedeutet: mit der Zusammensetzung der Spielkarten zufrieden sein (↗ Karte). Mit *Blatt* wird vielfach auch die Tageszeitung bez. Es handelt sich um eine Verkürzung des Begriffs ‚Nachrichtenblatt' oder ‚Intelligenzblatt'. Daher auch die schwäb. Wndg.: ‚etw. uf'm Blättle habe': sehr gescheit sein. Wenn es dagegen heißt: *Der ist das reinste (Nachrichten-) Blättchen*, ist ein schwatzhafter Kerl gemeint.

Im Blatt (Blättchen) stehen: in der Zeitung stehen. Mit der Rda. ist zumeist die Verlobungsanzeige gemeint. *Etw. ins Blatt setzen:* ein Zeitungsinserat aufgeben.

Neueren Datums ist der Begriff ‚Blätterwald', der die ganze Presse umfaßt. Wenn es heißt: *Es rauscht im Blätterwald*, kann man sicher sein, daß sich alle Zeitungen einer bestimmten Sache angenommen haben u. sie an die Öffentlichkeit bringen, d.h., *es (das Ereignis) wandert durch den Blätterwald:* es wird großes Aufhebens davon gemacht.

Lit.: *E. Kück:* Wetterglaube in der Lüneburger Heide (1915), S. 72; *K. Meuli:* ‚Das Blatt hat sich gewendet', in: Schweiz. Arch. f. Vkde. 30 (1930), S. 41–50; *M. Rumpf:* Zur Entwicklung der Spielkartenfarben in der Schweiz, in Deutschland u. in Frankreich, in: Schweizer. Arch. f. Vkde. 72 (1976), S.1–32.

blau. Die blaue Farbe hat im volkstümlichen Sprachgebrauch verschiedene Bdtg., wobei blau als Symbol der Treue rdal. merkwürdigerweise keine Rolle spielt.
Blau ist zunächst einmal die Farbe der unbestimmten Ferne (die ‚blaue Blume' der Romantik; das ‚blaue Licht' in Schatzsagen und Märchen, z. B. KHM. 116). Wenn man in die Ferne schaut, erscheint der Horizont bläulich, deshalb wird blau oft gebraucht, um etw. Entferntes oder Unbestimmtes zu bezeichnen: *Ins Blaue hineinreden* (oder *handeln*): ohne jeden Plan und jedes Ziel; vgl. den lat. Ausdr. für ein erfolgloses Bemühen: ‚in cassum iactare tela' = die Geschosse ins Leere schießen. Die seit 1933 vielfach in der Werbung der Reisebüros gebrauchte Wndg. *eine Fahrt ins Blaue machen:* eine Ausflugsfahrt mit unbekanntem oder ungenanntem Ziel unternehmen, ist an sich älter. Schon Zelter schreibt am 8.9.1829 an Goethe: „weil ich den Tag noch nicht bestimmen kann und ins Blaue einfahre". Der Ausdr. ‚Fahrt ins Blaue' ist jedoch auch doppeldeutig und kann auf den reichlichen Alkoholgenuß am Ende des Ausflugs anspielen. In ähnl. Sinn: *blaue Schlösser bauen* (↗ Luftschloß); *keine blaue Ahnung von etw. haben* (neben ‚blasse Ahnung').
Blau ist sodann (vor allem in der älteren Sprache) die Farbe der Täuschung, Verstellung und Lüge. In den älteren bildl. Darstellungen von Rdaa. (so auch in Bruegels Redensartenbild, aber auch bei mehreren anderen fläm. Malern und Graphikern) steht im Mittelpunkt der alternde Mann, der von seiner jungen Frau ‚einen blauen Mantel umgehängt' bekommt, d.h. von ihr betrogen wird. Der ndl. Ausdr. ‚de blauwe Huik' bezieht sich nicht nur auf den ungetreuen Ehemann, sondern weist allg. schon auf Lüge, Verstellung, Betrug hin. *Blaue Enten* sind schon frühnhd. Ausreden, Lügenmärchen. In der ‚Zimmerischen Chronik' (Mitte des 16. Jh.) ist (III,99) sogar von „bloen argumenten" die Rede. In dieses Bedeutungsfeld von blau gehört an neueren Rdaa.: *Das Blaue vom Himmel herunterlügen* (oder *herunterreden*); *einen blau anlaufen lassen:* ihn betrügen; *jem. anlügen, daß er blau wird; sein blaues Wunder erleben* (↗ Wunder).
Na, so blau!: Für wie dumm hältst du mich eigentlich (Ausdr. des erstaunten Zweifels an der Wahrheit einer Erzählung); *blauen Dunst reden* und *einem blauen Dunst vormachen* (↗ Dunst); auch nur *einem Blaues vormachen:* einen betrügen. Im selben Sinne verwendet die Rda. schon Abraham a Sancta Clara: „Du wirst zu Hof sehen lauter Mahler, aber nur solche, die einem was Blaues für die Augen mahlen". In den Mdaa. hat sich dieser ältere Sinnbereich von blau noch deutlicher erhalten. Im Elsaß lautet ein Reim: ‚Enn blönn is nit z trönn', einem Blauen ist nicht zu trauen, und ‚einen blau machen' heißt dort: ihm etw. weismachen; rhein. ‚Du bruks mir ke

‚Den blauen Mantel umhängen'

blau Blömke fürtemake!'; vgl. holl. ‚Dat zijn maar blauwe bloempjes', das sind nur blaue Blümchen. Auch in den romanischen Sprachen ist Blau die Farbe der Lügenrede (vergleiche frz. ‚contes bleus' – Märchen).
Blau sein: betrunken sein. Diese neuere Rda. hängt wohl zusammen mit der schon wesentlich älteren Wndg. *Es wurde ihm blau vor den Augen* (z. B. bei einer Ohn-

macht oder eben im Rausch); vielleicht spielt die Rda. aber auch auf die blaue Nase des Trinkers an. Verstärkt hört man auch *blau wie eine Strandhaubitze* oder *blau wie ein (März-)Veilchen:* stark betrunken sein, ↗trinken. Der sprw. Vergleich beruht auf der scherzhaft-wortspielerischen Gleichsetzung der eigentlichen und der übertr. Bdtg. von blau. Eine neuere Wndg. ist die scherzhafte Feststellung: ‚Blau ist keine Farbe, blau ist ein Zustand'.

Jem. grün und blau schlagen: ihn stark verprügeln. Bei diesem Ausdr., den zuerst Ayrer in seinen Fastnachtsspielen 1618 bezeugt („Sam hab man uns plob und grün geschlagen"), ist sicher an blutunterlaufene Flecken gedacht, die alle möglichen Farben annehmen können. Ndl. sagt man ‚blond en blow slaan'; engl. ‚black and blue'. Dabei zeigt sich, daß blau zum festen Bestandteil dieser Zwillingsformeln gehört, während der andere Teil auswechselbar ist. Man kann sich auch *blau frieren* und *blau* (oder *schwarz) ärgern.*

Mit einem blauen Auge davonkommen; vgl. frz. ‚s'en tirer avec un œil au beurre noir' (wörtl.: mit einem in schwarzer Butter gekochten Auge davonkommen), (↗Auge).

Blau machen: nicht zur Arbeit gehen, ist gekürzt aus: *blauen Montag machen* (↗Montag).

Ganz anders ist das *blaue Blut* zu verstehen, das Adligen zugesprochen wird. Bei uns ist dieser Ausdr. etwa seit 1810 bekannt und wird meist scherzhaft gebraucht. Er stammt aus Spanien und ist eine Übers. des span. ‚sangre azul', das aber durchaus ernst gebraucht wurde, und zwar deshalb, weil die Adligen in Spanien meist einer nördlicheren Rasse angehörten als die meisten Spanier und ihr Blut in den Adern deutlich durch die Haut schimmerte; vgl. frz. ‚le sang bleu'.

Vom blauen Affen gebissen sein (↗Affe). Auch in anderen Wndgn. und Ausdrükken spielt blau eine Rolle; es sei nur erinnert an: ‚blauer Heinrich', dicke Graupensuppe oder (neuer): Magermilch (nach dem Farbton der abgerahmten Milch); ‚blauer Brief', Mitteilung unangenehmen Inhalts, z. B. Entlassung, in der Schule:

Versetzung zweifelhaft (von der blauen Farbe amtl. Briefumschläge); ‚blauer Lappen', (früherer) Hundertmarkschein; ‚blaue Bohnen' (↗Bohne); ‚der Blaue', Schutzmann (nach den bis 1936 und nach 1945 üblichen blauen Uniformen der Polizeibeamten); ↗blümerant.

Die Rdaa. *blau tragen* und *Es ist nur eine Blaue* beziehen sich auf einen in manchen Orten üblichen Brauch: gefallene Mädchen durften keine weiße Schürze mehr tragen und mußten auch bei Prozessionen in einer blauen erscheinen. Die Feststellung ‚Es ist nur eine Blaue' enthält deshalb Geringschätzung, denn kein anderes Mädchen wollte mit ihr gehen. Vgl. auch frz. ‚les bleus' als Bez. für die Rekruten bei der Kriegsmarine und allg. bei der Armee. Das ‚blaue Schiff' ist ein Symbol im Karneval, ↗Schiff.

Lit.: *H. Schewe:* Art. ‚blau', in: HdA. I, Sp. 1366–1386; *Richter-Weise,* Nr. 21, S. 25–27; *L. Lebeer:* ‚De blauwe Huyck', in: Gentsche Bijdragen tot de Kunstgeschiedenis, Bd. VI (Antwerpen 1939–40), S. 161–226; *O. Lauffer:* Farbensymbolik im dt. Volksbrauch (Hamburg 1948); *W. Koch:* Farbnamen, in: Muttersprache (1959), S. 9–14; *L. Röhrich:* Sprw. Rdaa. in bildl. Zeugnissen, S. 67–79; *M. de Meyer:* ‚De Blauwe Huyck', in: Proverbium 16 (1971), S. 564–575; *R. W. Brednich:* Die holländisch-flämischen Sprichwortbilderbogen vom Typus ‚De Blauwe Huyck', in: Miscellanea Prof. em. Dr. K. C. Peters (Antwerpen 1975); *W. Danckert:* Symbol, Metapher, Allegorie im Lied der Völker, Bd. I (Bonn – Bad Godesberg 1976), S. 430–439; *K. Meisig:* ‚Blaues Blut', in: Muttersprache 90 (1980), S. 181–184.

Blauäugig[keit]. *Blauäugig sein:* naiv, unerfahren, harmlos, gutgläubig, unkritisch sein. Die Farbe Blau als Augenfarbe ist bekannt als Sinnbild der Treue, Durchsichtigkeit u. Unverstelltheit. Blaue Augen gelten als Brunnen der Klarheit, als erfrischende Quelle, die Labung verspricht. So in einem Gedicht von Klaus Groth, das von J. Brahms vertont wurde (op. 59, Nr. 8):

Dein blaues Auge hält so still,
Ich blicke bis zum Grund.
Du fragst mich, was ich sehen will?
Ich sehe mich gesund.

Da Neugeborene zunächst immer blaue Augen haben, verbindet sich mit der Blauäugigkeit zugleich die Vorstellung von ‚naiv' und ‚unschuldig'. Unverhohlener Spott liegt in der Wndg. *man hat ihn (sie) nicht seiner (ihrer) schönen blauen Augen* wegen genommen (z. B. bei der Auswahl von Bewerbern).

Thomas Mann ironisierte in seinem ‚Tonio Kröger‘ (1903) die Angehörigen der Oberschicht mit ihren blauen Augen u. sprach „von den zwar liebenswerten, aber vor allem auch geistlosen Vertretern dieser blonden u. blauäugigen Normalität“. Wenn heute von ‚politischer Blauäugigkeit‘ die Rede ist, dann sind die Politiker gemeint, denen es an Wirklichkeitssinn fehlt, die unkritisch u. vertrauensselig, d. h. ‚blauäugig argumentieren‘.

Lit.: *H. Rölleke:* ‚Blauäugig‘, in: Wirkendes Wort 5 (1983) S. 273–274.

Blaustrumpf. Die Rda. *ein Blaustrumpf sein* besitzt im Dt. verschiedene Bdtgn., weil sie sich auf einen dt. und einen engl. Spottnamen bezieht.

Im 17. u. 18. Jh. nannte man die dt. Polizeidiener Blaustrumpf, weil sie farbige Strümpfe trugen. Von hier aus ergaben sich die älteren Bdtgn., wie ‚Häscher‘, ‚Verleumder‘, ‚Angeber‘ und sogar ‚Teufel‘, die die Mundartwbb. bei Blaustrumpf anführen. Durch Vermittlung von Leipziger und Hallischen Studenten drang dieser Spottname auch in das Schrifttum ein. Im Sinne von ‚Angeber‘ verwendeten dieses Wort z. B. schon Christian Weise (‚Böse Katharina‘, 1680) und Joh. Christian Günther. In Hinblick auf die Frauen meinte das Schimpfwort bes. Klatschsüchtige, die sich unberufen um alles kümmerten. „Der höllische Blaustrumpf“, d. h. der ↗‚Teufel‘, wird von Schiller gebraucht (‚Räuber“, II, 3). Als Schimpfwort im Volksmunde ist Blaustrumpf bereits 1688 für Halle bezeugt, wo Lehrer und Schüler des Gymnasiums „Schelme und Blaustrümpfe“ genannt worden waren, was öffentl. gerügt werden mußte (Hall. Tageblatt [1887], Nr. 96, 1. Beil.). Mit der Rda. ‚A is a rechter Blöstrumpf‘ meint man noch heute in Nürnberg einen Verräter.

Unabhängig davon besteht seit 1797 (Jenaer Allg. Lit.-Zeitung, Nr. 384 [1797]) in Dtl. die Bez. Blaustrumpf für ein gelehrtes Frauenzimmer, eine Lehnübers. des engl. ‚blue-stocking‘ (vgl. frz. ‚bas-bleu‘; ndl. ‚blauwkous‘, dän. ‚blaastrømpe‘; schwed. ‚blästrumpe‘). Aber auch das engl. Wort

galt urspr. nicht der Dame mit nur geistigen Interessen, die alles andere vernachlässigte, sondern wurde bereits 1653 für engl. Parlamentsmitglieder gebraucht, die alle gleich gekleidet waren.

Für die Verwendung von ‚blue-stocking‘ als Spottname für die gebildeten Damen gibt es verschiedene Erklärungen: Diese hätten blaue Strümpfe tragen sollen, um den Schmutz zu verbergen, weil ihre federgeübten Finger nicht dazukommen konnten, die Strümpfe zu waschen (Wander I, Sp. 397). Nach Büchmann galt ‚blue-stocking‘ zunächst nur der Kennzeichnung von Gesellschaften, deren Hauptzweck nicht Kartenspielen, sondern geistige Unterhaltung war. Der Gelehrte Benj. Stillingfleet (1702–71), der dabei immer in blauen Kniestrümpfen erschien, tat sich bei diesen Gesprächen im Kreis der Damen Montagu, Vesey und Ord als glänzender Unterhalter bes. hervor. Wahrscheinl. veranlaßte dies den Admiral Edward Boscawen, Viscount of Falmouth (1711–61), dazu, diese Versammlungen ‚Blaustrumpf-Klub‘ zu nennen, um zu betonen, daß in ihnen nicht die Kleidung, sondern die geistige Begabung der Mitglieder geschätzt wurde.

Die Aufzeichnungen der Tochter von Mrs. Montagu um 1816 enthalten noch eine andere Erklärung: Auf einer Abendgesellschaft ihrer Mutter sei Frau von Polignac als Gast aus Paris in blauseidenen Strümpfen erschienen. Alle weibl. Mitglieder des Klubs hätten daraufhin die neueste Pariser Mode nachgeahmt. Sie trugen dann blaue Strümpfe als Erkennungszeichen. In Dtl. wurde der Begriff Blaustrumpf zur Verspottung der Frauen erst vom ‚Jungen Deutschland‘ eingebürgert (Börne, Pariser Briefe 47).

Die Wndg. *kein Blaustrumpf sein wollen* gilt bei gebildeten Mädchen und Damen heute noch zur Verteidigung und Selbstbehauptung. Trotz geistiger Interessen und wissenschaftl. Berufe bemühen sie sich, dem alten Vorurteil und Vorwurf zu entgehen, ihre weiblichen Qualitäten dabei zu verlieren, indem sie beweisen, daß sich Weiblichkeit und Bildung gut vereinbaren lassen.

Lit.: *Richter-Weise,* S. 26 f.; *A. Kopp:* ‚Blaustrumpf‘, in: Zs. f. dt. Wortf. 1 (1901), S. 73–75; *R. Sprenger:*

‚Blaustrumpf', in: Zs. f. dt. Wortf. 1 (1901), S. 366; *F. A. Stoett:* ‚Blauwkous', in: Nederlandsche Spreekworden, Spreekwijzen, Uitdrukkingen en Gezegden, Bd. I (Zutphen ⁴1923), S. 96

Blech, blechen. Die Rdaa., in denen das Blech eine Rolle spielt, beruhen alle auf seinem Verhältnis zum Geld. Einerseits wird das Wort Blech selbst in seiner eigentl. Bdtg. gebraucht. Dabei ist an die älteren dünnen Münzen gedacht, z. B. an Goldblech: *Es fehlt ihm am Blech:* er hat kein Geld. Das Wort Blech für Geld stammt aus der Gaunersprache. Schon 1490 begegnet in rotw. Quellen ‚bläch plaphart' und 1510 ‚blechlin crützer'. In Joh. Fischarts ‚Gargantua' von 1594 heißt es (Bl. 49 b): „viel ämpter und wenig blech". Auf diese Bdtg. geht auch unser Wort ‚blechen' = bezahlen zurück, das vor allem dann gebraucht wird, wenn jem. viel oder unrechtmäßig zahlen muß, z. B. *Dafür soll er mir blechen:* dafür soll er Buße zahlen, büßen; vgl. engl. ‚It will cost him sauce' u. frz. ‚Il me le paiera!' (wörtl.: Das muß er mir büßen!).

Andererseits wird das Wort Blech i. S. v. Eisenblech auch als unmittelbarer Gegensatz zu Geld gebraucht. So sagt man in Sachsen ‚Mein Geld ist auch kein Blech!', es ist nichts Minderwertiges, wie es das Blech gegenüber dem Edelmetall des Geldes wäre. Im Schwäb. erfährt es sogar eine beträchtliche Aufwertung, wie aus dem bestürzten Ruf ‚Heilig's Blechle' hervorgeht. Er findet hauptsächlich dann Verwendung, wenn jem. sich plötzlich erinnert, daß er etw. vergessen hat.

In der Bdtg. ‚etw. Wertloses', ‚Unsinniges' wird Blech in allen dt. Mdaa. gebraucht in den Rdaa.: *Das ist ja alles Blech!* oder *Blech reden.*

Um eine neuere Rda. handelt es sich bei der Wndg. ‚die Blechlawine rollt'. Damit sind die kilometerlangen Autoschlangen gemeint, die sich jeweils zu Beginn u. Ende der Hauptferienzeit über die Autobahn wälzen.

Das Material, aus dem Trompeten, Hörner, Posaunen, Tuben und alle die Zwischenstufen hergestellt sind, ist Messingblech (engl. ‚Brass'). Man spricht deshalb von ‚Blechbläsern' und ‚Blechmusik'. Allerdings wird unter ‚Blechmusik' gele-

gentlich auch minderwertige Musik verstanden, ganz gleich von welchen Instrumenten.

Scherzh. abgewandelt begegnet in der schweizer. mdal. Rda. ‚I bi nit bi der Blächmuusig': ich ‚bleche', d. h. zahle nichts.

Aufs Blech hauen (Blechtrommel): angeben, große Worte machen, prahlen, vgl. ‚auf die ↗ Pauke hauen'.

Lit.: *F. Kluge:* Rotwelsch (1901) I, S. 20, 53; *E. Strübin:* Zur dt.-schweizer. Umgangssprache, in: Schweizer. Arch. f. Vkde. 72 (1976), S. 142; Münzen in Brauch u. Aberglauben (Mainz 1982).

Blechnapf. *Wer einmal aus dem Blechnapf frißt*, der Titel eines Romans von Hans Fallada (= Rudolf Ditzen), den er 1934 in Berlin veröffentlichte, wurde zur Rda. in bezug auf Vorbestrafte, von denen der Roman handelt. Die Schüssel der Strafgefangenen, aber auch das Kochgeschirr der Soldaten wird verächtlich als ‚Blechnapf' bezeichnet; vgl. frz. ‚la gamelle' (umg.): Schüssel, woraus die Soldaten und Sträflinge essen.

Lit.: *Büchmann.*

Blei. *Es liegt mir wie Blei in den Gliedern (Knochen)* sagt derjenige, der sich müde und erschöpft fühlt, wie ihm die geringste Bewegung nun wie eine ungeheure Anstrengung erscheint; vgl. frz. ‚J'ai comme du plomb dans les jambes' (in den Beinen). Auch der Schreck kann so lähmen, daß es einem ist, als seien die Glieder wie durch einen Zauber plötzlich schwerer geworden. Man kann nicht von der Stelle, *die Füße sind wie Blei:* beinahe zentnerschwer.

Eine unverdauliche Speise, aber auch eine bevorstehende Auseinandersetzung, ein gefürchtetes Vorhaben kann einem *wie Blei im Magen liegen;* vgl. frz. ‚avoir quelque chose sur l'estomac'.

Ein drückender Kummer *lastet bleischwer auf einem,* die Sorge oder Herzensnot wird als *bleiernes Gewicht* bezeichnet. Schon Walther von der Vogelweide klagte (76, 3):

der wintersorge han ich drî,

des bin ich swer alsam ein blî.

Das Bewußtsein, daß Blei ein sehr schweres Metall ist und sofort im Wasser versinkt, spiegelt auch die humorvolle Rda. *wie eine bleierne Ente (auf dem Grunde) schwimmen.* So wird zu einem unsicheren Schwimmer oder Nichtschwimmer gesagt, der sich trotzdem dieser Kunst gerühmt hat. Der witzige Zusatz ,auf der Landstraße', der manchmal erfolgt, führt von dem urspr. Bild ab.

Die Rdaa.: *im Blei (Lot) sein:* in der gehörigen Ordnung sein und *etw. ins Blei bringen* (vgl. ,ins rechte ↗ Lot bringen') beziehen sich auf das Senk- oder Richtblei, wie es die Handwerker verwenden.

Blei für Gold verkaufen: eine offensichtliche Betrügerei vorhaben oder ausführen.

Einem ein Stück Blei (Bleikugeln) in den Leib schicken: ihn verwunden oder erschießen; vgl. frz. ,envoyer une décharge (eine Schrotladung) à quelqu'un'.

Der September 1944 aufgestellte Volkssturm, das letzte militär. Aufgebot des nationalsozialist. Deutschland, wurde wegen der dort rekrutierten älteren Männer im Volksmund ,Metallsturm' genannt: ,Er hat Silber auf dem Kopf, Gold im Mund und Blei in den Knochen'.

bleiben. *Ruhig bleiben,* in rhein. Mda.: ,kuschtig bleiben' (von ,kuschen'): sich nicht rühren, keinen Piepser oder Muckser machen.

Es handelt sich um eine der recht zahlreichen Wndgn., in denen der Begriff ,bleiben' einen anhaltenden Zustand umschreibt, dem aber oft ein entspr. Befehl wie ,bleib still' oder ,bleib stad' o. ä. vorausgeht. Das Wort ,bleiben' kommt darüber hinaus sehr oft innerhalb einer Formel vor, wenn das Unabänderliche oder Unveränderliche bes. hervorgehoben werden soll, z. B. in den Wndgn. ,Berlin bleibt Berlin', ,Persil bleibt Persil', ,Mark bleibt Mark', ,Mann bleibt Mann', ,Wer schreibt, der bleibt', etc.

Lit.: *W. Mieder:* Das Sprw. in unserer Zeit (Frauenfeld 1975), S. 64

Bleistift. *Einen spitzen Bleistift hat* der Buchhalter oder Finanzbeamte, der pedantisch ist und übergenau rechnet, der Händler oder Handwerker verwendet einen *langen Bleistift,* wenn er den Kunden übervorteilt, zu hohe Rechnungen ausstellt oder geizig ist. Wer jedoch *einen*

dicken Bleistift hat, nimmt es nicht so genau beim Rechnen und überschlägt nur grob.

Bleistift tritt in spaßhaften Wndgn. auch an die Stelle von ,Beispiel': *mit gutem Bleistift vorangehen* und *sich einen Bleistift nehmen.*

Bleistift-Absätze tragen: auf Schuhen mit sehr hohen, fast bleistift-dünnen Absätzen (Stöckelschuhen) gehen.

Blick. *Jem. einen bösen Blick zuwerfen:* ihn haßerfüllt ansehen mit dem Wunsch, ihm zu schaden. Die Folge ist meist nur, daß der Angeschaute feststellt: *Wenn Blicke töten könnten ...,* wobei die Ergänzung ,dann wäre ich jetzt eine Leiche' allerdings meist nicht ausgesprochen wird.

Anders verhält es sich mit der Rda.: *den bösen Blick haben:* jem. durch bösen Anschauen schaden. Dahinter steckt die Furcht, jem. könne anderen durch Verzauberung Schaden zufügen, ↗schielen. Diese Vorstellung war schon bei den Völkern des Altertums verwurzelt. Rationalisten betrachteten das Phänomen schon damals als Aberglaube. Dennoch hielt das Volk an der Vorstellung vom bösen Blick fest. Und so konzentrierte man sich hauptsächlich auf die Frage, wie man ihm entgehen oder ihn schadlos machen könnte. Zu diesem Zweck gab es eine Fülle von Abwehrmitteln. In Edfu in Oberägypten wurde z. B. ein Bücherkatalog aus der Zeit der Ptolemäer gefunden, der die Eintragung enthält: „Sprüche, um den bösen Blick zu vertreiben". Das bekannteste Schutzmittel des alten Ägypten aber war das Uzat, allg. ,mystisches Auge' oder ,Auge des Horus' genannt. Auch Darstellungen aus der griech. Mythologie wie das furchteinflößende Gorgonen- u. Medusenhaupt galten der Abwehr des bösen Blicks u. dem Schutz vor seinen schädlichen Folgen. Besondere Abwehrgesten dienten dem gleichen Zweck. Doch konnte keines dieser alten Entzauberungsmittel die Furcht wirklich bannen. In der christl. Welt lebte der Glaube an den bösen Blick unvermindert fort. An die Stelle der heidnischen Abwehrmittel traten Christus u. das Kreuz, Heiligenfiguren sowie christl. Symbole. Den Beweis dafür liefern die noch erhaltenen schriftlichen Zeugnisse u. Denkmäler. Doch tritt die Wndg. ,böser Blick' in der Literatur erst relativ spät auf. In den älteren Quellen wird meist nur seine Wirkung genannt, wie z. B. bei Hugo von Trimberg (um 1235 bis nach 1313) in: ,Der Renner', (Verse 18012–18017).

zwei so smaliu spigellin
Den slangen tötet, wolfe schrecket,
Strauz eyer brutet, uzsatz erwecket
und ander krefte hat gar vil,
Der ich nicht mere hie scríben wil.

Eine nicht geringe Rolle spielte der ,böse Blick' auch bei den Hexenverfolgungen. In dem von den Inquisitoren Jakob Sprenger u. Heinr. Institoris verfaßten ,Hexenhammer' von 1487 wird er des öfteren genannt u. beschrieben. So heißt es z. B.: „Sie (die Hexen) verstehen es ... bisweilen Menschen u. Tiere durch den bloßen Blick, ohne Berührung zu behexen u. den Tod zu bewirken".

Th. Hauschild unterscheidet grundsätzlich zwischen dem Glauben an den angeborenen ,bösen Blick', der als Verkörperung des Unglücks schlechthin gilt u. durch die Begegnung mit dem anderen ausgelöst wird, und dem situationsbedingten, durch sozialen Neid (lat. ,invidia', in-videre: hinein-sehen = jem. neidisch, scheel ansehen), durch Übelwollen oder Gier ausgelösten bösen Blick, der in einer realen Situation spontan zum Ausdr. kommt. Während die unheilbringende Wirkung des angeborenen bösen Blicks generell einem negativen Kraftstrom der Augen zugeschrieben wird, deutet der spontane böse Blick auf eine spannungsgeladene Situation hin – auf einen von Geburt an vorgegebenen Konflikt zwischen Individuum u. Gesellschaft. In der Angst vor dem bösen Blick äußert sich die Angst vor dem Unerklärlichen u. Unheimlichen schlechthin.

Manches von den älteren Vorstellungen ist noch erhalten in den Rdaa.: *Jem. mit Blicken durchbohren, einen stechenden Blick haben* (↗ Basiliskenblick), *jem. mit Blicken (mit dem Blick) fixieren,* d. h. ihn starr ansehen. Sie stellen jedoch mehr oder weniger reine Feststellungen dar, denen nicht mehr die urspr. Furcht vor Schaden anhaftet. Gleichwohl ist in ihnen das Unangenehme eines solchen Blickes an-

gedeutet, ähnl. wie in den Rdaa.: *Jem. mit scheelem Blick anschauen, einen falschen Blick haben, jem. mit verstohlenen Blicken mustern,* d. h. ihn heimlich beobachten, *jem. einen mißtrauischen (argwöhnischen) Blick zuwerfen.*

Ganz verschwunden ist der Glaube an die Macht des Blickes nicht. Doch ist es nicht mehr ausschließlich eine böse Macht, die aus dem Blick abgelesen wird, wie ersichtlich aus den Wndgn. wie *(Liebe) auf den ersten Blick* oder *etw. auf den ersten Blick erkennen.* So bedeutet z. B. die Rda. *Jem. mit Blicken (mit dem Blick) bezaubern* nach heutigem Verständnis durchaus etw. Positives: es kann ein klarer, offener, verständnisvoller, wissender, freundlicher oder gar liebevoller Blick sein, der den anderen ,gefangen' nimmt.

Auch das Denken eines Menschen oder seine Absicht äußert sich oftmals in seinem Blick. Das kommt zum Ausdr. in der Rda.: *Dieser (der) Blick spricht Bände!,* d. h. man hat am Blick erkannt, was jem. sagen wollte.

Der Blick kann aufnehmen u. erkennen, er kann aber auch Empfindungen u. Emotionen ausdrücken wie Liebe, Haß, Ärger, Furcht, Verachtung, Krankheit, Schmerz u. Verlassenheit. Letzteres ist jedoch nur für diejenigen erkennbar, die *einen Blick (ein Auge) dafür haben,* d. h. etw. davon verstehen (↗ Auge).

Etw. mit einem Blick erfassen: sofort erkennen.

Jem. mit Blicken verschlingen: ihn unangemessen lange u. intensiv betrachten, unverhohlenes Interesse zeigen.

Eine etw. mildere Form der Sympathiebekundung kommt z. Ausdr. in der Rda.: *mit jem. Blickkontakt herstellen,* d. h. mit jem. *heimliche Blicke tauschen (wechseln),* die ein gegenseitiges Interesse (Einverständnis) erkennen lassen.

Auf einen anderen Zusammenhang weist die Wndg. *den deutschen Blick haben.* Es handelt sich um einen Blick, in dem die Furcht vor Anschwärzung geschrieben steht, ein flüchtiges Umherschauen, ob ein Horcher oder Späher in der Nähe ist. Die Rda. entstand in der Nazizeit, als die Bespitzelung bis in die Familien hinein reichte.

Die Wndg. *Im Blickpunkt stehen* gilt für

einen Menschen mit hoher Stellung, die ihn aus der Privatsphäre heraushebt u. es geboten scheinen läßt, seine Worte sorgsam abzuwägen. Ähnl.: *ins Blickfeld der Öffentlichkeit* geraten: durch Äußerungen oder Handlungen das Interesse der Öffentlichkeit auf sich ziehen, Aufmerksamkeit erregen.

Einen großen Blickwinkel haben: eine umfassende Sicht der Dinge haben, über weitreichende Kenntnisse verfügen. *Den Blickwinkel ändern (müssen):* seinen Standort ändern, einen Wechsel der Position vornehmen müssen. Diese Rda. ist vor allem aus den Medien bekannt.

Lit.: *S. Seligmann:* Der böse Blick u. Verwandtes, 2 Bde. (Berlin 1910, Nachdr. Hildesheim 1985); Art. ‚An Evil Eye‘, in: Expository Times 53 (1941–42), S. 181 f., 354 f. u. 54 (1942–43), 26 f.; *K. Meisen:* Der böse Blick …, in: Rhein. Jb. f. Vkde. 1 (1950), S. 144–177; 3 (1952), S. 169–225; *D. Frey:* Dämonie des Blickes (Wiesbaden 1953); *A. Dundes* (Hg.): The Evil Eye. A Folklore Casebook (New York 1981); *Th. Hauschild:* Der böse Blick (Berlin ²1982); *G. Weber:* ‚Gorgo, Gorgonen‘, in: EM. V, Sp. 1404–1409.

blicken. *Das läßt tief blicken:* Diese Rda. wird verwendet, wenn jem. durch Worte, Erscheinung oder Handlungen mehr von seinem Hintergrund zu verraten scheint, als dem Betreffenden lieb ist.
Bei der Wndg. *etw. blicken* handelt es sich um eine Neuschöpfung der jüngsten Zeit. Sie wird vor allem von Schülern u. Studenten gebraucht für ‚verstehen‘, zumeist in der bestätigenden Form: ‚Ja, das blicke ich‘.

blind. *Für etw. blind sein:* etw. nicht sehen wollen. Wichtiges oder Gefährliches nicht wahrnehmen; das, was alle anderen sehen, nicht erkennen können.
Das unvernünftige und unverständliche Verhalten eines Menschen wird mit dem eines Blinden verglichen, deshalb sagen wir heute auch: *Jem. ist blind für eine Gefahr, er ist vor Liebe blind, er rennt blind in sein Unglück hinein.*
Die Wndg. *mit sehenden Augen blind sein:* das eigentl. Notwendige nicht sehen, beruht auf Matth. 13, 13: „Darum rede ich zu ihnen durch Gleichnisse. Denn mit sehenden Augen sehen sie nicht …“
Die Rda. wird in ihrem heutigen Wortlaut bereits von Hartmann von Aue in seinem

‚Iwein‘ (V. 7058) verwendet: „mit gesehnden ougen blint“. Der Minnesänger Heinrich von Rugge braucht die Wndg. 1191 selbstkritisch in bezug auf sich und seine Zeitgenossen ebenfalls lit.: „Wir sîn mit sehenden ougen blint“ (,Minnesangs Frühling‘ 97, 40).
Die neuere Rda. *Er ist nicht blind, aber er sieht nicht* umschreibt den gleichen Sachverhalt, vgl. ndl. ‚Hij is niet blind, maar zonder ougen‘ u. frz. ‚Ils ont des yeux et ils ne voient pas‘.
Die Wndg. *sich die Augen blind weinen:* so viel weinen, daß die Augen nichts mehr erkennen können und krank werden, ist in der mhd. Dichtung häufig. So heißt es z. B. im ‚Nibelungenlied‘ (988, 4): „ir ougen wurden nazzes blint“ und in Wolframs von Eschenbach ‚Parzival‘ (98, 14): „disiu kint wârn von weinen vil nâch blint“.
Im Spott vergleicht man einen Dummkopf gern mit blinden Tieren, teils mit solchen, die wirklich oder vermeintlich schlecht sehen (Eulen, Hasen), teils mit anderen. Da man die im Fell verborgenen, sehr kleinen Augen des Maulwurfs urspr. nicht sah, glaubte man, er habe keine, und es entstand der rdal. Vergleich *so blind wie ein Maulwurf sein;* vgl. auch die seit dem 17. Jh. bezeugte ndl. Rda. ‚zoo blind als een mol‘, engl. ‚as blind as a mole‘ u. frz. ‚être myope (kurzsichtig) comme une taupe‘.
Vor allem ist *das blinde Huhn* sprw. geworden, das auch einmal ein Korn findet, und in derberer Sprache *die blinde Sau,* die wohl einmal eine Eichel, *die blinde Kuh,* die einmal eine Erdbeere findet, immer in der Bdtg., daß sich etw. Unwahrscheinliches doch einmal ereignen könnte; vgl. ndl. ‚Een blinde kip vindt ook wel eens een graantje‘ oder ‚Men kan niet weten, hoe een koe een has vangt‘; engl. ‚A blind man may chance to hit the mark‘ und ähnl. wie im Ndl. ‚A cow may catch a hare‘.
Er ist ein blinder Hesse ↗ Hesse.
Ein blinder Heide sein: ohne das Licht des Glaubens sein, den Weg zur Erlösung nicht sehen können.
Das Adj. blind verbindet sich mit verschiedenen Substantiven, um das Zufällige, Unberechenbare auszudrücken. So

‚Das Glück ist blind'

sprechen wir z. B. davon, daß *das Glück blind ist,* d. h. unparteiisch, wobei Fortuna mit verbundenen Augen gedacht und dargestellt wurde (frz. ‚La chance [Le hasard] est aveugle'), vom *blinden Zufall,* vom *blinden Schicksal* und *blinden Willen,* aber auch von *blinder Furcht* und *blindem Lärm.* Bes. die Natur wird in ihrem Werden und Vergehen als blind gedacht. Bei Jean Paul findet sich im ‚Kampaniertal' (71) die Wndg. „der blinde Tritt der Natur", und Schiller beklagt die „Unvernunft des blinden Elements".

Das Wort blind bedeutet nicht nur ‚nicht sehen', sondern auch ‚nichtig', ‚funktionslos' sein. Wir sprechen von *blinden Fenstern* und *blinden Taschen* und meinen nur angedeutete, vorgetäuschte Taschen und Fenster, also Dinge ohne Funktion. In der Rda. *Er trägt lauter blinde Taschen am Rock:* er prahlt mit Kenntnissen und Fähigkeiten, die er nicht besitzt, erfolgte eine Übertr. des Begriffs ‚blinde Taschen' in den geistigen Bereich.

Schon 1537 wird bei Dasypodius (Dichonarium, 313a) der Darm ohne jede Aufgabe als ‚der blinde Darm' bezeichnet, ähnl. verwendet Weinsbeke bereits im 14. Jh. (Ausg. Leitzmann 63, 2) das Wort blind: „Swaz ich vreuden ie gewan, die sint bi dieser vreuten blint". In dieser Bdtg. verwenden wir das Wort noch heute, z. B. in dem Ausdr. *blinder Alarm,* auch die Zusammensetzung *Blindgänger* ist so zu verstehen: es ist eine Bombe, die nicht explodiert und darum nichtig, ohne Wirkung ist. In der modernen Rda. *ein bevölkerungspolitischer Blindgänger sein* wird der Junggeselle, der Impotente und der verheiratete Mann ohne Nachkommen verspottet.

Außerdem dient blind zur Bez. von Dingen, die man nicht sieht oder die nicht entdeckt werden sollen: eine *blinde Grube* ist bei Opitz eine verdeckte Grube, *der blinde Sand* ist die Sandbank, die nicht sichtbar ist und zur Gefahr wird, die Nebel- oder Tarnkappe, die unsichtbar machen kann, nennt man auch *blinde Kappe. Ein blinder Passagier sein* heißt demnach auch: ein Reisender sein, der sich versteckt hält, weil er kein Fahrgeld bezahlt hat. Die Rda. stammt aus dem Postkutschenverkehr, ist seit 1787 bei Schulz-Basler (Dt. Fremdwb. II, 398) belegt und bereits 1813 in Campes Fremdwb. verzeichnet. H. Heine gebraucht die Wndg. in der ‚Heimkehr' (74): „Zwischen uns saß Amor, der blinde Passagier". Vgl. frz. ‚un passager clandestin' (wörtl.: ein heimlich mitfahrender Passagier).

Blindekuh spieln ↗ Blindekuh. Die Rda. *etw. blind bezahlen* weist auf einen Brauch beim Handwerkerquartal: erhielt jem. eine Geldstrafe, so erkannte er die Verpflichtung zu späterer Zahlung an, wenn er die Hand sichtbar öffnete und schloß (Handwerksakten des Stadtarchivs Bützow). *Blind laden* hieß: nur mit Pulver laden; vgl. frz. ‚charger à blanc'.

Auf dem rechten Auge blind sein, auf dem linken Auge blind sein sind Wndgn., die bes. im polit. Bereich vorkommen. Sie sind entstanden in Anlehnung an die Rda. *auf einem Auge blind sein,* d. h. nur die Hälfte sehen (wollen), u. kennzeichnen die Einstellung gegenüber dem rechten bzw. linken Parteiflügel, insbes. aber gegenüber Rechts- und Linksextremisten, ↗ Auge.

Lit.: *F. Wiesenbach:* Die blinden Hessen (Hamburg 1891); *G. M. Kueffner:* Die Deutschen im Sprichwort (Heidelberg 1899) S. 58 ff.; *W. Jäger:* Die Heilung des Blinden in der Kunst (Sigmaringen ²1976); *H. J. Uther:* Art. ‚Blind, Blindheit', in: EM. II, Sp. 450–462.

Blindekuh. *Blindekuh spielen:* wie ein Blinder unbeholfen umhertappen. Die Rda. bezieht sich auf ein Spiel, das bei den Erwachsenen sehr beliebt war und noch heute überall in Europa von Kindern gespielt wird. Ein Mitspieler erhält mit einem Tuch die Augen verbunden und muß nun versuchen, die anderen zu fangen, die ihn necken und irreführen wollen.

1/2 ‚Blindekuh spielen'

Im älteren Nhd. wurde das Wort getrennt geschrieben. Es gelangte vom Ostmdt. durch Luther 1526 in die Hochsprache: „also spielt auch die Vernunft der blinden Kue mit Gott" (Weim. Ausg. 19, 207). Im Mhd. steht anstelle der Kuh die Maus, so zuerst bei Meister Altswert im Elsaß, der im 14. Jh. schreibt: „zwei spilten blinder miusen". Im Obd. war die Rda. in dieser Art ebenfalls bis ins 17. Jh. üblich. Möglicherweise hat bereits Otfrid an das Spiel gedacht, als er die Verspottung Christi schilderte: „thiu ougun si imo buntun, thaz in zi spile funtun" (4, 19, 73).
Das Spiel ist unter verschiedenen Bez. und Tiernamen allen europ. Völkern bekannt, der Ausdr. Blindekuh ist jedoch nur in Dtl. üblich. Wie die Südslawen kennen wir aber auch die Wndg. ‚blinde Maus spielen'. Im Bair. heißt es dafür ‚blinde Kätzel fangen'. Fuchs, Bock und Geiß geben dem Spiel im Norden seinen Namen, vgl. isl. ‚skolla leikar'; dän. ‚blindegied' und schwed. ‚blindbok'. Die span. Kinder dagegen spielen ‚gallina ciega' = blinde Henne und die ital. wie schon die altgriech. ‚mosca cieca' = blinde Fliege. Auch wo keine Tiernamen üblich sind, ist die Vorstellung von ‚blind' erhalten geblieben, vgl. ndl. ‚blindemannetje spelen' und engl. ‚to play at blindman's buff'. Im Frz. heißt es jedoch: ‚jouer à Colin-Maillard' oder ‚jouer au Colin-Maillard' (Personenname).

Lit.: *R. Becker:* Art. ‚Blindekuh', in: Zs. f. d. U. 6 (1982), S. 846–847.

Blinder. *Wie der Blinde von der Farbe reden (urteilen):* ohne Sachkenntnis oder Befähigung sich ein Urteil anmaßen. Schon im 16. Jh. wurde dieser Vergleich gebraucht, z. B. in der ‚Hildesheimer Chronik' Oldecops (S. 138): „also de blinde von der farve". Erweitert erscheint diese Wndg. in einem Hochzeitsgedicht Henricis von 1743:

Die Lieb ist mir noch unbekannt,
drum denkt und schreibt auch mein
Verstand
als wie ein blinder Mann von einer
grünen Farben.

Vgl. auch ndl. ‚Hij oordeelt erover als een blinde van de kleuren' und frz. ‚Il en juge comme un aveugle des couleurs'.
Bei einer klaren, einleuchtenden Sache, die jeder verstehen müßte, heißt es heute: *Das kann ein Blinder sehen und ein Ochs verstehen.* Häufiger ist jedoch der Ausruf: *Das sieht doch ein Blinder!* (auch mit den Zusätzen *mit dem Fuß, mit dem Krückstock, ohne Laterne, ohne Sonnenbrille*). Diese Rda. hat ein hohes Alter, denn bereits Livius kennt eine ähnl. Wndg.: „Apparet etiam satis caeco". In Dtl. erscheint die Rda. zuerst 1508 bei dem Humanisten Heinr. Bebel (Nr. 97) in lat. Form: „Caeci hoc vident", in dt. Sprache 1513 bei Tunnicius (Nr. 945): „Dat süt wol ein blinde", mit der lat. Übers.: „Vel caecus videat, qui nullo lumine gaudet". vgl. auch ndl. ‚Dat zou een blinde zonder bril niet kunnen onderscheiden' und frz. ‚Un aveugle y mor-

‚Ein Blinder trägt den Lahmen'

vortragen, winken) und *dem Blinden einen Spiegel verkaufen,* vgl. lat. ‚Caeco speculum vel pictura'.

Die Rda. *wie ein Blinder im Dunkeln tappen* ist bibl. Herkunft und bezieht sich auf 5.Mos. 28, 28–29: „Der Herr wird dich schlagen mit Wahnsinn, Blindheit und Rasen des Herzens; und wirst tappen am Mittag, wie ein Blinder tappt im dunkeln". Die Wndg. *mit Blindheit geschlagen sein* begegnet im selben Text und bei 1.Mos. 19, 11, wo es bei der Vertilgung Sodoms heißt: „Und die Männer vor der Tür

drait' (veraltet). Findet man etw. zu übertrieben, ‚zu dick aufgetragen' oder unwahr, bemerkt man dazu: *Das kann selbst der Blinde mit dem Stocke fühlen.*

Die Rda. *Er ist ein Blinder ohne Stock* heißt: er ist ein ganz Armer, dem das Notwendigste fehlt, um sich allein forthelfen zu können. Vgl. frz. ‚C'est un aveugle sans bâton' (veraltet).

Unnützes Tun umschreiben die Rdaa. *einem Blinden den Weg weisen (eine Fackel*

‚Unter den Blinden ist der Einäugige König'

‚Ein Blinder leitet den anderen'

am Hause wurden mit Blindheit geschlagen, klein und groß, bis sie müde wurden und die Tür nicht finden konnten". Vgl. frz. ‚être frappé de cécité'.

‚Ein Blinder leitet den anderen', blindes Vertrauen in einen Unfähigen führt alle ins Verderben (vgl. Matth. 15,14).

‚Ein Blinder trägt den Lahmen', ein Mangel wird durch einen anderen ausgeglichen, wenn sich Behinderte gegenseitig helfen. ‚Unter den Blinden ist der Einäugige König', der Mittelmäßige ist unter Schlechten der Beste; der teilweise Behinderte wird von den völlig Hilflosen bewundert.

Lit.: „Among the blind the one-eyed man is king", in: Notes and Queries 11th, 9 (1914), S. 369, 412; 11th 10 (1914), S. 15; 12th 3 (1917), S.330; *A. Esser:* Hindu proverbs on blindness and becoming blind." In: Klin. Monatsblätter f. Augenheilkunde, 99 (1937), S. 94–103; *H. J. Uther:* Art. ‚Blind, Blindheit', in: EM. II, Sp. 450–462.

Blitz. Der Blitz dient in den Rdaa. vor allem zur Bez. höchster Geschwindigkeit, z. B. *wie der Blitz, schnell wie der Blitz, blitzschnell, wie der Blitz verschwinden.* Schon Luther benutzt den sprw. Vergleich in seiner Bibelübers., Luk. 10, 18: „Ich sah wohl den Satanas vom Himmel fallen, als einen Blitz". Vgl. frz. ‚rapide comme l'éclair'.

Wie ein geölter Blitz, mit witziger, aber sinnloser Steigerung (wie wenn man durch Ölen den Reibungswiderstand des Blitzes verringern könnte). Die Wndg. kam zunächst als Kasernenhofblüte um 1870 auf. Wesentlich älter ist dagegen die Wndg.: *Wie ein Blitz(schlag) aus heiterem Himmel* (engl.: ‚like a bolt from the blue'). Sie findet sich schon in Christoph Lehmanns ‚Florilegium politicum oder Politischer Blumengarten' von 1639 (S. 398); „Zu Hof donnerts offt, und schlägt ein beym hellen Himmel, da doch kein Blitz vorher gegangen". Ebenso hat Schiller die ungeheure Schnelligkeit eines hereinbrechenden Verderbens in den ahnenden Worten Theklas beschrieben (‚Piccolomini' III, 9):

O! Wenn ein Haus im Feuer soll
                    vergehn,
Dann treibt der Himmel sein Gewölk
                   zusammen,
Es schießt der Blitz herab aus
                heitern Höhn.

Auch bei heftigem Schrecken bezieht man sich in Rdaa. gern auf den Blitz: *dastehen, wie vom Blitz gerührt,* z. B. in der ‚Insel Felsenburg' 1,7: „Ich fiel nach Lesung dieses Briefs, als ein vom Blitz Gerührter, rückwärts auf mein Bette"; Goethe kennt: „er stand, wie vom Blitz getroffen'. Vgl. frz. ‚rester planté là comme foudroyé'. *Wie ein Blitz einschlagen:* Unglück, Verstörung durch eine unerwartete Nachricht hervorrufen.

Den Blitz anbinden wollen bezeichnet ein unmögliches und widersinniges Unterfangen. Ndd.: ‚Dem hat der Blötz ons Portmanee geschlaoge', er hat kein Geld mehr. Blitz als Interjektion wird ebenso gebraucht wie ‚Donnerwetter!', ‚Hagelschlag!' usw., oft mit Zusätzen wie ‚Blitzelement!'

In dem Ausruf *Potz Blitz!* ist ‚Potz' verhüllend aus ‚Gottes' umgeformt (↗ Bockshorn); vgl. frz. ‚Tonnerre de Dieu!'

Neuerdings wird ‚blitz-' auch zur Steigerung von Adjektiven gebraucht, ohne daß dabei das Blitzende (wie noch in ‚blitzblank' oder ‚blitzsauber') eine Rolle spielen muß, so z. B. ‚blitzeblau' (völlig betrunken), ‚blitzdumm', ‚blitzgescheit', ‚blitzliederlich', ‚blitzhäßlich'.

Die Wndg. *Er ist abgeblitzt* heißt, daß er abgewiesen worden ist.

Bei dir blitzt es wird scherzhaft zu einem Mädchen oder einer Frau gesagt, wenn ihr Unterrock hervorschaut.

Lit.: „Like a bolt from the blue", in: Notes and Queries, 7th, 3 (1887), S. 522; 7th, 4 (1887), S. 212; 8th, 3 (1893), S. 345; 8th, 4 (1893), S. 175 f., 455 f.; 8th, 5 (1894), S. 56 f., 236; 11th, 10 (1914), S.448; *H. Freudenthal:* Das Feuer im dt. Glauben und Brauch (Berlin – Leipzig 1931); *R. W. Brednich:* Art. ‚Blitz', in: EM. II, Sp. 476–479.

Blitzableiter. *Der Blitzableiter für jem. sein:* der Zorn wird an ihm ausgelassen, während der Schuldige meist unbehelligt bleibt; vgl. frz. ‚servir à quelqu'un de paratonnerre'. Der Unschuldige sagt deshalb auch, daß er *nicht als Blitzableiter dienen* wolle.

Block. Ein Block ist ein kurzer, dicker Stamm, übertr. auch allg. gebraucht für das Große, Ungefüge. Ndd. ‚Dat is'n Block von Kerl', ein starker Kerl.

Einen Block am Bein haben: verheiratet

219

sein. Die Ehe wird in dieser Rda. als Behinderung und lästige Fessel angesehen, vgl. ndl. ‚Hij hefft een blok aan et been‘. Der Block ist hier ein schweres Holzstück, das – wie andernorts eine Eisenkugel – den Gefangenen an der Flucht (am Weglaufen) hindern sollte.

Über Stock und Block wird ähnl. gebraucht wie ‚über ↗ Stock und Stein‘, z. B. bei Rosenzweig: „Über Stock und Block galoppieren".

Im Block verkaufen ist frz. ‚vendre en bloc‘ nachgebildet.

In den Block kommen: ins Gefängnis kommen; *Im Block sitzen:* im Gefängnis sein. Der Block war im MA. eines der vielen Strafwerkzeuge für Prangerstrafen, die für Arbeitsscheue, Landstreicher u. Händelsüchtige verhängt wurden. Er stand auf öffentl. Plätzen (Markt, Anger) u. kam in verschiedenen Ausführungen vor – entweder als senkrecht stehender Block (auch Stock genannt) oder als Brett mit Löchern für die Beine u. Eisen für die Hände. Nach dem 14. Jh. wurden die Delinquenten z. T. auch im Lochgefängnis oder Kerker in den Block gespannt, um dort ihren Prozeß abzuwarten oder eine Freiheitsstrafe abzusitzen. So ergab es sich, daß der Begriff ‚Block‘ auf das (Loch-), (Block-) Gefängnis ausgedehnt wurde (↗ Loch).

Lit.: Strafjustiz in alter Zeit (Rothenburg 1980); *R. Schmidt-Wiegand:* Art. ‚Pranger‘, in: HRG. III, Sp. 1877–1884, hier 1877.

Blocksberg. Unter den Rdaa., die aus Zaubersagen herausgewachsen sind, stehen solche zum Hexenglauben zahlenmäßig an der Spitze. Bekannt ist die abweisende Antwort *Geh zum Blocksberg!* (z. B. niederrh. ‚Goah na dem Blocksberch‘). *Jemanden auf den Blocksberg wünschen:* ihn verwünschen, sich ihn weit weg wünschen.

Der Blocksberg, der Brocken im Harz, gilt seit dem 17. Jh. als berühmter Hexenberg und Hexentanzplatz. Darüber hinaus gibt es in Dtl. noch Hunderte anderer Erhöhungen mit dem Namen Blocksberg, woraus sich die weite Verbreitung der Rda. erklärt: „Daß du auf dem Blocksberg wärest!" (Lichtenbergs Schriften); „Ik wull dat du uppen Blocksberge seetst" (Wan-

der I, Sp. 407). Meckl. z. B. sagt man von einem Schläfrigen ‚Dee is wol mit de Hexen nah'n Blocksbarg wäst‘, und von der stumpfen Sense heißt es ‚Dor kann'n up nah'n Blocksbarg riden‘. Ähnl. schlesw.-holst. ‚Dat Meß is so stump, dor kannst mit'n bloten Ars op na'n Blocksbarg rieden‘, ‚Op sien Meß kann en Hex ahn Ünnerbüx up na'n Blocksbarg rieden‘.

In anderen Landschaften sagt man von einem stumpfen Messer ‚Auf dem Messer kann man nach Breslau (Rom, Paris, Köln) reiten‘. Der Messerritt ist unverkennbar ein Hexenritt und bezieht sich auf den Volksglauben: Man darf sein Messer nicht mit der Schneide nach oben legen, weil sonst die Hexen darauf zum Blocksberg reiten.

Lit.: *Wander* I, Sp. 407; *A. Wittmann:* Die Gestalt der Hexe in der dt. Sage (Diss. Heidelberg 1933); *L. Röhrich:* Sprw. Rdaa. aus Volkserzählungen, S. 260; *W. Erich Peuckert* u. *K. H. Bertau:* Der Blocksberg, in: Zs. f. d. Ph. 75, H. 4 (1956), S. 347–356. *C. Piat:* Frauen, die hexen (Freiburg i. Br. 1985); *C. Ginzburg:* Hexensabbat (Berlin 1990); *H. Gerlach:* Art. ‚Hexe‘, in: EM. VI, Sp. 960–992.

Blödsinn. Die Wndg. *höherer Blödsinn* ist ein in der ersten Hälfte des 19. Jh. aufgekommenes Schlagwort. Sie verhöhnt wohl die Sucht der Zeit, alle möglichen Bestrebungen durch das Beiwort ‚höher‘ zu heben (z. B. höhere Mathematik, höhere Tochter, höhere Magie, höhere Akrobatenkunst, vgl. höherer Schwindel).

Um übertriebene und selbstgefällige Anpreisungen zu verhöhnen, heißt es in einem Artikel der ‚Jahrbücher f. Wissenschaft und Kunst‘ ([Leipzig 1854], 1.238): „Wir meinen die Gesellschafts-Schwindel im lieben deutschen Vaterland: temporäre Gefühlsausschwitzungen en gros; Gefühlsaufwallungen die bis zu gelinder Raserei gehen, wenigstens auf dem Niveau des höheren Blödsinns stehen". Dann biegt das Witzblatt ‚Kladderadatsch‘ den Ausdr. dahin um, daß es darunter den zum Ulk gesteigerten Humor versteht; 1856 spricht es vom ‚Styl des höheren Blödsinns" und steigert diesen sogar bis zum „höchsten Blödsinn". R. M. Meyer weist in seinen ‚400 Schlagworten‘ ([Leipzig 1901], Nr. 101) auf Girolamo Savonarolas „maggior pazzia" hin, wie dieser die von ihm veranstalteten Feste zum

Kampf wider die Unsittlichkeit nennt, und auf Herman Grimms Übersetzung dieses Ausdrucks durch „höhere Tollheit" in seinem ‚Michelangelo' (Büchmann).

Im Volksmund ist auch vom ‚blühenden Blödsinn' als Steigerung die Rede, wobei die Freude am Gleichklang der Wortanfänge vermutl. eine Rolle gespielt hat.

blond. *Blondes Gift:* blonde, verführerische Frau; Anspielung auf das seit der Mitte der dreißiger Jahre übliche Blondieren des Haares bei Frauen, bes. bei Filmstars.

Die Neigung vieler Frauen, ihre natürliche Haarfarbe aufzuhellen, beruht auf einem jahrhundertealten Schönheitsideal. Umfragen haben ergeben, daß ‚blonde Frauen' die Männer noch immer am meisten reizen. Straßendirnen färben sich ihr Haar ‚wasserstoffsuperoxydblond', weil es von intensiver Leuchtkraft ist; der Volksmund spricht dann von ‚Gewaltblondinen'. Auch Filmstars und -idole sind oft blond, vor allem, wenn sie in männerbetörenden Rollen auftreten wie z. B. Marlene Dietrich oder Marilyn Monroe. Der Schlager aus ‚Der blaue Engel' weist auf die Reizwirkung dieser Haarfarbe hin: „Nimm dich in acht vor blonden Frau'n, die haben so etwas Gewisses …", ebenso wie das Sprw. ‚Blondes Haar bringt den Jüngling in Gefahr'.

Oft ist mit dem Begriff ‚blond' auch die Vorstellung von kalter Berechnung oder Kratzbürstigkeit verbunden, wie in der Wndg. *Blond wie ein Engel, hold wie ein Bengel* z. Ausdr. kommt, oder von raubtierhaftem Verhalten wie in *blonde Bestie* – frei nach F. Nietzsche, der in seinem Werk ‚Zur Genealogie der Moral' (‚Werke', VII [Leipzig 1887], 321 f.) von der Grausamkeit „der nach Beute u. Sieg lüstern schweifenden blonden Bestie" sprach.

Im allg. gilt jedoch das natürliche Blond als bes. schön. Es ist vor allem im Norden weit verbreitet. Oft wird damit ein zurückhaltendes Wesen verknüpft, bis hin zu ‚licht' u. ‚klar'. So ist die Jungfrau Maria auf allen nordalpinen Bildern blond. Auch Engel u. Kinder sind meist blond dargestellt. Dementsprechend mangelt es

nicht an Rdaa. u. Sprww. die die Schönheit und Anziehungskraft des blonden Haares preisen: ‚Blaue Augen, blondes Haar, ist die Liebe ganz u. gar' u. in Anlehnung daran: ‚… gibt ein hübsches Hochzeitspaar', oder: ‚Mädchen mit blondem Haar, die lieb ich immerdar'. Freilich gibt es auch Gegenstimmen, die *eine kühle Blonde* ablehnen, weil mit der Blondfarbe häufig auch eine distanzierte, abweisende Haltung verknüpft wird. Gegensatz: (schwarz) ↗ braun.

Die Rda. *so blond wie ein Zigeuner sein* weist durch den in ihr liegenden Gegensatz auf eine bes. dunkle Haarfarbe vgl. frz. ‚C'est un blond d'Égypte'(veraltet). Nichts mit der Haarfarbe zu tun hat *ein kühles Blondes:* ein Glas Weißbier, scherzhafte berl. Rda. aus der Mitte des vorigen Jh.; frz. ‚Une blonde'. Ebenfalls aus Berlin stammt die Rda. *blonde Füße haben:* gelbe Stiefel tragen.

Lit.: *G. Grober-Glück:* Motive u. Motivationen in Rdaa. u. Meinungen (Marburg 1974), I, S. 65–68.

Blöße, eine unbekleidete Stelle des Körpers; so gebraucht in der Wndg. *seine Blöße bedecken, in Frost und Blöße* (bei Luther). In der Fechtersprache bedeutet Blöße den unbeschützten, der Klinge des Gegners preisgegebenen Teil des Leibes; daher die Rda. *sich eine Blöße geben:* einen Fehler machen, eine Schwäche verraten; eigentl.: die Deckung aufgeben und sich dadurch dem Angriff des Gegners aussetzen; so z. B. bei Zachariae in ‚Der Renommiste' (1744), 6, 144; „indessen sieht Sylvan, das Raufbold Blöße gibt". Grimm (Dt. Wb. II, 150) verzeichnet außerdem noch die Rdaa.: *einem nach der Blöße stoßen* und *einem in die Blöße fallen:* in die Seite, die unbeschützt ist. *Seine Blöße nicht verbergen können:* seinem Gegner die Schwäche (mangelnde Bildung, schlechte Eigenschaften oder Schuld) wider Willen verraten.

Blücher. Die Erinnerung an den volkstümlichen ‚Marschall Vorwärts' der Befreiungskriege lebt in der Rda. *rangehen wie Blücher:* mutig darauf losgehen, weiter: ebenso *kalt wie Blücher:* ruhig, unerschrocken. Meckl. ‚Man ümmer druff!

seggt Blücher' und ‚Dee geiht ran as Blücher an de Katzbach' spielt auf den Sieg Blüchers am 26. August 1813 an der Katzbach über die Franzosen an; vgl. nordd. ‚Er haut rein wie Blücher in de Franzosen'. In Berlin sagt man ‚Er geht druff wie Blücher' meist von einem Draufgänger Frauen gegenüber. Der Ruf *Ran wie Blücher!* dient der Ermutigung. Zur Bekräftigung einer Tatsache heißt es *Aber sicher, sagte Blücher.*

Blümchenkaffee. *Blümchenkaffee trinken:* dünnen, gehaltlosen Kaffee trinken; ein offenbar in Leipzig aufgekommener Wortwitz. Sächs. ‚Blümchenskaffee', dünner Kaffee, ‚aus zwee Buhn sind zehn Tassen bereitet'. Der Ausdr. ist bereits 1729 bekannt und wird folgendermaßen erklärt: ‚Blümgen-Coffée so nennen die Leipziger den Coffée, wenn er allzu dünne ist, weil man die Blümgen auf dem Boden der Coffée-Tasse dadurch sehen kann" (Orestes, ‚Der Dreßdnische Mägde-Schlendrian', S. 47).

Lit.: *Müller-Fraureuth* I, S. 123; *Trübner* I, S. 376.

Blum ↗ erschossen.

Blume. *Durch die Blume sagen:* nicht mit gewöhnlichen Worten, sondern verhüllend, andeutend und umschreibend reden; vgl. ndd. ‚dor de blumme kallen' u. frz. ‚dire quelque chose avec des fleurs'. Die Herkunft der Rda. von der ‚Blumensprache' ist denkbar, da jeder einzelnen Blume eine bestimmte symbolische Bdtg. zukam, was sich etwa noch in Namen wie ‚Männertreu' und ‚Vergißmeinnicht'

‚Jede Blume verliert zuletzt ihren Duft'

zeigt. Bei der Brautwerbung war es weithin üblich, daß das Mädchen dem Freier eine bestimmte Blume überreichte, wenn sie ihn abweisen wollte. ‚Durch die Blume' wurde von ihr in einer angenehmen Verhüllung die schlechte Nachricht gegeben, die sie sonst auszusprechen scheute. In Dtl. und der Schweiz verwendete man dazu meist ↗ Schabab (Nigella damascena) oder die Kornblume, in Lüttich z.B. galt dagegen die Klatschrose als Zeichen der Abweisung.

Unsere Rda. ist jedoch auch aus der mit ‚Redeblumen' gezierten Sprache herzuleiten. Schon im Altertum wurde das lat. Wort flosculus = ‚Blümchen' zur Bez. des Zierats in der Rede gebraucht. Ein dt. Ausdr. dafür ist schon mhd. bekannt: die redebluome; belegt z.B. bei Frauenlob (370, 3): „mit redebluomen ... volzieren ein lop". Später gebrauchte man ‚Blümlein' und ‚Wortblume'. Lat. flosculus wurde im 17. Jh. zu ‚Floskel' eingedeutscht. Ebenso ersetzte man im 18. Jh. griech. Anthologie, neulat. Florilegium durch ‚Blüten- oder Blumenlese'.

Gleichen Ursprungs ist der Ausdr. *etw. verblümt sagen:* mit einer Sprache, die durch Blumen und Blümchen verziert ist; z.B. bei Seb. Brant (‚Narrenschiff' 19, 63): „und reden vil geblümter wort", oder bei Abraham a Sancta Clara: „Gott sieht nit allein das wahre und bloße, sondern auch das verblümlete. Ihr Sünder, ihr könnt eure Stückl nit besser verblümlen, als mit den Rosen des heiligen Rosenkrantz".

‚Etwas durch die Blume sagen'

BLUT

Lessing verwendet ,verblümte Reden‘ noch in gutem Sinne, aber bereits Luther kannte dafür eine schlechte Nebenbdtg.: „Mit Schreiben meinen sie die Sach zu blümen und die Leut zu schmehen". Wir verwenden die Rda. heute in dem Sinne: durch Anspielungen einem etw. zu verstehen geben, wobei das Volk solcher geblümten Rede nicht recht traut und sie als Lüge oder falsche Vorspielung bezeichnet. ,Bluemle bla vormachen‘ heißt es im Elsaß. Allg. bedeutet *jem. blaue Blümchen weismachen* ihm unbegründete, phantastische Dinge als Wahrheit darstellen wollen.

Einem etw. unverblümt sagen: ihm die Wahrheit ohne Umschweife ins Gesicht sagen. Obersächs. ,durch die Chaisenträger-Blume reden‘, eine sehr deutliche Anspielung machen; vergleiche frz. ,dire à quelqu'un la vérité sans ambages‘ (wörtl.: einem die Wahrheit ohne Umschweife sagen).

Wer eine Zurechtweisung oder Kritik verstanden hat, sagt deshalb iron. *Vielen Dank für die Blumen!* Der Reklameslogan ,Laßt Blumen sprechen‘ stellt bewußt wieder die alte Beziehung zur ,Blumensprache‘ her, die das Wort ersetzen kann und doch die Gefühle ausdrückt.

Er steht (blüht) wie eine Blume auf dem Mist: er ist fehl am Platze, paßt nicht in seine Umgebung. – Schlesw.-holst. ,Et regent em in die Bloom‘, er hat viel Glück.

Rdal. Vergleiche enthalten die Wndgn.: *von einer Blume (Blüte) zur andern flattern wie ein Schmetterling,* womit der unstete Liebhaber gemeint ist; vgl. ndl. ,Hij is zoo wispeiturig als een vlinder, die van de een bloem op de andere vliegt‘ u. frz. ,voleter comme un papillon de fleur en fleur‘; und *aus jeder Blume (Blüte) Honig saugen wollen:* überall seinen Vorteil suchen.

Die Rda. *Es ist eine Blume, die im Dunkeln blüht* bezeichnet die Verborgenheit und Bescheidenheit und steht dem Sinn nach der Rda. ,wie ein Veilchen im verborgenen blühen‘ nahe (vgl. ndl. ,Het is eene bloem, die in het duister bloeit‘).

Lit.: *W. Wackernagel:* Die Farben und Blumensprache des MA.s, in: Kleinere Schriften 1 (Leipzig 1872), S. 143–240; *M. v. Strantz:* Die Blumen in Sage u. Geschichte (Berlin 1875); *H. Friend:* The Flowers and Their Story (London 1907, Repr. Detroit 1972); *J. Hecker:* Das Symbol der blauen Blume (Diss. Mün-

chen 1931); *A. Usteri:* Die Pflanzenwelt in der Sage und im Märchen (Basel 1947); *G. Meinel:* Art. ,Blume‘, in: EM. II, Sp. 483–495; *dies.:* Pflanzenmetaphorik im Volkslied, in: Jb. f. Volksliedforschung 27/28 (1982/83), S. 162–174.

Blumentopf. *Bei mir kannst du keinen Blumentopf gewinnen (erben):* bei mir kannst du nichts erreichen, damit ist kein Erfolg zu erzielen; berl. Rda., in der Blumentopf vielleicht ironisierend nüchtern für den Blumenstrauß steht, der erfolgreichen Künstlern auf der Bühne überreicht wird. Wahrscheinlicher jedoch geht die Wndg. auf die Würfelbuden der Jahrmärkte zurück, wie die vollständigere berl. Form der Rda. beweist: ,Du kannst doch bei mir keenen Blumentopp jewinnen, und wenn du 19 trudelst‘ (würfelst).

Lit.: *H. Meyer:* Der richtige Berliner, S. 27; *Küpper.*

blümerant. *Mir wird ganz blümerant (vor den Augen):* mir wird unwohl, schwindelig. Blümerant (auch plümerant) entspricht frz. ,bleu mourant‘ = blaßblau, mattblau (eigentl. ,sterbendblau‘). Diese Farbe wurde um die Zeit des Dreißigjähr. Krieges von Frankr. her auch bei uns zur Modefarbe. Als man ihrer überdrüssig wurde, stellte sich die übertr. Bdtg. blümerant = schwindelig ein (vgl. ,Mir wird ganz grün und blau vor Augen‘). In dieser Verwendung hat sich das Wort umgangsspr. in nahezu allen dt. Mdaa. erhalten; etwa schlesw.-holst. ,Em wor blämerantig to Moot‘. Vereinzelt ergaben sich gewisse Bedeutungsverschiebungen, z. B. rhein. ,Et es me ze blümerant, wo de N. et Geld herkrit‘, es ist mir schleierhaft; meckl. ,Du bist 'n schönen Blümerant‘, du bist ein ganz Übler.

Lit.: *Trübner* I, S. 352; *Göhring,* Nr. 48, S. 35; *Kluge-Götze.*

Blut erscheint in den sprw. Rdaa. meist im übertr. Sinne; es gilt als der Sitz des Temperamentes: *Das liegt mir im Blut:* das ist mir angeboren und meiner innersten Natur gemäß, ich tue es unwillkürlich; vgl. frz. ,J'ai cela dans le sang‘; *heißes Blut haben:* temperamentvoll sein; vgl. frz. ,avoir le sang chaud‘; *mit ruhigem Blut etw. tun; ruhig Blut bewahren:* sich nicht aufregen, gelassen bleiben; *kaltes Blut behalten,* oft scherzhaft in der Form „Immer kalt Blut

223

und warm angezogen" (so bei C. Zuckmayer, ‚Schinderhannes' 2. Akt); vgl. frz.
‚faire quelque chose de sang froid' (mit
kaltem Blut).

Das macht böses Blut: das erregt Erbitte-
rung und Feindschaft, ndl. ‚Het zet kwaat
bloed', frz. ‚Cela fait du mauvais sang', in
diesem Sinne nur noch örtlich gebräuchl.;
umg., dafür: ‚se faire du mauvais sang'
(sich böses Blut machen), i. S. v.: sich Sorgen machen; engl. ‚to breed ill blood';
schon bei Luther: „das vergeblich lange
gaffen würde ungedult und böses blut machen" (Jenaer Ausg. Bd. 5, S. 124a). Auch
die gegenteilige Rda. *gutes Blut machen* ist
belegt; Jeremias Gotthelf z. B. erzählt:
„Um meinem neuen Meister gutes Blut zu
machen, zahlte die Mutter ihm noch eine
halbe Wein".

Mach mir das Blut nicht heiß!: erzürne
mich nicht! Vgl. frz. ‚Ne m'échauffe pas
les sangs!'

Das Blut kocht in den Adern bei großer
Wut. *Er hat Blut geleckt* (schwäb. ‚geschmeckt') sagt man von einem, der einen
Genuß gehabt hat und nicht mehr darauf
verzichten will. Die Rda. stützt sich auf
Realbeobachtungen bei Raubtieren.
Ähnl.: *Blut riechen:* auf den Geschmack
kommen, sowie *nach Blut dürsten:* rache-
durstig sein, vgl. frz. ‚être assoiffé de sang'.
Viele übertreibende Rdaa. mit Blut sind
bekannt: *Blut schwitzen:* vor Angst schwitzen (bereits mhd., vgl. Gesamtaben-
teuer 1, 12, 279), *Blut und Wasser schwitzen:* sich sehr anstrengen; vgl. frz. ‚suer
sang et eau'; *Blut weinen, blutige Tränen
weinen,* schon im ‚Nibelungenlied'
(Str. 1069): „ir liehten ougen vor leide
weinten dô bluot", beim Stricker: „Er
switzet unde weinet bluot", bei Erasmus
von Rotterdam (1465–1536). „sanguine
flere"; vgl. frz. ‚pleurer des larmes de
sang' (Bluttränen).

*Einem das Blut (unter den Nägeln) aussau-
gen:* ihn peinigen, daher auch ‚Blutsau-
ger', ‚Blutegel', vgl. *dahinterher sein wie
der Egel hinter dem Blut.* Ähnl.: *jem. bis
aufs Blut quälen (reizen, kränken),* eine
Wndg., die heute im übertr. (nicht weniger
grausamen) Sinne gemeint ist, z. Zt. des
Hexenwahns aber ‚blutiger Ernst' war.
Nach damaligem Glauben verlor die
Hexe ihre Macht, wenn man ihr Blut ent-

zog. Wenn man also in Schweden u. andernorts den Verdacht hatte, eine Person
habe den bösen Blick u. könne hexen, war
man der Meinung, man brauche sie nur
‚bis aufs Blut' zu schlagen u. jede Gefahr
sei vorüber (↗ Blick).

Treu bis aufs Blut: treu bis zum letzten. Die
Wndg. ‚bis aufs Blut' ist bibl. Ursprungs:
„Denn ihr habt noch nicht bis aufs Blut
widerstanden in dem Kämpfen wider die
Sünde" (Hebr 12,4); vgl. frz. ‚fidèle
jusqu'à la dernière goutte de sang' (wörtl.:
bis zum letzten Blutstropfen).

Wieder zu Blut kommen: wieder auf die
Beine kommen, wirtschaftlich hochkom-
men. *Aussehen wie Milch und Blut* ↗ Milch.
Blut erscheint auch sonst oft in rdal. (oft
auch durch den Reim verbundenen) Zwil-
lingsformeln wie ‚Fleisch und Blut' (bibl.),
‚Gut und Blut', ‚Leib und Blut' (Goethe,
Schiller).

Blaues Blut haben ↗ blau.

Blut lassen müssen, kürzer *bluten müssen:*
einen Verlust erleiden müssen, für etw.
büßen. Die Rda. kommt wohl von früheren Strafen für schwerwiegende Verbrechen, indem man den Delinquenten eine
Ader öffnete und sie bluten ließ; vgl. frz.
‚saigner quelqu'un'; ndl. ‚moeten bloeden
voor iets'; engl. ‚to make a person bleed
for'. Studentisch heißt ‚bluten' beim Trinken Bier verschütten; vgl. O. Ernst ‚Fro-
hes Farbenspiel' 1901 (S. 158): „Bluten
(ist) nach dem Comment strafbar". Seit
dem 18. Jh. wird die Rda. *bluten müssen*
bis heute auch bes. i. S. v. ‚zahlen müssen'
gebraucht. Der seit dem 16. Jh. bekannte
rdal. Vergleich *bluten wie ein Schwein* bezieht sich auf den Blutreichtum der
Schweine; vgl. frz. ‚saigner comme un
bœuf' (wie ein Ochse bluten). In Zusammensetzungen wird ‚blut-' auch als Verstärkung angewendet: z. B. ‚blutarm',
‚blutjung', ‚blutwenig'. Vielleicht geht
‚blut-' auf das ndd. ‚blot', ‚blutt' zurück,
das dem hd. ‚bloß' entspricht und die
Bdtg. von ganz, völlig, sehr annahm. Die
älteste dieser Bildungen ist ‚blutarm' (sehr
arm) aus dem 16. Jh., dann entstanden
analog: ‚blutsauer', ‚blutnötig'. Ein ‚blut-
junges Ding' meint ein ganz junges Mädchen. ‚Blutarm' bedeutet zunächst aber
wörtlich: arm an Blut, an roten Blutkör-
perchen, anämisch. Aber die Zusammen-

setzung kann auch mit ‚blut-' erfolgt sein, das gleichbedeutend für Leben, Dasein steht. ‚Blutjung' wäre dann jung an Jahren, so wie Hans Sachs die Wndg. ‚das junge Blut' braucht (‚Der fromme Adel' 27).

Auch das Adj. ‚blutig' dient der Steigerung, z. B. in ‚blutiger Anfänger', ‚blutiger Ernst', wobei es ebenfalls den Sinn von ‚völlig' besitzt.

Etwas ist mir in Fleisch und Blut übergegangen ↗ Fleisch.

Die Rda. *Einem wird das Blut sauer:* seine Geduld ist erschöpft, beruht auf dem Vergleich mit der Milch, die gerinnt. Als Ausruf der Bestürzung *Mir wird das Blut sauer!* steht die Rda. in der Nähe der Wndg. *Mir stockt (gerinnt, gefriert) das Blut.*

Einem unreines Blut und Brot reden: eine so schwere Beschuldigung gegen jem. aussprechen, die der Sünde, unreines Blut und Brot zum Altar gebracht zu haben, entspricht.

Die Rdaa. *Blut klebt an den Händen* oder *Die Hände sind mit Blut befleckt* braucht man zur Bez. und Beschuldigung eines Mörders; vgl. frz. ‚Ses mains sont tachées de sang'.

Neuere Wndgn. sind: *Das ist meine Blutgruppe:* mein Geschmack, 1930 mit der Blutgruppenbestimmung aufgekommen, und *Sie bilden zusammen eine Blutwurst:* sie sind unzertrennlich, gleicher Meinung, passen sehr gut zusammen.

Nach 1945 wurde scherzhaft von einem Bezechten gesagt, daß er *noch zwanzig Prozent Blut im Alkohol habe.* Der Sprachwitz beruht auf der Vertauschung der Begriffe Blut und Alkohol und auf der absichtl. Verwechslung von Promille und Prozent.

Viel von sich reden machte in neuerer Zeit die Wndg. ‚Blut, Schweiß u. Tränen', die durch Winston Churchill (1874–1965) Berühmtheit erlangte. Drei Tage nach dem dt. Einmarsch in Belgien und den Niederlanden sagte er in seiner Rede vom 13. Mai 1940 vor dem britischen Unterhaus den unvergessenen Satz: „I have nothing to offer but blood, toil, tears and sweat".

Es handelt sich dabei um eine Verbindung der schon bei Cicero (106 v. Chr. – 43 v. Chr.) u. Livius (59 v. Chr.–17 n. Chr.) häufig vorkommenden Zwillingsformel ‚Blut u. Schweiß' mit den von Seneca (55 v. Chr.–40 n. Chr.) des öfteren genannten ‚lacrimae' = Tränen. Churchill fügte noch einen weiteren Begriff hinzu, den der Arbeit. Doch ist die Wndg. hauptsächlich in der Verbindung ‚Blut, Schweiß u. Tränen' erhalten.

Auf einem sehr alten Ritus fußt die Wndg. *Blutsbrüderschaft schließen,* d. h. eine durch feierliche Vermischung von Blutstropfen der Partner besiegelte Männerfreundschaft. Der Begriff begegnet schon im Nibelungenlied, später auch in Sagen u. Märchen (Brüdermärchen usw.).

Lit.: *L. Strack:* Das Blut im Glauben u. Aberglauben der Menschheit (München [7]1900); *E. Stemplinger:* Art. ‚Blut', in: HdA. I, Sp. 1434–1442; *M. Beth:* Art. ‚Blutsbrüderschaft', in: HdA. I, Sp. 1447–1449; *E. Bargheer:* Eingeweide. Lebens- u. Seelenkräfte des Leibesinnern im dt. Glauben u. Brauch (Berlin – Leipzig 1931); *R. H. Crum:* „Blood, Sweat & Tears." In: The Classical Journal, 42 (1946/47), S. 299–300; *M. Lurker:* ‚Blut', in: Wb. bibl. Bilder u. Symbole (München 1973), S. 56–59; *K. Ranke:* Art. ‚Blut', in: EM. II, Sp. 506–522; *M. Belgrader:* Art. ‚Blutsbrüderschaft', in: EM. II, Sp. 523–528; Strafjustiz in alter Zeit (Rothenburg 1980), S. 311.

Blüte. *Einem eine Blüte stechen:* ihn zurechtweisen, eine Blöße an ihm aufdecken. Mit der Blüte ist hierbei eigentl. ein kleiner Hautausschlag, eine Pustel gemeint (vergleiche ‚einem den ↗ Star stechen').

Wenn einer ungerechtfertigte Hoffnungen hegt, so sagt man von ihm *Es wird ihm in die Blüte regnen;* er wird Pech haben.

In der Blüte des Lebens stehen (sterben): in den besten Jahren, im Vollbesitz aller Kräfte. *In voller Blüte stehen:* auf dem Höhepunkt der Entwicklung angekommen sein.

Etw. in der Blüte vernichten: während der ersten Entwicklung und Entfaltung zerstören.

Üppige Blüten treiben: immer neue Erklärungen, Geschichten, Anekdoten hervorbringen, wird meist im Hinblick auf große Phantasie gebraucht. Ähnliches meint die Wendung *wunderliche Blüten treiben:* seltsame Ereignisse zur Folge haben.

Im negativen Sinne bez. man einen jungen Menschen, von dem man wenig Gutes erwartet, als ‚eine Blüte'. So gilt die Wndg. *Du bist ja eine schöne Blüte!* als Schimpfwort.

Jem. Blüten andrehen: beim Geldwechseln nachgemachte Scheine, also Falschgeld herausgeben.

Blütenträume. *Nicht alle Blütenträume reifen:* nicht alles, was verheißungsvoll beginnt, wird einmal Frucht tragen, nicht alle Hoffnungen gehen in Erfüllung. Die Wndg. beruht auf Goethes Gedicht ‚Prometheus' von 1774, in dem Prometheus in der vorletzten Strophe gegen Zeus aufbegehrt:

Wähntest du etwa,
Ich sollte das Leben hassen,
In Wüsten fliehen,
Weil nicht alle
Blütenträume reiften?

Bock. Verschiedene Eigenschaften des Bockes kommen bes. in rdal. Vergleichen vor: *stinken wie ein Bock,* schon im jüngeren ‚Titurel' um 1270 (Str. 249): „und stinkent sam die bocke"; *Augen haben wie ein abgestochener Bock,* belegt im ‚Narren-Nest' von Abraham a Sancta Clara: „Die Augen verkehrt er wie ein abgestochener Bock"; außerdem *stur wie ein Bock (ein sturer Bock), springen wie ein Bock, dumm wie ein Bock, geil wie ein Bock,* scherzhaft *keusch wie ein Bock um Jakobi* (schwäb.), *störrisch wie ein Bock,* daher *bockbeinig,* das erst im 19. Jh. aus der bair. Mda. ins Hd. eingedrungen ist; ähnl. *steif wie ein Bock* und *bocksteif.*

Schwäb. ‚Der Bock ist die Geiß, die Geiß ist den Bock wert', sie passen zueinander. *Den Bock bei den Hörnern fassen:* eine Sache tatkräftig anpacken, die Gelegenheit beim Schopfe fassen; vgl. frz. ‚prendre le taureau (den Stier) par les cornes', ↗ Stier. Von einer mageren Frau sagt man mdal.: *Die ist so dünn, sie kann den Bock zwischen den Hörnern küssen;* ähnl. in Frankfurt: ‚Der kann en Bock zwische de Hörner kisse'. *Sich darauf verlassen wie der Bock auf die Hörner:* fest auf etw. vertrauen. *Die Böcke von den Schafen zu scheiden* gehört zu den realen Aufgaben des Schäfers. Sie dient in der Bibel als Gleichnis (Matth. 25,32) für die Scheidung der Verdammten und Seligen beim Jüngsten Gericht. Vgl. frz. ‚séparer les brebis (die Mutterschafe) des boucs'. Südwestdt. *Es kommt ihm, wie dem Bock die Milch:* er begreift nur sehr schwerfällig. *Nun ist der Bock fett:* das Unglück ist da, die Sache hat ihren Gipfel erreicht (eigentl. ‚Der Bock ist zum Schlachten reif').

Den Bock melken: etw. Vergebliches, ja Unmögliches versuchen, schon altgriech. und mlat. 1020 in der ‚Fecunda ratis' des Egbert von Lüttich (Nr. 519); dt. erst seit dem 17. Jh. bezeugt, z.B. in Straßburg 1658: „Was ists Wunder, wenn einer ein Bock melcket, der ander hebt ein durchlöchert Sieb unter, das kein Milch und Butter erfolge"; ähnl. auch bei Kant 2,94: „Der belachenswerte Anblick, daß einer den Bock melkt, der andere das Sieb unterhält". Ndl. ‚Het is den bok gemolken'; Wolgadeutsch: ‚Däs is grad so gut wie dr Bock melka.'

Wenn die Böcke lammen ist ein bes. in Niederdeutschland gebrauchter volkstümlicher Ausdr. für ‚niemals', z.B. ‚Blumenpingesten, wenn de Böcke lammet' (↗ Pfingsten).

Der Bock stößt ihn sagt man von einem, dessen Oberkörper bei starkem Schluchzen, bei Schluckauf oder bei starkem Lachen ruckweise zuckt, wie mehrmals heftig ins Kreuz gestoßen.

Übertr. z.B. ndd. ‚He es vom Bock jestoate', er ist dumm, töricht. Heute hat die Rda. auch den Sinn: der Übermut, das Üppigsein (der Teufel) treibt ihn zu etw. Unvernünftigem. Die seit dem 16. Jh. belegte Verwünschung *Daß dich der Bock schände!* ist wohl mit dem Teufel in Bocksgestalt zu verbinden; sie ist auch heute noch mdal. verbreitet; schwäb. ‚daß mich der Bock stoße! und ‚Bock, streck mich!' (↗ Bockshorn).

Den Bock zum Gärtner setzen (machen): einen Untauglichen oder Ungeeigneten mit einer Aufgabe betrauen, der viel schadet und nichts nutzt. Vielfach ist der Bock abgebildet worden, wie er aufrecht auf einer hohen Staude oder an einem Strauch steht und die jungen Spitzen abfrißt. Die Rda. ist zuerst in einer Priamel des 16. Jh. belegt (A. Keller: ‚Alte gute

‚Den Bock zum Gärtner machen'

Schwänke' [Leipzig 1847], S. 22). Auch bei Hans Sachs (IV, 3, 13b):

dasz dir nit nachtnebel klein
deine augen verdunkeln than,
sechst ein bock für ein gärtner an.

Aus Danzig wird im 17. Jh. überliefert: „Wer den Bock zum Gärtner setzet, den Hund nach schmehr und die Katze nach bradtwürsten schikket, kriget selten etwas heimb" (Ziesemer, Preuß. Wb. I, 691); ↗ Katze.

1639 verzeichnet Christ. Lehmann in gereimter Sprichwortform (S. 70): „Glaub, wo der Bock ein Gärtner wird, die jungen Bäume er wenig ziert", sowie (S. 397): „Man muß den Hund nicht so weit in die Küchen, den Bock nicht in den Garten, die Katz nicht zur Milch kommen lassen".
1649 verzeichnet Gerlingius (Nr. 182): „Ovem lupo commisisti. Du hast den Bock zum Gärtner gesetzt. Dem Wolff hast du die Schäff befohlen. Der Katzen ist der Keeß befohlen". Simon Dach reimt 1655 (Gedichte, 2, 83):

Denn wer Mägde läßt allein
Setzt den Bock zum Gärtner ein.

Vgl. ‚den Habicht über die Hühner setzen'; lat. (Ovid): ‚accipitri columbas credere' = dem Habicht die Tauben anvertrauen; engl. ‚to give a wolf the wether to keep', einem Wolf den Hammel anvertrauen; frz. ‚donner la brebis à garder au loup', auch ‚mettre le loup dans la bergerie' (wörtl.: den Wolf in den Schafstall hereinlassen), ↗ Wolf.

Eine ähnl. Bdtg. hat die Rda. *den Bock auf die Haferkiste setzen:* eine Sache verkehrt anfangen. Ndl. ‚De bok stoot op de haverkist'; schlesw.-holst. ‚He geit dorop los as de Bock op de Hawerkist', er ist sehr emsig.

Einen Bock schießen: einen Fehler, eine Dummheit machen; ndl. ‚een bok schieten'. Die Wndg. leitet sich von der früheren Sitte der Schützengilden her, dem schlechtesten Schützen als Trostpreis einen Bock zu überreichen. Dieser Brauch ist bereits 1479 in Lenzkirch (Schwarzwald) nachzuweisen. Bock bedeutete urspr. ‚Fehler'; ähnl. werden Tiernamen häufig zur Bez. von Versehen gebraucht, z. B. Pudel, Ente, Lerche und Schwein. Wolf ist ein alter Organistenausdr. für einen Fehler im Orgelbau. Hans Sachs sagt von einem Buhler, den die Frau abblitzen läßt:

Der zog davon und ward verdrossen
Und hätt der einen Kuckuck
                          geschossen.

In seinem Fastnachtsspiel ‚Papirius Cursor' (270) sagt Hans Sachs: „Ir weiber schiest ain ferrn" und im ‚Neidhart' (495). „Die weil ich hab ein trappen gschossen". Frz. heißt ‚faire un loup' schlechte Arbeit leisten, der überspringende Ton einer Trompete ‚un canard'. In der Bdtg. Bock = Fehler gebrauchen wir heute noch *etw. verbocken,* auch tautologisch verstärkt zu *Bockmist machen* (Zusammensetzung zweier gleichbedeutender Ausdrücke: Bock = Fehler; Mist = Unsinn). ‚Das ist gebockt', sagt der Tiroler von jedem Mißgriff. Die Rda. ‚einen Bock schießen' ist zuerst Ende des 17. Jh. belegt, vgl. Abraham a Sancta Clara ‚Etwas für Alle' (S. 103): „einen groben Bock schießen". Mdal. heißt ‚einen Bock schießen' auch: vorwärts stolpern und fallen (z. B. ober-

‚Einen Bock schießen'

sächs.); vgl. dazu ‚eine ↗ Lerche schießen‘. Wander (I, Sp. 418) gibt eine sekundäre Erklärung der Rda., indem er das Jagdabenteuer eines pomm. Edelmanns anführt, der kurzsichtig war und einen erschreckten Ziegenbock statt einer Schnepfe schoß.

Im übertr. Sinn bez. Bock z. B. Arbeitsgeräte, wie Sägebock und Holzbock, aber auch das Gestell, auf dem die Prügelstrafe vollzogen wurde. Daher *in den Bock spannen:* auf schmerzhafte Weise bestrafen, in Schwaben schon 1525 belegt: „In ein Bock zwingen“. Bei Seb. Franck: „Drum solt man nit so alle Köpf in ein Bock begern zu zwingen“.

Die Rda. ist auch in der Form belegt *einen ins Bocksfutter spannen* (z. B. schwäb. und schweiz.). Gemeint ist damit eine bis ins 19. Jh. geübte Art der Bestrafung und Folterung, wobei dem Sträfling die Hände zwischen den Beinen durchgezogen und an einem unter den Kniekehlen durchgezogenen Stock befestigt wurden, so daß er weder richtig stehen noch sitzen konnte. Diese Tortur lebt hie und da noch in Knabenspielen weiter. Obersächs. kennt man für diese Strafe die Wndg. ‚jem. in den span. Bock spannen‘ und die Drohung ‚Wer we’rn dich in pol’schen Bock spann“, Androhung der Strafe, ihm den rechten Arm mit dem linken Bein und den linken Arm mit dem rechten Bein nach hinten kreuzweise zusammenzuschnüren, nach Müller-Fraureuth I, 126 eine Erbschaft von den poln. Truppen.

Die scherzhafte Frage *Ist der Bock gesattelt?*, die sich erkundigt, ob jem. bereit zum Mitgehen ist, weist noch auf die alte Vorstellung vom Hexenritt auf Ziegenböcken.

Als neuere Wndg. hat sich vor allem bei jungen Menschen *Null Bock haben* durchgesetzt; desgl. *Bock haben auf etw.* Sie ist etwa 1979/80 entstanden.

Die Jugendsprache bedient sich des Bocks als Metapher, um ‚Lust, Appetit auf etw. haben‘ bzw. ‚keine Lust haben‘ in bildhaft ironisierender Weise z. Ausdr. zu bringen. (↗ Sündenbock).

Lit.: Dt. Wb. II, S. 202 f.; *Wander* I, Sp. 414–418; *Richter-Weise*, Nr. 23 u. 24, S. 28–30; *Göhring*, Nr. 50 u. 51, S. 35 f.; *L. Herold:* Art. ‚Ziegenbock‘, in: HdA. IX, Sp. 912–931; *S. G. Stech:* „A remark on ‚goat in the garden‘“, in: American Speech 36 (1961), S. 139–140; *A. L. Hench:* „Put the goat in the garden“, in: American Speech 41 (1966), S. 157–158.

Bocksbeutel. *Einem den Bocksbeutel anhangen* (anhängen): ihn lächerlich machen; der Verachtung preisgeben. Mit der Wndg. *Das ist ein alter Bocksbeutel* bez. man in Norddtl. das strenge Festhalten an alten, lächerlichen Gewohnheiten. Das Wort leitet sich von ‚Booksbüdel‘ her, in dem die Frauen beim Kirchgang ihr Gesangbuch trugen. In einem ähnl. Beutel nahmen die Hamburger Ratsherren ihre Statuten mit ins Rathaus. Da sie mit der Zeit veralteten und sinnlos erschienen, sprach man von ‚einer bloßen Booksbüdelie‘ (Booksbeutelei).

Der Ausdr. ‚Bocksbeutel‘ wurde urspr. auch i. S. v. Schlendrian, Nachlässigkeit gebraucht, u. a. bei J. B. Schuppius (1610–61).

Auch J. W. v. Goethe (1749–1832) verwendet ihn i. S. v. Schlendrian u. ‚alter Zopf‘: „Jeder Studierende fordere vom Professor der Physik einen Vortrag sämtlicher Phänomene. Fängt dieser aber den bisherigen Bocksbeutel damit an … so lache man ihn aus.“

Der Begriff ‚Bocksbeutel‘ ist aber auch als Bez. für eine Weinflasche von flacher, bauchig-runder Form aus braunem oder grünem Glas bekannt, wie sie hauptsächlich für den Frankenwein verwendet wird. Der Flaschenname meint tatsächlich den Hodensack eines Ziegenbockes (scrotum capri) u. erinnert an die Zeiten, in denen Wein in Tierbälgen transportiert u. aufbewahrt wurde, ↗ Beutel, ↗ Schlauch.

Lit.: *J. Hubschmid:* Schläuche und Fässer (= Romanica Helvetica 54) (Bern 1955); *H. Jung:* 3000 Jahre Bocksbeutel. Der Siegeszug einer Weinflasche (Würzburg 1970); *H. Hommel:* Bocksbeutel u. Aryballos. Philologischer Beitr. zur Urgesch. einer Gefäßform (= Sitzungsber. Heidelb. Akad. d. Wiss.) (Heidelberg 1978); *L. Röhrich:* Flaschen, in: U. Jeggle u. a. (Hg.): Volkskultur in der Moderne (Reinbek 1986), S. 332–346.

Bockshorn. Es gibt nicht viele Rdaa., die so rätselhaft sind und deren Bedeutungsgeschichte so vielgestaltig und widerspruchsvoll ist wie die: *jem. ins Bockshorn jagen:* ihn in die Enge treiben, ihn zaghaft machen, ihn einschüchtern. Verwandte Wndgn. sind: *ins Bockshorn zwingen, trei-*

ben, stoßen, kriechen, blasen. Die frühesten lit. und hist. Belege gehören in das 16. Jh. und lassen erkennen, daß das Bewußtsein für eine urspr. oder ältere Bdtg. schon damals verlorengegangen war.

L. Schmidt weist darauf hin, daß bereits in einem der Sterzinger Fastnachtsspiele – im ,Verstossen Rumpold' – die Wndg. „in ain Pochs horen treiben" vorkommt. Es handelt sich um eine Niederschrift des frühen 16. Jh., die textlich ins 15. Jh. zurückgeht, jedoch nichts über den Urspr. aussagt. Auch das älteste schriftliche Zeugnis bei Seb. Brant (um 1500) gibt keinen Hinweis auf die Entstehung:

Teutschen seindt unverträglich narren,
Thun ehe frydienst den ehrengenosz
Dann das man sie in bockshorn stosz
(,Narrenschiff').

In den ,Sprichwörtern' von Seb. Franck (1541) heißt es: „drumb solt man nit so alle köpf in ein bockshorn begern und zwingen", bei Geiler von Kaysersberg auch: „ich red us keine Bockshorn", d. h. ohne Finessen, grob heraus; bei Luther: „Alle Welt ist erschreckt und überpoltert, bis sie endlich in ein Bockshorn ist gejagt". Die Rda. ,in ein Bockshorn treiben' hat Hans Sachs (1551):

Mein Fraw meint, ich wer gar ein
Schaff,
Stellt sich so fromb vnd keusch
(versteht),
Sams nie kein Wasser trübet het,
Wollt mich nur treibn in ein Bockshorn,
Biß ich doch auch bin innen worn
Irer frömbkeyt, drein sie sich bracht
(Fastnachtsspiele, Ndr. 38, 230).

Etwa gleichzeitig steht ,in ein Bockshorn zwingen' bei Aventin (,Bayer. Chronik', hg. v. Lexer 1, 809). Dasselbe begegnet ferner bei dem Nördlinger Pfarrer Georg Albrecht (1665): „will vns denn der Pfaff allenthalben reformirn, vnd gar in ein Bockshorn zwingen?" (,Fluch-ABC' 34). Bei dem schwäb. Jesuiten Konrad Vetter findet sich in seiner Übers. von Campianus Schräckengast (1599, Bl. A 4a) die Wndg.: „in ein Bockshorn verwickelt". In Lohensteins ,Cleopatra' (1661) heißt es von Lepidus: „Der in Bockshorn kroch, als ich den Brutus trieb und Cassius aus Rom".

Die Tatsache, daß gerade Luther „ins

Bockshorn jagen" sagt, hat wohl entscheidend dazu beigetragen, daß mit der Zeit nur ,jagen' sich erhalten hat. Mit dem Eindringen in den lit. Gebrauch wird die Rda. immer mehr festgelegt. Von den bisher möglichen Verben bleibt nur noch ,jagen' gebräuchlich (so bei Grimm in KHM. 27, ferner bei Lessing, Hamann, Goethe): „Kann man euch Hundsvötter so ins Bockshorn jagen?" (Lessing); „... und wir lassen uns von der Inquisition ins Bockshorn jagen" (Goethe). Ganz frei braucht endlich Pestalozzi die Wndg.: „Das ist endlich nicht so gar übel, doch bist du der Mann – sie wird dich nicht wollen in ein Bockshorn hineinschieben. – Nichts weniger, Vogt! ich möchte ihn gern aus dem Bockshorn, darin er steckt, heraus bringen" (,Lienhard und Gertrud' § 5); sie findet sich bis in die Lit. der Ggwt.: „Der Kerl ist doch viel zu dumm, als daß Sie ihn nicht mit ein paar Kreuzfragen ins Bockshorn jagen können!" (Zuckmayer: ,Das kalte Licht') u. bei Chr. Meckel als Titel für seinen Roman ,Bockshorn' (München 1973).

Es folgt hier ein kurzer Überblick über die Deutungsversuche, die im Laufe der Zeit gemacht worden sind, denn die Rda. ist geradezu ein Musterbeispiel eines sprach-, bedeutungs- und brauchgeschichtl. Problems im Bereich der Wortforschung.

1. Wörtlichnehmen der Rda. Schon früh wurde unter Verzicht auf eine etymol. Erklärung der Vorschlag gemacht, es bei der buchstäblichen Anschauung des Hornes eines Bockes bewenden zu lassen. Vielfach argumentieren die Erklärer mit dem Schrecken, den angeblich der Bock einjagt, bes. wenn das Bockshorn als Teufelshorn aufgefaßt wird. Die Deutungen dieser Art sind sich allerdings meist nicht darüber einig, ob man gegen die Spitze des Hornes oder umgekehrt in sein Inneres gejagt wird: jem. so in die Enge treiben, einen so ,klein kriegen', daß er in ein Bockshorn schlüpft und sich von dessen breiter Öffnung aus nach dem spitzen Ende verkriechen möchte. Das Schweiz. Idiotikon (II, 1622) erklärt die Rda. mit der Verwendung von Hörnern bei der Wurstbereitung oder beim Backen, wobei der Teig in ein Horn gestoßen wird. Das

paßt zwar dazu, daß es in manchen Mdaa. heißt ‚ins Bockshorn stoßen', ergibt aber niemals die Bdtg. ‚einschüchtern', wohl aber: in die Enge treiben. Die Aussicht auf eine unliebsame Begegnung mit einem stößigen Bock konnte einschüchternd wirken, insbesondere wenn es keine Möglichkeit gab, seinen Hörnern zu entkommen, wie bei Ph. v. Sittewald (‚Gesichte', [1676–77], 1,62) beschrieben:

... der sie nicht überführen kan,
musz im moraste stecken bleiben
und sich ins boxhorn lassen treiben.

Andere Erklärungen verstehen Bockshorn in übertr. Bdtg.

2. Bockshorn als Raumbez., etwa als Bocksstall. Man hat festgestellt, daß in alten schwäb. (z. B. Augsburger) Schulen der Strafwinkel für eigensinnige Kinder ‚Bocksställe' (Bocksställchen) genannt worden ist. Aber daraus hätte allerdings niemals die heutige Fassung Bockshorn werden können.

3. Anekdotische Deutung. K. F. Wander (I, Sp. 419) vermutet, die Rda. sei von dem Gelehrten Markus Zubrius Boxhorn herzuleiten, der anmaßende, sehr gelehrt sein wollende Burschen oft gehörig in die Enge getrieben haben soll, so daß man sie wohl'fragte, ob sie ins Boxhorn gejagt worden wären. Diese Anekdote scheint aber rein ätiologisch erst zum Zweck der Redensartenerklärung erdacht, und es fehlt dafür jeder hist. Beleg.

4. Deutung aus einer anderen Sprache. Ital. ‚dare l'erba cassia' (altital. auch caccia). Da die Pflanze ‚cassia fistula' im Spätmhd. auch Bockshorn genannt wurde, nahm man an, ‚cassia oder caccia (= Jagd) erschienen als ‚Bockshorn' und ‚jagen' in der dt. Rda. Dagegen spricht, daß a) Bockshorn = cassia (fistula) nur ganz vereinzelt auftritt; b) der Sinn der dt. Rda. von der ital. wesentlich verschieden ist, die ‚den Laufpaß geben', ‚wegjagen' bedeutet; c) ins Bockshorn jagen nicht das Ursprüngliche ist, sondern zwingen, stoßen usw. (s. o.); d) es schwer vorstellbar ist, daß die urwüchsige und vielgebrauchte dt. Rda. der seltenen ital. nachgebildet sein sollte. Das Zusammentreffen von cassia = Bockshorn und caccia = Jagd ist nicht mehr als ein hübscher Zufall.

5. Botanische Deutung. In gewissen Gegenden ist der Name Bockshorn für bestimmte Pflanzen gebräuchlich. ‚Bockshörndl' heißen etwa in Tirol die Hülsenfrüchte des Bockshornklees (Foenum

‚Bockshornklee:
Trigonella Foenum Graecum L. subsp. culta (Alef.) Gams *a* Habitus, *a₁* Wurzel, Keimblätter und Primärblatt einer blühreifen Pflanze, *b* Keimpflanze, *c* Blattspindel mit Gelenken und Nebenblättern, *d* Blüte von unten, *e* Junge Hülsen, *f* Reife Hülse, *g* Same.

Graecum). Alberus (1540) verzeichnet ‚bubuli cornu' = kühorn, bockshorn. Die Früchte der Pflanze haben nicht nur bockshornförmige Gestalt, sondern auch einen penetranten, nach dem Bock stinkenden Geruch. Dieses Moment würde ausschlaggebend sein: man bringt jem. in eine unangenehme Lage, indem man ihn in das stinkende Bockshorn(feld) jagt. Das Anbaugebiet der Pflanze ist zwar heute auf kleine verstreute Gebiete beschränkt, doch wurde sie in der Zeit, in der unsere Rda. zuerst auftaucht, allg. als Medikament gebraucht und häufig angebaut. Dennoch wird hier nicht der Urspr. der Rda. zu suchen sein.

6. Deutungen aus älterem Brauchtum. Mindestens im 16. Jh. war in einigen Gegenden Niederdtls. und im Harz ‚Bockshorn' oder ‚Bockshornbrennen' als Bez. für das Osterfeuer gebräuchl., in das das

Vieh gestoßen wurde, um es gegen Dämonen zu schützen und fruchtbar zu machen. Der älteste Beleg stammt aus dem Jahre 1559 und betrifft die Stadt Hasselfelde: Als „die Kinder dort kurtz zuvor die Oesterlichen Feyertage über ... das Osterfeuer, oder wie man es deß Orts nennet, den Bockshorn, vor dem Flecken brennen und dabey allerley Ueppigkeit treiben gesehen, solches nachzuahmen, haben die einfältigen Kinder Strohe auf einen Schweinskoffen zusammengetragen und dasselbe angestecket" (Zeiller-Merian: Topographie von Braunschweig und Lüneburg [1654], 110). Die Rda. könnte von hier aus ebenfalls wörtl. genommen werden: ins Bockshorn jagen = durch das Osterfeuer treiben. Im 12. Kap. von Johann Letzners ,Historia S. Bonofacij‘ (Hildesheim 1602) ist die Rede von der Christianisierung: „Nach der bekerung aber, vnd als diese Leut Christen wurden, hat man auff demselbigen Hügel am Ostertage, mit der Sonnen vntergang, noch bey Menschen gedencken, das Osterfewr gehalten, welches die alten Bocksthorn geheißen". Auch andere Belege für das Osterfeuer aus dem 17. und 18. Jh. verzeichnen ,Bocks-Thorn‘. Im Anschluß an diese Form ist von Jac. Grimm, U. Jahn und anderen eine mythologische Erklärung (Zusammenhang mit den Böcken Thors und altgerm. Opferfeuern) entwickelt worden, die jedoch nicht mehr diskutabel ist.

Der Ableitung der Rda. aus dem ndd. Osterfeuerbrauch widerspricht jedoch der älteste Beleg für Bockshorn, der sich im obd. Sprachraum (bei Seb. Brant) findet, ferner die Tatsache, daß in der ältesten Zeit auch der Wortlaut ,ins Bockshorn kriechen‘ üblich ist, der unter keinen Umständen zum Feuersprung paßt. Der Sprung durch die Flammen des Osterfeuers ist übrigens keine Qual, sondern ein Volksfest. Die Lesart Bockthorn (mit t) ist für einen Druckfehler gehalten worden. Doch liegt hier der Haupteinwand gegen die Osterfeuer-Deutung: Bocks-Thorn war um 1600 nicht nur die gebräuchl., sondern auch die richtige Form. Noch heute nennt man in Teilen des ndd. Sprachgebietes das Osterfeuer ,Paoskefüer‘ = Pascha-Feuer; Thurn ist der Turm

von Abfallholz usw., der für das Feuer aufgeführt wird. In den Elbmarschen heißt das Osterfeuer geradezu Osterturm. Dieses hd. ,Osterturm‘ entspricht genau einem ndd. ,Paosk-Thorn‘. Aus ,Paoskthorn‘ wurde durch Metathese ,Paoksthorn‘, daraus schließlich durch volksetymologische Umprägung Bockshorn, zumal sich die Redensart in die Bildhaftigkeit der Wortbedeutung nicht schlecht einfügte.

7. Deutung aus der ma. Folterjustiz. Es wurde angenommen, Bockshorn sei, in Anlehnung an den Namen ,Bock‘, ein Folterwerkzeug gewesen, obwohl dafür bisher hist. Belege fehlen.

8. Deutungen aus altem Rechtsbrauch. Beim bair. ,Haberfeldtreiben‘, einem brauchtümlichen Rügegericht, wird der Schuldige in ein Hemd gezwungen und ihm sein Sündenregister verlesen. Das Hemd, in dem der Delinquent erscheinen muß, ist an die Stelle eines Bocksfelles getreten, von dem das ganze Verfahren seinen Namen hat; denn ,Haberfeldtreiben‘ ist eine volksetymol. Umbildung aus ,Haberfelltreiben‘, und das Haberfell ist nichts anderes als ein Bocksfell (haber = lat. caper, der Bock). Bockshorn erklären H. Jaekel und A. Götze als volksetymol. Umbildung von einer allerdings nur erschlossenen Form *Socksham, ahd. bokkes-hamo = Bockshaut. Gestützt wird diese Deutung dadurch, daß es in der älteren Zeit durchweg ,in ein Bockshorn zwingen‘ heißt, wobei der unbestimmte Artikel deutlich auf einen konkreten Gegenstand weist; auch die Verben treiben, zwingen, kriechen usw. passen zu dieser Erklärung. Die Sinndeutung ist gewahrt, denn wer jem. in ein Bocksfell getrieben wird (oder hineinkriechen muß), so wird er damit in Angst gejagt. Am deutlichsten schimmert noch die alte Bdtg. einer Strafmaßnahme durch in der Stelle aus Höniger von Königsh. ,Narrenschiff‘ (199): „die conventsbrüder vermeinten, der apt wolt sie gar in ein bockshorn zwingen, dieweil er sie so heftig strafet".

9. Deutung aus einer Fluchformel. Der Terminus ,Gottes Zorn‘ als ein Wort der religiösen Sprache ist eine der bedeutsamsten Vorstellungen in der Religion der Juden und ist auch ins N. T. übergegangen.

Da der Name Gottes ‚nicht vergeblich geführt werden' darf, ist er in Flüchen, Verwünschungen usw. im Volksmund durch ähnl. klingende drastische Wortformen, vor allem durch ‚Pox', ‚Box', ‚Potz', ‚Botz' tabuartig ersetzt worden (z. B. in Box Marter, Blut, Kreuz, Sakrament, Blitz usw.). Vom 15. Jh. an finden sich massenhaft die mit Box usw. zusammengesetzten Flüche. Für ‚Gottes Zorn' scheint ‚Box Zorn' getreten zu sein, woraus in der volksetymol. Umwandlung unter drastischer Konkretisierung ‚Boxorn', ‚Boxhorn', ‚Bockshorn' werden konnte. Das Genus machte keinerlei Schwierigkeit, da Zorn in der älteren Zeit Neutrum ist. Die urspr. Bdtg. von Bockshorn = Gottes Zorn ist klar erkennbar in dem bei Michael Lindener (‚Katzipori', 1588) bezeugten kräftigen Fluch: „boxhorn soll dich schänden, du dicke quadratische, viereckete Wampe!"
Ebenso sagte man: ‚Daß dich Bocks Marter schänd'; ‚Daß dich Bockshorn (Gottes Zorn) schänd'!. Hans Sachs setzt vergröbernd ‚Hoden' für ‚Horn': „das mich box hoden schend und blend". Eine andere groteske Erweiterung ist: ‚botz rinderzahn und ochsenhorn'. Zur Popularisierung des Fluches trug gewiß bei, daß mit Bockshorn eine drastische Vorstellung vom ↗ Teufel verbunden war.
Keine der genannten Deutungen und Erklärungen kann Alleingültigkeit beanspruchen; vielmehr hat ein schon beim früheren lit. Beleg nicht mehr verstandenes Wort immer neue Real-Substitutionen erhalten. Die Rda. ist in jedem Fall älter, als man nachweisen kann. Der Sinngehalt (= verblüffen, in Verlegenheit bringen) hat sich unverändert erhalten; der Anschauungsgehalt des Bockshornes dagegen variiert und ist bis zur Unverstandenheit verblaßt. Trotzdem ist die Rda. noch heute allg. verbreitet und beliebt. Nicht trotz, sondern wegen der mannigfachen volksetymol. Umwandlungen erhielten sich Wort und Rda.; und gerade das Rätselhafte, das nicht ohne weiteres Verständliche trug mit zu ihrer Erhaltung bei. Vielleicht hat auch die bewußte oder unbewußte Freude am ausdrucksvollen Wortklang an der Erhaltung und Verbreitung mitgewirkt, ↗ Haberfeldtreiben, (↗ Trichter).

Lit.: *R. Sprenger:* „Bockshorn", in: Jb. des Vereins f. nddt. Sprachf. 6 (1880), S. 134; *ders.:* „Ins Bockshorn jagen", in: Zs. f. d. U. 5 (1891), S. 276; *A. Götze:* Alte Rdaa. neu erklärt, in: Zs. f. dt. Wortf. 4 (1903), S. 330 f.; *H. Jaekel:* Abba Āsega und Rēdjeva', in: Zs. d. Savigny-Stiftung f. Rechtsgesch. 40, N. F. 27, Germ. Abt. (1906), S. 121 ff.; *E. Damköhler,* in: Arch. f. Landes- u. Volkskde. d. Prov. Sachsen 22 (1912), S. 57–63; *L. Günther:* Von Wörtern und Namen (Berlin 1926), S. 9–17; *H. Freudenthal:* Das Feuer im dt. Glauben u. Brauch (Berlin – Leipzig 1931), S. 250; *F. W. Zipperer:* Das Haberfeldtreiben. Seine Geschichte und seine Deutung (Weimar 1938); *W. Hartnacke:* ‚Ins Bockshorn jagen', in: Neuphilologische Monatsschrift 13 (1942), S. 227 f.; *Th. Heinermann:* Bockshorn, in: PBB. 67 (1944), S. 248–269; *K. Spalding* u. *K. Brooke:* An Historical Dictionary of German Figurative Usage, Fascites 1–10 (Bd. I) (Oxford 1959), S. 65; *L. Schmidt:* ‚Sprichwörtl. dt. Rdaa.', in: Österr. Zs. f. Vkde., N.S. XXVIII (1974), S. 88; *G. Greciano:* ‚Ins Bockshorn jagen': A propos de la délimination de l'idiome, in: Proverbium 7 (1984), S. 63–79.

Boden. Der Boden gilt als das Fundament, das Sichere und Feststehende u. steht häufig für oder in Verbindung mit Grund (‚Grund und Boden') wie bei Joh. Fischart, ‚Gargantua' (1594), 88, wo es heißt: „findst grund, siehst den herrgot am boden?" Die Rda. *sich auf den Boden der Tatsachen stellen* heißt deshalb: von einer sicheren Grundlage aus alles realistisch betrachten. Dagegen bedeutet die Wndg. *sich auf schwankenden Boden begeben,* daß unsichere Voraussetzungen mit einbezogen werden, daß man von Vermutungen ausgeht und von Zufällen abhängig wird; vgl. frz. ‚se rendre sur un terrain mouvant'.
Die Rda. *Der Boden wankt unter den Füßen* hat einen doppelten Sinn: das Fundament einer menschl. Existenz bricht zusammen, aber auch: jem. hat einen starken Rausch; vergleiche frz. ‚Le sol se dérobe (versagt) sous le pieds de quelqu'un'.
Die alte Vorstellung, daß sich der Boden auftun und den Menschen verschlingen kann, spiegelt sich in mehreren Wndgn. *Der Boden tragt's nit!* oder *Dieser Boden trägt solche Leute!* und in dem Wunsch, am liebsten *in den Boden versinken zu wollen.*
Eine Beziehung zu Johannes dem Täufer als Wegbereiter (Matth. 3,3) besitzt vielleicht die Wndg. *jem. den Boden ebnen (bereiten):* Schwierigkeiten aus dem Wege räumen; vgl. frz. ‚frayer un passage à

BODEN

quelqu'un' (wörtl.: jem. einen Weg bahnen).

Auf deutschen Boden kommen, scherzhaft für: die Schuhsohlen durchgelaufen haben. *Auf deutschem Boden (deutschen Sohlen) gehen (laufen):* barfuß gehen. Hat der Schweizer seine Schuhsohlen durchgelaufen, so sagt er: ‚Er goht uf der tütsche Erde', ‚er lauft uf de tütsche Sole'. Obersächs. *nicht auf deutschen Boden kommen:* vor Geschäften immer in Bewegung sein, gleichsam in der Schwebe bleiben, nie zu einer ruhigen (ndd. ‚boddenfesten') Tätigkeit im Leben kommen.

Der Boden brennt ihm unter den Füßen: seine Lage ist gefährlich und unsicher; ebenso *der Boden wird ihm zu heiß,* bes. von Flüchtigen und Verbrechern gebraucht.

Einer Sache *ist der Boden aus:* sie ist verloren, zu Ende; in Bayern gesteigert zu ‚letz is n Himmel de Boden aus', jetzt ist alles zu Ende. Sie begegnet schon im frühen 16. Jh., sowohl im wörtl. wie im übertr. Sinne: „... dem sack fuhr doch der boden aus" (Th. Murner, ‚Narrenbeschwörung', 1512): Vor allem aber wurde sie bekannt durch die Rda. *Das schlägt dem Faß den Boden aus:* das geht zu weit, d. h. es wird Unwahres u. Unrichtiges, aber auch Unvernünftiges gesagt, ↗ Faß.

Eine Anzahl weiterer Rdaa. mit Boden bedürfen kaum einer Erklärung: *den Boden unter den Füßen verlieren; an Boden gewinnen:* Fortschritte machen (vgl. ndl. ‚Veld winnen', frz. ‚gagner du terrain', engl. ‚to gain ground'); desgl.: *an Boden wettmachen,* d. h. (im Sport) verlorenen Boden zurückgewinnen, aufholen. ‚Sieh zu, daß du Boden gewinnst!' ist hingegen eine Aufforderung zu verschwinden, sich aus dem Staub zu machen.

Etw. aus dem Boden stampfen: wie durch Zauberei herbeischaffen. So hatte Pompeius schon geprahlt, es würden Scharen von Fuß- und Reitervolk aus der Erde steigen, wenn er auf Italiens Boden stampfe (Plutarch, Pompeius, Kap. 57). Vgl. die Stelle in Schillers ‚Jungfrau von Orleans' (I, 3): „Kann ich Armeen aus der Erde stampfen?" Ebenso ndl. ‚legers uit de grond stampen'; frz. ‚faire surgir du sol comme par enchantement' (wörtl.: etw. aus dem Boden hervorzaubern).

Auf guten (fruchtbaren) Boden fallen, entlehnt aus dem bibl. Gleichnis vom Sämann (Matth. 13,8 u. Mark. 4,8); daher ist diese Rda. auch in anderen Sprachen bekannt: ndl. ‚in goede aarde vallen'; engl. ‚to fall in good ground' u. frz. ‚tomber dans la bonne terre'.

Von sauber geputzten Räumen sagt man: *Darin könnte man vom Boden essen* (so sauber ist es in ihnen). Dagegen bedeutet: *den Boden lecken* das Letzte verzehren, was man besitzt.

Am Boden scharren: am falschen Ende sparen.

Jem. zu Boden drücken: ihn überaus schwer belasten, so daß er sich wie unter einer Bürde beugen muß. Eine weitere Steigerung enthält die Rda. *jem. unter den Boden bringen:* ihn ins Grab treiben.

Jüngere Rdaa. sind: *etw. (jem.) den Boden entziehen:* etw. gegenstandslos machen (jem. wirtschaftlich vernichten), *einen gemeinsamen Boden finden:* Übereinstimmung, ähnliche Ausgangspunkte, Probleme und Argumente haben; vgl. frz. ‚trouver un terrain d'entente' (wörtl.: einen Verständigungsboden finden).

Zu Boden gehen: hinfallen, zugrunde gehen, z. B. 1452 in der preuß. Geschichte von Schütz: „So hatte das gantze Regiment ... durch innerliche Uneinigkeit müssen zu boden gehen". Die Wndg. kommt schon in bibl. Texten vor in der Bdtg. von untergehen, verderben: „... darum müssen sie zu Boden gehen" (Jer. 48,36); „... daß sie gar zu Boden gehen" (Weish. Sal. 4,19); „Ninive wird bald zu Boden gehen" (Tob. 14,6). Man findet sie im gleichen Sinne verwendet bei Luther, Melanchthon, S. Franck, H. Sachs u. a.; vgl. frz. ‚mordre la poussière' (wörtl.: den Staub beißen) ↗ Staub.

In späteren Zeiten treten gehäuft Belege auf, die auch die im 16. Jh. – u. a. von Luther – häufig verwendete Verbindung von Grund u. Boden wieder aufnehmen. Während bei Luther jedoch mit dem Begriff ‚zu Grunde gehen' das urspr. Wurzelschlagen gemeint ist: „gottes werke sind rechtschaffen, gehen zu grund u. boden, ist alles ernst u. vollkömlich ding" (Deutsche Schriften 4,122), ist bei den späteren Autoren nur noch das Untergehen, das Verderben gemeint: „... wenn sie nicht wolten zu grund u. boden gehen" (J. B. Schuppius, Lehrreiche Schriften [Frankfurt 1684], 40), ↗Grund.

Die Wndg. ‚zu Boden gehen' lebt im Boxsport weiter.

Im Zusammenhang mit den Bombenangriffen auf Flugplätze im 2. Weltkrieg, durch die gegnerische Luftstreitkräfte ausgeschaltet wurden, entstanden die Wndgn.: *etw. am Boden zerstören:* völlig vernichten, *jem. am Boden zerstören:* ihn heftig prügeln und *völlig am Boden zerstört sein:* kraftlos, fassungslos, niedergeschlagen, auch betrunken.

Einen neuen Boden ins Glas legen gilt als scherzhafte Umschreibung für erneutes Einschenken.

Eine Moral mit doppeltem Boden bedeutet die Anwendung verschiedener Maßstäbe.

Neben der Bedeutung Erde, Grund, Fußboden kann mit Boden auch der Dachboden (mdal. ‚Speicher', auch ‚Bühne') bez. werden, etwa in Wndgn. wie ‚hol Heu vom Boden!', ‚bring's auf den Boden!', ‚alles, was das Haus bietet, vom Keller bis zum Boden'.

Bodensee. *Sich fühlen wie der Reiter auf dem Bodensee:* sich unsicher fühlen, d. h. nicht auf festem Grund. Die Rda. ist eine Anspielung auf die Ballade ‚Der Reiter u. der Bodensee' von Gustav Schwab (Gedichte [Stuttgart 1828/29]). Darin wird geschildert, wie ein Reiter ahnungslos über den zugefrorenen Bodensee galoppiert, unversehrt das jenseitige Ufer erreicht, dann aber, als er erfährt, welcher Gefahr er sich ausgesetzt hatte, vor Schreck tot zusammenbricht.

Bogen. *Den Bogen überspannen:* eine Sache zu weit treiben, ist wahrscheinl. abgeleitet von dem Sprw. ‚Allzu straff gespannt, zerspringt der Bogen', oder: ‚Wenn man den Bogen überspannt, bricht er', das schon im Altertum bekannt war; bei Plutarch: „Arcus tensus rumpitur", ähnl. bei Phaedrus (III, 14, 10): „cito rumpes arcum, semper si tensum habueris". Mit ‚arcus' ist die durch die Spannung der Sehne bewirkte Krümmung des Bogens gemeint. Bei allzu großer Spannung bricht der Bogen. Die Rda. wird vielfach auch im übertr. Sinne gebraucht. So im

‚Narren-Nest' des Abraham a Sancta Clara: „Wisse, daß das Überspannen gemeiniglich den Bogen, die Faulheit aber das Gemüth bricht". Vgl. ndl. ‚De boog kan niet altijd gespannen zijn', es muß zwischen Arbeit und Entspannung abgewechselt werden. Die ndl. Rda. ‚verschillende pijlen op zijn boog hebben', verschiedene Mittel kennen, um zum Ziel zu gelangen, ist der dt. Rda. ‚verschiedene Eisen im Feuer haben' sehr ähnlich; ↗Eisen.

Große Bogen spucken: prahlen, große Worte machen, daher ‚Bogenspucker', Großtuer, Prahlhans; seit dem 1. Weltkrieg bezeugt. *Den Bogen heraus haben* (auch *spitz haben*): eine Sache vollkommen beherrschen. Diese Rda. leitet sich ebenfalls von Bogenschießen her u. bezieht sich auf das Spannen des Bogens, das man ‚heraus haben' muß, um weit schießen u. gezielt treffen zu können (vgl. ↗biegen).

Einen Bogen um jem. machen: ihm aus dem Wege gehen; vgl. frz. ‚faire un détour en voyant quelqu'un'.

Norddt. ‚Das geht noch so durch den Bogen', es dürfte gerade noch genügen; gedacht ist hierbei wohl an den Torbogen, unter dem der hochbeladene Erntewagen gerade noch hindurch kann. Schwäb. ‚an den Bogen schenken' (von den Hochzeitsgaben, die man im Wirtshaus an einem durch die Feststube gespannten Seil aufhängte).

In Bausch und Bogen ↗Bausch.

Lit.: *M. Ebert:* Art. ‚Bogen', ‚Bogenschützen', in: RGA. I, Sp. 299–301; *B. C. Sly:* „The bent bow", in: Modern Language Notes 36 (1921), S. 507.

Boheme. *In der Boheme leben (bleiben):* ein ungezwungenes Künstlerleben führen. Das sondersprachl. Wort wurde im 19. Jh. aus frz. ‚bohème' entlehnt, das auf mittellat. ‚bohemus' = böhmisch beruht und als Herkunftsbez. ‚Leute aus Böhmen' meint. Da Böhmen für die Heimat der Westeuropa durchziehenden Zigeuner gehalten wurde, erhielt der Begriff bereits im mfrz. die Bdtg. von ‚Zigeuner' und bez. seit Ende des 17. Jh. den, der ein ungeregeltes, unbürgerliches Leben führt. In der Mitte des 19. Jh. wurde er auf Studenten und Künstler des Pariser ‚Quartier latin' bezogen, deren genial-liederliches Treiben Henri Murger (1822–61) in seinen ‚Scènes de la vie de bohème' (1851) schilderte. Allg. bekannt wurde der Ausdr. durch Giacomo Puccinis Oper ‚La Bohème' von 1896.

Bohne. Da die einzelne Bohne so gut wie gar keinen Wert hat (Bohnen werden öfters als Ersatz für Spielgeld verwendet), bezeichnet sie schon seit dem 13. Jh. das Unbedeutende, Nichtige.
Nicht die Bohne: durchaus nicht, nichts; keineswegs, nicht die Spur. ‚Er ist nicht einer kalten Bohne wert'; *keine Bohne wert:* wertlos; ebenso ndl.: ‚Hij is geene boon ward'. Ähnl. sagte man früher auch: ‚Nicht eine Erbse', ‚eine Linse', ‚eine Wicke gebe ich drum'. Seit dem Mhd. existiert eine Fülle von Belegen: Walther von der Vogelweide gebrauchte im Hinblick auf die Freigebigkeit Kaiser Friedrichs:
mîn vorderunge ist ûf in
kleiner danne ein bône,
und im ‚Tristan' Gottfrieds von Straßburg (V. 16875 f.) heißt es:
sin hæten umbe ein bezzer leben
niht eine bone gegeben.
Als Tristan vom Riesen Urgan bedroht wird, erwidert er (V. 15989–91):
weistuz nu wol, nu vürhte ich
dine stange unde dich
niht eine halbe bone.
Bei Luther (Heuseler Nr. 367): „Der Walhen (Welschen) Andacht und Deutschen Fasten möchte man beide mit einer Bohne bezahlen"; bei Geiler von Kaysersberg: „man kempfet umb ein sach, die nit einer bonen wert ist". Joh. B. Schupp (1610–61) bringt: ‚Freundschaft, die auf Fressen und Saufen gegründet ist, die ist nicht einer Bohnen wert'.
In den heutigen Mdaa. ist die Rda. noch weit verbreitet; z. B. pfälz.: ‚ken hohle Bohn wert'. Die Wndg. ‚kei wurmige Bo nutz' gleicht der folgenden schwäb. ‚keine schimmelichte Bohne wert'; meckl. ‚Dor kihr 'ck mi nich ne Bohn' an', darum kümmere ich mich nicht. Ähnl. ndd. ‚Dat sünd min Bohnen', das laß meine Sorge sein; westf. ‚Et sind dine Bäunen nit', das geht dich nichts an.
Andere schon frühnhd. belegte Wndgn. sind: *Erbsen Bohnen sein lassen:* etw. nicht

sehr genau nehmen, fünf gerade sein lassen, z. B. bei Joh. Fischart (‚Gargantua' 130ª): „er liesz bonen erbsen sein"; *aus einer Bohne einen Berg machen:* etw. Unbedeutendes aufbauschen, etwa bei Geiler von Kaysersberg: „uszer einer bonen ein berg gemacht", und bei Eberlin von Günzburg: „Da wurd geurteilt, ja aus einer Bon ein Berg gemacht". *Geh' mir aus den Bohnen* ↗ Bohnenlied.
Bohnenspeise verursacht Blähungen (vgl. das Sprw. ‚Jedes Böhnchen – ein Tönchen'), unter Umständen Beängstigung, Herzklopfen und in geringerem Maße auch Behinderung des freien Denkens. Daher wohl die Rda. *Du hast Bohnen gegessen:* du bist schwer von Begriff, dumm; vgl. ndd. ‚Hast grote Bonen eten' und thür. ‚Du hast wohl Bohnen gegessen', du bist wohl taub? (vgl. M. Höfler: ‚Krankheitsnamenbuch', S. 115); hamb.: ‚Du hest wol grote Bonen freten?' zu ungehorsamen, eigensinnigen Kindern oder wenn jem. oft nachfragt. Der Pfälzer charakterisiert den einfältigen Menschen mit dem Wort ‚Bohnensimbel'. Die Auffassung, ein übermäßiger Bohnengenuß beeinträchtige sinnliche Wahrnehmung und Verstand, kannte schon das Altertum.
Etw. anderen Ursprungs ist die am Niederrhein und in Holland verbreitete Rda. *in den Bohnen sein:* in Gedanken versunken, mit den Gedanken abwesend sein, vgl. ndl. ‚in de bonen zijn'; in Verwirrung, in Verlegenheit sein – ihrer urspr. Bdtg. nach – närrisch geworden sein. Im MA. noch unbekannt, ist die Wndg. frühestens seit dem 16. Jh. in ndl. Liedern nachweisbar. Den Glauben an eine rauschhafte Wirkung von Bohnen bezeugen aber bereits antike Quellen.
Die fatale Situation eines Hilf- und Ratlosen, Geängsteten und Bedrohten bez. die berndt. Rda. ‚Dä isch bös i de Bohne': arg in der Klemme, in einer prekären Lage, die J. Gotthelf in seinen ‚Wahlangsten und Nöten des Herrn Böhneler' genießerisch ausmalt.
Bohnen in den Ohren haben: schlecht hören können. Nach dem Volksglauben schädigt der Bohnenverzehr in erster Linie das Gehör; daher die spöttische Frage, schlesw.-holst.: ‚Du hesst wol (grote) Bohnen in de Ohren?' für Leute,

235

die schwerhörig sind oder sich harthörig stellen. Im Holst. heißt es: ‚He wart Boonenslu (Bohnenschalen) in de Ooren hebben'.

Eine bes. verachtete Speise sind *kalte Bohnen,* daher südwestdt. als Abfertigung der Frage nach der Uhrzeit: ‚s'isch dreiviertel uf kalte Bohnen!' und ndd. nach Anhören eines törichten Wunsches ‚Wenn't süß nix is als koll Bon un Buttermelk up'n Sünndag!'".

Eine Bohne in einer Speise zu verstecken oder in einen Kuchen zu backen ist ein alter Gesellschaftsscherz, urspr. am Vorabend des Dreikönigsfestes, heute bes. bei Gesellschaft junger Mädchen. Wer die Bohne in dem ihm zugeteilten Stück fand, wurde früher zum König des Festes, zum ‚Bohnenkönig' erklärt. Man schmauste und zechte auf seine Kosten und erwies ihm einen Tag lang fiktive Ehren; verständlich, daß bisweilen der Titel verächtlich für einen nur nominell regierenden Fürsten gebraucht wurde; heute glaubt man, daß der Finder der Bohne sich als erster der Gesellschaft verloben wird. Daher sprw.: *Er hat die Bohne (im Kuchen) gefunden:* er hat einen guten Fund gemacht, er hat es getroffen; ebenso frz. ‚Il a trouvé la fève dans le gâteau'.

Jüngere Rdaa. sind: *einem eine Bohne stecken:* ihn zurechtweisen, und *Er macht sich durch die Bohnen:* er flüchtet, dazu rhein. ‚Met dem geht et en de Bohne', er wird bald sterben; ebenso für die Nichtigkeit alles Irdischen heißt es im Schwäb.: ‚'s goht bald mit mir ins Bohnegärtle', auf den Kirchhof; und pfälz.: ‚'s alles in de Buhne gang': verlorengegangen.

Nach der blauen Farbe des Bleis werden seit dem 18. Jh. die Flintenkugeln als *blaue Bohnen* bezeichnet, z. B. bei E. M. Arndt: „da sät man blaue Bohnen, die nimmer Stengel treiben, bei Kolberg auf der Au". Daher die Wndgn. *einem eine blaue Bohne einjagen* (ndl. ‚een blauwe boon' und engl. ‚a blue pill (plum)'); *er weiß, wie die blauen Bohnen pfeifen:* er ist ein kampferprobter Soldat (mit ‚Fronterfahrung'); *blaue Bohnen hageln:* Gewehrkugeln hageln; *blaue Bohnen regnen:* beliebte Wndg. in Grimms Märchen (KHM. 16, KHM. 101). Das pfälz. ‚e bloo Bohn schlicke': vermutl. mit Kopfschuß

durch den Mund enden (Selbstmord verüben), könnte aber auch einfach ‚erschossen werden' heißen. Harmlos klingt dagegen westf. ‚Bloae Baünkes (Böhnchen) maken': dumme Streiche verüben. Die schlesw.-holst. Rda. ‚he maakt em blaue Bohnen wies' bez. so etw. wie Vortäuschung falscher Tatsachen.

Steht in der bair. Mda. ‚Hasenpône' für einen furchtsamen und unentschlossenen Menschen, so bedeutet in Nordostdtl. der Besitz von Bohnen – ‚Bohnen haben' – zumeist Angst oder sogar Furcht empfinden. Der Besitz von Bohnen kann allerdings auch Wohlstand signalisieren.

Er hat viele Bohnen im Sack: er ist wohlhabend oder scheint es wenigstens zu sein. *Er hat Bohnen:* er ist ein reicher Bauer. Der Pfälzer meint von einem, der alles zu genau nimmt: ‚Des isch e diffiziler Bohneputzer'.

Zahlreich sind sprw. Vergleiche, die die Bohne zum Gegenstand haben. Wer im nordostdt. Raum ‚wie ut de Bohne gekroape' erscheint, der tritt äußerlich vernachlässigt, vor allem ungekämmt auf; ‚He sitt ut wie e Bohnengruggel': der gibt sich wie ein Schreckgespenst.

Das Schlesw.-Holst. kennt: ‚He itt as'n Bohnendöscher' für die Mahlzeit eines ausgehungerten Schwerarbeiters. Mancher ist, pfälzisch gesprochen, ‚so dinn wie e Bahneblaat'. Heißt es im Bair. euphemist. von einer Frau, ‚sie hat eine Pône gegessen', so ist sie die Schwangere gemeint. Aus dem politischen Bereich stammt die Wndg. ‚Er ist ein Bohnenfresser': verkauft, wie schon im antiken Griechenland geschehen, seine Stimme dem Meistbietenden. Man ging bereits in der Antike mit schwarzen und weißen Bohnen zur Wahlurne, und es bereitete keine Schwierigkeiten, aus staatsbürgerlichen Rechten eine lukrative Erwerbsquelle zu machen. Auch gegen diese Praxis richtete sich Pythagoras' berühmtes Verbot für seine Anhänger ‚Enthalte dich der Bohnen!'. Das bedeutete jeden Verzicht auf öffentliches Wirken. In erster Linie jedoch richtete sich sein Verdikt gegen den entheiligenden Genuß der ‚unsauberen' Frucht.

Lit.: *Wander* I, Sp. 426–427, V, Sp. 1030–1031; *F. A. Stoett:* Hij is en de boonen, in: Noord en Zuid 13 (1890) S. 217–220; *H. Marzell:* Art. ‚Bohne', in:

HdA. I, Sp. 1470–1473; *P. Sartori:* Art. ‚Bohnenkönig‘ u. ‚Bohnensonntag‘, in: HdA. I, Sp. 1473–1475; *M. Währen:* Der Königskuchen und sein Fest (Köln 1958); *W. Danckert:* Symbol, Metapher, Allegorie im Lied der Völker. (Bonn-Bad Godesberg 1978) Teil 3, S. 1261–1270; *A. Hauser:* Auf der Suche nach dem Bohnenlied, in: Neue Zürcher Zeitung v. 9./ 10. 5. 1981, Nr. 106, Beil. Lit. und Kunst.

Bohnenlied. *Das geht (noch) übers Bohnenlied, das ist mir übers Bohnenlied:* das ist unerhört und unglaublich, es übersteigt jedes erlaubte Maß; pfälz.: ‚Des geht iwers Bohnelied‘: das ist sehr ungehörig, derb, schamlos, ungewöhnlich.

Die Rda. wird stets in mehr oder minder tadelndem Sinne gebraucht, auch im Schwäb.: ‚Das wäre über’s Bonelied‘: über alle Begriffe. So bemerkt Herzog Christoph von Württemberg (1515–68) mißbilligend: „Dass nun solches Bächlein über die Pfaffenheien sollte geführt werden, ist über meinen Verstand und gewiß über das Bohnenlied“.

Das Bohnenlied wird zuerst in den Fastnachtspielen des 15. Jh. erwähnt. Das älteste Zeugnis dafür, daß es in Dtl. ein Lied von der Bohne gab, bietet vielleicht Walther von der Vogelweide (17,29) in einem Verspaar:

waz êren hat frô Bône
daz ma sô von ir singen sol?

Es ist möglich, wenn auch keineswegs sicher, daß Walther hier schon auf die Bohnenlieder anspielt, für die wir die ersten Belege aus der Zeit um 1500 besitzen. Alle Strophen dieser Lieder schlossen mit der Zeile: „nu gang mir aus den Bohnen“ = laß mich ungeschoren, was jetzt noch im Elsaß gebräuchl. ist i. S. v.: geh deiner Wege, mit einem solchen Narren will ich nichts zu tun haben.

Der Refrain bezieht sich auf den im 16. Jh. üblichen Witz „Wenn die Bohnen blühen, gibt es viel Narren", wovon auch verschiedene Sprww. zeugen, z. B. ‚Die Bohnen blühen, die Narren ziehen‘. Vgl. ndl. ‚Als de boonen bloeijen, de zotten groeijen‘. Von rauschhafter, den Geist betäubender Bohnenblüte spricht auch das lat. ‚Cum fabis stultorum capita florent‘; frz., ‚Les fèves sont en fleur, les fous sont en vigueur‘. Von dem genannten Kehrreim hat das Bohnenlied seinen Namen erhalten. Es schilderte in mehreren Strophen alle möglichen Torheiten und Albernheiten der Menschen; seine Grundstimmung war auf die Fastnachtszeit hin gerichtet. Überstieg eine Dummheit das im Bohnenlied gegeißelte Maß noch, so sagte man: ‚Das geht noch übers Bohnenlied‘. Schon in einem Luzerner Neujahrsschauspiel aus der 2. H. des 15. Jh. heißt es:

diser sach bin ich fast müed,
es ist mir über’s bonenlied.

Schon damals bezeichnete das Bohnenlied etw. Veraltetes, Abgeleiertes und Abgeschmacktes. Dieser Begriff der Geringschätzung konnte um so leichter auf das Lied übergehen, weil die Bohne schon seit alter Zeit das Bild des Nichtigen und Wertlosen war (↗ Bohne).

Als Spottlied ist das Bohnenlied auch in Anselms ‚Berner Chronik‘ bezeugt. Danach wurden 1522 zu Bern zwei Fastnachtsspiele des dortigen berühmten Dichters und Malers Nik. Manuel öffentlich aufgeführt: „Hiezwischen uff der Eschen Mitwuchen ward der römische Ablass mit dem Bohnenlied durch alle Gassen getragen und verspottet“. Aller Wahrscheinlichkeit nach handelt es sich um einen Chorgesang, der bei dieser Prozession zum besten gegeben wurde.

Der Text des Berner Bohnenliedes, das buchstäblich Epoche machte, ist nicht überliefert, der Verfasser unbekannt. Nur von der folgenreichen Wirkung her kann man auf den beißend-satirischen Inhalt der Verse schließen, die ihren Zweck, die Beförderung der Reformation, vollauf erreichten.

Jahrhunderte später griff Jeremias Gotthelf die alte Rda. literarisch auf, um die Volksmeinung über ein unglaubliches Ereignis wiederzugeben: die bevorstehende Heirat eines nur das Seine suchenden, hochmütigen Juristen mit einem erklärtermaßen armen, nicht mehr jungen Mädchen „gehe über das Bohnenlied, entweder sei er ein Narr oder hineingesprengt worden“ (‚Der Notar in der Falle‘).

Auch Uhland benutzte 1859 die Wndg. in einem seiner Gedichte:

Ihr fordert, daß ich Lieder singe,
Mit Deutschlands Barden Glied an
                   Glied?
Der Anblick unsrer deutschen Dinge,
Der geht mir übers Bohnenlied.

Der Text des Bohnenliedes ist gedruckt bei F. M. Böhme, Altdt. Liederbuch (Leipzig 1877), S. 435, Nr. 361; die erste Strophe lautet:

> Wer lützel bhalt und vil vertût,
> der darf nit ston in sorgen,
> Das man im zletzt vergant sein gût,
> Kein Jud tût im drauf borgen.
> Wer nütze ding wil achten ring,
> sein selbs nit wil verschonen,
> dem sagt man bald, e daß er alt:
> nu gang mir aus den bonen!

Von der Melodie sei wenigstens der Refrain gegeben:

Nu gang mir aus den Bohnen!

Die Rda. ‚Das geht übers Bohnenlied' war zunächst in Südwestdtl. heimisch und hat sich von dort allmählich über das ganze dt. Sprachgebiet verbreitet; auch i. S. v. über alles Maß des Erträglichen und Anständigen hinausgehend noch heute, bes. in der Schweiz bezeugt. ‚Das geit über ds Bohnelied': das ist zuviel. ‚Er ist öbers Bohnalied gganga': er hat sich verstiegen, die Schranken durchbrochen; doch auch die Verneinung ist belegt: *nie übers Bohnenlied hinauskommen:* nüchtern sein und bleiben. Im 16. Jh. findet sich: *neben das Bohnenlied treten:* sich mit ihm auf gleichem geistigen Niveau bewegen, übertriebene Behauptungen aufstellen, unwahre Angaben machen.
Eine jüngere veränderte Redewendg. ist *jem. das Bohnenlied singen:* ihm den Laufpaß geben, ihm sagen, daß er nicht mehr erwünscht ist; oder sein nahe bevorstehendes Ende prophezeien.

Lit.: *Wander* I, Sp. 427; *A. Kopp:* Bohnenlieder, in: Zs. d. Vereins f. Vkde. 27 (1917), S. 35–49; *A. Hauser:* Auf der Suche nach dem Bohnenlied, in: Neue Zürcher Zeitung v. 9./10. 5. 1981, Nr. 106, Beil. Lit. und Kunst.

Bohnenstange. *Einem einen Wink mit einer Bohnenstange geben:* ihm etw. deutlich zu verstehen geben.
Die Länge der Bohnenstange führte zu dem übertreibenden Vergleich *lang wie eine Bohnenstange*, bes. von dünnen und hageren Personen gebraucht; im Berndt. ‚Bohnenstangli': magere Person; pfälz. ‚e langi Bohnestang' für einen überaus großen, hageren Menschen, auch ‚langgeschossen wie e Bohnegät'; ostpr. ‚he is man so ne Bohnenstang': ein schmales, kränkliches Geschöpf. Die Wndg. wird meist im verächtlichen Sinne gebraucht; vgl. frz. ‚grand et maigre comme un échalas' (so groß und dürr wie ein Rebenpfahl).
Leicht mißbilligend klingt auch das Schwäb.: ‚Er kommt daher, wie wenn er Bonestecke (eine Bohnenstange) im Leib hätt' für die gezwungene Haltung eines betont stramm Auftretenden. Ähnl. abschätzig beurteilt der Schwabe die vergeblichen Bemühungen einer häßlichen Person, ihre äußeren Mängel durch übertriebene, geschmacklose Kleidung und Putz zu decken: ‚ma ka en Bonestecke ziere'. Wird ihm selber unerhörtes Glück zuteil, so befindet der Neid: ‚es bocket ihm am End no d Bonestecke'; ‚dem kälberet d Bonestecke auf der Bühne [Heuboden]': das dürre Holz verwandelt sich für ihn noch in lebendiges Segen.
Schwäb. ‚dümmer als ein Bohnenstecken' ist wohl aus ↗Bohnenstroh entstellt oder mißverstanden.

Bohnenstroh. *Grob wie Bohnenstroh, gröber als Bohnenstroh:* sehr grob; in Nordostdeutschland ‚bohnenstrohgrob', von einem rohen, ungebildeten Menschen gesagt.
Arme Leute benutzten früher aus Mangel an Stroh ein Geschlinge aus getrockneten Saubohnenranken als Unterlage auf der Schlafstelle. In Thomas Murners ‚Mühle von Schwindelsheim' (1515) klagt ein Müller, daß ihm die Leute seinen Esel verwöhnten (Vers 1499):

> Bey mir war er von hertzen vro
> Wenn ich in legt ins bonen stro.

Hans Sachs benutzt das Wort schon in der Rda., z. B. in einem Gedicht von 1558 (I, 541): „er ist gröber denn das ponstro".
Bei Lehmann (S. 350) heißt es 1639: „Von ungeschickten Reden und Schriften sagt man: Es seynd grobe Hobelspan. Es ist grob Dieng wie Bonenstroh". Bei Gerlingius 1649 (Nr. 223): „Stupidior Praxillae Adonide. Du bist gröber dann Bonenstro".
Auf Personen angewendet sagt man seit

dem 19. Jh. auch *dumm wie Bohnenstroh:* sehr dumm. Die heutigen Mdaa. bieten noch viele Belege für diese Rdaa.; schwäb. heißt es verstärkt ,grob wie Säubohnenstroh'; schlesw.-holst. ,He hett nix as Bohnenstroh un Röbenkruut in'n Kopp', er ist ein Dummkopf; meckl. ,Dee hett up Bohnenstroh slapen', er ist dumm; rhein. ,Bohnenstroh dreschen', eine vergebliche Arbeit tun; vgl. ,leeres ↗ Stroh dreschen'.

Lit.: *O. Sutermeister:* Die schweizer. Sprww. der Gegenwart (Aarau 1869) S. 70; *Wander* V, Sp. 1031.

Böhnhase. In dem Wort Böhnhase lebt ein Stück Erinnerung an das Zunftwesen vergangener Tage weiter. Wer ehemals ein Handwerk ausübte, ohne die Meisterrechte erworben zu haben, wurde mißtrauisch beobachtet und auch verfolgt. Mehrere humorvolle Bez. für solche pfuschenden Handwerker hat vor allem die nordd. Handwerkssprache bewahrt: ,Dachhase' = unzünftiger Zimmermann; ,Sülfmeister' = ein Geselle, der sich selbst zum Meister gemacht hat, ,Stümper' u. a. Für den unzünftigen Schneider begegnen zahlreiche Ausdr.: ,Winkelschneider', ,Schneiderfretter', ,Störer', ,Hosenkoch' und ,Ferkenstecher'; der bekannteste ist Böhnhase. Dieses Wort war zunächst eine scherzhafte Benennung der Katze, ähnl. wie ,Balkhase' oder ,Dachhase', zu ,Böhn' = Boden, Bühne, mittelndd. ,bonehase', ndl. ,beunhaas', und ist dann auf den unzünftigen Schneider übertr. worden, der heimlich auf dem Dachboden sein unerlaubtes Gewerbe betrieb. Später ist das Wort auch für andere unzünftige Handwerker verwendet worden.

Da die Zunftmeister das Recht hatten, die Ausübung eines Handwerks durch Nichtzünftige zu verfolgen, ergab sich die Rda. *Böhnhasen jagen:* Pfuschern nachstellen, 1755 in Hamburg erstmals bezeugt. Das von dem Hauptwort abgeleitete Zeitwort *böhnhasen* bedeutet pfuschen, 1594 in Preußen belegt: „Hat Jemands gebönhaset, der soll 10 mark ablegen, ehe im vergunt wirdt, Meister zu werden".

Wort und Rda. sind im obd. Raum nicht bezeugt, dagegen noch heute in Niederdtl., z.T. mit veränderter Bdtg., z.B. meckl. ,Denn' hebben wi dat Boehnhasen

lihrt', wir haben ihm das Geld beim Kartenspiel abgenommen.

Lit.: *R. Wissell:* Des alten Handwerks Recht und Gewohnheit, 2 Bde. (Berlin 1929), I, S. 335–343; *Göhring,* Nr. 53, S. 36 f.; *Lindqvist,* S. 70 f.

Bolzen. *So schnell wie ein Bolzen:* sehr schnell. Die Schnelligkeit des Bolzens dient schon Hans Sachs zum sprw. Vergleich: „so schwind als wie ein polz". Der ,Bolzen' bez. das Geschoß für die Armbrust, bestehend aus einem kurzen Holzstab u. aufsetzbarer Eisenspitze. Sein Zweck ist, schnell sein Ziel zu treffen u. Schaden zuzufügen.

Alles zu Bolzen drehen: überkritisch sein, alles übel auslegen. Die meisten Holzarten dienen friedlichen Zwecken, nur wenige sind geeignet, daraus Bolzen zu drehen. Wenn einer alles zu Bolzen dreht, sieht er überall nur das Schlechte, Negative. So bei Seb. Franck, ,Sprichwörter' 1541 (1, 8 a): „Es stelt sich mancher, als kön er nit drei zeln, oder als wölle er den gemeinen Nutz vor Lieb fressen und alles zu Bölzen treen, und kan im niemand gerecht gnüg sein!" und bei Creidius, ,Nuptialia' 1652 (2, 300): „Wenn man in der Ee Einigkeiten pflanzen und erhalten will, so muß der Mann nicht alles zu Bolzen drehen, sondern bisweilen durch die Finger sehen". Nordd. ist ebenfalls im 17. Jh. bezeugt: „Man muß nicht alles zu boltzen drehen, sondern fünff gerad sein lassen" (Ziesemer I, 716).

Bolzen gegen sich selber drehen: sich selbst Schaden zufügen. *Seine Bolzen verschossen haben:* mit der Weisheit am Ende sein, mdal. auch mit der Nebenbdtg.: impotent geworden sein, z.B. schlesw.-holst. ,He hett sien Bolten all verschaten'. *Die Bolzen verschießen, die ein anderer gedreht hat:* die Anschläge, Ideen eines anderen ausführen. Das Gegenteil meint die Rda. *Er dreht die Bolzen und läßt andere schießen.* Schwäb. ,einem den Bolzen auf die Stirn setzen', ihm zusetzen, ihn bedrängen.

Heute bedeutet *bolzen* (ebenso *holzen*) umg. auch: Fußball spielen i. S. v.: planlos in die Gegend treten; auch: miteinander raufen. Ein Platz, auf dem – unbekümmert um alle Regeln – Fußballspielen möglich ist, heißt dementsprechend ,Bolzplatz'.

,Der Bolzen findet seine Kerbe', i. S. v. ,Jeder Topf findet seinen Deckel', d. h. auch das häßlichste Mädchen findet einen Mann, der zu ihm paßt. Vgl. ndl.: ,De bout vindt de kerf wel'; engl.: ,The bolt will find its mark'. Die Wndg. hat auch Eingang in die erotische Sprache gefunden u. wird als Anspielung auf den männl. u. weibl. Genitalbereich verstanden. Nach de Keyser ist eine solche Deutung jedoch nicht von der urspr. Bdtg. herzuleiten. Die Wndg. gehöre vielmehr zu den Sprw., die uneingeschränktes Vertrauen ausdrücken i. S. v. ,alles kommt ins rechte Lot'.

Lit.: *P. de Keyser:* Spreekword-Schilderij opgehelderd ,De bout vindt de kerf wel', in: Driemaandelijks Tijdschrift voor de studie van het Volksleven 49 (1948), S. 57–64.

Bombe. *Wie eine Bombe einschlagen,* von einer unerwarteten Nachricht, bes. bei Unglücks- und Todesfällen; vgl. frz. ,faire l'effet d'une bombe'. *Die Bombe kommt zum Platzen (ist am Bersten):* ein Unglück steht nahe bevor; vgl. frz. ,La bombe est près de crever'. *Die Bombe ist geplatzt:* die erwartete schlimme Nachricht ist eingetroffen, das Gefürchtete ist eingetreten, ein bisher verborgenes Übel ist offenbar geworden; vgl. ndl. ,De bom is gebarsten' und frz. ,La bombe a éclaté'. Die Rda. ist seit der Mitte des vorigen Jh. bezeugt. Meckl. gebraucht man ,Nu is de Bomb' platzt' auch von erfolgter Geburt.

Der Begriff ,Bombe' stammt aus dem Kriegswesen und bez. urspr. eine mit Sprengstoff gefüllte Hohlkugel – im Gegensatz zur Vollkugel –, die durch einen Zünder (ital. bomba) zum Explodieren gebracht wurde. Seit dem 17. Jh. allmählich durch ,Granate' abgelöst, wurde der Name im 20. Jh. als (Flieger-)Bombe und Wasserbombe wieder gebräuchlich.

Mit Bomben und Granaten durchfallen (eigentl. Tautologie): in einer Prüfung völlig versagen, ähnl. wie ,mit Pauken und Trompeten' (↗Pauke). *Da schlage eine Bombe drein!* ist ein jüngerer Ausruf des Ärgers und der Verwunderung; vgl. ndl. ,Daar zal eene bom springen!'

Zusammensetzungen des 19. Jh. wie ,Bombenerfolg', ,Bombenrolle', ,Bombengeschäft', ,Bombengedächtnis', ,Bombenhitze' usw. entstammen zumeist der Schauspielersprache.

Ein bombiger Abend ist ein bes. gelungener Abend, bei dem es Überraschungen und Knalleffekte gab. Vgl. frz. ,faire la bombe': in Saus und Braus leben, Tage und Nächte durchfeiern, sowie ,faire bombance' (gehobene Sprache).

Das ist bombensicher (bombenfest): eigentl. so fest, daß selbst Bomben nicht schaden können, wohl von Gebäuden, Kellern usw. gemeint. Danach vom sinnlichen Begriff ,sicher vor Bomben' zum unsinnlichen Begriff ,ganz sicher' entwickelt (Küpper).

Lit.: *H.-M. Kaulbach:* Bombe und Kanone in der Karikatur. Eine kunsthistorische Untersuchung zur Metaphorik der Vernichtungsdrohung (Marburg 1988).

Boot. *Im gleichen Boot mit jem. sitzen:* in der gleichen Lage sein, dasselbe Schicksal teilen, am gleichen Strang ziehen, aufeinander angewiesen sein, mit vereinten Kräften eine schwierige Lage meistern. Die beliebte Rda. vom Boot, in dem wir alle sitzen, steht für menschliches Verhalten, wenn es um das Bewußtsein von Zusammengehörigkeit in einer bestimmten (meist schwierigen) Situation geht.

Die Rda. gehört zu dem umfangreichen Feld der Schiffsmetaphern und hat ihren Urspr. in einem lat. Brief Marcus Tullius Ciceros aus dem Jahre 53 v. Chr. „Haec negotia quo modo se habeant, epistula ne ad te quidem narrare audeo … ubicumque es, … in eadem es navi". Mit diesen Worten leitet er seinen Brief an den jungen Curio ein, von dem er sich eine positive Veränderung der politischen Verhältnisse erhofft. Erasmus von Rotterdam hat die Wndg. als sprichwörtliche Redensart in seine Sammlung ,Adagia' (1530) aufgenommen und kommentiert: „In eadem es navi dixit pro eo, quod est: in communi periculo …".

Der in der metaphorischen Standortbestimmung ,im selben Boot' latent vorhandene Solidarisierungsappell beruht auf der Vorstellung vom Staatsschiff als einer Interessen- oder Notgemeinschaft, in der jeder, vor allem bei drohender Gefahr, zum gemeinsamen Handeln verpflichtet ist. Ähnl. Beispiele finden sich in der langen Geschichte der Staatsschiffmetaphorik immer wieder. Im Anschluß an Erasmus formuliert Roger Bacon um 1594 die

1/2/3 ‚Im gleichen Boot sitzen'
4 ‚Das Boot ist voll'

engl. Version der Rda. mit ‚You are in the same shippe'; später ‚We're in the same boat', wobei die Boot-Version die urspr. Formulierung mit Schiff völlig verdrängt hat. Die entspr. frz. Formulierung ‚être dans le même bateau' kommt erst in unserem Jh. vor. Auch in Dtl. geriet die Rda. erst nach dem 2. Weltkrieg als moderne Lehnübers. in den Sprachgebrauch, und zwar auf dem Weg über die Presse.

Die Metapher vom gleichen Boot, in dem wir alle sitzen, hat Konjunktur in der politischen Rhetorik und Karikatur immer dann, wenn in Konfliktsituationen an Konsens und Übereinstimmung appelliert wird. Auch zahlreiche politische Gedichte machen davon Gebrauch, wie z. B. der aphoristische Kurztext von M. Bosch (1971):

aus seiner kabine tretend,
beschwichtigte perikles
die meuternden sklaven
der galeere:
wir sitzen doch alle
im selben boot.

(M. Bosch: Mordio & cetera [München 1971]). Ähnl. der Dreizeiler von V. Erhardt:

die unternehmer haben doch recht:
wir sitzen alle in einem boot.
aber es ist eine galeere.

(Volker Erhardt: Aphorismen [Köln 1979], S. 36). Schließlich O. Köster (1979):

Wir sitzen alle
im selben Boot.
Nur: die einen legen sich in die Riemen,
die anderen ans Steuer.

(O. Köster: Gedichte [Berlin 1979], S. 16). Vgl. den Wellerismus: ‚Wir sitzen alle in einem Boot, sagen die Politiker, wenn sie ans Ruder wollen'; ‚Wir sitzen alle in einem Boot, nur die einen angeln und wir rudern' (Graffito). Andere Varianten: ‚Wir sitzen alle im gleichen Kot'; ‚Wir sitzen alle im gleichen Rollstuhl'; ‚Wir sitzen alle in einem Topf'. „Wir sitzen alle in der Umwelttinte" (Karin Struck: ‚Klassenliebe' [1973]).

‚Im gleichen ⤴Zug sitzen', vgl. hierzu Erich Kästners satirisches Gedicht ‚Das Eisenbahngleichnis' (1932):

Wir sitzen alle im gleichen Zug
Und reisen quer durch die Zeit.
Wir sehen hinaus. Wir sahen genug.
Wir fahren alle im gleichen Zug.
Und keiner weiß, wie weit ...
Wir reisen alle im gleichen Zug
Zur Gegenwart in spe.
Wir sehen hinaus. Wir sahen genug.
Wir sitzen alle im gleichen Zug
Und viele im falschen Coupé.

Trotz der verschiedenen Funktionen lassen sich alle Variationen über das metaphorische Argument ‚im selben Boot‘ auf den Grundgedanken einer gewissen ‚System-Solidarität‘ zurückführen. ‚Im selben Boot‘ sitzen alle, denen dieselbe Gefahr droht und die deshalb aufeinander angewiesen sind, mögen sie sonst auch unterschiedliche Interessen vertreten oder haben. Als Mitglieder einer Notgemeinschaft – mag es auch eine wider Willen sein – sind sie zum solidarischen Handeln verpflichtet (nach D. Peil).

Das gleiche Sprachbild führt dann zu einem Vergleich des Ausschließens: ‚Das Boot ist voll‘: es ist kein Platz mehr (für weitere Schiffbrüchige; im übertr. Sinn: für Flüchtlinge, Asylanten etc.).

Jem. in sein Boot kriegen: ihn in seine Gewalt bekommen, daß er anderer Meinung wird, ↗Schiff.

Im richtigen Boot sein: richtig liegen – im Gegensatz zu: ‚auf dem falschen Dampfer sein‘ (↗Dampfer).

Lit.: *A. Otto:* Die Sprichtwörter und sprichwörtl. Rdaa. der Römer (Leipzig 1890, Ndr. Hildesheim 1971), S. 239 (Nr. 1206); *R. Drux:* Des Dichters Schiffahrt. Struktur und Pragmatik einer poetologischen Allegorie, in: Formen und Funktionen der Allegorie, hg. v. W. Haug (Stuttgart 1979), S. 38–51; *D. Peil:* ‚Im selben Boot‘. Variationen über ein metaphorisches Argument, in: Arch. für Kulturgeschichte 68 (1986), S. 269–293; *W. Mieder:* ‚Wir sitzen alle in einem Boot‘, in: Muttersprache 100 (1990), S. 18–37.

Bord, der oberste Schiffsrand, ist aus der Seemannssprache auch in die allg. Umgangssprache eingedrungen; vgl. die Wndgn. *Ballast über Bord werfen:* auf Überflüssiges verzichten; *alles über Bord werfen:* aufgeben, z.B. 1834 bei Raimund (Sämtliche Werke, S. 473): „die düstern Sorgen werft all über Bord“.

Klar Bord machen: Ordnung schaffen, aufräumen. ‚Er ist über Bord gegangen‘

sagt man nordd. von jem., der um seinen guten Ruf gekommen ist, aber auch von einem Gestorbenen.

Von Bord gehen ↗Lotse.

Einen über Bord werfen: einen aus seiner Stellung entfernen; *über Bord fallen:* die Mittel für seine Existenz, seinen Arbeitsplatz verlieren, vgl. ndl. ‚Hij valt over boord‘; *er ist wieder an höhern Bord:* er hat sich wieder aufgerafft; *sie sind nicht auf einem Bord:* sie denken und fühlen verschieden, haben verschiedene Ansichten, leben nicht in gutem Einverständnis; vgl. frz. ‚Ils ne sont pas du même bord‘, i. S. v.: Sie gehören verschiedenen Parteien an; *so muß er mir nicht an Bord kommen!:* eine solche Behandlung dulde ich nicht; vgl. ndl. ‚aan boord komen‘, jem. mit Worten oder Taten lästig fallen.

Lit.: *W. Stammler:* Seemanns Brauch und Glaube, in: Dt. Philologie im Aufriß (Berlin 1957), Bd. III.

Borg, borgen. *Auf Borg kaufen:* auf Kredit kaufen. *Auf Borg geben (nehmen):* jem. vorübergehend Geld geben bzw. von jem. Geld nehmen unter dem Versprechen der Rückgabe.

Das heute meist nur noch in Rdaa. erhaltene Wort hat eine lange Tradition u. ist schon in der frühen Lit. vielfach belegt. So findet sich z.B. im ‚Schwabenspiegel‘-Landrecht (11) eine Bestimmung, die auf den vertraglichen Charakter des Borgens hinweist:

Swer borget oder entlihet
der sol daz gelten
und swaz er lobet
daz sol er stete halten.

Die meisten lit. Belege beziehen sich auf die Gefahr, die mit dem Borgen verbunden ist. Sie begegnen meist in Form eines Sprw.:

er ist me dann ein andrer narr,
wer stäts uf nimbt uf borg und harr
(S. Brant: ‚Narrenschiff‘ 25, 1);
wem wol ist mit nemen uf borg,
der hat zu bezahlen ganz kein sorg.
(ebd. 25, 23);

Auch Hans Sachs (I, 228) stellt rügend fest: „... entlihest vil auf borg und bitt“, u. C. v. Stieler führt in ‚Bellemperie‘ (1680) das Wortspiel an:

besser ein borch (Schwein) ohne borg
als zwei borch mit borg.

In der Lit. des 18.–20. Jh. tritt die Wndg. (als Rda. oder Sprw.) in vielen Varianten auf, so bei F. v. Schiller: „… wenn ich das verlieren müßte, was ich auf Borg auf dem Leib trage …“, ferner bei G. Hauptmann: „… ohne Borg u. Bettel wäre ich auch sonst mit diesem Wechsel nicht ausgekommen“.
Ein häufig verwendetes Sprw. ist: ‚Borgen bringt Sorgen‘, das neben anderen mdal. Wndgn. wie: ‚da werd als uff de alte Christian losgeborgt‘ (da wird auf Teufel komm heraus geborgt) vor allem im Frankfurter Raum in verschiedenen Versionen auftritt: ‚Borje macht Sorje‘, ‚Lang geborgt iß nett geschenkt‘ u.a. Im bad. Raum begegnen des öfteren die Wndgn.: ‚uff borg hole‘ bzw. ‚uff burig‘ im Sinne von ‚anschreiben lassen‘. Beliebt sind auch Erweiterungen wie: ‚Borgen u. Schmausen endet mit Grausen‘, ‚Rechten u. Borgen macht Kummer u. Sorgen‘, ‚Borge macht Sorge und 's Zahle Kopfweh‘, ‚Bürge u. borge macht hintedrei Sorge‘ oder – in positiver Umkehrung – der rhein. Spruch: ‚Mer lewe ohne Sorge un brauche net ze borge‘.
↗ anschreiben, ↗ Kreide, ↗ Pump.

Borke. *Zwischen Baum und Borke stecken* ↗ Baum.

Börse. *Die Börse zücken:* bezahlen wollen. ‚Geldbörse‘ ist ein älteres Wort für Geldbeutel oder Portemonnaie.
Heute versteht man unter Börse den Wertpapiermarkt, den Platz der ‚Börsianer‘, die *an der Börse spekulieren* und ihre Fachsprache, das ‚Börsenchinesisch‘ reden und den ‚Börsenbericht studieren‘, d.h. sich über die Aktienkurse informieren. Der erfolgreiche Kenner der Börsenszene wird scherzhaft auch ‚Börsenhai‘ genannt, die gut liegende Aktie ein ‚Börsenrenner‘.
Lit.: *H. Ries:* Zwischen Hausse und Baisse (Stuttgart 1987).

Borste. Mit Borsten werden in sprw. Rdaa. scherzhaft die ↗ Haare bezeichnet, z.B. *Mir stehen die Borsten zu Berge;* ostpreuß. ‚Du mußt en bei e Barschte nähme!‘, ‚du mußt ihn hinauswerfen, und *sich in die Borsten fassen:* sich zanken,

streiten; vgl. frz. ‚se crêper le chignon‘ (wörtl.: einander in die Haarknoten geraten, umg.). Studentisch: *Borsten haben:* Geld haben.

Bösewicht. *Ein Bösewicht sein:* einen durch und durch schlechten Charakter haben, zu allen Schandtaten fähig sein. Das Wort ‚Bösewicht‘ entstand als Zusammenrückung aus mhd. ‚der boese wiht‘, so daß in ihm die Vorstellung an ein hinterlistiges dämonisches Wesen noch anklingt. Das Tabuwort ‚wiht‘ für den unberechenbaren Dämon erfuhr bereits in ahd. Zeit einen Bedeutungswandel vom Kobold zum elenden Kerl.
Im MA. galt der Ausdr. ‚Bösewicht‘ als ehrenrühriges Scheltwort. Geiler von Kaysersberg rügt dies 1518: „als wan du zů einem sprichst … schalk, bösewicht, wucherer“ (‚Sünden des Munds‘, 2). Im 18. und 19. Jh. ist das Wort mehrfach lit. belegt. In dem Gedicht ‚Der alte Landmann an seinen Sohn‘ von Ludwig Heinrich Christoph Hölty (gedruckt 1775) heißt es mahnend:

Dem Bösewicht wird alles schwer,
Er tue, was er tu';
Der Teufel treibt ihn hin und her
Und läßt ihm keine Ruh'.

Aus der Ballade ‚Die Kraniche des Ibykus‘ zitieren wir nach Schiller:

Die Szene wird zum Tribunal,
und es gestehn die Bösewichter,
getroffen von der Rache Strahl.

In Carl Maria von Webers Oper ‚Der Freischütz‘ heißt es nach dem Text von Friedrich Kind (1768–1843) mitleidlos, als der Teufelsbündner Kaspar zu Tode getroffen niederstürzt:

Er war von je ein Bösewicht;
Ihn traf des Himmels Strafgericht!

Den Bösewicht spielen: als Schlingel und Tunichtgut immer neue Streiche aushecken wie die bösen Buben in ‚Max und Moritz‘ von Wilhelm Busch, die ebenfalls ein grausames Schicksal ereilt:

‚Her damit!‘ Und in den Trichter
Schüttet er die Bösewichter.

Boß. *Den Boß herauskehren:* durch Wort u. Tat deutlich machen, wer zu bestimmen hat.
Das Wort ‚Boß‘ wurde um 1920 in der

243

Bdtg. Chef, Manager, Parteiführer aus dem Angloamer. übernommen, das seinerseits auf ndl. ‚baas' = Aufseher, Meister, Herr beruht. In den USA wird der Ausdr. auch in negativer Bdtg. für den Anführer einer (Gauner-)Bande gebraucht. In Dtl. ist damit die Vorstellung vom Vorgesetzten allg. verbunden.

‚Sie sind der Boß!' heißt: ‚Sie sind der Vorgesetzte, Sie müssen entscheiden, und Sie tragen auch die Verantwortung'.

Scherzhaft spricht man auch vom *Boß des Ganzen*. Eine ähnl. Wndg. für das ‚Boßgetue' ist die Rda. ‚Chefallüren haben'.

Bosselarbeit. *Eine Bosselarbeit verrichten:* eine Arbeit, die allen Kleinkram mit einschließt. ‚Jem. den Bosselbub machen' bad. Wndg. für: die Kleinarbeiten übernehmen, Handlanger, Ausläufer, Junge für alles sein. In früherer Zeit umfaßte der Begriff Bosselarbeit jede niedere Arbeit u. vor allem auch Hilfsdienste, die von Untergebenen übernommen werden können. Das Wort begegnet schon in der Literatur des 16. Jh.: „… der allerlei bosselarbeit thut, stubenknecht, baderknecht, kuchenbub." (Paracelsus 1,106); „… dasz sich der arzt dermaszen rüste / dasz er ein nothelfer sei in den rechten krankheiten / nicht in den posselarbeiten, nicht im seichsehen …" (Paracelsus, 1,593).

In L. Fronspergers ‚Kriegsbuch' (1578) heißt es (1,69): „… sonst braucht sie der profosz auch zu aller bosselarbeit". Und bei C. Scheit im ‚Grobianus' (1551):

dann wer sitzt vornen an dem disch
dem winkt man, dasz er oft aufwisch
all posselarbeit kompt in an
dasz er nicht halber essen kann.

Bote. *Als Bote gehen:* beschäftigt sein, als Abgesandter zum Überbringen von Nachrichten und Gegenständen, als ein Untergeordneter. Verächtlich heißt es im Sprw.: ‚Der frömmste Bot ist ein schalck': es ist ihm nicht zu trauen, so schon bei Georg Henisch in: ‚Teutsche Sprach und Weißheit' (Augsburg 1616).

Das Altertum kennt die Engel als ‚Boten Gottes' zu Propheten und anderen begnadeten Menschen. Die Folgezeit machte den Erzengel Gabriel zum Schutzpatron des Botenstandes. Später auch im übertr. Sinne gebraucht: „Ein Priester, ein Bote Gottes, der den Frieden bringt" (Schiller: ‚Maria Stuart' V,7).

Noch das ausgehende MA. nannte die Apostel Boten. ‚Er ritet den zwelf boten pfert': per pedes apostolorum, d.h. zu Fuß gehen (↗ Apostel). Das gleiche besagt auch die alte Berufsbez. ‚Läufer', später von der bedeutungsgleichen Bez. ‚Kurier' (zu lat. ‚currere' = laufen) abgelöst. Es gab gehende (laufende) reitende oder fahrende Boten. Postbote ist umg. vielerorts die Bez. für den Briefträger.

Im MA. vermittelten eigene Klosterboten den Nachrichtenaustausch unter den Klöstern. Ebenso hatten die Bischöfe Kanzlei- und Hofkammerboten. Auch Fürsten und andere weltliche Obrigkeit hielten sich eigene Boten. Mit der Ausdehnung des Handelswesens (z. B. durch die Fugger oder die Hanse) entwickelten sich die Kaufmannsboten.

In der Frühzeit des Nachrichtenwesens war der Bote zugleich der unmittelbar Beauftragte seines Dienstherren, der ihn bezahlte, ihm Zeit und Ziel vorschrieb. Der Gefahren ihrer Reise wegen waren die Boten bewaffnet. Ihre Amtszeichen waren: der weiße Botenstab, die Botenbüchse, die zur Aufbewahrung der Briefe und Botschaften diente, das Horn und auf der Brust der sog. Botenschild mit dem Wappenzeichen des Auftraggebers. Bevor sie dessen Wappenfarben trugen, gingen die Boten in Dtl. im schmucklosen Grau der untersten Stände.

Die Vorstellung personifizierter Todesboten stammt vermutlich aus Indien. Aber seit dem 13. Jh. konkretisiert sich diese Vorstellung im europ. MA. in einem fest umrissenen Exempel, das als predigtmäßige Erläuterung des ‚memento mori' sehr beliebt gewesen sein muß: Ein Mensch schließt mit dem Tod einen Vertrag, in dem der Tod verspricht, vor seinem Kommen Boten zu senden. Eines Tages steht der Tod plötzlich vor dem Menschen und fordert ihn auf mitzukommen. Der Mensch weigert sich, da jener die versprochenen Boten nicht gesandt habe. Aber der Tod erwidert, er habe doch Krankheiten und Altersbeschwerden aller Art als seine Boten vorausgeschickt und rafft darum den Menschen hinweg. Im ‚Renner' des Hugo von Trimberg (ca.

244

BOTE

1230–1313) sind Seitenstechen, Ohrenschmerzen, Zahnweh, Husten, Gehbeschwerden und das Ergrauen der Haare die ‚Boten des Todes'. Ähnl. noch in dem Grimmschen Märchen von den ‚Boten des Todes' (KHM. 177).

Dieses Eingeständnis menschlicher Ohnmacht vor der Gewalt des Todes ist auch in Rdaa. eingegangen: ‚When the messenger of death comes, all affairs cease'; schweiz. ‚Es staht en herte Bot a sim Bett': von einem Sterbenden.

Als der „harte Bote" Gottes mit vernichtender Botschaft für das Haus des israelitischen Königs Jerobeam begegnet der Prophet Ahia dessen Frau. (1. Kön. 14,5–10).

Wer hat dir einen Boten geschickt?: wer hat dich kommen heißen? ist ein Spott für ungebetene Gäste.

Weniger bedrückend als die Boten des Todes erscheinen die ‚Boten des Frühlings': die ersten Anzeichen der sich erneuernden Vegetation; ‚die Morgenröte ist der Bote des Tages'. ‚Winter hât vorbotten ûz gesendet', bei Joh. Hadlaub 28,1 (Schweiz. Minnesänger 323).

Häufig ist der metaphorische Gebrauch des Boten. Das Niedersächs. kennt die Rda.: ‚Dat sunt de Vorbaden darvon': da sehen wir schon den Anfang der Sache. Holst.: ‚De Forbaden willt de Nabaden nig inlaten': dankende Ablehnung weiterer Gerichte, wenn man sich bereits an den üppigen Vorspeisen gesättigt hat. Schwäb. ‚Der muß Bote gehen': er ist mit Durchfall geplagt. Iron. ‚Du bist geschickt wie e Bot', d. h. ungeschickt. ‚Laufen wie e Bot': sehr schnell.

Ruf und Ansehen der Boten scheinen nicht immer glänzend gewesen zu sein. Ihre Treue, Wahrheitsliebe, Pünktlichkeit, Unterordnung, Zuverlässigkeit waren tatsächlich durchaus nicht immer über alle Zweifel erhaben. Der aus dem Rheinland stammende Vorwurf ‚so frech wie en Bot' zeigt, wie es um ihr Renommé bisweilen bestellt war. Unnachsichtig geißelt Seb. Brant im ‚Narrenschiff' den Botenläufer, seine Trunksucht u. Verlogenheit u. rügt:

die Briefe dreimal er umdrehte,
Ob er erspähe, was er trage
Und was er weiß, bald weiter sage …

Im ‚Betrugslexikon' von Georg Paul Hönn (Coburg 1721) steht unter der Überschrift „Boten betrügen" so manches von ihren Schandtaten und wie sie diese durch Vortäuschung falscher Tatsachen zu bemänteln wissen. Immer wieder wurde der schwere Vorwurf variiert: ‚lügen wie ein Bot': ‚einer, der die Wahrheit spart'; ‚Er lügt wie e Brieftreger (Bote)'. Im Schweiz. wie im Schwäb. bestehen eines Boten Haupttugenden in ‚Lüge könne und et rot weren, saufe und kein Rausch kriege, laufe und et müd were'.

Berüchtigt war die Neuigkeitskrämerei der Boten. Mit den neuesten Nachrichten konnten sie förmlich Handel treiben. Um sich keine Blöße zu geben, nahm so mancher die Phantasie zu Hilfe, wie das Volkslied von ihnen singt:

Ich bin die Post zu Fuß, ich trage diß
und das …
Sobald ich angelangt, will jeder
Zeitung fragen,
Da kann ich unverschnauft zwölf
Dutzet Lügen sagen …

Daher schwäb. ‚Es ist wohl ein Botengeschrei': ein haltloses Gerücht ohne gewissen Grund; synonym für ‚Das ist eine Botenneuigkeit': eine unbegründete Nachricht, zu deutsch: Lüge. Es wäre aber ungerecht, die ‚Botenzunft' in erster Linie nach Fehlleistungen und Auswüchsen zu beurteilen. Trotz des unlauteren Nachrichtenhandels wird das Verdienst des Botengewerbes für die Entstehung und Entwicklung des Zeitungswesens nicht hoch genug einzuschätzen sein.

Zu den Wahrzeichen Berns gehört ein Denkmal jenes Boten, der 1444 die Stadt durch rechtzeitige Benachrichtigung, die ihn das Leben kostete, vor dem Überfall frz. Söldner rettete. Die Berner ehrten dankbar den Mut ihres Stadtboten, der dem Hohn und Undank König Heinrichs IV. von Frankreich (1553–1610) mit Entschiedenheit entgegentrat, durch den sog. ‚Läuferbrunnen'. Auf seiner Bekrönung steht die volle Figur des Boten, neben ihm das Wappentier von Stadt und Kanton, der Bär, wie ein Bote gerüstet, mit Tasche und Stab. Er symbolisiert den völkerrechtlich garantierten Status des Gesandten. Von ihm redet die engl. Wndg. ‚Messengers should neither be headed nor hanged', heute mehr als Entschuldigung für den Überbringer einer schlechten Nachricht gebraucht. Lat.: ‚Legatus nec violatur, nec laeditur'.

‚Man muß den hinkenden Boten abwarten', d.h. die Bestätigung der Nachricht, wie Sixtus V., der 1588 nach der Schlacht im Kanal verfrühte Siegesmeldungen mit Skepsis aufnahm; engl. ‚Stay till the lame messenger come, if you will know the truth of the thing'.

Dies entspricht der Rda. *Der hinkende Bote kommt nach:* hinter der guten Botschaft kommt oft die unangenehme nachgeschlichen, die Wahrheit kommt erst später an den Tag; holst. ‚De hinkende Bade kumt achterna': herbe Enttäuschungen folgen guten Nachrichten, das Unangenehme bleibt nicht aus; ebenso ndl. ‚De hinkende bode komt achteraan'; dän. ‚Det haltende Bud kommer bagefter'; norw. ‚Sannaste segni kjem sist'. 1559 zuerst in einer Übers. von Petrarcas ‚Zwei Trostbüchern' (100a) belegt: „Der hinkend bot kompt allwegen langsam nach"; ähnl. in Oldecops ‚Hildesheimer Chronik' (S. 544): „Ik wachte na de hinkende boden"; in Grimmelshausens ‚Simplicissimus' (I, 17): „So dörfte villeicht auch wol der erste hinkende bote die zu spate reu sein" und schließlich bei Georg Henisch (1616): „Der hinkende bot kompt allzeit hernach vnd bringet die gewisseste zeitung". Rhein. ‚De seiht aus, als wenn he os dem henkende Bot geress wer', vermutlich für: keine gute Figur machen. Die schwäb. Rda. ‚Er hinkt wie der Bote aus Lahr' bezieht sich auf den ‚Lahrer hinkenden Boten'.

Der hinkende Bote ist ein Tabuwort für ‚Unglück'; es hängt vielleicht mit dem unglückbringenden Teufel zusammen, der oft als ‚Hinkefuß' oder ‚Hinkebein' bezeichnet wird. Im Volksglauben bedeutet die Begegnung mit einem Hinkenden (Angang) Unglück.

Name und Bild des Kuriers oder Boten figurierten auf dem Titelblatt von Kalendern, die die Neuigkeiten des Jahres zusammenstellten, von Zeitschriften u. Zeitungen: ‚Volksbote', ‚Schwarzwälder Bote', ‚Wandsbecker Bote', dessen erster und einziger Redakteur Matthias Claudius war.

Beim ‚Lahrer hinkenden Boten' (Lahr [Baden] 1801 ff.) handelt es sich um den bekanntesten dt. Volkskalender mit einer weltweiten Verbreitung bis nach Nord- und Südamerika oder auch nach Südafrika. Dieser Kalender ist nicht der älteste und einzige seiner Art. Er entstand nämlich erst im Anschluß an den Basler hinkenden und auch an den Frankfurter

‚Der hinkende Bote'

hinkenden Boten. ‚Hinkende Boten' im Sinne des noch heute alljährlich neu nachgedruckten Kalendertitelblatts sind eigentlich herumziehende Invaliden, die ein Bein durch einen hölzernen Stelzfuß ersetzt hatten. Sie betätigten sich nicht selten als Flugblattverkäufer oder als fliegende Händler, die sich mit dem Vertrieb von ‚neuen Zeitungen' und Kalendern ihren Lebensunterhalt verdienten. Schon 1607 war in Braunschweig der Hinkende Bote eines Buchdruckers erschienen. 1786 gab es in Kehl den ‚Oberrheinischen Hinkenden Boten', der als ein ‚Blatt für jedermann' seine amüsanten Erzählungen empfahl. 1793 zeigte sich in Offenbach ‚der Hinkend und Stolpernd doch eilfertige Reichsbott', später auch der ‚Rastatter Hinkende Both'. 1820 gab es in Straßburg nicht weniger als drei Hinkende Boten, die heute alle zugunsten des Lahrer verschwunden sind. Der Hinkende Bote steht also für eine Kalendergattung. Lahrs unmittelbares Vorbild lag in Basel, doch lief der Lahrer Hinkende Bote dem Basler immer mehr den Rang ab. Der große Aufschwung kam mit dem Verleger Moritz Schauenburg (1827–95).

Lit.: *O. Lauffer:* Der laufende Bote im Nachrichtenwesen der früheren Jhh., in: Beiträge zur dt. Volks- u. Altertumskunde 1 (1954) S. 19–60; *L. Röhrich:* Erzählungen des späten MA. und ihr Weiterleben in Lit. und Volksdichtung (Bern 1962) I, S. 6–10, 80–92, 258–262; *H. Wiedemann:* Der Lahrer Hinkende Bote, in: Badische Heimat 48 (1968), S. 241 f.; *ders.:* Portrait des Lahrer Hinkenden Boten, in: Geroldsecker Land H. 17 (1975), S. 3–16; *D.-R. Moser:* Art. Boten des Todes, in: EM. II, Sp. 636–639; *H. Trümpy:* Ein Beitrag zur Erforschung der Kalender, in: Sandoz-Bulletin 17 (Basel 1981), Nr. 59, S. 11–22; *J. Knopf:* Alltages-Ordnung. Ein Querschnitt durch den alten Volkskalender. Aus württ. und bad. Kalendern des 17. und 18. Jh. (Tübingen 1982).

Botenbrot. *Einem das Botenbrot ankündigen:* ihm sagen, daß er ein Amt erhalten habe. Urspr. bedeutete es die Entlohnung des Boten durch eine mehr oder weniger opulente Bewirtung, später durch Geld abgelöst. Dieses Entgelt für Mühe und Gefahren erhielt der Überbringer der Nachricht vom Empfänger am Ende der Reise. Die alte Bez. ‚Botenbrot' – bei Notker sogar mit dem Evangelium gleichgesetzt – blieb aber noch bis ins 19. Jh. erhalten. Bereits im MA. waren an die Stelle der Viktualien u. a. sogar liegende Güter, Schmuck und andere Kleinodien getreten.

Gar nicht fürstlich klingt dagegen das ‚Trinkgeld' in der bremischen Wndg. ‚Ik kan mit dem Voot nig in der Tasken kamen, anders woll ik di Badenbrood geven': Verspottung desjenigen, der eine unerwünschte oder ärgerniserregende Nachricht bringt.

Lit.: ↗ *Bote.*

Botschaft. ‚Daß dich die vier Bottschaft ankommen': ein Fluch, durch den man jem. die vier Übel wünschte, die nach dem religiösen Volksglauben St. Antonius, St. Ruprecht, St. Valentin und St. Cornelius heilen.

Botschaften ins Jenseits senden. Unter dem Stichwort ‚Botschaft ins Jenseits' versteht die Erzählforschung eine Gruppe von Motiven, die in verschiedenen Erzählungen auftreten und das zugleich zeitlose wie gemeinmenschliche irrationale Verlangen nach Kommunikation zwischen Lebenden und Toten, zwischen Diesseits- und Jenseits-Welt widerspiegeln. Am bekanntesten ist das Erzählmotiv vom Auftrag, eine Botschaft ins Jenseits zu bringen, aus dem beim Verstorbenen, erstmals zu Anfang des 16. Jh. bezeugten Schwank vom fahrenden Schüler aus dem Paradies (Student aus Paris, AaTh. 1540), dem eine einfältige Frau aufgrund eines Hörfehlers Kleider, Geld und Grüße für ihren verstorbenen Mann ins Paradies mitgibt.

Im Märchen treten Botschaften ins Jenseits zumeist als Fragen auf, die im Diesseits nicht zu beantworten sind, so z. B. im Märchen vom ‚Teufel mit den drei goldenen Haaren' (KHM. 29).

Um *Botschaften aus dem Jenseits* geht es auch in der sagenhaft-exemplarhaften Erzählung ‚Freunde in Leben und Tod' (AaTh. 470).

International verbreitet ist auch die Witzstruktur ‚gute Botschaft – schlechte Botschaft', wobei die schlechte Nachricht meist die vorher erzählte gute ad absurdum führt.

Hier ist eine schlechte Botschaft gemeint im Gegensatz zur ‚frohen Botschaft' des Evangeliums.

Hiobsbotschaft ↗ Hiob.

Lit.: *A. Aarne:* Der Mann aus dem Paradies in der Lit. und im Volksmunde (FFC. 22) (Hamina 1916); *G. Petschel:* Freunde in Leben und Tod. Eine Untersuchung des Märchentypus AaTh. 470 (Diss. [masch.] Göttingen 1960); *ders.:* Art. ‚Botschaften ins Jenseits', in: EM. II, Sp. 639–643; *L. Röhrich:* Der Witz. Figuren, Formen, Funktion (Stuttgart 1977), S. 12, 111.

Boykott. *Einen Boykott (gegen ein Land) verhängen:* keine Waren von der betr. Land mehr einführen. Die Rda. hat sich als Bez. für wirtschaftliche u. gesellschaftl. Sanktionen vor ca. 100 Jahren von England aus über die ganze Welt verbreitet u. in jüngster Zeit auch Eingang in die polit. Fachsprache gefunden.

Der Name stammt vom engl. Güterverwalter Charles Boykott, der wegen seiner Härte gegen die Pächter um 1880 von der irischen Landliga zur Auswanderung gezwungen wurde, indem sie durch organisierte Aktionen die Arbeiter zur Aufgabe der Arbeit bewegte, die Geschäftsleute veranlaßte, keine Verträge mehr mit ihm zu schließen sowie den gesellschaftl. Verkehr mit ihm abzubrechen u. somit die Existenzgrundlage entzog. Aus dieser gnadenlosen Ächtung u. Ausschaltung hat sich die heutige Form des nationalen, politisch motivierten Boykotts entwickelt, bei dem wirtschaftliche Sanktionen u. andere Druckmittel eingesetzt werden, um bestimmte polit. Ziele zu erreichen.

Während ein solcher Boykott als legitimes polit. Instrument betrachtet wird – vor allem, wenn es sich um Menschenrechtsverletzungen handelt –, gilt der soziale oder gesellschaftliche Boykott von Privatpersonen in einigen Ländern als strafbare Handlung.

Jem. boykottieren, d.h. ihn dadurch ausschalten, daß man ihn in Verruf bringt u. gesellschaftlich isoliert, u. *eine Sache boykottieren*, indem man versucht, sie zu verhindern u. zu Fall zu bringen.

Brand ↗ Feuer.

Brandbrief. *Einen Brandbrief schreiben (schicken):* einen dringlichen Bittbrief um Geld schreiben; ndl. ‚een brandbrief schrijven'.

Der Brandbrief ist seit dem Spät-MA. in Nord- und Süddtl. bekannt und hat unterschiedliche Bdtg.: norddt. eine Art Fehdebrief, durch den das Abbrennen von Haus und Hof angedroht wird, südd. obrigkeitliche Verfügung, die zum Sammeln von Gaben für Brandgeschädigte berechtigt. Durch die Studentensprache des späten 18. Jh. ist das Wort neu belebt worden; es ist zuerst 1767 in Leipzig und später auch an anderen Universitätsorten nachzuweisen. Um seinen Eltern zu verdeutlichen, daß er völlig ‚abgebrannt', d.h. ohne einen Pfennig sei, kohlte der Student die Ecke des Briefes ein wenig über dem Feuer an. Durch die Vermittlung der Studentensprache ist der Brandbrief mit seiner veränderten Bdtg. erneut in Umgangssprache und Mdaa. eingedrungen.

brandmarken. *Jem. brandmarken:* ihn zeichnen, ihm ein Brandmal einbrennen, übertr.: ihn öffentl. bloßstellen.

‚Brenneisen'

Diese Rda. geht auf den bereits in der Antike bezeugten Brauch zurück, Verbrechern und flüchtigen Sklaven auf die Stirn oder auf den Arm ein Brandzeichen einzubrennen. Dieser Brauch war auch im ma. Dtl. üblich (Grimm, Dt. RA.⁴, S. 298). Neben dem Stadtzeichen wurde dem Verbrecher das Sinnbild seiner Tat eingebrannt, z.B. dem Falschmünzer eine Münze in die Stirn. Schwerverbrecher trugen das Brandmal des Rades oder des Galgens auf ihrem Wege zur Richtstätte, auf dem sie von der zuschauenden Menge verhöhnt wurden. Eine Danziger Verordnung des 15. Jh. besagt: „Wer mit Lotterie und Riemenziehen die Leute um das Ihrige bringt, soll das erste Mal gebrandmarkt, das andere Mal gesäcket und ersäuft werden" (Ziesemer, Preuß. Wb. I, S. 761). In Luthers Bibelübers. findet sich 1. Tim. 4,2: „die, so in Gleisnerei Lügen reden und Brandmal in ihrem Gewissen haben".

Im Märchen begegnet die Brandmarkung häufig als Erkennungszeichen u. Signum der Versklavung. Die frühesten Zeugnisse (11. Jh.) stammen aus dem Mittleren u. Nahen Osten.

Eine Steigerungsform bedeutet das ‚Siegeln mit dem Pferdehuf', (vgl. Kainszeichen).

Lit.: *H. Sommer:* Kulturgeschichtl. Sprachbilder (Bern 1943); *A. Erler:* Brandmarken ins Antlitz, in: FS. K. S. Bader (Zürich 1965), S. 115–120; *K. Ranke:* Art. ‚Brandmarken', in: EM. II, Sp. 658–660.

Brassel. *Viel Brassel am Hals haben:* sich mit viel Kleinkram u. einem Übermaß an Arbeit abplagen müssen. Es handelt sich um eine rhein. Rda., die verkürzt auch noch in der Wndg. ‚So 'ne Brasselskram!' vorkommt.

Braten. *Den Braten riechen:* etw. Angenehmes oder Unangenehmes schon von ferne oder zeitig merken, ahnen, wo eine Sache hinaus will; vgl. lat. ‚nasum nidore supinor' (Horaz, Sat. 2, 7, 37); frz. ‚sentir la fricassée' (ungebräuchlich), dafür heute: ‚sentir d'où vient le vent' (wörtl.: die Windrichtung zeitig merken), ↗ Wind. Schon Luther gebrauchte die Rda. 1524 (‚An die Ratherren'): „der Teuffel roch den braten wol" und an einer anderen Stelle: „ei Lieber, rechstu den Braten?" In der ‚Zimmerischen Chronik' (3, 547) heißt es: „Aber wiewol die Königin Leonora sonst keins scharpfen verstands gewesen,

‚Den Braten schmecken'
„Schmackenbrätlin ist mein nam/Schmarotzens ich mich nimmer scham."

iedoch kunt sie den braten wol schmekken". Lehmann verzeichnet 1639 S. 41 (Argwohn 20): „Argwohn wület im Dreck, der nich gepfercht ist, vnd kan die Kunst, daß er einen Wind reicht, ehe er ausbricht, vnd den Braten riecht, ehe das Kalb gestochen ist". Schiller verwendet die Rda. in den ‚Räubern' (III, 2): „Ich rieche den Braten schon". Auch heute ist *den faulen Braten riechen* noch sehr verbreitet. In der älteren Sprache hatte die Wndg. *den Braten schmecken* die Bdtg. ‚schmarotzen'. In Murners ‚Schelmenzunft' hat der Schmarotzer den Beinamen ‚Schmakenbrettly'. In der Erklärung zu der Illustration „den braten schmacken" heißt es von ihm:

Schmacken brettly is myn nam
Schmorutzens ich mich nymmer scham
Alle kirchwihe / brulofft / irten
Und wo man frelich ist bey würten
Do kan ich allzeit vornan ston
Wen man bzalt loufft ich dor von.

Das ist Braten für ihn: es kommt ihm sehr gelegen, ist ihm erwünscht.
Das ist ein fetter Braten: ein reicher Gewinn; diese Rda. findet sich sinngemäß schon bei Walther von der Vogelweide in einem polit. Lied, in dem er gegen die ungerechte Lehensverteilung Klage erhebt:

Wir suln den kochen râten
Sît ez in alsô hôhe stê
Daz si sich nicht versûmen,
Daz si der fürsten brâten
Sniden groezer baz dan ê
Doch dicker eines dûmen. .

Wolfram von Eschenbach spielt auf diese Stelle an, wenn er im ‚Willehalm' (286,19) sagt:

her Vogelweide von brâten sanc:
dirre brâte was dicke und lanc...

Dem Braten nicht trauen: eine Sache für verdächtig halten. Die Rda. steht vielleicht in Zusammenhang mit einer Fabel: Ein Bauer lädt ein Tier zu sich ein, doch dieses kehrt an der Tür um, weil es wittert, daß sein Gefährte bereits in der Pfanne des Bauern schmort. Es traut also diesem Braten nicht und fürchtet, selbst das nächste Opfer zu sein.

Der Ausdr. Braten für ein ungünstiges Ereignis wird noch heute verwendet in der Rda. *Da hast du den Braten!:* die Bescherung, bei Unzufriedenheit, Ärger und Enttäuschung. Sehr gebräuchl. sind außerdem die Wndgn.: *schwitzen wie ein Braten* und *An dem Braten hast du noch lange zu kauen:* für die Lösung dieser schwierigen Aufgabe wirst du noch lange Zeit brauchen.

Das Schimpfwort ‚Satansbraten' bezieht sich auf einen teuflischen, heimtückischen Menschen (↗ Statan, ↗ Teufel).

Bratkartoffelverhältnis. *Ein Bratkartoffelverhältnis haben (unterhalten):* ein vorübergehendes Liebesverhältnis haben, das bes. wegen der damit verbundenen guten Verpflegung eingegangen wird. In Soldatenkreisen im 1. Weltkrieg entstanden, dient die Wndg. heute allg. zur Bez. der ‚wilden Ehe‘ (↗ Ehe).

braun. *Jem. braun und blau schlagen* (gebräuchlicher ist jedoch: ‚jem. grün und blau schlagen‘): ihn durchprügeln, bis seine Haut farbig wird, vgl. ndl. ‚Hij is bont en blaauw geslagen‘.

Das Braun des Biers und des Kaffees ist in den folgenden Wndgn. gemeint: schwäb. ‚den Braunen laufen lassen‘, gerne ein braunes Bier trinken; obersächs. ‚die braune Stunde‘, die Nachmittagsstunde, in der Kaffee getrunken wird.

Braun gilt als die Farbe der Natur. Etymol. ist sie von der Bez. eines braunen Tieres herzuleiten, vom Bär, der im Tierepos „Braun“ (Brûno, Brûne) heißt. Braun ist aber auch die Symbolfarbe der Mutter Erde u. steht – auf die Frau übertragen – als Sexualmetapher für die weibl. Scham (Vulva). Als erotische Symbolfarbe begegnet sie häufig im Volkslied in der Wndg. ‚braunes (schwarzbraunes) Mägdelein‘. Vgl. frz. ‚une brune‘: ein braunes Mädchen.

Es handelt sich dabei nicht nur um eine soziale Klassifikation, sondern um eine sexualpsychologische Wertung. Die Formel vom ‚schwarzbraunen Mägdelein‘ taucht im Volkslied erst im 16. Jh. auf. In dieser Zeit löst der dunkelhaarige Mädchentyp das ältere, ausschließlich blonde Schönheitsideal des hohen MA. ab. Während das blonde Schönheitsideal auf die adligen Damen u. Herzoginnen beschränkt bleibt, ist das schwarzbraune Mädchen in der Regel bürgerlicher oder bäuerlicher Herkunft. Auch beim Mann ist ‚braun‘ ein Zeichen für niedere Herkunft, wie aus einem Kindergedicht hervorgeht:

Willst du so nach Junkern schaun
und des Fischersohns vergessen?
Freilich ist er arm u. braun.

Von diesem übertr. Sinn ist in den neuzeitlichen Rdaa. wenig erhalten geblieben. Sie beziehen sich vielmehr real auf die braune Farbe einer Sache.

Seit der Nazizeit gilt ‚braun‘ als Bez. nationalsozialistischer Gesinnung, vom Braun der SA-Uniformen hergeleitet.

Lit.: *H. Schewe:* Art. ‚Braun‘, in: HdA. I, Sp. 1518–1521; *O. Lauffer:* Farbensymbolik im Dt. Volksbrauch (Hamburg 1948), S. 48–49; *W. Koch:* Farbnamen, in: Muttersprache (1959), S. 11; *L. Röhrich:* Gebärde, Metapher, Parodie (Düsseldorf 1967), S. 72 ff.; *W. Danckert:* Symbol, Metapher, Allegorie im Lied der Völker, Bd. I (Bonn-Bad Godesberg 1976), S. 405–411.

Braut. *Die Braut heimführen (heimholen):* heiraten, eigentl. die junge Frau nach der Trauung in ihr neues Heim (zu ihren neuen Verwandten) bringen, was auf dem Brauch der feierlichen ‚Brautleite‘ beruht. Bereits Luther kennt das Sprw. ‚Wer's Glück hat, führt die Braut heim‘, das heute allgemeinere Bdtg. besitzt und besagt: Nur dem Glücklichen ist letztlich Erfolg beschieden; vgl. ndd. ‚De dat Gluck het, geit met de Brud to Bedde‘. Ein alter Pfandlösereim spielt ebenfalls auf den Brauch des Heimholens an, aber auch auf den ‚Brautstein‘ (↗ Stein), an dem vor Einführung der kirchlichen Trauung die Eheschließung vollzogen wurde:

Ich steh auf einem breiten (heißen)
Stein,
Wer mich lieb hat, holt mich heim.

Die Wndg. *auf Brautschau gehen* wird auf den ledigen Burschen bezogen, der gern heiraten möchte. Die Wndg. hatte früher noch die Bdtg., sich den Besitz der Zukünftigen und ihrer Familie näher anzusehen, bevor man eine Wahl trifft.

Lit.: *B. Kummer:* Braut, Bräutigam, in: HdA. I, Sp. 1522–1537; *H. Bächtold:* Die Gebräuche bei Verlobung und Hochzeit (Basel, Straßburg 1914); *K. Rumpf:* Hess. Brautstühle, in: Volkswerk 1942, S. 37–53; *J. Meier:* Ahnengrab und Brautstein, Untersuchungen z. dt. Vkde. (Halle 1944), H. 1; *K.-S. Kramer:* Art. ‚Braut‘, in: HRG. I, Sp. 514–517; *K. Ranke:* Art ‚Braut und Bräutigam‘, in: EM. II, Sp. 700–722; *G. Völger u. K. v. Welck* (Hg.): Die Braut, 2 Bde. (Köln 1985).

Brautsar. *Dasitzen wie ein Brautsar:* steif und unnahbar dasitzen wie die Braut im Hochzeitskleid.

In dieser Rda. lebt ahd. saro, mhd. sar = Rüstung weiter. Ähnl. wie im Sächs. heißt es steir. ‚dasitzen wie eine Bauernbraut‘, behäbig dasitzen. Eine solche steif dasitzende Braut hat z. B. Rembrandt in dem von Simson erwählten Mädchen aus Thimnath auf seinem 1638 entstandenen Gemälde ‚Samson, an der Hochzeitstafel Rätsel aufgebend‘ dargestellt. Aber auch

‚Dasitzen wie ein Brautsar'

andere Darstellungen von Bräuten, zum Beispiel auf Pieter Bruegels ‚Bauernhochzeitsbild', zeigen dieselbe Gestik der Braut.

Lit.: *L. Röhrich:* Gebärdensprache und Sprachgebärde, S. 127.

Brautstuhl. *Im Brautstuhl sitzen,* auch: *den Brautstuhl besitzen:* verlobt sein, kurz vor der Eheschließung stehen; vgl. lothr. ‚Se sen im Britstuhl' u. rhein. ‚im Brautstuhl sein', was sich auf Braut und Bräutigam beziehen kann.

Die Rdaa. spielen auf einen Brauch an: die Braut brachte einen reich verzierten Brautstuhl bei der Überführung ihres Brautgutes in ihr neues Heim mit, wo sie nun im Rat der Familie auch Sitz und Stimme erhielt, da der ‚Brautstuhl' als eine Art Rechtssymbol zu verstehen ist. In der Lit. findet der Brautstuhl schon in frühester Zeit Erwähnung, so bei Notker Labeo (950–1022, auch ‚Teutonicus' oder ‚der Deutsche' gen.): „Tinen brûtestûol lustet mih zierenne mit sange" (deinen Brautstuhl möchte ich gern zieren mit Gesang). Im ‚Erec' des Hartmann von Aue (1165–1215) heißt es:

dô si in ir rîche hô
ime brûtstuole sazen!

u. im Gudrun-Epos (verfaßt zwischen 1210 u. 1215; Vers 549,1): „da sie im brûotstuole saz". Später begegnet der Brautstuhl auch im bäuerlichen Brauchtum, wie sich aus dem Gedicht des Wernher der Gartenaere vom ‚Meier Helmbrecht' (entstanden 1234–1250) schließen läßt:

do der helt Lemberslint
und sin gemahel Gotelind
den briutestuol besassen ...

An manchen Orten wurden zur Feier der vertraglichen Heiratsabrede sog. ‚Stuhlfeste' gefeiert, wie zahlreiche Beispiele aus dem 15. u. 17. Jh. aus Schwaben belegen.

Lit.: ↗Braut.

brav. *Schön brav sein:* Mahnung an ein Kind, folgsam zu sein u. sich still zu verhalten. (Frz.: être sage comme un image').
Das Wort ‚brav' galt in Dtl. über Jahrhunderte hinweg als Inbegriff bürgerlicher Tugenden schlechthin. Es ist etwa gleichzeitig mit dem schwed. ‚braf' aus dem frz. ‚brave' entstanden u. nach dem 30jähr. Krieg zu uns gekommen. Es fand zuerst Eingang in die Soldatensprache, wie aus einem Frühbeleg, einem Kriegslied von der stralsund. Belagerung 1628 (gedr. 1630) hervorgeht. Darin heißt es:

wiltu ein braffr soldate sei
so such und schlag die feinde dein.

(F. v. Soltau, Volkslieder [1836], 474). Brav im Sinne von tüchtig, wacker, redlich, uneigennützig, das war die höchste Tugend nicht nur des Soldaten, sondern auch des guten Bürgers allg. So heißt es z.B. bei F. Schiller: „Der brave Mann denkt an sich selbst zuletzt" (‚Wilhelm Tell', I, 1). Gottfried August Bürgers ‚Lied vom braven Manne', zuerst im ‚Göttinger Musenalmanach für 1778' erschienen, preist diese Mannestugend:

Hoch klingt das Lied vom braven Mann.

Die letzten Worte von Gretchens Bruder Valentin in Goethes ‚Faust' lauten:

Ich gehe durch den Todesschlaf
zu Gott ein als Soldat und brav.

Auch Goethes Verse aus seinem 1810 veröffentlichten Gedicht ‚Rechenschaft':

Nur die Lumpe sind bescheiden,
Brave freuen sich der Tat

sind sprw. geworden.
Später erhielt das Wort ‚brav' auch die Bdtg. von ‚gefügig' u. wurde daher auch den Tieren als Merkmal beigegeben: ‚das brave Pferd', süddt.: ‚en bravs Rössel', von dem das Sprw. behauptet: ‚Ein braves Pferd stirbt in den Sielen'.

Auf Frauen bezogen erhielt ,brav' die Bdtg. von fügsam, anstellig und bescheiden u. umschrieb damit die bes. im 19. Jh. gewünschten und anerzogenen Tugenden. So heißt es bei Goethe: „Ihr habt ein Mädchen erwählet, Euch zu dienen im Haus und Euern Eltern, das brav ist". Noch 1956 vertritt E. M. Remarque in seinem Roman ,Der schwarze Obelisk' die Meinung, „... Otto solle heiraten, ein ,braves Mächen', das gut kocht, mit einer schönen Aussteuer ..."
Dagegen die schon 1842 von J. Möser (9,122) gestellte Frage:
„Dürfte ich wohl untertänigst fragen, was Sie durch ein braves Mädchen verstehen? Ich habe sonst gemeint, die Pferde würden nur brav genannt".
Daß die mit ,brav' verbundenen Eigenschaften zu Spöttereien Anlaß gaben, liegt auf der Hand. Sie fanden ihren Niederschlag in Ausdr. wie ,Brävling', ,Bravkerl', ,braver Narr' usw.
Eine andere Art von Spott entwickelte sich nach dem 2. Weltkrieg als Gegenreaktion zu den altväterlichen Vorstellungen von brav. Zu dieser neuen Sicht trug vor allem auch der Roman ,Die Abenteuer des braven Soldaten Schwejk' (1921/23) von J. Hašek bei, der durch seine spätere Verfilmung einem breiten Publikum zugänglich gemacht wurde. Die darin enthaltene iron. Anschauung vom ,braven Soldaten' u. ,braven Bürger' hat sich heute vor allem in intellektuellen Kreisen allg. durchgesetzt.

brechen. *Mit jem. brechen:* ihm die Freundschaft kündigen, jede Beziehung abbrechen; vgl. ndl. ,met iemand breken', engl. ,to break with a person' u. frz. ,rompre avec quelqu'un'.
Die Wndg. *brechend voll sein* dient zur Steigerung; ein Raum, ein Saal ist so überfüllt, daß das Einbrechen des Bodens zu befürchten ist.
Den Stab über jem. brechen: ihn verurteilen (↗ Stab). *Nichts zu brechen und nichts zu beißen haben:* nichts zu essen haben; vgl. frz. ,ne rien avoir à se mettre sous la dent' (umg.); ↗ beißen.
Etw. übers Knie brechen: eine Sache rasch abtun (↗ Knie). *Etw. vom Zaune brechen:* einen Streit mutwillig herbeiführen

(↗ Zaun). *Eine Lanze für jem. brechen:* ihn verteidigen (↗ Lanze). *Das Eis brechen* ↗ Eis; *einem das Herz brechen* ↗ Herz; *das bricht ihm den Hals* ↗ Hals.

Bredouille. *In der Bredouille sitzen (sein):* in Verlegenheit, in Verwirrung, in Bedrängnis, in der Patsche sein; ähnl. *in die Bredouille geraten (kommen)* und *in Bredouille bringen.*
Die Rdaa. sind in der ,Franzosenzeit' zu Beginn des 19. Jh. aus frz. ,être dans la bredouille' (heute nicht mehr gebräuchl.): in der Patsche sitzen, übernommen; geläufiger ist frz. ,revenir bredouille': unverrichteter Dinge heimkehren (Jäger- u. Anglersprache), aber auch: frz. bredouille = Matsch, übertr.: keinen Stich im Kartenspiel bekommen.
Der Ausdr. ist heute noch in der dt. Umgangssprache und in fast sämtlichen Mdaa. geläufig, z. T. stark lautlich entstellt und in der Bdtg. verändert. Bair. ,in die Bredulti kommen', in Verlegenheit kommen; meckl. ,in Padoll kamen', in eine mißliche Lage geraten; ,ick bün mit em enne Perdoll kamen', ich bin mit ihm in Streit geraten; ,dee is gant inne Perdoll', er ist stark betrunken.

Brei. *Brei im Mund haben:* undeutlich reden; schon bei Luther belegt: „sie mummeln, als hetten sie heiszen brei im maule". Daher auch das noch heute gebräuchl. Schimpfwort ,Breimaul'.
Jem. Brei ums Maul schmieren: ihn mit Versprechungen verlocken, ihn umschmeicheln. *Einem Brei zu essen geben:* seiner eigenen Kraft zuwenig überlassen. *Jem. den Brei versalzen:* ihm die Freude verderben, ähnl. wie ,jem. die ↗ Suppe versalzen'. Eine zweite Parallele zur Suppe ist die Rda. *Er hat ihm einen schönen Brei angerührt:* er hat ihn in eine große Verlegenheit gebracht, vgl. ,einem eine Suppe einbrocken'. *Den Brei selbst auslöffeln müssen:* die Folgen allein tragen müssen. Brei ist die Lieblingsspeise der Kinder; daher: *Laß dem Kind seinen Brei:* verdirb ihm nicht seine Freude. Köl. ,Die han je en der Brei ze brocke', die zuzusetzen, sie sind wohlhabend. Dagegen: *etw. satt haben wie kalten Brei:* genug davon haben. *Sich in den Brei mischen, sei-*

nen Brei dazugeben: sich in fremde Dinge einmischen, ähnl. wie ‚seinen ⟋ Senf dazugeben‘; vgl. frz. ‚Y mettre son grain de sel (wörtl.: sein Salzkorn dazugeben). Ndd. ‚He hat in den Bre dan‘, er hat dummes Zeug gemacht. *Jem. zu Brei hauen:* ihn durchprügeln; vgl. frz. ‚faire chair à pâté de quelqu'un‘ (wörtl.: jem. klein hakken). *Um den Brei herumreden:* nicht zum Wesentlichen kommen. *Wie eine Katze um den heißen Brei herumgehen* ⟋ Katze; vgl. frz. ‚tourner autour du pot‘ (wörtl.: um den Topf herumgehen). ‚In den Brei fallen‘ sagt man holst. für: ‚mit der Türe ins Haus fallen‘.

breit. *Sich breitmachen:* viel Platz beanspruchen, sich nach vorne drängen; vgl. frz. ‚s'étaler‘; obersächs. ‚Der macht sich breet wie e loof'ger Käse‘. Vgl. frz. ‚se mettre sur son quant à moi‘. *Sich mit etw. breitmachen:* sich einer Tat oder seines Besitzes rühmen. *Etw. breittreten:* es mit vielen Worten weitläufig behandeln; so sagt z. B. Goethe: „Getretner Quark wird breit, nicht stark“ (‚Westöstl. Divan‘). *Sich breitschlagen lassen:* sich zu etw. überreden lassen; das Bild ist vom Metall genommen, das man zur Verarbeitung breit schlägt. Meckl. ‚Dee is so breit twischen de Schullern as de Hiring‘, er ist sehr schmal. *Der breite Stein* ⟋ Stein. Die Rda. *vom Breiten leben:* vom Kapital zehren, in Sachsen und Bayern bekannt, gehört nicht zu breit; sie heißt eigentl. ‚vom Bereiteten (d. h. Ersparten) leben‘.

Breitseite. *Jem. die Breitseite zeigen:* eine Seite des Schiffes in ihrer gesamten Länge dem Gegner als Drohung entgegenhalten. Die Wndg. stammt aus der Seekriegssprache, als die Schiffsgeschütze im Rumpf aufgestellt waren, man also nur mit der breiten Seite feuern konnte, ebenso wie die Rda. *eine Breitseite abfeuern:* das gleichzeitige Abfeuern aller Geschütze auf der dem Gegner zugewandten Seite. Später wurden die auf dem Oberdeck beweglich aufgestellten Geschütze auf eine Seite gedreht, um Breitseiten abfeuern zu können.

Die Rda. begegnet im übertr. Sinn des öfteren in den Medien: *eine Breitseite auf*

jem. abfeuern: ihn voll unter Beschuß nehmen, ihn schonungslos kritisieren, ihm eine harte Lektion erteilen.

brennen. *Es brennt:* es eilt; hergeleitet von der Eile, die bei einer Feuersbrunst geboten ist.

Wo brennt's denn? fragt man einen, der es so eilig hat wie die Feuerwehr, die zum Feuer eilt; vgl. schon in Wolframs ‚Parzival‘ (647, 6 f.):

als du gâhest ûzem fiure
gebâr mit rede und ouch mit siten.

Sich brennen: mit Schaden davonkommen, sich gröblich irren; gemeint ist wohl eigentl. das unüberlegte Anfassen eines heißen Gegenstandes (‚heißes Eisen‘); vgl. frz. ‚se brûler‘. *Es brennt ihm unter den Nägeln (Fingern, Nähten):* er hat es sehr eilig. Derber z. B. schlesw.-holst. ‚Em brennt der Mors‘, er kann sich nicht still sitzen, er ist unruhig und ungeduldig. *Ihm brennt der Boden unter den Füßen:* er flieht eilig (⟋ Boden).

Sich weiß brennen: sich zu entschuldigen suchen. Diese heute ausgestorbene Wndg. verdankt ihre Entstehung der Beobachtung, daß das ins Feuer geworfene Metall von seinen Schlacken gereinigt und schließlich weißglühend wird. Die äußere Wirksamkeit des Feuers wird in der Rda. auf das innere Leben übertragen, was auf alte religiöse Vorstellungen hindeutet. ‚Weiß‘ galt und gilt als Farbsymbol für die Unschuld und Sündlosigkeit (vgl. ‚eine weiße Weste haben‘). Die Läuterung des Schuldigen erfolgt im Fegefeuer, das ihn rein (weiß) brennt. Luther verwendet die Rda. sehr oft, z. B.: „weil sich der geyst so hell und weiß bornet“, oder: „daher auch das sprichwort komt, so man von solchen entschuldigern spricht: ey wie weiß bornet sich. Bei Andreas Gryphius (1, 293) findet man: „und siehst du nicht, dasz sie sich suchen weisz zu brennen?“ Sehr bekannt ist die Wndg. auch aus Heinrich von Kleists ‚Prinz von Homburg‘ (III, 1):

… Eine Tat,
Die weiß den Dey von Algier brennt …

Das Meer ausbrennen wollen: eine törichte, unmögliche Arbeit verrichten. Doch kann Feuer durchaus ‚einen See ausbrennen‘, wenn nämlich bei einem Brand sein Wasser nicht ausreicht, diesen zu löschen. In solchem Sinn gebraucht Th. Storm die Rda., um die Wirkung der schwarzen Augen seiner Lisa im ‚Pole Poppenspäler‘ anzudeuten.

Nichts zu beißen und nichts zu brennen haben: sehr arm sein (↗ beißen). Köl. ‚Dä kritt es jebrannt‘, er wird empfindlich gestraft; ↗ brandmarken. *Einem das gebrannte Leid antun* ↗ Leid. ‚Der brennt dem Tag (auch dem lieben Gott) die Augen aus‘ sagt man obersächs. von einem, der abends zu zeitig oder morgens zu lange Licht brennt; ähnl. schwäb. ‚ein Loch in den Tag brennen‘.

Von sehr leidenschaftlichen Menschen (Zorn, Liebe) sagt man *Er brennt wie Stroh* oder *Er brennt, man könnte eine Laterne mit ihm anzünden,* u. von einer nicht mehr ganz jungen Frau: *Sie brennt wie eine alte Scheune* oder ‚Wenn alte Scheuern brennen, hilft kein Löschen‘. Diese Wndgn. beziehen sich auf Liebe im fortgeschrittenen Alter. Vgl. lat. ‚Lucernam accendere possis‘.

Auf etw. brennen: begierig, ungeduldig, neugierig sein; vgl. frz. ‚brûler de faire quelque chose‘. Auch zur Steigerung wird brennen benutzt, z. B. in der Wndg. *etw. brennend nötig haben:* sehr nötig haben.

Nichts anbrennen lassen: auf kein Vergnügen verzichten, keine Gelegenheit verpassen.

Sich die Finger nicht verbrennen: sich nicht um eine ‚heiße‘ Sache kümmern – aus lauter Vorsicht oder aus böser Erfahrung, wie sie angedeutet wird in dem Sprw.: ‚Gebranntes Kind scheut das Feuer‘ (vgl. ‚Struwwelpeter‘), ↗ Finger.

Aber man kann dennoch *ein brennendes Interesse an einer Sache haben:* auch wenn ‚es nicht brennt‘, d. h. nicht eilt (frz.: ‚Il n'y a pas le feu à la maison‘: es brennt nicht).

Eine neuere Rda. ist auch: *Im Brennpunkt stehen* (engl. ‚to be in the public eye‘), d. h. so wie ein Brennspiegel alle Strahlen auf einen Punkt bündelt, ist die Aufmerksamkeit vieler Menschen (vor allem der Medien) auf eine Person gerichtet, ↗ Feuer.

Lit.: *H. Freudenthal:* Das Feuer im dt. Glauben u. Brauch (Berlin – Leipzig 1931); *W. Danckert:* Symbol, Metapher, Allegorie im Lied der Völker, Bd. I (Bonn-Bad Godesberg 1976), S. 233–265; *J. Le Goff:* Die Geburt des Fegefeuers (Stuttgart 1984); *L. Röhrich:* Die Welt der alem. Sprww. in: Einheit in der Vielfalt, FS. f. Peter Lang (Bern 1988), S. 434–457, bes. S. 441.

brenzlig. *Etw. (eine Sache) wird für jem. brenzlig:* es wird für ihn gefährlich. *Etw. (eine Angelegenheit) erscheint einem brenzlig:* es ist Vorsicht geboten, negative Folgen sind zu erwarten, eine Sache ist äußerst bedenklich. Das Adj. ‚brenzlig‘ ist seit dem 17. Jh. vom Verb ‚brenzlen‘ = verbrannt riechen, abgeleitet und seit Ende des 19. Jh. in übertr. Bdtg. von bedenklich, heikel, kritisch, verdächtig und gefährlich üblich.

Bresche. *In die Bresche springen (treten):* für jem. einspringen (in gefährlicher Lage), eine Lücke ausfüllen, mit seinem Körper die Lücke schließen: *Bresche legen (schlagen):* Bahn brechen; vgl. frz. ‚faire une brèche‘.

Arnold Winkelried aus Stans (Unterwalden) soll in der Schlacht bei Sempach (1368) mehrere feindliche Spieße auf sich gezogen, und mit den Worten ‚Der Freiheit eine Gasse‘ den Schweizer. Eidgenossen eine Bresche gebahnt haben, die den Sieg über Leopold III. von Österreich entschied. Obwohl die Sage erst Jahrzehnte nach der Schlacht auftaucht, könnte sie ein hist. Geschehen schildern. Sie ist in einem Stanser Denkmal verewigt. Der Ausdruck Bresche stammt aus dem älteren Kriegswesen und beruht auf frz. ‚brèche‘ = Scharte, Riß, Lücke, Wallbruch, Öffnung in einer Festungsmauer, das, seinerseits germ. Ursprungs (fränk. *breka, zum Verb *brekan = brechen), Ende des 16. Jh. ins Dt. eingedrungen ist, z. B.: „Nachdem die Stadt an etlichen Orten dermaßen beschossen, daß die Bresches groß waren“ (J. W. Gebhardt, ‚Fürstliche Tischreden‘ [1597], S. 205). Seit dem 18. Jh. erscheint Bresche in mancherlei Übertr., so 1725 bei H. W. von Logau (‚Poetischer Zeitvertreib‘, S. 262):

> Der Überwinder doch itzt das
> Vergnügen findet,
> daß er den Liebessturm auf holde
> Breschen stellt,

und (um 1812) bei Goethe (‚Sprichwörtlich‘):

> Eine Bresche ist jeder Tag,
> die viele Menschen erstürmen.
> Wer auch in die Lücke fallen mag,
> die Toten sich niemals türmen.

Die Rda. gehört schließlich zu den Lieb-

lingsausdr. Bismarcks: „Habe ich nicht seit 1862 kämpfend auf der Bresche gestanden?" (Reden VI, 116; und IX, 240); „Jemand, der zwanzig Jahre lang für das Königtum auf der Bresche stand" und: „Ich werde auf der Bresche sterben, so Gott will, wenn ich nicht mehr leben kann". Vgl. frz. ‚être sur la brèche' i. S. v. ständig im Kampf stehen.
Eine Bresche in die Pastete machen: einen Vorrat angreifen.

Brett. *Das Brett bohren, wo es am dünnsten ist:* sich eine Sache leicht machen; eine Sache da angreifen, wo sie am günstigsten zu bewältigen ist.
Die Rda. ist verwandt mit dem Sprw. ‚Faulheit bohrt nicht gern dicke Bretter'; ähnl. sagt man auch: *Der bohrt nicht gern hartes Holz:* er macht sich nicht gern viel Mühe. Schon Luther sagt in den ‚Tischreden': „man boret nicht gern durch dicke brete"; Seb. Franck 1541: „Er bort nit gerne dicke Bretlin". Bei Grimmelshausen heißt es im ‚Simplicissimus' (II, 267): „Grobe Arbeiten zu verrichten, war mir ungelegen, weil ich nie gerne dicke Bretter geboret"; in Christoph Lehmanns ‚Florilegium politicum oder Politischer Blumengarten' von 1639 (S. 40): „Wer sieben vor vngrad kan zehlen, der schneidt den Port am dünnsten Ort. Vnd läßt die grobe Port den Zimmermann bohren"; 1849 bei Justinus Kerner (‚Bilderbuch aus meiner Knabenzeit', S. 102): „Ein fauler Geselle, der keine harten Bretter bohren will".
In ihrer heutigen umg. Form ist die Rda. seit Lessing belegt: „Bohre das Brett, wo es am dünnsten ist". Ein ‚Dünnbrettbohrer' ist umg. ein Mensch, der sich die Arbeit gern erleichtert. Die Mdaa. kennen die Rda. z. T. noch in positiver Wndg.; z. B. schwäb. ‚Brettle bohre', sich hart und ausdauernd anstrengen, intensiv arbeiten; ‚Hartholz bohren', schwere Arbeit tun.
Ein Brett vor dem Kopf haben: dumm, beschränkt, verbohrt, töricht, einfältig, engstirnig, begriffsstutzig sein. Die Rda. stammt aus der bäuerl. Wirtschaft. Chr. Lehmann (‚Schauplatz der natürlichen Merkwürdigkeiten' 652) schreibt 1699: „Stätige (d. h. störrische) Ochsen werden mit einem vor die Augen hangenden Bretlein geblendet"; vgl. obersächs. ‚mit dem Brete renn'n', dumm sein.

‚Ein Brett vor dem Kopf haben'

Mit dem Brett ist auch das Joch der Ochsen gemeint. Die Annahme liegt nahe, dieses Brett beeinträchtige das Denken, zumal ↗ Ochse ohnehin das Schimpfwort für den Dummen ist. Das Gegenteil zeigt die Rda. *Der sieht durch drei* (sechs, zehn usw.) *Bretter:* er ist sehr klug, z. B. oldenburg. ‚He kan dör'n oken (eichen) Brett kücken'; z. T. aber mit dem einschränkenden iron. Zusatz: ‚wenn ein Loch darin ist'.
Bretter schneiden: schnarchen; die Wndg. knüpft an das Geräusch der Brettsäge an (↗ Ast).
Hier ist die Welt mit Brettern vernagelt: es geht nicht mehr weiter, wenn man vor einem großen Hindernis steht; hier ist das Ende. Die Wndg. geht auf eine Lügengeschichte zurück: Johannes Olorinus Variscus erzählt in seiner ‚Ethnographia Mundi' 1608 unter anderen Lügengeschichten, jem. sei bis ans Ende der Welt gekommen und habe sie dort mit Brettern ‚unterschlagen' gefunden. Eine Weiterentwicklung dieser Wndg. ist der Ausdr. ‚vernagelt sein' (↗ Nagel).
Auf dem Brett liegen: tot sein; *aufs Brett kommen; Brettl rutschen:* ins Grab hinabgelassen werden (früher nur in einem Tuch, ohne Sarg); *in die Bretter gehen:* sterben.
Diese Wndgn. sind von den ‚Totenbrettern' zu verstehen, auf denen die Toten aufgebahrt wurden. „So er uf dem bret leit, so muz er gelten, swaz er sol", heißt es schon 1406; vgl. die altbair. Rda. ‚zum Brett bringen', zum Gehorsam bringen; els. ‚ufs Brett nemmen', töten. Z. T. ist mit den Brettern auch der Sarg gemeint, der umschreibend z. B. bad. ‚die sechs Bretter'

genannt wird; vgl. frz. ‚être entre quatre planches‘ (wörtl.: zwischen vier Brettern liegen); ↗zeitlich.

Etw. auf einem Brett bezahlen: in einer Summe, auf einmal, bar bezahlen. Die Wndg. geht zurück auf das ‚Zahlbrett‘ und ist schon mhd. belegt: „Zellent drîzig unze ûf daz bret" (Konrad Fleck, ‚Flore‘, V. 5073); die Rda. ist dann auch früh in übertr. Bdtg. angewandt worden und hat sich in den Mdaa. erhalten, z. B. holst. ‚Ik mutt dat to Brett bringen‘, das Geld an die Kasse abliefern, und nordostdt. in ironischem Sinne ‚Eck war di wat op't Brett legen‘, ich werde dir was husten.

Ans Brett kommen; (hoch) am Brette sein: eine hohe Stellung erhalten bzw. einnehmen, *einen vom Brett schaffen:* ihn aus seiner Stellung verdrängen. Diese frühnhd. Rdaa. beziehen sich noch auf ma. Bräuche: Brett ist hier = Tisch. Wenn bei ma. Festen die Gäste so zahlreich erschienen, daß man sie zur Mahlzeit im Burgsaale nicht unterbringen konnte, so wurden im Freien Tische und Bänke, roh aus Brettern gezimmert, aufgeschlagen, und nach dem Range wurden den Gästen die Plätze angewiesen. Wer dabei die Ehrenplätze innehatte, von dem sagte man, er sitze ‚hoch am Brette‘, alle aber waren wenigstens ‚mit am Brette‘.

Die Wndg. wirkte noch lange nach. In Murners ‚Narrenbeschwörung‘ ist das 26. Kapitel überschrieben: „an das bret kumen"; darin heißt es:

Ist es, als ich hab vernummen,
das die stül auf die Bänk sind
                  kummen,
so will ich unverzweiflet han,
ich kumm ans bret mit andern an.
Wer ans bret nit kummen kan,
der ist nit ein geschickter Mann.
Dich hilft kein frumbkeit noch kein
                  Bet (Bitte),
man kumpt mit schalkheit zu dem Bret.

Bei Murner heißt es auch: ‚mit brangen oben an dem bret‘, d. h. bei Tisch oben sitzen, den Ehrenplatz einnehmen; vgl. auch Joh. Agricola in seinen ‚Sprichwörtern‘ (Nr. 419): „Er ist nahe am brett, er ist hoch am brett. Das ist, er ist lieb und werdt gehalten, Wir sagen auch, Er sitzt oben am brett, das ist, hoch erhaben, Er ist zu hohen wirden vnd regiment komen". In

Seb. Brants ‚Narrenschiff‘ (72,19) steht die Rda. *niemand zu Brette kommen lassen:* „Die wüst rott hatt wißheyt vertrungen Vnd laßt sie nyeman zů dem brett". Niedriges Volk darf überhaupt nicht mit am Tische sitzen; vgl. Lehmanns Erklärung: „Was auff der Banck gemacht ist, das tracht ans Brett".

Im Gegensatz zu diesem langen Tisch oder Brett steht die runde Tafel oder Tafelrunde des Königs Artus (‚table ronde‘), an der alles gleich im Range sitzt, damit sich keiner zurückgesetzt zu fühlen brauchte. Vgl. in der Ggwt. der allenthalben eingerichtete ‚runde Tisch‘.

Heute sind diese Rdaa. praktisch ausgestorben, doch finden sie sich gelegentlich noch in der Lit., z. B. „Einem Beschirmer des Landes zu folgen, den man gleich selbst ans Brett gehoben hätte" (Lohenstein), und noch Goethe: „... war selber nicht so hoch am Brett" (‚Ewiger Jude‘). Ähnl. sagte Bismarck von einer Gesetzesvorlage: „Wenn Sie uns durch eine ganz bestimmte Weigerung nötigen, sie einstweilen vom Brette abzuschieben". In den ndd. Rdaa. ‚He schall vör't Brett‘, er soll vor Gericht, und ‚Ik will em wull vör't Brett kriegen‘, zur Rechenschaft ziehen, bedeutet Brett den Gerichtstisch; vgl. sächs. ‚vorm heißen Brett stehen‘, sich als Angeklagter verteidigen müssen.

Bei jem. einen Stein im Brett haben. Die Rda. stammt vom Brettspiel (↗Stein). Desgleichen die junge Rda. *nicht alle auf dem Brett haben:* nicht ganz bei Verstand sein. Wer beim Brettspiel nicht alle Figuren im Brett hat, ist dem Gegner unterlegen.

Ans schwarze Brett kommen: in ungünstigen Ruf kommen. Das ‚schwarze Brett‘ war zunächst die Tafel, an der in Wirtshäusern angekreidet wurde, was der einzelne Gast zu zahlen hatte. Aber schon seit dem 17. Jh. diente ein schwarzes Brett als Anschlagbrett für amtliche Bekanntmachungen, und zwar zuerst in den Universitäten.

Über die Bretter gehen: gespielt werden, z. B. ‚Das Stück ging 50mal über die Bretter‘, ‚Die Bretter‘ als Bez. der Bühne des Theaters sind relativ jung; urspr. ist dabei an das Gerüst der wandernden Schauspielertruppen gedacht. Wir finden die Wndg.

dann bei Goethe („Faust' I, Vorspiel auf dem Theater, V. 39): „... die Pfosten sind, die Bretter aufgeschlagen" noch nicht als Rda., aber doch schon in einem Zusammenhang, der die Bildung der Rda. begünstigt; vgl. frz. ‚monter sur les planches'. Schiller hat das Wort geprägt ‚die Bretter, die die Welt bedeuten'. In Anlehnung daran hat O. J. Bierbaum die Kleinkunstbühne ‚Brettl' genannt.

Noch nicht auf den Brettern gestanden haben sagt man in gleicher Weise vom jungen Schauspieler wie auch vom noch nicht erfahrenen Skiläufer; vgl. frz. ‚n'avoir pas encore été sur les planches'. Mit dem ‚Leben auf den Brettern' wird das Leben des Schauspielers wie des Skiläufers umschrieben.

Lit.: *Wander* I, Sp. 462; *Richter-Weise*, Nr. 27, S. 32 f.; *Büchmann*; *C. Müller-Fraureuth*: Die dt. Lügendichtungen (Halle 1881, Ndr. 1965), S. 57; *F. Lüers*: Über die Totenbretter in Bayern, in: Heimat und Volkstum 11 (1933), S. 3–40; *R. Wehse*: Art. ‚Ende der Welt', in: EM. III, Sp. 1406–1409.

Brezel. *Das geht (nicht) wie's Brezelbakken:* (nicht) sehr rasch, eine bes. obersächs. verbreitete Rda., die G. S. Corvinus 1720 in seinen ‚Reifferen Früchten der Poesie' S. 633 erläutert:
Die Brezeln schiebet man geschwinde
In Ofen ein und wieder aus.
Der Teig wird augenblicks zur Rinde,
Mit Versen sieht es anders aus.

Sich brezeln vor Lachen: kräftig lachen und sich dabei wie eine Brezel krümmen, eine erst um 1920 aufgekommene Rda., vgl. ‚sich kringeln'.

Brief. *Einem Brief und Siegel geben:* ihm die größte Gewißheit geben. Die Rda. stammt aus der Rechtssprache, wo Brief (von lat. brevis libellus) ‚kurzes Schreiben', ‚Urkunde' (vgl. ‚Breve' = Erlaß des Papstes) bedeutete, wie noch in den Ausdr. Adels-, Ablaß-, Meister-, Lehr-, Kauf-, Schuld-, Fracht-, Steckbrief, ‚verbrieftes Recht'. Ein Brief ohne Siegel war als Urkunde rechtsungültig; daher die Formel ‚Brief und Siegel' als Ausdr. eines vollgültigen Rechtsanspruchs.

Seit dem 13. Jh. ist die Wndg. als Rechtsausdr. oft belegt; in frühnhd. Zeit erhält sie dann den übertr. Sinn einer ‚kräftigen Versicherung', so z. B. in Seb. Brants ‚Narrenschiff' (76, 21):
Vil hant des brieff vnd sygel guot,
wie das sie sind von edelm bluot.
Bei Luther: „Der Römischen Bann mit Siegel und Briefen zum kalten Bade führen". Ausführlich erläutert die Rda. 1529 Joh. Agricola in seinen ‚Sprichwörtern' (Nr. 369): „Wenn wir einen heymlich lugen straffen, sagen wir, wo er etwas saget, das wir nicht glauben, Ein brieflein were gut darbey, damit man solchs beweysen vnd warmachen mochte, Denn brieffe

‚Brief und Siegel'

‚Durch die Brille der Kirche sehen'

‚Durch die Brille des Juristen sehen'

‚Durch die Brille der Olympiade sehen'

‚Einem eine Brille aufsetzen'

vnd sigil glaubt man gern, denn es sind viler leute zeugnis vnd kundschafft darynnen". Schiller 1803 (‚Der Parasit' II, 4): „So kann ich das zwar nicht, wie man sagt, mit Brief und Siegel belegen – aber Gott weiß es, die Wahrheit ist's, ich will darauf leben und sterben".
Keinen Brief von etw. haben: keine Gewißheit haben; *die ältesten Briefe zu etw. haben:* die ältesten Ansprüche auf eine Sache haben.
Den blauen Brief bekommen: die Kündigung im Betrieb bekommen. Schülersprachl. bedeutet ‚der blaue Brief' eine Mitteilung der Schule an die Eltern über schlechte Leistungen des Kindes und über eine gefährdete Versetzung in die nächsthöhere Klasse.
Einen offenen Brief schreiben (ausgeben): jem. öffentl. angreifen, zur Rede stellen.

König Christian VIII. von Dänemark gab am 8. Juli 1846 einen ‚Offenen Brief' zur Begründung seiner Ansprüche auf die Elbherzogtümer heraus. Durch ‚Offenen Brief' wurde urspr. zum Kriegsdienst aufgerufen, vgl. ndl. Goethe ‚Reineke Fuchs' (Gesang 5, V. 106 f.): „Braun und Isegrim sandten sofort in manche Provinzen Offene Briefe, die Söldner zu locken". Vgl. frz. ‚Ecrire une lettre ouverte' i. S. v. jem. in einem durch Presse und Druck verbreiteten Brief angreifen.

Brille. *Dazu braucht man keine Brille; das sieht man ohne Brille:* die Sache ist vollkommen klar, leicht einzusehen; vgl. ndl. ‚Dat kan men zonder bril wel zien'; frz. ‚Il n'y a pas besoin de lunettes pour voir cela' oder ‚Cela se voit sans lunettes'. Ebenso in den Mdaa.: pfälz. ‚Do brauchscht kään

Brill': jede Unklarheit ist beseitigt; ,dat kann'n jo in'n Düüstern seen on Brill', hamb. für: das ist einleuchtend u. ,ohne Brille verstehen': leicht zu begreifen, in der Mark Brandenburg; rhein. ,dat mache mer all ohne Brel': dies Geschäft verrichten wir mit leichter Mühe; dagegen nordostdt. ,Ohne Brill is nuscht to moake', wenn etw. fehlt, was zu irgendeiner Verrichtung notwendig ist.
Einem nachlässigen oder faulen Arbeiter wird im Raum Hamburg empfohlen: ,Du mußt (noch) en Brüll ophebben'. ,Fehlt einem die lat. Brille', bleibt ihm der Sinn der Sache dunkel. Das heute kaum noch gebräuchl. Wortspiel wird anekdotisch erklärt als die Schutzbehauptung eines Advokaten, der seine Unkenntnis des Lateinischen mit der Verlegenheitslüge kaschieren wollte, er habe das für die Lektüre des in lateinischer Sprache verfaßten Aktenstückes notwendige Augenglas verloren.

Etw. durch die Brille (auch *durch eine fremde Brille*) *ansehen:* eine Sache nach fremder Eingebung, mit einem Vorurteil, einer vorgefaßten Meinung betrachten (vgl. frz. ,voir quelque chose avec les lunettes de quelqu'un'), z. B. ,durch eine rosige Brille', mit günstigem Vorurteil. Die Rda. ist in dieser Form schon lange gebräuchl. Luther schreibt: „Darnach nu sie solch gemahlte brillen für den augen haben". Noch deutlicher steht es bei Seb. Franck 1568 (,Paradoxa' 16): „Wer blitzblaw brillen aufhat, dem scheinent alle ding blitzblaw", d. h., je nach Art der Brille erhalten die Dinge ein anderes Aussehen.

Ohne gelehrte Brille lesen: mit gesundem Menschenverstand urteilen.

Einem eine Brille aufsetzen: ihn täuschen.

Das sind Brillen: das ist Betrug, verübt nicht selten bezüglich des 6. Gebots, wie von jener Hamburgerin um die Mitte des 18. Jh., die bereit war, ,ehren Eh-Herrn en Brill upthosetten': ihren Gatten zu hintergehen. Schon in Murners ,Narrenbeschwörung' heißt es:

Die frow gibt antwurt: lieber man,
Nit sihe vns für semliche [d. h. so
   beschaffen] an,
Du miest ein ander brill vff setzen.

Der Kluge bedarf nach einer volkstüml.

1

2

1/2 ,Brillen verkaufen'

PROSTITVIT VETVL, NVM MOSIOR AERE IVVENCAM

,Jemand brillen'

Vorstellung, die noch heute lebendig ist, der Brille nicht; er ‚sieht mit eigenen Augen‘ und ‚läßt sich keine Brille verkaufen‘. Die Wndg. *Brillen verkaufen* und *jem. brillen* sind ungebräuchl. geworden, jedoch in den Mundarten zum Teil noch erhalten, z. B. ndd. ‚Ik laat mi keen Brillen verkoopen‘, ich lasse mich nicht anführen; noch gesteigert in der kühnen Behauptung eines versierten Hanseaten: ‚Mi kannst keen Brillen verkeupen, ik heff sülfst dormit hannelt‘: ich lasse mir nichts vormachen.

Er hat sich selbst die Brille auf die Nase gesetzt: er hat sich selbst betrogen und *Er hat sich eine falsche (schlechte) Brille gekauft:* aus Furcht, der Wahrheit ins Auge zu sehen.

Im Eulenspiegelvolksbuch (Hist. 63) tritt Eulenspiegel u. a. als ‚Brillenverkäufer‘ auf, und er treibt das Wortspiel noch weiter, wenn er darüber klagt, daß sein Gewerbe auf dem absteigenden Aste sei, weil so viele Leute jetzt ‚durch die Finger sähen‘. Das Wortspiel muß um 1500 sehr geläufig gewesen sein, denn es findet sich bei vielen Autoren jener Zeit, u. a. in Seb. Brants ‚Narrenschiff‘, 1494; in ‚Des Teufels Netz‘, Beginn des 16. Jh.; bei Luther und Hans Sachs. Auch Johann Fischart gebraucht die Rda. ‚Finger-Brillen machen‘: ohne Brille durch die Finger sehen (‚Gargantua‘, 1575 b). In der Schweiz war sie noch in der 2. Hälfte des vergangenen Jahrhunderts verbreitet: ‚Wer dur d’Finger luegt, bruucht kei Brülle‘.

Wir besitzen auch eine ganze Reihe bildl. Zeugnisse, nach denen das Brillenverkaufen offensichtlich als rdal. Wndg. für ‚betrügen‘ aufgefaßt wurde. Mehrfach kommt das Thema der jungen Frau vor, die ihren alten Ehemann ‚brillt‘, um ihn mit einem jungen Mann betrügen zu können:

Den kalten alten Mann ich brill,
weil er’s doch gern so haben will.

Auch Bruegel hat auf einem seiner graphischen Rundbilder den betrogenen Betrüger deutlich an Brillenverkäufer gekennzeichnet. Aus dem 16. Jh. sind auch Rdaa. bezeugt wie: ‚es seind Brillen‘, es sind faule Fische; ‚Brillen reißen‘, Flausen machen, Possen reißen. In dem 1520 in Hildesheim aufgeführten Spiel ‚De scheve klot oder de brilmaker unde de tein boven‘ heißt es ganz ähnl. wie im Eulenspiegelbuch:

sunder nu is min handtwerck scher
                  gestoruen.
dat kumpt van dingen, de nu schen,
dat me so wol kan dor de finger sehen,
dar wert min handtwerck mede voracht.

‚Brillen verköpen‘ = täuschen war dem mnd. Sprachgebrauch geläufig; ‚dat brillensnîdent is afgekomen‘ heißt: man sieht durch die Finger. Auch Faust wird ein ‚seltzamer brillenreißer aber und ebenthewer‘ genannt (in der dt. Übers. von Joh. Weiers ‚De Praestigiis Daemonum‘ [Frankfurt 1586]).

Seinen Zeitgenossen war der ‚Parillenseher‘ nicht minder verdächtig, der im Zauber- und Wahrsagespiegel die Zukunft ergründete. Auf dieser okkulten Verwendung des geschliffenen Berylls, dem Vorläufer der Brille (und später auch des Bergkristalls), dessen optische Eigenschaften zufällig entdeckt wurden und die Roger Bacon (1214–94) wissenschaftlich bewies, beruht die frühneuhochdeutsche üble Bedeutung Schwindel, Prahlerei, Possen für Brille. So bei Hans Sachs, der den Zeichendeuter u. Zauberer sagen läßt:

In der Krystall und der Parill
kann ich auch sehen viel Gesicht.

Ihrer eigentl. Bestimmung entgegen erscheint die Brille auch als ‚Blendwerk‘, ein Hemmnis jeder Art, u. zwar nicht nur metaphorisch, sondern auch höchst real. Oldecop erzählt von den Betrügern von Bologna, „dat se de veste, de Julius vor de stat gebuwet, mit undergebrachtem pulver ummegeworpen und den bril von der nese brohten“.

Noch heute nennt man im Els. ‚e Bril vor d’Nas setze‘, dem Nachbarn die Aussicht verbauen; ähnl. im Schwäb.: ‚Dem hast e brave Brill fürs Fenster gsetzt‘.

Die Rda. blieb nicht auf Sachen allein bezogen, ndd: ‚He krigt daar een aisken Brill up de Näse‘: er wird durch diese abscheuliche Person in seiner Handlungsfreiheit sehr eingeschränkt; auch spöttisch u. als Drohung benutzt ‚Dem will i e Brill uf de Nas setze‘: ein Hindernis bereiten.

In Niederösterr. bedeutet ‚einem die Brille aufsetzen‘: ihm gehörig die Meinung sagen. Durch die Brille sieht man gewöhnlich deutlicher, daher im Rheinland ganz allg. verbreitet: ‚Dem setzen ech es der Brel zerech‘: ich sage ihm die nicht gerade schmeichelhafte Wahrheit, schwäb. ‚einem eine Brill aufsetzen‘: jem. aufklären.

Den wahren Zweck und Nutzen der Brille, die Einsicht in Welt u. Leben, die Entlarvung des Scheins, haben nur wenige Sprüche im Auge. Deutlich ausgesprochen findet man ihn in den Predigten des ausgehenden MA. u. der Reformation: „setzent die brillen uf!" bei Geiler von Kaysersberg (‚Christentlich Bilgerschaft‘ [1512], 36ᵇ) u. bei Luther: „ja lieber, setze brillen auf und kere es umb, ist eben das widerspiel" (3, 264).

Meckl. ‚sich die Brille einfetten‘, trinken (vgl. ‚sich die Nase begießen‘). Wer in Nordostdtl. allzu ausgiebig schluckte, der ‚hefft sick goot de Brell beschmort‘: er ist betrunken.

Die Übertr. des Tiernamens ‚Brillenschlange‘ (= Kobra) auf die brillentragende weibliche Person gehört erst unserem Jh. an.

Wegen seiner Form, und weil er auf die Klosettschüssel gesetzt wird wie eine Brille vor die Augen (Brille bezeichnete urspr. ja das einzelne Brillenglas), heißt der Aufsatz auf dem Klosett ebenfalls Brille. In dieser Bdtg. steht das Wort in der Rda. ‚Des Menschen Leben gleicht 'ner Brille: man macht viel durch‘.

Von einem sehr ungeschickten Menschen sagt man in Schleswig-Holstein: ‚He fallt mal dorch de Brillen‘, nicht die eigene, gemeint ist das Loch des Abtritts.

Die Brille suchen u. sie auf der Nase haben: Überaus zerstreut sein, ist auch den Mdaa. nicht fremd; rhein. ‚Hä sögt singe Brell un hät en (ihn) op der Nas‘, hamb. ‚He söcht de Brill un het se op de Nes‘; ndd. ‚keen Brillen to Koop hebben‘: schlecht gelaunt, verstimmt sein.

Da mancher ohne Brille schier blind ist, meinen die Schwaben spöttisch übertreibend: ‚Der hört nix ohn Brill‘.

Lit.: *L. Mackensen:* Zur Entstehung des Volksbuches vom Eulenspiegel, in: Germ.-Roman. Monatsschrift Bd. 24 (Heidelberg 1936), S. 249 f.; Beiträge zur

Gesch. der Brille, hg. v. d. Firmen Zeiss und Marwitz (Oberkochen–Stuttgart 1958); *L. Röhrich:* Sprw. Rdaa. in bildl. Zeugnissen, in: Bayer. Jb. f. Vkde. (1959), S. 82 und Abb. 33; Vom Lesestein zum Brillenglas, in: Mitteilungen der AOK (Freiburg 1981), Heft 3, S. 11.

Brimborium. *Ein (großes) Brimborium um etw. machen:* vieles Gerede, Umschweife, Vorbereitungen; lebendig nur als geflügeltes Wort aus Goethes ‚Faust‘ (I, 2650), wo Mephisto zu Faust in der Szene auf der Straße sagt:

Ihr sprecht schon fast wie ein Franzos;
Doch bitt' ich, laßt's euch nicht
           verdrießen:
Was hilft's, nur grade zu genießen?
Die Freud' ist lange nicht so groß,
Als wenn ihr erst herauf, herum,
Durch allerlei Brimborium,
Das Püppchen geknetet und
           zugericht't,
Wie's lehrt manche welsche
           Geschicht'.

Das Wort ist mit lat. Endung aus dem frz. brimborion = Kleinigkeiten (nur noch in der Schriftsprache gebräuchl.) genommen, das seinerseits aus dem lat. breviarium = kurzes Verzeichnis, Brevier, umgebildet ist. In dieser Bdtg. ist ‚brimborion‘ schon bei Molière und Voltaire belegt.

Brocken. *Für einen die Brocken (Bissen) aus dem (vom) Munde sparen:* sich alles versagen, gern Not und Mangel leiden, um einem anderen zu helfen, meist von den Eltern gesagt, die unter Entbehrungen ihre Kinder, bes. während der Ausbildungszeit, unterstützen; vgl. ndl. ‚voor iemand de brokken uit den mond sparen‘.

Weder zu brocken noch zu beißen haben: am Notwendigsten Mangel leiden, nicht einmal trockenes Brot zum Einbrocken in eine Suppe besitzen.

Die Brocken aus der Suppe fischen: das Beste für sich in Anspruch nehmen. Für Kinder sind die Brocken jedoch nicht immer das Beste – im Gegenteil: oft brauchen sie eine Ermahnung, wie z. B. im Grimmschen Märchen von der Unke (KHM. 105), wo es heißt: „Ding, iss auch Brocken". Eine entspr. schweiz. Rda. lautet: ‚Man muß die Möckli auch essen, nicht nur die Mämmäli' ".

Die Feststellung *Das war ein fetter Brokken!* meint eine gute Beute, ein einträgl. Geschäft, ebenso die Rda. *einen fetten Brocken schnappen,* die sich wahrscheinl. auf den Vergleich mit Tieren gründet (Hund, Vogel); vgl. ndl. ‚Dat is een vette brok in zijn nest gesleept‘.

Mit einem *dicken Brocken* bezeichnet man auch einen Plumpen und Dicken, mit einem *gesunden Brocken* einen gutaussehenden, kraftstrotzenden Menschen.

In Zusammenhang mit der Vorstellung von Brocken als wertlosen Dingen, Bruchstücken und Abfall stehen die Rdaa., die ‚Brocken‘ und ‚Ausdrücke, Wörter‘ gleichsetzen, z.B. *nur ein paar Brocken einer Sprache können* (verstehen, aufgeschnappt haben): nur bruchstückhafte Sprachkenntnisse besitzen, oder *mit gelehrten (lat. oder frz.) Brocken um sich werfen:* gelehrt tun und in prahlerischer Weise Fremdwörter beim Sprechen gebrauchen, aber nur oberflächliche Kenntnisse haben. *Jem. ein paar Brocken hinwerfen:* ihn mit wenigen Worten abspeisen, nur widerwillige und knappe Auskunft erteilen. *Er teilt gute Brocken aus* wird von dem gesagt, der sehr derb redet und sich starker Ausdr. bedient; vgl. lat. ‚Lapides loqueris‘. *Jem. harte Brocken zu schlucken (kauen) geben:* ihn tadeln, ihm die bittere Wahrheit sagen, aber auch: ihn vor eine schwierige, unangenehme Situation stellen. Damit in Zusammenhang steht die Wndg. *Er wird an diesem Brocken zu kauen haben:* er wird es schwer haben, dieses Hindernis zu überwinden; vgl. ndl. ‚Daar is wat kaauwen aan zulk een brokje‘.

Ganz andere Bdtg. hat die Rda. *Das ist ein starker Brocken!* Sie umschreibt die Lüge und hat eine Geste als Ausgangspunkt: die Hand wird an den Hals gelegt, um dem allzu starken Bissen, der nicht so ohne weiteres ‚geschluckt‘ werden kann, Platz zu schaffen (↗ Mund).

Neuere Wndgn. sind: *Das sind schwere Brocken:* Artilleriegeschosse, sold. seit dem 1. Weltkrieg, und *Bröckchen husten (lachen):* sich erbrechen.

Lit.: *J. Müller:* Sagen aus Uri (Basel 1945) III, S. 186–187; *W. D. Hand:* Children and Snakes, in: Krzyzabowski-FS. (1960), S. 889–900; *J. Bolte* u. *G. Polívka:* Anm. zu den Kinder- u. Hausmärchen der Brüder Grimm (Hildesheim ²1963), II, S. 459–465.

Brombeeren. *In die Brombeeren gehen:* auf ein (unerlaubtes) Liebesabenteuer aussein, uneheliche Beziehungen suchen; vgl. engl. ‚to go a-blackberrying‘. Im Volkslied, bes. im Hochzeits- und Soldatenlied, begegnet diese Metapher häufig, die auch variiert werden kann. So heißt es z.B. von den ‚liebeshungrigen‘ Mädchen auch: es „wollt‘ Brombeern suchen (brechen, pflücken) gehen“. Der Genuß der Früchte hat angeblich (ungewollte) Folgen. Die Schwangerschaft selbst wird mit dem Wachsen und Reifen der Beeren verglichen, wie in dem ‚Brombeerlied‘, dessen Text zuerst 1806 im ‚Wunderhorn‘ bezeugt ist.

Lit.: *W. Danckert:* Symbol, Metapher, Allegorie im Lied der Völker, III (Bonn – Bad-Godesberg 1978), S. 1085 ff.; *G. Meinel:* Pflanzenmetaphorik im Volkslied, in: Jb. f. Volksliedforschung 27/28 (1982/83), S. 162–174, bes. S. 172–173.

Brot. Die Wertschätzung des Brotes gehört zu den am tiefsten verwurzelten Volksanschauungen. Sie hat sich bis in unsere unmittelbare Gegenwart erhalten. In der Umgangssprache steht ‚Brot‘ noch immer stellvertretend für Nahrung und Lebensunterhalt, wie schon in der Bitte des Vaterunsers ‚Unser täglich Brot gib uns heute‘. Damit symbolisiert Brot alles, was mit der materiellen Existenz zu tun hat. Broterzeugung ist gleichbedeutend mit der menschlichen Arbeit schlechthin. Da seit Menschengedenken Arbeit mit Geld entlohnt wird, steht ‚Brot‘ stellvertretend auch für Geld: irgendwo ‚verdient man seine Brötchen‘. Arbeitnehmer haben einen ‚Brötchengeber‘ – früher nannte man das einen ‚Brotherrn‘. Man spricht von ‚Broterwerb‘, ‚Brotberuf‘ oder einem ‚Brotstudium‘. Eine ‚brotlose Kunst‘ ist eine Tätigkeit, die nichts einbringt.

Die Abhängigkeit vom Brotherrn kritisiert das Sprw. ‚Wes Brot ich eß, dess‘ Lied ich sing.‘ Mit Recht folgert darum das Sprw.: ‚Brot mit fremdem Messer geschnitten schmeckt nicht gut.‘

Wenn in der reimgebundenen Volkspoesie – im Lied ebenso wie im Sprw. – auf ‚Brot‘ so oft die Worte ‚Tod‘, ‚Not‘ oder ‚rot‘ sich reimen, so sind das nicht zufällige Allerweltsreime, sondern gleichfalls existentielle Grundbegriffe: ‚Hat man Brot, so ist keine Not‘; ‚Bei schwarzem Brot leidet man nicht Noth'; ‚Besser hartes Brot als leiden Not'; ‚Brot macht Backen rot'; ‚Am Brot ißt man sich nicht den Tod'; ‚Salz und Brot macht Wangen rot'.

Die Formel ‚Wasser und Brot' meint die Grundbedürfnisse des Menschen, die selbst der Strafgefangene noch zu beanspruchen hat; er ist ‚eingesperrt bei Wasser und Brot'.

Allerdings bringen Sprww. auch zum Ausdr., daß Brot eben nur Grundnahrungsmittel ist. Luxus ist alles, was mehr als Brot ist. Interessant sind in dieser Hinsicht die Parodien des Bibelwortes

Der Mensch lebt nicht vom Brot allein, man streicht auch Butter drauf.

Oder:

Der Mensch lebt nicht vom Brot allein, es muß noch was dazwischen sein.

Einem zum Brote verhelfen: ihm Arbeit und damit eine Verdienstmöglichkeit geben; auch *einem Brot geben (verschaffen).*

Einem das Brot in die Hand geben: seine Existenz begründen helfen, ihm eine sichere und bequeme Ausgangsposition schaffen; vgl. frz. ‚mettre le pain à la main de qulqu'un'.

Dagegen bedeutet *einem Brot geben, wenn er keine Zähne mehr hat:* ihm erst dann helfen, wenn es zu spät ist, wenn er für einen Neuanfang keine Kraft mehr besitzt.

Brot genug aber keine Zähne (haben) sagt man von einem reichen Kranken oder Geizhals; vgl. ital. ‚Son acerbi tormenti haver del pane ed esser senza denti'. Ein Sprw. aus dem 13. Jh. meint schon: ‚Auch wo der Zahn fehlt, hat man Brot zur Not'.

Sein gutes Brot haben: sein gutes Auskommen haben, eine Arbeit verrichten, die etw. einbringt. Im Rheinl. heißt es: ‚Dem geht es Brot nit op': er ist reich, oder: ‚Dem sin Brot es gebacke': er hat ein sicheres Einkommen: vgl. frz. ‚Il a du pain cuit'. Ähnl. ndd.: ‚He heft Brot on To-brot': Es geht ihm gut. Unter Zubrot versteht man Fleisch, Butter usw.

Das Gegenteil meinen die Rdaa.: *Das bringt (trägt) kein Brot ins Haus (in die Küche),* vgl. lat. ‚Non est de pane lucrando', und *Dabei ist kein trocken Brot zu verdienen,* vgl. ndl. ‚Daar is geen droog brood aan te verdienen'. Schlesw.-Holst.: ‚Dor

kannst ni dat dröge Brood bi verdenen'; desgl.: ‚Dor kann ik mi keen Brood för köpen': von einem bloßen Dankeschön habe ich nichts.

Die Feststellung *Er findet überall sein Brot* charakterisiert einen geschickten und fleißigen Menschen; vgl. frz. ‚Il sait son pain manger'. Ndd.: ‚Mi wart äwerall Brot jebacke': Ich finde überall Arbeit. Anders im Ndd.: ‚Et ward äwerall Brot jebacke': Es ist überall dasselbe, so auch pfälz.: ‚'s werd iwerall Brot geback'.

Ums (liebe) Brot arbeiten (müssen): nur gegen Verköstigung, ohne Lohn oder Gewinn.

Nicht das liebe Brot zu essen haben: das Notwendigste entbehren müssen. Diese Rda. ist schon bei Agricola belegt (Nr. 707):

„Er hatt nicht das liebe brot zů essen. / Das brot / darumb wir bitten im Vatter vnser / hatt die gnade vber alle speise / auff erden / daß es niemant muede wirt / wieuil man auch sein neusset / so mā doch sonst alles dings / vberdrüssig vñ muede wirt / wie wir wissen Alles fleyschs / alle lust aller speise / wie guet sie auch ymmermer sey / wirt mā sat / des brots aber nit. Zue dem / so wirt von Christo im Vatter vnser / da wir vnser narung vnd alles wz / zum eusserlichen leben des menschē / dienet / von Gott bitten / alleyn des brots gedacht". Vgl. auch ndl. ‚Hij heeft niet dat lieve brood te eten'. Ähnl. schlesw.-holst.: ‚He hett nad dröge Brood'; er lebt sehr dürftig, ebenso: ‚Een Dag Brood mit Water, den annern Water mit Brood'.

Eine Steigerung enthält die rdal. Vergleich *aussehen, als ob man nicht das Brot über Nacht hätte:* der Mangel und die Sorgen haben das Aussehen des Hungrigen verändert. Auch: *Die haben keinen Bissen, nicht ein Stücklein Brot (im Haus):* Sie sind in Not, sind arm.

Jem. kann mehr als Brot essen: er besitzt geheime Kräfte, ist der Magie kundig, er weiß sein Brot auch zu verdienen, er ist sehr klug; schlesw.-holst.: ‚He kann mehr as Brood eten': er kann hexen. Bei dieser Rda. zeigt sich, daß der urspr. Sinn, etw. von der ‚schwarzen Kunst' zu verstehen, in der städt. Umgangssprache verlorengegangen ist und nur noch auf dem Lande bekannt ist. Daß er früher allg. verständlich war, beweist eine Textstelle aus Gottfr. Kellers ‚Grünem Heinrich‘ (III, Kap. 14): „Die blitzartige Schnelligkeit, mit welcher der Zufall spielte … brachte den Eindruck hervor, wie wenn die rosige Bankhalterin mehr als Brot essen könne, das heißt geheimnisvoller Künste mächtig wäre“. Die Feststellung *Dazu gehört mehr als Brot essen* meint: es ist eine große Schwierigkeit zu überwinden, die bes. Kräfte beansprucht und mehr als normale Anforderungen stellt. Vgl. lat. ‚Ultra peram sapit‘ und frz. ‚Il fait plus que son pain manger‘.

Im Schwäb. heißt es dann iron.: ‚Der ist g’scheid, der kann mehr als Brot essen, er ißt d’Wecke ung’schält‘.

Etw. stets zum Brote essen müssen: alle Tage dieselben Vorwürfe anhören müssen; pfälz.: ‚Das krie ich jede Daag ufs Brot geschmeert‘: Das wird mir alle Tage vorgehalten. Schon bei Fischart heißt es im ‚Ehezuchtbüchlein‘ von 1578 ähnl.: „und wo sie eyn wenig eynen argwon wider sie schöpfen, müssen sie täglich auf dem Brot essen, wie sie von ihnen zu ehren und gut sint kommen“. Ähnl. bei Grimmelshausen: „Daß ihm diesen Fund sein Weib alle Tag mit Merrettig und Senff auf dem Brot zu essen gab“, d. h., er mußte die peinliche Geschichte immer wieder hören (‚Courage‘, Kap. 24). Heute sagt man auch dafür *etw. aufs (Butter-) Brot geschmiert (gestrichen) bekommen;* vgl. meckl. ‚He givt mi dat up’t Brod to eten‘ und ndl. ‚Hij geeft het hem op zijn brood‘.

Das Brot im Schweiße seines Angesichts essen müssen: sich sehr darum mühen müssen, ist eine bibl. Rda. und bezieht sich auf 1. Mos. 3,19; vgl. frz. ‚gagner son pain à la sueur de son front (Stirn)‘. Ähnl. Bdtg. hat die Feststellung *Das ist ein sauer Bissen Brot:* es ist sehr schwer verdient; rhein. ‚En hat en hart Steeck Brot gess‘: Es ist ihm schlecht ergangen; vgl. ndl. ‚Het is een zuur stukje brood‘ und frz. ‚C’est du pain dur‘ (veraltet).

Das bittere Brot der Verbannung essen müssen bezieht sich auf Shakespeares ‚König Richard II.‘, III, 2: „Eating the bitter bread of banishment“.

Sein Brot mit Tränen essen (müssen): viel Kummer erleiden, ist bibl. Herkunft: „Du speisest sie mit Tränenbrot und tränkest sie mit einem großen Krug voller Tränen“ (Ps. 80,6) u. Ps. 102,10: „Denn ich esse Asche wie Brot und mische meinen Trank mit Tränen“.

Goethe läßt in ‚Wilhelm Meisters Lehrjahren‘ (2,13: ‚Theatralische Sendung‘) den Harfner in seinem Lied klagen:

Wer nie sein Brot mit Tränen aß,
Wer nie die kummervollen Nächte
Auf seinem Bette weinend saß,
Der kennt euch nicht, ihr himm-
lischen Mächte.

Als vielzitierte Verse sind diese auch parodiert worden als:

Wer nie sein Brot im Bette aß,
(der) weiß nicht, wie (die) Krümel
pieken.

Es ist falsch Brot: es ist nur eine vorgetäuschte Freundschaft.

Schon viel fremdes Brot gegessen haben: bereits weit in der Welt herumgekommen sein und in der Fremde viele Erfahrungen gemacht haben. Dasselbe meint die Wndg. *Er hat von mehr als einem Brote gegessen;* vgl. frz. ‚Il a mangé de plus d’un pain‘ (veraltet). *Er ißt sein eigen Brot:* er ist nicht von anderen abhängig; vgl. ndl. ‚Hij eet zijn eigen brood‘; dagegen schwäb.: ‚Der hat noch kein fremdes Brot geschmeckt‘, ↗ Eigenbrötler.

Er ißt sein Brot nicht trocken: er ist reich und kann sich etw. gönnen. *Er ist ans Brot gewöhnt:* es besteht kein Grund zur Sorge, daß er nicht wiederkommt. *Er ist’s, der das Brot austeilt:* von ihm kommen alle Wohltaten, er verdient die Dankbarkeit.

Brot in den kalten Ofen schieben (im kalten Ofen backen wollen) ist die Umschreibung für ein törichtes Beginnen, eine vergebl. Arbeit; vgl. lat. ‚In frigidum furnum panes immittere‘ und ndl. ‚Hij steekt brood in een kouden oven‘.

Das Brot ist schon im Ofen: die Angelegenheit ist in Angriff genommen worden, eine Sache steht vor der Vollendung; vgl. ndl. ‚Het brood is er al weêr in den oven geschoten‘. Wenn man dagegen sieht, daß noch keine Anstalten getroffen sind, heißt es brem.: ‚Das is nog kien Brood up bakket‘: Es sind noch keine Vorbereitungen gemacht oder Kosten für eine Sache verschwendet.

BROT

Im Schwäb. heißt es von einem Übereifrigen, Voreiligen: ‚Er will immer vor d'Brot in 'n Ofe'.

Einem das letzte Brot backen: sein Ende steht nahe bevor; *ihm ist sein Brot gebakken:* er wird bald sterben; auch: er wird der Strafe nicht entgehen. ‚Einem das letzte Brot backen oder geben' kann auch die ↗ Henkersmahlzeit bedeuten; vgl. ‚Einem den Brotappetit für immer nehmen': ihn hinrichten; frz.: ‚On lui fait passer le goût du pain'. Ähnl.: *Jem. vom Brote helfen:* ihn heimlich umbringen.

In der Oberpfalz sagt man: ‚Sitzt òin das Dàud áf dar Zunga, hoad ma's letzt Bràud geßn' u. von einem Verstorbenen heißt es im Rheinl.: ‚De hät ke Brot mih nüdig'; *sein Brot ist bald aufgegessen:* er ist bereits über seine besten Jahre hinaus. *Für einen Bissen Brot durchs Feuer gehen:* um des Essens willen alles tun; vgl. ndl. ‚Om een stuk brood zou men hem door een vuur jagen'.

Etw. für ein Stück Brot hingeben: sehr wohlfeil verkaufen; vgl. lat. ‚Frusto panis'. frz. ‚donner quelque chose pour une bouchée de pain'; vgl. ‚Linsengericht'. Auch Seb. Brant warnt bereits davor:

> Der thut nicht recht, wer bei Gericht
> nach Freundschaft und nach Ansehn
> spricht,
> der selbst auch um den Bissen Brot
> Wahrheit und Recht zu lassen droht.

Das kostet nur ein Brot: es ist sehr billig. ‚Brot' als Ausdr. für Wertloses oder Billiges begegnet bereits im ‚Kudrun-Epos' (843,2): „Swaz si im ir dinges sageten, er ahte ez nicht ein brôt" u. im ‚Meier Helmbrecht' (V. 1796) heißt es sogar: „ê ich gaebe ein halbes brôt": auch nur das Geringste.

Einem das Brot vor dem Munde abschneiden (wegnehmen): jem. um seinen Vorteil bringen, den er schon sicher zu haben glaubte. Bereits Geiler gebrauchte die Rda. in seinem ‚Narrenschiff' (24). Vgl. auch lat. ‚Bolum e faucibus eripere'; ndl. ‚Hij haalt hem het brood voor den neus weg' u. frz. ‚Oter à quelqu'un le pain de la bouche'.

Der Getäuschte sagt auch *Das Brot ist mir aus den Zähnen gerissen worden;* vgl. lat. ‚Bolus ereptus e faucibus'. Von einem Geizigen und Mißgünstigen heißt es auch

mdal. schwäb. ‚Dear tät oim's Bröckele Broat aus'm Maul, wenn'r könnt' u. rhein. ‚De riß eenem et Brot us de Zäng (Zähnen)'.

Von dem Unzufriedenen und Habgierigen sagt man *Es ist ihm kein Brot genug;* vgl. engl. ‚Would you have better bread than is made of wheat?'

Im Gegensatz dazu steht die Rda.: *sich das Brot vom Munde absparen;* vgl. frz. ‚s'ôter le pain de la bouche'. Oft geschieht dies aufopfernd für andere (für die Ausbildung der Kinder), bisweilen aber auch um des eigenen Vorteils willen, um selbst voranzukommen, um sich größere Wünsche erfüllen zu können, ↗ Mund.

Das Brot am Laden nehmen: aus Armut sehr wenig auf einmal kaufen können, auch: eine unordentliche Wirtschaft führen. *Es ist Brot und Korb dahin:* das gesamte Vermögen ist vergeudet. Bei den Alten war es Sitte, das Brot in Körben hereinzubringen; vgl. lat. ‚Una cum canistro'. *Das Brot zum Korbe fressen:* nach den liegenden Gütern (Korb = Haus usw.) auch die fahrende Habe, laufendes Einkommen oder ähnliches verprassen (vertilgen).

Einem Brot bieten und Steine geben: einen arglistig täuschen, beruht auf Matth. 7,9: „Wer ist unter euch Menschen, der seinem Sohn, wenn er ihn bittet um Brot, einen Stein biete?" Vgl. lat. ‚Melle litus gladius'.

In wohlwollender Ironisierung eines alten Geistlichen schreibt Th. Fontane in Umkehrung des Bibelwortes (‚Unwiederbringlich', Kap. 8): „Mein alter, lieber Petersen, er schiebt immer die Bibel zurück und ist immer bei seinen Steinen und hat auch sonst die Neigung, die Steine für Brot zu geben."

Er hat Brot für Kuchen genommen: er hat sich täuschen lassen. *Das Brot mit Füßen treten:* Lebensnotwendiges verächtlich und frevelhaft verschwenden und vernichten; ndd. ‚He trett dat Brot met Feete': er mißachtet sein gutes Einkommen. Dagegen: *Einem das Brot abtreten:* jem. auf die Fersen treten.

Der Berliner sagt von einer Sache, die keinen Nachteil bringt, die nichts kostet: ‚Dat frißt keen Brot'; rhein.: ‚Dat friss mer ken Brot af': das verkaufe ich nicht; diese

Liebhaberei verursacht keine Auslagen; vgl. frz. ‚Cela ne mange pas de pain'.
Wenn das Brot verkehrt liegt, gebraucht man im Rheinl. verschiedene Rdaa., wie die Karte zeigt.

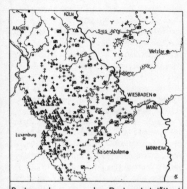

Redensarten, wenn das Brot „verkehrt" liegt.
▲ Die Frau, Magd ist Herr im Hause.
✶ Du bist ein Jude. Es kommt ein Jude ins Haus.
■ Es gibt Streit.
○ Du legst das Glück aus dem Haus. Es kommt Unglück
● Wenn ein Kind im Feuer (Brunnen) liegt und ein Brot verkehrt, soll man erst das Brot umdrehen und dann das Kind aus dem Feuer ziehen. Es liegt ein Kind im Feuer.
+ Die Armen Seelen leiden, weinen.
Y Die Muttergottes weint, Engel weinen.
(Nach M. Zender)

Kleine Brötchen backen: bescheiden sein, nach anfänglicher Großsprecherei plötzlich um Verzeihung bitten, kleinlaut werden.

Lit.: *F. X. v. Schönwerth:* Oberpfälz. Sprww. ‚Brot' betreffend, in: Oberpfalz, 21 (Kallmünz 1927), S. 52; *M. Währen:* Das Brot in den Stimmen der Völker (Bern o.J.). *ders.:* Brot seit Jahrtausenden (Bern o.J.); *F. Eckstein:* Art. ‚Brosamen' und ‚Brot', in HdA. I, Sp. 1583–1659; *H. E. Jacob:* Sechstausend Jahre Brot (Hamburg 1954); *J. Favière* u. *H. Klein* (eds.): Notre pain quotidien (Musée Alsacien) (Straßburg 1976); *D. R. Moser:* Art. ‚Brot', in EM. II, Sp. 805–813; *ders.:* Art. ‚Brotlegenden', in: ebd. II, Sp. 816–821; *S. W. de Rachewiltz:* Brot im südlichen Tirol (o.O. [Meran] ³1983); *R. Rau:* Das tägliche Brot (Freiburg i. Br. 1984); *L. Röhrich:* Das Brot in der Volksdichtung, in: Abdruckdienst Herder (masch.) (Freiburg i. Br. 1984); *W. Ziehr:* Le Pain (Paris 1985); *H. Eiselen* u. *M. R. Schärer* (Hg.): Brot und Not in der Kunst des 20. Jh. (Vevey 1986).

Brotkorb. *Einem den Brotkorb höher hängen:* ihn knapper halten, strenger behandeln, ihm den Verdienst sauer machen (so wie man dies bei einem übermütigen Pferd macht, dem man weniger Hafer gibt und den Futterkorb oder die Krippe höher hängt). In den ‚Facetiae Facetiarum' von 1645 steht (S. 408): „want in meiner Gewalt all stünde, ick wolle öhn den Brodtkorff balle upthain"; bei Gottsched lesen wir: „Wenn nur schindende Kaufleute nicht gemeiniglich den armen Arbeiterinnen ... den Brotkorb so hoch hingen, daß sie sich mit aller Mühe kaum des Hungers erwehren mögen". In Schillers ‚Wallensteins Lager' (11. Auftr.) mahnt der erste Kürassier:
   Lassen wir uns auseinandersprengen,
   Werden sie uns den Brotkorb höher
            hängen.
Mit einem anderen Vergleich heißt es 1528 im ‚Laster der Trunkenheit' (4b): „Wir sollen den faulen Adam mit sporen reitten, inn zaum halten, das futter hoeher schütten, daz er nit zu geil werde".
Die Mdaa. enthalten z.T. verwandte Wndgn., z. B. bad. ‚den Brotsack höher hängen'; westf. ‚die Brautläupena (Brotschalen) häuger hangen'; pfälz. ‚äm's Brotreff heher henke': jem. zu größerer Anstrengung und Sparsamkeit nötigen (‚Brotreff' = Hängevorrichtung gegen Ratten- und Mäusefraß); schles. ‚Ma mussem a Brudt-Kurb hieher hengen'.
Die lit. und volkstüml. Belege zeigen, daß die Rda. oft als Drohung gebraucht wurde. ‚Den Brotkorb höher hängen' bedeutete also auch: einen zur Strafe einschränken. So nannte der Volksmund einen Regierungserlaß vom 22. 4. 1875 im preußischen Kulturkampf, durch den widersetzlichen Geistlichen die staatlichen Zuwendungen gesperrt wurden, ‚Brotkorbgesetz'.
Der Brotkorb hängt hoch: Es sind knappe Zeiten. „Gott mag uns den Brotkorb so hoch halten, als er will" (Hamann, Briefe [1759], 1,292). Vgl. ferner die verwandten Wndgn.: *den Brotkorb zu finden wissen; auf dem Brotkorb sitzen und Hunger schreien.*

Bruch. *In die Brüche gehen:* zerbrechen, entzweigehen, fehlschlagen, in Schwierigkeiten geraten.
Man hat versucht, diese Rda. von Bruch, aus ahd. und mhd. ‚bruoch' = sumpfige Niederung, abzuleiten (vgl. in die Binsen gehen, ↗ Binse). Hierher gehört jedoch

nur die Wndg. *etw. in die Brüche werfen:* als unbrauchbar und wertlos wegwerfen. Unwahrscheinlich ist auch die Ableitung von ndd. ‚broke‘ = Geldstrafe für den Bruch eines Gesetzes und von der heute ausgestorbenen Rda. *in die Brüche nehmen:* bestrafen. Die überzeugendste Erklärung hat bereits 1800 J. F. Schütze in seinem ‚Holstein. Idiotikon‘ (I, 159) gegeben, indem er die Rda. auf die Bruchrechnung bezog: „dat geiht in de Brök = es ist nicht gut zu teilen“. So sagt z. B. der Mathematiker Euler in seiner ‚Anleitung zur Algebra‘ 1770 (II, 297): „Diese Arbeit scheint unserm Endzweck gar nicht gemäß zu seyn, indem wir hier auf Brüche gerathen sind, da wir doch für x und y gantze Zahlen finden sollten“. Der urspr. Sinn unserer Rda. war also: etw. geht nicht glatt auf, später übertr. zu: es wird zunichte, schlägt fehl. Westf. bedeutet ‚Dat geiht me in de Brüche‘ davon abweichend: es geht über mein Fassungsvermögen, es ist mir zu hoch.

Einige jüngere umgangsspr. Rdaa. verwenden Bruch in der Bdtg. ‚Körperschaden, Gebrechen‘: *Du hast wohl einen Bruch:* du bist nicht ganz bei Verstand; vgl. frz. ‚Tu es fêlé, tu as l'esprit fêlé‘; *sich einen Bruch lachen:* sehr lachen (vgl. ‚sich einen Ast lachen‘); schwäb. ‚Er schafft sich keinen Bruch‘, er überanstrengt sich nicht. *Das ist Bruch:* das ist schlecht, minderwertig, unbrauchbar. Beim Transport zerbrochene Gegenstände, die nicht mehr verkäuflich sind, werden als Bruch bezeichnet; vgl. auch Ausdr. wie ‚Bruchbude‘ (baufälliges Haus) und ‚Bruchkiste‘ (antiquiertes Auto).

Lit.: *R. Becker:* ‚In die Brüche gehen (fallen)‘, in: Zs. f. d. U. 6 (1892), S. 847; *Richter-Weise,* Nr. 29, S. 33 f.: *Trübner* I, S. 440; *Küpper.*

Brücke. *Einem die Brücke treten:* ihm in Bedrängnis zu Hilfe kommen, bes.: sich eines Verfolgten oder Beschuldigten annehmen, zu seinen Gunsten sprechen; auch von zweien gesagt, die sich gegenseitig unterstützen und für einander Partei ergreifen: *einander die Brücke treten.* Unter der Brücke ist hier urspr. die Fall- oder Zugbrücke zu verstehen; sie lag so genau berechnet im Gleichgewicht, daß ein geringer Druck genügte, sie in Bewegung zu setzen. Der Torwächter konnte sie durch Treten auf ein Gegengewicht oder durch Treten auf die Brücke selbst herablassen und so dem, der in die Burg wollte, vielleicht einem Flüchtling, Eingang und damit den Burgfrieden, d. h. die Sicherheit der Burg, verschaffen.

Die Rda. ist bereits mhd. im ‚Alten Passional‘ als ‚eine brücke treten‘ belegt (Ausg. von Hahn [Frankfurt a. M. 1845], 339, 18); seit dem 18. Jh. wird sie in übertr. Bdtg. gebraucht. So begegnet sie u. a. in der am Anfang des 18. Jh. erschienenen Schrift ‚Sieben böse Geister, welche heutiges Tages die Küster oder sogenannte Dorfschulmeister regieren‘, wo von dem Schulmeister, der sich allerlei hat zuschulden kommen lassen, gesagt wird, er schicke seine Frau zum Pfarrer, „daß sie ihm die Brücke niedertreten solle“. In derselben Schrift heißt es, wenn die Visitation nahe, erwarte der Schulmeister, daß der Pfarrer ihm „den Rücken halte oder die Brücke niedertrete“. Ebenso bei Lessing: „Pfui doch, Lisette, erzürne ihn nicht. – Lisette: Was? ich glaube Sie treten ihm noch die Brücke“. Bedeutungsverwandt ist noch die ndd. Rda. ‚Ik mot jummer de Brugge dal treden‘, das Hindernis beheben.

Dem Feinde goldene Brücken bauen: ihm den Rückzug erleichtern; in übertr. Anwendung: ihm entgegenkommen, ihm Zugeständnisse machen; dem Gegner jede Beschämung ersparen, ihm den Weg zur Versöhnung frei halten. Vielleicht war mit der ‚goldenen Brücke‘ einst Bestechung zum Rückzug oder Übertritt gemeint. Die Rda. ist schon im 16. Jh. bei Joh. Fischart in der ‚Geschichtklitterung‘ (1575, Ndr. S. 406) belegt: „Thu ihm dem Feind Thür und Thor auff, vnd mach jm ein gulden Prucken, daß er fort mög rucken“. Vgl. frz. ‚faire un pont d'or à quelqu'un‘ i. S. v. jem. eine hohe Geldsumme anbieten, um ihn für einen bestimmten Posten zu gewinnen.

Daneben gibt es auch noch die vereinfachte Form der Rda. *Er baut andern eine Brücke* (vgl. ndl. ‚Hij legt de brug voor een ander‘). So gebrauchte sie auch Bismarck: „Ich dachte: vielleicht gewinne ich die Herren, wenn ich ihnen die Brücke baue“.
Wenn das Wort eine Brücke wäre! Zu ergänzen ist: dann wäre es eine Lügen-

267

brücke, d. h. man könnte nicht darübergehen, ohne sich das Bein zu brechen. So sagt man zu einem Lügner oder Aufschneider. Gellert verwertete diese Wndg. in seiner Erzählung ‚Der Bauer und sein Sohn': Der Junge, der soeben aus der Fremde heimgekehrt ist, will seinem Vater weismachen, er habe einen Hund gesehen von der Größe eines Pferdes. Nach und nach nimmt er immer mehr von seiner Lüge zurück, je näher er mit seinem Vater an eine Brücke kommt, von der ihm sein Vater erzählt, ein Lügner, der darüber gehe, breche ein Bein.
Gellerts Erzählung beruht auf der 88. Fabel im 3. Buch des ‚Esopus' v. B. Waldis: ‚Vom lügenhaften Jüngling'; direkte Ableitungen des Testbrückenmotivs Gellerts aus den Seelenbrücken der ma. Visionsallegorien u. von den Bewährungsbrücken der Artuslit. (Schwertbrücke, Brücke zu Karidol) oder den Glasbrücken der kelt. Mythologie sind nicht nachweisbar. Auch die Rda. *Über die Brücke möchte ich nicht gehen:* das glaube ich nicht, spielt auf Gellerts Fabel an. Vgl. Th. Fontanes Brief v. 29.1.1894 an seine Tochter Martha: „auf die Brücke trete ich nicht"; ↗ Lügenbrücke.
Alle Brücken hinter sich abbrechen: sämtliche Bindungen lösen, eine erst in jüngerer Zeit belegte Redewndg., die jedoch wesentlich älter ist und schon im Lat. ihr Gegenstück besitzt: „Pons a tergo abruptus est" (Wander I, Sp. 485); vgl. frz. ‚couper tous les ponts derrière soi'. In den obd. Mdaa. bedeutet ‚Brücken machen': alte Schulden mit neuen bezahlen; ↗ Eselsbrücke, ↗ Schiff.

Lit.: *R. Hildebrand:* Wie die Sprache altes Leben fortführt, in: Zs. f. dt. Unterricht 5 (1891), S. 260 ff.; *H. Bächtold-Stäubli:* Art. ‚Brücke', in: HdA. I, Sp. 1659–1665; *E. R. Bain:* „‚Don't cross the bridge…'", in: American Notes and Queries 2 (1942), S. 79; *K. Ranke:* Lügenbrücke, in: Festschrift Matthias Zender – Studien zu Volkskultur, Sprache und Landesgeschichte, hg. v. Edith Ennen u. Günter Wiegelmann, Bd. II (Bonn 1972), S. 868–874; *P. Dinzelbacher:* Die Jenseitsbrücke im Mittelalter (Wien 1973), S. 115, 121, 162 ff.; *K. Ranke:* Art. ‚Brücke', in: EM. II, Sp. 823–835.

Brückenkopf. *Einen Brückenkopf bilden:* im Festungskrieg defensiv zum Schutz einer vorhandenen Brücke alle Verteidigungskräfte zusammenziehen. Der militär. Ausdr. ‚Brückenkopf' ist seit Ende des 18. Jh. in diesem Sinne im Dt. geläufig u. nach dem gleichbedeutenden frz. ‚tête de pont' gebildet. Bei den Bewegungskriegen im 20. Jh. erhielt der Brückenkopf eine andere Funktion. Er wurde als möglichst großes Gebiet auf dem gegnerischen Ufer in Besitz genommen, um ungehindert Verstärkung über den Fluß nachziehen zu können und damit die Offensive voranzutragen; im gleichen Sinn auch bei überseeischer Operation gebraucht.
Einen Brückenkopf halten: trotz großer Verluste standhalten, dagegen: *einen Brückenkopf bereinigen* (scherzhaft: *rasieren*): die gegnerische Befestigungsanlage dem Erdboden gleichmachen, ‚schleifen'; das feindliche Hindernis hinwegfegen und damit den eigenen Truppen den Weg freimachen.

‚Einen Brückenkopf rasieren'

Die Ill. aus den ‚Münchner Bilderbogen': ‚Militärische Redensarten' nimmt die Rda. wörtlich und zieht sie damit ins Lächerliche.

Bruder. *Das ist mir (auch) der wahre Bruder (nicht)* sagt man von einem, der einem nicht vertrauenswürdig erscheint, der kein rechter Gesinnungsgenosse ist, sondern ein ‚falscher Bruder', einer wie Kain, der seinen Bruder Abel erschlägt u. dem Herrn auf die Frage nach dem Verbleib seines Bruders arglistig antwortet: „Ich weiß es nicht. Bin ich der Hüter meines Bruders?" (1. Mos. 4,9). Auch an anderen Stellen der Bibel wird auf die falschen Brüder angespielt, z. B. in der Geschichte von Joseph und seinen Brüdern (1. Mos. 37 ff.), aber auch Gal. 2,4: „Denn da etli-

che falsche Brüder sich mit eingedrängt hatten und neben eingeschlichen waren..." u. 2. Kor. 11,26: „... in Gefahr unter den falschen Brüdern". Vgl. frz. ‚faux frère': Betrüger oder Verräter.
Das Verhältnis von Bruder zu Bruder galt von jeher als bes. eng, Bruderzwist dagegen als bes. verwerflich. Doch gab es auch ihn von Anfang an, ebenso wie den Brudermord (Kain – Abel, Osiris – Seth, Eteokles – Polyneikes, Romulus – Remus). Obwohl auch im Christentum die Bruderliebe ein zentrales Leitmotiv darstellt, sind Konflikte zwischen Brüdern oft unvermeidbar. Sie finden ihren Niederschlag in Legende, Sage u. Märchen, vor allem in der Vielzahl der Zweibrüder- u. Dreibrüdermärchen, in denen die verschiedenen Formen gruppendynamischen Verhaltens in der Kleingruppe angedeutet sind. Darüberhinaus ist der Bruderstreit ein beliebtes Motiv in fast allen Gattungen der Literatur.

Die ‚feindlichen Brüder', die Burgen Sternberg und Liebenstein am Rhein

So finden wir z. B. das Sagenmotiv: ‚Die feindlichen Brüder' als Titel einer Parodie in ‚Des Knaben Wunderhorn' (1806), eines Dramas von Matth. von Collin (1817), einer Posse von Ernst von Raupach (1834), einer Erzählung in ‚Schwarzwälder Dorfgeschichten' von Berthold von Auerbach (1854) sowie eines Romans von W. Anthony (Wilh. Asmus) (1868). Streit zwischen Brüdern liegt in der menschlichen Natur, denn:
Brüder haben ein Geblüte,
Selten aber ein Gemüte.
(Fr. von Logau, Dt. Sinn-Gedichte [1654]).
Neben der leiblichen Bruderschaft wird der Begriff ‚Bruder' vielfach auch übertr.

angewendet auf jede andere engere Bindung (Wahlbruderschaft), die auf ein gemeinsames Ziel gerichtet ist u. Einigkeit im Handeln anstrebt, diese häufig sogar zu erzwingen versucht, wie den folgenden Versen zu entnehmen ist:
Und willst du nicht mein Bruder sein,
so schlag ich dir den Schädel ein!
Sie entstanden 1848 im Anschluß an das Jakobinerwort aus der Französischen Revolution: ‚La fraternité ou la mort!' u. richteten sich an eine auf Gesinnungsgleichheit beruhende Brüdergemeinschaft von hohem ethischen Anspruch.
In den Rdaa. *mit jem. Brüderschaft trinken, mit jem. den Bruderschaftskuß tauschen* ist eine andere Form der Wahlverwandtschaft angesprochen, eine demselben Meister folgende, dasselbe Ideal anstrebende oder einem gemeinsamen Ziel verpflichtete Bruderschaft, die urspr. durch magische Riten (wechselseitiges Trinken des Blutes des anderen, gemeinsames Eintauchen der Hand in Tierblut) begründet wurde, ↗ Blut.
Um eine einfachere Form handelt es sich dagegen bei der ‚Schwurbrüderschaft', die durch gemeinsame Mahlzeiten, Zuprosten mit Bier oder Wein und einem Initiationskuß besiegelt wird. Sie ist bis heute erhalten u. lebt in den o. a. Rdaa. fort; vgl. die Ausdr. ‚Amtsbruder', ‚Bundesbruder', ‚Waffenbruder', ‚Blutsbrüderschaft', ‚Brüdergemeinde', die Anrede der Mönche als ‚fratres'.
Welche Bruderschaft in der Wndg. *unter Brüdern* urspr. gemeint war, ist nicht ohne weiteres zu entscheiden. Die Rda. bedeutet soviel wie ‚billig gerechnet', ‚in ehrlichem, freundlichem Handel, ohne Übervorteilung', z. B. ‚das ist unter Brüdern seine 100 Mark wert'; so sagt man unter der Voraussetzung, daß Brüder einander nicht zu übervorteilen suchen (vgl. KHM.104).
Ähnl. nennt man es els. ‚Bruederlieb', wenn jeder Spieler einen Stich beim Kartenspiel macht; umgekehrt aber, um anzudeuten, daß keine persönliche Rücksicht genommen werden soll: bair. ‚Nix Bruadr in'n Gspil!'
Er ist ein nasser Bruder: er ist ein Säufer, eine jüngere umg. Wndg., ebenso gebildet wie *warmer (schwuler) Bruder:* Homosexu-

eller; ein *lustiger Bruder* oder ein ‚Bruder Lustig‘ (vgl. KHM.81). Vgl. frz. ‚un joyeux drille, un gai luron‘: ein fideler Bursche.

Lit.: *H. Jacke:* Die rhein. Sage von den feindlichen Brüdern in ihrer von der Romantik beeinflußten Entwicklung (Wuppertal–Elberfeld 1932); *K. Ranke:* Die zwei Brüder (FFC. 114) (Helsinki 1934); *M. Mann:* Die feindlichen Brüder, in: Germ.-Rom. Monatsschrift 49 (1968), S. 224–247; *W. Orgris:* Art. ‚Brüdergemeinschaft‘, in: HRG. I, Sp. 520–521; *M. Belgrader:* Art. ‚Blutsbrüderschaft‘, in: EM. II, Sp. 523–528; *M. Lüthi:* Art. ‚Bruder, Brüder‘, in: EM. II, Sp. 844–861; *K. Ranke:* Art. ‚Die zwei Brüder‘, in: EM. II, Sp. 912–919.

Brühe. *In der Brühe sitzen (stecken):* in Verlegenheit, in der Patsche sein. So heißt es 1523 in Königsberg: „Seine f. g. (fürstlichen Gnaden) … konten uns andern nie zu Preußen in der brue sitzen lassen“; und in Abraham a Sancta Claras ‚Todten-Capelle‘ (S. 249): „Wir sitzen in der Brüh“. Vgl. frz. ‚être dans la panade‘ (in der Brotsuppe sitzen).

Einen in seiner eigenen Brühe kochen lassen: ihm in einer Verlegenheit nicht beistehen; ihn das auslöffeln lassen, was er sich selbst eingebrockt hat; vgl. frz. ‚laisser quelqu’un mijoter dans son jus‘ (wörtl.: einen in seinem eigenen Saft schmoren lassen). Ähnl. die schwäb. Rda. ‚eine Brühe ausessen, aussaufen‘, die üblen Folgen, bes. fremder Tat, tragen müssen; vgl. ‚eine ⟋ Suppe auslöffeln müssen‘; ⟋ Tinte.

Ich habe die Brühe davon: ich habe keinen Vorteil davon, ich habe den Schaden davon. Urspr. lautete die Rda. wohl vollständiger: ‚ich habe nicht die Brühe davon, geschweige denn das Fleisch‘. Die Negation fiel aus; schon im ‚Simplicissimus‘ (3, 856) ist belegt: „Komm, wir wollen weiters, ich habe die Brüh von diesem groben, undankbaren bauren“.

Die Brühe verschütten: die Sache verderben, z. B. auch in der Form *Er hat seine Brühe bei ihm verschüttet:* er hat es mit ihm verdorben. *Keine große Brühe mit jem. machen:* nicht viel Umstände mit ihm machen, umgekehrt: *eine lange Brühe um etw. machen:* viel Umstände, unnütze Worte darum machen.

Da man mit süßer und saurer Brühe verdorbene Speisen wieder schmackhaft machen kann, heißt es schwäb. ‚eine süße Brühe daran machen‘, eine Sache beschö-

nigen, und ‚Da macht man eine saure Brüh’ drüber‘ (zu ergänzen: und alles ist wieder in Ordnung). Verbreitet ist auch *Die Brühe ist teurer als der Braten:* das Beiwerk, das Drum und Dran ist kostspieliger als die Sache selbst. *Das wird wenig Brühe geben:* es wird wenig helfen; ähnl. in Köln ‚Dat mät och de Bröh nit fett‘, das hilft nicht viel.

Einem ein Brühlein geben: ihm einen Beruhigungstrank geben, ist bes. schwäb. bekannt. Weitere Wndgn: *alles in eine Brühe werfen:* verschiedenartige Dinge gleich behandeln, ihnen nicht gerecht werden (vgl. ‚alles in einen ⟋ Topf werfen‘) und *immer dieselbe Brühe aufgießen:* die Sache immer in derselben Weise behandeln. *Klar wie Kloßbrühe* ⟋ klar.

‚Abgebrüht sein‘: viel erlebt (erfahren) haben, Schlimmes durchgemacht haben u. dadurch unempfindlich, skrupellos geworden sein. Unter einem ‚abgebrühten Burschen‘ versteht man einen harten, brutalen Typ (einen Halbstarken), der ‚mit allen Wassern gewaschen ist‘, ⟋ Wasser.

brühwarm. *Etw. brühwarm weitererzählen:* eine Neuigkeit sofort weitersagen, sobald man sie vernommen hat, ohne zu überlegen, ob das soeben Gehörte auch der Wahrheit entspricht. Die Rda. ist seit dem 18. Jh. gebräuchl. und findet sich z. B. in Daniel Stoppes ‚Teutschen Gedichten‘ (1722) S. 94:

Und trägt (der Pöbel) das balsamirte
Wort
Sogleich brühsieden warm zum dritten
Nachbar fort.

In der fränk. Mda. heißt es ‚Ar trögt alles brüawarm ’nou (hin)‘, er ist ein Ohrenbläser, ein Zuträger.

Lit.: *A. Birlinger.* Lexikalisches, in: Zs. f. d. Ph. 26 (1894), S. 239.

brüllen wird häufig verwendet in sprw. Vergleichen, bes. *brüllen wie ein Löwe, wie ein Ochse,* bereits mhd. in Konrads von Würzburg ‚Trojanischem Krieg‘;

reht als ein ohse brüelen
begunde er mit der stimme.

Er brüllt wie ein Wolf, vgl. ostpr. ‚Da bröllt wie e Lichtmesswulf‘, ähnl. ‚Da brüllt as an Rohädummel‘, er singt laut und schlecht; auch ‚Du kannst brölle wie e

Storch'; vgl. frz. ‚rugir comme un lion‘, vgl. auch: ‚crier comme un âne‘ (wie ein Esel schreien): heftig protestieren.

Brüllen wie am Spieß ↗ Spieß.

Das ist ja zum Brüllen: sehr erheiternd, sehr komisch.

Gut gebrüllt, Löwe!: treffend gesagt, ist ein Zitat aus Shakespeares ‚Sommernachtstraum‘ (V, 1).

brummen begegnet häufig in rdal. Vergleichen, z. B. *brummen wie ein Bär;* vgl. ndl. ‚Hij bromt als een nordsche beer‘; *brummen wie ein Baß (wie eine Baßgeige). Ihm brummt der Kopf:* er hat einen schweren Kopf, er hat Kopfweh; seit dem 18. Jh. bekannt. *In den Bart brummen* ↗ Bart.

Jem. muß brummen: eine Strafe absitzen, seit dem 19. Jh. in der Gauner-, Schüler- und Studentensprache; vgl. hierzu auch: ‚Jem. eine Strafe ↗ aufbrummen‘.

Die Bdtg. von ‚Im Gefängnis sitzen‘ ist wohl rückgebildet aus dem rotw. Subst. ‚Brummbajes‘ = Bienenstock und Gefängnis. Der sprachl. Vergleich bezieht sich auf die wabenartig angeordneten Zellen für die Gefangenen. Vgl. auch schles. ‚Er wird eine Brummsuppe bekommen‘, er wird eine Freiheitsstrafe zu erwarten haben.

Musik- und Lärmgeräte hatten einst auch die Funktion von Strafgeräten. Sie verkörperten dabei die Stimme des strafenden Elementes, des Rachedämons, der richtenden Gottheit, die sich im Tosen und Tönen, im Brummen und Brausen, im Pfeifen und Heulen offenbarte. Zu ihnen gehörten auch die verschiedenen Streichinstrumente, nach denen man mancherorts die Gefängnisse und Pranger benannte. So hatte z. B. das Grazer Schloßbergverlies den volkstümlichen Namen ‚Baßgeige‘, in Norddtl. erhielt der Pranger den Namen ‚Fiedel‘, und in Schwaben ‚Geige‘, ↗ Geige.

Lit.: *J. Grimm:* RA. II, S. 323; *H. Fischer:* Musikinstrumente in der alten Strafrechtspflege, in: Antaios 12 (1971), S. 321–331.

Brunnen. *In den Brunnen fallen:* zunichte werden; lit. zuerst bei Hans Sachs bezeugt:

nun ich hoff seiner freuden schallen
werd im plötzlich in brunnen fallen.

Etwa zur gleichen Zeit wird die Rda. in einem Wiener Geschichtszeugnis des Jahres 1526 erwähnt; aber schon 1595 wird aus Preußen berichtet: „Haben die drey erbarn Rähte feine Ordenung in Kleidungen und Köstungen gemacht, … sie ist aber bald in Brunnen gefallen“. Für Wien bezeugt um 1700 Abraham a Sancta Clara die Rda. mehrfach. In ‚Judas der Ertzschelm‘ (1692) heißt es: „Ist meine Hoffnung in Brunnen gefallen“; in ‚Etwas für alle‘ (1699): „Ihr Hoffnung fällt in Brunn“; ebenso in der ‚Abrahamitischen Lauber-Hütt‘ (1721). In ‚Reimb dich oder ich liß dich‘ (1708) schreibt Abraham: „Dafern mir nur die Gnad Gottes nit in Brunnen gefallen“, und in einer Erzählung in ‚Huy und Pfuy der Welt‘ (1707): „Ist also der Ochsen ihr Traum in den Brunnen gefallen“.

Diese ausgiebige Verwendung weist jedenfalls auf die vollkommene Volksläufigkeit der Rda. hin, die sich bis heute nicht geändert hat und sich auch auf die Mdaa. erstreckt. Obersächs. ist noch zu Beginn unseres Jh. geläufig: ‚Die Partie is in'n Born gefallen‘, sie ist zu Wasser geworden. Es ist bezeichnend, daß die Rda. nicht etwa nur für konkrete Gegenstände, die einfach in Verlust geraten, angewendet wird, sondern mit Vorliebe für abstrakte: Die Hoffnung, der Hochmut, all das kann auch in den tiefen Brunnen fallen, aus dessen Tiefe es kein Wiederfinden oder Wiedergewinnen mehr gibt.

Etw. in den Brunnen fallen lassen: eine Angelegenheit (Sache) (stillschweigend, heimlich) verschwinden lassen.

Jetzt hab ich schon geglaubt, du bist in den Brunnen gefallen sagt man scherzhaft nach langem Warten.

Aus einem Brunnen in den anderen fallen: aus einer Not in die andere geraten, ↗ Regen.

In den Brunnen gesperrt sein: in die Enge getrieben sein, sich nicht mehr helfen können.

Im Märchen bedeutet ein Verschwinden in der Brunnen-Tiefe kein Unwiederbringlich-Verlorensein. So erhält die Prinzessin im Froschkönig-Märchen nicht nur ihren goldenen Ball wieder, sondern erwirbt mehr, als ihr zunächst lieb ist (KHM. 1).

271

Wenn andererseits der letzte Besitz des Hans im Glück buchstäblich in den Brunnen fällt (KHM. 83), so erscheint dieser Verlust dem Helden als eine Befreiung von der Last zeitlicher Glücksgüter.

Den Brunnen zudecken (zuschütten), wenn das Kind (Kalb) hineingefallen ist: zu spät Maßregeln zur Abwendung eines Unglücks treffen. Der Ursprung dieser Redewndg. liegt wohl in einer Schildbürgergeschichte. Ähnliche Erzählungen liegen auch den folgenden Rdaa. zugrunde: ‚Den Stall zuschließen, wenn das Pferd (die Kuh) gestohlen ist'. Dem Gewohnheitstrinker, der sich zu spät zu nüchternem Leben bekehrt, ruft Hans Sachs zu:

So du dann wilt den stal zu machen,
so ist dir schon heraus die ku.

‚Den Brunnen zuschütten, wenn das Kalb hineingefallen ist'

Auch in anderen Sprachen finden sich derartige Wendungen (vgl. ‚Stall'); lat. ‚Accepto damno ianuam claudere' = erst nach erlittenem Schaden die Tür schließen; ‚grege amisso saepta claudere' = das Gehege schließen, nachdem die Herde verloren ist; engl.: ‚to shut the stabledoor, when the steed is stolen' = die Stalltür schließen, wenn das Roß gestohlen ist; frz.: ‚fermer l'étable, quand les chevaux n'y sont plus, quand les vaches sont prises' = den Stall schließen, wenn die Pferde nicht mehr darin sind, wenn die Kühe gestohlen sind, ↗ Stall.
In seinem großen Redensartenbild stellt P. Bruegel eine Variante unserer Rda. dar: ‚den Brunnen zudecken, nachdem das Kalb ertrunken ist'; vgl. ndl. ‚Als het kalf verdronken is, wil men den put dempen'.
Eine unnütze Tätigkeit bezeichnet die nur mehr wenig volkstüml. Wndg. *einen Brunnen neben der Quelle graben;* wohl aus dem Lat. entlehnt: ‚iuxta fluvium puteum fodit'.

Eine Sache an allen Brunnen erzählen: sie zum Dorf- oder Stadtgespräch machen; beim Wasserholen gingen früher an den Brunnen die Neuigkeiten von Mund zu Mund. Erzählte man etw. an allen Brunnen, so war es keinem mehr verborgen.

Wasser in den Brunnen tragen: vergebliche Arbeit tun, zum Überfluß noch hinzufügen und wo es nicht nötig ist, ↗ Wasser, ↗ Krug, ↗ Jungbrunnen.

Lit.: *F. Lauchert:* Sprw. und sprw. Rdaa. bei Abraham a S. Clara (Bonn 1893), S. 18; *R. Hünnerkopf:* Art. ‚Brunnen', in: HdA. I, Sp. 1672–1685; *H. Spindler:* Der Brunnen im Recht (Diss. Heidelberg 1938); *L. Schmidt:* Wiener Rdaa. Der Brunnen der Vergänglichkeit, in: Das dt. Volkslied 45 (1943), S. 61 f.; *U. Wiegers:* Der Brunnen in der dt. Dichtung (Diss. Bonn 1955); *L. Röhrich:* Sprw. Rdaa. aus Volkserzählungen, in: Volk, Sprache, Dichtung, Festgabe für Kurt Wagner (Gießen 1960); *D. Arendt:* Das Symbol des Brunnens zwischen Antike und Moderne, in: Welt und Wort 26 (1971), S. 286–297; *H.-J. Uther:* Art. ‚Brunnen', in: EM II, Sp. 941–950.

Brunnenputzer. *Schaffen wie ein Brunnenputzer:* hart, eifrig, unermüdlich arbeiten, auch: einem mühevollen Beruf nachgehen, sich in einer untergeordneten Tätigkeit abschinden, die wenig einbringt. Ähnl.: *sich plagen (schwitzen) wie ein Brunnenputzer.*
Der großen körperlichen Anstrengung entsprechen Hunger und Durst, daher die Rdaa.: *essen wie ein Brunnenputzer* und *saufen (Durst haben) wie ein Brunnenputzer.*

Brunnenvergiftung. *Brunnenvergiftung betreiben:* großen Schaden anrichten, das Allgemeinwohl gefährden und viele Unschuldige dabei treffen, in übertr. Sinne: Mißtrauen säen, das bisher gute Einvernehmen zwischen bestimmten Personen (Freunden, Kollegen, Politikern) und Gruppierungen (Verbände, Vereine, Parteien) heimtückisch durch (unhaltbare) Beschuldigungen u. Verleumdungen stören und auf Dauer gefährden.

Die ‚Brunnenvergiftung' galt in früheren Jahrhunderten als eine bes. niederträchtige Praxis, um dem Feind heimlich zu schaden, ihm das wichtigste Lebenselement zu nehmen und ihn dadurch zur Aufgabe zu zwingen. So wurden bei kriegerischen Auseinandersetzungen Tierkadaver, aber auch menschliche Leichen in die öffentlichen Brunnen geworfen, die das Trinkwasser für Mensch und Tier für lange Zeit ungenießbar machten und bei arglosem Gebrauch Krankheit und Tod bringen konnten. Bei aufkommenden Seuchen wurde im MA. oft eine befürchtete Brunnenvergiftung als Ursache angenommen und Fremden, Außenseitern, Mißliebigen, vor allem jedoch den Juden zur Last gelegt. Um die jüdischen Mitbürger vor einer solchen Anklage zu retten, hatte der regierende Bürgermeister in Straßburg bereits im 14. Jh. verfügt, alle Wasserstellen in der Stadt mit Deckeln zu schließen und überwachen zu lassen, ohne doch die Verfolgten retten zu können. Sein Sturz machte den Weg frei für das Massaker im Jahre 1362.

Um stets sauberes Trinkwasser zu gewährleisten, war eine sorgfältige Pflege der Brunnen erforderlich, die in größeren Siedlungen den ‚Brunnennachbarschaften' oblag. In den Städten wurde z.T. sogar ein ‚Brunnengeld' zur Unterhaltung und Reinigung der öffentl. Brunnen gefordert. Eine regelmäßige ‚Brunnenschau' überwachte die Einhaltung aller Vorschriften. Bis heute ist die ständige Überprüfung der Trinkwasserqualität üblich. Da neuerdings eine andere Art von ‚Brunnenvergiftung' durch Chemikalien droht, hat das Wort traurige Aktualität.

In übertr. Sinne gebrauchte bereits Bismarck den Ausdr. mehrfach. In seiner Rede vor dem Reichstag am 24. Januar 1882 bezeichnete er z.B. die bei Wahlen vorkommenden Lügen, Entstellungen und Falschmeldungen als ‚politische Brunnenvergiftung', was im gleichen Zusammenhang in den Medien der Gegenwart wieder Verwendung findet.

Lit.: *H. Spindler:* Der Brunnen im Recht (Diss. Heidelberg 1938); *E. Christmann:* Brunnennachbarschaften u. Quellenverehrung, in: Oberdt. Zs. f. Vkde. 17 (1943), S. 86ff.; *H. Kroeschell:* Art. ‚Brunnen', in: HRG. I, Sp. 521–522; *K. S. Kramer:* Art. ‚Brunnengemeinschaften', in: HRG. I, Sp. 522–523.

Brust. *Sich in die Brust werfen:* stolz tun, sich ein Ansehen geben. Die Rda. ist zunächst ganz wörtl. zu verstehen: den inneren Menschen in die Brust werfen, so daß diese hervortritt; vgl. frz. ‚bomber le torse' (die Brust herausstrecken): stolz tun. Ähnl. *die Brust werfen* und bereits mhd. *sich brüsten.* Dagegen heißt *sich vor (an) die Brust schlagen* etw. bereuen (nach Nahum 2,8).

Frei von der Brust weg reden: aus dem Stegreif, ohne Vorbereitung und falsche Rücksicht reden, vgl. ‚frei von der ↗ Leber weg'.

Aus voller Brust (singen): voller Begeisterung, mit ungezügelter Lautstärke. ‚Immer die volle Brust' ist eine ermunternde Rda. unter Skatspielern, möglichst hochrangige Karten auszuspielen.

Einem vor die Brust springen: ihn sehr heftig anreden. *Schwach auf der Brust sein:* eigentl. der Lungenkranke (vgl. frz. ‚s'en aller de la caisse' [umg. Kasten = Brust]: schwindsüchtig werden), aber übertr.: kein Geld haben, zahlungsunfähig sein, eine jüngere witzige Redewndg., wobei an die leere Brieftasche gedacht ist, die der Mann in der Brusttasche trägt. Ähnlich ist die Rda. *an Brustbeutelkatarrh leiden* (auch: Portemonnaieschwindsucht): kein Geld haben; seit dem 1. Weltkrieg üblich, da Geld und Papiere am sichersten im Brustbeutel verwahrt wurden.

‚Einen zur Brust nehmen'

Einen zur Brust nehmen: trinken, einen ‚heben'; bezogen auf die stud. Trinksitte, das volle (Bier-)Glas vor dem Leeren an die Brust zu nehmen, um damit jem. zuzuprosten. Das Sprachbild bezieht sich urspr. auf die Mutter (oder Amme), die einen Säugling an ihre Brust legt. Übertr.: jem. großziehen, sich seiner annehmen; in diesem Sinne auch von Männern gesagt.

Etw. in seiner Brust begraben: ein Geheimnis fest verwahren.

Die Wndg. *etw. im Brustton der Überzeugung sagen* wurde nach einem 1870 von Heinrich v. Treitschke geprägten Ausdr. zum geflügelten Wort.

Lit.: *E. Stemplinger:* Art. ‚Brüste‘ in HdA. I, Sp. 1685–1686; *R. Schenda:* Art. ‚Brust, Brüste‘, in: EM. II, Sp. 759–963.

Bube, Knabe, Junge; in Rdaa. meist abwertend gebraucht, z. B. in Wndgn. wie ‚dummer Bub‘ oder ‚die bösen Buben‘, wie sie bei Wilhelm Busch in seiner Geschichte ‚Die bösen Buben von Korinth‘ (1865) begegnen. Ein ‚Bubenstreich‘ ist ein übler Scherz, ein ‚Bubenstück‘, eine schurkische Tat. Ps. 41, 9: „Sie haben ein Bubenstück über mich beschlossen“. Sprüche Salomos 1, 10 wird als Warnung vor Verführung gesagt: „Mein Kind, wenn dich die bösen Buben locken, so folge nicht“. Dieser pädagogische Lehrsatz ist oft sprw. parodiert worden:

Mein Kind, wenn dich die
bösen Buben locken,
so folge ihnen auf den Socken!

An jem. zum Buben werden: ihn verraten, hintergehen, betrügen; wie ein Schurke handeln.

Die für einen Jungen oft gebrauchte Koseform ‚Bubi‘ findet sich auch in der Wndg. ‚Bubikopf‘ als Bez. für die Kurzfrisur der Damen, die in den 20er Jahren Mode wurde.

Buch. *Wie es im Buche steht:* mustergültig, tadellos, gebraucht zur Bekräftigung der Bedeutsamkeit und Glaubwürdigkeit einer Aussage oder eines Ereignisses. Diese Rda. bezieht sich auf die Bibel, in der bereits David von sich singt (Ps. 40, 8): „Siehe, ich komme; im Buch steht von mir geschrieben“.

Er redet wie ein Buch: er spricht selbstgefällig und ohne andere zu Worte kommen zu lassen, er redet so fließend, als wenn er aus einem Buche abläse. In der bair. Wndg. ‚Der redt wia-r-a Buach‘ kommt das Mißtrauen zum Ausdr., das die Bauern, die nicht viel mit Büchern zu tun haben, dem Gedruckten und allzu großer Gelehrsamkeit entgegenbringen (s. J. M. Lutz: Bayrisch [1932] S. 10). Die gleiche

Rda. ist auch ndl. (‚spreken als een boek‘), engl. (‚to talk like a book‘) u. frz. (‚Il parle comme un livre‘) gebräuchlich.

Im schwarzen Buche stehen: in ungünstigen Ruf gekommen sein. Das ‚schwarze Buch‘ ist urspr. das Zauberbuch (so verwendet bei Walther von der Vogelweide 33, 7), später das Verzeichnis der Bestraften und Ausgeschlossenen, vgl. nordd. ‚We ware ans schwarz Buch komme‘, wir sind ins Strafbuch eingetragen worden. ↗ schwarz.

Etw. ins große Buch schreiben: einem etw. hoch anrechnen (holst.). Zu einem Advokaten, dem ein Bauer seine Sache vortrug, sagte dieser, da jener in einem kleinen Buch blätterte: „Herr, lest doch ut dem grôten Bôke, min Sâk is en grôte Sâk“.

Ins Buch des Lebens schreiben (geschrieben werden): von Gott zu den Gerechten gezählt werden, zu den jenseitigen Freuden auserwählt sein. ‚Das Buch des Lebens‘ wird an mehreren Bibelstellen erwähnt (2. Mos. 32, 32; Ps. 69, 29; Luk. 10, 10, Phil. 4, 3), geflügelt ist der Ausdr. vor allem durch seine vielfache Anwendung in der ‚Offenbarung des Johannes‘ geworden, wo es z. B. in Kap. 3, V. 5 heißt: „Wer überwindet, der soll mit weißen Kleidern angetan werden, und ich werde seinen Namen nicht austilgen aus dem Buch des Lebens …“ Viel gesungen wird auch in der konfessionellen Jugend folgender Kanon von Theophil Rothenberg:

Alles ist eitel,
du aber bleibst
und wen du ins Buch
des Lebens schreibst.

Dagegen im profanen Bereich mit meist negativer Bdtg.: *Bei jem. im Buche stehen:* bei ihm borgen, eigentl.: im Schuldbuche stehen.

Zu Buche schlagen: Gewinn bringen; oft aber auch in der Negation: *Etw. schlägt nicht zu Buche:* es ist ganz unbedeutend, von geringem Nutzen.

Sich in ein Buch vergraben: mit Spannung lesen, nicht mehr davon loskommen. Ähnl.: ‚ein Büchernarr, Bücherwurm sein‘.

Die Nase ins Buch stecken müssen: tüchtig lernen müssen, ↗ Nase.

‚Büchle beten‘ (schwäb.): den Katechismus auswendig lernen.

‚Ein Bücherwurm sein'

Das Buch der vier Könige aufschlagen (lesen): scherzhafte Bez. für das Kartenspielen; ndl. sagt man dafür ‚Hij heeft den bijbel von 52 bladden'. Das Kartenspiel wird auch des Teufels ‚Gesang- oder Gebetbuch' genannt, so schon 1568 bei Johannes Nasus und 1572 in Joh. Fischarts ‚Aller Praktik Großmutter' übernommen als Kalenderprophezeiung für den Februar: „Das kalt Wetter wird noch vil zitterens geben, besonders den Barfüßern, sie ziehen dann für Ofen und läsen im Buch der König vom Schellenkönig, wie der Kartenhäuser (,Karthäuser') Übung ist".

Er liest gern in Büchern, wo man die Blätter mit dem Knie umwendet ist eine ältere, vom Beischlaf gebrauchte Wndg., die auch heute noch mdal. weiterlebt, z. B. schwäbisch ‚in dem Buch lesen, das man mit den Knien aufschlägt', Unzucht treiben.

Ein Buch mit sieben Siegeln: ein geheimnisvolles Buch, auch: etw. Schwerverständliches, Unergründliches, hergeleitet aus der Offenbarung Joh. 5, 1–5. Vgl. engl. ‚a sealed book' u. frz. ‚un livre scellé de sept sceaux'. *Für jem. ein Buch mit sieben Siegeln sein* (vgl. ndl. ‚voor iemand een gesloten boek zijn'): ganz unbekannt, bezieht sich meistens auf einen Menschen, den man nicht durchschauen kann. Faust sagt zu Wagner:

Mein Freund, die Zeiten der Vergangenheit
Sind uns ein Buch mit sieben Siegeln.

Fischart gebraucht die Wndg. in umgekehrtem Sinne: „Das Buch mit siben Sigeln aufthun" (,Bienenkorb' 67ª).

Lit.: *K. Kalbfleisch:* Ein verkanntes Sprw.: Steuermänner aus dem Buche in: Rhein. Mus. f. Philologie 92 (1944), S. 286–287; *R. Schenda:* Art. ‚Buch', in: EM. II, Sp. 965–970; *O. Schnitzler:* Art. ‚Buch des Lebens', in: EM. II, Sp. 971-974.

Buchholtz. *Dazu hat Buchholtz kein Geld nicht (sagt der Alte Fritz).* Vom Alten Fritz wird erzählt, daß er mit diesem Bescheid Forderungen und Wünsche abzulehnen pflegte, die an ihn herangetragen wurden, bes. nach dem Siebenjähr. Krieg, als die Staatskassen erschöpft waren. Die Rda. bezieht sich auf den preußischen Hofstaatsrentmeister und späteren Schatzmeister Friedrichs d. Gr. August Buchholtz (1706–98).

Die berl. Rda. ‚Denn kenn'n Se Buchholtzen schlecht (flach)!' wird ebenfalls auf die Gewohnheit Friedrichs d. Gr. zurückgeführt, sich bei einem ablehnenden Bescheid auf seinen Schatzmeister zu berufen mit den Worten: „Da kennt er Buchholtz schlecht!" Dieser war sehr sparsam und suchte übertriebene Ausgaben daher abzusetzen, unnütze zu hintertreiben. In Berlin erzählt man zu dieser Rda. folgende Anekdote: Ein Geistlicher tröstet einen Sterbenden, er werde droben seine Lieben wiedersehen. Der Sterbende ängstlich: „Herr Predjer, Buchholtzen ooch?" Der Prediger: „Gewiß, wenn Buchholtz als Christ gestorben ist." „Hurrjott, denn jeht det Luderleben da ooch wieder los!" „O, mein Freund, dort nähren wir uns von himmlischer Speise, und auch Buchholtz wird dort ein himmlisches Leben führen!" „Ach, Herr Predjer, denn kenn'n Se Buchholtzen schlecht!" (Vgl. Büchmann; als Schwank erzählt bei Asmus-Knoop, Kolberger Volkshumor [Köslin 1927], Nr. 96).

Lit.: Mitteilungen des Ver. f. d. Gesch. Berlins (1912), Nr. 2, S. 22; *Richter-Weise,* S. 231; *L. Röhrich:* Sprw. Rdaa. aus Volkserzählungen, in: Volk, Sprache, Dichtung. Festgabe für Kurt Wagner (Gießen 1960); *H. Meyer:* Der richtige Berliner (München ¹⁰1965).

Büchse. *In die Büchse blasen* war eine vom 16. bis zum 19. Jh. gebräuchliche Rda. Ihr urspr. Sinn ist: sich schminken, in die Schminkdose blasen, so daß sich der feine Staub auf die Wangen legt und sie färbt; bezeugt z. B. bei Geiler von Kaysersberg: „es seind die, die in das Büchßlin blosen, daz sie ein ferblin empfahen".

Die jüngere Bdtg. ist: Geld, Strafe bezahlen müssen; so meckl. ‚in de Büsse blasen‘, eine Summe in die Büchse einzahlen, die für Strafgelder innerhalb einer Zunft bestimmt ist. Belegt bei Ayrer (138ª):

so musz er uns ind püchsen blasen
und ihm ein federn ziehen lassen,
dann umbsonst arbeit wir nicht gern.

Vgl. ndl. ‚in die beurs (bus) blazen‘. Zuletzt wird die Rda. gebraucht i. S. v. ‚bestechen‘, wohl unter dem Einfluß der älteren Wndg. *mit der goldenen (silbernen) Büchse schießen:* bestechen. ↗ Beutel.

Aus einer Büchse geschmiert sein: von gleicher Art sein, aus dem medizin. Bereich der Salbenbüchse hergenommen; zum Beispiel obersächsisch ‚Die sin aus eener Bichse geschmiert‘, sie sind gleich und gleichartig zu behandeln, es ergeht dem einen wie dem anderen (Schelte für Weiber).

Er ist wie die Büchse Pandoras: allen Lastern ergeben. ‚Die Büchse der Pandora‘ nennen wir etw. Unheilbringendes. Hesiod erzählt (Werke und Tage, 94 ff.), daß die Menschen ohne Drangsal lebten, bevor ihnen Zeus zur Strafe für den Raub des Feuers durch Prometheus die Pandora mit einem verschlossenen Gefäß sandte, das alle Übel enthielt. Als sie den Deckel öffnete, blieb nur die Hoffnung in der Büchse zurück; vgl. ndl. ‚Dat is de doos van Pandora‘.

Lit.: *I. Trencsényi-Waldapfel:* The Pandora Myth, in: Acta Ethnographica 4 (1955), S. 99–126; *D. u. E. Panowsky:* Pandora's Box. The Changing Aspects of a Mythical Symbol (London 1956); *O. Lendle:* Die ‚Pandorasage‘ bei Hesiod (Würzburg 1957).

Buchstabe. *Sich auf seine vier Buchstaben setzen:* sich hinsetzen, umschreibend für ‚sich auf seinen Popo setzen‘, zuweilen mdal. auch derber; in Schlesw.-Holstein *drei Buchstaben* für ‚Ars‘; in Nordostdtl. und Süddtl. *fünf Buchstaben* für ↗ ‚Arsch‘. Schwäb. ‚ein paar Buchstaben fortschik-

ken‘, einen kurzen Brief absenden; ‚der sieht die Buchstaben doppelt‘, er ist betrunken.

Sich zu sehr an den Buchstaben halten: sich starr an den Wortlaut halten; vgl. frz. ‚s'en tenir trop à la lettre‘. *Jem. nach dem (toten) Buchstaben verurteilen:* sich nur an die Paragraphen halten, ohne selbständig zu denken. *Den Buchstaben des Gesetzes erfüllen:* etw. formal erledigen und dabei dem eigentl. Sinnn des Gesetzes nicht gerecht werden. Daraus ergibt sich auch die Wndg.: ‚ein buchstabentreuer Mensch sein‘: vorschriftsmäßig, aber etwas phantasielos arbeiten.

Buckel hat nhd. vielfach die Bdtg. von ‚Rücken‘ angenommen; mhd. aber war ‚buckel‘ zunächst die erhabene Rundung aus Metall auf der Mitte des Schildes. Die Übertr. des Schildbuckels auf die menschliche Gestalt (vermutlich über die Bdtg. ‚Höcker‘) seit dem 15. Jh. ist sicher zunächst als grober Spaß aufgefaßt worden: *Der Buckel juckt ihn:* er benimmt sich so, daß er bald Prügel erhalten wird. So bereits bei Luther; in Ludwig Uhlands ‚Volksliedern‘ (249,4) spricht der rauflustige Bauer:

tut dich der buckel jucken,
so lain dich her an mich!

Ähnl. schon bei Plautus in seinem Lustspiel ‚Miles gloriosus‘ (II,4) „dorsus totus prurit" = der ganze Rücken juckt. Körperliche Mißbildung verleitet vor allem auch Kinder zu spöttischen Bemerkungen. Eine entspr. Anspielung findet sich im Märchen (KHM. 179):

Schau dich nicht um,
dein Buckel ist krumm.

Ähnl. erscheint der Buckel in dem Sprw. ‚Der Bucklige sieht nicht seinen eigenen Buckel‘. Es handelt sich dabei um einen Hinweis auf die wenig erfreuliche Neigung des Menschen, nur auf die Fehler der anderen zu weisen, seine eigenen aber zu übersehen. Das kommt auch z. Ausdr. in dem Sprw.: ‚Wer selber eine Bürde trägt, braucht nicht über den Buckel anderer zu lachen‘.

Jem. den Buckel blaufärben: ihn so stark prügeln, daß er blaue Flecken bekommt, lit. belegt in Schillers ‚Räubern‘ (II,3): „eine Todesfackel ... die ihnen den Buk-

kel braun und blau färben soll"; ähnl. ndd. ‚den Pückl smärn, den Pückl fläuen' (flöhen), durchklopfen. *Einen breiten Buckel haben:* viel aushalten können, ähnl. wie ‚einen breiten ↗ Rücken haben'; vgl. frz. ‚avoir bon dos'.
Einen krummen Buckel machen: vor einem Vorgesetzten demütig Verbeugungen machen, vgl. ‚katzbuckeln', sich unterwürfig benehmen.
Sich den Buckel frei halten: sich keine unnötige Last aufladen.
Den Buckel hinhalten (müssen): urspr. wohl wörtlich gemeint: die einem anderen geltenden Prügel mit seinem Rücken auffangen; dann übertragen, vor allem sold., wenn die ‚kleinen Leute' die Folgen dessen tragen müssen, was die Führenden entschieden haben.
Etw. auf seinen Buckel nehmen: die Verantwortung für etw. auf sich nehmen, wobei die übernommene Aufgabe als beschwerliche Last empfunden wird. Ähnl. in der Rda. *viele Jahre auf dem Buckel haben:* eine Last von Lebensjahren auf dem Rücken tragen (alte Leute gehen gebückt); z. B. *Achtzig auf dem Buckel haben:* achtzig Jahre alt sein. Vom Menschen auf das Auto übertr. auch *100000 auf dem Buckel haben:* 100000 km gefahren sein.
Steig mir den Buckel 'rauf! und *Rutsch mir den Buckel 'runter!* sind weitverbreitete Wndgn., mit denen man Ablehnung und Verachtung ausdrückt. Der Wiener sagt ‚Sie können mich Bucklkraxentragen', d. h. auf dem Rücken wie einen Rückenkorb tragen.
Sich den Buckel voll lachen: kräftig lachen. Beim Lachen krümmt und windet sich der Mensch u. U. so, daß er wie bucklig aussieht; vgl. frz. ‚se tordre de rire': sich vor Lachen winden; mdal. auch ‚sich die Hucke voll lachen'; vgl. ‚sich einen ↗ Ast lachen' und ndl. ‚zich een bochel lachen'. Obersächs. ‚Dår hot sich keen Buckel gefolln', er ist nicht zu Schaden gekommen, ↗ Hucke.

Lit.: *H. J. Uther:* Art. ‚Buckel, Buckliger', in: EM. II, Sp. 977–980.

bucklig. *Ein bucklig Männlein sein:* immer im Weg stehen, Vorhaben verhindern und Pläne vereiteln, Schabernack spielen und Schaden zufügen wie ein koboldartiges Wesen, das unberechenbar ist. So erscheint das bucklige Männlein im Kinderlied als angeblicher Urheber allen Mißgeschicks, das gern einem anderen, nicht der eigenen Ungeschicklichkeit zugeschrieben wird.

‚Das bucklige Männlein'

Erstmalig gedruckt erschien das Lied vom buckligen Männlein 1808 in ‚Des Knaben Wunderhorn':
  Will ich in mein Gärtchen gehn,
  will mein Zwiebeln gießen:
  Steht ein bucklig Männlein da,
  fängt gleich an zu niesen.
Dieses Kinderlied ist zu einem der populärsten der Wunderhorn-Sammlung überhaupt geworden und hat bis in die Ggwt. seinen Platz in Kinder- und Lesebüchern behauptet. Der Text erschien mit Illustrationen von Eduard Ille als Münchener Bilderbogen Nr. 69 (13. Aufl., etwa 1925). Er hat häufig lit. Niederschlag gefunden: Thomas Mann kommt in den ‚Buddenbrooks' darauf zu sprechen (VIII/3). Eine psychologische Deutung gibt Walter Benjamin (Über Literatur [Frankfurt/M. 1969], S. 178 f.). Eine weitere lit. Bearbeitung ist Ernst Wiecherts Erzählung ‚Das Männlein'. Diese Texte beweisen, welche Bedeutung die Begegnung mit dem ‚Männlein' für die genannten Autoren als Kinder hatte. Aus diesem Grund ist dieses Lied auch immer wieder zu didaktischen Unterrichtszwecken herangezogen (auch mißbraucht und fehlgedeutet) worden.

Das DVA in Freiburg verfügt über etwa 40 Varianten, die über das dt. Sprachgebiet hinausweisen. Eine els. Variante lautet:

Wenn ich in mein Gärdel geh
Will die Zwibwele jädde,
Steht e buckli's Männel do,
Will mi alsfurt dredde (treten).

Der Angang krüppelhafter Menschen galt bereits im Altertum als unheilvoll. Hexen und andere dämonische Wesen stellte man sich gern bucklig vor. Deshalb ging man Buckligen aus dem Weg, weil man ihnen mehr Bosheit und Zauberkraft als den Gesunden zutraute.

Das bucklige Männlein erscheint wie eine Art Kobold. Es ist jedoch eher eine Figur der von Erwachsenen erfundenen Kindermythologie, eine kindertümliche Personifizierung der Tücke des Objekts, vergleichbar dem personifizierenden Sprichwort ‚Ungeschickt läßt grüßen – morgen kommt er selber'. Daß das Lied mehr komisch als mythisch aufgefaßt wird, zeigen deutlich die mundartlichen Versionen in Strophen wie z. B.:

Wenn ig in das Stübeli go,
will go Süppli esse,
ist das bugglig Männli do,
und hät die halbi g'fresse   (Schweiz).

Jetzt gang i in mei Wiesle naus,
will mei Wiesle heua,
Jetzt stoht des buckelig Mändle do,
will mer Sand drei streua   (schwäb.).

Für die Herkunft der Wndg. ‚bucklige Verwandtschaft' gibt es eine Reihe von Deutungen, die erst in der Verknüpfung miteinander schlüssig erscheinen. Die Rda. bezieht sich auf die nicht gern gesehenen Angehörigen aus Nebenlinien. Man schämt sich einer ärmeren Verwandtschaft, die sich ‚krumm und bucklig gearbeitet' hat. Zu verweisen wäre aber auch auf das rotwelsche ‚bockelig' = gierig. Bei der bockeligen/buckligen Verwandtschaft würde es sich dann um alle jene hungrigen und gierigen Verwandten handeln, die ungebeten zu allen Familienfesten erscheinen, um sich durchzufressen und die daher nicht gern gesehen werden.
↗ Bock ↗ Buckel ↗ krumm.

Sich bucklig lachen ↗ Ast.

Lit.: *E. Stemplinger:* Art. ‚Buckliger', in: HdA. I, Sp. 1700; E. B. I, S. 20 ff.; *I. M. Greverus:* Die Geschenke des kleinen Volkes, in: Fabula 1 (1958) S. 263–279;

H. Bessler: Das bucklicht Männlein, 1966, MS DVA Kaps. Vld fol I; *L. Röhrich:* Sagenballade, in: Handb. d. Volksliedes I, 126f., *G. B. Fuchs:* Das bucklige Männlein, in: Bilderbogengeschichten, hg. v. J. Jung (München 1976), S. 83–87; Des Knaben Wunderhorn. Alte deutsche Lieder ges. v. *L. A. v. Arnim* u. *C. Brentano,* hg. v. H. Rölleke (Stuttgart 1979), Bd. 9, S. 509–512; *H.-J. Uther:* Art. ‚Buckel, Buckliger', in: EM. II, Sp. 977–980; *ders.:* Art. ‚Gaben des kleinen Volkes', in: EM. V, Sp. 637–642; *H. Walther:* ‚Bucklige Verwandtschaft', in: Der Sprachdienst, 26 (1982), S. 180–181; *F. Hassenstein:* Die dt. Ballade. Grundlagen u. Beispiele (Hannover 1986), S. 115–121; *E. Lindig:* Hausgeister (= Artes Populares 14), Frankfurt/ M.–Bern 1987).

Bude in der Bdtg. ‚Zimmer, Wohnung' ist seit 1850 aus der Leipziger Studentensprache in die allg. Umgangssprache vorgedrungen und hat das ältere ‚Kneipe' = Studentenwohnung abgelöst. Hieraus erklärt sich die Rda. *jem. auf die Bude rükken:* ihn aufsuchen, um ihm die Meinung zu sagen, in der Studentensprache mit dem Nebensinn: ihm die Forderung auf eine Mensur überbringen.

Jem. die Bude einlaufen: ihn immer wieder aufsuchen, ähnl. wie das ältere ‚ihm die ↗ Tür einlaufen'. Aus der Handwerkersprache stammt die Wndg.: *Buden abschaben:* nach Arbeit suchen. Stud. ist ebenfalls *die Bude auf den Kopf stellen:* Unordnung machen, ein ausgelassenes Fest feiern (↗ Budenzauber).

Aus Berlin stammt die Wndg. *Leben in die Bude bringen:* für Unterhaltung und Stimmung sorgen, ironisch angewendet in einem Brief Th. Fontanes an seine Schwester am 30.8.1859: „Zum Glück wurde Emilie ein kleines bißchen ohnmächtig, was wieder eine vorübergehende Tätigkeit in die Bude brachte". Vgl. ndl. ‚Leven in de brouwerij brengen'.

Von den Spielbuden der wandernden Schauspielertruppen des 18. und 19. Jh. stammt die Rda. *die Bude zumachen* mit der übertr. Bdtg. mit dem Geschäft am Ende sein, in Zahlungsschwierigkeiten sein, z. B. nordd. ‚He heft de Bood tojemoakt', er hat Konkurs gemacht. Im Leipziger Juristendeutsch bedeutet die Rda.: die mdl. Verhandlung schließen. Vgl. frz. ‚fermer la boutique'.

Es schneit (regnet) ihm in die Bude: sein Geschäft geht schlecht, z. B. obersächs. ‚'s hunt mer in de Bud g(e)räänt', ich bin in eine üble Lage gekommen.

Einem fällt die Bude auf den Kopf: er hält es im Zimmer nicht mehr aus, er kann das Alleinsein nicht ertragen. *Eine sturmfreie Bude haben:* ein Zimmer mit separatem Eingang, das vom Vermieter nicht überwacht werden kann, ↗ Stube.

Budenzauber. Einen Budenzauber veranstalten: ein fröhliches Fest auf der ↗ Bude eines Studenten feiern, wobei der Raum durch Dekoration, Umstellen von Möbeln und Umhängen von Bildern entspr. hergerichtet wird. Heute versteht man unter Budenzauber mehr den Schabernack, den sich vor allem die Bewohner von Jugendwohnheimen zu nächtlicher Stunde gegenseitig spielen.

Lit.: Göhring, Nr. 60, S. 40–42

bügeln. *Eine Sache ausbügeln (geradebügeln):* einen Schaden wiedergutmachen; das Bild ist hergenommen vom Ausbügeln eines unansehnlich gewordenen Kleidungsstückes. Die verbreitete Wndg. *Das kommt beim Bügeln* geht sehr wahrscheinlich auf das Sagsprichwort zurück: ‚Das kommt beim Bügeln, sagte der Schneider, da hatte er den Hosenlatz hinten angebracht'.
Gebügelt sein: höchst erstaunt sein; ↗ platt.

‚Gebügelt sein'

Buhmann. *Jem. Buhmann sein, jem. zum Buhmann machen:* ihn zum Prügelknaben stempeln, den man ausbuhen kann. Der Begriff ‚Buhmann' stammt aus der Kindersprache u. dient als Bez. für denjenigen, der andere mit ‚Buh'-Rufen erschreckt u. zumeist in dunklen Räumen (Keller, finsterer Wald usw.) sein Unwesen treibt. In neuerer Zeit wurde das Buhrufen vor allem als Mißfallensbekundung bei Reden u. Theateraufführungen üblich.

Bühne. *Über die Bühne gehen:* stattfinden, ablaufen, z. B. eine Wahlveranstaltung geht über die Bühne.
Von der (politischen) Bühne abtreten: abdanken, sein Amt aufgeben – auch für einen Politiker gebraucht, der nicht mehr kandidiert. Ähnl. wie in der Wendg. ‚im Rampenlicht der Öffentlichkeit stehen' wird hier das politische Handeln mit dem Agieren eines Schauspielers auf der Theaterbühne verglichen, auf der der Politiker während seiner aktiven Tätigkeit gestanden hat und die er verläßt, um sich ins Privatleben zurückzuziehen.

Bulle. *Bullenhitze, bullenheiß* oder *bullig heiß* sind Wndgn., die das Bild des Bullen als Ausdr. der Steigerung verwenden (ähnl. wie Schwein, Hund), um das Unüberbietbare zu verdeutlichen. Ndd. Rda. *wie der Bulle pißt – mal so, mal so.* In einer anderen ndd. Rda. steht der Bulle für das Außerordentliche: ‚bei em kalvt ok de Bullen': er hat außergewöhnliches Glück.
Eine zusätzliche Bdtg. hat das Wort ‚Bulle' in der Gaunersprache erhalten als Bezeichnung für den Kriminalbeamten bzw. den Polizeibeamten allgemein.

Bummel, bummeln. *Einen Bummel machen, bummeln gehen:* langsam flanieren, ziellos spazieren gehen, z. B. um Schaufenster anzusehen (Schaufensterbummel). Während mit dem Bummel in der Hauptsache die Muße, das Sich-Zeit-Nehmen verbunden ist, wird das Wort ‚Bummelfritze' oder ‚Bummelliese' für den langsamen u. trägen Menschen gebraucht. Auch der ‚Bummelant' ist ein Mensch, der aus Trägheit oder Gleichgültigkeit wichtige Dinge unerledigt läßt, sie einfach ‚verbummelt' oder zumindest verzögert.
Mit dem Bummelzug fahren heißt: einen Zug nehmen, der an allen kleinen Stationen hält u. daher nur äußerst langsam vorwärts kommt.
Bummelstreik meint ‚Dienst nach Vorschrift', ↗ Dienst.

Lit.: *M. Andrjuchichina:* „Bummelfritze-Bummelliese", in: Sprachpflege 16 (1967), S. 33–36.

Bündel. *Sein Bündel schnüren (packen, nehmen):* abreisen, auf Wanderschaft gehen, auch verhüllend für: sich auf den Tod vorbereiten. Mit Bündel ist dabei urspr. das Paket mit den Habseligkeiten der Handwerksgesellen, bes. der Zimmerleute, gemeint. Ebenso frz. ‚faire son ballot (paquet)'. Daher auch *Bündel kriegen:* ausgezankt werden.

‚Sein Bündel schnüren'

Jem. Bündel und Gruß versagen: ihm den ordentlichen Abschied verweigern. War ein Geselle in Schulden geraten oder hatte er sich irgendwie vergangen, so wurden ihm bis zur Klärung der Schuldfrage der Abschiedsgruß und sein Bündel verweigert.
Sein Bündel zu tragen haben: seine Sorgen und Nöte haben, eigene Probleme besitzen.

Lit.: *Göhring,* Nr. 62, S. 42 f.

bündig ↗ kurz und bündig.

bunt. *Bunte Reihe machen:* abwechselnd eine Dame und einen Herrn am Tisch nebeneinandersetzen. Schon die höfische Gesellschaft kannte diese Abwechslung. Erst im 17. Jh. gebrauchte man dafür ‚bunte Reihe'; z. B. in Chr. Reuters ‚Schelmuffsky' (1696): „sie hatten nun selben Tag eine bunte Reihe gemacht".
Etw. zu bunt treiben: übertreiben, im Verhalten über das übliche Maß hinausgehen; ndl. ‚het te bont maken'; *es geht bunt zu:* es geht ausgelassen zu; obersächs. ‚Es geht bunt übereck', bunt durcheinander; *mir wird es zu bunt:* meine Geduld ist am Ende; *das ist mir zu bunt:* das verstehe ich nicht, das ist zu toll.
In diesen Redewendgn. drückt sich das Mißbehagen des Volkes vor allzu Vielfarbigem, Buntscheckigem aus. Bunt bezeichnet darin das ungeordnete, wirre Vielerlei. Deshalb haben auch die vergleichenden Rdaa. *bunt wie ein* ↗ *Pfau, wie ein* ↗ *Papagei, bunt wie ein Osterei, bekannt wie ein bunter Hund* (↗ Hund) oft abschätzige Nebenbdtg. Vgl. frz. ‚connu comme le loup blanc' (wie der weiße Wolf): allseits bekannt, jedoch ohne geringschätzige Bdtg.
Das Wort bunt, erst bei Luther verwendet, ist vom lat. ‚punctus' abgeleitet und bedeutet urspr. im Spätmhd. ‚schwarz gefleckt auf weißem Grunde', da es erstmalig vom Hermelinpelz gesagt wurde.
Einem wird es bunt vor den Augen: ihm verwirren sich die Sinne, er wird ohnmächtig, wobei rasch hintereinander abwechselnde Farbwahrnehmungen vorauszugehen pflegen. Für 1828 lit. belegt.

Lit.: *Raab:* Dt. Redewendungen, S. 33.

Bürge, Bürgschaft. ‚*Jem. Bürge sein',* für *jem. Bürgschaft leisten:* für jem. einstehen mit Leib, Leben u. Habe. Schon in der Bibel findet der Bürge häufig Erwähnung: „Ich verbürge mich für ihn ..." (1. Mos. 43,9); „Mein Sohn, hast du deinem Nächsten Bürgschaft geleistet, hast du einem Freund den Handschlag gegeben" (Spr. Sal. 6,1).
Lit. bei Homer (Odyssee 8,344–359). Es handelt sich um eine Erzählung, die auch auf spätere Autoren nachgewirkt hat. Sie berichtet von einem der Verschwörung gegen den König verdächtigen Mann, der nach seiner Verurteilung zum Tode um eine Frist bittet, damit er sein Vermögen für seine Familie sichern kann. Der König fordert, daß für den Abwesenden ein anderer mit seinem Leben einstehe, und so bietet sich ein Freund freiwillig als Geisel an. Da sich der Verurteilte verspätet, kann er jedoch nur in allerletzter Minute vor dem sicheren Tod bewahrt werden. Fr. v. Schiller schildert in seiner Ballade ‚Die Bürgschaft' (1798) die Rückkehr des Freundes, der sich – eilig vorwärtshastend – schon von weitem bemerkbar macht mit den Worten:

Mich, Henker, ruft er, erwürget!
Da bin ich, für den er gebürget.
Der König ist von dieser Freundestreue so gerührt, daß er das Urteil aufhebt und die beiden bittet, ihn als dritten in den Bund der Freundschaft aufzunehmen.

Wie sich im Laufe der Geschichte jedoch gezeigt hat, ist der Schuldige bei Ablauf der Frist nicht immer selbst zur Stelle und läßt den Bürgen oftmals im Stich. Zahlreiche Bibelstellen, Zitate, Sprww. und Rdaa. weisen auf diesen Tatbestand und seine Folgen hin: „Der gute Mensch bürgt für den Nächsten; nur wer die Scham verloren hat, flieht vor seinem Bürgen" (Sir. 29,14); „Steh für den Nächsten ein, so gut du kannst, doch sei auf der Hut, daß du nicht hereinfällst" (Sir. 29,20). „Wer für einen Freund bürgt, ist übel dran; wer den Handschlag ablehnt, geht sicher" (Spr. Sal. 11,15).
Urspr. war auch ein Darlehen stets mit einer Bürgschaft verbunden, doch nur Vermögenslose durften einen Bürgen stellen. Dem Besitzenden war es untersagt:

Swe eigenis alsô vile hat,
daz bezzer ist der sîn wergelt,
binnen deme gerichte, derne darf
nich einen burgen setzen, ab men
ene umgerichte beclaget.

(Sachsenspiegel-Landrecht II, 5, § 1).
Nach ma. Recht haftete der Bürge bei Nichterfüllung des Schuldners nach Ablauf der gesetzten Frist mit seinem eigenen Leben, d.h. er wurde durch den Strang hingerichtet. Daraus erklären sich Rdaa. und spöttische Wndgn. wie: ,Bürgen soll man würgen', ein Sprw., das in vielen Zitaten wiederzufinden ist, u.a. bei Chr. Weise in ,Die drei ärgsten Erznarren' (²1704), 421: „du narr, fühle doch zuerst an den hals ob du kützlich bist, denn es heiszt, bürgen soll man würgen"; desgl. bei Fr. v. Schiller:

Ich lasse den Freund dir als Bürgen,
ihn magst du, entrinn ich, erwürgen.

Auf die Tatsache, daß es nur arme Leute trifft, weisen die folgenden Zeilen:

dar umbe hât man bürge
daz man die armen würge (S. Brant).

Im Laufe der Jahrhunderte verlor diese Art der Bürgschaft jedoch an Bdtg., so daß nach heutigem Verständnis die Wndg. *für jem. bürgen* meist (ausgenommen Kreditbürgschaften, vgl. z.B. Bundesbürgschaften) nur noch rhetorischen Charakter hat u. gebraucht wird i.S.v.: sein Wort für jem. verbürgen, für die Rechtschaffenheit eines Menschen einstehen.

Lit.: *A. Hench:* „To bail out", in: American Speech, 32 (1957), S. 159–160. *E. Kaufmann:* Art. ‚Bürgschaft', in: HRG. I, Sp. 565–569; *E. Schoenfeld:* Art. ‚Bürgschaft', in: EM. II, Sp. 1041–1044.

Bürger. *Ein unbescholtener Bürger sein:* im Besitz der bürgerlichen Ehrenrechte sein, nichts auf dem ↗ Kerbholz haben.
Das Wort ‚Bürger' (ahd. purgari, mhd. burgaere) bedeutete urspr. Burgbewohner – im Gegensatz zum bäuerl. Landbewohner. Er besaß in der vorkommunalen Gesellschaftsordnung etwa dieselben Rechte und Pflichten wie der spätere Einwohner einer Stadt. Zu diesen Pflichten gehörte auch die Einhaltung der geltenden Gesetze und aller vertraglichen Vereinbarungen. Wer sie verletzte, verlor seine ‚bürgerlichen Ehrenrechte'. Die meisten abgeschlossenen Verträge enthielten die Formel, daß den Wortbrüchigen ein solches Schelten treffen sollte, d.h. durch einen Vertragsbruch wurde er zum ‚Gescholtenen', bzw. ‚Bescholtenen', und wer nicht mehr ‚unbescholten' war, verlor seinen guten Ruf. Gläubiger durften ihn vor aller Welt einen Bösewicht u. Schelm nennen.
Die Wndg. ‚unbescholtener Bürger' hat sich bis heute erhalten, wenngleich sie nur noch selten gebraucht wird.
In neuerer Zeit haben sich dafür andere Begriffe herausgebildet, z.B. zur Bez. des vorbildlichen Staatsbürgers die Wndgn. *ordentlicher Bürger, braver Bürger, wackerer, tapferer Bürger* u. als oberste Maxime der durch Fr. Schillers Gedicht ‚Die Glocke' bekannt gewordene Spruch: „Arbeit ist des Bürgers Zierde . . .". Im Gegentrend zu diesen vaterländisch hochstilisierten Bürgertugenden und Bürgerpflichten – wie sie auch zum Ausdr. kommen in der geflügelten Wndg. ‚Ruhe ist die erste Bürgerpflicht' (↗ Ruhe), entwickelten sich spöttische Wndgn. und Begriffe mit gegensätzl. Bdgt. wie: *ein bequemer Bürger, ein behäbiger, ruhiger Bürger,* i.S.v. lahm u. obrigkeitshörig.
Der *Bürger in Uniform* ist der Soldat des demokratischen (Nachkriegs-) Deutschland, der auch in Uniform immer Staatsbürger mit allen Rechten und Pflichten bleibt (abgesehen von einigen unumgänglichen Einschränkungen aufgrund militär. Notwendigkeiten).

Der *Bürgerschreck* gibt sich in Kleidung und Haartracht bewußt ein vom Üblichen abweichendes Aussehen, um die ‚angepaßten Bürger' zu provozieren und seine Eigenständigkeit sowie seinen Protest zu dokumentieren.

Etwa gleichzeitig entstanden als neue Rdaa. z. B. für Parteipolitiker die Wndg. *Bürgernähe demonstrieren* und für Basispolitiker *eine Bürgerinitiative ins Leben rufen,* bzw. *ein Bürgerbegehren starten,* Formeln, die sich aus der verstärkten Wahrnehmung demokratischer Grundrechte (Bürgerrechte) als Folge einer zunehmenden allg. Demokratisierung ergeben haben, ↗ anhängen, ↗ Bösewicht, ↗ Schelm.

Lit.: *J. Grimm:* RA. II, S. 161 f., 316; *W. Danckert:* Unehrliche Leute (Bern–München 1963); *K. Kroeschell:* Art. ‚Bürger', in: HRG. I, Sp. 543–553.

Bürgersteig. *Die Bürgersteige sind hochgeklappt:* alles ist wie ausgestorben, nichts läuft mehr, z. B. am Abend in einer Stadt. Die Bürgersteige werden angeblich nicht mehr benötigt, weil die Leute abends alle zu Hause sind. Die scherzhafte Rda. verweist auf das fehlende ‚Nachtleben' in Klein- u. Provinzstädten, ja selbst in Großstädten, da die Einwohner meist in den Randgebieten leben u. das Zentrum der Geschäftswelt vorbehalten ist.

Lit.: *A. de Marneffe:* „Remonter le pavé", in: Folklore Brabançon 3 (1923/24), S. 205.

Buridan. *Dastehen wie Buridans Esel:* dastehen wie jem., dem die Wahl zwischen zwei Dingen schwerfällt, die gleichwertig sind, und der deshalb zu keinem Entschluß kommen kann; vgl. frz. ‚rester là comme l'âne de Buridan'.

Die Rda. bezieht sich auf den frz. Philosophen Johannes Buridan (1300–58), der die Lehre des Aristoteles vermitteln und erklären wollte. Um zu erläutern, daß ein Mensch bei Wahlfreiheit zwischen zwei gleichen Situationen umkommen muß, soll Buridan in seinen Vorlesungen folgende Parabeln benutzt haben, die in seinen Schriften jedoch nicht verzeichnet sind:

„Ein Esel, der, von Hunger gequält, sich zwischen zwei Bündeln Heu von gleicher Entfernung, Größe und Beschaffenheit befände, würde verhungern müssen". Oder: „Ein Esel, der gleich hungrig und durstig wäre, würde, zwischen einen Haufen Hafer und ein Gefäß mit Wasser gestellt, unbeweglich stehen bleiben und vor

‚Dastehen wie Buridans Esel'

Hunger und Durst sterben". Diese Beispiele sollten den Gegensatz des Determinismus zur Willensfreiheit verdeutlichen und beweisen, daß keine Handlung möglich ist, wenn nicht der Wille durch irgend etw. bestimmt wird.

Schopenhauer stellte fest („Die beiden Grundprobleme der Ethik' [Leipzig 1860], S. 58), daß Buridan nicht der Erfinder dieser Fabel ist, wie Bayle in seinem ‚Dictionnaire hist. et crit.' (1697) fälschlicherweise angab, sondern sie aus der antiken Tradition übernahm. Er hat sie nur vom Menschen auf den Esel übertragen. Schon Dante eröffnete den 4. Gesang seines ‚Paradiso' in der ‚Divina Commedia' mit den Worten:

Intra duo cibi, distanti e moventi
D'un modo, prima si morria di fame,
Che liber' uomo l'un recasse a' denti

(= Zwischen zwei gleich entfernten und gleich anlockenden Speisen würde ein willensfreier Mensch eher sterben, als daß er eine von ihnen an die Zähne brächte.)

Buridan entnahm das Beispiel wahrscheinl. aus der Schrift des Aristoteles ‚Über den Himmel' (II, 13): „Ebenso was über einen heftig Hungernden und Dürstenden gesagt wird, wenn er gleich weit von Speise und Trank absteht, denn auch dieser muß in Ruhe verharren", da er ja gerade die Gedanken dieses Hauptvertreters des Determinismus zu erläutern suchte.

Manchmal wurde später Buridans Esel mit Bileams Esel (4. Mos. 22) verwechselt, so auch von Jean Paul, der zu der doppelten Freude seines ‚Wuz' bemerkt: „So hielt er sich, wie der metaphysische Esel, den Kopf zwischen Heubündeln; aber er war kein Esel oder Scholastiker, sondern graste und rupfte an beiden Bündeln auf einmal. Wahrhaftig, die Menschen sollten niemals Esel sein, weder indifferentistische, noch hölzerne, noch bileamische". ↗ Esel.

Lit.: *Büchmann.*

Bürstenbinder. *Trinken (saufen) wie ein Bürstenbinder.* Es ist zunächst unbegreiflich, wieso gerade das ehrsame Gewerbe der Bürstenbinder in den üblen Ruf des vielen Trinkens gekommen ist. Tatsächlich sind sie daran ganz unschuldig.

‚Bürstenbinder'

Zur Deutung dieser verbreiteten und heute noch ganz lebendigen Rda. ist auszugehen von dem Verbum ‚bürsten', das schon frühnhd. in übertr. Bdtg. für ‚trinken', ‚zechen' verwendet wird, wobei etwa an das Ausputzen der Kehle (oder des Glases) zu denken ist. Ludwig Uhland hat dieses Wort aus der älteren Sprache übernommen und in seinen Gedichten mehrfach als Reimwort verwendet, z. B. im ‚Schenk von Limburg':

Nun macht die Jagd mich dürsten,
Drum tu mir das, Gesell,
Und gib mir eins zu bürsten
Aus diesem Wasserquell,

oder in seinem ‚Metzelsuppenlied':

Es reimt sich trefflich: Wein und
                        Schwein
Und paßt sich köstlich: Wurst und
                        Durst,
Bei Würsten gilt's zu bürsten.

Im gleichen Sinne wird ‚bürsten' noch heute in den obd. Mdaa. gebraucht. Mit den studentischen Gemeinschaften des MA., den ‚Bursen', hat dieses Wort nichts zu tun.

Durch eine Wortspielerei wird im 16. Jh. einer, der das Bürsten gut versteht, ein ‚Bürstenbinder' genannt, wobei das Gewerbe der Bürstenbinder ganz unverdienterweise in schlimmen Ruf geriet. Die Rda. taucht zuerst bei Joh. Fischart auf, der sich mit „züchten eynen unschuldigen Bürstenbinder" nennt; sein ‚Grandgoschier' ruft in der berühmten ‚Trunkenlitanei' aus: „Mir zu, ich bin ein Bürstenbinder. Was, hab ich eine tote Sau geschunden, daß mir keiner kein bringt?" (d. h. ich gehöre doch nicht zu dem unehrlichen Gewerbe der Abdecker, daß man mich meiden und sich deshalb hüten müßte, mir zuzutrinken) „Ich hab' ein Igel im Bauch, der muß geschwummen haben". Im ‚Simplicissimus' Grimmelshausens findet sich: „fluchen wie ein anderer soldat und darneben saufen wie ein bürstenbinder". Auch in einem Fastnachtsspiel Ayrers kommt der Ausdr. vor.

Nach Abraham a Sancta Claras Zeugnis ist die Rda. zu seiner Zeit schon ganz geläufig; er schreibt in seiner Schrift ‚Etwas für alle': „Das Sprichwort ist schon drey Meil hinder Babylon bekannt: Er saufft wie ein Bürsten-Binder" (647 f.). Ziemlich derb heißt es ebenfalls bei Abraham a Sancta Clara: „Wären Deutsche bei dieser Mahlzeit (nämlich bei der Hochzeit zu Kana) zugegen gewesen, so hätten sie wie die Bürstenbinder gesoffen, wie das die Gewohnheit dieses Volkes ist".

Im 19. Jh. wurde der Bürstenbinder zum wandernden Gewerbetreibenden, der seine Erzeugnisse im Umherziehen verkaufte. Dadurch kam dieses Gewerbe in den Geruch der Unehrlichkeit, und es schlossen sich weitere Rdaa. an die Bürsten- oder Besenbinder an: *laufen wie ein Bürstenbinder:* schnell gehen (freilich mußten sich die Bürstenbinder sputen, wollten sie bei ihrem armseligen Geschäft auf ihre Kosten kommen); *fressen wie ein Bürstenbinder,* weniger harmlos: *lügen wie ein Bürstenbinder,* z. B. in Zuckmayers ‚Schinderhannes' 1. Akt: „Lügt wie zwei Bürstebinder und e Gäulsjud dazu". Weitere, an sich sinnlose Rdaa. wurden in Analogie zu den älteren gebildet: „Ich fluche und schelte wie ein Bürstenbinder" (D. v. Liliencron, ‚Kriegsnovellen' [1895], S. 205); „Ja, du rauchst wie ein Bürstenbinder" (H. Reimann, ‚Komponist wider Willen' [1928], S. 75).

Lit.: *R. Sprenger:* „Saufen wie ein Bürstenbinder." In: Zs. des allg. dt. Sprachvereins 6 (1891), 69–70; *O. Lutsch:* „Trinken wie ein Bürstenbinder", in: Zs. f. Dtschkde. 37 (1923), S. 76 f.; Dt. Wb. 2, Sp. 252; *Trübner* 1, S. 447; *L. Günther:* Wörter und Namen (Berlin 1926), S. 54 f.

Busch *Auf den Busch klopfen:* etw. zu erkunden suchen, ist der Jäger- und Vogelstellersprache entlehnt: Durch Schlagen der Büsche und des Unterholzes wird das Wild aus seinem Versteck aufgescheucht.

‚Auf den Busch klopfen'

Schon in Strickers ‚Daniel von dem blühenden Tal' um 1220 heißt es (V. 3647 ff.) von Daniels Kampfesweise:

Alsam ein jegere
Ob eines hasen legere
Ûf den busch trischet,
und der hase hinwischet,
alsô sluoc er ûf den man
daz diu sêle kûme entran,

und in Joh. Ficharts ‚Geschichtklitterung' 1575 (S. 199): „schlug in den Pusch vnd fieng kein Vogel". Eine ähnl. Wndg. verzeichnet Tunnicius 1513 als Nr. 515 seiner ‚Sprichwörter': „Ein ander kloppet up den busch, mer du krichst den vogel". So noch heute obersächs. ‚Der eene kloppt ufn Busch, der andere hascht den Vogel', du hast die Mühe und ein anderer den Gewinn davon. Ähnl. frz. ‚Il a battu les buissons et un autre a pris les oisillons' (allerdings nicht mehr gebräuchl.) und engl. ‚One beats the bush and another catches the bird'. In Ludw. Uhlands Gedicht ‚Der weiße Hirsch' (1811) ist die Rda. ebenfalls verwendet:

Mir hat geträumt, ich klopf auf den Busch,
Da rauschte der Hirsch heraus, husch, husch.

Neuerdings begegnet die Rda. auch in der Form *bei jem. auf den Busch klopfen:* vorfühlen, sondieren.

Es ist etw. im Busche: im Verborgenen bereitet sich etw. vor; jem. hat die Ahnung, daß er einem Geheimnis auf der Spur ist.

Sich seitwärts in die Büsche schlagen: sich nach der Seite entfernen, ist einer Zeile des Gedichtes ‚Der Wilde' von Gottfried Seume (1801) entnommen.

Mit einer Sache hinter dem Busch halten (achter'n Busch hollen): sie geheim halten, eng verwandt mit ‚hinter dem Berge halten'. Obersächs. ‚Du siehst den Busch vor lauter Bäämen nicht' (↗ Wald).

Allen Büschen zu ferne sein: sich einer Sache nicht nähern können, sie nicht fassen. So Luther (2, 476[b]); „das weisz ich aber wol, wie fast der geist als alleine thut, were ich doch allen püsschen zu ferne gewest, wo mir nicht die sprachen geholfen und mich der schrift sicher und gewis gemacht hetten"; sowie (3, 68[b]): „das mein armer rottengeist, wo er hinaus wil, allen püsschen zu ferne ist".

Ndd. bedeutet ‚ut'n Busch snacken', hinter dem Rücken eines anderen üble Nachrede führen.

Lit.: *H. Paul:* ,Beiträge zum dt. Wb.', in: Zs. f. d. Wortf. 10, S. 101; Dt. Wb. II, S. 558; *L. Röhrich* u. *G. Meinel:* Rdaa. aus dem Bereich der Jagd u. der Vogelstellerei, S. 313–323.

Busen. Das Wort ,Busen' wird nicht nur im wörtl. Sinne als Bez. für die Brust, insbes. die weibliche verwendet, sondern als poetischer Begriff; insbesondere in (heute als eher pathetisch empfundenen) literarischen Texten, zum Beispiel in Goethes ,Veilchen':

Bis mich das Liebchen abgepflückt
Und an dem Busen matt gedrückt!

oder in der Arie des Tamino in Mozarts ,Zauberflöte':

Ich möchte sie dann voll Entzücken
an meinen heißen Busen drücken ...

und – nochmals Goethe – (,An den Mond'):

Selig, wer sich vor der Welt
Ohne Haß verschließt,
Einen Freund am Busen hält
Und mit ihm genießt.

Ein ,Busenfreund' ist ein guter, intimer Freund.

Übertragen: *am Busen der Natur ruhen* ↗ Natur. *Eine Schlange am Busen nähren* ↗ Schlange.

,Busen' steht in den Rdaa. gleichsam für das Innerste des Menschen: *es im Busen haben:* verschlagen sein; *einem etw. in den Busen schieben:* es ihm zur Last legen; *an seinen eigenen Busen greifen:* vor Beurteilung anderer auf seine eigenen Fehler achten, heute meist verdrängt durch die Wndg. ,sich an die eigene ↗ Nase fassen'. Ähnl. *die Hand in den Busen stecken,* vgl. ndl. ,de Hand in zijn eigen boezen steken', bereits in Luthers Bibelübers. (2. Mos. 4,6). Eine ältere rdal. Wndg. ist *etw. in den Busen stecken:* verbergen, verstecken; vgl. frz. ,mettre quelque chose en son sein' (heute nur noch in gehobener Sprache). Hans Sachs verwendet den Ausdr. *einen in den Busen blasen* für: ihm im Straßenraub Geld abjagen, wobei Busen wohl für ,Beutel' gebraucht wird. Mdal. ist Busen in sprw. Rdaa. heute selten belegt, z.B. meckl. ,einen in'n Bussen faten', ihn tätlich angreifen, und ,sick in'n Bussen krigen', eine Prügelei beginnen.

Manchmal wird heutzutage ,Busen' in einen iron. Zusammenhang gebracht, wie z.B. in dem Spottvers:

Laß mich mal an deinem Busen
schmusen ...
Da sprach sie unter Tränen: Ik hab ja
keenen!
Denn alles, was sie hatte, das war aus
Watte.

Als ,Busengrapscher' werden Männer verspottet, die dauernd an Frauen ,herumfummeln' und sie zu betasten suchen.

Buße, büßen. ,Buße' – eigentl. ,Besserung' – bedeutet urspr. die Abtragung einer Schuld durch materielle Ersatzleistung. So noch immer: ,Bußgeld zahlen müssen' d. h. eine Strafe für eine Ordnungswidrigkeit, wie etwa falsches Parken. ,Das sollst du mir büßen' ist eine oft gebrauchte Straf- und Vergeltungsdrohung. In den älteren Sinnzusammenhang des Wortes gehört die in Baden weit verbreitete Rda. ,de Gluschte biesse', d. h. seinen Willen erfüllt bekommen.

Die meisten Rdaa. beziehen sich jedoch auf, Buße' im christl. Sinne und auf die Kirchenbußen: ,Buße tun'; ,jem. eine Buße auferlegen'.

Alle seine Sünden abbüßen: frühere Fehler und Vergehen ausgleichen. Die Rda. wird gebraucht für eine unangenehme, schwere Arbeit, mit der man wie durch die Teilnahme an einer Wallfahrt Vergebung für vergangene Sünden zu erhalten hofft. Von den ma. Bußwallfahrten und den mit ihnen verbundenen Bräuchen stammen noch weitere Rdaa, wie *einen Bußgesang anstimmen; in Büßerrolle auftreten; das Büßerhemd anziehen:* Reue zeigen.

Der Bußgang Heinrichs IV. nach ↗ Canossa wird von H. Heine so beschrieben:

Auf dem Schloßhof zu Canossa
Steht der deutsche Kaiser Heinrich
Barfuß und im Büßerhemde ...

Lit.: *C. Mengis:* Art. ,Buße' in HdA. I, Sp. 1717–1726; RGG. I (³1957), Sp. 1534–1554 (mehrere Art. zu ,Buße', ,Bußwesen', ,Bußpsalmen' etc.); *F. W. H. Wasserschleben:* Die Bußordnungen der abendländischen Kirche (Graz 1958); *D.-R. Moser:* Art. ,Buße, Bußaufgaben', in: EM. II, Sp. 1057–1075.

Butter. *Dastehen* (oder *bestehen) wie Butter an der Sonne:* nicht standhalten, versagen, vor Scham vergehen. Die Rda. wird bes. auf einen angewandt, der mit seiner Klugheit ratlos dasteht oder mit seinem Prahlen und seinen Unschuldsbeteuerungen vergebens zu bestehen sucht. Sie findet sich schon öfters bei Luther: „das ich da stehen muste wie butter an der sonne", später auch in dem Lustspiel ‚Hans Pfriem' von Hayneccius, 1582 (V. 2029):

Da du mit deiner weisheit kunst
Wie butter an der Sonne bestunst

und in Kirchhoffs ‚Wendunmuth': „und bestund dieser, der ein procurator sein will, wie butter an der sonn". So noch bei Goethe (‚Götz von Berlichingen'): „Es macht warm in der Nähe, und wir stehen da wie Butter an der Sonne".

Butter auf dem Kopf haben: etw. angestellt haben und sich daher genieren; ein schlechtes Gewissen haben. Die Rda. hat sich als Kurzform aus dem Sprw. entwickelt: ‚Wer Butter auf dem Kopf hat, soll nicht in die Sonne gehen' (Die Bauernfrauen brachten früher die Butter in einem Korb, den sie auf dem Kopf trugen, zu Markt). Vgl. noch das ndl. Sprw. ‚Wie boter op zijn hoofd heefd, moet niet in de zon lopen'.

Ihm fällt die Butter vom Brot: er wird enttäuscht, er verliert den Mut und beginnt die Sache für aussichtslos zu halten. Wem die Butter vom Brot auf den schmutzigen Boden fällt, der verliert das Beste von seinem Butterbrot, und es vergeht ihm die Lust, weiterzuessen. So sagt Goethe in seinen ‚Zahmen Xenien':

Heiliger, lieber Luther,
Du schabtest die Butter
Deinen Kollegen vom Brot,
Das verzeihe dir Gott!

Verwandt ist die Rda. *sich die Butter vom Brot nehmen lassen:* sich übervorteilen lassen. So z. B. bei Bismarck: „Das Kriegsministerium, an dessen Spitze ein Herr stand, der am allerwenigsten geeignet war, sich, wie man sagt, die Butter vom Brote nehmen zu lassen, der Feldmarschall Graf Roon". Vgl. ndl. ‚zich da kaas niet van het brood laten eten'. Ähnl. Bdtg. hat die Rda. ‚Sich nicht unterbuttern lassen': nicht kleinkriegen lassen (↗klein). Auch in anderen bildl. Wndgn. bedeutet Butter das Angenehme, Nützliche: *Das ist (wär') ein Stück Butter im Brei:* unvermutetes, unverhofftes Glück.

Butter bei den Fischen haben: gut leben, Geld haben (ndd. ‚Hat dai ok bueter bi de fische?', hat er auch Geld?). Die Butter-

tunke gehört zum Fischgericht hinzu. Wer sie ausläßt, läßt etw. Wesentliches aus; daher die Aufforderung *Butter bei die Fische!:* mach keine halben Sachen; an der Mosel bedeutet die gleiche Wndg.: Der Wein geht nur gegen Bezahlung aus dem Keller. Vgl. auch frz. ‚mettre du beurre dans les épinards' (wörtl.: Butter zum Spinat tun): seine finanzielle Lage bessern. Jüngere Rdaa. mit Butter sind: *jem. die Butter auf dem Brot nicht gönnen:* neidisch sein; *er verdient nicht die Butter auf dem Brot:* er ist faul und nichtsnutzig; *einem Butter aufs Brot streichen:* ihn umschmeicheln, ihn für sich zu gewinnen suchen; *das geht ab (weg) wie Butter:* es geht leicht und ebenso schnell, wie Butter in Notzeiten verkauft wird.

Es ist alles in (schönster) Butter: es ist alles in bester Ordnung, d. h., es ist alles mit guter Butter zubereitet, nicht mit billigerem Fett. Wahrscheinl. versteckt sich hinter der in Berlin aufgekommenen Redewndg. der Konkurrenzkampf zwischen Butter und Margarine, die erst nach 1875 fabrikmäßig in Dtl. hergestellt und vor allem nach dem 1. Weltkrieg im dt. Haushalt eingeführt wurde.

Aus der Fülle mdal. Redewndgn. seien erwähnt: els. ‚Dem will i sagn was de Butter giltet', ich will ihm gründlich die Meinung sagen; niederrhein. ‚Dat es Botter an den Galgn geschmert', das ist Hilfe für einen Unwürdigen; vgl. ndl. ‚Boterje tot de Galg toe'; obersächs. ‚Dir wird keene (braune) Butter drangetan', es werden keine besonderen Umstände mit dir gemacht: schlesw.-holst. ‚He kriggt Botter in die Brie', er bekommt ein gutes Essen; ostpreuß. ‚He ös so flau as ongesolten Botter', er ist fade und langweilig, von der Vorliebe der Ostpreußen für gesalzene Butter herstammend.

Er schneidet die Butter bis auf den Teller: er nimmt seinen Vorteil wahr (Eifel). Vgl. frz. ‚Il met la main à l'assiette au beurre' (wörtl.: Er legt die Hand an die Butterschüssel).

‚Hand von der Butter!' Die Entstehung dieser Zurechtweisung liegt noch gar nicht so lange zurück. Wenn die Bauern zum Markttag ihre Butter ausbreiteten, pflegten die Hausfrauen an den Ständen vorbeizugehen und allenthalben eine

Kostprobe zu ‚prockeln‘. Die ihnen schmackhafteste kauften sie hernach. Als dann die ‚Hygiene‘ aufkam, brachten die Bauern einen kleinen Löffel zur Entnahme der Probe mit. Aber viele Ältere erinnern sich noch an den Zuruf: „Hand vonne Bottern!"

Es schneidet wie in Butter: es läßt sich sehr leicht schneiden; vgl. frz. ‚Cela rentre comme dans du beurre‘.

Die Rda. *Er verspricht mehr Butter als Brot* heißt: er verspricht mehr, als er halten kann; vgl. frz. ‚promettre plus de beurre que de pain‘.

Ist einem das Glück nicht günstig, sagt man *Es bleibt keine Butter auf seinem Brote liegen;* vgl. engl. ‚No butter will stick to my bread‘.

Auch das Anschneiden der Butter ist mit sprw. Rdaa. verknüpft, z. B.:

Wer die Butter schneidet an,
   kriegt sieben Jahre keinen Mann,
oder:

Wer anschneidet die Butter,
   wird in sieben Jahren weder Vater noch
                              Mutter.

Die Variationsmöglichkeiten sind sehr groß, je nachdem mit welchem Wort die erste Zeile endet. Schließt sie z. B. auf ‚an‘, bekommt die Frau einen buckligen, guten, alten, reichen oder möglicherweise auch gar keinen Mann:

Schneide nicht die Butter an,
   sonst bekommst du keinen Mann.

Endet die erste Zeile auf ‚Butter‘, dann bezieht sich die Voraussage auf die böse, bucklige oder sonstwie geartete Schwiegermutter.

Butterfahrten machen: zollfrei einkaufen. Auf Schiffen, die die eigenen Hoheitsgewässer verlassen, dürfen unversteuerte Waren verkauft werden. Findige Schiffseigner organisieren daher Fahrten in den nächsten ausländischen Hafen (wo aber nur kurz angelegt wird), wodurch diese Bedingung erfüllt wird. Die Menschen fahren aber nur mit, um unterwegs urspr. Butter, heute meist Alkoholika und Tabakwaren einzukaufen.

Lit.: *Wander* I, Sp. 521–525; *F. Eckstein:* Art. ‚Butter‘, in: HdA. I, Sp. 1723–1763; *O. Hauschild:* „Butter auf dem Kopfe haben", in: Muttersprache 44 (1929), S. 14–15, 128–129; *H. Bittner:* „Butter auf dem Kopfe", in: Muttersprache 44 (1929), S. 300; *P. v. d. Wijngaert:* „'t is boter aan de galg", in: Mechelsche

Bijdragen 1 (1934), S. 53–54; *A. A. Roback:* „Butterside up", in: American Speech 30 (1955), S. 307; *J. v. d. Vlyminck:* „Van een goed boterjaar", in: Gedenkschriften betreffende de Heerlijkheid Esschen-Calmpthout-Huybergen 13 (1956), S. 44; *N. E. Osselton:* „Butter for fish", in: English Studies 38 (1957), S. 266–267; *G. Grober-Glück:* Motive u. Motivationen in Redensarten u. Meinungen (Marburg 1974), I, S. 273–275.

Butterbrot. *Etw. für ein Butterbrot hingeben:* billig, für einen lächerlich geringen Preis, weit unter seinem Wert; ähnl. wie: ‚für einen Pappenstiel‘, ‚um ein Linsengericht‘, ‚für einen Apfel und ein Ei‘. Ebenso: *sich ein Butterbrot verdienen:* nur eine Kleinigkeit erhalten; vgl. frz. ‚gagner à peine son beefteck‘ (wörtl.: sein Beefsteak nur mit Mühe verdienen) und *für ein Butterbrot arbeiten:* ohne entspr. Lohn. *Jem. etw. aufs Butterbrot schmieren (geben):* ihm immer wieder den gleichen Vorwurf machen, z. B. berl. ‚uf de Butterstulle schmieren‘, unverblümt vorwerfen. Vgl. ndl. ‚iemand iets op zijn brood geven (smeren)‘. Sächs. ‚Butterbrote werfen‘ ist einer der zahlreichen Ausdr. für das im Kinderspiel beliebte Werfen flacher Steine über die Wasseroberfläche. In Schlesien sagt man dafür ‚eine Butterschnitte schmieren‘.

Buxtehude. Der Name dieser Kleinstadt im niedersächs. Kreise Stade hat in Norddtl. eine ähnl. Bdtg. wie mittel- und oberdt. ‚Dummsdorf‘, ‚Dingskirchen‘, ‚Hintertupfingen‘ u. ä. Buxtehude, oft entstellt zu ‚Buxtehusen‘ oder ‚Büxenhusen‘, erscheint in den Rdaa. als ein irgendwo in blauer Ferne liegender Ort, in dem sich allerlei merkwürdige Dinge ereignen können. Die Brüder Grimm lassen z. B. ihr bekanntes Märchen vom Swinegel und dem Hasen „up de lüttje Heid bi Buxtehude" spielen, woraus der Leser schließen könnte, daß nicht nur der Wettlauf, sondern auch der Ort der Handlung erfunden sei.

Die Rda. *In Buxtehude, wo die Hunde mit dem Schwanz bellen* soll das Unglaubwürdige dieser Stadt noch unterstreichen. In Wirklichkeit ist hiermit gemeint: ‚wo die Glocken mit dem Tau geläutet werden‘. Die Glocke einer der ältesten dt. Kirchen aus dem 13. Jhr. in Buxtehude wurde mit Tau und Klöppel geläutet. ‚Hunte‘ sind

Glocken, ‚bellen' heißt läuten (vgl. engl. ‚to ring the bell'); der ‚Schwanz' ist das ausgefranste Ende des Glockentaus. Auf die Frage ‚Wohin gehst du?' erhält man zur Antwort: ‚Nah Buxtehud', wo de Wust up'n Kohlstrunk wasst' (Wossidlo-Teuchert II, S. 164). Eine schroffe Abweisung drückt man so aus: ‚Gah he na Buxtehude, wo de Hunn mit 'n Mors bellt' (Mensing I, S. 616). Ebenfalls aus Schlesw.-Holst. ist belegt ‚Ik bin doch nit ut Buxtehude', mich kannst du nicht für dumm verkaufen.

‚In Buxtehude, wo die Hunde mit dem Schwanz bellen'

Canossa. *Nach Canossa gehen müssen* und *den Gang nach Canossa antreten:* sich demütig unterwerfen müssen, einen Bittgang antreten, um seine Reue zu zeigen, seinen Gehorsam zu versichern; vgl. frz. ‚aller à Canossa'. Die Rdaa. beziehen sich auf den Bußgang König Heinrichs IV. zu Papst Gregor VII., der ihn nach dieser Selbstdemütigung 1077 in Canossa vom Bann lösen mußte. Obwohl der König damit einen persönlichen und politischen Sieg über den Papst errang, indem er seine Handlungsfreiheit und Macht dadurch wiedererhielt, war in Dtl. die Ansicht weit verbreitet, daß diese Erniedrigung nicht nötig gewesen sei. Auch Bismarck war noch dieser Meinung, denn er prägte am 14. Mai 1872 vor dem Dt. Reichstag das Wort: „Nach Canossa gehen wir nicht!", als er über die Ablehnung des Kardinals Hohenlohe als dt. Botschafter bei Papst Pius IX. zu sprechen hatte.

Lit.: *Büchmann.*

Cerberus. So nennt man scherzhaft einen unfreundlichen Pförtner, Torhüter oder angriffslustigen Wachhund. Cerberus (lat.) oder Kerberos (griech.) war der Name des Ungeheuers, das als Wächter den Eingang zur Unterwelt bewachte. Nach antiker Überlieferung war es fünfköpfig. In späteren Quellen wurde es meist dargestellt mit drei Hundeköpfen,

‚Cerberus'

einem Drachenschweif u. einem von Schlangenköpfen bedeckten Rücken (Apollodorus 2, 5, 12), ↗Hund.

Lit.: *H. P. Schönbeck:* Art. ‚Cerberus', in: EM. II, Sp. 1191–1193. *M. Leach:* God had a Dog (New Brunswick [N.J.] 1961), bes. S. 135–170.

Chaisenträger. *Laufen wie ein Chaisenträger.* Chaise ist die frz. Bez. für den Tragstuhl, der auch in Dtl. lange die Dienste der Droschken und Fiaker ersetzt hat: ein hoher Kasten mit einem Sitz war rechts und links mit einer Stange versehen, woran er von zwei Trägern, einem davor und einem dahinter, getragen wurde. Um die Erschütterungen des Kastens möglichst auszugleichen, durften die beiden Chaisenträger nicht im Schritt gehen, sondern mußten gleichmäßig nacheinander auftreten. Da sie an tüchtiges Ausschreiten gewöhnt waren, sagt man noch heute in Sachsen von einem, der tüchtig läuft: ‚Er läuft wie ein Chaisenträger'.

Chamäleon. *Ein wahres Chamäleon sein:* ein unzuverlässiger Mensch sein, dessen Ansichten nach den Umständen wechseln und dessen Handlungen von den gegenwärtigen Verhältnissen und dem persönlichen Vorteil bestimmt werden; vgl. frz. ‚être un vrai caméléon'. Die rdal. Vergleiche *sich verändern wie ein Chamäleon* und *wie ein Chamäleon seine Farbe wechseln* weisen noch deutlicher auf das auffällige Verhalten dieser Eidechsenart hin, die auf Bäumen wohnt. Der Name des Tieres ist griech. Ursprungs und bedeutet wörtl. ‚Erdlöwe'. Er ist wahrscheinl. eine ironische Anspielung auf den furchtsamen Charakter des Tieres.

Die vornehmlich lit. tradierten, mdal. nicht nachweisbaren Rdaa. über das Chamäleon verdanken ihre Entstehung seiner auffälligsten Eigenschaft, daß insbes. bei Erregung die Färbung seiner Haut sich

‚Ein wahres Chamäleon'

ändert. In der Regel sieht es grünlich aus und ist dadurch allerdings dem Blattwerk ähnlich, das seine natürliche Lebenswelt ist. Die falsche Annahme, es könne seine Farbe willentlich seiner Umgebung angleichen, führte dazu, daß das Chamäleon allmählich zum moralisch negativ beladenen Sinnbild knechtischer Unterwürfigkeit der Schmeichler und Höflinge wurde und nun einen Menschen bez., der opportunistisch seine Ansichten und Grundsätze je nach den Umständen stets zu seinem Vorteil ändert, anpaßt, gleichsam ‚seine ↗ Farbe wechselt'. Galt das Chamäleon für Aristoteles (4. Jh. v. Chr.) wegen seines Farbwechsels noch weitgehend ‚wertneutral' lediglich als Symbol für die Unbeständigkeit und Wechselhaftigkeit des Schicksals, so sehen wir es bei Plutarch (1. Jh. n. Chr.) bereits moralisch abgewertet in der anthropomorphen Gestalt des Heuchlers und Schmeichlers im Gegensatz zu dem wahren Freund.

Im frühen Christentum wird Chamäleon immer mehr als verächtliche Bez. für Heuchelei in kirchlichen Glaubensangelegenheiten verwendet. Jakob von Edessa (gest. 708) sieht in dem Chamäleon sogar „den Typus der Verstellungskunst des Teufels, weil es jede Farbe annehmen kann, außer der weißen".

Aus der lat. Sprache ging es im MA. in die europ. Nationalsprachen über: die Rda. ist u. a. auch engl., frz., ital. und span. belegt und als ein Bild der Falschheit auch im arabischen Raum bekannt. Bei den Westtürken heißt das Chamäleon geradewegs „Betrugeidechse" (aschifutkeleri). In Anschluß an Erasmus von Rotterdam (‚chamaeleonte mutabilior') wurde es epigrammatisch gegen Schmeichler verwendet.

Bei Otho Vaenius (1556–1629) erscheint es dann in gewandelter Bdtg.: Amor trägt das Chamäleon auf der Hand, und es symbolisiert hier die Anpassungsbereitschaft der Liebenden.

Im 19. Jh. erhält das Chamäleon in Grandvilles ‚Staats- und Familienleben der Tiere' (1842) endgültig seine bis heute gebliebene moralisch abwertende Bdtg. des sich verstellenden Opportunisten: Grandvilles Chamäleon erklärt sich in der konstituierenden Sitzung des Tierparlaments ausdrücklich mit allen seinen Vorrednern einverstanden (vgl. Abb.).

Heute sind die Rdaa. in der Übertr. auf den Menschen verächtliche Bez. für jem., der seine Gesinnung (bes. in religiöser oder politischer Hinsicht) mehrmals verändert und sich gewissenlos anpaßt, wenn es ihm Nutzen verspricht. Auch in adjektivischer Form gebräuchl.: *ein chamäleonartiger Mensch,* ein unbeständiger Mensch; *jem. paßt sich chamäleonartig an, wechselt chamäleonartig seine Gesinnung.*

Lit.: *O. Keller:* Die antike Tierwelt, 2 Bde. (Leipzig 1909–13); *K. G. Just:* „Chamaeleonte mutabilior". Literarische Marginalien zu einem Reptil, in: Antaios 12 (1971), S. 381–400; *H.-J. Uther:* Art. ‚Chamäleon', in: EM. II, Sp. 1214–1216; Der farbige Brehm. Jubiläumsausgabe. Überarb. von Th. Jahn (Freiburg ¹⁶1983), S. 368–369; *M. Bambeck:* Zur Geschichte vom die Farbe wechselnden ‚Chamäleon', in: Fabula 25 (1984), S. 66–75.

Charivari. *Charivari machen (schlagen):* einen ohrenbetäubenden Lärm vollführen, eine Katzenmusik verursachen und durch den oft damit verbundenen groben Unfug einen von der Gemeinschaft Verachteten dem allg. Spott preisgeben; vgl. frz. ‚faire du charivari'.

Maskierte und mit Lärminstrumenten ausgerüstete Burschen ziehen zum Charivari in der Dämmerung oder nachts vor ein bestimmtes Haus und beginnen dort auf das Zeichen ihres Anführers hin ein Höllenspektakel unter Schreien, Johlen und Pfeifen. Dieser Brauch ist bes. in West- und Süddtl., in Oesterr. und der Schweiz verbreitet, also in Gegenden, die an rom. Länder grenzen. Auch mdal. Wndgn. zeugen davon, z. B. heißt es im Rheinl. und in Westfalen ‚den Schalwaari schloon (klopen)' und ‚den Scharebari schlagen'.

‚Charivari machen'

Charivari ist die Bez. für einen altertümlichen und weitverbreiteten Akt der Volksjustiz, um die Acht, die Friedloslegung zu vollstrecken. Die Maskenumzüge verwenden beim Rügegericht noch ähnl. Formen in scherzhafter Weise, und auch manche Heischebräuche der Kinder, die mit Lärm und Unfug verbunden sind, beruhen demnach auf herkömmlichen Bräuchen und alten Rechtsformen.

Zum Charivari (Chalivali) gehörte urspr. das Dachabdecken (↗ Dach) als erster Akt der Wüstung, wie Gervais Du Bus schon um 1324 im ‚Roman de Fauvel' (ed. v. A. Långfors [Paris 1914]) schildert. Auch Fenster und Türen wurden dabei zerbrochen, um dem Missetäter den Frieden zu entziehen und sein Haus der allg. Plünderung preiszugeben. Wie aus verschiedenen Stadtrechten in Süddtl. hervorgeht, war damit oft auch das Löschen des Herdfeuers, das Einschlagen des Backofens und das Zuschütten des Brunnens verbunden. Für säumige Zins-, Renten- und Pachtzahler war dieser Brauch auch in Engl., Frankr., Spanien, den Niederlanden, Sizilien und Rußland üblich und hat den Charakter der Ächterstrafe beibehalten. Ebenso gab es an vielen Orten die Pflugwüstung. Es wurden Fruchtbäume abgesägt, Hecken zerstört, das Vieh ausgetrieben und das Grasland oder ein Stück Straße oder Boden beim Haus umgepflügt, wobei der Geächtete oft selbst diesen Pflug ziehen mußte.

Auch Jagdgerichte gehörten zum Charivari. Sie sind als Nachbildung der Hetzjagd auf den Geächteten zu verstehen. Der Verfemte wurde als Tier verkleidet und unter fürchterlichem Jagdlärm durch das Dorf mit Peitschen und Hunden gehetzt, vor seinem Haus symbolisch getötet oder in einen Teich oder den Fluß geworfen. Die dabei benutzten Lärminstrumente lassen sich z. T. als alte Treibjagdgeräte wiedererkennen.

Das Wort ‚Charivari' selbst ist nicht selten als Hetz- oder Hohnruf bezeugt und wurde zu dem Lärm geschrien. Vielleicht geht es auf einen alten Jagdruf zurück. Anlässe zum Charivari waren: Totschlag und andere Verbrechen, Steuer- und Mietschulden und die Verweigerung einer Gabe an einen Heischenden. Die Volksjustiz richtete sich in späterer Zeit vor allem gegen die Vergehen und Verstöße gegen Sitte und Ordnung, die nicht vor das Gericht kamen. Dazu gehörten: ein das Ansehen der Gemeinschaft schädigendes Verhalten, Auflösung eines Verlöbnisses, Einheirat in ein anderes Dorf, sexuelle Vergehen, anstößige Hochzeiten wie die zwischen Alten und Jungen und Verwitweten, ehelicher Zank und Prügeleien und Ehebruch.

Die nächtliche Musik und der Lärm vor einem Haus konnte aber auch eine bes. Ehrung bedeuten, die bei Hochzeitsfeiern üblich war, z. B. brachte in Baden die Burschenschaft der Neuvermählten eine Stunde nach dem Zubettgehen ‚Scharewares'. Außerdem machte das ‚Charivari machen' den Teilnehmern so viel Spaß, daß es sich im Laufe der Zeit verselbständigte und immer mehr um seiner selbst willen veranstaltet wurde, ↗ Brunnen, ↗ Katze.

Lit.: *A. Perkmann:* Art ‚Katzenmusik', in: HdA. IV, Sp. 1125–1132; *K. Meuli:* Charivari, in: Festschrift f. Franz Dornseiff (Leipzig 1953), S. 231 ff.; *H. Siuts:* Bann und Acht und ihre Grundlagen im Totenglauben (Berlin 1959); *G. Lutz:* Sitte, Recht und Brauch. Zur Eselshochzeit von Hütten in der Eifel, in: Zs. f. Vkde. 56 (1960), S. 74 ff.; *Th. Bühler:* Wüstung und

Fehde, in: Schweiz. Arch. f. Vkde. 66 (1970), S. 1–27; *K.-S. Kramer:* Art. ‚Charivari‘, in: HRG. I, Sp. 607; *C. Levi-Strauss:* Mythologica I. Das Rohe u. das Gekochte (Frankfurt/M. 1971), S. 369; *J. Le Goff* et *J.-C. Schmitt* (eds.): Le charivari (Paris 1981); *R. Johannsmeier:* Spielmann, Schalk u. Scharlatan (Reinbek 1984), S. 7, 26 ff.; *A. Schneider:* Charivari: Ost-westl. Beziehungen untersucht anhand brauchtumsmäßiger Ausdrücke u. Sachverhalte, in: Musikethnologische Sammelbände VIII (Graz 1986), S. 121–161.

checken. *Etw. checken* (auch: *abchecken, nachchecken, durchchecken*): etw. gründlich überprüfen, genauestens kontrollieren. Der fachsprachl. u. umg. Ausdr. wurde im 20. Jh. aus neuengl. gleichbedeutend ‚check‘ entlehnt, das seinerseits auf altfrz. ‚eschaquier‘, ‚eschecquier‘: Schach spielen, im Schach bedrohen beruht. ‚To check‘ meint also eigentl.: in Schach halten, woraus sich die verschiedenen Bdtgn. des Angreifens u. Überprüfens entwickelt haben. Bes. bei der Luftfahrt u. anderer komplizierter Technik (Raketen, Computer) benutzt man eine ‚Checkliste‘ zur Überprüfung aller Instrumente u. Kontrollfunktionen vor dem Start.

‚Einchecken‘ (‚check in‘) ist die Abfertigung am Abflug-Schalter einer Luftfahrtgesellschaft auf dem Flughafen.

Auf den Menschen von der Technik übertr. bedeutet die Wndg. *sich einmal gehörig durchchecken lassen:* sich einer gründlichen ärztlichen Untersuchung unterziehen. *Etw. checken* meint aber auch: etw. begreifen; *etw. nicht (gleich) checken:* einen Sachverhalt nicht verstehen, etw. nicht kapieren.

Cherchez la femme: Macht die Frau ausfindig! Dieser Satz bedeutet soviel wie: gewiß steckt eine Frau dahinter! Er kommt in dieser Form zuerst in dem Drama ‚Les Mohicains de Paris‘ (1864), II, 13 des älteren A. Dumas (1802–70) vor, u. zwar als Schlagwort eines Pariser Polizeibeamten. Häufig wird es auch in der Variante ‚Où est la femme?‘ (wo steckt die Frau?) zitiert. Meist wird der Ausspruch von einem vielsagenden Augenzwinkern begleitet; er ist international verbreitet.

Chinesisch. *Chinesisch reden:* Unverständliches sagen. Beliebt sind vor allem Wortzusammensetzungen wie: Parteichinesisch, Wissenschaftschinesisch, Soziologen- oder Linguistenchinesisch etc., d. h. die Fachsprache wird nur von der betr. Berufsgruppe verstanden. ↗ spanisch.

Lit.: *P. Tamony:* „A chinaman's chance." In: News Letter and Wasp (San Francisco) 83 (1939), S. 9; *ders.:* „Chinaman's chance." In: American Notes & Queries 1 (1962–1963), S. 119; *ders.:* „Chinaman's chance." In: Western Folklore 24 (1965), S. 202–205.

Chrisam ist das vom Bischof am Gründonnerstag geweihte Salböl (Olivenöl mit Balsam) der katholischen Kirche, das bei Taufe, Priester-, Bischofs-, Altar-, Glockenweihe u. ä. verwendet wird; bei der Firmung ist die Salbung mit Chrisam das wesentliche Geschehen. Von einem, bei dem alle Mühe und Kosten umsonst sind, sagt man *An dem ist Chrisam und Taufe verloren;* vgl. lat. ‚Oleum et operam perdidit‘. Belegt bei Geiler von Kaysersberg: „da ist chrisam und tauf an verloren, hilft kein predigen me, wan sie seind herter weder ein ambosz".

Die Rda. *Das hilft wie Chrisam zum Schuhputzen:* das hilft gar nicht, ist schon Joh. Fischart bekannt.

Lit.: *K. Beth:* Art. ‚Chrisam‘ in: HdA. II, Sp. 58–59; *Ph. Hofmeister:* Die heiligen Öle in der morgen- und abendländischen Kirche (Würzburg 1948); *L. Bruder:* Art. ‚Chrisma‘ in: RGG. I (³1957), Sp. 1680.

Christ. *Er ist ein toller (wunderlicher) Christ:* ein Sonderling, ein wunderlicher Mensch mit einem Stich ins Komische, ebenso wie die Rda. ‚Er ist ein sonderbarer, wunderlicher ↗ Heiliger‘.

Früher (z. B. Wander V, Sp. 534) leitete man diese Rda. fälschlich von Herzog Christian von Braunschweig und Lüneburg (1599–1626) her, einer Gestalt, die im Dreißigjähr. Krieg bei den Katholiken allg. als der ‚tolle Christian‘ bekannt war. Vielmehr hat in der Rda. ‚Christ‘ die verallgemeinernde Bdtg. ‚Mensch‘ angenommen, ähnl. wie im Ital. cristiano = Mensch und frz. ‚C'est un dur chrétien‘ (heute ungebräuchl.) = ein schwierig zu behandelnder Mensch, oder crétin = blödsinniger, dummer Mensch (aus lat. christianus). ‚Crétin‘ bedeutet heute nur noch ‚Trottel‘, ‚Spinner‘. Meckl. ‚Dee is nich Christ noch Jud‘, er ist ein charakterloser Mensch.

Er ist ein kalter Christ sagt man in der Eifel von einem, der die Kirche selten besucht.

Christenfleisch riechen. „Ich rieche, rieche Christenfleisch" ist nur eine Variante der weit verbreiteten Formel ,Ich rieche, rieche Menschenfleisch', wie diese dem heimkehrenden riesischen oder teuflischen Unhold in den Mund gelegt wird, dessen Frau (oder Großmutter) dem Helden der Erzählung Unterkunft gewährt hat oder ihn verborgen hält.

Lit.: *H. Naumann:* Art. ,Christenfleisch riechen', in: HdA. II, Sp. 59; Art. ,Menschenfleisch riechen' in: EM. (in Vorbereitung).

Christbaum. *Nicht alle auf dem Christbaum haben;* nicht ganz bei Verstand sein, schwachsinnig, verrückt, närrisch, nicht ganz richtig im Kopf sein. Das Licht ist das Sinnbild des klugen Verstandes; so spricht man auch von einem ,Licht der Gelehrtenwelt' oder von einer ,großen Leuchte der Wissenschaft'. Das Fehlen von Lichtern auf dem Weihnachtsbaum wird mit Geistesschwachheit gleichgesetzt. Die meisten solcher Redewndgn. entstehen durch Abwandlung der Grundrda. ,nicht alle (Sinne) beisammen haben'. Entspr. dem Tabu, das über ernsthaften Krankheiten, insbes. aber über den Geisteskrankheiten liegt, werden die Worte Sinn, Verstand, Geist usw. durch Worte anderer Bereiche ersetzt (↗ Tasse).

Der Christbaum brennt: feindliche Flieger greifen an. Die Wndg. entstand im 2. Weltkrieg. Alliierte Flieger warfen bei nächtlichen Angriffen an Fallschirmen hängende hell und lang brennende Leuchtkugel-Bündel ab, um das Bombenziel zu kennzeichnen. Diese Leuchtzeichen erweckten den Eindruck von am Himmel schwebenden überdimensionalen Lichterbäumen. Der mit beißendem Spott von der Bevölkerung geprägte Ausdr. verbindet iron. den Christbaum als Symbol des Weihnachtsfestes und der Nächstenliebe mit dem Vernichtungswerk eines Bombenangriffs.

Der ganze Christbaumschmuck: alle Orden und Ehrenzeichen (↗ Lametta).

Den Christbaum schmücken: in der Vorweihnachtszeit den Wählern politischökonomische Geschenke machen, um sich deren Gunst zu erhalten.

Christkind hat in den Mdaa. verschiedentlich eine Nebenbdtg. angenommen; obd. *Das ist ein rechtes Christkind:* es ist ein Feigling, jem. ist dumm und ungeschickt, zu nichts zu gebrauchen. Mit Christkind(chen) ist eigentlich Christus als neugeborenes Kind gemeint. Die Entwicklung der übertr. Bdtg. ist wohl durch die Vorstellung vom rührend hilflosen, unselbständigen Kind veranlaßt. Vgl. schwäb. ,Des ischt a reachts Chrischtkendle', er ist überempfindlich. Moselfränk. ,Das ist ein Christkind', das ist einer, der einen starken Rausch hat und darin allerlei Ungehörigkeiten verübt. Als (echtes) ,Christkind' wird aber auch jem. bez. der am 25. Dezember Geburtstag hat. Nicht selten werden solche Menschen auch auf den Namen Christian, Christoph, Christine, Christel etc. getauft. ,Christkind', bes. in der Diminutivform ,Christkindle', ist im Schwäb. und Alem. ein Brauch: eine verkleidete weibl. Person, mitunter ein weiß gekleidetes Mädchen mit einem dichten Schleier, geht am Weihnachtsabend in die Häuser und bringt Geschenke. Davon leiten sich Wndgn. ab wie: ,Sei doch kei Christkindle!', wenn sich jem. als schwach oder empfindlich zeigt; ,e Stimm wie e Christkindle haben': eine zarte, schwache, hohe Stimme haben. (Bad. Wb. III, S. 289f.).

Christoph. Der Name des hl. Christoph ist noch allg. bekannt in der nordd. Rda.: *vom großen Christopher reden:* prahlen, ein dreistes und zuversichtliches Wesen zur Schau tragen. Bei Fritz Reuter heißt es: „wenn de Herr Ratsherr ... em frischen Maud inspraken hadd, denn satt hei hoch tau Pird und redte von den groten Christoffer". Verbreitet ist auch der Zusatz zu dieser ndd. Wndg. ,He snackt von groten Christoffer un hett'n lütten noch nich sehn', er ist ein Prahlhans. Meckl. ,Hei geiht ümher as'n groten Christopher' hat die gleiche Bdtg. Vgl. Lehm. 439 (Klein 7): „Wenn ein kleiner einem großen Christoff auff den achseln sitzt, so siehet er weiter als der groß".

Christophorus war an vielen Kirchen außen riesengroß angemalt, denn es kam darauf an, ihn zu sehen; außerdem ist er nach der Legende ja tatsächlich ein Riese.

Im späten MA. bestand der Glaube, daß derjenige an diesem Tage nicht (ungebeichtet) starb, der ihn erblickt hatte.

Er hat einen Christoffel, der ihn über Wasser trägt: er hat einen Gönner, der ihn fördert; spielt auf die Legende des Riesen Christophorus an, der den Heiland durch das Wasser getragen hat. Vgl. ndl. ,Hij heeft een Christoffel die hem draagt'.

Christoffeln: den Teufel beschwören, übertr. auch für das Bleigießen am Silsterabend mit der Absicht, das Schicksal für das kommende Jahr zu erkunden. Es ist abzuleiten vom sog. ,Christoffelsgebet', einer Zauberformel, mit der der Teufel zum Erscheinen gezwungen werden konnte; wurde vor allem bei der Schatzgräberei verwendet. Im Christoffelsgebet ernennt der Jesusknabe den Christophorus, nachdem er ihn getauft hat, zu seinem Schatzmeister und gibt alle verborgenen Schätze der Erde in dessen Gewalt. (Bad. Wb. III, S. 291; HdA. II, Sp. 74 f.)

Lit.: *H.-F. Rosenfeld:* Der hl. Christophorus, seine Verehrung und Legende (Leipzig 1937); *J. Szöverffy:* Der heilige Christopherus und sein Kult (Budapest 1943); *A. Löhr:* Der heilige Christophorus und die Wandlungen im christlichen Heiligenkult, in: Festschrift O. Casel (1951), S. 227–259; *M. Zender:* Art. ,Christophorus' in: EM. II, 1405–1411; *G. Benker:* Christophorus. Patron der Schiffer, Fuhrleute und Kraftfahrer. Legende, Verehrung, Symbol (München 1975).

Chuzpe. *Die Chuzpe haben:* die Frechheit haben. *Das ist Chuzpe:* das ist eine (bodenlose) Unverschämtheit. ,Chuzpe' ist ein jidd. Wort in der Bdtg. Frechheit u. geht auf hebr. ,chuzpá' zurück. Die Rdaa. werden vor allem von Journalisten gern gebraucht, wirken sie doch weniger emotional u. drastisch als die entsprechenden dt. Wndgn. *Salcia Landmann* erklärt iron. in ,Jüdische Witze' (Olten 1962) was Chuzpe ist: „Wenn einer Vater und Mutter erschlägt und dann im Schlußwort des Angeklagten im Mordprozeß mildernde Umstände erbittet, weil er elternloser Waise ist."

Cogito. *Cogito, ergo sum:* ,Indem ich denke, bin ich'. Das erste Prinzip der Philosophie des Descartes (1596–1650) ist zum wahrscheinl. berühmtesten philosophischen Zitat überhaupt geworden. Mit seinem ,Je pense, donc je suis' schuf Descartes die Voraussetzungen für die Wissenschaften der Moderne. ,Cogitare' (aus con-agere) steht bei Descartes für jede bewußte Tätigkeit und umfaßt nicht nur logisches Denken, sondern auch Fühlen, Urteilsvermögen, die Wahrnehmungen, Furcht und Hoffnung.

In einem bewußten Spiel mit der Sprache ist das Strukturmodell des Zitats immer wieder verfremdet worden und in den Bereich des Anonymen, Sprichwörtlichen und Redensartlichen abgesunken. Die Neigung zum Widerspruch gegen alles Viel-Zitierte verrät einfache Verkehrungen ins Gegenteil: ,Ich denke, also bin ich nicht'; ,Ich denke nichts, also bin ich'. Verstellung oder Umkehr der Worte führen zum Anti-Zitat: ,Ich bin, also denke ich'.

Anstelle des Verbums ,denken' läßt sich auch fast jedes beliebige andere Tätigkeitswort in die Zitatstruktur einfügen: ,Ich liebe (arbeite, sterbe, kämpfe, träume, bin krank), also bin ich'. Andere Erweiterungen oder Entstellungen sind: ,Ich werde gewesen sein, also bin ich'; ,Ich zweifle, also glaube ich'.

Bei Verfremdungen des Originaltextes wird die lat. Sprache oftmals bewußt korrumpiert. ,Cogito, ergo consum' – ,Cogito, ergo summa summarum' – ,Coito, ergo sum'. Auch Zitatparodien in einer dt.-lat. Mischsprache sind dabei entstanden: ,Cogito, ergo inkognito' – ,Coito, ergo bums' – ,Cogito, ergo summe ich, sagte die Biene ...'. Ähnl. schon: ,Ich summe, also bien ich'. ,Cogito, ergo leaso' wurde als Werbespruch einer Leasing-Firma benutzt.

Aus der Szene der Wandbeschmierer stammen die folgenden Graffiti: ,Ich sprühe, also bin ich' – ,Ich denke, also verschwind' ich'. Stets bleibt die einfache Struktur des Zitats erhalten, auch wenn der Text als ,zu tief gesunkenes Kulturgut' ins Skatologische oder Obszöne abgleitet: ,Ich scheiße, also bin ich' – ,Ich uriniere, also pisse ich' – ,Ich wichse, also spritz' ich'.

Z.T. entstehen aber auch witzige neue Sinngebungen. *K. Harpprecht* erläuterte die Bedeutung des Autos für die amerikanische Lebensphilosophie mit der reduzierten Devise ,Ich fahre, also bin ich'.

Schon 1958 war der Satz des Descartes als verbildlichter Computerwitz im Umlauf. In einer Karikatur stehen zwei Angestellte vor einem riesigen Computer und einer der beiden stellt ganz überrascht fest: „Ich werd' verrückt. Das Ding sagt: ‚Cogito, ergo sum'."

Lit.: *G.* u. *R. Bebermeyer:* Abgewandelte Formen – sprachl. Ausdruck unserer Zeit, in: Muttersprache 87 (1977), S. 1–42; *W. Mieder:* Sprw. im modernen Sprachgebrauch, in: Ergebnisse d. Sprw.-Forschung, hg. v. W. Mieder (Bern 1978), S. 213–238; *ders.:* „Ein Aphoristiker dreht oft das Sprw. im Munde herum", in: Sprachspiegel 37 (1981), S. 66–75; *ders.:* ‚Cogito, ergo sum". Zum Weiterleben eines berühmten Zitats, in: Der Sprachdienst 28 (1984), S. 161–167; *ders.:* „Cogito, ergo sum", in: Sprw., Rda., Zitat. Tradierte Formelsprache in der Moderne, v. W. Mieder (Bern 1985), S. 163–173; *U. Erckenbrecht:* Maximen und Moritzimen (Göttingen 1991), S. 71 f.

Computerwitwe. *Eine Computerwitwe sein:* eine Frau sein, die von ihrem Ehemann so gut wie verlassen worden ist, weil dieser lieber rund um die Uhr an seinem ‚Lisa', ‚Molly' oder ‚Susi' getauften Rechner ‚herumfummelt'. (Vgl. ‚Spiegel', vom 16. März 1987, S. 112.)

Contenance. In den Rdaa. *die Contenance verlieren:* außer Fassung geraten; vgl. frz. ‚perdre contenance'; *sich nicht aus der Contenance bringen lassen:* sich nicht aus der Ruhe bringen lassen, wird ‚Contenance' in der Bdtg. von ‚Fassung', ‚Haltung' gebraucht; dieses Wort ist wohl in spätgalanter Zeit aus dem Frz. ins Dt. übernommen worden und ist in mdt. Rdaa. heute noch gebräuchl.; vgl. obersächs. ‚Er kriegte die Kontenangse wieder', er faßte sich.

Cour. *Jem. die Cour machen* (auch *schneiden*): ihm den ↗ Hof machen, ihm schmeicheln, bes. Frauen gegenüber gebraucht. Gebildet in Anlehnung an frz. ‚faire la cour', seit dem 18. Jh. im Dt. sehr geläufig.

Courage bedeutet Mut. Es ist ein dt. Lehnwort aus dem Frz. und wird in Rdaa. oft scherzhaft verwendet; obersächs. ‚Mut ho' ich schu, 's fählt mehr när an der Korasch', ähnl. ‚Gurasch hat er, awer er traut nit', er ist so voll Courage, daß er sich vor sich selber fürchtet.

Einem die Courage abkaufen: ihm den Mut nehmen. Nordd. ‚sich Courage holen', sich betrinken, vgl. die Rda. ‚sich ↗ Mut antrinken'. *Er hat seine Courage immer bei sich:* er ist immer geistesgegenwärtig.

D

Dach. Im MA. war das Abdecken des Daches eine strafrechtliche Maßnahme gegen Friedlose. Den Verbrecher durfte kein Dach mehr schützen, bevor er sich dem Richter gestellt hatte. Nach Ablauf der Frist für die freiwillige Herausgabe eines Verbrechers zogen die Gerichtsdiener aus, stiegen dem Hausbesitzer, der ihn trotz Androhung einer Strafe beherbergt hatte, aufs Dach, deckten es ab und ließen den Himmel ins Haus hinein, denn ‚vogelfrei' sollte der Verbrecher von nun an sein. Das gab der Obrigkeit das Recht, ihn im Haus zu verhaften, da ihn nun kein Dach mehr schützte.

Aus diesem Bereich stammen verschiedene Sprichwörter und Redensarten wie: *jemandem das Dach abdecken, kein Dach mehr über dem Kopf haben:* heimatlos, schutzlos, ungeborgen sein. *Einem aufs Dach steigen (kommen):* ihn schelten oder strafen.

‚Einem das Dach abdecken'

Aus der Hauszerstörung als strafrechtlicher Maßnahme gegen Friedlose und Geächtete hat sich das Dachabdecken als selbständige Strafe (Ehrenstrafe, Hänselbrauch) entwickelt. Die volkstüml. Gerichtsbarkeit wandte diese Strafe bei sittenwidrigem Verhalten in der Ehe an, bes. dann, wenn sich ein Mann von seiner Frau schlagen ließ.

Auch andere Vergehen wurden mit dieser Art der ‚Partialwüstung' bestraft; z. B. autorisiert die Coutume von Paris 1317 den Herrn, das Haus des Schuldners abzudecken, wenn ihm bestimmte Abgaben nicht entrichtet worden sind. 1269 wird zur Beschleunigung der Papstwahl das Haus in Viterbo, in dem das Konklave stattfand, seines Daches beraubt.

Als unter dem Druck der Landesherrschaft die volkstüml. Gerichtsbarkeit mehr und mehr zurückgedrängt wurde, sank diese ‚Volksjustiz' zur Tätigkeit von ‚Winkelgerichten' ab. Aber noch im Jahre 1768/69 wurde eine ähnl. Maßnahme im Fürstentum Fulda „durch sämtliche in fürstl. Livrei stehende Bedienten", also wohl mit Duldung der Obrigkeit, durchgeführt. In Blankenburg in Thüringen war es das Stadtgericht selbst, das den geschlagenen Mann bestrafte: Er muß „die beiden Stadtknechte mit wullen Gewand kleiden oder da er's nicht vermag, mit Gefängnis oder sonsten willkürlich gestrafft, und ihme hierüber das Dach auf seinem Hauße abgehoben werden" (Walch: Vermischte Beyträge zu dem dt. Recht V, [Jena 1775], 88).

Der Rechtsbrauch des Dachabdeckens ist in Rheinhessen bis ins 17. Jh. geübt und erst um 1670 von den Landesherrn unterdrückt worden. Er wurde von einer Fastnachtsgesellschaft, dem Bubenheimer Geckengericht, ausgeübt, über das wir verschiedene Darstellungen besitzen. Die älteste stammt von einem bekannten Gießener Professor, dem Historiker und Juristen Immanuel Weber (1659–1726): „Dieses Geckengericht war nach vormahligen gebrauch eine Versamlung vieler Gekken, bestehend aus ihrem General, Amtleüten, Gerichtschreibern und Zusammenlauff des losen Gesindels, welche zu Fastnachts Zeiten sich auf einen gewißen tag an dem ort, so ihnen von ihrem general angewiessen worden, versamleten, und dasjenige, was ihnen befohlen worden, ausrichteten ... Nichts aber ist so scharff gestraffet worden, als wann ein Mann sich von seiner Frau schlagen laßen; welches folgender gestalten zugieng. Es erschien der General mit andern freywilligen zu Pferd, die Gecken aber öffters bey 2–300 aus den benachbarten Dörfern, mit papiernen Krägen, höltzernen Degen, Sägen, Axt, und beulen, vermummten gesichter und andern narrischen Aufzügen, ... es wurde ihnen alsdann vorgehalten, wie dieser oder jener von seiner Frau sey geschlagen worden. Der Geckensfiscal klagte den Mann ordentlich an, und damit ihm nicht zuviel geschehe, wurden die Zeugen ordentlich verhöret, und da alles richtig gefunden, schritten sie doch nicht gleich zur Exekution, sondern zogen ordentlich zum 1. und 2. mahl vor das Dorf, worin der von seinem weibe geschlagne mann wohnte, und kundigten ihm an, er solle sich mit ihnen abfinden, und ihnen zum abstand herausgeben, that er es nicht, so geschahe im dritten aufzug die Execution sodass sie ins Dorf einzogen an des Mannes hauß die Först einzuhauen; da sie dann die 3. oberste latten und die Ziegel herunter warfen, und solches in ihr protokoll einschrieben ... Von allem diesem unheil sich zu retten, hatte der Mann kein Mittel, als die gemelte vier ohm wein; nur allein die Frau konnte das hauß und den wein salvieren, wan sie nehmlich sich gantz nackend ausgezogen und so nakkend auf den Gipfel des Hauses gestiegen, ein glaß wein ausgetrunken, und zwischen die beine hinab geworfen, wie man dan einige Exempel solcher heroischen Weiber aufweisen kan. Dieses Gericht, deßen Anfang unbekant, hat gedauret bis in die Regierung Churfürst Caroli Ludovici ohngefehr umbs Jahr 1667 oder 68, da die Gecken einen Churpfältzischen Fauth und Zölner die Förste einhauen wollen, weil er sich von seinem Weibe schlagen lassen".

Eine zweite Nachricht über das Bubenheimer Geckengericht finden wir im ‚Journal von und für Deutschland' von 1787: „Es ist ein alter Gebrauch hierumb in der Nachbahrschaft, falß etwa eine Frauw ihren Mann schlagen sollte, alle des Flekkens oder Dorffs, worin das Factum geschehen, angrentzende gemärker sichs annehmen, doch würdt die sach uff den letzten Fastnachtstag oder Eschermittwoch als ein recht Faßnachtspiehl verspa-

‚Einem aufs Dach steigen'

ret, da dann alle Gemärker ... dan also baldt sich alle sambt vor des geschlagenen mans Hauß versamlen, das Haus umbringen, undt fallß der Mann sich mit ihnen nicht vergleichet undt abfindet, schlagen sie Leitern ahn, steigen auf das Dach, hauwen ihme die Fürst ein undt reißen das Dach biß uff die vierte Latt von oben ahn ab, vergleicht er sich aber, so ziehen sie wieder ohne Verletzung des Haußes ab, falß aber der Beweiss nicht kann geführet werden, müssen sie ohnverrichteter sach wieder abziehen".

Aus Süddtl. und der Schweiz ist das Dachabdecken namentlich in den Rechten der Zähringerstädte bezeugt. Während das Stadtrecht von Freiburg i. Br. von 1120 gegen den flüchtigen Totschläger die Hauswüstung vorsieht, kennen seine Tochterrechte außer Bern für diesen Fall nur noch das Dachabdecken. In Kinderliedern des Heischebrauchs leben diese Rechtsbräuche noch als Reliktformen fort. So zogen z. B. in Läufelfingen zur Fastnachtszeit die Knaben maskiert herum und forderten im Heischelied die Gabe mit der Drohung:

Wenn der is aber nüt weit geh,
So weimerech Küh und Kalber neh,
Mer weinech s'Hus abdecke,
Mer weinech uferwecke!

Die Drohung mit nächtlicher Dachabdekkung erscheint auf den ersten Blick kindlich phantasievolle Übertreibung. Aber es liegt hier der Niederschlag eines alten und ernsthaften Gewaltbrauches vor. Was die Knaben noch um 1850 in Läufelfingen scherzweise sangen, ereignete sich mehr als 300 Jahre früher wirklich im gleichen Baselbiet, nämlich in Liestal, wo in den Jahren kurz vor 1500 einem Schultheiß des Städtleins das Dach abgedeckt wurde.

Gleiche Herkunft verraten auch die Rdaa. *einem auf dem Dache sein (sitzen):* ihn bedrängen, ihn scharf beaufsichtigen; *einem zu Dache wollen:* ihm etw. anhaben wollen; *jem. recht zu Dache gehen:* einen Streit mit ihm anfangen; *einem ins Dach reiten:* ihm Vorwürfe machen. *Jem. den roten Hahn aufs Dach setzen:* sein Haus in Brand stecken (↗ Hahn).

Auf einem strohernen Dache fahren: hoffärtig, eitel und ehrgeizig sein, schon bei

Seb. Brant im ,Narrenschiff' (92) bezeugt. Die Bdtg. Dach = Kopf ist bereits mhd. (vgl. das ,Passional' 314,84: „diu hant da mite si sluoc ûf sîn dach"); noch heute gebraucht man *jem. eine aufs Dach geben:* ihm eine auf den Kopf schlagen; *eins aufs Dach* bzw. auf den (Dach-)Schädel *kriegen:* gerügt werden, einen Schlag auf den Kopf bekommen; *auf das Dach halten:* beim Schießen nach dem Kopfe zielen; im Siebenb.-Sächs. bedeutet ,af det Doach klôpen' eine Anspielung machen, vgl. ,auf den Busch klopfen'.

Etw. im Dach haben: angetrunken sein; *einen Dachschaden haben:* nicht ganz bei Verstand sein, vgl. die bair. Wndg. ,dem fehlt's im Dachstuhl', es fehlt ihm an Verstand; auch: ,bei dem ist ein Dachziegel locker' (↗ Schraube).

Els. ,auf dem Dache sitzen', ärgerlich sein; ähnl. meckl. ,Dor ist glik Füer unner't Dak', er gerät leicht in Zorn (↗ Oberstübchen). *Etw. unter Dach bringen:* ein Werk (z. B. einen Neubau) im Rohbau fertigstellen, wobei ein Rest von feinerer Arbeit noch zu tun bleibt; häufiger in der Form: *etw. unter Dach und Fach bringen:* es in Sicherheit bringen, wobei urspr. an die Erntebergung gedacht ist; im ndd. Bauernhaus wird der Zwischenraum zwischen zwei Ständerpaaren der Hauskonstruktion als ,Fach' bez. *Ein Dach über dem Kopfe haben:* geborgen sein; vgl. frz. ,avoir un toit au-dessus de la tête', ↗ Kopf.

Mit jem. unter einem Dache wohnen: im gleichen Haus leben.

Etw. auf den Dächern predigen: es laut und offen verkünden, eine Rda. bibl. Herkunft (vgl. Matth. 10,27 oder Luk. 12,3), die in gleicher Weise auch in anderen europ. Sprachen gebräuchl. ist; vgl. frz. ,crier quelque chose sur tous les toits' (wörtlich: etw. über alle Dächer hinausschreien).

Die Spatzen pfeifen es von allen Dächern: es ist allg. bekannt.

Unterm Dach juchhe!: unter dem Dach, in einer Mansarde. Die Rda., die aus dem lustigen Lied ,Unterm Dach juchhe, da hat der Sperling seine Jungen' herrührt, vergleicht die Ersteigung einer Dachwohnung mit dem Erklimmen eines Berggipfels, von dem der Bergsteiger sich den unten Stehenden mit einem Jauchzer bemerkbar macht; ↗Charivari, ↗Dachdecker, ↗vogelfrei.

Lit.: *J. Grimm:* Dt. Rechtsaltertümer Bd. II (Leipzig [4]1899), S. 319ff.; *J. R. Dieterich:* Eselritt und Dachabdecken, in: Hess. Bl. f. Vkde. I (1902), S. 87–112; *H. Schneider:* Dachabdecken, in: Hess. Bl. f. Vkde. 13 (1914), S. 121–123; *P. Sartori:* Das Dach im Volksglauben, in: Zs. f. Vkde. 25 (1915), S. 228ff. *L. Fonck:* Das Abdecken des Daches, in: Biblica 6 (1925), S. 450–454; *H. Jahnow:* Das Abdecken des Daches, in: Zs. f. neutest. Wiss. u. d. Kunde des Urchristentums, 24 (1925), S. 155–158; *L. Weisser:* Art. ‚Dach', in: HdA. II, Sp. 115–124; *K. Meuli:* Hauswüstung in Irland 1848, in: Schweiz. Vkde. (Korr. Bl.) 41 (1951), S. 15–18; *ders.:* Charivari, Festschrift F. Dornseiff (1953), S. 253f.; *N. Zahn:* Die Wüstung im ma. Recht unter bes. Berücksichtigung von Italien und Flandern (Diss. Basel 1956), bes. S. 77ff.; *E. Fischer:* Die Hauszerstörung als strafrechtliche Maßnahme im dt. MA. (Stuttgart 1957), S. 167f.; *L. Carlen:* Dachabdecken im Gours 1746, in: Schweiz. Vkde. 49 (1959), S. 72–74; *Th. Bühler:* Wüstung und Fehde, in: Schweiz. Arch. f. Vkde. 66 (1970), S. 1–27; *K. Ranke:* Art. ‚Dach', in: EM. II, Sp. 203–209; *H.-G. Griep:* Das Dach in Volkskunst u. Volksbrauch (Köln 1983), bes. S. 69–74 (‚Das Dach in Sprww. u. Rdaa.').

Dachdecker. *Das kannst du halten wie der Dachdecker* oder, ‚wie der auf dem Dach'; d.h. nach Belieben. Scherzhaft wird oft hinzugefügt: ‚Der (Dachdecker) hat sich nicht gehalten und darum ist er heruntergefallen.' Die Tätigkeit des Dachdeckers ist auch sinnbildlich gedeutet worden: ‚Got decket, deck auch du, des Nächsten Fehler zu'.

Lit.: *H. G. Griep:* Das Dach in Volkskunst und Volksbrauch (Köln 1983).

Dachs. Der Dachs ist wegen mehrer Eigenschaften sprw. geworden, namentlich: *schlafen wie ein Dachs:* fest schlafen (vom langen Winterschlaf des Dachses); ebenso: *faul wie ein Dachs; schlau wie ein Dachs,* schon im Mhd. z.B. in Strickers ‚Pfaffe Amis' (V. 1264): „kündic als ein dahs". *Sich wehren wie ein Dachs:* starken Widerstand leisten, wie es der in seinem Bau angegriffene Dachs gegen die Jagdhunde tut; dann auch: *essen, arbeiten wie ein Dachs; immer zu Hause sein wie ein Däschchen; von seinem eigenen Schmalz* (oder *Fett*) *leben wie ein Dachs;* z.B. in Schlesw.-Holst. ‚He tehrt von sien egen Fett as de Dachs', er lebt von seinem Vermögen. Während seines Winterschlafes nimmt der Dachs keine Nahrung zu sich, sondern zehrt von seinem eigenen Fett. Außerdem haben sich aus der Art u. den Gewohnheiten des jungen Dachses besondere Vergleiche entwickelt. So hat die vorwitzige Art des jungen Dachses, der sich ohne Angst aus seinem Bau herauswagt u. sich unbekümmert im Terrain bewegt, zu einigen einprägsamen Wndgn. geführt. Von einem Berufsanfänger wird z.B. gerne gesagt, er sei *ein noch ganz junger Dachs.* Das gilt auch allg. für jeden ‚flügge gewordenen' jungen Burschen. Wenn er lebhaft u. nicht schüchtern ist, wird ihm bescheinigt, er sei *frech wie ein Dachs,* wagt er sich aber zu weit vor, so gilt er als *frecher Dachs* oder gar als ein ausgemachter ‚Frechdachs', ↗frech.

Lit.: *R. Riegler:* Art. ‚Dachs', in: HdA. II, Sp. 129–134; *C. Gesner:* Thier-Buch (Franckfurt am Mayn 1669, Nachdr. Hannover 1980), S. 66; *V. B. Dröscher:* Mich laust der Affe (Düsseldorf 1981), S. 32ff.

Dachziegel. Die Rdaa. *Verschuldet sein bis unter die Dachziegel* u. *Ihm gehört kein Ziegel (Stein) mehr auf dem Dach* sind Relikte einer aus dem MA. stammenden Hypotheken- u. Pfändungspraxis, die sich teilweise bis ins 19. Jh. erhalten hat. Ähnl. wie man in alter Zeit Schulden auf einem ‚Kerbholz' vermerkte, nahm in einigen Gegenden Dtls. der Hypothekengläubiger einen Dachziegel als Pfandobjekt mit. Es handelte sich um einen normalen Ziegelstein, der vom Dach des belasteten Hauses genommen wurde u. durch entsprechende Beschriftung als ‚Schuldschein' gekennzeichnet wurde. Dieser mußte später vom Schuldner eingelöst werden. In einigen dt. Stadtrechten finden sich noch Bestimmungen über diese Art der Pfändung, die eine lange Lebensdauer hatte. Hatte jem. viel Schulden, ‚wuchsen ihm die Sorgen über den (Dach-)First', denn ‚das Dach wurde ihm über dem Kopf abgedeckt', u. man durfte ihn ohne Furcht vor dem geschützten Hausfriedensbereich pfänden.

Unsere Abb. aus einer Handschrift des Hamburger Stadtrechtes von 1497 zeigt rechts einen Gerichtsbüttel, der einen Ziegel von dem Dach eines Schuldners herunterreicht. Im Vordergrund tagt das Gericht. Hier wurde der Abschluß des Hypothekenvertrages vor Zeugen getätigt. Im Hintergrund wird das Pfandobjekt – ein Ziegel als ‚pars pro toto' – vom

‚Verschuldet bis unter die Dachziegel'

Dach genommen und dem Geldgeber überreicht.

Lit.: *H. G. Griep:* Das Dach in Volkskunst u. Volksbrauch (Köln 1983).

Daffke. *Etw. aus Daffke tun:* nun erst recht, aus Trotz tun. Es handelt sich um eine Berliner Rda., bei der an die Stelle des Wortes ‚Trotz' das ins Deutsche umgesetzte jidd. Wort ‚Davko' (gewiß, sicher, durchaus) getreten ist.

Lit.: *S. A. Wolf:* „Etw. aus Daffke tun", in: Muttersprache, 66 (1956), S. 28.

dagegen. ‚'s goht dagege!'; so sagt man in der südwestdt. ‚Fasnet' nach dem 11. November, d. h. nach Beginn der neuen Fastnachtskampagne. Gemeint ist: Die Zeit läuft wieder auf das wichtigste Ereignis des Jahres zu: die Fastnacht. Die Devise zeigt die Verhaltensweise des Narren, wobei keineswegs das Ziel darin liegt, die Alltagsordnung zu zersetzen, sondern nur Distanz von ihr zu bekommen.

Lit.: *B. Bürk:* ‚'s goht dergege', Fasnet in Villingen (Villingen 1981); *J. Künzig:* Die alemannisch-schwäbische Fasnet (Freiburg ²1980); *D.-R. Moser:* Fastnacht – Fasching - Karneval (Graz-Wien-Köln 1986); *J. Leibbrand:*Speculum Bestialitatis (München 1989), S. 11.

daheim. *In einer Sache daheim sein:* darin beschlagen sein, Bescheid wissen, bes. in Oberdtl. gebräuchl. Dazu obersächs. ‚nich derheeme sein', nicht recht klug, nicht bei Verstande sein; und ‚Der tut wie derheeme', er benimmt sich zwanglos. ‚Daheim ist er ein Mann' wird von einem Schwachen und Furchtsamen gesagt. Vgl. lat. ‚Extra periculum audax'. – ‚Gallus in suo sterquilinio plurimum potest'.
Alem. ‚Daheim sterbe die Lütt' ist ein Sprw., das meist von jungen Leuten gebraucht wird, um anzudeuten, daß sie hinaus wollen, um etw. zu erleben.
G. W. Baur faßt das Umfeld des Begriffes ‚daheim' so zusammen:
Die Gefahr des „Verhockens" im Daheim zeigt die Oberschefflenzer Spruchweisheit ‚wär net nauskhimt, khimt aa net heem', d. h. er erwirbt auch keine Lebenserfahrung, die ihm nützen könnte.
Noch mehr über die Befindlichkeit des Im-Eigenen-Wohnens sagt das Wort ‚daheim' „zu Hause" und die mit ihm verbundenen Wendungen. Am bekanntesten und weit verbreitet ist vielleicht die Redensart ‚deheem (dehaam, dehääm, usw.) isch deheem'; sie will besagen, daß es dort einmalig ist, wo man wohnt und man dieses Zuhause über alles andere stellt. Man kennt sich dort auch aus und mit ‚do bin isch dehääm' „hier weiß ich Bescheid" weitet man dieses Bescheidwissen auf anderes, Abgelegeneres aus. Wenn einer ‚duud, wie wanner dehääm weer', so benimmt er sich ungezwungen. Wenn es aber, besonders bei Kindern, zu ungezwungen zugeht, so hört man vielfach tadelnd, ‚du bisch doch nid dehääm!' Wenn Wohlstand in einem Haus herrscht, dann

sagt man anerkennend oder neidisch ‚do is ebbes dehääm!' ‚Mir isch lang fett darhaaim' meint „mir ist's noch gut genug daheim". Daß dauerndes Daheimbleiben aber nicht immer und von allen geschätzt wird, zeigt das scherzhaft-rechtfertigende und einen Gasthausbesuch begründende ‚dehääm schderwe die meischde Leid!'

Lit.: *G. W. Baur:* Daheim u. heimzus, in: Daheim, hg. v. K. Bräutigam u. R. Lehr (Karlsruhe 1986), S. 17.

Dalles. *Den Dalles haben, im Dalles sein (sitzen), sich den Dalles holen:* in Geldverlegenheit oder Bedrängnis geraten, ⁊ bankerott sein.
Das Wort Dalles gehört zu hebr. ‚dalluth' = Armut, Geldverlegenheit und ist über das judendt. ‚dalüss' = Armut, Elend und rotw. ‚dalles' in die dt. Mdaa. eingedrungen, wo es heute noch sehr verbreitet ist. Als Ausgangspunkt wird Frankfurt a. M. um 1800 angenommen.
Verschiedentlich ist in der Umgangssprache eine Erweiterung der Wortbdtg. eingetreten. *Jem. hat einen Dalles* meint auch, daß ein Mensch verrückt ist oder daß Dinge (z. B. das Auto) einen Schaden haben. Schwäb. heißt ‚Der hat sein Dalles', er hat sein Teil abbekommen. Rhein. ‚em den Dalles gin', einem den Rest geben; ‚den Dalles en de Knoke han', krank sein.
Die Wndg. *Bruch, Dalles und Kompanie* wird von Unternehmungen gebraucht, die sich in mißlicher finanzieller Lage befinden.
Alles Bruch und Dalles: eine Sache hat sich zerschlagen, hat einen unerwünschten Ausgang genommen.

dalli. *Dalli machen:* schnell, flink arbeiten. Das vor allem in den mdt. und ndd. Mdaa. belegte Wort dalli ist aus dem poln. Zuruf ‚dalej' = vorwärts Ende des 19. Jh. übernommen worden. Mit *dalli, dalli!* wird heute allg. zu schnellerem Arbeiten oder zu rascherer Gangart aufgefordert. Es ersetzt das sprachl. unbequemere dt. ‚flink, flink!' oder ‚schnell, schnell!'.

Damaskus ⁊ Saulus.

Damm. *Auf dem Damm sein:* munter, gesund, tätig sein; von einem Genesenden sagt man *Er ist wieder auf dem Damm; einen auf den Damm bringen:* ihm forthelfen, ihn in die Höhe bringen; vgl. frz. ‚remettre quelqu'un en selle', ⁊ Sattel.
Ältere Zeugnisse für diese bildl. Ausdr. fehlen; sie sind zumeist seit etwa 1850 belegt. Der Damm in diesen Redewndgn. ist der gepflasterte Fahrweg, auf dem man sich sicherer fühlte und besser vorwärtskam als auf dem noch unbefestigten Fußsteigen. In dieser Bd₁g. wird Damm noch heute in Mittel- und Norddtl. gebraucht (vgl. den Berliner ‚Kurfürstendamm'). In Berlin heißt es: ‚Der jehört uf'n Damm (un nich uf't Trittoar)', er gehört nicht in unsere Gesellschaft. Man sagt auch: *Den habe ich gehörig auf den Damm gebracht:* ich habe ihn weggejagt.
Es ist also nicht nötig, bei diesen Rdaa. an die gegen Überschwemmungsgefahr aufgeschütteten Dämme zu denken, auf denen man vor den Gefahren des Moores, des Sumpfes oder des Meeres sicher war, wohl aber bei den folgenden Rdaa.: *jem. einen Damm entgegensetzen* und *gegen etw. einen Damm aufrichten;* sie bedeuten: energischen Widerstand leisten.

Damoklesschwert. *Ein Damoklesschwert über sich hängen haben:* sich ständig bedroht fühlen, in größter Gefahr schweben; vgl. frz. ‚avoir une épée de Damoclès au-dessus de la tête'.
Die Rda. geht auf eine Erzählung Ciceros zurück (Tusc. Disp. V, 21, 6), die auch Gellert in seiner Fabel ‚Damokles' bearbeitet hat (‚Fabeln' [Leipzig 1748], Bd. I, S. 94 f.): „Einst rühmte Damokles, ein Höfling des Tyrannen von Syrakus (Dionys der Ältere 405–367), seinen König als den glücklichsten aller Sterblichen. Dieser wollte ihm eine Lehre über das wirklich gefahrvolle Leben eines Mächtigen erteilen und bot ihm das vermeintliche Glück an. Er wies ihm einen Platz an der königlichen Tafel zu und stellte ihm alle Herrlichkeiten und Genüsse zur Verfügung. Heimlich ließ er jedoch über dem Haupte des Damokles ein Schwert aufhängen. Als dieser sich entzückt umschaute, erblickte er das Schwert, das nur an einem Pferdehaar über ihm hing, und verlor vor Furcht die Freude an den Genüssen der Tafel. Deshalb beschwor er den Tyrannen, ihn zu entlassen, da er sei-

301

‚Ein Damoklesschwert über sich hängen haben'

nen Glückes satt sei" (Büchmann). Ähnl. sagen wir heute ‚Sein Leben hängt nur noch an einem Faden', was als Rda. auch bereits lat. bezeugt ist, ↗ Faden, ↗ Haar.

Lit.: *E. H. Rehermann:* Das Predigtexempel bei protestantischen Theologen des 16. u. 17. Jahrhunderts (Göttingen 1977), S. 150, 275, 279, 304–305, 448–449; EM. Art. ‚Leben am seidenen Faden' (in Vorbereitung).

Dampf. *Dampf hinter etw. machen:* zur Eile antreiben; gemeint ist der Wasserdampf als Treibkraft. *Jem. Dampf machen:* ihm Angst einjagen, ihn einschüchtern, ‚ihn unter Druck setzen'.
Jüngere Rdaa. aus dem Anfang des 20. Jh. sind: *(seinen) Dampf ablassen:* Wut und Ärger abreagieren, wie beim Dampfkessel den Überdruck am Ventil herauslassen; *Dampf in der Waschküche* meint die Spannung oder die schlechte Stimmung in Familie oder Betrieb, und die Rda. *Dampf draufhaben* weist auf eine hohe Fahrgeschwindigkeit, wobei eine Übertr. von der Eisenbahn auf das Auto erfolgte. Auch die Mdaa. gebrauchen Dampf vielfach in sprw. Rdaa. Schwäb. ‚I schlog di, daß dir der Dampf ausgoht'; nordthür. ‚in Dampe sî', betrunken sein; sächs. ‚sich dampffeucht machen', sich aus dem Staube machen; meckl. ‚dörch den Damp gahn',

auskneifen. Scherzhaft sagt man vom Raucher: ‚Mit Dampf geht alles besser'. Dampf wird ähnl. wie ‚Dunst' auch als Bild der Nichtigkeit gebraucht, so in dem Ausdr. *Er ist ein Hans Dampf (in allen Gassen).* ↗ Hans.
Einem Dampf antun: ihn ärgern, quälen oder necken. In dieser Rda. hat Dampf die Bdtg. von Bedrängnis, Pein. So wird Dampf schon im mhd. ‚Passional' (283,13) gebraucht:

Philippus der herre guot
Leit durch got disen camp
Unde den bitterlîchen damp
Der in betwanc sô daz er starp.

Die Bdtg. von Dampf als Kummer und Pein findet sich noch im ‚Venus-Gärtlein':

Das willig-angetane Kräncken,
Das Seufftzen mit entzücktem Muht,
Die halb-erloschne Lebens-Funcken,
Die seynd es, was uns Dampf antut.

In der heutigen Bdtg. (jem. mit Absicht in Ärger und Bedrängnis bringen) wird die Rda. schon von Grimmelshausen im ‚Simplicissimus' gebraucht (III,8, S. 278): „welche (Dragoner) den unsrigen daselbst vil dampfs anthäten". Im ‚Haushaltungsbuch' des Nostitz heißt es 1515: „Der hab ihm und anderen Abgesetzten den Dampf gethan und das gebrannte Herzleid angelegt". Mdt. heißt die Rda. auch mit Stabreim: ‚einem allen Tort und Dampf antun', gleichsam mit bösem Dunst anhauchen oder ihn darin einhüllen, wie z. B. bei Jean Paul: „mir zum Tort und Dampf". Mdal. etwa meckl.: ‚einen den Damp daun', jem. den Atem versetzen, übertr.: ihn ins Unglück bringen, auch: ihm einen Streich spielen; ndl. ‚iemand de dampen aandoon'. Ähnl. ist die Rda. *Dampf haben (kriegen) vor etw.:* Angst haben (bekommen); auch in ihr wird Dampf in der bildl. Bdtg. von Bedrängnis, Angst gebraucht.
Dasselbe alte ‚Dampf' steckt auch in der aus Bayern bezeugten Rda. *im Dampf bleiben:* in der Bedrängnis bleiben, zugrunde gehen, zunichte werden.

Dampfer. *Auf dem falschen Dampfer sein:* auf einer falschen Spur, in Irrtum sein. Die Rda. ist vor allem geläufig als direkte Anrede: ‚Da sind Sie aber auf dem falschen Dampfer!'

Seltener ist die Wndg. *Auf dem richtigen Dampfer sein:* sich in einer günstigen Situation befinden, ↗ Boot.

Dämpfer. *Einem einen Dämpfer aufsetzen:* ihn mäßigen, sein übertriebenes Selbstgefühl mindern. Die Rda. stammt aus dem Bereich der Musik. Der Dämpfer ist eine Vorrichtung, durch die der Klang eines Instruments abgeschwächt werden kann; bei der Posaune oder Trompete besteht er z. B. aus einer trichterartigen Klappe, bei den Streichinstrumenten aus einer Klammer (ital. ‚sordino'), die auf den Steg gesetzt wird. Ähnl. Redewndgn. wie im Dt. sind auch in anderen Sprachen gebräuchl., z. B. frz. ‚mettre une sourdine à ses prétentions', ‚mettre une sourdine' auch im Sinne von leiser sprechen (umg.), ‚à la sourdine' = heimlich (heute ungebräuchlich.); engl. ‚to put a damper on'.

Dampfnudel. *Aufgehen wie eine Dampfnudel:* dick werden, schnell zunehmen, z. B. rhein. ‚Do geht em et Herz uf wie e Dampfnudel'. Schwäb. sagt man von einer Schwangeren: ‚Sie hat Dampfnudeln gegessen'. Saarländ. ‚Et geht mer en Dampfnudel uf', ähnl. gebraucht wie: ‚Es geht mir ein Licht auf', es fällt mir etwas ein.

Danaergeschenk. *Es ist ein Danaergeschenk:* es ist eine verdächtige Gabe, die zwar Vorteile verspricht, aber auch eine unbekannte, tödliche Gefahr in sich bergen kann.
Die Rda. bezieht sich auf den Warnruf des Laokoon, der von den Trojanern nicht beachtet wurde. Nach Vergil (Aen. II, 49) sagte er, als er das hölzerne Pferd vor den Mauern der belagerten Stadt Troja sah: „Quidquid id est, timeo Danaos et dona ferentes" (= Was es auch sei, ich fürchte die Danaer, selbst wenn sie Geschenke bringen).
Die Griechen (Danaer) hatten ihren Rückzug nur vorgetäuscht und das Gerücht verbreitet, daß sie den Göttern dieses Riesenpferd für den Fall ihrer glücklichen Heimkehr gelobt hätten. Als die Trojaner, die allg. als die Beschenkten gelten, das Pferd in ihre Stadt zogen, kamen die verborgenen griech. Krieger daraus hervor und erleichterten den Belagerern die Eroberung und Vernichtung der Stadt. Der Ausdr. Danaergeschenk wurde wohl durch Seneca (Agam. 624) geprägt, der jenes Pferd „Danaum fatale munus" (= ein fatales Danaergeschenk) nannte (Büchmann).

Danaiden. *Eine Danaidenarbeit verrichten:* eine unendlich mühevolle und trotzdem vergebliche Arbeit tun müssen. Ebenso bedeuten die Redensart: *ins Danaidenfaß schöpfen* und *das Faß der Danaiden füllen wollen,* daß vergebliche Anstrengungen unternommen werden.
Die bis heute üblichen Wndgn. beziehen sich auf eine griech. Sage, die von Hyginus 168 erzählt wurde: Die Danaiden, die 50 Töchter des Königs Danaos, hatten, mit Ausnahme von Hypermnestra, auf Befehl ihres Vaters ihre Männer in der Brautnacht ermordet. Zur Strafe wurden sie dazu verdammt, in der Unterwelt beständig Wasser in ein durchlöchertes Faß zu schöpfen. Lucian benannte dieses Faß zuerst (‚Timon' 18; ‚Hermot' 61): „ὁ τῶν Δαναιδῶν πίθος", ↗ Faß.
Auch in anderen Sprachen ist das ‚Danaidenfaß' in den Volksmund übergegangen, z. B. ndl. ‚het vat der Danaiden vullen'; engl. ‚the Danaidean tub' und frz. ‚vouloir remplir le tonneau des Danäides'.

‚Das Faß der Danaiden'

Dasselbe Bild, wenn auch nicht in Verbindung mit dem sagenhaften Namen, war im Lat. gebräuchl.: ‚in pertusum ingerimus dicta dolium' (Plautus, Pseud. 1, 3, 135); auch: ‚in vas pertusum congerere' (Lukrez, 3, 949). Vgl. hierzu unsere Rda. ‚Wasser in ein Sieb schöpfen', ↗ Wasser, ↗ Sieb.

303

Lit.: *G. A. Megas:* Die Sage von Danaos und den Danaiden, in: Hermes 68 (1933), S. 415–428; *J. Kern:* Danaiden- und Sisyphusarbeiten in der dt. Volksüberlieferung, in: Suddt. Zs. f. Vkde. 7 (1934), S. 23 ff.; Der Kleine Pauly. Lexikon der Antike, Bd. I (Stuttgart 1964), Sp. 1379–1380; *H. J. Uther:* Art. ‚Danaiden‘, in: EM. III, Sp. 267–270.

Dank, danke. *Einem etw. zu Dank machen:* es ihm recht machen, so daß er damit zufrieden ist. Dank hat in dieser Rda. nicht den Sinn von ‚Danksagung‘, den wir jetzt mit dem Worte verbinden, sondern bedeutet noch wie urspr. ‚anerkennendes Gedenken, Anerkennung‘. Im ‚Nibelungenlied‘ (461,2) ruft Brunhild, von Siegfrieds starkem Speerwurf getroffen, Gunther zu: „Gunther, ritter edele, des scuzzes habe danc“. In dem Schwank des Strikkers ‚Der Pfaffe Amis‘ (V. 1636) heißt es:

Ez ist mir wol ze danke (= sehr lieb),
daz ich iwer sprâche hân vernomen.

Die Verwandtschaft mit ‚denken‘ zeigt sich auch noch in der Wndg. *Ich weiß es ihm Dank,* in der ‚es‘ ein alter Genitiv mit dem Sinn ‚dafür‘ ist.

‚Dank‘ oder ‚Habedank‘ nannte man in der Turniersprache geradezu den Preis, den die Dame den besten Kämpfern des Tages überreichte. Diese Vorstellung liegt wohl auch noch den Abschiedsworten des Ritters Delorges in Schillers Ballade ‚Der Handschuh‘ zugrunde: „Den Dank, Dame, begehr’ ich nicht!“

Mir geht’s danke! Antwort auf die Frage ‚Wie geht’s?‘ ↗ gehen. Diese Floskel ist eigentl. nur eine halbe Antwort, sie enthält zwar den Dank für die Nachfrage, aber keine rechte Auskunft über das Befinden; somit ist sie eine der vielen Tabu-Ausdrücke, vgl. z. B. ‚durchwachsen‘. Die Feststellung *Sonst geht’s dir danke!* heißt: du bist verrückt.

Mit *Danke dito!* Danke desgleichen! erwidert man die guten Wünsche eines Mitmenschen. Die Rda. *für etw. bestens danken* gilt als Umschreibung für eine Ablehnung, hat also eine Sinnverkehrung erfahren (genau wie frz. ‚bien remercier quelqu’un de quelque chose‘), ebenso wie die Wndg. *danke für Obst (und Südfrüchte),* in Westdtl. auch mit dem Zusatz: ‚hab Pflaumen gegessen‘ oder in dem modernen Slogan, ‚Atomkraft. Nein danke!‘ und analogen Wendungen.

Dagegen gelten als höfliche Erwiderungen auf ein gesprochenes ‚Danke‘ die formelhaften Rdaa.: ‚nichts zu danken‘, ‚gern geschehen‘, ‚nicht der Rede wert‘, ‚keine Ursache‘, ‚bitte‘, ‚es war mir ein Vergnügen‘ u. als etw. derb-burschikose Zurückweisung eines Danks die Wndg. ‚Stank für Dank‘ oder der lapidare Satz: ‚Von Dank, davon starb die Katze des Schmiedes‘.

Bei besonderem Eifer hört man des öfteren auch die iron. Wndg. ‚Der Dank des Vaterlandes ist Ihnen (dir) gewiß‘, vor allem dann, wenn sich bereits absehen läßt, daß sich jem. (aus Idealismus) fruchtlos abmüht u. keine gebührende Anerkennung finden wird. Der ‚Dank des Vaterlandes‘, der in Propagandareden des Ersten und Zweiten Weltkrieges den Opfern des Krieges lauthals versprochen worden war, daß ihnen ‚gewiß sei‘, erwies sich nach den Kriegen als das, was er eigentl. immer war: eine hohle Phrase.

dasitzen, dastehen. Wird ein Mensch in einer komischen oder lächerlichen Situation angetroffen, so stellt sich bei seinen Mitmenschen sogleich irgendeine treffende Bemerkung ein, die die Lage des Verspotteten durch einen witzigen Vergleich illustriert. Die Umgangssprache kennt eine Fülle solcher sprw. Vergleiche mit dastehen und dasitzen, die hier unmöglich alle aufgeführt werden können. Auch die dt. Mdaa. wetteifern im Gebrauch solcher Wndgn. mit dastehen, dabeistehen oder dasitzen wie ... Überlandschaftlich sind bes. häufig gebräuchl.: *Er sitzt da wie eine Katze (ein Affe) auf dem Schleifstein; er sitzt da wie ein Häufchen Unglück, Elend;* (sehr derb): ‚wie Karl Arsch‘, ‚wie eben gelegte Eier‘, d. h. warm u. still; *er steht da wie das Kind beim Dreck:* unbehaglich, verlegen; *er steht da wie bestellt und nicht abgeholt:* unschlüssig; *er sitzt da wie geliehen (geborgt); er steht da wie ein Ochs vorm neuen Tor (vor der Apotheke, vor dem Berg).*

Weniger bekannt sind die Rdaa.: ‚Er sitzt da, als hätte er eine Laus im Ohr‘; ‚er sitzt da wie ein Affe im Garnladen‘; ‚er sitzt da wie ein geschnitztes Bild‘; ‚er sitzt da wie eine Eule im Sterben‘; ‚er steht da und hält Maulaffen feil‘ (↗Maulaffe); ‚er steht da wie der Esel vor der Schmiede'; ‚er steht da wie ein Kind, dem die Hinkel (Hühner) das Brot gefressen haben'; ‚er steht da wie ein Klotz'; ‚er steht da wie ein zweihenkeliger Topf' (d.h. die Hände in die Seiten gestemmt); ‚er steht da wie eine gebakkene Birne'; ‚er steht da wie eine gebadete Maus'; ‚er steht da wie Hans Michel Meerrettich' (bes. schles.); ‚er steht da wie Petrus am Kohlfeuer'; ‚sie stehen da wie die Gänse, wenn's donnert'; ‚er steht da wie vom Donner gerührt' (vgl. auch Blitz); ‚er steht dabei wie Pique Sieben', ‚wie Trumpf Sechs' (schwäb. ‚wie ein Schellen-Dreier'), unnütz; ‚er steht da wie Butter an der Sonne' (↗ Butter); ‚er steht da wie ein Ölgötze' (↗ Ölgötze); ‚er steht da wie ein begossener Pudel' (↗ Pudel).

Einige Beispiele aus dem mdal. Vorrat: ‚Er stît do wä en ofgeliese Wangert' (wie ein abgelesener Weingarten), teilnahmslos (siebenb.-sächs.); ‚er steht da wie ein paar neue Schweizerhosen', breit und wichtig; ‚du sitzest da, wie der Veitle auf dem Hafen'; ‚er sitzt da, wie wenn er das Vaterunser verspielt hätte', trübselig; ‚er steht da wie das Pfännle ohne Stiel', ‚wie ein hölzerner Herrgott' (alle schwäb.). ‚Hei sittet doa äs de Ule vörm Astlock'; ‚se stönnen doa, as de Gänse wenn't grummelt' (westf.). ‚Du stehst da wie ein Napfkuchen ohne Loch'; ‚du stehst da, wie wenn du nach Kevelaer gefahren wärst und hättst den Rosenkranz vergessen' (niederrhein.); ‚er sitzt da, wie Matz vor der Essigtonne'; ‚sie sitzt da wie eine Braut, die niemand haben will'.

Er steht da ‚wie eine Eins', d.h. ungebeugt, aufrecht u. gerade (wie ein Zinnsoldat); ‚er steht da wie ein Kind vor dem Weihnachtsbaum'; (holst.; ‚he steiht da, als wenn em de hehner dat Brot wechjenoahme hebbe' (preuß.); ‚dear hockt dau, wia de oischischte Henna of'm Mischt (wie a krank's Heahle – wia's Ke(n)d beim Dreck)'; ‚dear stauht dau wia d'r Ochs voaram Eva(n)gelibuach (wia a Kuah im Hennanest)'; ‚dear stoht na wia d'r Lauba-Dreier' = der Laub-Ober im Kartenspiel (nach Schindlmayr, S. 7 u. 9), ↗ aussehen.

Die Wndg. *Wie stehe ich nun da!* meint: was sollen die Leute von mir denken, ich bin blamiert.

Lit.: *W. Widmer:* Volkstüml. Vergleiche im Frz. nach dem Typus „Rouge comme un coq" (Diss. Basel 1929); *H.-W. Klein:* Die volkstüml. sprw. Vergleiche im Lat. und in den rom. Sprachen (Diss. Tübingen–Würzburg 1936); *A. Taylor:* Proverbial Comparisons and Similes from California (Folklore Studies 3) (Berkeley-Los Angeles 1954)

Dauerbrenner. *Etw. erweist sich als ein Dauerbrenner,* d.h. als ein Dauererfolg, Evergreen oder Bestseller, aber auch als ein nicht endendes Problem, als etw. das laufend Gesprächsstoff liefert. Der Begriff stammt aus der Zeit, als noch vorwiegend mit Öfen geheizt wurde. Mit ‚Dauerbrenner' wurde ein Ofen bez., der in der Hauptsache mit lang brennendem Heizmaterial wie Holzkohlen oder Briketts befeuert wurde. Mit der Verbreitung der Zentralheizung verlor der Ofen allgemein an Bedeutung, nicht jedoch dieser Begriff, der im übertr. Sinne in der Rda. weiterlebt. Auch ein Kuß wird gelegentlich als ‚Dauerbrenner' bezeichnet.

Daumen. *Jem. den Daumen halten:* ihm in Gedanken in kritischen Stunden mit guten, Unheil abwehrenden Wünschen beistehen; jem. zu einer wichtigen Entscheidung guten Erfolg wünschen. Die Rda. ist identisch mit der Wndg. *den Daumen drücken* und war urspr. eng mit einer Geste verbunden, die gelegentlich noch heute die Aufforderung: ‚Halte mir den Daumen!' und die beruhigende Zusicherung: ‚Ich werde dir den Daumen halten (drücken)' begleitet. Der Daumen wird dabei zwischen die übrigen vier Finger der Hand eingeschlagen und von ihnen festgehalten oder kräftig gedrückt.

Die Gebärde ist zugleich obszön und auch in dieser Beziehung von apotropäischer Wirkung. Bereits Plinius erwähnt dazu ein Sprw. und schreibt in seiner ‚Historia naturalis' (28, 25): „pollices, cum faveamus, premere etiam proverbio iubemur". (Schon das Sprw. fordert uns auf, den Daumen zu pressen, wenn wir jem. geneigt sind.) Bei den römischen Gladiatorenspielen war es Brauch, daß das Publikum in der Arena den Daumen einschlug (‚premere pollicem'), um für einen gestürzten Kämpfer Gnade zu erbitten; der

305

nach unten ausgestreckte Daumen aber bedeutete das Gegenteil („convertere pollicem').

Auch im Volksglauben der germ. Völker werden dem Daumen übernatürliche Kräfte zugeschrieben, die man im Zauber und in der Volksmedizin zu nutzen sucht. Der Daumen galt als ‚Glücksfinger'. Besondere Wirksamkeit maß man dem Daumen eines gehenkten Diebes zu (↗ Diebsdaumen). Vor allem aber wurde das Einschlagen des Daumens als eine Art Bannzauber gegen Dämonen und Hexen angesehen; nach schles. und tirol. Volksglauben soll man während der Nacht den Daumen festhalten, damit einen der Alp nicht drücke.

In den DS. (Nr. 81) heißt es: „Wenn er (der Alp) drücket, und man kann den Daumen in die Hand bringen, so muß er weichen". In seiner ‚Dt. Mythologie' gibt Jacob Grimm mehrere Beispiele für den Volksglauben in Verbindung mit dem Daumenhalten. So kann man sich z. B. vor dem Beschreien wahren, wenn man den linken Daumen einbiegt, ebenso vor den Folgen des Meineids oder vor dem Biß eines wütenden Hundes (Dt. Myth. 3, 457, Nr. 666); die Gebärende muß zu ihrem Schutz nach der Geburt den Daumen einziehen (Dt. Myth. 3, 460, Nr. 732); beim Sprechen des Wurmsegens bestand die direkte Anweisung: „nim den gerechten dûmen in die gerechte hant" (Dt. Mythol. 3, 500, Nr. XXVIII).

Der Mensch kann zur Not einen, ja mehrere Finger einbüßen, ohne daß die Hand zur Arbeit unbrauchbar wird; eine Hand ohne Daumen aber kann Werkzeuge, konnte namentlich das Schwert nicht mehr halten. Das altgerm. Recht belegt seine Verletzung daher mit hoher Buße, ja er gilt schon im Recht der salischen Franken als der ‚Gottesfinger'; von da ist auch die hess. Rda. verständlich *Gott hat den Daumen in einer Speise gehabt:* die Speise sättigt, sie genügt. Die Kraft des Daumens bez. Macht, Gewalt, Herrschaft. Daumen ist auch nach seiner etymol. Grundbdtg. ‚der dicke, der starke Finger'. Ein altes Sprw. sagt, Eltern sollen den Kindern gegenüber den Daumen an der Hand behalten, solange sie können. Schon bei dem Meistersinger Frauenlob (eigentlich Heinrich von Meißen, † 1318) findet sich das Wort, das er den Fürsten zuruft, um sie vor falschen Dienern zu warnen:

habt iu den dûmen in der hant
seht ûf, wem ir bevelhet lîp und êren
pfant!

Der Daumen als stärkster Finger gilt hier stellvertretend für die ganze Hand. Die Rda. ist nhd. auch in anderer Form bekannt, z. B. *einen unterm Daumen halten,*

‚Einen unterm Daumen halten'

vgl. ndl. ‚iemand onder de duim hebben'; engl. ‚to have a person under one's thumb'; auch *jem. mit festem Daumen bitten:* ihn bestechen. Oldenb. ‚Man mot den Dumen stiv holen', man muß tapfer sein. Verwandte Rdaa. von der Kraft des Daumens sind: *den Daumen auf etw. halten;* es in seiner Gewalt behalten; *den Daumen drauf (auf den Beutel) halten;* sparsam, geizig sein (↗ Beutel). ‚Sein Daumen hat die Gicht' sagt man von einem schlechten, unfähigen Zahler oder einem geizigen Menschen.

Einem den Daumen aufs Auge setzen (drücken, legen): ihn durch grobe Gewaltanwendung zu etw. zwingen; die Wndg. stammt aus dem alten Kampfleben und bedeutet eigentl.: einen im Zweikampf überwinden und ihm drohen, daß man ihm mit dem draufgehaltenen Daumen das Auge ausdrücken werde, wenn er nicht um Gnade bitte (daher auch die

Rda.: ‚einem eins auswischen', ihm ein Auge ausdrücken).

Die Rda. selbst ist z. B. in Schillers ‚Verschwörung des Fiesko zu Genua' (II, 8) belegt: „Ihr sollt es nicht dulden! Ihr sollt ihm den Daumen aufs Auge halten". Im Fränk. bedeutet die Wndg. ‚Ar setzt'n 'n Dauma ufs Ag': er betrügt.

Zu den friedlichen Beschäftigungen des Daumens gehört es, das Geldausgeben der Hand zu überwachen, indem jedes ausgezahlte Geldstück mit einem prüfenden Druck des Daumens entlassen wird; daher die bekannte stumm-beredte Bewegung von Daumen und Zeigefinger, um anzudeuten: ‚Dazu braucht man Geld'. Hierher gehört die aus Bayern und auch sonst bezeugte Rda. *den Daumen rühren:* zahlen, Geld ausgeben (z. B. lux. ‚Hie kann den Daum nët réieren', er besitzt kein Geld); weitere damit zusammenhängende Wndgn. sind: *einen kranken Daumen haben:* kein Geld haben; *er hat, was vor dem Daumen hergeht:* er besitzt Geld, bezeugt schon bei Kirchhoff: „dasz sie des dings das unter dem daumen herlauft, nicht mehr haben"; vgl. die hamb. Rda. ‚He hat wat förn Dum', er hat Vermögen. Ebenso heißt *etwas vor den Daumen bringen:* Geld haben. In älterer Sprache, z. B. bei Fischart und Kirchhoff, bedeutet die Rda. *den Daumen rühren (wenden):* lügen, betrügen; vgl. fläm. ‚Dese roert den duym'.

Ebenfalls mit einer Gebärde verbindet man die heute allg. verbreitete Wndg. *Däumchen drehen:* müßig herumsitzen oder -stehen; vgl. frz. ‚Se tourner les pouces'.

Bis zur Einführung des metrischen Systems war der Daumen auch Längenmaß und entsprach ungefähr einem Zoll; daher ist noch landschaftlich (z. B. rhein.) verbreitet: ‚so lang wie ein halber Daume' u. ä. (‚Däumling'). Auch beim Abmessen von Tuch mit der Elle wird der Daumen benötigt; dabei besteht die Gefahr, daß durch wiederholtes falsches Ansetzen des Daumens zuviel (oder auch zuwenig) Tuch abgemessen wird; daher die els. Wndg. ‚Er hat viel Ellen gemessen, er hat gor e breiten Dumen', und westf. ‚Hä slätt em wot unnern Dumen' (vgl. ‚unterschlagen'). ‚Er wiegt den Daumen mit' sagt

man oft von einem, der einen beim Abwiegen von Waren übervorteilt.

Beim Militär und bei der Marine wird der Daumen als Hilfsmittel beim Abschätzen von Entfernungen gebraucht (‚eine Daumenbreite', ‚einen Daumensprung'), woher die Rda. stammt: *etw. über den Daumen peilen:* ungenau und grob abschätzen. ‚Peilen' heißt in der Schiffahrt und in der Luftfahrt: den Standort bestimmen, die Richtung festlegen.

Pieter Bruegel hat auf seinem Rdaa.-Bild die Wndg. ‚Er läßt die Welt auf seinem Daumen tanzen' dargestellt in der Bdtg.: voller Hochmut die Welt nach seinem Willen bewegen wollen, ↗ Welt.

Sich in den Daumen schneiden: sich in seinen Berechnungen irren, und *etw. aus dem Daumen saugen:* sich etw. ausdenken, erfinden (↗ Finger). Ndd. ‚Hei fleutjet uppen Dumen', er freut sich. *Über den Daumen essen:* frühstücken, wobei das Brot mit dem Messer über dem Daumen abgeschnitten wird; vgl. frz. ‚manger sur le pouce': eine Kleinigkeit im Stehen essen. *Am Daumen lutschen:* wenig zu essen haben; aber auch: sich (noch) wie ein Kleinkind benehmen, sich eine Ersatzbefriedigung suchen (vgl. Struwwelpeter).

Einen grünen Daumen haben (engl. ‚to have a green thumb'): viel Geschick bei der Pflege von Zimmerpflanzen haben, unter der sie üppig blühen u. gedeihen; auch: allg. gärtnerischen Erfolg haben. Das Gegenteil meint: *zehn Daumen haben:* ungeschickt sein.

Per Daumen fahren: per Anhalter fahren. Die Rda. bezieht sich auf die typische Daumengebärde, durch die der Wunsch mitgenommen zu werden z. Ausdr. gebracht wird.

‚Bîm Sackerdûme' (beim heiligen Daumen) ist eine kindl. Schwurformel, die in alem. Kinderliedern des öfteren begegnet, ↗ Faust, ↗ Finger.

Lit.: *W. Grimm:* Über die Bdtg. der dt. Fingernamen. Kleinere Schriften, Bd. 3 (Berlin 1883), S. 425–540, hier: 428 ff.; *H. Schrader:* „ Einem den Daumen halten, drücken", in: Zs. f. dt. Sprache 8 (1894/95), S. 223–226; *L. Mackensen,* Kritische Bibliographie, in: Jb. f. hist. Vkde. 2 (1926), S. 188; *E. Stemplinger:* Art. ‚Daumen', in: HdA. II, Sp. 174–177; *I. Belanner:* „Daumen ned", in: Muttersprache, 40 (1946), S. 8–13; *W. Ebel:* Über Rdaa. u. Recht, S. 4; *A. Otto:* Die Sprww. der Römer (Hildesheim 1965); *L. Röhrich:* Gebärdensprache und Sprachgebärde, S. 145 f.;

G. Grober-Glück: Motive u. Motivationen in Rdaa. u. Meinungen (Marburg 1974), S. 31–37; *J. R. Klima:* Art. ‚Finger' in: EM. IV, Sp. 1140–1146; *D. Morris u. a.* Gestures. Their Origins and Distribution (London 1979); *A. Niederer:* Beschämung, Lob und Schadenfreude. Hand- und Fingergebärden mit bestimmter Bedeutung, in: Schweiz. Arch. f. Vkde. 85 (1989), S. 201–217, hier bes. S. 208–210.

Daumenschraube. *Jem. Daumenschrauben anlegen* (oder *ansetzen*): ihm derb zu Leibe gehen, hart zusetzen, ihn durch moralische Zwangsmittel zu etw. bestimmen. Die Rda. ist von der Folterung entlehnt. Die Daumenschraube war ein eisernes Schraubzeug, das beim Foltern an das obere Gelenk des Daumens gelegt wurde. Die Anwendung dieses Schraubzeugs war die erste Stufe der Folter. Die Wndg. ist auch in den dt. Mdaa. (z. B. holst. ‚Ik sett em de duumschruv up') und in andern europ. Sprachen belegt, z. B. frz. ‚serrer les pouces à quelqu'un'; ndl. ‚iemand de duimschroeven aanzetten'; engl. ‚to put the screw on a person'.

Lit.: *B. E. König:* Ausgeburten des Menschenwahns im Spiegel der Hexenprozesse und der Auto da fé's (Berlin-Schöneberg 1930).

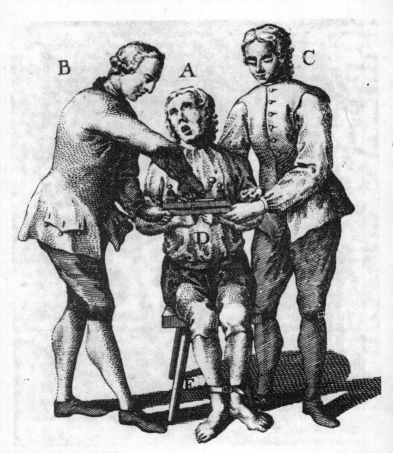

‚Daumenschrauben anlegen'

Daus. *Ei der Daus! Was der Daus!* Fluch oder Ausruf des Erstaunens und der Verwunderung. Daus ist wie ↗tausend eine der vielen euphemist. Entstellungen von ↗Teufel, vgl. meckl. ‚Dus un Düwel!‘ und ‚Potz Dus!‘. Damit ist nicht zu verwechseln ‚Daus‘ = zwei Augen im Würfelspiel, As der Spielkarte, ahd. u. mhd. dûs, aus frz. dous, von lat. duos = zwei, das ebenfalls in Rdaa. verwendet wird, z. B. preuß. ‚Er ist wie ein Daus‘, er ist stark, gesund.

Lit.: *M. Rumpf:* Zur Entwicklung der Spielkartenfarben in der Schweiz, in Dtl. und in Frankr., in: Schweiz. Arch. f. Vkde. 72 (1976), S. 1–32, hier: S. 14.

dazu. *Ihr gebt mir ja nichts dazu!* sagt man oft als Entschuldigung bei fehlgeschlagenen Unternehmungen oder als Antwort auf skeptische Ermahnungen. Diese urspr. volkssprachl. Rda. hat auch eine weite lit. Verbreitung gefunden. Der Schlesier Daniel Stoppe veröffentlichte 1735 neun Strophen zum Preise häuslicher Selbstgenügsamkeit, die er jeweils mit sprw. Rede abschließt. Die 7. Strophe lautet:

In meinen eigenen vier Pfählen
Schmeckt mir der Tobak noch so schön.
Die Pfeifen darf mir niemand zehlen
Noch drüber in Bedenken stehn.
Ich rauch und dampf in guter Ruh,
Denn niemand gibt mir was darzu.

In Goethes Ballade ‚Vor Gericht‘ bekennt das schwangere Mädchen vor dem Richterstuhl:

Herr Pfarrer und Herr Amtmann ihr,
Ich bitt’, laßt mich in Ruh’!
Es ist mein Kind und bleibt mein Kind,
Ihr gebt mir ja nichts dazu!

Goethe hat hier zweifellos eine Wndg. aufgegriffen, die auch einen weitverbreiteten Tanzreim abschließt:

Tanze, Gretchen, tanze!
Was kosten deine Schuh?
Laß mich nur immer tanzen,
Du gibst mir nichts dazu!

Die Volksliedparallelen entsprechen nicht nur im Wortlaut, sondern auch in der zugrunde liegenden Situation oft der Goetheschen Ballade. In einem bad. Lied heißt es z. B.:

Ei Dändele, was fängst du denn a,
Kriegst n klein Kind und k’n Ma!
Ei, was fragst du danach?

Sing ich die ganze Nacht:
Eia popeia, mei Bu!
’s geit mr kei Mensch nix drzu.

In dieser Form wiederholt sich die Formulierung in zahlreichen Volksliedern mit dem immer gleichen Inhalt: ein schwangeres Mädchen oder eine ledige Mutter setzt sich mit dieser Trutzformel über Spott und Hohn ihrer Umwelt hinweg.

Lit.: *H. Schewe:* ‚Ihr gebt mir ja nichts dazu‘, in: Beiträge zur sprachl. Volksüberlieferung. Festschrift A. Spamer (Berlin 1953), S. 28–38.

Deck. *Wieder auf Deck sein:* wieder gesund sein (ostpreuß. ‚Hei es frösch op Deck‘, munter und gesund), *nicht auf Deck sein:* unpäßlich, krank sein; diese bildl. Ausdr. sind aus der Seemannssprache in die Umgangssprache Norddtls. eingedrungen. Von einem Genesenden sagt man: ‚Er ist wieder drei Viertel auf Deck‘. Meckl. ‚Kumm up’ Deck!‘ ist eine Aufforderung zum Ausspielen beim Skat.
Klar Deck machen: aufräumen, Ordnung schaffen. ‚Over Diek gaan‘: sterben, das Zeitliche segnen, ↗zeitlich.

Lit.: *O. G. Sverrisdóttir:* Land in Sicht (Frankfurt/M. 1987), S. 80.

Decke. *Sich nach der Decke strecken:* seinen bescheidenen Verhältnissen entspr. leben. Wer eine große Decke auf seinem Bett hat, kann sich während des Schlafens frei ausstrecken; wer nur eine kleine hat und doch nicht an den Füßen frieren will, muß eben zusehen, wie er auskommt. In der Rda. liegt urspr. ein Scherz, der besagt: Man muß sich der Decke anpassen, wenn man nicht frieren will; man darf sich zwar ausstrecken, aber nur so weit, wie es die Decke erlaubt. Dieser Scherz wird heute beim Gebrauch der Rda. kaum noch empfunden, ja, mancher verbindet damit schon nicht mehr die Vorstellung von der Bettdecke, sondern denkt an die Zimmerdecke, nach der es sich auszustrecken gilt. Schon im Mhd. ist die Rda. bekannt: etwa beim Stricker (13. Jh.) heißt es:

daz borgen und das gelten
diu brachten lîhte ein schelten:
dâ von wil ich mich strecken
als ich mich kan bedecken.

↗ Borg, borgen. Sie begegnet auch in der Zimmerischen Chronik (IV, 67). Zu dem Holzschnitt aus Thomas Murners ‚Narrenbeschwörung' gehören die Worte:

Des nym war vnd acht der decken,
Das du dich wißt darnach zu strecken.
Es stundt gar kalt in dynem huß,
Streckstu die füß zur decken vß.

Goethe weiß in ‚Sprichwörtlich' (um 1812) noch um den urspr. Bildsinn der Rda.:

Wer sich nicht nach der Decke streckt,
Dem bleiben die Füße unbedeckt.

Noch Bismarck verwendet sie: „Die preuß. Regierung ist dann also in der Lage, sich nach der Decke strecken zu müssen, die Sie ihr zuschneiden".

In dem Märchen ‚Der Riese u. der Schneider' der Gebr. Grimm (KHM. 183) begegnet die Wndg. dagegen i. S. v.: man muß nehmen, was kommt.

Die Rda. *mit jem. unter einer Decke stekken:* im (geheimen) Einverständnis mit ihm sein, ist schon bei Petronius (Anf. d. 1. Jh. n. Chr.) in ‚Satyricon' (1. Kap.) erwähnt.

‚Unter einer Decke stecken'

Zu einer rechtmäßigen Eheschließung gehörte im MA. das Zudecken der Jungvermählten mit einer Decke. Dieser Brauch wurde in Ggwt. der Eltern und Verwandten geübt; sie geleiteten das Ehepaar in das Brautgemach und waren Zeugen dieses Vorgangs. Viele Rechtssprww. machen deutlich, daß dieser Brauch als eigentl. Beginn der Ehe aufgefaßt wurde: ‚Ist das Bett beschritten, ist das Recht erstritten', oder ‚Ist die Decke über dem Kopf, so sind die Eheleute gleich reich'. Schon im ‚Sachsenspiegel' (I, 45, 1) heißt es: „it wif trit in des mannes recht, swenne si in sin bede gat".

Aber nicht nur Eheleute schliefen unter einer Decke; die höfischen Ritterepen erzählen oft, daß die Helden zu zweien schliefen, zumal wenn eine größere Schar zu Besuch auf einem Herrensitz eintraf. Der urspr. Sinn der Rda. ist also zunächst: verheiratet sein, dann: im Einverständnis miteinander leben.

Ähnl. im Frz.: ‚être de mèche avec quelqu'un' (mèche = altfrz. Hälfte): ein Geheimnis mit jem. teilen. Vgl. Lehmann 328 (Gleichheit 50): „Die sich miteinander vergleichen können, die schlagen einander den ballen zu. Sie seynd in eine Schul gangen, sie tragen Wasser an einer Stangen, sie liegen miteinander unter einer Deck". Andreas Gryphius gebraucht die Wndg. „Mit dem Düwel under einer decken liggen", gemeinsame Sache mit ihm machen.

Abweichend thür. *unter die Decke bringen:* durchbringen, vergeuden. Bei dieser Rda. handelt es sich um die Raumdecke bzw. das Dach, das bei Verschwendungssucht in Gefahr gerät, abgedeckt zu werden, ↗ Dach.

An die Decke gehen, unter der Decke hängen: sehr zornig sein; junge Rdaa. (20. Jh.), wohl gebildet aus ‚hoch gehen', ‚in die ↗ Luft gehen'; vgl. frz. ‚sauter au plafond'. Dagegen: *vor Freude an die Decke springen:* sich unbändig freuen (seit etwa 1850 bekannt). Will jem. andeuten, daß er es in seinem Zimmer nicht mehr aushält, sagt er: *Die Decke fällt mir auf den Kopf.*

Lit.: *J. Grimm:* Dt. Rechtsaltertümer (Leipzig ⁴1899), Bd. I, S. 609, 620; *K. Weinhold:* Die dt. Frauen in dem MA. (Wien 1882), S. 268.

Deckel. *Den Deckel von den Töpfen heben* (ebenso ndd. ‚den Deckel von den Pot bören' oder schwäb. ‚'s Deckele vom Hafe lupfe'): mit der Wahrheit herausrücken, jem. aufklären, ihm die Meinung sagen. Die Rda. spielt darauf an, daß sich bei solcher ,Topfguckerei' u. U. ein schlechter Geruch verbreitet. Vgl. auch die ndd. Feststellung: ,Pöttekieker kuamt nich in'n Himmel'.

Beim Anblick eines (verwunderlich) ungleichen Paares sagt man achselzuckend in Norddtl.: ,Jedde Pott find' sin'n Deckel!' ↗ Pott, ↗ Topf.

Nordostd. ,Dat paßt wie de Deckel oppem Topp', das paßt sehr gut, und ,De send een Topp on een Deckelke', sie sind ein Herz und eine Seele. In der meckl. Rda. ,Dee kriggt bald'n Deckel uppe Näs'', er stirbt bald, ist mit ,Deckel' der Sargdeckel gemeint. Sonst bez. Deckel vulgärsprachl. den Hut, deshalb: *einen auf den Deckel kriegen:* gerügt werden (↗ Dach, ↗ Hut); ähnl. schwäb. ,Einem den Deckel herunter tun', ihm deutlich die Meinung sagen.

,Der hot uf alles sei Deckelcha' (wolgadt.): Er hat auf alles eine Antwort bereit.

Deckmantel. *Ein Ding zum Deckmantel machen, etw. als Deckmantel gebrauchen:* eine schlechte Handlung beschönigen. Das Wort Deckmantel wird seit seinem ersten Auftreten in der dt. Sprache bildl. gebraucht. Es erscheint erstmals im Mhd. Ende des 13. Jh. im ,Renner' Hugos von Trimberg, (V. 17 166–69):

gelîchsenheit (,Heuchelei') hât
deckemantel
und hât ouch sô manegen wantel
daz niemen weiz an wen er sich
mac gelâzen; daz ist jamerlich.

Bei Nicolaus von Straßburg heißt es: ,,niemen ist so übel ern gere daz sîn übele ein deckementelîn müze haben, daz sîn schande niht gar blecke''.

Noch heute ist das Wort in verschiedenen Rdaa. gebräuchl.; man sagt z. B. *unter dem Deckmantel der Nächstenliebe etw. tun, unter dem Deckmantel der Nacht, der Verschwiegenheit* usw.; vgl. das Verbum ,bemänteln', beschönigen, verbergen, die ndl. Rda. ,iemand onder den dekmantel van vriendschap bedriegen' u. frz. ,sous le couvert de ...', sinnverwandt mit ,beschönigen', ↗ Mantel.

deichseln. *Eine Sache deichseln:* eine schwierige Sache meistern, sie geschickt durchführen. Die Wndg. ist seit der Mitte des 19. Jh. mdal. und stud. belegt, bes. in der Form: *Das werden wir schon deichseln!* Das Zeitwort deichseln bedeutet ,an der Deichsel lenken'; es gehört viel Geschick dazu, einen unbespannten Wagen an der Deichsel rückwärts zu lenken, z. B. in eine Scheune oder eine Toreinfahrt; deshalb hat deichseln den Sinn ,eine Sache geschickt durchführen' angenommen.

Deielendames. ,Nu mach doch keene Deielendames' sagt man in Köln, wenn eintöniges Singen oder loses Geschwätz jem. auf die Nerven geht. Das Wort Deielendames ist eine Ableitung aus dem lat. ,Te Deum laudamus', einem Hymnus mit vielfach gleichartig gestalteten Versen. ↗ Baselemanes

Lit.: *H. Lützeler:* Philosophie des Kölner Humors (Hanau 1965), S. 32 f.

Delirium. *Im Delirium sein:* eine krankheits- oder alkoholbedingte Bewußtseinstrübung haben. Oft ist sie mit Halluzinationen verbunden, so beim ,delirium tremens', dem sog. Säuferwahn.

denken. *Denkste! (sagt der Berliner); Haste gedacht!* sind allg. verbreitete Floskeln, mit denen man auf einen Irrtum hinweist oder Ablehnung ausdrückt; vgl. frz. ,Tu penses!' oder ,penses-tu', i. S. v. ,Wo denkst du hin?' Eine Steigerung bedeutet die Wndg. *typischer Fall von denkste:* ein großer Irrtum.

Die Rda. *Ich denke nicht daran* enthält eine strikte Ablehnung (vgl. frz. ,Je n'y pense pas un seul instant'), während der Ausruf *Der soll noch einmal an mich denken lernen!* eine Drohung ist, wenn sofortige Rache unmöglich scheint; vgl. frz. ,Il se souviendra de moi' oder ,Je lui garderai un chien de ma chienne' (wörtl.: Ich werde ein Junges von meiner Hündin für ihn aufbewahren).

Er denkt, daß St. Peter ein Schüler war ist eine von Seb. Brant gebrauchte Rda. zur Bez. der Unwissenheit. In seinem ,Narrenschiff' heißt es einmal: *,,Er denkt nur von der Nase in den Mund':* er denkt nur an das Nächstliegende. Ähnl. die heute noch gebräuchl. Wndg. *Er denkt nur von elf (zwölf) bis Mittag:* er ist vergeßlich, kann nicht weit denken; schwäb. ‚Du kannst denken von den Handzwehle bis zur Stubetür (an der sie hängt)'.

Bei überraschenden Ereignissen sagt man *Ich dachte, Ostern und Pfingsten sollten auf einen Tag fallen. Sich seinen Teil denken:* sich seine eigene Meinung über etw. machen, sie aber nicht kundtun. *Denken wie Goldschmieds Junge* (↗ Goldschmied). *Denken wie ein Seifensieder* (↗ Seifensieder).

Auf den Denkfaulen u. Begriffsstutzigen gemünzt ist die Wndg. ‚Du denkst wie ein Rettich, nur nicht so scharf' und auf den Lehrling, der etw. falsch gemacht hat, der Ausspruch ‚Denken ist Glückssache', mit dem Zusatz: ‚... aber mancher hat kein Glück!'.

Ähnl.: ‚Das Denken sollte man den Pferden überlassen, die haben größere Köpfe'. (Vor allem beim Militär gebräuchl., wenn ein Untergebener entschuldigend sagte: ‚Ich dachte, ...'.) Neuerdings aufgekommen sind zahlreiche Aussprüche der Verwunderung u. des Erstaunens, die ein ganzes Rdaa.-Feld ausmachen. Sie sind wohl berl. Ursprungs, haben sich aber schnell über ganz Dtl. verbreitet: ‚Ich denk(e) (dachte, glaube) ‚mir (mich) tritt ein Pferd', ‚.. mir (mich) laust der Affe', ‚ick werd nich wieder', ‚mich streift ein Bus', ‚mein Schwein pfeift', ‚mein Hamster bohnert', ‚mich bumst ein Bär', ‚ich werd' verrückt', ‚mich trifft der Schlag', ‚mich knutscht ein Elch', ↗ glauben.

Lit.: *R. Hauschild* u. *H. Schuh: Ich glaub' mich knutscht ein Elch!* (Herford 1980).

Denkzettel. *Einem einen Denkzettel geben:* ihm eine fühlbare Erinnerung geben, damit er in Zukunft einer Sache oder einer Person besser eingedenk ist. Das zweite Glied des Wortes Denkzettel ist das mlat. ‚cedula' = Papierblättchen.

Das Wort Denkzettel, das heute einen harmlosen und leicht humoristischen Klang besitzt, war urspr. eine ernst zu nehmende Sache. Der Gedenkzettel (ndl. gedenkcedel) war im 15. Jh. – etwa im hansischen Recht bezeugt – zunächst die schriftliche Mitteilung des Gerichts, die Übermittlung der Ladung oder der

Klage. Später nahm es die allg. Bdtg. ‚schriftl. Mitteilung' an.

Mit „denkzedel" übers. Luther 1522 in Matth. 23,5 griech. φυλακτήριον = Gedenkriemen mit Gesetzessprüchen. Der jüd. Denkzettel war ein Pergamentstreifen, worauf nach der Verordnung in 4. Mos. 15,38 f. und 5. Mos. 6,8 einige Bibelsprüche verzeichnet waren. Dieser Pergamentstreifen wurde in einem Kästchen aufbewahrt und mit einem Riemen an die Stirn oder an den linken Arm gebunden.

In der Übers. von Maleachi 3,16 gebraucht Luther schon 1532 „Denkzettel" für eine Liste dessen, was man nicht vergessen soll: „Aber die Gottesfürchtigen trösten sich untereinander also: Der Herr merkt und hört es, und vor ihm ist ein Denkzettel geschrieben für die, so den Herrn fürchten und an seinen Namen gedenken".

Einige Jahrzehnte später bez. das Wort 1561 bei Jos. Maaler (‚Die teütsch spraach', Zürich 89 b) das ‚Notizbuch': „denkzädel, gedenkbüchle, darin einer täglich aufschreibt, was er thuon oder außrichten will / libellus memorialis".

Einen Denkzettel erhielt dann, wer mit einem wichtigen, umfänglichen Auftrage an einen andern abgeschickt wurde, z. B. ein städtischer Ratsherr, der als Abgesandter zum Landesherrn ging.

In den Jesuitenschulen wurde früher auch Schülern, die sich irgendwie vergangen hatten oder an denen der Lehrer irgendeine schlechte Neigung bemerkte, ein Denkzettel ausgefertigt, auf dem der betr. Fehler verzeichnet stand und den der Schüler stets bei sich tragen mußte, ↗ Esel. Da den Schüler mit dem Denkzettel oft handgreifliche Ermahnungen und Prügelstrafen erwarteten, bekam das Wort über die Schulsprache seine heute allg. bekannte Bdtg.: körperlich fühlbare Erinnerung, Strafe. Bes. in dieser Bdtg., auch in Form eines ‚blauen Auges', einer Narbe, einer Frostbeule u. dgl., ist das Wort in unseren Tagen lebendig.

Lit.: *Dt. Rwb.* II, 783; *Richter-Weise*, Nr. 40, S. 45; *Lindqvist*, S. 71; *Ebel*, S. 9.

Depp. *Jem. (nicht) den Deppen machen:* sich (nicht) wie ein dummer Trottel herumschicken lassen. Der Begriff ‚Depp'

(bair.-österr.: Tepp, Tapp) geht zurück auf das frühnhd. ‚tapp', wie es auch in dem Wort ‚tappen' enthalten ist, d. h., der Depp ist jem., der täppisch geht u. zugreift, ein einfältiger, ungeschickter Mensch, ein Schwachsinniger, Dummkopf oder Idiot. Die Rda. wird meist negierend gebraucht, ebenso wie die Wndg.: ‚Ich bin doch nicht dein Depp' oder ‚ich bin doch nicht deppert' als Antwort auf eine unzumutbare Forderung.

Anders verhält es sich mit der Rda.: *den Deppen spielen*. Sie weist darauf hin, daß jem. bewußt u. aus Spaß in die Rolle des Tölpels schlüpft.

Deputat. *Sein Deputat erhalten (haben):* seinen Anteil bekommen; vgl. frz. ‚recevoir son dû' (wörtl.: seinen gerechten Lohn empfangen; auch: die gebührende Strafe erhalten haben. Obersächs. ‚Der hat sein Deputat weg', er ist gebührend gestraft worden, hat eine gehörige Tracht Prügel gekriegt; schwäb. ‚I hau mei Deputat', ich habe genug getrunken; altmärk. ‚Dao hät'r sik e schönes Diputoat upn Hals leggt'.

Deputat bedeutete den gebührenden Anteil, das Zugewiesene, z. B. alles, was ein Beamter oder Landarbeiter außer dem Gehalt oder Lohn an Naturalien als einen Teil seiner Besoldung bekam (‚Deputatholz', ‚Deputatkorn' etc.).

Früher hatten die Bauern ihrem Geistlichen z. B. die ‚Deputatswürste' zu liefern. Das Wort Deputat ist seit 1529 gebucht und findet sich z. B. bei Schweinichen: ‚demnach jhro f.gnaden eine anzahl weins zum deputat hatten". Der Ausdr. lebt auch noch im schulischen Bereich weiter: ‚ein ganzes bzw. ein halbes Deputat erhalten', d. h. ein Lehrer erhält eine Vollstelle oder einen halben Lehrauftrag.

‚Deputatkohle' ist im Ruhrgebiet für die Bergleute noch immer bekannt als Naturallohn der Zeche an ihre Mitarbeiter. Mit dem Wort Deputat selbst verschwindet heute nach und nach auch die Rda. aus unserer Sprache, ↗ Dezem.

Lit.: *F. Seiler:* Dt. Sprww.kunde (München 1922), S. 244.

derjenige. *Allemal derjenige (derjenichte), welcher sein:* der sein, der die Verantwortung oder die Schuld auf sich nehmen muß. Die Rda. stammt aus Louis Angelys ‚Fest der Handwerker' (1828) und kann heute entweder eine positive Bdtg. in der Feststellung besitzen: ‚Er ist immer derjenige, welcher' etw. ausführen kann und sich und anderen stets zu helfen weiß, oder eine negative in einer gewissen Anklage und Empörung: ‚Ich muß immer derjenige, welcher sein', d. h. der, der mit den Schwierigkeiten fertig werden muß, die die anderen gern von sich abwälzen.

De(t)z. *Jem. eins auf den De(t)z geben* (auch *Detzkasten*): ihm einen Schlag auf den Kopf versetzen, bes. in der nordd. Umgangssprache bei grober Schelte gebräuchl. Das Wort De(t)z (Dätz, Deez) ist vermutl. eine Entlehnung aus frz. tête = Kopf; lit. belegt ist es z. B. bei Heinrich von Kleist (‚Der zerbrochene Krug', 7. Auftr.):

Als ich die Thür eindonnerte, so reiß' ich
Jetzt mit dem Stahl eins pfundschwer über'n Detz ihm.

Deut. *Das ist keinen Deut wert!:* das ist nichts wert; vgl. frz. ‚Cela ne vaut pas un liard' (alte frz. Münze). *Ich kümmere mich keinen Deut darum:* ich kümmere mich nicht im geringsten darum. *Er (es) ist um keinen Deut besser:* Er (das) ist genauso, nicht im geringsten besser.

Deut, mndl. ‚duit' (vgl. altnord. thveit(i) = geringe Münze, urspr. ‚abgehauenes Stück' zu altnord. thveita = abhauen), war ehemals die Bez. der kleinsten Münze in Holland, Geldern und Kleve. Die ndl. Kupfermünze im Werte von 2 Pfennigen gab den Anlaß zur Bildung der ndl. Rda. ‚Ik geef er geen' koperen duit voor'. Da die Münze auch in Dtl. umlief, wurde diese Rda. zu Beginn des 18. Jh. übernommen und ist seitdem in übertr. Anwendung in der Bdtg. ‚geringste Kleinigkeit, wertlose Sache, nichts' im Dt. bezeugt.

Zu Deut stellt sich das ältere nordostdt. ‚Dittchen', eine Dreigroschenmünze, die 1528 von Sigismund I. von Polen geprägt wurde. Auch sie lebt noch in Mundartausdr. weiter wie: ‚Der hat en Verstand wie e Dittke' oder ‚Dat is nich et Dittke wert' (Ziesemer II, S. 57).

‚Dittchen' ist auch in rhein. Mdaa. bekannt, z. B.: ‚Dat was man son'n Dittchen!': ein kleines, behendes, hurtiges Mädchen, flink u. fleißig, i. S. v.: ‚klein, aber oho!'.

Wohl in allen Sprachen besteht die Neigung, die an sich abstrakte Bez. der Verneinung zu verdeutlichen, dem lautlich schwachen Wortkörper ‚nicht' (‚nichts', ‚nein', ‚kein') ein größeres Gewicht zu geben vor allem durch Hinzufügung von Wörtern, die kleinste, wertlose Dinge oder geringe Mengen bezeichnen. Gerade Münzbez. wie Deut wurden häufig zur Verstärkung der Negation verwendet. Sie wurden zunächst auch ganz wörtl. aufgefaßt: mnd. ‚he enhaddes von dem Schatze nicht enen pennink gevunden'; ‚er besaß keinen (roten) Heller, keinen Schilling, keinen Pfennig' usw.; oder bei der Aussteuer: ‚ik geev er nick einen deuyt meir mide'. Eine bildl. Übertr. liegt dann schon vor, wenn verneinende Münzbez. auch bei solchen Dingen gebraucht werden, die man nicht nach Geldwert messen kann, z. B. ndd. ‚ohlt Deern sünd nich ein Heller werd'; oder ‚nicht einen Heller nach etw. fragen'.

Das einfache ‚nichts' ist der Volkssprache jedenfalls zu wenig und erfährt deshalb oft eine rdal. bildhafte Verbreiterung. Hist. gesehen, stellt sogar schon das Wort ‚nein' eine solche Verstärkung dar (= nicht ein), wie auch lat. ‚non' auf früheres ‚ne unum' zurückgeht. Ebenso ist das einfache Wort ‚nichts' ahd. häufig belegtes ‚ni wiht', d. h. eigentl. ‚nicht ein Ding', und hat seine Parallele in lat. ‚ne hilum' = nihil; entspr. frz. ‚ne-rien', ‚ne-pas' (= ne passum), ‚ne-point' (= ne punctum), ↗ nichts.

Alle diese Ausdr. haben urspr. einen Real-Ausgangspunkt. Dieser ist überall zunächst in der rein wörtl. Anwendung der Ausdr. zu suchen. Bei häufigerem Gebrauch ist dann die wörtl. Bdtg. immer mehr verblaßt. Zum Beispiel ‚Ich weiche keinen Fuß von der Stelle' war zunächst durchaus räumlich gedacht, und ist erst dann übertr. gebraucht worden, wenn man etwa auch von einer Forderung oder gar von einer moralischen Einstellung ‚nicht einen Fuß' abzuweichen gewillt ist, ↗ Fuß. Ebenso hatte etwa die alte Verneinungsformel ‚nicht ein Haar' (mhd. ‚niht ein hâr', vgl. ‚umbe ein hâr', ‚gegen einem hâre', oder als Gen. ‚niht hâres grôz', ‚niht eines hâres mê' usw.) urspr. einen durchaus wörtl. Anwendungsbereich: In einer ma. Hs. bei Gerhard von Minden bittet der Affe den Fuchs um einen Teil seines langen Schwanzes, um damit die eigene Blöße zu decken. Der Fuchs erwidert:

unde bedestu mi ein jar,
du scholdest weten dat vorwar,
dat ek darut di nicht ein har ne geve.

Ganz ähnl. in einer anderen Fabel des ma. Esopus, wo die Krähe sich weigert, dem schlafenden Hunde das Fell zu rupfen:

de hunt ne slept ni so vaste,
he ne vornemet unde taste,
berôrde ik one bi enem hare.

Hier ist die Wndg. ‚bi enem hare' also noch ganz wörtl. zu nehmen, später nur noch übertragen, ↗ Haar.

Jac. Grimm machte in seiner ‚Dt. Grammatik' (3,728) zuerst darauf aufmerksam, daß schon die mhd. Dichter den verneinenden Ausdr. gern durch ein hinzugefügtes Bild heben. Am häufigsten findet sich mhd. die Verstärkung durch ‚hâr'; z. B. in Gottfrieds ‚Tristan':

ern hæte niht gegeben ein hâr
wær es gelogen oder wâr.

In weitem Häufigkeitsabstand folgen ‚vuoz', ‚tag', ‚wort', ‚stunde', ‚bast', ‚gruoz', ‚brot', ‚trit', ‚phennig', ‚tropfen', ‚vaden' u. a. Oft sind es kleine Früchte oder alltägliche und gering geachtete Nahrungsmittel, wie ↗ Bohne, Nuß, Beere, Kirsche, Apfel oder das Ei, die zur bildl. Verstärkung der Verneinung dienen, z. B. mnd. ‚den fiscal achte ich nicht eine not'; ‚ich achtete er niht enen slê' (Schlehe); ‚nicht gen einer kirse'; ‚um sturm gæbe sie niht ein ber'; ‚so ensal dan alle werlt nicht einen appel baten'; mhd. ‚sîn zorn so up de Juden draf, dat man drîzich umbe ein ei ...' (mdal, rhein. noch heute, ‚nicht für ein Appel und ein Ei!').

Als nichtiges Ding gilt auch der aufsteigende Rauch oder der fliegende Feuerfunke (wie noch in heutiger Umgangssprache ‚keinen Funken Ehrgeiz, Verstand!') oder die Spreu (z. B. bei Konrad von Würzburg: „so ahtet ich niht umb ein spriu dar ûf, swaz mir geschæhe"). Andere mhd. Verneinungsformeln sind ferner ‚niht eines louches kil‘, ‚niht einer bluomen stengel‘, ‚niht ein kol‘, „er ahte alliu dinc als einen stoup“. Als Bild des Unbedeutenden gilt auch das Stroh (‚ik geve um ein bôk nicht ein strô‘) und schließlich Ausdr. für Schmutz, Dreck, Kot. In der ‚Kaiserchronik‘ heißt es von Ludwig dem Frommen: „er furchtet ez (alles Irdische) niht mêre denne einen mist“. „Des bîchten helpet nicht einen dreck“ meint das ndd. ‚Narrenschiff‘ (vgl. noch in der Sprache der Ggwt.: ‚Das geht dich einen Dreck, einen feuchten Kehricht an!‘).

Auch kleine, verachtete Tiere dienen als Bez. des Minderwertigen und damit zur Verstärkung der Negation, z. B. die Laus: „se achteden ere viande nych ein lûs“; ‚he het nich ’n Luus to freten‘; ‚Ze kümmert sik nich ’n Luus üm en‘. Andere Fälle sind: Katzenschwanz (‚de hindert my nicht enen Kattenstert‘), auch ‚Hundsfott‘ gehört hierher.

Häufig wird der ↗ Teufel nebst seinen verhüllenden Umschreibungen herangezogen, um einen verneinenden Sinn auszudrücken. Den Ausgangspunkt für diesen merkwürdigen Sprachgebrauch kann man in Stellen finden wie im ‚Nibelungenlied‘, wo Hagen auf Kriemhilds Frage, ob er den Schatz bringen werde, mit den Worten erwidert: „ich bringe iu den tiuvel“; oder, ebenfalls dort: „nu swiget: ir haben den tiuvel getan“. Dieser Sprachgebrauch ist in den Mdaa. noch geläufig; z. B. ‚Sie fragen den Düwel na der Religion‘; ‚he günnt den Düwel keen Picklicht‘ (Licht vom schlechtesten schwarzbraunen Talg); ‚Grodmoder is den Düwel dood / se itt noch Speck un Brod!‘. Auch für ‚niemand‘ tritt häufig eine Umschreibung mit ‚Teufel‘ ein, z. B. ‚Dat verdenk em de Düwel‘, das kann ihm keiner verdenken.

Die meisten der im MA. geschaffenen Wndgn. gingen unter, und nur wenige, bes. geläufige und naheliegende Formen retteten sich in die neuere Schriftsprache. Doch weicht der heutige Gebrauch in mancher Hinsicht vom Mhd. ab, und es ergeben sich vor allem kulturhist. Verschiebungen. Viel häufiger sind aber diese rdal. Verneinungen in den Mdaa. erhalten geblieben, wobei derbe Ausdr. (wie Dreck, Aas, Arsch, Scheiße) oder geringwertige Tierbezeichnungen (wie Katze, Hund, Laus, Maus) bevorzugt werden.

Die Volkssprache ist unerschöpflich in ihrer Erfindungskraft immer neuer Bilder und Wndgn. Heutige rdal. Ausdr. für ‚nichts‘ können darum hier nur aufgezählt werden: ‚keinen Schimmer‘, ‚keinen Funken‘, ‚kein Gedanke‘, ‚keine Spur‘, ‚kein Pappenstiel‘, ‚kein Schmarren‘, ‚kein Sterbenswörtlein‘, ‚keine Silbe‘, ‚keinen Mucks‘, ‚kein (Ratten-)Schwanz‘, ‚kein Schwein‘, ‚keinen Furz‘, ‚keinen Schuß Pulver wert‘, ‚er hat ein ganzes Hemde mehr auf dem Arsch‘, ‚keinen guten Faden an jem. lassen‘, ‚keinen Hosenknopf‘, ‚nicht mehr eine Schindel auf dem Dache‘, ‚er ist nicht das Streichhölzchen wert zum Anzünden‘, ‚keinen Fußbreit, keine Handbreit, keinen Schritt von der Stelle weichen‘ (frz. ‚Ne pas bouger d’un pas‘), ‚nicht ein Wort davon glauben‘ (frz. ‚N’en croire pas un mot‘), ‚nicht bis auf drei zählen‘, ‚keiner Fliege etw. zu leid tun können‘ (frz. ‚Ne pas faire de mal à une mouche‘), ‚da kräht kein Hahn danach‘, ‚kein Auge zutun‘ (frz. ‚Ne pas fermer l’oeil de la nuit‘), ‚sich kein Bein ausreißen‘, ‚nicht den kleinen Finger krumm machen, rühren‘, (frz. ‚Ne pas remuer le petit doigt‘), ‚kein Blatt vors Maul nehmen‘, ‚von dem mag ich keinen Bissen Brot‘, ‚ich habe keinen toten Hund gesehen‘, ‚das wird keine lahme Katze anlocken‘, ‚das schert mich nicht einen Katzendreck‘, ‚es ist nicht drei Läuse wert‘, ‚es rührt sich kein Mäuschen‘.

Die bildl. Verneinung findet sich namentlich bei bestimmten Verben wie: nützen, taugen, wert sein, schaden, helfen, fürchten, achten, zweifeln. Bes. gern steht die rdal. bildhafte Verneinung bei Schilderungen des Geizes, z. B. ‚Er gönnt ihm nicht das Schwarze unter dem Nagel; nicht so viel, was unter den Nagel geht; was man auf dem Nagel fortträgt‘, ‚keinen Happen‘, ‚keinen Bissen Brot‘, ‚nicht die Butter aufs Brot‘, ‚nicht ein Körnchen‘, ‚nicht einen Pfifferling‘, ‚nicht eine (madige) Pflaume‘, ‚nicht einen (Kraut-)Strunk‘, ‚nicht einen Strohhalm‘; ndd. ‚He günnt em nich dat Witt in t’Oog‘, ‚nich dat Swart ünnern Nagel‘, ‚nich dat Gele von ’t Ei‘, ‚keen Piep Tabak‘; ‚he kann nich den

315

Schiet ünner de Schoh missen', ,er gibt nichts mehr ab, eher beißt er sich die Zunge ab', ,eher läßt er es verfaulen', ,eher schmeißt er es auf den Mist'.

Neben der Verstärkung durch Substantive, die in irgendeiner Hinsicht ein Minimum bezeichnen, gibt es eine Verstärkung der Verneinung durch Substantive, die ein Maximum, einen großen oder größten Wert bezeichnen; z. B. ,Er hat in seinem ganzen Leben noch nicht gearbeitet', ,seiner Lebtag noch nicht', ,seit Jahr und Tag nicht', ,ich weiß in aller Welt nicht, was da werden soll', ,nicht um die Welt', ,um Gottes willen nicht', ,es wird keine Ewigkeit dauern'; vgl. frz. ,Cela n'aura qu'un temps' (wörtl.: Es wird nur eine Zeitlang dauern).

Ein anderes beliebtes Mittel der rdal. Verneinung ist der ironische Vergleich, d. h. die Verneinung durch den Vergleich mit unmöglichen, nutzlosen, unwahrscheinl. Handlungen, Gegenständen und Zeitpunkten, z. B. ,Er kann schwimmen wie ein Sack voll Steine', ,er weiß soviel von der Kirche, als des Müllers Esel kann die Laute schlagen', ,man kann sik op em verlaten as up en dode Rott', ,he is so uprichtig as 'n Kohstert' (Kuhschwanz), ,he is so fett as 'n Predigtstohl', ,he süht so vergnögt ut as de Hahn bi't Regenweder', ,dat Fruunsmensch hölt dicht as 'n Saatseef', ,das steht dir, wie dem Schwein das Vorhemdchen', ,er geht aufs Gebirge Schnee sieben' (er hat keine Arbeit), ,ihr wärt gut zum Marderfangen', ,was versteht der Ochse vom Sonntag, wenn er alle Tage Heu frißt', ,kümmere dich nicht um Haseneier, die klappern nicht', ,er hat ein Interesse wie ein verrosteter Nagel'.

Bemerkenswert ist auch die Form dieser rdal. Wndgn. Ein beliebtes Mittel ist dabei die Verbindung zweier (oft einander entgegengesetzter) Ausdr. z. B. ,Das ist nicht gehauen und nicht gestochen', ,nicht gehopst und nicht gesprungen', ,nicht gestoben und nicht geflogen', ,da hilft kein Jammern und kein Klagen', ,kein Singen und kein Beten', ,kein Fluchen und kein Beten', ,kein Pudern und kein Schminken', ,es langt nicht hin und nicht her', ,er weiß sich hinten und vorne keinen Rat', ,er kann sich nicht aufs hinterste und nicht aufs vorderste besinnen', ,kein nichts und

kein gar nichts haben', ,sich nichts und gar nichts denken'. Vor allem im heutigen Ndd. begegnet diese Form der Verneinung auf Schritt und Tritt: ,Dat geef ni Natt noch Drög', es gab gar nichts zu essen; ,he sä ni Witt noch Swart', er sagte gar nichts; ,he rögt ni Hand noch Foot', er tut gar nichts. Oft sind die beiden Ausdr. noch durch Stabreim miteinander verbunden: ,do is nich Putt noch Pann', ,he kennt nich Koh noch Kalf', ,nich Kind noch Küken, nich Küken noch Katt, ni Korn un Kröm, nich Buuk noch Been', ,er schont nich Vadder noch Fründ', ,he weet nich hott un hü', ,he sä nich muh un nich mäh', ,he hett keen Duld un Dur', ,he nimmt nich Gift noch Gave', ,dor wasst nich Heu noch Hawer', ,dor sünd nich Kisten noch Kasten'.

Lit.: *I. Zingerle:* Über die bildl. Verstärkung der Negation bei mhd. Dichtern, in: Sitzungsber. der K. K. Akademie der Wiss. (Phil.-hist. Klasse), Bd. 39 (Wien 1862); *H. Haltrich:* Negative Idiotismen der siebenbürg. Volkssprache (Hermannstadt 1866); *H. Kny:* Der Gebrauch der Negation im Kudrunliede (Bielitz 1880); *F. F. Fritsche:* Der Gebrauch der Negation bei Walther von der Vogelweide (Wismar 1885); *R. Hildebrand:* Gehäufte Verneinung, in: Zs. f. d. U. 3 (1889), S. 149–161; *O. Behaghel:* Die Verneinung in der dt. Sprache, in: Wissenschaftl. Beihefte zur Zs. d. allg. Dt. Sprachvereins, 5. Reihe, H. 38/40 (1918), S. 225–252; *G. Louis:* ,nicht' und ,nichts' im Sprachgebiet des Dt. Reiches einst und jetzt (Diss. Marburg 1917); *A. Zobel:* Die Verneinung im Schles., in: Wort und Brauch 18 (Breslau 1928); *O. Mensing:* Zur Gesch. der volkstüml. Verneinung, in: Zs. f. d. Ph. 61 (1936), S. 343–380; *J. Arndt:* ,Nichts' und ,Niemals', in: Rhein.-westf. Zs. f. Vkde. 8 (1961), S. 118 ff.; Münzen in Brauch u. Aberglauben, S. 230.

deutsch. *Deutsch (mit jem.) reden: etw. auf gut deutsch sagen:* offen, verständlich reden, ohne Umschweife und Hintergedanken geradeheraus und deutlich seine Meinung, die ungeschminkte Wahrheit sagen.

Mit dem Wort deutsch verbindet man oft seit frühnhd. Zeit den Begriff des Klaren, Offenen und Ehrlichen, aber auch den des Derben, Groben. Ähnl. *deutsch von der Leber weg reden.* Schon 1494 begegnet die Wndg. *deutsch reden* in Seb. Brants ,Narrenschiff' (83, 21):

Und sag dir tütsch wie ich das meyn,
Man henckt die kleynen dieb alleyn.

Bei Hans Sachs: ,,Wilt das ichs teutscher sagen soll?" und in Fischarts ,Gargantua': ,,Also daß Grippepinhalt von Strobeldorn ihm gut rund Teutsch vnter die Nasen sagt: Herr …'. In Schillers ‚Räubern' (IV, 5) heißt es ähnl. wie bei Hans Sachs: „Wo will das hinaus – rede deutscher!" So noch heute: ‚Red nicht so (klein-)kariert, sprich deutsch!'

Umgekehrt gebraucht Luther ‚undeutsch' geradezu als sinngleich mit ‚unverständlich' (vgl. (1. Kor. 14,11).

Nicht deutsch verstehen (wollen): dumm sein; die Rda. kann aber auch den Sinn haben: etw. absichtlich nicht verstehen wollen, ebenso frz. ‚ne pas comprendre le Français'.

In der lux. Mda. u. pfälz. sagt man zu einem, der sich undeutlich ausdrückt ‚Schwätz däitsch oder schäiss Buschtawen!', entspr. ndd. ‚Spräck off schiet Baukstoaben, dat man't liäsen kann!'

In diesen Rdaa. lebt noch ein Stück vom urspr. Sinngehalt des Wortes deutsch weiter, denn deutsch, ahd. diutisk, geht zurück auf ahd. diot = Volk und bez. urspr. die Volkssprache im Gegensatz zum Lat. der Gelehrten und der Kirche. Vom gleichen Stamm ist unser Zeitwort ‚deuten', eigentl.: etw. dem Volke verständlich machen. Den dt. ähnl. Wndgn. kennt auch das Lat., das Frz. und das Engl.: ‚Latine loqui', ‚parler français', ‚to speak plain English'; diese Rdaa. haben ebenfalls alle die übertr. Bdtg.: unverhüllt und geradeheraus reden. *Auf deutschem Boden gehen* ↗ Boden.

Mit dem formelhaften Etikett ‚typisch deutsch!' werden meist wenig schmeichelhafte Eigenschaften in Verbindung gebracht. O. Holzapfel hat Belege dafür zusammengetragen, mit welchen Attributen der Deutsche etwa in Dänemark versehen wird, z. B. ‚wütend wie ein Deutscher'. ‚Deutsch' wird mit laut, übertrieben, angeberisch gleichgesetzt, oft auch mit unverständlich. Auffallend für die Nachbarn ist schon die Physiognomie. So gibt es vom Deutschen das untilgbare Bild des Vierschrötigen, das einen Ausdr. im frz. ‚tête carrée allemande' wie im lat.-amerikanischen ‚alemán quadrado' gefunden hat – das Kantig-Eckige, kurz gesagt: ein ‚Quadratschädel'.

Noch stärker, oft wechselseitig identisch, ist der Eindruck der unverstandenen Fremdsprache. Die Bez. der Slawen für die Deutschen – ‚njemzi' – geht auf das Wort ‚njemi', die Sprachlosen, zurück, während die Bez. ‚Slawe' im Gotischen gleichfalls den Sprachlosen, Stummen oder Schweigenden meint – einen des Gotischen Unkundigen. Ähnl. verfährt der Schwede mit den Finnen und dieser mit dem Russen: ‚Ruotsi' bedeutet der Sprachlose. Der ital. Name für den Deutschen und das Deutsche, ‚tedesco', ist zugleich Synonym für Kauderwelsch, offenbar auch das ‚Teutsch' lautimitierend, und ‚crucco', das Kosewort, das unsere mediterranen Nachbarn für uns haben, geht darauf zurück, daß unsere krächzend-zischenden Gutturallaute – besonders die alem. in nordital. Hörweise – das innere Ohr so furchtbar zerkratzen, mit einem Wort: ‚crucco!'. Dante spricht in seinem ‚Inferno' von den ‚tedeschi lurchi', den gefräßigen, trunksüchtigen Deutschen, und ähnl. gibt es das Etikett ‚porco tedesco', deutsches Schwein.

Für mehrere Länder und Sprachen sind die Deutschen vor allem ‚Kartoffelfresser'. Die Dänen nennen die Deutschen ‚Kartoffeltyske', und die Polen ‚kartoflarz'. Für die Amerikaner sind die Deutschen seit dem Ersten Weltkrieg die ‚Krauts', für die Russen die ‚Wurstfresser' (H. Lauer). Aber auch andere Speisen, wie Frankfurter Würstchen oder Sauerkraut gelten als ‚typisch deutsch'. Die Reihe der Ethnostereotypen über das, was als ‚typisch deutsch' gilt, ist erstaunlich lang, die Lit. darüber sehr umfangreich.

Lit.: *K. Menge:* „Deutsch reden", in: Zs. f. d. U. 5 (1891), S. 635; *G. M. Küffner:* Die Dt. im Sprw. (Heidelberg 1899), S. 1 ff.; *W. Krogmann:* Deutsch. Eine wortgeschichtl. Untersuchung (Berlin – Leipzig 1936); *L. Weisgerber:* Der Sinn des Wortes ‚Deutsch' (Göttingen 1949); *ders.:* Deutsch als Volksname (Stuttgart 1953); *H. Eggers:* Nachlese zur Frühgesch. des Wortes ‚deutsch', in: PBB. 1961, S. 157–173; Der Deutsche in seiner Karikatur. 100 Jahre Selbstkritik (Stuttgart 1965); *R. A. Roth:* Was ist typisch deutsch? Image u. Selbstverständnis der Deutschen (Freiburg 1979); *A. A. Roback:* A Dictionary of International Slurs (Cambridge [Mass.] 1979), S. 161–177; *H. Pross:* Was ist heute deutsch? (Reinbek bei Hamburg 1982); *O. Holzapfel:* Stereotype Rdaa. über ‚den Deutschen' in der neueren dänischen Literatur, in: Proverbium 4 (1987) S. 87–110; *ders.:* ‚Kartoffeltysker und Speckdäne'. Aspekte volkskundlicher Vorurteilsforschung, in: Schweiz. Arch. f. Vkde. 83 (1987), S. 23–40; *H. Lauer:* Saupreiß, Tschusch und Katzelmacher. Stereotypen und Spottnamen, in: ‚Die Zeit' vom 11. Mai 1990.

Dezem. *Er hat sein Dezem bekommen:* er hat seinen Anteil gekriegt; *der wird sein Dezem kriegen:* er wird seine Strafe bekommen; *er muß überall sein Dezem dazugeben:* er muß sich überall einmischen. Der Dezem, von mlat. decimus, ahd. dezemo, war der ‚Zehnte‘, eine früher an die Kirche abzuführende Steuer. Der Brauch, den zehnten Teil aller Naturalien als Abgabe zu entrichten, ist in der christlichen Kirche seit dem 4. Jh. nach jüd. Vorbild aufgekommen (vergleiche 1. Mos. 14,20 und 28,22; 3. Mos. 27,30–33; 4. Mos. 18,21–24 usw.). Auch der Koran der Muslimen bestimmt, daß jeder Gläubige den zehnten Teil seines Einkommens den Armen geben oder zu wohltätigen Zwecken verwenden soll. ↗ Deputat. Der übertr. Gebrauch von Dezem (Däzen) ist bes. in mdt. Mdaa. verbreitet.

dicht. *Dicht halten:* verschwiegen sein, etw. für sich behalten. Urspr. ist an ein Gefäß gedacht, das kein Wasser durchläßt; von da aus auf menschliche Verhältnisse übertr. In Westf. bedeutet die Rda. ‚Hei is nit dichte‘, er ist nicht ehrlich. Ebenso: *dicht machen:* schließen, z.B. *den Laden dicht machen:* das Geschäft zumachen. Aus der Sprache der Seeleute ist übertr. *Schotten dicht!:* Tür zu!
Nicht ganz dicht sein: noch die Windeln naß machen, im übertr. Sinn: nicht ganz bei Verstand sein.
Dicht an dicht: eng beieinander, dicht neben- und hintereinander. Die Wndg. ist schon bei D. v. Liliencron (1844–1909) belegt. O. Hauschild hält sie für eine Vermischung von ‚dichtgedrängt‘ mit Wiederholungen wie ‚Schulter an Schulter‘, ‚Kopf an Kopf‘. K. Schulz dagegen glaubt, Liliencron habe die Wndg. aus dem Plattdt. übernommen u. zitiert als Beispiel einen Satz aus Mensingers Schlesw.-Holst. Wb.: „Wi seten dar dicht an dicht“. Es handelt sich wohl um eine volkstümliche Steigerungsform, die aus der Mda. wortwörtl. ins Hdt. übertragen worden ist; vgl. auch ‚dichte bi‘: nahe dabei.

Lit.: *O. Hauschild:* ‚Dicht an dicht‘ u. ‚schlicht um schlicht‘, in: Muttersprache, 53 (1938), S. 76–77; *K. Schulz:* ‚Dicht an dicht‘, in: Muttersprache, 54 (1939), S. 255–256.

Dichten, Dichtung. *Frei im Dichten u. Denken:* eine geflügelte Wndg., die auf den hohen Anspruch hinweist, den die Dichter aller Zeiten für sich beanspruchten u. der allgem. als ‚dichterische Freiheit‘ bekannt wurde. Goethe drückt das 1790 im ‚Tasso‘ (IV, 2) mit folgenden Worten aus:

Frei will ich sein im Denken und im
Dichten,
Im Handeln schränkt die Welt genug
uns ein.

Die Wortverbindung *Dichten u. Trachten:* Denken und Handeln geht auf die Übersetzung von 1. Mos. 6,5 zurück: „Da aber der Herr sah, daß der Menschen Bosheit groß war auf Erden und alles Dichten und Trachten ihres Herzens nur böse war immerdar, da reute es ihn …“; vgl. 1. Mos. 8,21: „Das Dichten des menschlichen Herzens ist böse von Jugend auf“. Die beiden Verse werden meist verschmolzen: ‚Das Dichten und Trachten des menschl. Herzens …‘ Die Verbindung ‚Dichten u. Trachten‘ steht auch in Jes. 59,13. Durch den Einfluß von Luthers Bibelübers. hat sich die Verbindung ‚Dichten und Trachten‘ bis heute erhalten.
Auch in der profanen Lit. begegnet die Wndg. des öfteren, u. a. bei G. R. Weckerlin in: ‚Geistl. und weltl. Gedichte‘ [1648]:

von schwerem krieg und groszen
schlachten
ist all ihr dichten und ihr trachten.

Goethe bemüht sich dagegen um eine ‚richtige‘ Einschätzung des Dichtens. Seine ‚Noten u. Abhandlungen zu besserem Verständnis des Westöstlichen Divans‘ (1819) tragen das Motto:

Wer das Dichten will verstehen,
Muß ins Land der Dichtung gehen;
Wer den Dichter will verstehen,
Muß in Dichters Lande gehen.

↗ Dichter, ↗ Vers.

Dichter. *Dichter und Denker* ist eine Wortverbindung, die Karl Musäus (1735–87) in seinen ‚Physiognomisch Reisen‘, 3. Heft (1779), S. 101 verwendet, und zwar in der Wortfolge ‚Denker und Dichter‘. Später setzte sich die geläufigere Wndg. ‚Dichter und Denker‘ durch, vor allem auch in der Bez. des dt. Volkes als ‚Volk der Dichter u. Denker‘, ein Satz, der zum ersten Mal bei

Musäus im Vorbericht zu seinen ‚Volksmärchen' (1782) erschien.
Eine Parteibindung wäre unvereinbar gewesen mit dem Prinzip *dichterische Freiheit,* das auf Senecas ‚Quaestiones naturales' II, 44,1 zurückgeht. Dort heißt es: „Poeticam istud licentiam decet" (Das ist etwas, was zur poetischen Freiheit gehört). Auf die Freiheit im dichterischen Schaffen weisen auch andere lat. Autoren, wie Cicero, Phaedrus, Horaz u. Lucian (vgl. Büchmann).
Die Rda. *den Dichterlorbeer erringen* weist auf Ehrungen u. die Auszeichnungen des Dichters hin. Urspr. bezog sich die Wndg. auf die tatsächliche ‚Dichterkrönung', die vor allem z. Zt. der Renaissance eine Rolle spielte, vgl. Goethes ‚Tasso'. Heute wird sie nur noch in übertr. Sinn verwendet.

Lit.: *A. Erler:* Art. ‚Dichterkrönungen', in: EM. III, Sp. 728–729.

dick. *Etw. (jem.) dick(e) haben (kriegen):* es satt haben, seiner überdrüssig sein. Dick hat in dieser und verwandten Rdaa. noch den Sinn von mhd. dicke = oft, häufig. Ähnl. auch noch in den Mdaa., z. B. berl. ‚Det wirste bald dicke kriejen!'; sächs. ‚die Birnen dicke haben' (↗ Birne); ‚es dicke zwingen', mit Leichtigkeit.
Mhd. dic i.S.v. ‚groß' lebt auch noch in der Rda. *dicke Freunde sein.* Die Rda. *mit jem. (jedem) dick sein,* eine Verkürzung aus ‚dicke Freunde sein', ist erst im 20. Jh. aufgekommen. Die Reichen heißen im Volksmund auch ‚die Dicken' (auch ‚Dickköppe'; vgl. bair. ‚die Großkopfeten'); daher *(sich) dicke tun:* sich aufspielen, prahlen; *sich mit etw. dick machen:* angeben, sich mit etw. brüsten, sich aufblasen; ebenso ndl. ‚zich dik maken'; ‚dicke Töne reden', renommieren. In diesem Sinne begegnet die Wndg. schon bei G. R. Weckerlin in ‚Geistl. u. weltl. Gedichte' (1648): „... die durch gut u. gelt dick, aufgeblasen, frech u. prächtig versamblet gehen früh u. spat ...", u. später bei J. M. R. Lenz in seinen ‚Schriften', hg. v. L. Tieck (1828): „... macht sich einer so dick, lieber Himmel, wo kaltes Blut hernehmen?" Dagegen bedeuten die Wndgn. ‚dick in der Wolle sitzen', ‚dick drinsitzen', es sich wohl sein lassen, gute Einnahmen haben, wohlhabend sein; ‚es dicke haben', viel Geld haben.
Zu dick auftragen: übertreiben, wie der Maler, der zu viel Farbe für ein Bild verwendet.
Durch dick und dünn gehen: rücksichtslos vorwärts gehen, meint eigentl.: durch dicht und dünn, wie schon belegt bei M. Frank in ‚Coburgisches Friedens Dankfest' (1651): „... durch dick und dünn, durch Koth u. Wasser". Später (1774), in Justus Mösers ‚Patriotischen Phantasien' (1, 570), erscheint die Wndg. ohne ergänzenden Zusatz: „Jetzt geht alles mit seidenen Schuhen und Strümpfen durch dicke und dünne". Ebenso engl. ‚through thick and thin' und ndl. ‚door dik en dun'. Auch im Märchen (KHM. 199) begegnet die Wndg.

‚Durch dick und dünn'

Mit jem. durch dick und dünn gehen: ihm ohne Bedenken folgen, ihn auch in Schwierigkeiten nicht verlassen.
Einen dicken Schädel (Kopf) haben (auch *ein Dickschädel sein*): eigensinnig, unnachgiebig, schwer von Begriff sein; vgl. frz. ‚avoir la tête dure'; ähnl. *ein dickes Fell haben* ↗ Fell; *dicke Ohren haben:* harthörig sein, oder häufiger: sich schwerhörig stellen.
Das ist ein dickes Ding ↗ Ding.
Das dicke Ende ↗ Ende.
Dicke Luft ↗ Luft.
Beliebte Verstärkungen sind: *knüppeldick* und *faustdick; es faustdick hinter den Ohren haben* ↗ Ohr.
Die Zwillingsformel ‚dick und fett' kann sowohl im spöttisch-verächtlichen Sinne

gebraucht werden, wenn es um die Charakterisierung von Schlemmern, Fettwänsten (z. B. Falstaff) geht, aber durchaus auch im wohlmeinenden Sinne; zumal dicke Menschen als freundlich, gemütlich und vertrauenerweckend gelten. „Laßt wohlbeleibte Männer um mich sein", heißt es in Shakespeares ‚Julius Caesar' (1,2). In Zeiten verbreiteter Armut und grassierender Hungersnöte galt Wohlgenährtheit als ein Zeichen von Reichtum, wie überhaupt eine gewisse Beleibtheit zum Bild des ‚gestandenen Mannsbildes' gehört (E. Moser-Rath). Das Auftreten eines Prahlers und Angebers wird im obd. Raum gelegentlich kommentiert durch das Sprw. ‚Mr hot scho oft gmoint, es sei oiner dick; dabei isch er bloß gschwolle'.

Eine Reihe von Wendungen umschreibt mit ‚dick' Schwangerschaft: ‚eine Frau dick machen', sie schwängern. In vulgärer Umgangssprache wird der erigierte Penis auch als ‚Dickmann' bez. In diese Richtung verweisen auch erotische Sprww. wie ‚Kurz und dick – der Frauen Glück' oder ‚Kurz und dick gibt auch ein Stück'. ‚Dicke Berta' war die scherzhafte Bez. der von der Fa. Krupp im Ersten Weltkrieg gebauten schweren 42-cm-Mörser (so benannt nach Frau Berta Krupp von Bohlen und Halbach). Nur in der dt. Fassung heißt das bekannte amer. Komikerpaar des amer. Stummfilms, Stan Laurel und Oliver (Olly) Hardi, ‚Dick und Doof'.

Lit.: *E. Moser-Rath:* Art. ‚Dick u. fett', in: EM. III, Sp. 611–614.

Dieb. *Er kommt heimlich wie ein Dieb, er kommt wie ein Dieb in der Nacht* sind bildl. Redewndgn. bibl. Herkunft (vgl. 1. Thess. 5,2 oder 2. Petr. 3,10 u.a.) zur Bez. plötzlich eintretender unerwarteter Ereignisse; vgl. frz. ‚Il vient comme le voleur dans la nuit'.

Das hängt wie der Dieb am Galgen: es hängt schief, schlecht und macht einen liederlichen Eindruck. Schwäb. ‚Den Dieb vom Galgen nehmen', einem unverdienten Beifall zollen.

Sich diebisch freuen: seine heimliche Freude an etw. haben. ‚Diebisch' kann aber auch zur Verstärkung dienen, z. B. bei ‚ein diebischer Spaß'.

Eine diebische Elster ↗ Elster.

Lit.: *W. Müller-Bergström:* Art. ‚Dieb, Diebstahl', in: HdA. II, Sp. 197–239; *E. Moser-Rath:* Art. ‚Dieb, Diebstahl', in: EM. III, Sp. 625–639; HRG. I, Sp. 730 f.

Diebsdaumen. *Du hast wohl einen Diebsdaumen in der Tasche? Er trägt einen Diebsdaumen bei sich.* Diese Ausdr. wendet man auf einen an, der im Spiel großes Glück hat, allgemeiner auch auf einen, dem alle Unternehmungen glücken. Sie beruhen auf der abergläubischen Vorstellung des MA., daß dem Daumen eines Diebes zauberische Kraft innewohne. Man schnitt deshalb einem Gehenkten den Daumen ab oder stahl die ganze Leiche, um sie später des wichtigen Gliedes zu berauben. Diese Diebsdaumen wurden oft in Gold oder Silber gefaßt und von Spielern bei sich getragen, um so das Glück zu bannen.

Wirtsleute glaubten durch den Besitz eines Diebsdaumens Gäste anlocken zu können. Aus den Bützower Stadtakten (18. Jh.) geht hervor, daß der Diebsdaumen vom Gastwirt in das Bier gehängt wurde. Um seinen Absatz zu steigern, verlangte ihn der Bäcker leihweise, weil er sein Brot damit bestreichen wollte. In Campes ‚Wb. der dt. Sprache' (Bd. I [1807], S. 715 a) wird erklärt: „Man sagt daher von einem Menschen, der ungewöhnliches Glück hat, er trage einen Diebsdaumen bei sich". Später, als der Sinn dieser Rda. nicht mehr verstanden wurde, bezeichnete *einen Diebsdaumen haben* auch den Hang zum Stehlen.

Lit.: *W. Müller-Bergström:* Art. ‚Dieb, Diebstahl', in: HdA. II, Sp. 197–239, insbes. Sp. 239 f.; Dt. Volkslieder 5, S. 314–347, Nr. 86 ‚Die verkaufte Müllerin'; weitere Lit. s. ‚Dieb'.

Dieldapp. *Ein Dieldapp oder Dilldapp sein:* ein arger Tölpel, ungeschickter, alberner Mensch sein. Desgl. ‚Diltap', ‚Dildap', ‚Dilltap', ‚Tiltap'. Ein Dieldapp ist ein roher ungeschlachter Mensch, der auf den Dielenboden springt u. tobt bzw. plump umhertappt. Der Ausdr. Dieldapp tritt schon im 15. Jh. auf.

Diltap ist in den ‚Fastnachtsspielen' der Eigenname eines lärmenden Bauern, aber ebenso eine Bez. für den Tölpel:

herr der wirt, ich heisz der tiltapp,
ich bin gar ein einveltiger lapp

(Fastnachtsspiele aus dem 15. Jh. [1853],

857, 10). Auch Hans Sachs läßt einen Eberlein Dilltapp auftreten. Er meint außerdem (5, 410):

ein dildap brütt ander dildappen.

Dilldappe fangen wollen (gefangen haben): einem Fabelwesen auflauern (seiner habhaft werden). Scherzhaft heißt es dazu in St. Georgen (Schwarzwald), daß man dazu nur einen Knüppel u. einen Sack benötige, vor den man um Mitternacht ein Licht stelle. Dann könne man die ‚Dilldappe' in den Sack mühelos hineintreiben, ↗ Elbetritsche.

‚Für jem. eine Dilldappe fangen' (els.): ihn verächtlich u. barsch abweisen.

Diener. *Einen Diener machen:* eine bes. höfliche Verbeugung machen; vgl. auch ‚einen Bückling machen' (sich bücken); noch immer bei Herren üblich, die eine Dame oder höhergestellte Persönlichkeit formvollendet begrüßen wollen.

Die seit Ende des 17. Jh. gebräuchl. Wndg. meint urspr.: sich nach Art eines Bediensteten oder Untertanen ehrerbietig und unterwürfig erzeigen. Kleine Buben werden z. T. auch heute noch dazu aufgefordert, um wohlerzogen zu erscheinen, während die Mädchen einen Knicks zu machen haben, ↗ Gruß.

Dienst, Diensteid. *Über den Dienst nachdenken:* im Büro schlafen; eine euphemist. Redensart, die seit 1900 gebraucht wird.

Einen auf den Diensteid nehmen: Alkohol (Schnaps) trinken; eine in Beamtenkreisen übliche Rda., die wohl darauf zurückgeht, daß den Beamten der Genuß von Alkohol während der Dienstzeit verboten ist. Wer trotzdem ein Gläschen trinkt, verstößt gegen die Dienstvorschrift und muß den Alkohol auf den Diensteid nehmen.

Im Gegensatz dazu steht die Sentenz: ‚Dienst ist Dienst u. Schnaps ist Schnaps'.

Dienst nach Vorschrift machen: kennzeichnet den Behördenangestellten, der nur das erledigt, was die Vorschriften erfordern u. daher alles verzögert, meist in peinlich genauer Befolgung, oft aus einer inneren Protesthaltung wegen zu geringer Bezahlung oder mangelnder Anerkennung, statt Streik.

Im Dienste anderer sich verzehren ist ein geflügeltes Wort, das durch Bismarck (1815–98) bekannt wurde. Er gebrauchte die Wndg. in zwei verschiedenen Versionen; zuerst 1852 (in einem Brief an Leopold von Gerlach) den lat. Satz ‚Aliis inserviendo consumor': im Dienste anderer verzehr' ich mich.

Später (1881) verwandte er den Spruch in der abgewandelten Form: ‚Patriae inserviendo consumor' (im Dienste des Vaterlandes verzehre ich mich).

Fr. Graf hat die Sentenz hist. zurückverfolgt u. sie schon im Werk des Wolfenbütteler Bibliothekars F. A. Ebert, in seiner ‚Bildung des Bibliothekars' (1820, 55), entdeckt. Dieser bezeichnete den Satz als den Wahlspruch des Bibliothekars, der nicht für sich, sondern für andere arbeiten müsse. V. Radowitz dagegen verbindet ihn (1850) mit dem Bild der Kerze. Graf weist darauf hin, daß die brennende Kerze auch in der barocken Emblematik vorkommt (Emblembuch des G. Rollenhagen [1611], Nr. 31). Auch A. Lipp bringt den Satz in Zusammenhang mit der brennenden Kerze, u. zwar als Symbol des Arzttums. Aus seiner Sicht handelt es sich um das Symbol der Flamme, die in der Antike für Leben u. Tod stand u. sich später im Bild der Kerze zum Symbol des Dienstes an anderen wandelte.

Dienstbare Geister ↗ Geist.

Lit.: *A. Lipp:* Kerze als Symbol des Arzttums, in: Nova Acta Leopoldina (1959), S. 10ff.; *F. Graf:* ‚Aliis inserviendo consumor', in: Arcadia 4 (1969), S. 199–201; *A. Henkel* u. *A. Schöne* (Hg.): Emblemata (Stuttgart 1978), S. 1363; *L. Röhrich:* ‚Dienst beim Dämon', in: EM. III, Sp. 655–657.

Dilemma. *In einem Dilemma stecken:* eine schwierige Entscheidung zu treffen haben. Der Begriff ‚Dilemma' kommt aus der griech. Rhetorik. Er kann übers. werden mit ‚Wahl zwischen zwei Übeln' oder mit ‚Zwangsentscheidung'. Die Exemplifizierung des Sprw. ‚Wer die Wahl hat, hat die Qual' hat zu einer bes. Kategorie von Volkserzählungen Anlaß gegeben, in denen es in der Regel um (fast) unlösbare Rätselfragen, Denksportaufgaben oder Rechtsfälle geht. Der Mann der Fabel, der vor einem Löwen an einen Fluß flüchtet, in dem ihn ein Krokodil mit aufgesperrtem Rachen erwartet, befindet sich in einem Dilemma.

Lit.: *W. R. Bascon:* Art. ‚Dilemmageschichten, -märchen‘, in: EM. III, Sp. 670–673.

Ding. *Guter Dinge sein:* sich wohl befinden und froh sein; oft in der Verbindung *lustig und guter Dinge.* Das ältere Deutsch kennt eine ganze Reihe von adverbiellen Ausdr., die mit dem Gen. Plur. von Ding und einem Eigenschaftswort gebildet werden, z. B. ‚aller Dinge‘ (daraus wird mit unbegründetem s ‚allerdings‘), ‚platter Dinge‘ (‚platterdings‘) und ‚schlechter Dinge‘ (‚schlechterdings‘). Überall dient Ding hier nur zur Substantivierung des sächlichen Adjektivbegriffs, ähnl. wie in der Rda. *Das geht nicht mit rechten Dingen zu:* auf geheime, unrechte oder unnatürliche Weise.

Die Rda. ‚guter Dinge sein‘ erklärt sich nicht aus dieser unbestimmten Bdtg. des Wortes Ding, sondern aus mhd. gedinge = Hoffnung, Zuversicht, frühnhd. Laune, Stimmung. Der eigentl. Sinn der Wndg. ist demnach: voll guter Hoffnung sein, wie es in einem alten Reim heißt:

Guot gedinge machet das,
Daß der genißt, der siech was.

In einer Münchner Hs. wird überliefert:

Den Armen ist nie mer gegeben
Denn guot geding und übel leben.

In der ‚Postille‘ Geilers von Kaysersberg heißt es: „Dornoch so kümpt die Weynachten, so seynd wir dann wieder froehlich. Es heisset yetz guotts dings sein“. Recht anschaulich sagt Jeremias Gotthelf in seinem ‚Bauernspiegel‘: „Er strich alles, was ihm angehörte, heraus, so daß ich voll guter Dinge mit ihm aufbrach“. Die Wndg. begegnet öfters im Märchen, so in KHM. 20, 36, 54, 60, 92, 101 u. 177.

Ein Ding drehen: einen Einbruch, Raubüberfall oder ähnl. ausführen; die Rda. stammt aus der Gaunersprache und umschreibt ‚Verbrechen‘ verhüllend mit dem neutralen ‚Ding‘. Davon ist in der Umgangssprache abgeleitet: *Das Ding werden wir schon drehen (schaukeln, deichseln, fingern):* die Sache werden wir meistern und zum Ziel führen. Ebenfalls tabuistisch: *einem ein Ding verpassen:* ihm eins auswischen (↗ein).

Sich mit großen Dingen tragen: große Entwürfe machen, Pläne haben.

Ein Ding tun: sich zu einer Handlung entschließen, findet sich schon in Val. Schumanns ‚Nachtbüchlein‘, II:

Dieweil that der wirt ein ding
und verkaufft die 300 chineysen.

Über den Dingen stehen: von den Ålltäglichkeiten nicht berührt und belästigt werden; vgl. frz. être au dessus de celà‘.

Ein Ding mit 'nem Pfiff: etw. ganz Besonderes.

Das ist ein Ding!: Ausruf des Erstaunens über eine ungewöhnliche Sache. Dagegen: *Das ist ein dickes Ding:* eine schwerwiegende Sache, eine Gefahr, eine Unverschämtheit, auch als Ausdr. der Empörung gebräuchlich, ↗dick.

Den Dingen ihren (freien) Lauf lassen: in ein schwebendes Verfahren nicht eingreifen wollen, keine Beeinflussung oder Verhinderung beabsichtigen; vgl. frz. ‚laisser les choses aller leur cours‘.

Die Rda. *Der Dinge warten, die da kommen sollen* bezieht sich auf Luk. 21, 26. *Die Dinge an sich herankommen lassen:* in Ruhe die Entwicklung abwarten und sich nicht unnötig schon vorher aufregen.

Die Dinge (das Kind) beim rechten Namen nennen: mit schonungsloser Offenheit vorgehen, Klarheit schaffen; vgl. frz. ‚appeler les choses par leur nom‘.

Krumme Dinger drehen (machen): saloppe Wndg. für: illegale Handlungen aushekken oder begehen, sich mit Betrügereien befassen. Bei undurchsichtigem Gerede ist daher häufig die Mahnung zu hören: ‚Mach keine krummen Dinger!‘ Der Ausdr. ‚Dinger‘ steht als Mehrzahl für Ding, läßt aber – anders als bei der singularen Form ‚Ding‘ bzw. ‚Dings‘ – meist auf strafbare Handlungen schließen. Dagegen steht ‚Ding‘ oder ‚Dings‘ in der Volkssprache für jede Sache oder jeden Gegenstand, den man nicht näher bez. will oder kann, meist, wenn einem gerade das treffende Wort nicht einfällt. Daraus sind die kuriosesten Wndgn. entstanden: ‚Gib mir mal das Dings(-bums) da‘; ‚der Dings hat mir gesagt‘; ‚die Dings wird das wissen‘; ‚der Dinges ist doch ein blöder Kerl‘; ‚das ist ein komischer Dingerich‘; ‚wir übernachteten in Dings‘ (u. als erweiterte Wndg. in ‚Dingskirchen‘) usw. Einige dieser Wndgn. sind lit. geworden. Im Lustspiel, im Schwank u. in der Glosse begegnet vor allem der Ausdr. ‚Dingsda‘

322

DOLCE VITA

als Eigenname sehr häufig: „Der Fremde ist kaum gegangen, so meldet sich der Herr von Dingsda durch Herrn von Jemand" (in der Berliner Zeitung ‚Feuerspritze' [1854], Nr. 48); „der Feldmarschall Soundso und General Dingsda, der ehrenwerte Soundso und Generalmajor Sir Dingsdort..." (Augsburger Allgemeine Zeitung [1855], Nr. 101). In diesen Zusammenhang gehört auch die Operette von E. Künnecke: ‚Der Vetter aus Dingsda'.

Auch im Lied begegnet ‚Ding' als verhüllende Bez. für die Wünsche der Tochter, die sie nicht offen auszusprechen wagt:

Mutter, ich will en Ding han! –
Was für'n Ding, min Herzenskind? –
E Ding, e Ding.

Die Mutter macht in den nächsten Strophen verschiedene Geschenkvorschläge, bis sie schließlich errät, daß ihre heiratsfähige Tochter einen Mann haben möchte.

Lit.: *Ch. Welch:* ‚Give a thing and take a thing', in: Journal of American Folklore, 15 (1902), S. 193; *F. W. Palmer:* ‚Not a form thing', in: American Speech, 23 (1948), S. 314–315; *E. Kaufmann:* Art. ‚Ding', in: HRG. I, Sp. 742–744; *K.-S. Kramer:* Art. ‚Dingbedeutsamkeit', in: EM. III, Sp. 674–676.

dingfest. *Einen dingfest machen:* ihn festnehmen, festhalten, verhaften, ist eine Rda. aus dem Rechtsleben. Das Adj. dingfest ist nur in Dtl. und nur in dieser Rechtsformel bezeugt. Lit. ist das Wort auffallend spät, nämlich erst 1852 im ‚Jugendleben' von B. Goltz (1,90) erstmalig belegt. Zweifellos geht es jedoch auf das altdt. Rechtsleben zurück und bildet das Gegenwort zu mhd. dincflühtic = sich durch die Flucht dem Gericht entziehen. ‚Ding' bedeutet urspr. die Gerichts- und Volksversammlung, die Gemeinschaft der zum Rechtsprechen versammelten Männer, die öffentl. Versammlung, das altnordische Thing. In Dänemark und Norwegen heißt das Parlament noch heute Storthing bzw. Folkething (der Begriff ist auch noch in unserem Wort ‚sich verdingen', d. h. eigentl. sich rechtlich verpflichten, enthalten und in dem Sprw. ‚Aller guten Dinge sind drei'.).

Während das Wort dingfest den dt. Mdaa. fremd geblieben ist, ist das begriffsverwandte ‚handfest' seit dem 17. Jh. bekannt; im Bair. bedeutet ‚einen handfest

(auch handhaft) machen' ihn verhaften, in Ketten legen (↗ handfest).

Dolce vita. *Sich dem dolce vita hingeben:* dem ‚süßen Leben' huldigen. ‚Dolce vita' bezeichnete urspr. das ungezügelte Leben wohlhabender Müßiggänger, die sich das Leben mit schönen Frauen ‚versüßten'. Allg. bekannt wurde der Slogan erst durch den Film ‚La dolce vita' von F. Fellini, 1959 (mit Anika Ekberg). Im Laufe der Zeit hat die Wndg. einen Wandel dahingehend erfahren, daß sie auch allg. verwendet wurde für das ‚süße Nichtstun' oder ‚Faulenzen', z. B. im Urlaub.

Dolchstoß. *Einen Dolchstoß versetzen:* jem. (oft heimtückisch und von hinten) den Todesstoß geben. Der Dolch ist in Dtl. erst seit dem 16. Jh. bekannt. Vorher wurde die Bez. ‚Stoßmesser' bzw. ‚Degenmesser' gebraucht.

Die Rda. wird allgem. gebraucht i. S. v.: jem. in den Rücken fallen. In dieser Bdtg. begegnet sie auch in der berühmten *Dolchstoß-Legende* die in der Zeit nach dem 1. Weltkrieg aufkam u. im 2. Weltkrieg wieder auflebte. Es handelte sich dabei um die (auch im Ausland, bes. in der Schweiz u. in England) weitverbreitete These, wonach Teile der Heimatbevölkerung, vor allem die Sozialdemokraten u. die sozialistische Linke, durch ihre revolutionäre Tätigkeit dem ‚im Felde unbesiegten Frontheer' in den Rücken gefallen seien u. dadurch den Zusammenbruch verursacht hätten. Die von der ‚Neuen Zürcher Zeitung' am 17.12.1918 veröffentlichte Meinung, die dt. Armee sei ‚von hinten erdolcht' worden, wurde von der polit. Rechten aufgegriffen u. zur Kampfparole gegen die Linken erhoben. Sie spielte auch in der Nazizeit noch eine große Rolle, obwohl die These durch Untersuchungen u. Forschungen, vor allem aber durch den parlamentarischen Untersuchungsausschuß (Dolchstoß-Prozeß) schon im Jahre 1925 entkräftet u. in den Bereich der Legende verwiesen worden war. Heute gilt die ‚Dolchstoß-Legende' in der zeitgeschichtl. Forschung als faktisch widerlegt.

Lit.: *F. Frh. Hiller v. Gaertringen:* ‚Dolchstoß'-Diskussion und ‚Dolchstoßlegende' im Wandel von vier Jahrzehnten, in: Festschr. H. Rothfels (1963); *J. Petzold:*

DOMINO

zehnten, in: Festschr. H. Rothfels (1963); *J. Petzold:* Die Dolchstoßlegende. Eine Geschichtsfälschung im Dienste des dt. Imperialismus und Militarismus (Berlin 1963).

Domino. *Umfallen wie Dominosteine:* nacheinander umfallen, auch ‚Domino-Effekt‘ genannt nach dem Dominospiel, in dem rechteckige Steine nach einem best. System aneinandergelegt werden. Fällt einer der aufgestellten Steine um, so folgen alle anderen nach, ↗ Kartenhaus.

Donau. *Wenn die Donau eintrocknet:* das wird niemals geschehen. Die Wndg. begegnet u. a. auch in einem Schnadahüpfel, in dem es heißt: „Wenn die Donau eintrocknet, dann heiraten wir", d. h., es wird bestimmt nicht eintreten. Vgl. nie, niemals ↗ Pfingsten.

Lit.: *W. Danckert:* Symbol, Metapher, Allegorie im Lied der Völker, Bd. I (Bonn – Bad Godesberg 1976), S. 102.

Donnerstag. *Ein Donnerstagskind sein:* ein Glückskind sein. ↗ Sonntagskind. Der Donnerstag galt im Volksglauben als ein besonderer Tag. Viele positive Bdtgn. waren mit ihm verknüpft. Seinen Namen erhielt er von Donar (skand. Thor), nach dem im germ. Raum bei der Übernahme der siebentägigen Woche an Stelle des röm. Jupiter (‚dies Iovis‘) ein Wochentag benannt wurde, der Donartag (ahd. ‚donarestag‘, engl. ‚thursday‘). Einige im Volksglauben u. Volksbrauch als wichtig geltende Donnerstage wurden besonders herausgehoben u. erhielten eigene Bezeichnungen wie ‚Gründonnerstag‘, der ‚schmotzige‘ (fette) Donnerstag vor Fastnacht. Auch Christi Himmelfahrt und Fronleichnam fallen immer auf einen Donnerstag. ‚Pfinztag‘, der bayr. Name für Donnerstag, hat sich aus dem griech. πέμπτη ἡμέρα = fünfter Tag (der Woche) entwickelt.

Lit.: *G. Jungbauer:* Art. ‚Donnerstag‘, in: HdA. II, Sp. 346–349.

Donnerwache. *Auf der Donnerwache stehen, Donnerwache haben* sind bes. im Obersächs. verbreitete Rdaa. für das Warten auf die Geliebte oder den Geliebten in der Bdtg.: durch Liebesdienst festgehalten sein; z. B. ‚Unsere Marie geht abends auf die Donnerwache‘, sie schwätzt vor der Haustüre mit ihrem Schatz. Dieselbe Rda. gebraucht man auch, wenn der Ehemann in Erwartung des Klapperstorches das häusliche Heim nicht mehr zu verlassen wagt. Ein ähnl. scherzhafter Ausdr. für dieselbe Sache ist *Flanellwache.* Donnerwache nannte man urspr. um 1850 in kleinen sächs. Garnisonsstädten die Offizierspflicht, bei einem Gewitter am Ort zu bleiben, um bei etwaigem Einschlagen des Blitzes sofort an die Brandstelle reiten zu können. Der betr. Offizier durfte sich wegen der Donnerwache nicht weit aus seiner Garnison entfernen.

Donnerwetter. *Zum Donnerwetter nochmal!* Fluch, Ausdr. des Unwillens, vgl. frz. ‚Tonnerre!‘. *Donnerwetter Parapluie!* Ausruf des Staunens, entlehnt aus ‚Preciosa‘ (Text von Pius Alexander Wolff, Musik von Carl Maria v. Weber, 3. Akt, 3. u. 8. Auftr.). ‚Parapluie‘ = Regenschirm ist im Text entstellt aus ‚parbleu‘, und dieses ist aus ‚par Dieu‘ = bei Gott entstanden. *Ein Donnerwetter loslassen:* eine Strafpredigt halten, jem. tüchtig schelten, ihm grollen, eigentl. wie eine erzürnte Gottheit durch das Gewitter Furcht und Schrecken verbreiten. *Da soll doch (gleich) ein heiliges Donnerwetter dreinschlagen!* Die Strafe oder Vernichtung sollte sofort erfolgen. Hinter dieser Rda. steht die Vorstellung von der ausgleichenden Gerechtigkeit und dem Zorn Gottes über menschliche Untaten, wie im A. T. berichtet wird. Die Rda. enthält also eine Verwünschung. *Wie das leibhaftige Donnerwetter:* sehr schnell geschieht etw. Diese Wndg. stammt aus dem 20. Jh., besitzt jedoch einen deutlichen Bezug zum ↗ Teufel, der mit dem Donner in Verbindung gebracht und gern als ‚Leibhaftiger‘ bez. wird.

Lit.: *J. Balys:* Donner und Teufel in den Volkserzählungen der baltischen und skandinavischen Völker (Kaunas 1939).

doof. *Du bis ja doof:* Ausdrucksweise der Jugendsprache zur Bez. von dumm, blöd, schwer von Begriff. Das Wort ‚doof‘ begegnet noch in weiteren spöttischen Wndgn. wie ‚Klein Doofi mit Plüschoh-

324

ren (und Samtpfoten)'; ‚Doof biste nicht, du vastellst dir bloß jut' (berl.); ‚Doof bleibt doof, da helfen keine Pillen' (oft mit dem Zusatz ‚selbst Aspirin versagt'), auch abgekürzt gebräuchl.: D. b. d. d. h. k. P. (s. A. v.)'; ‚Doof ist besser wie bucklich, det sieht man nich so' (berl.), ↗ dumm.

Doppelgänger. *Einen Doppelgänger haben:* jem., der einem ‚wie aus dem Gesicht geschnitten' ähnl. ist. Daraus erwachsen nicht selten heitere, oft aber auch peinliche Verwechslungen. Urspr. war ‚Doppelgänger' eine Bez. für jem., von dem man annahm, er könne sich an zwei verschiedenen Orten zeigen (Bilokation), daher auch die in früheren Schriften häufig anzutreffende Schreibweise ‚doppeltgänger'), wie u. a. auch bei Jean Paul (1763–1825) im ‚Siebenkäs' (Sämtl. Schriften [Berlin 1926], 1, 93) beschrieben: „die Doppelgänger, so heißen die Leute, die sich selbst sehen". Wenn heute Doppelgänger-Ähnlichkeiten rational betrachtet u. durchaus für möglich gehalten werden, so haftet ihnen dennoch die Vorstellung von etw. Unerklärlichem u. Geisterhaftem an, wie sie auch im Volksglauben (Bildzauber), immer wieder begegnen. In der Sage findet sich der Doppelgänger hauptsächlich in folgenden Formen: Entweder jem. sieht seinen eigenen Doppelgänger oder sein Doppelgänger wird von einem anderen gesehen. Meist bedeutet das den bevorstehenden Tod, bisweilen kündet der Doppelgänger selbst den Tod an. Auch im Märchen ist das Doppelgänger-Motiv häufig anzutreffen, desgl. in der belletristischen Lit., in der es – vor allem seit der Entdeckung des Unbewußten – im Zusammenhang mit der Identitätskrise des Individuums eine Rolle spielt. Goethe, Maupassant, Shelley glaubten, ihren eigenen Doppelgänger gesehen zu haben. Die Dichtung entwickelte bei diesen Vorstößen in Grenzbereiche eine neue Version des Doppelgängers: die Verkörperung des unbewußten zweiten Ichs. Der Doppelgänger ist entweder der warnende Engel, das verdrängte gute Ich, oder der widrige Teufel als Vertreter der latent im Menschen schlummernden, immer wieder aufbrechenden bösen Triebe.

Im 20. Jh. hat sich der Film mit seinen spezifischen Möglichkeiten des Doppelgänger-Themas angenommen, desgl. die Science-fiction-Lit., in der Doppelgänger künstlich geschaffene Roboter sind. Sie stellen nicht mehr die Identität des Individuums in Frage, sondern eine hochtechnisierte u. damit letztlich unhumane Gesellschaft.

Eine nicht zu unterschätzende Rolle spielt das Doppelgänger-Motiv auch in Kriminalromanen, u. a. bei Kapitalverbrechen, Versicherungsbetrug oder Psychoterror, z. B. um bei jem. ‚Halluzinationen' hervorzurufen oder um Schockwirkungen zu erzielen, wie sie z. B. bei E. T. A. Hoffmann beschrieben werden: „... und beide, sich nicht nur gleichend, nein, einer des andern Doppeltgänger in Antlitz, Wuchs, Gebärde bleiben vor Entsetzen in den Boden festgewurzelt stehen". Auf den Schrecken, den ein solches Erlebnis darstellt, weist auch die Frage: *Hast du deinen Doppelgänger gesehen?* Sie wird meist dann gestellt, wenn jem. nach kurzer Abwesenheit schreckensbleich zu den andern zurückkehrt. Dagegen leisten die Doppelgänger gute Dienste als hilfreiche Stellvertreter, z. B. als ‚Double' im Film. ↗ Double.

Lit.: *O. Rank:* Der Doppelgänger, in: Imago 3 (1914), S. 97–164; *C. Mengis:* Art. ‚Doppelgänger' in: HdA. II, Sp. 346; *W. Krauss:* Das Doppelgänger-Motiv in der Romantik (Berlin 1930, Ndr. 1967); *W. E. Peuckert:* Der zweite Leib, in: Nddt. Zs. f. Vkde. 17 (1939), S. 174–198; *V. Meyer-Matheis:* Die Vorstellung eines Alter Ego in Volkserzählungen (Diss. Freiburg i. Br. 1974); *E. Frenzel:* Motive der Weltliteratur (Stuttgart 1976), S. 94–114 (mit Lit.); *W. Pape:* Art. ‚Doppelgänger', in: EM. III, Sp. 766–774.

doppelt. *Alles doppelt sehen:* betrunken sein; ähnl. schon in Joh. Paulis ‚Schimpf und Ernst': „Es daucht jhn, was er siehet wer zweyfeltig"; vgl. frz. ‚voir double'. ‚Doppelt' bez. allg. das Zweifache, Wiederholte oder Verstärkte. *Einen Doppelten bestellen:* Sich im Gasthaus oder Restaurant vom Ober die zweifache Menge Schnaps oder Branntwein bringen lassen. Verstärkend gedacht ist das Sprw. ‚Geteilte Freude ist doppelte Freude'. Andere Wndgn. wiederum enthalten einen Hinweis auf das Zwiespältige im Menschen, *das Doppeldeutige* das in einer zweideutigen Aussage z. Ausdr. kommt. Wer sich mehrdeutig ausdrückt, wird daher auch ↗ ‚doppelzüngig' genannt, oder er zählt zu denen, die *ein Doppelspiel treiben*, d. h. zwei verschiedene Haltungen einnehmen, meist in der Absicht, andere zu täuschen. Dagegen drückt der Begriff ‚doppelsinnig' das eine *und* das andere aus, also beide Möglichkeiten gleichzeitig. In der Mehrzahl der Fälle wird ‚doppelt' freilich als Verstärkung für ein und dasselbe gebraucht, wie in der Feststellung: *Doppelt genäht hält besser.*

Doppelt gemoppelt ist eine scherzhafte Bildung, in der eine Verdopplung durch die Doppelgliedrigkeit des Ausdr. bez. wird. Seit Goethe verwenden wir häufig die Verstärkung *doppelt und dreifach*. *Mit doppelter Kreide anschreiben* ↗ Kreide. *Ein doppeltes Spiel spielen* ↗ Spiel. *Eine Moral mit doppeltem Boden* ↗ Boden.

doppelzüngig. Die Wndg. *doppelzüngig sein* ist eine Übers. von ‚bilinguis', das in der klass. lat. Lit. oft begegnet und sich auf die gespaltene Zunge der Schlange bezieht. Murner nahm dies in seiner ‚Schelmenzunft' (XV, 15) ganz wörtlich: „Zwo zungen dragen in eim halß:", d. h. bald so, bald anders reden, so daß den Worten nicht zu trauen ist.

In der Bdtg. ähnl. sind die Rdaa. ‚kalt und warm aus einem Munde blasen' (↗ blasen) und ‚vorne lecken und hinten kratzen', ↗ Katze.

Dorf. *Das sind mir böhmische Dörfer:* es sind unbekannte, unverständliche Dinge, davon weiß ich nichts. Die Entstehung der Rda. ist daraus zu erklären, daß viele Ortsnamen des böhm. Gebiets den Deutschen, die die tschech. Sprache nicht verstanden, fremd klangen und bei der Aussprache Schwierigkeiten bereiteten. Die Wndg. tritt bereits 1595 in Rollenhagens ‚Froschmeuseler' (N. 1 a) auf:

ich sagt ihm das bey meiner ehren
mir das Behmisch Dörffer weren.

Eigentl. Verbreitung hat die Rda. erst seit dem Dreißigjähr. Krieg erfahren. In ihm wurde Böhmen derart verwüstet, daß unzerstörte Dörfer dort zur größten Seltenheit zählten. Zweifellos gewann in der Zeit dieses Krieges die Rda. einen doppelten Sinn; vgl. 1621 in Theobalds ‚Hussitenkriege' (3, 108): „Es war das Land alles verderbet, also dasz noch ein Sprüchwort von einem unbekannten Ding ist: Es seyn bohemische Dörfer". In Grimmelshausens ‚Simplicissimus' (Bd. I, S. 25) heißt es 1668: „Es waren mir nur Böhmische Dörffer, und alles ein gantz unverständliche Sprache". In Büschings ‚Wöchentlichen Nachrichten' von 1767 (Bd. 2, S. 128) wird der Ausdr. so erklärt: „Davon weiß er, versteht er nicht, das starrt er mit Verwunderung an, c'est du grec, c'est de l'algèbre pour lui". Dieser Satz wird im Frz. nicht als feststehende Redewndg. gebraucht, statt dessen heißt es: ‚C'est de l'hébreu (hebräisch) pour moi'. In seinem Roman ‚Insel Felsenburg' sagt Schnabel: „Ihm kamen alle diese Dinge nicht anders als ungewisse Dörfer vor". In Goethes ‚Werther' ist die Rda. mit der Wndg. *Das kommt mir spanisch vor* verschmolzen: „Das waren dem Gehirne spanische Dörfer". Jüd.-dt. heißt es auch gelegentlich ‚Das sen polnische Dörfer für mich'.

Die Feststellung *Das sind Potemkinsche Dörfer* bedeutet: es ist eine trügerische Vorspiegelung, nur äußerlich schön Hergerichtetes, das den wirklichen Zustand verbergen soll. Die Rda. beruht auf einem Ereignis der russ. Geschichte (nach zeitgenöss. Schilderungen): Fürst Gregory Alexandrowitsch Potemkin, seit 1774 Günstling und politischer Ratgeber der Kaiserin Katharina II., hatte 1783 die Krim erobert. Als die Kaiserin 1787 das neuerworbene Gebiet besuchte, ließ er schnell Dörfer an ihrem Weg errichten, die nur aus gemalten Fassaden bestanden, um ihr den wahren Zustand des Gebietes zu verdecken, sie zu täuschen und abzulenken. Ungeachtet dieser Attrappen lag jedoch tatsächlich eine beachtliche Kolonisationsleistung Potemkins vor, dessen eigentl. Bdtg. auf seiner mit unbeschränkten Mitteln durchgeführten Bevölkerungspolitik in den südruss. Gebieten beruht. Er gilt auch als Städtegründer, dessen phantastische Projekte nur teilweise verwirklicht wurden. Die Rda. *Potemkinsche Dörfer zeigen* meint auch: Blendwerk errichten, falsche Tatsachen vortäuschen.

Möglicherweise aus dem Hohen Lied Salomos (7, 12): „Komm, mein Freund, laß

326

uns aufs Feld hinausgehen und auf den Dörfern bleiben" stammt die Wndg. *auf die Dörfer gehen:* sich mit Geringerem abgeben als bisher, sich an Naheliegendes halten; eigentl. vom Hausierer gesagt, dessen kleiner Kram ihm in der Stadt keine Geschäfte erlaubt. Die Rda. drang in die Kartenspielersprache ein, wo sie das Ausspielen der Nebenfarben bez.; von da aus hat sie sich neu verbreitet. Ebenfalls aus der Skatspielersprache stammt die Rda. *aus jedem Dorf einen Hund haben:* Karten jeder Farbe.

Über die Dörfer gehen: etw. umständlich, weitschweifend tun oder erzählen.

Berlin ist doch keen Dorf: es ist modern und weltoffen; so wird die Großstadt verschiedentlich iron. mit Dorf bez., z. B. das ‚Millionendorf' München.

Zu Dorfe gehen, zu einem ins Dorf kommen sind bes. in den obd. Mdaa. gebräuchl. Redewndgn. für ‚in Gesellschaft gehen'. Die Rda. hat sich in den zerstreuten Ortschaften gebildet, wo Dorf den Mittelpunkt des Ortes mit der Kirche und dem Wirtshaus bez., wo man sich sonntags trifft. Vgl. auch frz. ‚Aller au village', in derselben Bdtg. heute noch auf dem Land gebräuchlich.

Du kommst mir auch noch ins Dorf: dich kriege ich schon noch zu fassen. *Er ist nie aus seinem Dorf herausgekommen:* sein geistiger Horizont ist beschränkt. *Die Kirche im Dorf lassen, die Kirche ums Dorf tragen, mit der Kirche ums Dorf gehen* ↗ Kirche.

Lit.: *Fr. P. Marchant:* ‚Böhmische Dörfer', in: Notes and Queries, 10th, 2 (1904), S. 86; *K. Kroeschell:* Art. ‚Dorf', in: HRG. I, Sp. 764–774; *K.-S. Kramer:* Art. ‚Dorflinde', in: HRG. I, Sp. 774–775; *H. Jäger, S. Helmfrid, H. v. Gadow, H. Jankuhn:* Art. ‚Dorf', in: RGA. VI, S. 82–114.

Dorn wird oft übertr. gebraucht für: Schwierigkeit, Unannehmlichkeit (vgl. ‚ein dornenvolles Amt, ein dornenreicher Weg' u. ä.). Schon mhd. heißt es in Freidanks ‚Bescheidenheit' (17,14): „disiu frâge ist ein dorn". Alte Rdaa., die hierher gehören, sind: *In den Dorn fallen:* in Sünde geraten, z. B. im ‚Renner' Hugos von Trimberg (2305):

doch vellet manger in den dorn,
von swelhem geslehte sie sin geborn.

Sehr bekannt ist die Stelle bei Joh. Fi-

schart (‚Aller Praktik Großmutter' 1623): „Sie ist in den Dorn getreten, wie die Magd, der der Bauch davon geschwol". Die Verbindung von Rose und Dorn verdeutlicht die Beziehung von Schönheit, Liebe und Schmerz, bzw. die Folgen von Liebe, wie z. B. im Volkslied:

Ach Mutter, ich bin im Rosengarten gewesen,
Da hab ich mir einen Dorn in den Fuß getreten.

Im Märchen ‚Dornröschen' (KHM. 50) schützt die Dornenhecke vor verfrühten Penetrationsversuchen. Den Bewerbern gelingt es nicht, bis zu Dornröschen vorzudringen. Wie in Goethes ‚Heideröslein' stechen sich die Freier, die die Rosen brechen wollen. Doch als der Reifungsprozeß abgeschlossen ist, erwacht Dornröschen aus seinem todesähnlichen Schlummer. Das Mädchen wird als heiratsfähige Frau wiedergeboren.

Der Kontrast von Dorn und Rose war den Gläubigen des Mittelalters sinnfälliger Ausdruck der typologischen Gegenüberstellung von Eva und Maria (‚Eva spina, Maria rosa'). Die Jungfrau Maria ist die ‚Rosa sine spinis', die Rose ohne Dornen. Der ‚Rosenkranz' gilt darum als Herzstück der Marienverehrung. Zum selben Symbolkreis gehört auch das Lied von Maria, die ‚durch ein Dornwald ging'. Als ‚Passionsrose' wird die Blume zum Symbol der Dornenkrönung Christi.

Einem den Dorn in den Fuß stecken: ihm etw. Böses antun, eine Schuld aufbürden, ebenfalls schon mhd. belegt, etwa bei Ulrich von Türheim:

ir woldet uns des schaden dorn
hân gestecket in den fuoz:
der dorn in iuwern stecken muoz
von gotes kraft iuwer tage.

Umgekehrt auch: *einem den Dorn aus dem Fuß ziehen:* ihn von seinem Leiden befreien; vgl. frz. ‚ôter à quelqu'un l épine du pied'.

Die Rda. stammt aus der Androklus-Tradition. Die hierher gehörigen Überlieferungen gehen auf eine Fabel des Phädrus (1. Jh. n. Chr.) zurück: Ein Löwe mit einem Dorn im Fuß kommt zu einem Hirten, der ihm den Dorn auszieht. Der Hirt wird später aufgrund falscher Anklagen festgenommen und in einer circensischen

Veranstaltung den wilden Tieren in der Arena vorgeworfen. Unter den Bestien ist auch sein gefangengenommener Löwe, der ihn erkennt und schützt.

Auf Dornen wandern: heimliche Nachstellungen erfahren, *unter Dornen sitzen:* gedrückt sein; 1513 sagt Tunnicius (Nr. 858 seiner Sprichwörtersammlung): „Och, och, ik wone unter den dornen!"; in Luthers ‚Tischreden' heißt es: „Wir Sachsen sind schwach, sitzen unter den Dörnen". Im Elsaß hat sich bis in unsere Zeit gehalten ‚Man meint, man sitzt uf den Dörnen', man fühlt sich sehr unbehaglich; auch frz. ‚marcher sur des épines'.

Einen Dorn hinter den Ohren haben: heimtückisch sein.

Einem ein Dorn im Auge sein: jem. unerträglich, verhaßt sein; diese Wndg. ist bereits den Minnesängern geläufig; bei Konrad von Würzburg findet sich im ‚Trojanerkrieg' (V. 22 871):

Paris was ouch nicht ein dorn
Helenen in ir ougen.

In Strickers ‚Karl' heißt es:
er ist ein helt ze handen
und sînen vîanden
in den ougen ein dorn.

‚Einem ein Dorn im Auge sein'

Luther hat diese Rda. in seine Bibelübers. mehrfach übernommen: „Werdet ihr aber die Einwohner des Landes nicht vertreiben vor eurem Angesicht, so werden euch die, so ihr überbleiben laßt, zu Dornen werden in euren Augen" (4. Mos. 33, 55, vgl. Josua 23, 13), von daher auch weiter verbreitet, z. B. ital. ‚un pruno negli occhi', ndl. ‚een doorn in het oog'. Geiler von Kaysersberg exemplifiziert die Rda. in seinem ‚Buch der Sünden des Munds' (Straßburg 1518): „Nim ein gleichnis bei einer muter die so vil kind hat und under denen ist ein eschengründelin (Aschenputtel) das ist ir ein dorn in den augen: es mag leicht nummen ein clein ding thůn, die muter schilt es". Vgl. auch die bibl. Wndg. ‚Den Balken im eigenen Auge nicht sehen, aber den Splitter im fremden', ↗ Balken.

Eine Rose unter den Dornen sein ↗ Rose.

Lit.: *K. Ranke:* Art. ‚Androklus und der Löwe', in: EM. I, Sp. 501–508; *J. R. Klima:* Art. ‚Dorn, Dornbusch, Dornenhecke', in: EM. III, Sp. 773–780; *G. Heinz-Mohr* u. *V. Sommer:* Die Rose. Entfaltung eines Symbols (München 1988).

Dornröschenschlaf. *Im Dornröschenschlaf liegen:* vor sich hin träumen, über lange Zeit unverändert bleiben, moderne Entwicklungen verschlafen, oft von ungenutzten Gebäuden oder von längst vergessenen Vorhaben gesagt.

Aus dem Dornröschenschlaf erwachen: wie zu neuem Leben geboren werden.

Jem. aus dem Dornröschenschlaf erwekken: ein Mädchen, das lange auf einen Freier gewartet hat, zur Liebe ‚erwecken'. Diese Wndg. begegnet noch heute in Heiratsanzeigen, in denen sich Frauen mit Dornröschen identifizieren.

Alle diese Rdaa. beziehen sich auf eines der bekanntesten Märchen der Brüder Grimm (KHM. 50).

Dösen. *Nach Dösen gehören (müssen):* geisteskrank sein und deshalb in die Anstalt in Dösen, einem Vorort von Leipzig, eingeliefert werden müssen, ↗ Haldensleben.

Jem. döst vor sich hin: er befindet sich in einem geistigen Dämmerzustand, im Halbschlaf. Das Verb ‚dösen' ist vermutl. von der Ortsbez. abgeleitet.

Ein Dösbartel sein: eine Schlafmütze, ein Dummkopf sein.

Double. *Jem. Double sein:* ihn doublieren, d. h. ihn bei Proben oder gefährlichen Szenen (z. B. im Film) ersetzen, seine Rolle übernehmen.

Mit einem Double arbeiten: mit einer Er-

DRACHE

satzperson, die mit der vertretenen Person meist eine solche Ähnlichkeit aufweist, daß sie als Doppelgänger bez. werden kann. Das Wort ‚Double' stammt aus dem Frz., hat sich aber für diese spezielle Betätigung auch in Dtl. durchgesetzt. ↗ Doppelgänger.

Ein anderes Wort ist das im Bad.-alem. gebräuchl. Schimpfwort ‚Dubel' i. S. v. Dummkopf, Tölpel, etwa in Wndgn. wie ‚Ich mach dir de Dubel': meinst du, ich lasse mich von dir ausnützen?; ‚do chönnt mr jo zu'me Dubel wäsche': da könnte man ja verblöden vor lauter Waschen'. Im selben Sinne ist ‚Dubel-Schule' ein Begriff für die frühere Hilfsschule. Zu einem Dummen sagt man in Freiburg: ‚Geh in d' Milchstroß Nr. 1 in d' Dubelschul' (Bad. Wb. I, 582 f.).

do ut des. *Nach dem do-ut-des-Prinzip handeln:* für alles eine Gegenleistung verlangen. Bei dem ‚do-ut-des-Standpunkt' handelt es sich um eine altröm. Rechtsformel für gegenseitige Verträge oder Austauschgeschäfte, nach der man mit einer Gegengabe oder einem Gegendienst rechnet. Dieser Grundsatz ist auch aus der Bibel geläufig, in der es heißt: „Gebet, so wird euch gegeben" (Luk. 6,38); „... mit dem Maß, mit dem ihr messet, wird man euch wieder messen" (vgl. Matth. 7,2; Mark. 4,24). Ähnliches wird durch die Formel ‚Manus manum lavat' (Eine Hand wäscht die andere) ausgedrückt. Sie war schon bei den alten Griechen bekannt u. begegnet in der latein. Fassung bei Seneca (4 v. Chr. – 65 n. Chr.) in ‚Apocolocyntosis' 9,5 wie auch bei seinem Zeitgenossen A. Petronius im ‚Satiricon'.
In Goethes Gedicht ‚Wie du mir, so ich dir' (‚Epigrammatisch', Weimarer Ausg. Bd. 2, S. 282) heißt es:

Hand wird nur von Hand gewaschen;
Wenn du nehmen willst, so gib!

↗ Hand.
In der sozialistischen DDR lautete die bis vor kurzem höchst aktuelle Variante ‚D. f. d.': Dies für das, d. h., man war in irgendeiner Weise gefällig und erwartete vom anderen Gefälligkeit.

Lit.: *J. Grimm:* Über Schenken u. Geben, in: Kleinere Schriften, II (Berlin 1882, Ndr. Hildesheim 1965), S. 173–210; *M. Lüthi:* Die Gabe im Märchen und in

der Sage (Bern 1943); *D. Schwab:* Art. ‚Gabe', in: HRG. I, Sp. 1364–1366; *W. Wunderlich:* Art. ‚Gabe', in: EM. V, Sp. 625–637, hier bes. 627.

down. *Ganz down sein:* sehr niedergeschlagen, erschöpft, ‚am Boden zerstört' sein. Die Rda. ist aus dem Engl. u. (wahrscheinl. wegen ihrer Kürze) unübersetzt ins Dt. übernommen worden. Sie war zunächst nur in Schüler- u. Studentenkreisen bekannt, setzte sich in den letzten Jahrzehnten jedoch auch in anderen Altersschichten durch.

Drache. Die phantastische Figur des Drachen gehört sowohl dem Mythos, der Legende an als auch dem Märchen und der Sage und ist eine der universellsten Gestalten der Folklore. Im Dt. gibt es für dieses Wesen zwei Worte: Lindwurm (zu lat. lentus: biegsam) und Drache (aus lat. draco, griech. δράϰων; gehört zum Verbum δέρϰομαι und meint eigentl.: der scharf Blickende).
Im Drachentötermärchen hat man den Prototyp aller Zaubermärchen überhaupt gesehen. Allerdings sind die meisten Drachenkampf-Motive bereits in antiken und vorderasiatischen Heldensagen und Mythen vorgebildet. Der lang anhaltende Glaube an die reale Existenz von Drachen fand seine Stütze u. a. auch darin, daß die Bibel an mehreren Stellen vom Drachen berichtet, der weithin mit dem Teufel gleichgesetzt wird (1. Mose, Daniel, Hiob, Apokalypse). Dem entspricht es auch, daß die kath. Kirche eine große Zahl von drachenbezwingenden Heiligen verehrt, von denen Georg und Margarete die bekanntesten sind. Unter dem Einfluß der christlichen Drachenkämpfer wird der Drachenkampf zum Inbegriff eines ma. Heldenlebens. Dietrich von Bern, Siegfried, Artus, Tristan, Lanzelot, Wolf Dietrich, Wigalois, Heinrich der Löwe und viele andere ma. Protagonisten der Heldenepik waren samt und sonders u. a. auch Drachenkämpfer.
In den emblematischen Darstellungen noch der Barockzeit wird der Krieg selbst als Drache dargestellt; oder der niedergeworfene Gegner wird symbolisch als besiegter Drache, der Sieger als Drachenkämpfer gesehen. Die Symbolisierung

eines militärischen oder politischen Sieges durch das Bild einer Drachenüberwindung ist ein weitverbreiteter Erzähl- und Bildinhalt. Die Idee der ‚Verdrachung‘ (entsprechend der ‚Verteufelung‘) des Gegners ist beliebig modernisierbar. Noch Zeitungskarikaturen der Gegenwart beweisen, daß jedes politische Problem zum ‚Drachen‘ werden kann (der Drache der Arbeitslosigkeit, der Inflationsdrache etc.).
Der im Wind fliegende Papierdrache, der die Feinde erschrecken sollte, entsprach in Ostasien wie in Europa einer gebräuchlichen Kriegslist, bevor er in der Neuzeit ins Kinderspiel überging. Aber auch den Kriegsmaschinen selbst, den Geschützen, Katapultschleudern etc., hat man in älterer Zeit die äußere Form eines Drachen gegeben. Zu diesem Imponiergehabe gehören auch Drachendarstellungen als Galionsfiguren von Schiffen oder auf Schilden, Standarten oder anderem Kriegsgerät. Aus diesen teils hist., teils mythisch-märchenhaften Reminiszenzen erklären sich auch die auf den Drachen bezogenen Redensarten.

‚Hausdrache‘

Sie ist ein wahrer Drache (Hausdrache), sprw. für ein herrschsüchtiges Weib; auch frz. ‚C'est un vrai dragon‘, in derselben Bdtg. Der Vergleich mit dem Drachen ist darauf zurückzuführen, daß der Drache in Mythologie und Folklore als feuerspeiendes Wesen mit giftigen Zähnen beschrieben wird. Der Vergleich ist alt. Schon im A.T. heißt es: „Mit einem Löwen, einem Drachen, wollt ich lieber hausen als mit einem bösen Weibe" (Sirach 25,22).
Bei der fliegt der Drache ein und aus wird von einer Frau gesagt, die man für eine Hexe hält und von der man glaubt, sie stehe mit dem Teufel im Bündnis.
Mit einer scherzhaften Übertr. vom Kinderspiel sagt man: *Ich lasse meinen Drachen steigen:* ich führe meine Ehefrau aus. Die junge Rda. *jem. Drachenfutter mitbringen:* eine Süßigkeit für die Ehefrau oder Schwiegermutter, bewahrt die alte Vorstellung vom Hausdrachen.
Dem Drachen die Zähne ausbrechen wollen: Versuch, einen ‚giftigen‘ Menschen zur Sanftmut zu bringen. Gelingt das, heißt es: *Der Drache hat seine Giftzähne verloren:* er ist zahm geworden. *In die Höhle des Drachen gehen:* einen streitsüchtigen Menschen besuchen (↗ Löwe). *Den Drachen aus der Höhle locken:* jem. ködern oder reizen, um ihn herauszulokken. *Wie ein Drache auf seinen Schätzen liegen:* sehr geizig sein. Der schatzhütende Drache kommt am frühesten in der Fabel des Phädrus (4, 21) vom Fuchs und dem Drachen vor: der Fuchs stößt beim Bau seiner Höhle auf einen Drachen, der auf seinem Schatz liegt.
In Märchen und Sagen tritt der Drache nicht nur als Schatzhüter, sondern auch als Schatzvermehrer auf, der das Gold wachsen lassen kann. Schon in der Spätantike war der Drache bekannt als Symboltier für die Mutter- und Vatersubstanzen des Goldes und für das Quecksilber. Er galt als Symbol der Metallverwandlung schlechthin. Die schatzvermehrenden Eigenschaften des Drachen haben in einigen Rdaa. ihren Niederschlag gefunden, so in: *Er hat den Drachen:* er bringt es zu Wohlstand, oder – wenn der Wohlstand ausbleibt: *Es ist noch kein Drache ins Haus geflogen.* Eine obersächs. Rda. lautet: *Der hat 'n Drachen:* der verdankt dem Drachen, d.h. dem Teufel in Drachengestalt, seine Reichtümer. Diese Redewndg. erinnert an den Volksglauben, daß der Drache den Menschen Schätze durch den Schornstein bringt, bei denen er aus und ein fliegt. So sagte man in

Schlesien, wenn jem. unvermutet zu großem Wohlstand gekommen war: ‚Inne, dar koan leicht räden – dam hots ju doch ock der Trache zur Fieresse runder geschmissen' (Kühnau: Schles. Sagen, II, Nr. 678). Bis weit in die Neuzeit hinein galten Wohlstand und Reichtum vielfach als Teufelswerk. Drache und Teufel verschmolzen zu einer Figur.

Veranlassung zu Drachensagen gaben auch die Gewässer, die sich von den Bergen ergossen oder das Land überfluteten. Auch in ihnen sah die Volksphantasie mächtige Schlangen oder Drachen. Die Rda. *Ein Drach ist ausgefahren* verwendet man, wenn der Gießbach von den Bergen stürzt. Sie beruht auf der vorwiegend alpenländischen Vorstellung des Wasserdrachens (DS. I, Nr. 217).

Lit.: *R. Knopf:* Der feurige Hausdrache (Diss. Berlin 1936); *I. Lämmermann:* Drachendarstellungen in Lit. und Kunst des MAs. (Diss. Wien 1968); *Cl. Lecouteux:* Der Drache, in: Zs. f. d. A. 108 (1979), S. 13–31; *F. Huxley:* The Dragon; nature of spirit, spirit of nature (London 1979); *L. Röhrich:* Art. ‚Drache, Drachenkampf, Drachentöter', in: EM. III, Sp. 787–820.

Drachensaat. *Das ist eine Drachensaat:* das ist eine Saat der Zwietracht. Diese Rda. hat ihren Ursprung in der antiken Argonautensage. Bei Hyginus und Ovid wird berichtet, wie Kadmus die Zähne eines von ihm erlegten Drachen aussät und unterpflügt. Daraus wachsen Krieger hervor, die sich gegenseitig erschlagen. Mit den fünf Übrigbleibenden gründet Kadmus die Stadt Theben. Die Rda. wird auch in der Form *Drachenzähne säen* gebraucht.

Die Drachensaat geht auf: die schlimmen Folgen werden sichtbar.

Lit.: *L. Röhrich:* Art. ‚Drache, Drachenkampf, Drachentöter', in: EM. III, Sp. 787–820.

Dragoner. Allg. bekannt ist der rdal. Vergleich *fluchen wie ein Dragoner;* nordostdt.: ‚Du moakst e Lepp, als wenn e Schwadron Dragoner drop reide well', du machst ein ärgerliches Gesicht.

Der ‚Dragoner' war in der dt. Armee ein ‚leichter Reiter'. Die fachsprachl. Bez. ist im 17. Jh. aus frz. ‚dragon' entlehnt, das auf lat. ‚draco' = Drache beruht. Frz. ‚dragon' war die urspr. Bez. einer Handfeuerwaffe (‚feuerspeiender Drache') für die Kavalleristen. Die Bezeichnungsübertragung erfolgte von der Waffe auf die mit ihr ausgerüsteten Reiter.

Von einem großen, plumpen, aller echten Weiblichkeit ermangelnden Frauenzimmer sagt man *Sie ist ein (wahrer) Dragoner. Sie ist ein Küchendragoner:* sie ist ein robustes Weib; auch Scherzname für ‚Köchin'. ‚Küchendragoner' war urspr. eine scherzhafte Bez. für drei brandenburgische Dragonerregimenter, die zwischen 1689 und 1704 zum Hofdienst nach Berlin beordert waren.

Draht. *Wie am Draht gehen:* steif und aufgerichtet gehen wie eine Drahtpuppe im Puppentheater. Die Rda. ist im Aussterben begriffen. Ein ‚Drahtzieher' ist eigentl. der Mann, der im Marionettentheater hinter den Kulissen seine Puppen am Draht führt, übertr.: jem., dessen Lenkungskünste nicht in Erscheinung treten; in neuerer Zeit vor allem als polit. Schlagwort gebraucht.

Der ‚Drahtzieher' war im MA. u. in der frühen Neuzeit ein wichtiger Handwerker, der durch das Ziehen eines Metallstabes durch das Zieheisen mit immer kleineren Ziehlöchern immer dünnere Drähte herstellte.

‚Drahtzieher'

Die Rda. *Draht ziehen* (ndd. trecken): sich derb und ohne Scheu aussprechen, bezieht sich auf das durch harte Arbeit geprägte rauhe Verhalten. Die Rda. hat in den Mdaa. öfters auch andere Bdtg., z. B. schwäb. ‚betteln, fechten', nordd. bes. ‚eilig davonlaufen', vielleicht unter dem Einfluß der Wndg. ‚Leine ziehen' (↗Leine). In unserem Jh. sind verschiedene heute sehr beliebte Rdaa. vom Telephon- oder Telegraphendraht, d.h. aus der techn. Fachsprache hergenommen worden, so *auf Draht sein:* auf der Höhe sein, sich ständig für Aufgaben bereit halten, tüchtig und lebhaft sein; auch: in guter Stimmung sein, die günstige Gelegenheit wahrnehmen, seinen Vorteil geschickt zu nutzen wissen.

Jem. auf Draht bringen: ihn in lebhaftere Tätigkeit versetzen; vgl. auch ‚drahtig‘, tüchtig, straff. *Zu jem. einen Draht haben:* zu jem. eine unmittelbare Verbindung, Beziehung haben; vgl. frz. ‚donner un coup de fil à quelqu’un‘ (qu.).

Solche Wndgn. kommen schon Ende des 19. Jh. auf; Bismarck erklärte z. B. 1891 der Wiener ‚Neuen Freien Presse‘: „Der Draht ist abgerissen, welcher uns mit Rußland verbunden hat“. *Der heiße Draht* ist die heutige Bez. für eine speziell installierte Telefonleitung zwischen den Hauptstädten der Großmächte für den (heißen) Ernstfall.

Draht in der Bdtg. von ‚Geld‘ stammt aus der Gaunersprache. Von da ist in die Umgangssprache übernommen: *Ihm ist der Draht ausgegangen:* er kann nicht mehr bezahlen, aber auch: er kann nicht mehr weiterarbeiten.

Einen Drahtseilakt vollführen: ein wahrer Balancekünstler sein, in übertr. Sinne: eine gefährliche Situation meistern, sich trotz aller Schwierigkeiten zu behaupten wissen, ↗ Balance.

Nerven haben wie Drahtseile ↗ Nerven, ↗ Seil(tänzer).

Lit.: *H. Beck* u. *H. Drescher:* Art. ‚Draht‘, in: RGA. VI, S. 140–152.

dran. *Es ist etw. dran* sagt man, wenn ein Sachverhalt nicht richtig dargestellt wird, aber trotzdem ‚ein Körnchen Wahrheit‘ enthält. In Rinckharts ‚Eislebischem Ritter‘ (V. 2485) sagt Polylogus, als das Gerücht, Luther sei vom Teufel geholt worden, im Volke umgeht:

Mein gnädigst Herrn wolln mir
verzeyhn,
Es muß doch etwas daran seyn.

Kann man von einer Sache oder einem Gegenstand sagen: *Da ist alles dran,* dann ist die Sache vollkommen, *es fehlt daran nichts.* Von einer Frau mit guter Figur sagt man: „An ihr ist alles dran‘. Sehr häufig wird die Rda. noch erweitert: *Da ist alles dran und nichts vergessen.* Aus dem südd.

Raum stammt die iron. Wndg. *Da ist alles dran, nur keine Bremsen.* Man will damit sagen, daß die Sache an sich tadellos in Ordnung und vollständig sei, bis auf eine wichtige Kleinigkeit. Höchst minderwertiges Zeug tut man mit der Bemerkung ab *Da ist alles dran und nichts vergessen, fehlt bloß der Griff zum Wegschmeißen.*

Einen drankriegen: ihn überlisten, zur Verantwortung ziehen.

Feste dran müssen: tüchtig arbeiten, sich plagen müssen, zupacken, helfen müssen, in die Arbeit eingespannt sein.

Sich dranhalten: beim Essen tüchtig zugreifen (frz. ‚bien se tenir à table‘), beim Genuß schöner Dinge der erste sein, das Angenehme im Leben rasch genießen, aber auch: sich bei der Arbeit beeilen, sich über etw. ständig aufregen, immer wieder davon sprechen.

Dran glauben müssen: das Opfer sein, sterben müssen. Formelhafte Wndgn. wie *drauf und dran sein:* im Begriff, gerade dabei sein, etw. zu beginnen, und *das Drum und Dran* einer Sache beachten (kennen), werden in der Umgangssprache häufig gebraucht.

Auf zahlreiche Erfindungen und Neuerungen paßt mit gutem Recht die volksläufige Wndg. ‚Das Neue daran ist nicht gut, und das Gute daran ist nicht neu‘. Dieser Satz ist eigentl. eine verzerrte Wiedergabe des Distichons ‚Auf mehrere Bücher. Nach Lessing‘, das J. H. Voß in seinem ‚Musenalmanach‘ (1792) veröffentlichte:

Dein redseliges Buch lehrt mancherlei
Neues und Wahres,
Wäre das Wahre nur neu, wäre das
Neue nur wahr!

Am dransten sein: an die Reihe kommen, bes. beim Kartenspielen und beim Anstehen in einer Schlange gebraucht. Witzige Steigerung von dran: ‚draner, am dransten‘.

Dreck. In vielen Kraft- und Scheltworten, in Rdaa. und Ausdr. gebrauchen Umgangssprache und Mdaa. das Wort Dreck; es bedeutet das Wertlose, Nichtige, ist auch oft identisch mit dem Anstößigen oder Unangenehmen, kann aber auch als Synonym für ‚Geld‘ gebraucht werden. In Bayern kann zu dem Veräccht-

332

lichsten gesagt werden: ‚Du bist dem Dreck sei Dreck‘, zugleich aber auch die Liebste zärtlich angeredet werden: ‚O du Dreckel du!‘. Nach diesen Gesichtspunkten ergibt sich eine Einteilung der zahlreichen Rdaa.
Dreck als Bild des Unnützen und Wertlosen: *sich einen Dreck um etw. kümmern:* sich nicht darum kümmern; ebenso im Gegenteil: *sich um jeden Dreck kümmern; sich an jedem Dreck stoßen:* an allem Anstoß nehmen, sich über alles und nichts ärgern, schon bei Fischart: „Sorgen macht worgen: vnnd macht euch also vnleidlich, daß jr an ein jeden Treck stoset, der im weg ligt" (Geschichtklitterung, 75 [1575], Neudr.); *sich bei jedem Dreck aufhalten:* bei Unwichtigem, bei jeder Kleinigkeit; *einen Dreck wissen (davon verstehen):* nichts wissen; *sich um einen Dreck zanken; einen Dreck wert sein:* völlig wertlos im Vergleich; *das geht dich einen (feuchten) Dreck (Kehricht) an:* das geht dich nichts an; *seine Nase in jeden Dreck stecken:* sich um alles kümmern, wohl vom schnüffelnden Hund hergeleitet.
Dreck in der Bdtg. ‚Widriges, Anstößiges, Unangenehmes‘: *Dreck am Stecken (am Ärmel) haben:* kein reines Gewissen haben, ein Heuchler sein. Wer durch Dreck gegangen ist und sich die Schuhe abgeputzt hat, um sauber zu erscheinen, der trägt am Stecken (bzw. am Ärmel) doch noch die verräterischen Spuren mit sich herum; an seinem Stecken bleibt immer etw. haften, die gegen ihn spricht. J. Gotthelf (‚Die Käserei in der Vehfreude‘ [1850], 447) bringt den ‚Dreck am Stecken‘ in Verbindung mit Lügengeschichten: „Du kannst der Lügner sein und den Dreck am Stecken haben".
Du hast wohl Dreck in den Augen (Ohren, Händen)? fragt man tadelnd die, welche beim Hinsehen, Zuhören, Zugreifen oder Festhalten nicht aufpassen. *Durch Dreck und Speck:* durch großen Dreck, ist soviel wie ‚durch dick und dünn‘; ‚Dreck und Speck‘ (durch Lautgleichheit miteinander verbunden) gehört zu den formelhaften stab- oder endreimenden Wndgn. wie ‚Sack und Pack‘, ‚Saus und Braus‘, ‚Mann und Maus‘ usw., ↗ach und ↗Bausch.
Im Dreck sitzen (stecken): in Not und Bedrängnis sein, wie das Fuhrwerk, das im

Kot versunken ist und sich ohne fremde Hilfe nicht befreien kann; vgl. frz. ‚être dans la merde‘ (umg.); ähnl. *es geht ihm dreckig; aus dem größten Dreck heraus sein:* das Unangenehmste hinter sich haben; *in den Dreck treten:* etw. Unrechtes tun, einen Fehltritt begehen und sich dadurch in Ungunst setzen; *jem. in den Dreck treten:* ihn unwürdig behandeln, nach Hiob 30, 19; *etw. (jem.) in (durch) den Dreck (Kakao) ziehen:* Häßliches, Verleumderisches über etw. (jem.) sagen; *sich um seinen eigenen Dreck kümmern,* ähnl. wie die Rda. ‚vor seiner eigenen ↗Tür kehren‘; vgl. frz. ‚se mêler de ses oignons‘ (wörtl.: sich um seine eigenen Zwiebeln kümmern).

‚Den Dreck rühren, daß er stinkt‘

Besonderer Dreck ist gemeint in der Redewndg.: *den (alten) Dreck rühren, daß er stinkt:* alte Dinge wieder aufwärmen; schon bei Geiler von Kaysersberg belegt, dann auch bei Thomas Murner: „den dreck rütlen, das er stinckt"; desgl. in: ‚Fastnachtsspiele aus dem 15. Jh.‘ (1853), 527, 17: „ie mer man den dreck rurt, ie fester er stinkt" u. bei Henisch (Teütsche sprach u. weißheit [1616], 746): „wer mit einem dreck rammelt, er gewinne oder verliere, so bekompt er doch beschissen hend". Diese Rda. wird zumeist im übertr. Sinne verwendet; entspr. engl.: ‚The more you stir, the worse you stink'. Sie bezieht den üblen Geruch nicht auf die aufgerührte Sache, sondern auf die Person, die den ‚Dreck am Stecken‘ hat u. der der schlechte Geruch anhaftet. Diese Ansicht begegnet schon bei H. Sachs (4, 2, 118): „dem sprichwort nach, wer mit dreck ficht, der bleibt von ihm nicht unbeschissen".

Mit Dreck werfen oder *Dreck schleudern:* Verleumdungen ausbreiten, ↗ Dreckschleuder.

Obersächs. ‚einen ins Dreckgässel führen‘, ihn in eine Verlegenheit bringen; ‚einen ganz und gar zu Dreck loben‘, ihn überschwenglich loben und herausstreichen. Westf. ‚den Dreck in't Hûs fegen‘, sich selbst schaden. ‚Dreckig lachen‘, schadenfroh sein.

Dreck steht in neueren Rdaa. als Ausdr. der Verachtung: *der letzte Dreck sein:* zum Auswurf der menschl. Gesellschaft gehören; *sich wie das letzte Stück(chen) Dreck benehmen:* äußerst schlecht; *jem. wie den letzten Dreck behandeln:* unwürdig, voller Verachtung.

Einen Dreckeimer (Dreckkübel) über jem. ausleeren: ihn mit unflätigen Worten beschimpfen.

Aus dem 20. Jh. stammt die Rda.: *Etw. wird (wurde) in den Dreck geschmissen:* nutzlos vergeudet.

Geld wie Dreck haben ↗ Geld.

Die Karre aus dem Dreck ziehen ↗ Karre.

Lit.: *A. Verwaetermeulen:* „De moze (modder) spletten", in: Biekorf 40 (1934), S. 32; *K. Spalding:* A note on German ‚Dreck am Stecken‘, in: Archivum linguisticum 10 (1958), S. 43–47; *T.B.W. Reid:* „The dirty End of the Stick", in: Revue linguistique romane, 31 (1967), S. 55–63.

Dreckschleuder. *Eine (wahre) Dreckschleuder sein:* Beschimpfungen u. Verleumdungen verbreiten; vgl. obersächs. ‚Der ihr Maul geht wie enne Dreckschleuder‘, sie schwatzt ununterbrochen, laut und schnell; steir. ‚Dreckschleuder‘, böse Zunge; die ‚Dreckschleuder‘ war urspr. eine Vorrichtung zum Fortschleudern von Kotklumpen bei Belagerungen.

Das ist eine elende Dreckschleuder, auch: *Dreckschleuder der Nation* sagt man von einer technischen Anlage, die außergewöhnlich viel Schadstoffe produziert u. daher die Umwelt schädigt, z. B. Auto,

Kamin, Kraftwerk u. ä. Es handelt sich um neuere Rdaa., die im Zusammenhang mit der Umweltzerstörung durch Schadstoffe u. Gifte entstanden u. erst seit 1987/88 allg. geläufig wurden. Als Bild der Verleumdung wird ‚Dreckschleuder‘ häufig in polit. Kampagnen verwendet.

Dreh, drehen. *Den Dreh heraushaben:* wissen, wie man etw. macht, geschickt sein; vgl. frz. ‚avoir le coup‘, ‚... le tour‘, ‚... le truc‘. Dreh hat in dieser Rda. die Bdtg. von ‚Täuschungsmanöver, List‘ und bezieht sich auf ein betrügerisches Verfahren beim Händler. Dieser konnte einem etwas ‚andrehen‘, d.h. einen nicht ganz einwandfreien Gegenstand beim Verkauf so drehen, daß sein Fehler verdeckt blieb; vgl. auch nordd. ‚einen Dreh machen‘, lügen. Weitergebildet zu *eine Sache drehen:* sie absichtlich entstellen. *Den richtigen Dreh 'rauskriegen (finden):* einen richtigen Ansatzpunkt, eine günstige Gelegenheit nutzen, um ein Ziel zu erreichen; vgl. frz. ‚prendre le coup‘. Dagegen heißt *nicht den richtigen Dreh kriegen* etw. verkehrt anfassen, nicht fertigbringen. *Im richtigen Dreh sein:* mitten in der Arbeit stecken.

Ein Ding drehen ↗ Ding.

Man kann es drehen und wenden, wie man es will: das ist eine doppelsinnige Rede (oft auch mit dem Zusatz: ‚es bleibt immer gleich undurchsichtig‘ usw.). Den Gegensatz dazu bildet die Feststellung: *Daran ist nichts zu drehen und zu deuten:* die Sache ist völlig eindeutig. *Seinen Mantel nach dem Wind drehen* ↗ Mantel.

Durchgedreht sein ↗ durch.

Auf komplizierte Mechanismen im 20. Jh. deutet die Rda.: *Jem. muß daran gedreht haben:* es verdorben haben oder Verwirrung gestiftet haben, weil er den falschen Hebel oder Knopf drehte.

Alles dreht sich um jem. oder *um etw.:* es bildet den absoluten Mittelpunkt; vgl. frz. ‚Il est le centre du monde‘ (wörtl.: Er ist der Mittelpunkt der Welt).

Bei jem. dreht sich alles: er ist schwindlig oder betrunken.

Den Drehwurm haben: schwindlig sein, nicht recht bei Verstand sein, aber auch: nicht verläßlich und wetterwendisch. Die Rda. beruht auf der alten Vorstellung von Würmern als Krankheitsdämonen und auf der Beobachtung von Kälbern, die den ‚Drehwurm‘ hatten, der sich als Parasit in ihren Köpfen befand.

Jem. eine Nase drehen ↗ Nase.
Jem. einen Strick drehen ↗ Strick.
Im Handumdrehen ↗ Hand.

drei. *Nicht bis drei zählen können:* geistig zurückgeblieben, blöde sein. Eine ganze Anzahl von Naturvölkern kann nicht bis drei zählen, d. h. besitzt nur Zahlwörter für eins und zwei, so daß höhere Zahlen durch kompliziertere Zusammensetzungen ausgedrückt werden müssen. Als Rda. soll die Wndg. ganz besondere Dummheit oder Unterentwicklung ausdrücken; vgl. lat. ‚Ne numerare scit‘ u. frz. ‚ne pas savoir compter jusqu'à trois‘.

Er stellt sich (tut), als ob er nicht bis drei zählen könnte: er benimmt sich wie ein Dummkopf, ist ähnl. schon bei Luther bezeugt: „Stellet sich also sehr schwach, als kündte er nicht vier zehlen" (Tischreden, 300ª); und in seiner ‚Sprichwörtersammlung‘ (Nr. 216): „Kan nicht drey zelen"; auch bei Joh. Fischart: „kan nicht trei zelen", und bei Abraham a Sancta Clara (‚Etwas für alle‘): „Er stellet sich, als wann er nicht könte drey zehlen". Durch Verstellung und vorgetäuschte Dummheit werden Vorteile gesucht: „Als ob er nicht bis drei zählen könne, so konnte dieser Lump sich anstellen, und gerade damit fing er die meisten Gimpel" (Polenz, Büttenbauer I, 36). Auch mdal. ist die Rda. reich bezeugt: ‚Der kann kaum auf 3 (5) zäle‘ oder ‚Mä meint, er könne net (auf) 5(e) zäle‘ (Fischer VI, 1030), ↗ fünf, ↗ vier.

Ehe man auf drei zählen kann: ganz schnell; vgl. frz. ‚Le temps de compter jusqu'à trois‘.

Drei gerade sein lassen erscheint vereinzelt anstelle der verbreiteteren Wndg. ‚fünf gerade sein lassen‘, es nicht genau nehmen (↗ fünf). *Es drei doppelt nehmen:* es dreifach nehmen, ist eine berl. Rda.

Auch zur Steigerung wird die ‚Drei‘ verwendet, z. B. *für drei arbeiten;* vgl. frz. ‚travailler pour deux‘, ‚... pour quatre‘ (wörtl.: für zwei, ... vier arbeiten); *Hunger für drei haben;* vgl. auch: ‚manger comme quatre‘: tüchtig essen. Ein scherzhafter Ausdr. für eine Fehlleistung ist *Dreimal abgeschnitten und immer noch zu kurz!*

(Erst) auf drei zählen: eine Weile warten; *dreimal darfst du raten.* Diese sprw. gewordenen Wndgn. entstammen der Kinderfolklore, werden aber auch gern von Erwachsenen gebraucht, z. B. wenn man Zeit gewinnen will für eine Antwort oder eine Sache geheimnisvoll und wichtig erscheinen lassen möchte. Erst nach dreimaligem Raten erfährt der Frager dann die richtige Antwort.

Die Zahl ‚Drei‘ war von jeher eine herausragende Zahl. Das Sprw. ‚aller guten Dinge sind drei‘ wird auf die Bdtg. der Dreizahl im ma. Recht zurückgeführt: dreimal im Jahr wurde Gericht (Ding, Thing) gehalten, zu jeder Weisung waren mindestens drei Urteiler nötig, der Gerichtsplatz wurde oft durch drei Bäume gekennzeichnet und danach bez. (z. B. Dreieichen) usw. Dagegen bedeutet der teilweise noch heute bekannte Satz: ‚Drei Dinge sind frei‘, daß die Wegnahme von drei Äpfeln, Trauben usw. als Mundraub galt und nicht bestraft wurde.

Die Liste der dreimaligen oder dreifachen Rechtshandlungen ist lang. Viele haben sich erhalten, einige auch in der Rda. oder in sprw. Wndg., wie z. B. der Satz: ‚Tres faciunt collegium‘ (in der Studentensprache oft erläuternd ergänzt durch: ‚wir zwei und ein Pokal‘). Er ist dem 2. Teil des ‚Corpus Iuris Civilis‘, der Gesetzessammlung des oström. Kaisers Justinian (527–565), entnommen und stammt von Nerus Priscus (um 100 v. Chr.). Dieser Rechtsspruch, wonach drei ein Kollegium bilden, bedeutet, daß wenigstens drei Personen vorhanden sein müssen, um einen Verein gründen zu können. Im akademischen Leben besagt der Spruch, daß außer dem Dozenten wenigstens zwei Studenten im Auditorium anwesend sein müssen, damit eine Vorlesung stattfindet.

Eine andere bekannte Sentenz lautet: ‚Sunt tria damna domus‘. Sie bezieht sich auf ‚die drei ärgsten Plagen‘, die im Sprw. in vielen Versionen erhalten geblieben sind, so z. B. in den Versen:

Drei Dinge sind dem Haus überlegen,
der Rauch, ein böses Weib und der Regen.

Eine große Rolle spielt die Dreizahl auch in der Erzähllit., in der sie weltweit verbreitet ist. Bes. häufig aber tritt sie in der

335

europ. Volkserzählung auf, u.a. die Dreierformeln ‚Drei Brüder', ‚Drei Wünsche', ‚Drei Gaben', ‚Dreiengelssegen' usw.
In der Bildkunst kommt die Dreiheit vor allem in Darstellungen der göttl. Trinität z. Ausdruck. Eine Parodie auf diese ist der Fluch ‚in Dreiteufelsnamen' ↗ Teufel.

Lit.: *J. Grimm:* RA. I u. II; *R. Müller:* Die Zahl drei in Sage, Dichtung u. Kunst (Teschen 1903); *H. Usener:* Dreiheit. Ein Versuch mytholog. Zahlenlehre (Bonn 1903); *A. Taylor:* „Sunt tria damna domus", in: Hess. Bl. f. Vkde. 24 (1926), S. 130–146; *H. Hepding:* „Sunt tria damna domus", in: Hess. Bl. f. Vkde. 42 (1951), S. 108–109; *A. Dundes:* The Number Three in American Culture, in: Every Man His Way (Englewood Cliffs 1968), S. 401–424; *G. Grober-Glück:* Motive u. Motivationen in Rdaa. u. Meinungen (Marburg 1974), Bd. I, § 29ff., bes. S. 47; *M. Lüthi:* Art. ‚Drei, Dreizahl', in: EM. III, Sp. 851–868; *W. Stammler* u. *A. Erler:* Art. ‚Drei', in: HRG. I, Sp. 783–784.

Dreier. Der Dreier ist eine früher sehr häufige Scheidemünze von geringem Wert. Der Groschen (in Schlesien ‚Böhm'!) hatte zwei ‚Sechser', dieser zwei ‚Dreier'. Das sind Reste aus der 12er-Währung bzw. -zählung mit Dutzend, Schock u. Gros. In Wien: ‚Gib mir an Fienverli' – ‚Do hast an' Sechser' (gleichwertig!). Man sagt deshalb noch heute: *etw. für einen Dreier tun:* um geringen Lohn etw. tun, z.B. obersächs. ‚Der läßt sich fer 'n Dreier e Loch durch die Nase (ins Knie) bohren'; *einen Dreier wert sein:*

Dreier (‚Seinen Dreier dazugeben')

nicht viel wert sein, auch: *Der eine ist einen Dreier wert, der andere drei Pfennige:* sie taugen beide nicht viel; schwäb. ‚Ich gebe keinen Dreier für sein Leben', ich zweifle daran, daß er sich von seiner Krankheit erholen wird. Berl. ‚Ick laß mir mei' Dreier wiederjeben', ich spiele nicht mehr mit. *Seinen Dreier dazugeben,* früher auch ‚sein Scherflein dazugeben': seine Meinung zu etw. äußern, so unbedeutend sie auch sein mag. Ähnl. heißt es schon in der ‚Zimmerischen Chronik' (Bd. 3, S. 457,36): „Do redt ain ieder sein pfenwärt (‚Pfennigwert') darzu".
Bekannt sein wie ein Dreier: überall bekannt sein, ähnl. wie der Dreier als Münze, der wegen seines niederen Werts überall geläufig war.
Ein Dreiergespann sein sagt man von Menschen, die immer zu Dritt erscheinen. Hierbei handelt es sich nicht um das ‚Dreiecksverhältnis', das sich auf ein verheiratetes Paar bezieht, bei dem noch eine dritte Person, d.h. ein(e) Liebhaber(in) mitgerechnet wird, sondern um jede beliebige Dreiergruppe, die gemeinsam auftritt, ↗ Troika.

Lit.: Münzen in Brauch u. Glauben (Mainz 1982), S. 232.

Dreimonatskind. *Sie haben ein gesundes Dreimonatskind bekommen* wurde früher anläßlich der Geburt eines Kindes gesagt, wenn die Eltern geheiratet hatten, als das Kind schon unterwegs war. Die absurde Logik solch anzüglicher Rechenexempel ist in mancherlei Schwänken erzählerisch ausgestaltet worden.

Lit.: *E. Moser-Rath:* Art. ‚Dreimonatskind', in: EM. III, Sp. 887–889.

dreizehn. Die ‚Dreizehn' gilt im Volksglauben als Unglück bringende Zahl. Verbreitet ist die Rda. *Jetzt schlägt's (schlägt die Glocke) aber dreizehn:* das ist ganz ungewöhnlich, unerhört! Die Uhr schlägt aber nicht dreizehn. Diese Zahl als die gefährlichste und bedeutungsvollste soll deshalb andeuten, daß etw. nicht mit rechten Dingen zugeht und der Teufel seine Hand im Spiel haben muß; denn das Sprw. sagt: ‚Dreizehn ist des Teufels Dutzend'. Daher auch: *Er ist der Dreizehnte im Dutzend:* er ist überflüssig, und bair. ‚alle dreizehn treiben', Liederlichkeiten aller Art treiben.
‚Dreizehn' ist die Zahl, die das geschlossene Zwölfer-System überschreitet (12

Götter, 12 Tierkreiszeichen, 12 Monate, 12 Stunden usw., 12 Stämme Israels, 12 Propheten, 12 Jünger). Eine Überschreitung hatte zunächst einen ,sprengenden' Sinn, konnte also auch eine positive Bdtg. haben, wenn z. B. eine herausragende, das Normalmaß überschreitende Person als Ergänzung bzw. Führung dazu kam. Ähnliches kannte schon das alte german. Recht, in dem zu den 12 Schöffen ein Richter hinzutrat, um mit ihnen zusammen das Recht zu weisen. Das kommt u. a. im Membrisser Weistum z. Ausdr. Darin heißt es: „dreizehn sitzen um den brunnen u. laßen sich recht lehren' (Grimm, Rechtsaltertümer I, 298). Ein Hinweis auf die Doppelbdtg. der Zahl ,dreizehn' findet sich auch in der jüd. Geschichte: Am 13. Tage des 12. Monats im 12. Regierungsjahr des Königs Xerxes (486–464 v. Chr.) sollten alle Juden getötet werden. Durch die Intervention der Königin Esther wurde dieses Unheil verhindert. So wurde aus der Dreizehn gleichzeitig eine Glückszahl.

In christl. Zeit hat die Zahl dreizehn fast ausschließlich unheilbringende Bdtg. Sie kann durchaus im Zusammenhang mit dem Tode Jesu gesehen werden, da er (oder auch Judas) ein ,Dreizehnter' war. Im Volksglauben hat sich entspr. die Zahl ,dreizehn' als Orakelzahl mit schlimmer Vorbedeutung verfestigt, als Vorankündigung eines nahenden Unheils. Ergab z. B. beim Essen die Zahl der Tischgäste dreizehn, so galt das als Zeichen dafür, daß der zuletzt Hinzugekommene (in manchen Versionen auch der Erste oder Älteste der Gruppe) bald sterben würde. Noch heute wird die Zahl dreizehn bei Tisch vermieden, d. h. die überzählige Person wird an einen anderen Tisch gesetzt oder eine zusätzliche Person herbeigeholt. Bei vielen Gelegenheiten gibt es keine Zahl dreizehn, wie z. B. in Hotels, in denen man selten ein Fremdenzimmer mit dieser Zimmernummer findet.

Auch der Begriff ,Bäckerdutzend' gehört in diesen Zusammenhang. Ihm haftet an sich eine gute Bdtg. an, nämlich die in früheren Zeiten geläufige Sitte der Bäcker, bei Abnahme von zwölf (einem Dutzend) Broten eines gratis als Zugabe hinzuzufügen. Um die Zahl dreizehn zu umgehen, wurde der Posten einfach das ,Bäckerdutzend' genannt.

Als besonders schlimme Vorbdtg. gilt das Zusammentreffen eines Freitags mit der Zahl 13 als Datum. Da der Freitag in christl. Vorstellung allein schon eine schlimme Bdtg. hat (hergeleitet u. a. vom Kreuzestod Christi an einem Freitag), wird die Verbindung mit der Dreizehn als Häufung schlechter Vorzeichen angesehen. Im Volksglauben weist dies auf bes. Pech oder Unglück. Viele Begebenheiten scheinen dies zu bestätigen, so z. B. der Start von Apollo 13 (im Jahre 1970) und sein unglücklicher Ausgang: Fast alle Daten, Namens- und Zeitangaben enthielten entweder die Zahl 13 direkt oder als (Quer-)Summe.

Vielfach wird die dreizehn aber auch mit Absicht als Glückszahl dargestellt oder ihre Unglücksbdtg. heruntergespielt, wie z. B. in der schwäb. Wndg.: ,Der dreizehnte gewinnt e Pfeifle'. ↗ Bäcker ↗ Dutzend ↗ Zwölf.

Lit.: *O. Weinreich:* Triskaidekadische Studien, Religionsgesch. Versuche u. Vorarbeiten XVI (Gießen 1916); *C. Puetzfeld:* Jetzt schlägt's dreizehn (Berlin 1937); *F. Neumann:* Dreizehn bei Tisch, in: Muttersprache (1951), S. 333 ff.; *J. Kleine:* Der Überzählige (Diss. Göttingen 1954); *dies.:* Der Überzählige. Geschichte und Entwicklung der Sage, in: Zs. f. d. Ph. 74 (1955); *L. Kretzenbacher:* Freveltanz und ,Überzähliger', Zum Balladen- und Sagentypus vom ,überzähligen' Tänzer, in: Carinthia I, 144 (1954), S. 843 ff.; *H. Bausinger:* Dreizehn. Eine Vorbemerkung, in: Volksleben 13 (1966), S. 7–10; *G. Grober-Glück:* Motive u. Motivationen in Rdaa. u. Meinungen, Bd. I (Marburg 1974), S. 41, 46 f., 50 ff.

dreschen, Drescher. Durch das Ausdreschen des Korns aus den Ähren wird für den Bauern der Ertrag seiner Arbeit auf dem Feld erst richtig sichtbar. Das Dreschen mit dem Flegel bot vor der Einführung des Maschinendruschs den Landarbeitern (Tagelöhnern) ihr winterliches Auskommen. Auf größeren Gütern dauerte das Ausdreschen der Jahresernte meist über die ganze Winterzeit und war zugleich die schwerste und anspruchsvollste jährliche Arbeit, die große Körperkräfte und dazu eine besondere rhythmische Geschicklichkeit erforderte. Die rdal. Wndgen., denen das Bild des Dreschens zugrunde liegt, verwenden das Wort gleichbedeutend mit Schlagen, Prü-

337

geln sowie zur Darstellung ungestümer, roher Vitalität.

Jem. dreschen, auf jem. eindreschen bedeutet, ihn schlagen, verprügeln, auf ihn einhauen, in dieser Bdtg. schon im 16. Jh. belegt: „... wie ihn ... der teuffel geblewet und gedroschen habe" heißt es bei Luther (Ausleg. der ep. vnd. euang. von der heyl. dreykönige fest etc., 1525). Mdal. z. B. ‚De hebbt wi ordig dördöscht' steht in Schlesw.-Holst. heute noch für ‚die haben wir tüchtig verprügelt'.

‚Drauflos dreschen'

Drauflos dreschen: rücksichtslos zuschlagen, nicht darauf achten, ob man jem. beim Prügeln verletzt; vgl. engl. ‚to tresh', ‚trash'. Die Doppeldeutigkeit von ‚dreschen' im wörtl. wie übertr. Sinne spielt u. a. eine Rolle in einem Schwank, in dem ein Bauer seinen Knechten vorhält, daß sie die Kornlagen nicht genügend ausdreschen. Er legt sich darunter, und die Knechte dreschen nun so ungezügelt drauflos, daß der Bauer fast die Besinnung verliert.

Lit. belegt ist die Wndg. schon früher, u. a. bei H. Sachs, 1578 (4.3.81):

bisz doch zuletzt einem gelang
dasz er sein brügel hoch aufschwang
und traf die saw vorn an die stirn
dasz sie fiel, zabelt mit alln viern,
diewiel die ander blind immerzu drasch
bisz doch der saw das liecht erlasch.

ferner bei G. Rollenhagen im ‚Froschmeuseler' 1595:

und wenn's denn käm mit einem lauf,
solten sie tapfer dreschen drauf.

Das Wort ‚verdreschen' ist vor allem bei Kindern noch geläufig für handfeste Streitigkeiten untereinander, wobei nicht selten eine ganze Horde über einen einzelnen herfällt.

Entspr. auch *Dresche kriegen:* Prügel bekommen. Bei Fischart, ‚Gargantua' 255a (1575), heißt es zum Beispiel: „treschten auf ihn wie auf einen esel". In Schlesien sagte man: ‚A drescht nei, wie of n gebarchta Oxa'.

Jem. aufs Maul dreschen gebrauchte schon Luther für ‚jem. zum Schweigen bringen'. Rhein. ‚De kann äver (aber) de Mul dresche' bez. dagegen einen geschwätzigen Menschen, der sein Mundwerk in steter schwungvoller Bewegung hält, wie der Drescher seinen Dreschflegel. In Anlehnung daran ‚Zungendrescher' und ‚Zungendrescherei' (↗ Zunge).

Phrasen dreschen, abgedroschenes Zeug reden: leeres Gerede von sich geben; Altes, schon Bekanntes wiederholen, genauso sinn- und nutzlos sprechen, wie *leeres Stroh dreschen* (↗ Stroh).

Eier dreschen ↗ Ei.

‚De kann em Backowen Kore dresche', sagt man in Trier von einem kleinen Menschen. Die Rda. geht auf eine weit verbreitete eschatologische Sage zurück, wonach die Menschen immer winziger werden, bis am Ende der Zeiten ihrer zwölf in einem Backofen dreschen können. Rhein. ‚Der hat meat em Deiwel Scheass gedrescht' (= er hat Sommersprossen) und nordd. ‚He sücht ut, as wenn de Düwel Arfen op em döscht harr' (von einem Pockennarbigen) parodieren den Sagenstoff vom Wettdreschen mit dem Teufel, bei dem es gewöhnlich hoch und unheilvoll hergeht. Der Vergleich ‚He is so möd, as wenn he 'n gansen Dag döscht hett' hält die Erinnerung an die schwere körperliche Anstrengung beim Dreschen wach. ‚E schläht dar wie en Drescher' (Bittburg), ‚de läßt Ferz wie en Drescher' (Trier), wie auch die Rda. *fressen wie ein Drescher* (↗ Scheunendrescher) halten die Vorstellung von der kraftvollen derben Vitalität des Dreschers fest. Das Bild des Grobschlächtigen wird auch auf das Musizieren übertragen: *das Klavier dreschen, auf dem Klavier ein Musikstück dreschen, einen Walzer dreschen* bedeuten, ein Musikstück ohne musikalisches Einfühlungsvermögen fehlerhaft und laut spielen. ,Das ist eine Drescherarbeit' steht für eine anstrengende schwere Tätigkeit und Luthers „die las nur grobe drescherspeise essen" meint bildl. rauhe Kost.

In fremden Scheunen dreschen wird als Metapher für außereheliche Beziehungen gebraucht. In sexueller Bdtg. wird der Ausdr. schon in Fastnachtspielen des 15. Jh. verwendet: „Mein flegel soll nit in deiner scheurn treschen". Und in einer Liederhandschrift aus dem 18. Jh. heißt es:

Es gieng gût tröscher v̂ber land,
er kam da er ze tröschē fand,
do fideler er ir,
do giget si im gar sûsse.
Zart iunckfrow ir sind wol gemût
vff v̂were ten, wer trossen gut [...]

Ein bair. Necklied lautet ganz im gleichen Sinne:

,Miadei, geh mit mir in Tenna naus,
da suach ma uns ja was zum Dröschn
                          raus!'
,Nana, mei Hansei, du mei liaba Bua,
zum Dröschn da is's ja noch z'fruah!'

Lit.: *A. Keller:* Fastnachtspiele aus dem fünfzehnten Jahrhundert, 3 Bde. (Stuttgart 1853); *G. Queri:* Kraftbayrisch (München 1912); *A. Bentzien:* Die mecklenburgischen „Drescher" und die Einführung des Maschinendrusches, in: Jb. f. Vkde. 10 (1964) S. 25–42; *I. Weber-Kellermann:* Arbeitsbräuche und Arbeitsfeste der Drescher, in: Arbeit und Volksleben. Deutscher Volkskundekongreß 1965 in Marburg (Göttingen 1967), S. 362–372; *R. Lickteig:* Eine Liederhandschrift aus dem 18. Jahrhundert [...] in der Fürstlich Fürstenbergischen Hofbibliothek zu Donaueschingen. Zulassungsarbeit Freiburg 1967, Mskr.; *K. Ranke:* Art. ,Dreschen', in: EM. III, Sp. 889–891; *A. Beck u. G. Wiegelmann:* Art. ,Dreschen', in: RGA. VI, Sp. 180–184.

Dritte. *Der lachende Dritte sein:* Nutzen ziehen aus dem Streit zweier anderer. Die Rda. steht in unmittelbarer Nähe des Sprw. ,Wenn zwei sich streiten freut sich der Dritte'.

Erfahrungsgemäß stört der ,Dritte' oft eine geschlossene Zweierverbindung, hängt sich an, mischt sich ein, sucht sie zu beeinflussen. In älteren lit. Zeugnissen wird daher oft vor der dritten Person gewarnt, die Zwietracht sät und die Vertraulichkeit des Wortes mißachtet:

Aber zwischen euch, euch Zwein
mische sich kein Dritter ein.
(Chr. F. Weisse, Komische Opern [1768–71], I, 194.)

Was kommt in den dritten Mund,
ist aller Welt kund.
(J. Meier, Hortulus adagior, 42.)

Der Dritte als Störenfried hat im allgem. aber nur dann Erfolg, wenn ihm Zugang gewährt wird. Ein Sprw. lautet:

Wo zwei sich vertragen,
da hat der Dritte nichts zu sagen.

Eine *Ehe zu dritt* bez. ein Dreiecksverhältnis, bei dem – zumindest stillschweigendes – Einverständnis zwischen den Beteiligten herrscht, ↗ Ehe.

Eine ausgesprochen positive Rolle hat der Dritte, der als Schiedsrichter zwischen zwei streitenden Parteien vermittelt, d. h. wenn sie *mit Hilfe Dritter* ihren Streit beizulegen versuchen. Positiv ist auch die Bdtg. des Dritten in einem echten Treuebündnis unter Freunden. Wegen seiner Seltenheit hat Schiller ihm in seiner ,Bürgschaft' ein Denkmal gesetzt mit den Worten:

Und die Treue, sie ist doch kein leerer
                          Wahn.
Ich sei, gewährt mir die Bitte,
in eurem Bunde der Dritte.

Mit der Wndg. *zum dritten Male* ist zumeist eine Warnung verbunden. Sie bedeutet soviel wie ,zum letzten Mal', weil nach alter Regel eine Aufforderung nach dem dritten Ruf (bei Auktionen: Hammerschlag) nicht mehr wiederholt wird. Aus der Versteigerungspraxis stammt auch die abgekürzte Form *zum Dritten.* Neuere Wndgn. sind: *Länder der Dritten Welt:* Staaten in Asien, Afrika u. Europa, die ihre neutrale Stellung im Ost-West-Konflikt betonen, u. *Drittes Programm:* Alternativprogramm der Fernsehanstalten für Zuschauer mit bes. kulturellen u. bildungsorientierten Interessen, ↗ Welt.

Lit.: *M. Lüthi:* Art. ,Drei, Dreizahl', in: EM. III, Sp. 851–868.

Drohne. *Eine Drohne sein,* häufiger: *ein Drohnendasein führen:* den Nutzen aus der Arbeit anderer ziehen, es sich auf Kosten anderer wohl sein lassen, ohne sich selbst anstrengen zu müssen, sich verwöhnen lassen, ein ↗ Schmarotzer sein.

Das aus dem Ndd. im 17. Jh. ins Hd. gelangte Wort ‚Drohne‘ ist mit ‚dröhnen‘ verwandt u. bez. das stachellose Männchen der Honigbiene, das sich von den Arbeiterinnen im Bienenstaat füttern läßt, ohne selbst beim Sammeln des Honigs zu helfen. Auf den Menschen übertr. wurde ‚Drohne‘ im 19. Jh. zum sozialpolitischen Schlagwort für den faulen Nutznießer fremder Arbeit.

Lit.: K. Ranke: Art. ‚Biene‘, in: EM. II, Sp. 296–307.

Druck, drücken, Drücker. *Im Druck sein; in Druck kommen:* in drückender Lage, in augenblicklicher Notlage, Bedrängnis, auch in Geldverlegenheit sein; obersächs. ‚Der is egal in Druck‘, immer in angestrengter Tätigkeit (vgl. ‚unter Zeitdruck stehen‘); frz. ‚être sous pression‘.

Etw. unter Druck tun: bei einer Arbeit bedrängt werden, sie schneller zu erledigen.

Jem. unter Druck setzen: jem. bedrohen, ihn einschüchtern, ihm unter Drohungen etw. abnötigen; nach dem Bild des unter Druck gesetzten Dampfkessels (vgl. ‚jem. Dampf machen‘); vgl. frz. ‚mettre quelqu'un sous pression‘.

Sich drücken: eigentl. sich schmal machen, meistens gebraucht i. S. v.: sich davonstehlen, sich unbemerkt entfernen, sich einer Anforderung entziehen. Schon in Seb. Brants ‚Narrenschiff‘ (103, 88) ist belegt:

sie dunt in selber schad und schand: mancher der drückt sich uß dem Land.

Bei Goethe heißt es:

Weiß sich in Zeit und Art zu schicken, Bald sich zu heben, bald zu drücken.

Wer sich wiederholt erfolgreich einer Pflicht entzogen hat, wird seit dem Ende des 19. Jh. auch ‚Drückeberger‘ genannt. In der Soldatensprache sagt man für ‚sich vor etw. drücken‘ auch *Druckpunkt nehmen* (eigtl. ein Teil des Schießvorgangs).

Jem. an die Wand drücken ↗ Wand.

Wissen, wo jem. der Schuh drückt ↗ Schuh.

Auf die Tube drücken: sich anstrengen, sich beeilen.

Am Drücker sein (sitzen): an der Macht sein, eine bedeutende Stellung einnehmen, eine sehr junge Rda., die sich wohl von dem elektr. Türöffner herleitet; vgl.

rheinhess. ‚Der hat den Drücker gleich bei der Schlink (‚Klinke‘)!‘; vgl. frz. ‚tenir les leviers de commande‘ (wörtl.: am Steuerhebel sitzen).

Auf den letzten Drücker kommen: im letzten Augenblick kommen. Die Rda. stammt vermutl. aus der Sprache der Kartenspieler und bedeutet soviel wie: auf den letzten Point, d. h. gerade noch mit dem letzten Stich einen Punkt machen (die Karten auf den Tisch drücken).

Wie gedruckt lügen ↗ lügen.

Druckposten. *Auf einem Druckposten sitzen, einen Druckposten bekleiden:* eine ungefährliche und bequeme Arbeitsstelle haben. Diese Rda. bürgerte sich seit 1914/18, von der Soldatensprache kommend, in der Umgangssprache ein. Der Druckposten ist die verächtliche Bez. des Soldaten für eine Dienststelle, auf der man sich vor mutigem und verantwortungsbewußtem Handeln erfolgreich drücken kann (↗ Druck).

drunter. *(Unten) drunter durch sein:* sein Ansehen oder seinen Besitz verloren haben, sich unmöglich gemacht haben. Die Rda. erinnert an den Ausdr. ‚durchfallen‘ (↗ Korb), beruht aber wohl doch auf einer allgemeineren Vorstellung. Schon in der ‚Zimmerischen Chronik‘ heißt es (Bd. 1, S. 49, 20): „Die graffen von Lützelstein waren irer gueter halber in deutschen landen hindurch“. Mit ähnl. neuerem Scherz: ‚Er ist in der Versenkung verschwunden‘ (wie auf der Bühne).

Es geht alles drunter und drüber: es geht ↗ durcheinander; vgl. frz. ‚mettre sens dessus dessous‘.

Drüse. *Daß dich alle Drüsen plagen! Die Drüse auf seinen Kopf!* sind heute kaum noch gebräuchl. Verwünschungen, in denen das Wort Drüse i. S. v. ‚Pestbeule‘ gebraucht wird. Vom 15.–17. Jh. sind diese Wndgn. oft belegt, z. B. mehrfach bei Joh. Fischart („die trüeß ... auff deinen Kopff“), bei Joh. Pauli („Daß du die drüss müssest haben“) oder bei Joh. Agricola („Die drüss gehe dich an“)!

Auf die Tränendrüse drücken ↗ Träne.

Lit.: Dt. Wb. II, Sp. 1458–60: *Wander* I, Sp. 700; *H. Siefart-Gerke:* Sprww. und Rdaa. bei Johann Fischart (Diss. München 1953).

Du. *Mit jem. auf Du und Du stehen, sich mit jem. duzen:* mit ihm auf freundschaftl. Basis verkehren, ihn mit dem vertraulichen ‚Du' anreden, statt mit dem distanzierenden Sie. *Jem. das Du anbieten:* ihn zum Freund haben wollen, mit dem man weniger formell umgehen kann. *Mit jem. Duzfreundschaft schließen:* ihn mit dem Vornamen und mit Du anreden, wie einen vertrauten Freund.

Manchmal wird das ‚Du' aber auch iron. eingesetzt, wie in den Rdaa. ‚*Du bist mir (auch so) einer':* das hätte ich nie von dir gedacht, das hätte ich dir nie zugetraut – u. U. sogar in gewisser Anerkennung gesagt. Auch erweitert, z. B. ‚du bist mir ein Schlawiner', d. h. ein ⟋Schlitzohr.

Du bleibst doch immer, was du bist: du kannst dich in deinem Wesen trotz aller Anstrengungen nicht grundlegend ändern. Dieser Satz aus Goethes ‚Faust' wird so vielseitig verwendet, daß er je nach der vorliegenden Situation verschiedene Bdtgn. haben kann. Mephisto gebraucht ihn in folgendem Zusammenhang:

Setz dir Perücken auf von Millionen
Locken,
Setz deinen Fuß auf ellenhohe Socken,
Du bleibst doch immer, was du bist.

Du ahnungsloser Engel, du, wenn man jem. zu verstehen geben will, daß er eine sehr naive oder oberflächliche Meinung von etw. hat. Die Worte stammen aus Goethes ‚Faust I.' (Studierzimmer).

Die Wndg.: *Du bist verückt mein Kind,* mit der z. Ausdr. gebracht wird, daß das eben Gesagte völlig irreal ist und jeder Grundlage entbehrt, entstand nach einem Lied aus der Operette ‚Fatiniza' von F. Zell u. R. Genée, vertont von Franz von Suppé (1820–95).

Bekannt sind Schreckens- oder Erstaunensrufe wie ‚(ach) du liebes Bißchen', ‚(ach) du grüne Neune', ‚(ach) du meine Güte', abgekürzt: ‚du mei', ⟋ Bruder, ⟋ Sie.

Lit.: *H. Trümpy:* Das Duzen im Vormarsch, in: Schweizer Vkde. Korrespondenzblatt 67 (1977), S. 18–21, 56–60, 79–84.

Dudelsack. Die Volkssprache verwendet den Dudelsack oft zu sprw. Vergleichen; allg. verbreitet ist die Rda.: *Er sieht den Himmel (die Welt) für einen Dudelsack an:* er ist nicht recht bei Trost. Obersächs. ‚Er lebt von der Luft wie ein Dudelsack', er ist bescheiden und anspruchslos. Nordd. ‚Da huckt wie ostpreische Duddelsack', er sitzt steif und hölzern da, auch: ‚Da es besoffe wie e Duddelsack'. Bekannt ist: ‚Ich schlage dich, daß du den Himmel für einen Dudelsack ansiehst' (⟋ Himmel).

Auf zwei Dudelsäcken zugleich blasen: mehrere Dinge auf einmal tun; vgl. frz. ‚courir deux lièvres à la fois' (wörtl.: gleichzeitig zwei Hasen nachlaufen).

Duft. *Sich den Duft der großen, weiten Welt um die Nase wehen lassen:* in ferne Länder reisen, um das Fluidum anderer Menschen, Regionen u. Erdteile kennenzulernen. Die Rda. ist hervorgegangen aus einer Zigarettenwerbung, die sich die Sehnsucht der Menschen zunutze macht, z. B. nach Abenteuern u. nach einem Leben in Reichtum, das die angenehmen Seiten der ganzen Welt verspricht.

In dieser Wndg. wird ein Begriff vom Einzelnen aufs Ganze übertragen. Jeder Gegenstand, jedes Tier, jede Blume u. jeder Mensch hat seinen persönlichen Duft, der freilich nicht immer mit dem eines anderen vereinbar ist. Das führt zu allerlei spöttischen Rdaa., wie z. B.: *Er (sie) hat ein ganz spezielles Düftchen,* womit eine Sorte Seife oder Tabak, Käse, Knoblauch oder Blumen gemeint sein kann. Oft bezieht sie sich auf die völlige Abwesenheit eines Dufts oder auf einen künstlichen Duft wie Rasierwasser oder Parfüm. Wird zuviel davon benutzt, heißt es häufig: *Er duftet wie ein Moschusochse.* Ähnl. die Wndg. *eine Duftwolke verbreiten (hinterlassen)* oder die neuere, vom Hundeverhalten abgeleitete Rda. *seine Duftmarke setzen,* d. h. man kann mit der Nase riechen, wo jem. war, ohne ihn gesehen zu haben.

Duftstoffe stehen für Menschen. Das hat Patrick Süskind in seinem Erfolgsroman ‚Das Parfüm' deutlich gemacht. Ist ein (zugelegter) Duft gut, hat das häufig die direkte Frage zur Folge: *Welche Duftnote bevorzugen Sie?* Meist wird sie im Fachgeschäft gestellt, so sich jem. ‚seinen Duft kaufen' will.

Unmißverständlich ist die Aufforderung

341

‚verdufte'. Der Volksmund verwendet den Ausdruck auch im Sprw. ‚Wenn die Frau verblüht, verduftet der Mann'; ↗Geruch, ↗Nase, ↗riechen, ↗stinken.

Aus dem jidd. ‚tow' = gut abgeleitet ist das Wort ‚dufte' = außerordentlich, tadellos, sympathisch.

Es hat sich in den Nachkriegsjahren (ca. 1945–60) von Berlin aus über ganz Dtl. verbreitet u. war vor allem bei Jugendlichen sehr beliebt als Ausdr. der Zustimmung u. Begeisterung, z. B. für ein hübsches, attraktives Mädchen, eine sog. *dufte Biene*. Obwohl das Wort etymol. nichts mit ‚Duft' zu tun hat, wurde es dennoch mit Duft oder ‚Flair' in Beziehung gebracht.

Lit.: *L. Röhrich:* Gebärde, Metapher, Parodie (Düsseldorf 1967), S. 63; *W. Danckert:* Symbol, Metapher, Allegorie im Lied der Völker (Bonn-Bad Godesberg 1976), S. 1006; *A. Corbin:* Pesthauch u. Blütenduft. Eine Geschichte des Geruchs (Berlin 1984).

Dukaten. *Dukaten haben:* reich, vermögend sein. Lit. in der ‚Verkauften Braut' von Bedřich Smetana:

Weiß ich doch eine,
die hat Dukaten, hat Dukaten.

Dagegen: *An seinen Dukaten nicht schwer zu tragen haben:* arm, unvermögend sein. *Dukaten gegen Pfennige auswechseln:* etw. Gutes gegen etw. Schlechtes tauschen. Das Sprw. ‚Dukaten werden beschnitten, Pfennige nicht': Reichen wird genommen, Armen nicht, weist auf die Zeit der ↗Kipper und Wipper. *Die Dukaten drehen sich aus dem Beutel:* sie verschwinden wie von selbst. *Kein Dukatenscheißer sein.* ↗Geld.

Lit.: *H. Mané* u. *L. Veit:* Münzen in Brauch u. Aberglauben (Nürnberg 1982), S. 233.

dumm, Dummheit. Die dt. Sprache besitzt einen großen Reichtum an Rdaa. zur Bez. der Dummheit eines Menschen (vgl. die Zusammenstellungen bei Wander I, S. 463 u. 704ff., Küpper I, S. 98f. u. 373). Meistens handelt es sich hierbei um sprw. Vergleiche, in denen dumm durch einen Zusatz eine Steigerung erfährt: *Er ist so dumm wie Bohnenstroh, wie ein Regiment Soldaten; dümmer als die Polizei erlaubt, polizeiwidrig dumm* (schwäb.); *er ist zu dumm, um einen Eimer Wasser auszugießen (anzuzünden); zum Scheißen; um ein Loch in den Schnee zu pinkeln; er ist dümmer als ein Stück Vieh (als ein Ochse, ein Esel, eine Kuh, ein Kalb; ein Hinterviertel*

‚Dumm wie ein Kalb'

vom Schafe usw.); *er ist dümmer als dumm; dümmer als vorm Jahr; er ist so dumm, daß er blökt, daß er schreit, daß er stinkt, daß ihn die Gänse (Schweine) beißen* usw. *Er ist dumm wie ein Bund Stroh* (vgl. Bohnenstroh); *er ist so dumm, man kann ihm die Hose (die Kappe) mit der Beißzange anziehen* (allg. obd. verbreitet); *er ist so dumm wie lang; er ist so dumm wie Bettelmanns Katze* (weil sie bei ihm bleibt); vgl. frz. ‚Il est bête comme ses pieds' (wörtl.: Er ist so dumm wie die eigenen Füße).

‚Er ist so dumm, daß ihn die Gänse beißen'

Er ist dumm geboren, dumm geblieben, hat nichts dazugelernt (und auch das wieder vergessen): hoffnungslos dumm, oder: *dumm geboren, nichts dazugelernt und die Hälfte vergessen.*

‚Wenn du groß wärst, wie du dumm bist, könntest du bequem aus der Dachrinne deinen Morgenkaffee trinken', oder: ‚den Mond küssen'. ‚Sie denken wohl, ich bin so dumm wie Sie aussehen'. Bes. mdal. Wndgn. werden oft gebraucht, z. B. sagt man in Ostpreußen: ‚Er ist nicht so dumm, wie ihm die Mütz' steht'; ‚er ist so dumm wie ein Nagel an der Wand', und mdal.: ‚Wat böst du domm on frettst vêl!' Schlesw.-holst. mdal. Wndgn.: ‚He is man wat dumm kunfermert'; ‚he is to'n Starben to dumm' mit dem Zusatz: ‚he mütt erst slacht warrn'. Im Schwäb. sagt man: ‚Dear isch so domm: wenn dear in Doana neiguckt, dan verrecket älle Fisch'; ‚dear isch z'domm zom Bettla: dear stoht hinterschgefür voar d'Häuser na'; ‚dear isch dümmer wia d'Nacht und dia siggt nix'; ‚dear isch z'domm zom Dommsei'; ‚dear isch dümmer wia zwoi Domme vo(n) Döpshofa'; ‚dear isch dümmer wia d'Enta beim Tag: dia buckat se, wenn se beim Stadeltoar neigat'; ‚dear isch z'domm zom Bollahüata' (um die Samenkapseln des Flachses beim Trocknen zu bewachen); ‚dear isch dümmer als unsers Herrgotts Gaul, und der ist ein Esel gewesen'.

Jem. dumm machen: ihn übervorteilen, die Rda. stammt aus dem Rotw. Ähnl.: *jem. dumm und dämlich reden:* ihn zur Zustimmung bewegen wollen, aber ihm keine Zeit zum Nachdenken lassen. *Jem. wird es dumm (im Kopfe):* er wird betäubt, verwirrt. Goethe läßt Gretchen (‚Urfaust' V. 377) sagen:

Mir wird von alledem so dumm,
als ging mir ein Mühlrad im Kopf herum.

Etw. wird einem zu dumm: es wird einem überdrüssig, lästig; wenn es zu arg wird, reißt einem die Geduld, man will sich nichts mehr gefallen lassen, oft als ablehnende Antwort gebraucht.
Sich nicht dumm kommen lassen: es ablehnen, unverschämt behandelt zu werden.
Jem. dumm kommen: ihm frech und mit gespielter Dummheit entgegentreten.
Jem. für dumm verkaufen wollen: ihn für dumm halten, überlisten, betrügen wollen. Vgl. berl. ‚Sie denken wol, sie könn' mir for dumm verkoofen?' Sie halten mich wohl für dumm; Sie glauben vielleicht, daß ich nichts merke. Ähnl. schwäb. ‚Wer den für dumm kauft, geit's Geld umsunst aus', er ist unrecht dran; hat sich getäuscht; hat den anderen unterschätzt.

Sich dumm stellen: so tun, als ob man von nichts wüßte; vgl. frz. ‚faire le bête', ‚... l'âne' (wörtl.: den Dummen, den Esel spielen). Oft wird die Wndg. als Aufforderung gebraucht: *Stell dich nicht so dumm an:* tu nur nicht so!
Zu etw. noch zu dumm sein: zu jung, unerfahren und unwissend sein. Diese Rda. bewahrt den alten Sinn des mhd. ‚tumb'.
Er ist nicht so dumm, wie er aussieht: er ist listig, verschlagen; vgl. frz. ‚Il n'est pas si bête qu'il en a l'air'.
Das ist wirklich so dumm nicht: es ist ganz verständig, es ist ein brauchbarer Vorschlag. *Das sieht gar nicht dumm aus:* es sieht gut aus, es paßt, harmoniert zusammen; vgl. frz. ‚Ce n'est pas bête du tout'. Ähnl. Wndgn. sind auch mdal. verbreitet, z. B. holst. ‚Dat süt nig dumm ut' und ‚Dat smekt nig dumm', es schmeckt gut.
Der Dumme sein: der Betrogene sein, ähnl. wie die frz. Wndgn. ‚être la dupe' u. ‚être le dindon de la farce' (wörtl.: der Truthahn sein, der mit Haschee gefüllt werden soll), i. S. v. ‚Einfaltspinsel'.
Einen Dummen gefunden haben: einen Gutmütigen, Hilfsbereiten ausnützen.
Sich einen Dümmeren suchen müssen: durchschaut und abgewiesen werden. Die mdal. Wndgn. enthalten bes. treffende Vergleiche und witzige Zusätze, z. B. sagt man von Dummen im Schwäb.: ‚Dear isch beim Professor Muh z'Ochsahausa in d'Schual ganga'; ‚dear isch net schuld, daß d'Eisebah fahrt'; ‚dear isch net schuld, daß 's Pulver schnöllt'; ‚dear hot's Pulver o net erfunda'; ‚dear isch weaga d'r G'scheide au koi Stiaga nag'falla'; ‚dear haut G'scheide au it mit de Löffel g'fressa'; ‚deam sei Witz isch mit'm Fengerhuat g'messa'; ‚dear isch d'r Ea(r)scht vo hinta rei'. Man stellt auch fest: ‚De Dumme sind noch lange net ausgestorbe, sonst wärest du nimmer da!' Im Schlesw.-Holst.: ‚He is keen vun de gansen Dummen' oft mit dem Zusatz: ‚awer vun dat Slag, wat denn kummt'; und: ‚De Dummen ward ni all, sünd man dünn seit, kaamt awer deck op'.

343

Zahlreich sind auch die rdal. Vergleiche für den Dummen, z. B.: ‚Der Dumme stellt sich an wie der Esel zum Lautenschlagen' (schon lat.: asinus ad lyram), ‚wie der Ochse zum Tanzen', ‚wie die Sau zum Haarkräuseln', ‚wie ein altes Weib bei der Hasenjagd'; ‚er steht da wie der Ochse am Berg', oder ‚vor dem neuen Scheunentor'. ‚Er macht ein Gesicht, wie die Katze, wenn's donnert'; ‚wie eine Ente, wenn's wetterleuchtet'.

Von Dummsdorf sein: sehr dumm sein. Der Name eines erfundenen Ortes wird eingefügt, so auch Borneo (‚borniert'), Dummbach, Dummwitz, preuß. Domnau, ndd. Dummebeck usw.

Nicht von Dummsdorf sein: klug, listig sein, sich nicht übervorteilen lassen.

Mit dem Dummbeutel geklopft sein: durch Schläge angeblich dumm geworden sein.

Eine große Dummheit begehen: leichtsinnig und unüberlegt handeln; vgl. frz. ‚faire une grosse bêtise': einen verhängnisvollen Irrtum begehen.

Den Kopf nur voller Dummheiten haben: immer zu Streichen aufgelegt sein; vgl. frz. ‚ne penser qu'à faire des bêtises' (wörtl.: nur an üble Streiche denken).

Er hat die Dummheit mit Löffeln gegessen (gefressen); er ist mit Dummheit geschlagen, wohl der bibl. Redewndg. ‚mit Blindheit geschlagen' nachgebildet; *als die Dummheit ausgeteilt wurde, ist er zweimal gegangen* (hat er zweimal ‚hier' gerufen); *wenn Dummheit weh täte, würde er den ganzen Tag schreien* (berl. ‚hörte man dich von Berlin bis Potsdam schreien'). Obersächs. ‚Dummheit backen', dumme Streiche machen.

Mdal. Übertreibungen sind bes. beliebt. Im Schwäb. z. B. braucht man die folgenden Wndgn.: ‚Wenn dear vo(n) sei'r Dommheit stuira müaßt, no käm 'r 's ganz Johr aus 's Rentamt (Finanzamt) nemme raus'; ‚wenn deam sei Dommheit am Hemmel ständ, nau tät ma zom Weat'r läuta'; ‚wenn d' Dommheit weah tät, no tät dear da ganze Tag gradnaus schreia'; ‚wenn d' Dommheit weah tät, nau tät ma dean von Ulam bis Augschburg schreia heara'. ‚Dear könnt mit sei'r Domme 's Augschburger Dom neirompla'; ‚dear isch zwoimol g'spronga, wia o(n)ser Herrgett Domme austoilt hot'; ‚dear hot zwoi-mol ,hier!' g'schriea, wia o(n)ser Herrgett Dommheit vertoilt hot'; ‚deam isch Dommheit ans Hira g'schrieba'; ‚deam guckt Dommheit bei de Oahra (bei alle Knopflöcher) raus'.

Die berl. Rdaa. für Dummheit sind bes. zahlreich: ‚Bist wol anjeblufft', ‚blau anjeloofen', ‚betrampelt?' ‚Du bist wol?' ‚Sie sind wol nich janz jesund?' ‚Mensch, du siehst aus wie bestellt un nich abjeholt'. ‚Du hast wol Bohnen jefriehstickt?' ‚Sie sind wol 'n bissken dumm?' ‚Se sind wol aus Dalldorf entsprungen?' ‚Du kannst wol nich davor?' ‚Dir ham se wol 'ne Ecke abjefahren?' ‚Hast wol Frost in' Kopp?' ‚'n Fimmel?' ‚'n Fussel?' ‚Se sind wol nich von hier?' ‚Hast wol Hitze?' ‚Bei dir ham se wol injebrochen?' ‚Bist wol nich bei Jroschens?' ‚Hast wol 'n Keber (= Käfer)?' ‚Keberts dir?' ‚Dir ham se wol mit'n Klammerbeutel jepudert?' ‚Has wol'n Knall?' ‚Wenn eener verrickt wird, wird er't zuerst in' Kopp'. ‚Du bist wol von de Kuh (von 'n blauen Affen) jebissen?' ‚Du bist ja manoli'. ‚Hast ja 'n Massel'. ‚Bist meschugge'. ‚Der ham se wol mit de Muffe jeschmissen (jebufft)?' ‚Bist wol 'n bissken mall'. ‚Kriejen Se det öfter?' ‚Du bist wol aus de Paddenjasse?' ‚Dir ham se wol mit de Pauke jepiekt?' ‚Di pickt et wol?' ‚Bei dir piepts 's wol?' ‚Bei dir rappelt's wol?' ‚Hast wol 'n Raptus?' ‚Bist wol rappelköppsch?' ‚Er hat Raupen (Rejenwürmer) in' Kopp'. ‚Bei den is 'ne Schraube los'. ‚Du bist wol von de Stadtbahn ieberfahrn?' ‚Er hat'n Stich'. ‚Hast wol Tinte jesoffen?' ‚Er hat 'n Triefel'. ‚Er is 'n bißken trieselig'. ‚Bist wol nich bei Trost?' ‚Sonst is Ihnen doch wohl?' ‚Sie sind wol nich janz jenormal?' ‚Der ham se wol mit kalt Wasser verbrieht?' ‚Verdrehte Schraube!' ‚Hast wol 'n Vogel ('n Piepmatz, 'n Meise)?' ‚Hast wol 't jrosse Traller?' ‚Bist wol trallig?' ‚Er hat 'n Triller (unterm Pony)'. ‚Bei dir trillerts wol?' ‚Er ist ieberjeschnappt'. ‚Verrickt un drei macht neune'. ‚Sie ham wol 'n kleenen Webefehler?' ‚Dir ham se wol mit 'ner Mohrriebe aus'n Urwald jelockt?' ‚Hier riechts so nach Obst ... du hast wol 'ne weeche Birne?' Auch: ‚Du hast wol'n Stich in der Birne?' ‚Bei dem ham se injebrochen un det Jehirn jeklaut'. ‚Du bist wohl vom giftigen Affen gebissen (oder:

von Lottchen getickt)?' Und als neueste Prägung (seit 1983): ‚Dümmer geht's nümmer‘, ↗ doof, ↗ Pulver.

Lit.: *G. Gezelle:* „Doof (als en ...)", in: Biekorf, 2 (1891), S. 234–235; *A. Haas:* Dummhans im pomm. Sprw., in: Unsere Heimat, Nr. 11, 12 (Köslin 1925); *L. Nies:* Von den Dummen im Volksmund am Mittelrhein, in: Nass. Blätter 9 (Montabaur 1929), S. 183 ff.; *J. Schaeffler:* Der lachende Volksmund, S. 17 ff.; *H. Meyer:* Der richtige Berliner in Wörtern u. Rdaa. (München ¹⁰1965); *G. Grober-Glück:* Motive u. Motivationen in Rdaa. u. Meinungen (Marburg 1974), § 91 ff.; *M. Lüthi:* Art. ‚Dummheit‘ und Art. ‚Dümmling‘ in: EM. III, Sp. 927–946.

dünn. *Dünn gesät sein:* selten sein; vgl. frz. ‚clairsemé‘ (Schriftsprache). In einem Lied aus dem Dreißigjähr. Krieg (F. W. v. Ditfurth, Hist. Volkslieder des Dreißigjähr. Krieges [1882] S. 135, Str. 55) heißt es von rechten, dt. Biedermännern:

Doch weil man diese Rüben
Gar dünn gesäet findt.

Bei Gerlingius ist 1649 (‚Sylloge‘ Nr. 188) gebucht: „Phoenice rarior. Sy syn dünne gesaeyt"; vgl. den jüngeren sprw. Vergleich, den Wander (I, Sp. 711) aus Litauen belegt: *so dünn wie des Armen Korn.* Ähnl. *so dünn wie eine Spindel,* bes. von Mädchen gesagt, vgl. *spindeldürr,* els. ‚so dünn wie eine Heringsseele‘, auch ‚so dünn wie Spinneweb‘.

Dünne Ohren haben: auf alles achten, was gesprochen wird, 1616 von Henisch gebucht, lit. in Seb. Brants ‚Narrenschiff‘:

wann einer dünn und witt hat oren,
man halt nit für ein redlich man.

Sich dünne machen (scherzhaft *verdünnisieren*): sich davonmachen, verschwinden, z. B. 1789 bei Jean Paul: „Traumulus hat sich dünne jemacht!" Dagegen heißt *sich etw. dünn machen:* etw. heimlich entwenden.

Dünne tun entspricht der Rda. *dicke tun;* sie bez. zurückhaltendes Benehmen (z. B. in der Gegend von Göttingen), dagegen obersächs. ‚dinne tun‘, hochmütig sein, andere nicht beachten. *Dünne bohren* (auch ‚ein Dünnbrettbohrer sein‘): sich eine Entscheidung leicht machen, ist verkürzt aus der Rda. *das Brett bohren, wo es am dünnsten ist* (↗ Brett).

durch. *Durch und durch:* völlig, z. B., durch und durch naß sein; eine bekannte Verstärkungsformel, die schon in früheren lit.

Belegen nachweisbar ist. Wegen ihrer Drastik wurde sie auch in späterer Zeit gerne zur Charakterisierung seelischer Vorgänge wie Schmerz und Freude verwendet: *Jem. durch und durch gehen:* ihn erschüttern, ihn stark erregen. Scherzhaft sagt man gelegentlich auch dafür: ‚einem durch Mark und Pfennige gehen‘, wobei der Ausdr. ‚Mark‘ in der Wndg. irreführend mit der Münze in Beziehung gesetzt wird, ↗ Mark.

Durch etw. hindurch müssen: Schwierigkeiten, Anstrengungen und Leiden überwinden müssen, da keine andere Wahl bleibt, kein Zurück möglich ist. vgl. frz. ‚Il faut y passer!‘

Andere schlagwortartige Verkürzungen sind: *durchblicken:* einen guten Durchblick haben, die Dinge in ihrer Bdtg. erkennen; *durchbrennen:* allein oder mit einem anderen heimlich fliehen; *etw. durchfechten:* keine Mühe scheuen, um etw. erfolgreich zu Ende zu bringen.

(Ganz) durchgedreht sein: überarbeitet, todmüde, gelegentlich auch: verwirrt, verrückt sein. Diese moderne umgangsspr. Rda. ist von technischen Vorgängen abgeleitet und auf das Psychische übertr. worden. Sie kann sich urspr. auf das Durchdrehen eines Wäschestückes in der Mangel, auf den Fleischwolf, die Mühle oder das Walzwerk bezogen haben, ↗ Dreh, ↗ drehen.

Weitere Wndgn. sind: *(hart) durchgreifen müssen:* strenge Maßnahmen anwenden; *sich durchkämpfen (müssen):* sich mühsam einen Weg bahnen, Schwierigkeiten überwinden; *jem. durchhecheln:* sein Verhalten kritisch bereden, ↗ Hechel; *durchmachen wollen:* bis zum Morgengrauen arbeiten (feiern) wollen; *etw. (kritisch) durchmustern:* prüfend untersuchen; *etw. durchsprechen:* eine schwierige Angelegenheit diskutieren und zu einer Lösung zu kommen suchen; *sich durchschummeln:* mit kleinen Mogeleien zum Ziel kommen; *etw. durchstehen:* zäh sein, eine unangenehme Sache bis zu ihrem Ende bringen; ähnl.: *Durchstehvermögen haben:* sich nicht so leicht geschlagen geben; *durchstarten müssen:* eine Sache erst einmal anlaufen lassen, mit Schwung angehen und wie einen Motor auf Hochtouren bringen.

Eine große Rolle spielen auch rdal. Wortverbindungen, in denen der Begriff ‚durch‘ von ausschlaggebender Bdtg. ist: *Die Schallmauer durchbrechen* ↗ Schallmauer; *Zum Durchbruch kommen:* sichtbar werden, den Sieg davon tragen. *Jem. mit Blicken durchbohren:* ihn feindlich und böse ansehen. *Sein Geld durchbringen:* verschwenden. *Jem. einen durchdringenden Blick zuwerfen:* ihn voller Verachtung anschauen. *Den gordischen Knoten durchhauen:* ein scheinbar unlösbares Problem mit einem Schlag meistern. *Jem. Pläne durchkreuzen:* ähnl. wie ‚einen Strich durch die Rechnung machen‘, d. h. ihn um jeden Erfolg bringen. *Jem. (mit Fragen) durchlöchern:* ihm mit unzähligen Fragen ‚auf die Nerven fallen‘, fast schon damit schikanieren. *Seine Ohren auf Durchzug stellen:* nicht hinhören, nicht zuhören, ↗ Ohr.

durcheinander. Gebräuchl. rdal. Vergleiche zur Bez. von Unordnung und Kunterbunt sind: *Es geht durcheinander wie in einem Ameisenhaufen, wie in einem Taubenschlag, wie in der Arche Noah, wie Kraut und Rüben, wie Heu und Stroh, wie Hechsel und Kaf, wie Kappes und Mus.* Einer Erklärung bedürfen diese Wndgn. nicht.
Sie treten schon in frühen lit. Zeugnissen auf, so u. a. bei Geiler von Kaysersberg: „... und gat also durcheinander als die maden in einem käsz“ (‚Das Buch der Sünden des Munds‘, 1518).
In diesem Sinne ist die Wndg. bis heute erhalten geblieben, doch haben sich auch neue Varianten gebildet: *Etw. durcheinanderbringen:* nicht auseinander halten können, *ganz durcheinander sein:* verwirrt sein.

durchfallen, ein Examen nicht bestehen, Mißerfolg bei einer Wahl, auf der Bühne haben usw., ist verkürzt aus der älteren Rda. *durch den Korb fallen* und geht zurück auf einen alten Rechtsbrauch. Als Sühne für bestimmte Vergehen wurde der Übeltäter in einem Korb der Menge zur Schau gestellt und plötzlich dessen Boden geöffnet, so daß die Person ‚ins Wasser fiel‘, (↗ Korb); umg., bes. stud. ist durchfallen auch zu ‚durchrasseln‘, ‚durchflie-

gen‘, ‚durchrauschen‘, ‚durchsegeln‘ usw. umgebildet worden.

Lit.: *M. u. H. Küpper:* Schülerdeutsch (Hamburg–Düsseldorf 1972).

Durchstecherei. *Durchstechereien treiben (machen):* betrügerische Heimlichkeiten treiben, schwindeln.
Bei der Deutung dieser Rda. müssen verschiedene Möglichkeiten in Betracht gezogen werden. So hat man an die Herkunft von den ‚Riemenstechern‘ gedacht, die noch bis in unsere Zeit im Volksmund als Betrüger weiterlebten und als solche schon im Mhd. erwähnt werden. In Zedlers ‚Universal-Lexikon‘ (31, 1550) wird 1742 von ihnen berichtet, und 1741 heißt es in Frischs ‚Teutsch-Latein. Wb.‘ (Bd. 2, S. 119 c): „betrügerische Landläufer auf den Jahrmärkten, so einen Riemen mit gemachten Krümmen zusammenrollen; mag man darein stechen, wie man will, so können sie machen, daß der Stich neben dem Riemen hingeht“. Dieselbe Jahrmarktsgaukelei ist wohl schon in Murners ‚Schelmenzunft‘ (VI, 15) gemeint:
Das heißt die rechte meisterkunst
Und die rechten riemen zogen:
Vmb sunst verraten und verlogen!
Eine zweite Erklärung geht von dem als alt bezeugten mnd. Verb ‚dörchsteken‘ aus; es bedeutet ebenfalls soviel wie ‚Durchstechereien treiben‘, unter Umgehung des Stapels, der Ein- und Ausfuhrverbote, heimlich Waren ein- oder ausführen, durchschmuggeln. Auf eine weitere Möglichkeit der Erklärung dieser Rda. haben Weigand (Dt. Wb. [5] I, 395) und Paul (Dt. Wb. [5]) hingewiesen; sie leiten die Rda. vom Betrug mit durchstochenen Spielkarten ab; es sei ferner erinnert an die Sitte, Urkunden ungültig zu machen oder zu ändern, indem sie durchstochen wurden. Die Rda. ist u. a. 1859 bei Fr. Reuter (‚Franzosentid‘) belegt: „Dat nich so licht Döchstekereien passiren kün'n“. In Berlin wird sie wortwitzelnd z. B. angewandt, wenn in einer vollbesetzten Straßenbahn die Fahrgäste ihre Beine durcheinanderstellen, um bequemer sitzen zu können.

durchtrieben. *Durchtrieben sein* wurde zunächst in der Bdtg. ‚erfahren, geschickt

sein' gebraucht, eigentl.: bei der Treibjagd davongekommen sein, nahm aber dann auch den Sinn von ‚verschlagen, listig sein' an, so z. B. bei Joh. Ayrer:
ein weib ist listig wie ein fuchs
durchtrieben wie ein gehetzter luchs.
Die meisten lit. Belege beziehen sich jedoch auf ‚Erzschelme', die etw. aushekken. Im ‚Eulenspiegel' (1519) heißt es in der Vorrede: „ein behender, listiger und durchtribner ein bauren sun", und an anderer Stelle (47): „mit durchtribner schalkheit was Ulenspiegel geweihet". H. W. Kirchhoff spricht in ‚Wendunmuth', 1581 (406) von „durchtrieben bübereien".
Bei einigen Autoren erscheint die Wndg. sowohl in positiver wie auch in negativer Hinsicht.
Auffallend ist, daß der Begriff ‚durchtrieben' in früheren lit. Belegen sehr häufig für Politiker gebraucht wird, u. vor allem, daß er seit langem nur noch in der negativen Bdtg. bekannt ist. Heute wird er auf jedermann bezogen, und zwar immer im negativen Sinne: ‚ein durchtriebenes Bürschchen', ‚ein durchtriebener Kerl' in der Bdtg.: raffiniert, ‚mit allen Wassern gewaschen', ↗ Wasser.
In sprw. Vergleichen der schwäb. Mda. wird durchtrieben z.T. ganz wörtl. verstanden: *durchtrieben wie eine Erbsensuppe, wie Buttermilch.*

Lit.: *L. Röhrich* u. *G. Meinel*: Rdaa. aus dem Bereich der Jagd und der Vogelstellerei, S. 318.

durchwachsen. *Es geht mir durchwachsen!:* Antwort auf die Frage: ‚Wie geht es dir?', d. h., es geht nicht gut und nicht schlecht, sondern mittelmäßig. Ein verbreiteter Ausdr., mit dem man einer genauen Auskunft aus dem Wege geht; der Vergleich ist hergenommen vom Fleisch, das aus fetten und mageren Schichten besteht oder von Sehnen durchzogen ist, ↗ gehen.

Durst. *Einen über den Durst trinken:* einen zuviel trinken, wird 1561 von Maaler („Die teutsch Sprach' 95 a) folgendermaßen erklärt: „Man hat über den durst getrunken / excessit sitim potio".

Das ist ein Apfel (eine Birne) für den Durst: eine Ersparnis, ein Notgroschen, eine ungenügende Hilfe; in den dt. Mdaa. weit verbreitet, z. B. rhein. ‚De hat en Äppelche for de Dorscht jemat', er hat sein Schäfchen im trockenen, auch ndl. ‚een appeltje voor de dorst' und frz. ‚Il faut garder une poire pour sa soif' (wörtl.: Man muß eine Birne für den Durst aufbewahren). Gebräuchl. rdal. Vergleiche sind: *Durst haben wie ein Fisch, wie ein Spielmann, wie ein Brunnenputzer,* ↗ Bürstenbinder: großen Durst haben, ↗ trinken.

Durststrecke. *Eine Durststrecke vor sich haben:* mit einer schweren Zeit rechnen müssen, Entbehrungen auf sich nehmen, um sein Ziel zu erreichen, finanziell ‚nicht flüssig sein'.
Das rdal. Bild bezieht sich auf den Wanderer in der Wüste, der große Anstrengungen und körperliche und seelische Qualen erdulden muß, bevor er auf die rettende Wasserstelle trifft, ↗ trinken.

Dusche. *Eine kalte Dusche bekommen:* empfindlich enttäuscht und ernüchtert werden, z. B. lux. ‚Dat war eng kal Dusch fir hien', das war ein Reinfall. Das Wort Dusche ist am Ende des 18. Jh. aus frz. ‚douche' = Brausebad entlehnt worden. Die Rda. erinnert an die in Heilanstalten früher gebräuchl. Dusche mit kaltem Wasser.
‚Eine Wechseldusche erhalten': von einer Überraschung in die andere fallen, ähnl. wie beim Wechsel von kaltem und war-

‚Eine kalte Dusche bekommen'

mem Wasser. Die Rda. wird meist nur noch im übertr. Sinne verwendet. Vgl. frz. ‚la douche écossaise' (die schottische Dusche) als Bez. für einen raschen Wechsel von beglückenden und schmerzlich berührenden Ereignissen.

Dusel. Das Wort Dusel ist aus ndd., ‚dusel' mit ndd. Lautform ins Hd. entlehnt worden. Aus der Bdtg. ‚Betäubung, Halbschlaf, Schläfrigkeit', später ‚Dämmerzustand, Rausch' erklären sich Rdaa. wie: *im Dusel sein:* seine Gedanken nicht beisammen haben, *etw. im Dusel tun:* es nicht bei vollem Bewußtsein tun. Die jüngere Rda. *Dusel haben* (auch: Saudusel): großes, unverdientes Glück haben, beruht auf der bereits aus der Bibel bekannten Vorstellung, daß es der Herr den Seinen im Schlafe gibt, und auf der volkstümlichen Auffassung, daß Kinder und Betrunkene ihren besonderen Schutzengel haben.

Dutzend. *Er (es) geht unterm Dutzend:* läuft so mit, hat keinen besonderen Wert; was ‚im Dutzend' verkauft wird, ist oft billige Massenware, daher die Rda. ‚im Dutzend billiger sein'; vgl. frz. ‚Treize à la douzaine' (wörtl.: Dreizehn im Dutzend), wird von Gegenständen gesagt, die ganz billig verkauft werden; ähnl. auch schwäb. ‚Von dene gohn zwelf op en Dotzend', sie taugen nicht viel, ↗ Bäckerdutzend ↗ Dreizehn.
Du mußt aufs Dutzend draufgebunden werden: du bist ein Hauptkerl, eine sächs. Rda., hergeleitet vom Gebrauch der Händler, ein Probstück auf das Paket zu binden (↗ Ausbund).
Ein Dutzendgesicht haben: (durchschnittlich) aussehen wie viele andere auch. Ein Gesicht haben, das nichts Besonderes zeigt und keine Ausstrahlungskraft besitzt.

Lit.: *H. Sperschneider:* ‚Bäckerdutzend u. Bauernmandel', in: Sprachpflege, 8 (1959), S. 122.

Fundamentales Wissen

Ernst Werner/Martin Erbstößer
Kleriker, Mönche, Ketzer
Das religiöse Leben im Hochmittelalter
Band 4284
Menschen auf der Suche nach einem verborgenen Gott. Das dichte
Porträt einer Existenzsuche im Mittelalter – erstellt von zwei
international renommierten Historikern und Mediavisten.

Jakob J. Petuchowski/Clemens Thoma
Lexikon der jüdisch-christlichen Begegnung
Hintergründe – Klärungen – Perspektiven
Band 4281
Erstmals wird das geschichtliche und theologische Grundwissen der
beiden Religionen in einem Werk zusammengefaßt. Die beiden
Autoren wurden 1994 mit der Buber-Rosenzweig-Medaille
ausgezeichnet.

Hans Gasper/Joachim Müller/Friederike Valentin
Lexikon der Sekten, Sondergruppen und Weltanschauungen
Fakten, Hintergründe, Klärungen
Vollständig neubearbeitete und aktualisierte Neuausgabe
Band 4271
Mit mehr als 300 Artikeln: das Informationswerk über die religiöse
und weltanschauliche „Szene" des gesamten deutschsprachigen Raums.

Herder Lexikon Germanische und keltische Mythologie
Mit rund 1400 Stichwörtern sowie über 90 Abbildungen und
Tabellen
Band 4250
Unverzichtbar zur Orientierung am Götterhimmel. Mit Artikeln zur
Dichtung und zahlreichen Abbildungen.

HERDER / SPEKTRUM

Amedeo Molnár
Die Waldenser
Geschichte und Ausmaß einer europäischen Ketzerbewegung
Band 4233
Spannende Lektüre und umfassende Information für alle Freunde
mittelalterlicher Geschichte.

Mircea Eliade
Geschichte der religiösen Ideen
Ι Bände in Kassette
Band 4200
„Eine gewaltige geistige Unternehmung, fesselnd und
allgemeinverständlich aufbereitet" (Süddeutsche Zeitung).

Herder-Lexikon Symbole
Band 4187
Symbole von der Steinzeit bis zur Gegenwart, aus verschiedensten
Völkern und Kulturkreisen. Ein Schlüssel zur Botschaft der Bilder.

Johannes Hirschberger
Kleine Philosophiegeschichte
Band 4168
Der Klassiker: eine prägnante Darstellung der Philosophie von der
Antike bis zur Gegenwart. Umfassend, fesselnd, höchst informativ.

Alois Halder/Max Müller
Philosophisches Wörterbuch
Erweiterte Neuausgabe
Band 4151
Die aktualisierte Neuausgabe eines konkurrenzlosen Kompendiums:
klar gegliedert, kompakt und auf das Wesentliche konzentriert.

HERDER / SPEKTRUM

Hanspeter Hasenfratz
Die religiöse Welt der Germanen
Ritual, Magie, Kult, Mythus
Band 4145
Zurück zu den Ursprüngen unserer Geschichte: plastische, spannende
Informationen über eine Welt voller Zauber und Magie.

Hartmut Stegemann
Die Essener, Qumran, Johannes der Täufer und Jesus
Ein Sachbuch
Band 4128
Das Geheimnis der Höhlen von Qumran und einer der einflußreichsten
religiösen Vereinigungen zur Zeit Jesu.

Mircea Eliade
Schamanen, Götter und Mysterien
Die Welt der alten Griechen
Band 4108
An der Wiege Europas stehen die religiösen Vorstellungen der
Griechen. Mit zahlreichen Quellentexten.

Lexikon der Religionen
Phänomene – Geschichte – Ideen
Herausgegeben von Hans Waldenfels
Begründet von Franz König
Band 4090
„In Fachkompetenz, Klarheit und Aktualität einzigartig" (Süddeutscher
Rundfunk).

Erika Uitz
Die Frau in der mittelalterlichen Stadt
Band 4081
Stadtluft macht frei – Frauen als die treibenden Kräfte bei der
Emanzipation des Bürgertums von der feudalen Herrschaft.

HERDER / SPEKTRUM

Viktor E. Frankl
Psychotherapie für den Alltag
Band 4072

Sinn gibt es nicht auf Rezept. Jeder muß ihn für sein Leben selber suchen. Einsichten zu den großen Themen des Lebens.

Lexikon Medizin – Ethik – Recht
Darf die Medizin, was sie kann?
Information und Orientierung
Hrsg. von Albin Eser, Markus von Lutterotti und Paul Sporken
Band 4073

„Eine lohnende Lektüre" (Deutsche Apothekerzeitung).

Malcolm Lambert
Ketzerei im Mittelalter
Eine Geschichte von Gewalt und Scheitern
Band 4047

Die packende Schilderung eines verwickelten Kapitels Geschichte. Eine exzellente Orientierung.

A. Th. Khoury/L. Hagemann/P. Heine
Islam-Lexikon
Geschichte – Ideen – Gestalten
Drei Bände in Kassette
Band 4036

„Ein echter, wertvoller Gewinn, gleichsam eine Gebrauchsanleitung für das Gespräch von morgen" (Rheinischer Merkur).

Joseph M. Bochenski
Wege zum philosophischen Denken
Einführung in die Grundbegriffe
Band 4020

„In klarer, eindringlicher Weise holt Bochenski Grundfragen aus dem Elfenbeinturm" (Landeszeitung für die Lüneburger Heide).

HERDER / SPEKTRUM